2014

中国古建筑

行业年鉴

中国文物保护基金会　主编

中国建筑工业出版社

图书在版编目(CIP)数据

中国古建筑行业年鉴 2014 / 中国文物保护基金会主编. —北京：中国建筑工业出版社，2016.1
ISBN 978-7-112-19015-7

Ⅰ. ①中… Ⅱ. ①中… Ⅲ. ①古建筑－建筑业－中国－2014－年鉴 Ⅳ. ①F426.9-54

中国版本图书馆CIP数据核字（2016）第002815号

责任编辑：郑淮兵　王晓迪
装帧设计：刘丽丽
本书题字：张　柏
责任校对：姜小莲　刘　钰

中国古建筑行业年鉴
2014
中国文物保护基金会　主编
*
中国建筑工业出版社出版、发行（北京西郊百万庄）
各地新华书店、建筑书店经销
中国文物保护基金会制版
联城印刷（北京）有限公司印刷
*
开本：880×1230毫米　1/16　印张：28¼　字数：718千字
2015年12月第一版　2015年12月第一次印刷
定价：**398.00**元
ISBN 978-7-112-19015-7
（28237）

中國古建築行業年鑒

張柏

编委会

（按姓氏笔画排序）

顾问

王世仁　著名古建筑专家、中国文物保护基金会专家委员会顾问

王仲傑　著名古建筑专家、中国文物保护基金会专家委员会顾问

阮仪三　同济大学建筑城规学院教授、博士生导师、中国文物保护基金会专家委员会顾问

李先逵　原建设部外事司、科技司司长、中国文物保护基金会专家委员会顾问

杨焕成　著名古建筑专家、中国文物保护基金会专家委员会顾问

励小捷　国家文物局局长

吴良镛　中国科学院院士、中国工程院院士、清华大学建筑与城市研究所所长、中国文物保护基金会专家委员会顾问

张生同　著名古建筑专家、中国文物保护基金会专家委员会顾问

张锦秋　中国工程院首批院士、教授级高级建筑师、中国文物保护基金会专家委员会顾问

郑孝燮　中国文物保护基金会专家委员会顾问

柴泽俊　山西省文物局研究员、中国文物保护基金会专家委员会顾问

郭黛姮　清华大学建筑学院教授、博士生导师、中国文物保护基金会专家委员会顾问

黄克忠　中国文物研究所原副所长、中国文物保护基金会专家委员会顾问

傅熹年　中国工程院院士、建设部科学技术委员会委员、国家文物鉴定委员会委员中国文物保护基金会专家委员会顾问

童明康　国家文物局党组成员、副局长

谢辰生　国家文物局顾问、中国文物保护基金会专家委员会主任

楼庆西　清华大学建筑学院教授、中国文物保护基金会专家委员会顾问

主任

张　柏　国家文物局原副局长、中国文物保护基金会理事长

副主任

马玉萍　甘肃省文物局局长

王凤竹　湖北省文物局局长

王立平　中国文物信息咨询中心副总工程师、中国文物保护基金会古建筑专家委员会副主任

王国华　中国文物保护基金会古建筑专家委员会副主任、山西省古建筑集团有限公司董事长

王树宝　中国文物保护基金会古建筑专家委员会副主任、曲阜市园林古建筑工程有限公司董事长

孔祥民　曲阜市三孔古建筑工程管理处主任

付清远　中国文物学会副会长、中国文物保护基金会古建筑专家委员会主任

吕　舟　中国文物保护基金会古建筑专家委员会副主任、清华大学建筑学院副院长

朱小楠　四川省文物局原副局长、中国文物保护基金会古建筑专家委员会副主任

刘大可　著名古建筑专家、享受国务院特殊津贴专家、中国文物保护基金会古建筑专家委员会副主任

关　强　国家文物局文物保护与考古司司长

李向东　辽宁省文物局副局长、中国文物保护基金会古建筑专家委员会副主任

杨志军　中国文物保护基金会副理事长

何孟荣　绍兴市园林建设有限公司总经理

张　勇　贵州省文物局副局长

张立方　河北省文物局局长、中国文物保护基金会古建筑专家委员会副主任

周魁英　陕西省文物局副局长

晋宏逵　故宫博物院原副院长、中国紫禁城学会会长

贾华勇　中国文物保护基金会古建筑专家委员会副主任、陕西古建园林建设有限公司原董事长

委　员

马玉萍　甘肃省文物局局长

王乃海　中国文物保护基金会近现代建筑专项基金管理委员会主任、北京市文物局八分站站长

王凤竹　湖北省文物局局长

王立平　中国文物信息咨询中心副总工程师、中国文物保护基金会古建筑专家委员会副主任

王国华　中国文物保护基金会古建筑专家委员会副主任、山西省古建筑集团有限公司董事长

王树宝　中国文物保护基金会古建筑专家委员会副主任、曲阜市园林古建筑工程有限公司董事长

韦　群　曲阜市文物管理委员会营销中心副主任

孔祥民　曲阜市三孔古建筑工程管理处主任

付清远　中国文物学会副会长、中国文物保护基金会古建筑专家委员会主任

白雪冰　山西省文物局文物管理处副处长、研究员

吕　舟　中国文物保护基金会古建筑专家委员会副主任、清华大学建筑学院副院长

朱小楠　四川省文物局原副局长、中国文物保护基金会古建筑专家委员会副主任

朱光亚　东南大学建筑学教授、博士生导师、中国文物保护基金会专家委员会委员

刘大可　著名古建筑专家、享受国务院特殊津贴专家、中国文物保护基金会古建筑专家委员会副主任

关　强　国家文物局文物保护与考古司司长

汤强松　湖北省文物局文物处处长

李向东　辽宁省文物局副局长、中国文物保护基金会古建筑专家委员会副主任

杨志军　中国文物保护基金会副理事长

吴向阳　江西省文物保护中心书记、主任

何孟荣　绍兴市园林建设有限公司总经理

张　栋　平遥县古建筑工程有限公司董事长兼总经理

张　柏　国家文物局原副局长、中国文物保护基金会理事长

张　勇　贵州省文物局副局长

张立方　河北省文物局局长、中国文物保护基金会古建筑专家委员会副主任

张福庆　北京房修一广厦建筑装饰工程有限公司总经理

周魁英　陕西省文物局副局长

晋宏逵　故宫博物院原副院长、中国紫禁城学会会长

贾华勇　中国文物保护基金会古建筑专家委员会副主任、陕西古建园林建设有限公司原董事长

凌　明　国家文物局文保司文物处处长

梁　涛　新疆文物古迹保护中心主任、研究馆员

熊建华　湖南省文物局文物保护处处长、研究员

薛芊芊　曲阜市三孔古建筑工程管理处副主任

《中国古建筑行业年鉴》编辑部

序

《中国古建筑行业年鉴2014》（以下简称《年鉴》）今天面世，这是继《年鉴2013》后的第二部年鉴，由中国文物保护基金会编制。

今年的《年鉴》是在去年年鉴的基础上编制的，旨在让社会更加真实、全面、深入地了解国家和全社会对文物保护工作的重视和关注。本“年鉴”突出展示了2014年度不可移动文物保护的成果，以及文物保护行业对文物保护方针、保护原则的深入理解即把保护和合理利用有机地结合起来，使不可移动文物的社会效益充分发挥出来，不可移动文物的保护成果也同时使新建筑的设计从中得到启发和借鉴；同时中华民族的优秀文化和传统工艺技术也得以传承下去、发扬光大。

《年鉴》也是文物保护行业工作者的一个交流平台，许多工程成果发挥了重要借鉴作用，特别是今年由中国古迹遗址保护协会和中国文物报社主办的“第二届全国十佳文物保护工程的评选”所推出的十佳工程和中国文物保护基金会从收录进《年鉴》的工程案例中评选出的中国文物保护示范工程项目，如实地记录了工程的背景、方案及施工管理等，成为《年鉴》的亮点。

建筑文化遗产是中华民族长期形成的物质文明和精神文明的杰作，保护和传承这些珍贵遗产是我们全社会的责任，《年鉴》就是全社会了解这项事业的窗口。

《年鉴》的编制刚刚启动，仍有许多不足之处，我们将会不断改进、不断提高，让《年鉴》逐渐成为重要的历史档案资料，流传后世。

中国文物学会副会长

中国文物保护基金会古建筑专家委员会主任

付清远

2015年12月

目录

政策法规篇

中华人民共和国文物保护法……002
中国文物古迹保护准则……014
国家文物局、公安部发布《文物建筑消防安全管理十项规定》……019
文物违法行为举报管理办法（试行）……021
福建省“福建土楼”世界文化遗产保护条例……024
洛阳市邙山陵墓群保护条例……029
陕西省黄帝陵保护管理办法……034
唐崖土司城址保护管理办法……037

专题活动篇

在中国文化遗产研究院“文物保护理念与技术国际学术研讨会”暨纪念旧都文物整理委员会成立80年大会上的讲话……042
在故宫保护总体规划咨询会上的讲话……044
避暑山庄及周围寺庙文化遗产保护工程……052
曲阜三孔古建筑彩绘保护工程……056
国家暨山东省文物两大科研基地曲阜挂牌成立……060
国家明清官式建筑重点科研基地展馆亮相“2015国际文保展”获好评……062
中国建筑设计院有限公司建筑历史研究所……064
超大型文化线路“丝绸之路”申遗与保护技术咨询……066
2014年入选世界文化遗产名录项目……068

工程名录篇

2014年国家文物局批复的全国文物保护工程项目名录（1076）项……072

设计案例篇

浒崦名分堂戏台…………104
九江油库…………116
龙溪祝氏宗祠…………124
玉隆万寿宫…………130
齐长城–穆陵关西段…………135
慈氏塔…………143
红二、六军团长征出发地旧址…………148
定远营王府迎恩堂…………151
美岱召泰和楼…………156

工程案例篇

云居寺石经洞…………162
符望阁区建筑内外檐油饰彩画…………165
芮城县永乐宫…………170
双林寺大雄宝殿…………180
介休后土庙…………190
下交汤帝庙…………201
五台山菩萨顶牌楼、龙泉寺钟楼…………205
阳城县润城东岳庙…………208
大孤山古建筑群…………222
凤凰山山城北门及南、北瞭望台遗址…………228
九门口长城…………237
绥中县锥子山长城…………241
瑞光塔…………245
扬州大明寺大雄宝殿…………252
金华太平天国侍王府…………259
诸暨斯宅斯盛居…………263
宋卿体育馆…………268
肥东八斗赵氏祠堂…………271
卫立煌故居…………273
白鹭洲书院…………275
武当山玉虚宫玄帝殿…………279
五里坪革命旧址…………287

坪坦风雨桥之中步头桥与中步二桥……308
普光禅寺古建筑群——武庙……311
永顺县湘鄂川黔革命根据地旧址一期……314
茶马古道观音阁灾后抢险……317
达源发民居……320
天后宫……324
天主教堂牧师楼……328
朱氏民宅……332
汉阳陵帝陵南阙门遗址……336
拉卜楞寺弥勒佛殿……339
炳灵寺石窟……344
兰州市五泉山公园——地藏寺……346
府城隍庙……352
拉卜楞寺喜金刚学院……356
万里长城嘉峪关……359
水帘洞石窟群……371
刘永福旧居……375
阿巴和加麻扎（墓）……381
柏孜克里克千佛洞壁画……390
七个星佛寺遗址……402
石头城遗址……408
中东铁路建筑群横道河子机车库及东正教圣母进堂教堂……416

资质名录篇

上海泰固建筑工程有限公司……422
石家庄易泉居古建筑砖瓦厂……423
绍兴市园林建设有限公司……424
山东彩山铝业有限公司……430
贵州保利文物古建有限公司……431
山东省文物科技保护中心……432
江西圣东智能科技有限公司……436
中国古建（仿）照明第一品牌……437

后记……438

政策法规篇

中华人民共和国文物保护法

（1982年11月19日第五届全国人民代表大会常务委员会第二十五次会议通过

根据1991年6月29日第七届全国人民代表大会常务委员会第二十次会议《关于修改〈中华人民共和国文物保护法〉第三十条、第三十一条的决定》第一次修正

2002年10月28日第九届全国人民代表大会常务委员会第三十次会议修订

根据2007年12月29日第十届全国人民代表大会常务委员会第三十一次会议《关于修改〈中华人民共和国文物保护法〉的决定》第二次修正

根据2013年6月29日第十二届全国人民代表大会常务委员会第三次会议《关于修改〈中华人民共和国文物保护法〉等十二部法律的决定》第三次修正

根据2015年4月24日第十二届全国人民代表大会常务委员会第十四次会议《全国人民代表大会常务委员会关于修改〈中华人民共和国文物保护法〉的决定》第四次修正）

第一章　总则

第一条

为了加强对文物的保护，继承中华民族优秀的历史文化遗产，促进科学研究工作，进行爱国主义和革命传统教育，建设社会主义精神文明和物质文明，根据宪法，制定本法。

第二条

在中华人民共和国境内，下列文物受国家保护：

（一）具有历史、艺术、科学价值的古文化遗址、古墓葬、古建筑、石窟寺和石刻、壁画；

（二）与重大历史事件、革命运动或者著名人物有关的以及具有重要纪念意义、教育意义或者史料价值的近代现代重要史迹、实物、代表性建筑；

（三）历史上各时代珍贵的艺术品、工艺美术品；

（四）历史上各时代重要的文献资料以及具有历史、艺术、科学价值的手稿和图书资料等；

（五）反映历史上各时代、各民族社会制度、社会生产、社会生活的代表性实物。

文物认定的标准和办法由国务院文物行政部门制定，并报国务院批准。

具有科学价值的古脊椎动物化石和古人类化石同文物一样受国家保护。

第三条

古文化遗址、古墓葬、古建筑、石窟寺、石刻、壁画、近代现代重要史迹和代表性建筑等不可移动文物，根据它们的历史、艺术、科学价值，可以分别确定为全国重点文物保护单位，省级文物保护单位，市、县级文物保护单位。

历史上各时代重要实物、艺术品、文献、手稿、图书资料、代表性实物等可移动文物，分为珍贵文物和一般文物；珍贵文物分为一级文物、二级文物、三级文物。

第四条

文物工作贯彻保护为主、抢救第一、合理利用、加强管理的方针。

第五条

中华人民共和国境内地下、内水和领海中遗存的一切文物，属于国家所有。

古文化遗址、古墓葬、石窟寺属于国家所有。国家指定保护的纪念建筑物、古建筑、石刻、壁画、近代现代代表性建筑等不可移动文物，除国家另有规定的以外，属于国家所有。

国有不可移动文物的所有权不因其所依附的土地所有权或者使用权的改变而改变。

下列可移动文物，属于国家所有：

（一）中国境内出土的文物，国家另有规定的除外；

（二）国有文物收藏单位以及其他国家机关、部队和国有企业、事业组织等收藏、保管的文物；

（三）国家征集、购买的文物；

（四）公民、法人和其他组织捐赠给国家的文物；

（五）法律规定属于国家所有的其他文物。

属于国家所有的可移动文物的所有权不因其保管、收藏单位的终止或者变更而改变。

国有文物所有权受法律保护，不容侵犯。

第六条

属于集体所有和私人所有的纪念建筑物、古建筑和祖传文物以及依法取得的其他文物，其 所有权受法律保护。文物的所有者必须遵守国家有关文物保护的法律、法规的规定。

第七条

一切机关、组织和个人都有依法保护文物的义务。

第八条

国务院文物行政部门主管全国文物保护工作。

地方各级人民政府负责本行政区域内的文物保护工作。县级以上地方人民政府承担文物保护工作的部门对本行政区域内的文物保护实施监督管理。

县级以上人民政府有关行政部门在各自的职责范围内，负责有关的文物保护工作。

第九条

各级人民政府应当重视文物保护，正确处理经济建设、社会发展与文物保护的关系，确保文物安全。

基本建设、旅游发展必须遵守文物保护工作的方针，其活动不得对文物造成损害。

公安机关、工商行政管理部门、海关、城乡建设规划部门和其他有关国家机关，应当依法认真履行所承担的保护文物的职责，维护文物管理秩序。

第十条

国家发展文物保护事业。县级以上人民政府应当将文物保护事业纳入本级国民经济和社会发展规划，所需经费列入本级财政预算。

国家用于文物保护的财政拨款随着财政收入增长而增加。

国有博物馆、纪念馆、文物保护单位等的事业性收入，专门用于文物保护，任何单位或者个人不得侵占、挪用。

国家鼓励通过捐赠等方式设立文物保护社会基金，专门用于文物保护，任何单位或者个人不得侵占、挪用。

第十一条

文物是不可再生的文化资源。国家加强文物保护的宣传教育，增强全民文物保护的意识，鼓励文物保护的科学研究，提高文物保护的科学技术水平。

第十二条

有下列事迹的单位或者个人，由国家给予精神鼓励或者物质奖励：

（一）认真执行文物保护法律、法规，保护文物成绩显著的；

（二）为保护文物与违法犯罪行为作坚决斗争的；

（三）将个人收藏的重要文物捐献给国家或者为文物保护事业作出捐赠的；

（四）发现文物及时上报或者上交，使文物得到保护的；

（五）在考古发掘工作中作出重大贡献的；

（六）在文物保护科学技术方面有重要发明创造或者其他重要贡献的；

（七）在文物面临破坏危险时，抢救文物有功的；

（八）长期从事文物工作，作出显著成绩的。

第二章　不可移动文物

第十三条

国务院文物行政部门在省级、市、县级文物保护单位中，选择具有重大历史、艺术、科学价值的确定为全国重点文物保护单位，或者直接确定为全国重点文物保护单位，报国务院核定公布。

省级文物保护单位，由省、自治区、直辖市人民政府核定公布，并报国务院备案。

市级和县级文物保护单位，分别由设区的市、自治州和县级人民政府核定公布，并报省、自治区、直辖市人民政府备案。

尚未核定公布为文物保护单位的不可移动文物，由县级人民政府文物行政部门予以登记并公布。

第十四条

保存文物特别丰富并且具有重大历史价值或者革命纪念意义的城市，由国务院核定公布为历史文化名城。

保存文物特别丰富并且具有重大历史价值或者革命纪念意义的城镇、街道、村庄，由省、自治区、直辖市人民政府核定公布为历史文化街区、村镇，并报国务院备案。

历史文化名城和历史文化街区、村镇所在地的县级以上地方人民政府应当组织编制专门的历史文化名城和历史文化街区、村镇保护规划，并纳入城市总体规划。

历史文化名城和历史文化街区、村镇的保护办法，由国务院制定。

第十五条

各级文物保护单位，分别由省、自治区、直辖市人民政府和市、县级人民政府划定必要的保护范围，作出标志说明，建立记录档案，并区别情况分别设置专门机构或者专人负责管理。全国重点文物保护单位的保护范围和记录档案，由省、自治区、直辖市人民政府文物行政部门报国务院文物行政部门备案。

县级以上地方人民政府文物行政部门应当根据不同文物的保护需要，制定文物保护单位和未核定为文物保护单位的不可移动文物的具体保护措施，并公告施行。

第十六条

各级人民政府制定城乡建设规划，应当根据文物保护的需要，事先由城乡建设规划部门会同文物行政部门商定对本行政区域内各级文物保护单位的保护措施，并纳入规划。

第十七条

文物保护单位的保护范围内不得进行其他建设工程或者爆破、钻探、挖掘等作业。但是，因特殊情况需要在文物保护单位的保护范围内进行其他建设工程或者爆破、钻探、挖掘等作业的，必须保证文物保护单位的安全，并经核定公布该文物保护单位的人民政府批准，在批准前应当征得上一级人民政府文物行政部门同意；在全国重点文物保护单位的保护范围内进行其他建设工程或者爆破、钻探、挖掘等作业的，必须经省、自治区、直辖市人民政府批准，在批准前应当征得国务院文物行政部门同意。

第十八条

根据保护文物的实际需要，经省、自治区、直辖市人民政府批准，可以在文物保护单位的周围划出一定的建设控制地带，并予以公布。

在文物保护单位的建设控制地带内进行建设工程，不得破坏文物保护单位的历史风貌；工程设计方案应当根据文物保护单位的级别，经相应的文物行政部门同意后，报城乡建设规划部门批准。

第十九条

在文物保护单位的保护范围和建设控制地带内，不得建设污染文物保护单位及其环境的设施，不得进行可能影响文物保护单位安全及其环境的活动。对已有的污染文物保护单位及其环境的设施，应当限期治理。

第二十条

建设工程选址，应当尽可能避开不可移动文物；因特殊情况不能避开的，对文物保护单位应当尽可能实施原址保护。

实施原址保护的，建设单位应当事先确定保护措施，根据文物保护单位的级别报相应的文物行政部门批准，并将保护措施列入可行性研究报告或者设计任务书。

无法实施原址保护，必须迁移异地保护或者拆除的，应当报省、自治区、直辖市人民政府批准；迁移或者拆除省级文物保护单位的，批准前须征得国务院文物行政部门同意。全国重点文物保护单位不得拆除；需要迁移的，须由省、自治区、直辖市人民政府报国务院批准。

依照前款规定拆除的国有不可移动文物中具有收藏价值的壁画、雕塑、建筑构件等，由文物行政部门指定的文物收藏单位收藏。

本条规定的原址保护、迁移、拆除所需费用，由建设单位列入建设工程预算。

第二十一条

国有不可移动文物由使用人负责修缮、保养；非国有不可移动文物由所有人负责修缮、保养。非国有不可移动文物有损毁危险，所有人不具备修缮能力的，当地人民政府应当给予帮助；所有人具备修缮能力而拒不依法履行修缮义务的，县级以上人民政府可以给予抢救修缮，所需费用由所有人负担。

对文物保护单位进行修缮，应当根据文物保护单位的级别报相应的文物行政部门批准；对未核定为文物保护单位的不可移动文物进行修缮，应当报登记的县级人民政府文物行政部门批准。

文物保护单位的修缮、迁移、重建，由取得文物保护工程资质证书的单位承担。

对不可移动文物进行修缮、保养、迁移，必须遵守不改变文物原状的原则。

第二十二条

不可移动文物已经全部毁坏的，应当实施遗址保护，不得在原址重建。但是，因特殊情况需要在原址重建的，由省、自治区、直辖市人民政府文物行政部门报省、自治区、直辖市人民政府批准；全国重点文物保护单位需要在原址重建的，由省、自治区、直辖市人民政府报国务院批准。

第二十三条

核定为文物保护单位的属于国家所有的纪念建筑物或者古建筑，除可以建立博物馆、保管所或者辟为参观游览场所外，作其他用途的，市、县级文物保护单位应当经核定公布该文物保护单位的人民政府文物行政部门征得上一级文物行政部门同意后，报核定公布该文物保护单位的人民政府批准；省级文物保护单位应当经核定公布该文物保护单位的省级人民政府的文物行政部门审核同意后，报该省级人民政府批准；全国重点文物保护单位作其他用途的，应当由省、自治区、直辖市人民政府报国务院批准。国有未核定为文物保护单位的不可移动文物作其他用途的，应当报告县级人民政府文物行政部门。

第二十四条

国有不可移动文物不得转让、抵押。建立博物馆、保管所或者辟为参观游览场所的国有文物保护单位，不得作为企业资产经营。

第二十五条

非国有不可移动文物不得转让、抵押给外国人。

第二十六条

使用不可移动文物，必须遵守不改变文物原状的原则，负责保护建筑物及其附属文物的安全，不得损毁、改建、添建或者拆除不可移动文物。

对危害文物保护单位安全、破坏文物保护单位历史风貌的建筑物、构筑物，当地人民政府应当及时调查处理，必要时，对该建筑物、构筑物予以拆迁。

第三章　考古发掘

第二十七条

一切考古发掘工作，必须履行报批手续；从事考古发掘的单位，应当经国务院文物行政部门批准。

地下埋藏的文物，任何单位或者个人都不得私自发掘。

第二十八条

从事考古发掘的单位，为了科学研究进行考古发掘，应当提出发掘计划，报国务院文物行政部门批准；对全国重点文物保护单位的考古发掘计划，应当经国务院文物行政部门审核后报国务院批准。国务院文物行政部门在批准或者审核前，应当征求社会科学研究机构及其他科研机构和有关专家的意见。

第二十九条

进行大型基本建设工程，建设单位应当事先报请省、自治区、直辖市人民政府文物行政部门组织从事考古发掘的单位在工程范围内有可能埋藏文物的地方进行考古调查、勘探。

考古调查、勘探中发现文物的，由省、自治区、直辖市人民政府文物行政部门根据文物保护的要求会同建设单位共同商定保护措施；遇有重要发现的，由省、自治区、直辖市人民政府文物行政部门及时报国务院文物行政部门处理。

第三十条

需要配合建设工程进行的考古发掘工作，应当由省、自治区、直辖市文物行政部门在勘探工作的基础上提出发掘计划，报国务院文物行政部门批准。国务院文物行政部门在批准前，应当征求社会科学研究机构及其他科研机构和有关专家的意见。

确因建设工期紧迫或者有自然破坏危险，对古文化遗址、古墓葬急需进行抢救发掘的，由省、自治区、直辖市人民政府文物行政部门组织发掘，并同时补办审批手续。

第三十一条

凡因进行基本建设和生产建设需要的考古调查、勘探、发掘，所需费用由建设单位列入建设工程预算。

第三十二条

在进行建设工程或者在农业生产中，任何单位或者个人发现文物，应当保护现场，立即报告当地文物行政部门，文物行政部门接到报告后，如无特殊情况，应当在二十四小时内赶赴现场，并在七日内提出处理意见。文物行政部门可以报请当地人民政府通知公安机关协助保护现场；发现重要文物的，应当立即上报国务院文物行政部门，国务院文物行政部门应当在接到报告后十五日内提出处理意见。

依照前款规定发现的文物属于国家所有，任何单位或者个人不得哄抢、私分、藏匿。

第三十三条

非经国务院文物行政部门报国务院特别许可，任何外国人或者外国团体不得在中华人民共和国境内进行考古调查、勘探、发掘。

第三十四条

考古调查、勘探、发掘的结果，应当报告国务院文物行政部门和省、自治区、直辖市人民政府文物行政部门。

考古发掘的文物，应当登记造册，妥善保管，按照国家有关规定移交给由省、自治区、直辖市人民政府文物行政部门或者国务院文物行政部门指定的国有博物馆、图书馆或者其他国有收藏文物的单位收藏。经省、自治区、直辖市人民政府文物行政部门批准，从事考古发掘的单位可以保留少量出土文物作为科研标本。

考古发掘的文物，任何单位或者个人不得侵占。

第三十五条

根据保证文物安全、进行科学研究和充分发挥文物作用的需要，省、自治区、直辖市人民政府文物行政部门经本级人民政府批准，可以调用本行政区域内的出土文物；国务院文物行政部门经国务院批准，可以调用全国的重要出土文物。

第四章　馆藏文物

第三十六条

博物馆、图书馆和其他文物收藏单位对收藏的文物，必须区分文物等级，设置藏品档案，建立严格的管理制度，并报主管的文物行政部门备案。

县级以上地方人民政府文物行政部门应当分别建立本行政区域内的馆藏文物档案；国务院文物行政部门应当建立国家一级文物藏品档案和其主管的国有文物收藏单位馆藏文物档案。

第三十七条

文物收藏单位可以通过下列方式取得文物：

（一）购买；

（二）接受捐赠；

（三）依法交换；

（四）法律、行政法规规定的其他方式。

国有文物收藏单位还可以通过文物行政部门指定保管或者调拨方式取得文物。

第三十八条

文物收藏单位应当根据馆藏文物的保护需要，按照国家有关规定建立、健全管理制度，并报主管的文物行政部门备案。未经批准，任何单位或者个人不得调取馆藏文物。

文物收藏单位的法定代表人对馆藏文物的安全负责。国有文物收藏单位的法定代表人离任时，应当按照馆藏文物档案办理馆藏文物移交手续。

第三十九条

国务院文物行政部门可以调拨全国的国有馆藏文物。省、自治区、直辖市人民政府文物行政部门可以调拨本行政区域内其主管的国有文物收藏单位馆藏文物；调拨国有馆藏一级文物，应当报国务院文物行政部门备案。

国有文物收藏单位可以申请调拨国有馆藏文物。

第四十条

文物收藏单位应当充分发挥馆藏文物的作用，通过举办展览、科学研究等活动，加强对中华民族优秀的历史文化和革命传统的宣传教育。

国有文物收藏单位之间因举办展览、科学研究等需借用馆藏文物的，应当报主管的文物行政部门备案；借用馆藏一级文物的，应当经省、自治区、直辖市人民政府文物行政部门批准，并报国务院文物行政部门备案。

非国有文物收藏单位和其他单位举办展览需借用国有馆藏文物的，应当报主管的文物行政部门批准；借用国有馆藏一级文物，应当经国务院文物行政部门批准。

文物收藏单位之间借用文物的最长期限不得超过三年。

第四十一条

已经建立馆藏文物档案的国有文物收藏单位，经省、自治区、直辖市人民政府文物行政部门批准，并报国务院文物行政部门备案，其馆藏文物可以在国有文物收藏单位之间交换。

第四十二条

未建立馆藏文物档案的国有文物收藏单位，不得依照本法第四十条、第四十一条的规定处置其馆藏文物。

第四十三条

依法调拨、交换、借用国有馆藏文物，取得文物的文物收藏单位可以对提供文物的文物收藏单位给予合理补偿，具体管理办法由国务院文物行政部门制定。

国有文物收藏单位调拨、交换、出借文物所得的补偿费用，必须用于改善文物的收藏条件和收集新的文物，不得挪作他用；任何单位或者个人不得侵占。

调拨、交换、借用的文物必须严格保管，不得丢失、损毁。

第四十四条

禁止国有文物收藏单位将馆藏文物赠与、出租或者出售给其他单位、个人。

第四十五条

国有文物收藏单位不再收藏的文物的处置办法，由国务院另行制定。

第四十六条

修复馆藏文物，不得改变馆藏文物的原状；复制、拍摄、拓印馆藏文物，不得对馆藏文物造成损害。具体管理办法由国务院制定。

不可移动文物的单体文物的修复、复制、拍摄、拓印，适用前款规定。

第四十七条

博物馆、图书馆和其他收藏文物的单位应当按照国家有关规定配备防火、防盗、防自然损坏的设施，确保馆藏文物的安全。

第四十八条

馆藏一级文物损毁的，应当报国务院文物行政部门核查处理。其他馆藏文物损毁的，应当报省、自治区、直辖市人民政府文物行政部门核查处理；省、自治区、直辖市人民政府文物行政部门应当将核查处理结果报国务院文物行政部门备案。

馆藏文物被盗、被抢或者丢失的，文物收藏单位应当立即向公安机关报案，并同时向主管的文物行政部门报告。

第四十九条

文物行政部门和国有文物收藏单位的工作人员不得借用国有文物，不得非法侵占国有文物。

第五章　民间收藏文物

第五十条

文物收藏单位以外的公民、法人和其他组织可以收藏通过下列方式取得的文物：

（一）依法继承或者接受赠与；

（二）从文物商店购买；

（三）从经营文物拍卖的拍卖企业购买；

（四）公民个人合法所有的文物相互交换或者依法转让；

（五）国家规定的其他合法方式。

文物收藏单位以外的公民、法人和其他组织收藏的前款文物可以依法流通。

第五十一条

公民、法人和其他组织不得买卖下列文物：

（一）国有文物，但是国家允许的除外；

（二）非国有馆藏珍贵文物；

（三）国有不可移动文物中的壁画、雕塑、建筑构件等，但是依法拆除的国有不可移动文物中的壁画、雕塑、建筑构件等不属于本法第二十条第四款规定的应由文物收藏单位收藏的除外；

（四）来源不符合本法第五十条规定的文物。

第五十二条

国家鼓励文物收藏单位以外的公民、法人和其他组织将其收藏的文物捐赠给国有文物收藏单位或者出借给文物收藏单位展览和研究。

国有文物收藏单位应当尊重并按照捐赠人的意愿，对捐赠的文物妥善收藏、保管和展示。

国家禁止出境的文物，不得转让、出租、质押给外国人。

第五十三条

文物商店应当由省、自治区、直辖市人民政府文物行政部门批准设立，依法进行管理。

文物商店不得从事文物拍卖经营活动，不得设立经营文物拍卖的拍卖企业。

第五十四条

依法设立的拍卖企业经营文物拍卖的，应当取得省、自治区、直辖市人民政府文物行政部门颁发的文物拍卖许可证。

经营文物拍卖的拍卖企业不得从事文物购销经营活动，不得设立文物商店。

第五十五条

文物行政部门的工作人员不得举办或者参与举办文物商店或者经营文物拍卖的拍卖企业。

文物收藏单位不得举办或者参与举办文物商店或者经营文物拍卖的拍卖企业。

禁止设立中外合资、中外合作和外商独资的文物商店或者经营文物拍卖的拍卖企业。

除经批准的文物商店、经营文物拍卖的拍卖企业外，其他单位或者个人不得从事文物的商业经营活动。

第五十六条

文物商店销售的文物，在销售前应当经省、自治区、直辖市人民政府文物行政部门审核；对允许销售的，省、自治区、直辖市人民政府文物行政部门应当作出标识。

拍卖企业拍卖的文物，在拍卖前应当经省、自治区、直辖市人民政府文物行政部门审核，并报国务院文物行政部门备案。

第五十七条

文物商店购买、销售文物，拍卖企业拍卖文物，应当按照国家有关规定作出记录，并报原审核的文物行政部门备案。

拍卖文物时，委托人、买受人要求对其身份保密的，文物行政部门应当为其保密；但是，法律、行政法规另有规定的除外。

第五十八条

文物行政部门在审核拟拍卖的文物时，可以指定国有文物收藏单位优先购买其中的珍贵文物。购买价格由文物收藏单位的代表与文物的委托人协商确定。

第五十九条

银行、冶炼厂、造纸厂以及废旧物资回收单位，应当与当地文物行政部门共同负责拣选掺杂在金银器和废旧物资中的文物。拣选文物除供银行研究所必需的历史货币可以由人民银行留用外，应当移交当地文物行政部门。移交拣选文物，应当给予合理补偿。

第六章　文物出境进境

第六十条

国有文物、非国有文物中的珍贵文物和国家规定禁止出境的其他文物，不得出境；但是依照本法规定出境展览或者因特殊需要经国务院批准出境的除外。

第六十一条

文物出境，应当经国务院文物行政部门指定的文物进出境审核机构审核。经审核允许出境的文物，由国务院文物行政部门发给文物出境许可证，从国务院文物行政部门指定的口岸出境。

任何单位或者个人运送、邮寄、携带文物出境，应当向海关申报；海关凭文物出境许可证放行。

第六十二条

文物出境展览，应当报国务院文物行政部门批准；一级文物超过国务院规定数量的，应当报国务院批准。

一级文物中的孤品和易损品，禁止出境展览。

出境展览的文物出境，由文物进出境审核机构审核、登记。海关凭国务院文物行政部门或者国务院的批准文件放行。出境展览的文物复进境，由原文物进出境审核机构审核查验。

第六十三条

文物临时进境，应当向海关申报，并报文物进出境审核机构审核、登记。

临时进境的文物复出境，必须经原审核、登记的文物进出境审核机构审核查验；经验无误的，由国务院文物行政部门发给文物出境许可证，海关凭文物出境许可证放行。

第七章　法律责任

第六十四条

违反本法规定，有下列行为之一，构成犯罪的，依法追究刑事责任：

（一）盗掘古文化遗址、古墓葬的；

（二）故意或者过失损毁国家保护的珍贵文物的；

（三）擅自将国有馆藏文物出售或者私自送给非国有单位或者个人的；

（四）将国家禁止出境的珍贵文物私自出售或者送给外国人的；

（五）以牟利为目的倒卖国家禁止经营的文物的；

（六）走私文物的；

（七）盗窃、哄抢、私分或者非法侵占国有文物的；

（八）应当追究刑事责任的其他妨害文物管理行为。

第六十五条

违反本法规定，造成文物灭失、损毁的，依法承担民事责任。

违反本法规定，构成违反治安管理行为的，由公安机关依法给予治安管理处罚。

违反本法规定，构成走私行为，尚不构成犯罪的，由海关依照有关法律、行政法规的规定给予处罚。

第六十六条

有下列行为之一，尚不构成犯罪的，由县级以上人民政府文物主管部门责令改正，造成严重后果的，处五万元以上五十万元以下的罚款；情节严重的，由原发证机关吊销资质证书：

（一）擅自在文物保护单位的保护范围内进行建设工程或者爆破、钻探、挖掘等作业的；

（二）在文物保护单位的建设控制地带内进行建设工程，其工程设计方案未经文物行政部门同意、报城乡建设规划部门批准，对文物保护单位的历史风貌造成破坏的；

（三）擅自迁移、拆除不可移动文物的；

（四）擅自修缮不可移动文物，明显改变文物原状的；

（五）擅自在原址重建已全部毁坏的不可移动文物，造成文物破坏的；

（六）施工单位未取得文物保护工程资质证书，擅自从事文物修缮、迁移、重建的。

刻划、涂污或者损坏文物尚不严重的，或者损毁依照本法第十五条第一款规定设立的文物保护单位标志的，由公安机关或者文物所在单位给予警告，可以并处罚款。

第六十七条

在文物保护单位的保护范围内或者建设控制地带内建设污染文物保护单位及其环境的设施的，或者对已有的污染文物保护单位及其环境的设施未在规定的期限内完成治理的，由环境保护行政部门依照有关法律、法规的规定给予处罚。

第六十八条

有下列行为之一的，由县级以上人民政府文物主管部门责令改正，没收违法所得，违法所得一万元以上的，并处违法所得二倍以上五倍以下的罚款；违法所得不足一万元的，并处五千元以上二万元以下的罚款：

（一）转让或者抵押国有不可移动文物，或者将国有不可移动文物作为企业资产经营的；

（二）将非国有不可移动文物转让或者抵押给外国人的；

（三）擅自改变国有文物保护单位的用途的。

第六十九条

历史文化名城的布局、环境、历史风貌等遭到严重破坏的，由国务院撤销其历史文化名城称号；历史文化城镇、街道、村庄的布局、环境、历史风貌等遭到严重破坏的，由省、自治区、直辖市人民政府撤销其历史文化街区、村镇称号；对负有责任的主管人员和其他直接责任人员依法给予行政处分。

第七十条

有下列行为之一，尚不构成犯罪的，由县级以上人民政府文物主管部门责令改正，可以并处二万元以下的罚款，有违法所得的，没收违法所得：

（一）文物收藏单位未按照国家有关规定配备防火、防盗、防自然损坏的设施的；

（二）国有文物收藏单位法定代表人离任时未按照馆藏文物档案移交馆藏文物，或者所移交的馆藏文物与馆藏文物档案不符的；

（三）将国有馆藏文物赠与、出租或者出售给其他单位、个人的；

（四）违反本法第四十条、第四十一条、第四十五条规定处置国有馆藏文物的；

（五）违反本法第四十三条规定挪用或者侵占依法调拨、交换、出借文物所得补偿费用的。

第七十一条

买卖国家禁止买卖的文物或者将禁止出境的文物转让、出租、质押给外国人，尚不构成犯罪的，由县级以上人民政府文物主管部门责令改正，没收违法所得，违法经营额一万元以上的，并处违法经营额二倍以上五倍以下的罚款；违法经营额不足一万元的，并处五千元以上二万元以下的罚款。

第七十二条

未经许可，擅自设立文物商店、经营文物拍卖的拍卖企业，或者擅自从事文物的商业经营活动，尚不构成犯罪的，由工商行政管理部门依法予以制止，没收违法所得、非法经营的文物，违法经营额五万元以上的，并处违法经营额二倍以上五倍以下的罚款；违法经营额不足五万元的，并处二万元以上十万元以下的罚款。

第七十三条

有下列情形之一的，由工商行政管理部门没收违法所得、非法经营的文物，违法经营额五万元以上的，并处违法经营额一倍以上三倍以下的罚款；违法经营额不足五万元的，并处五千元以上五万元以下的罚款；情节严重的，由原发证机关吊销许可证书：

（一）文物商店从事文物拍卖经营活动的；

（二）经营文物拍卖的拍卖企业从事文物购销经营活动的；

（三）文物商店销售的文物、拍卖企业拍卖的文物，未经审核的；

（四）文物收藏单位从事文物的商业经营活动的。

第七十四条

有下列行为之一，尚不构成犯罪的，由县级以上人民政府文物主管部门会同公安机关追缴文物；情节严重的，处五千元以上五万元以下的罚款：

（一）发现文物隐匿不报或者拒不上交的；

（二）未按照规定移交拣选文物的。

第七十五条

有下列行为之一的，由县级以上人民政府文物主管部门责令改正：

（一）改变国有未核定为文物保护单位的不可移动文物的用途，未依照本法规定报告的；

（二）转让、抵押非国有不可移动文物或者改变其用途，未依照本法规定备案的；

（三）国有不可移动文物的使用人拒不依法履行修缮义务的；

（四）考古发掘单位未经批准擅自进行考古发掘，或者不如实报告考古发掘结果的；

（五）文物收藏单位未按照国家有关规定建立馆藏文物档案、管理制度，或者未将馆藏文物档案、管理制度备案的；

（六）违反本法第三十八条规定，未经批准擅自调取馆藏文物的；

（七）馆藏文物损毁未报文物行政部门核查处理，或者馆藏文物被盗、被抢或者丢失，文物收藏单位未及时向公安机关或者文物行政部门报告的；

（八）文物商店销售文物或者拍卖企业拍卖文物，未按照国家有关规定作出记录或者未将所作记录报文物行政部门备案的。

第七十六条

文物行政部门、文物收藏单位、文物商店、经营文物拍卖的拍卖企业的工作人员，有下列行为之一的，依法给予行政处分，情节严重的，依法开除公职或者吊销其从业资格；构成犯罪的，依法追究刑事责任：

（一）文物行政部门的工作人员违反本法规定，滥用审批权限、不履行职责或者发现违法行为不予查处，造成严重后果的；

（二）文物行政部门和国有文物收藏单位的工作人员借用或者非法侵占国有文物的；

（三）文物行政部门的工作人员举办或者参与举办文物商店或者经营文物拍卖的拍卖企业的；

（四）因不负责任造成文物保护单位、珍贵文物损毁或者流失的；

（五）贪污、挪用文物保护经费的。

前款被开除公职或者被吊销从业资格的人员，自被开除公职或者被吊销从业资格之日起十年内不得担任文物管理人员或者从事文物经营活动。

第七十七条

有本法第六十六条、第六十八条、第七十条、第七十一条、第七十四条、第七十五条规定所列行为之一的，负有责任的主管人员和其他直接责任人员是国家工作人员的，依法给予行政处分。

第七十八条

公安机关、工商行政管理部门、海关、城乡建设规划部门和其他国家机关，违反本法规定滥用职权、玩忽职守、徇私舞弊，造成国家保护的珍贵文物损毁或者流失的，对负有责任的主管人员和其他直接责任人员依法给予行政处分；构成犯罪的，依法追究刑事责任。

第七十九条

人民法院、人民检察院、公安机关、海关和工商行政管理部门依法没收的文物应当登记造册，妥善保管，结案后无偿移交文物行政部门，由文物行政部门指定的国有文物收藏单位收藏。

第八章　附则

第八十条

本法自公布之日2015年4月24日起施行。

中国文物古迹保护准则

《中国文物古迹保护准则》修订前言

童明康

2000年由中国国家文物局与美国盖蒂保护所、澳大利亚遗产委员会合作编制的《中国文物古迹保护准则》以下简称《中国准则》印发颁行至今已有15个年头。它在对中国当时的文物保护工作进行充分总结的基础上，明确了文物保护工作的基本程序和基本原则，澄清了当时文物保护工作中存在的一些争议，提升了中国文物保护的理论水平，规范了中国文物保护的实践工作，促进了中国和国际文物保护理论的交流和学习。《中国准则》作为中国文物保护工作的最高行业规则和主要标准问世后得到了广泛的宣传、普及和运用，一大批文物保护工作者接受了《中国准则》的培训，有中国特色的文物保护理念在业内乃至社会上广泛传播，对中国的文化遗产保护工作起到了很好的理论指引和重要的推动作用，在国内外文化遗产保护领域产生了广泛而深刻的影响。应该说《中国准则》为2000年以后中国文物保护工作的科学开展创造了条件，奠定了基础，对中国文物保护事业的发展具有重要的指导意义。

第一章　总则

第1条　本准则适用对象统称为文物古迹。它是指人类在历史上创造或遗留的具有价值的不可移动的实物遗存，包括古文化遗址、古墓葬、古建筑、石窟寺、石刻、近现代史迹及代表性建筑、历史文化名城、名镇、名村和其中的附属文物；文化景观、文化线路、遗产运河等类型的遗产也属于文物古迹的范畴。

第2条　准则的宗旨是对文物古迹实施有效保护。保护是指为保存文物古迹及其环境和其他相关要素进行的全部活动。保护的目的是通过技术和管理措施真实、完整地保存其历史信息及其价值。

第3条　文物古迹的价值包括历史价值、艺术价值、科学价值以及社会价值和文化价值。社会价值包含了记忆、情感、教育等内容。文化价值包含了文化多样性、文化传统的延续及非物质文化遗产要素等相关内容。文化景观、文化线路、遗产运河等文物古迹还可能涉及相关自然要素的价值。

第4条　保护必须按照本《准则》规定的程序进行。价值评估应置于首位，保护程序的每一步骤都实行专家评审制度。

第5条　研究应贯穿保护工作全过程，所有保护程序都要以研究成果为依据。研究成果应当通过有效的途径公布或出版，促进文物古迹保护研究促进公众对文物古迹价值的认识。

第6条　文物古迹的利用必须以文物古迹安全为前提，以合理利用为原则。利用必须坚持突出社会效益，不允许为利用而损害文物古迹的价值。

第7条　文物古迹的从业人员应具有相关的专业教育背景并经过专业培训取得相应资格。获取资格的从业人员应定期接受培训提高工作能力。

第8条　文物古迹的保护是一项社会事业，需要全社会的共同参与。全社会应当共享文物古迹保护的成果。

第二章 保护原则

第9条 不改变原状是文物古迹保护的要义。它意味着真实、完整地保护文物古迹在历史过程中形成的价值及其体现这种价值的状态，有效地保护文物古迹的历史、文化环境并通过保护延续相关的文化传统。

第10条 真实性：是指文物古迹本身的材料、工艺、设计及其环境和它所反映的历史、文化、社会等相关信息的真实性。对文物古迹的保护就是保护这些信息及其来源的真实性。与文物古迹相关的文化传统的延续同样也是对真实性的保护。

第11条 完整性：文物古迹的保护是对其价值、价值载体及其环境等体现文物古迹价值的各个要素的完整保护。文物古迹在历史演化过程中形成的包括各个时代特征、具有价值的物质遗存都应得到尊重。

第12条 最低限度干预：应当把干预限制在保证文物古迹安全的程度上。为减少对文物古迹的干预应对文物古迹采取预防性保护。

第13条 保护文化传统：当文物古迹与某种文化传统相关联，文物古迹的价值又取决于这种文化传统的延续时，保护文物古迹的同时应考虑对这种文化传统的保护。

第14条 使用恰当的保护技术：应当使用经检验有利于文物古迹长期保存的成熟技术，文物古迹原有的技术和材料应当保护。对原有科学的、利于文物古迹长期保护的传统工艺应当传承。所有新材料和工艺都必须经过前期试验证明，切实有效，对文物古迹长期保存无害、无碍方可使用。所有保护措施不得妨碍再次对文物古迹进行保护，在可能的情况下应当是可逆的。

第15条 防灾减灾：及时认识并消除可能引发灾害的危险因素，预防灾害的发生。要充分评估各类灾害对文物古迹和人员可能造成的危害，制定应对突发灾害的应急预案，把灾害发生后可能出现的损失减到最小程度。对相关人员进行应急预案培训。

第三章 保护和管理工作程

第16条 文物古迹保护和管理工作程序分为六步，依次是调查、评估、确定文物保护单位等级、制订文物保护规划、实施文物保护规划、定期检查文物保护规划及其实施情况。

第17条 调查：包括普查、复查和重点调查。一切历史遗迹和有关的文献以及周边环境都应当列为调查对象。遗址应进行考古勘查确定遗址范围和保存状况。

第18条 评估：包括对文物古迹的价值、保存状态、管理条件和威胁文物古迹安全因素的评估，也包括对文物古迹研究和展示、利用状况的评估。评估对象为文物古迹本体以及所在环境，评估应以勘查、发掘及相关研究为依据。

第19条 确定文物古迹的保护等级：文物古迹根据其价值实行分级管理。价值评估是确定文物古迹保护等级的依据。各级政府应根据文物古迹的价值及时公布文物保护单位名单。公布为保护单位的文物古迹应落实保护范围，建立说明标志，完善记录档案，设置专门机构或专人负责管理。保护范围以外应划定建设控制地带，以缓解周边建设或生产活动对文物古迹造成的威胁。

第20条 编制文物保护规划：文物古迹所在地政府应委托有相应资质的专业机构编制文物古迹保护规划。规划应符合相关行业规范和标准。规划编制单位应会同相关专业人员共同编制。涉及考古遗址时，应有负责考古工作的单位和人员参与编制。文物古迹的管理者也应参与规划的编制，熟悉规划的相关内容。规划涉及的单位和个人应参与规划编制的过程并了解规划内容。在规划编制过程中应征求公众意见。文物保护规划应与当地相关规划衔接。文物保护规划一经公布则具有法律效力。

第21条　实施文物保护规划：通过审批的保护规划应向社会公布。文物古迹所在地政府是文物保护规划的实施主体。文物古迹保护管理机构负责执行规划确定的工作内容。应通过实施专项设计落实文物保护规划。列入规划的保护项目、游客管理、展陈和教育计划、考古研究及环境整治应根据文物古迹的具体情况编制专项设计。规划中的保护工程专项设计必须符合各类工程规范，由具有相应资质的专业机构承担，由相关专业的专家组成的委员会评审。

第22条　定期评估：管理者应定期对文物保护规划及其实施进行评估。文物行政管理部门应对文物保护规划实施情况予以监督，并鼓励公众通过质询、向文物行政管理部门反映情况等方式对文物保护规划的实施进行监督。当文物古迹及其环境与文物保护规划的价值评估或现状评估相比出现重大变化时，经评估、论证，文物古迹所在地政府应委托有相应资质的专业机构对文物保护规划进行调整，并按原程序报批。

第23条　管理：是文物古迹保护的基本工作。管理包括通过制定具有前瞻性的规划，认识、宣传和保护文物古迹的价值；建立相应的规章制度；建立各部门间的合作机制；及时消除文物古迹存在的隐患；控制文物古迹建设控制地带内的建设活动；联络相关各方和当地社区；培养高素质管理人员；对文物古迹定期维护；提供高水平的展陈和价值阐释；收集、整理档案资料；管理旅游活动；保障文物古迹安全；保证必要的保护经费来源。

第四章　保护措施

第24条　保护措施是通过技术手段对文物古迹及环境进行保护、加固和修复包括保养维护与监测、加固、修缮、保护性设施建设、迁移以及环境整治。所有技术措施在实施之前都应履行立项程序进行专项设计。所有技术和管理措施都应记入档案。相关的勘查、研究、监测及工程报告应由文物古迹管理部门公布、出版。

第25条　保养维护及监测：是文物古迹保护的基础。保养维护能及时消除影响文物古迹安全的隐患，并保证文物古迹的整洁。应制定并落实文物古迹保养制度。监测是认识文物古迹褪变过程及时发现文物古迹安全隐患的基本方法。对于无法通过保养维护消除的隐患应实行连续监测，记录、整理、分析监测数据，作为采取进一步保护措施的依据。保养维护和监测经费由文物古迹管理部门列入年度工作计划和经费预算。

第26条　加固：是直接作用于文物古迹本体，消除褪变或损坏的措施。加固是针对防护无法解决的问题而采取的措施，如灌浆、勾缝或增强结构强度以避免文物古迹的结构或构成部分褪变损坏。加固措施应根据评估，消除文物古迹结构存在的隐患，并确保不损害文物古迹本体。

第27条　修缮：包括现状整修和重点修复。现状整修主要是规整歪闪、坍塌、错乱和修补残损部分，清除经评估为不当的添加物等。修整中被清除和补配部分应有详细的档案记录，补配部分应当可识别。重点修复包括恢复文物古迹结构的稳定状态，修补损坏部分，添补主要的缺失部分等。对传统木结构文物古迹应慎重使用全部解体的修复方法。经解体后修复的文物古迹应全面消除隐患。修复工程应尽量保存各个时期有价值的结构、构件和痕迹。修复要有充分依据。附属文物只有在不拆卸则无法保证文物古迹本体及附属文物安全的情况下才被允许拆卸并在修复后按照原状恢复。由于灾害而遭受破坏的文物古迹，须在有充分依据的情况下进行修复，这些也属于修缮的范畴。

第28条　保护性设施建设：通过附加防护设施保障文物古迹和人员安全。保护性设施建设是消除造成文物古迹损害的自然或人为因素的预防性措施，有助于避免或减少对文物古迹的直接干预，包括设置保护设施，在遗址上搭建保护棚罩等。监控用房、文物库房及必要的设备用房等也属于保护性设施。它们的建设、改造须依据文物保护规划和专项设计实施，把对文物古迹及环境影响控制在最小程度。

第29条　迁建：是经过特殊批准的个别的工程，必须严格控制。迁建必须具有充分的理由，不允许仅为了旅游观光而实施此类工程。迁建必须经过专家委员会论证，依法审批后方可实施。必须取得并保留全部原状资料，详细记录迁建的全过程。

第30条　环境整治：是保证文物古迹安全，展示文物古迹环境原状，保障合理利用的综合措施。整治措施包括：对保护区划中有损景观的建筑进行调整、拆除或置换，清除可能引起灾害的杂物堆积，制止可能影响文物古迹安全的生产及社会活动，防止环境污染对文物造成的损伤。绿化应尊重文物古迹及周围环境的历史风貌，如采用乡土物种，避免因绿化而损害文物古迹和景观环境。

第31条　油饰彩画保护：必须在科学分析、评估其时代、题材、风格、材料、工艺、珍稀性和破坏机理的基础上，根据价值和保存状况采取现状整修或重点修复的保护措施。油饰彩画保护的目的是通过适当的加固措施尽可能保存原有彩画。若通过评估需要重绘时，重绘部分必须尊重原设计、使用原工艺并尽可能使用原材料。工程的每一步骤必须有详尽的档案记录。有重要价值但无法在原位保存的彩画应在采取保护措施后，作为文物或档案资料保存。

第32条　壁画保护：对石窟、寺庙、墓葬壁画所采取的保护措施必须经过研究、分析和试验，保证切实有效。壁画保护首先应采取防护措施。只有在充分认识壁画的退化机理的前提下，才能进行加固。复原可能破坏壁画的真实性，不适合壁画的保护。只有在原有环境中确实难以保护的情况下，壁画才允许迁移保护。

第33条　彩塑保护：首先应保证彩塑结构稳定、安全对彩塑所采取的保护措施，必须经过研究、分析和试验，证明切实有效。

第34条　石刻保护：应以物理防护为主，首先保证石刻安全。任何直接接触石刻表面的防护和保护措施都必须经过研究、分析和试验，证明对石刻文物无害方可使用。

第35条　考古遗址保护：考古发掘应优先考虑面临发展规划、土地用途改变、自然退化威胁的遗址和墓葬。有计划或抢救性考古发掘、包括因国家重大工程建设进行的考古发掘，都应制定发掘中和发掘后的保护预案，在发掘现场对遗址和文物提取做初步的保护，避免或减轻由于环境变化对遗址和文物造成的损害。经发掘的遗址和墓葬不具备展示条件的，应尽量实施原地回填保护，并防止人为破坏。经过评估，无条件在原址保存的遗址和墓葬，方可迁移保护。

第36条　近现代史迹及代表性建筑的保护：近现代建筑、工业遗产和科技遗产的保护应突出考虑原有材料的基本特征，尽可能采用不改变原有建筑及结构特征的加固措施。增加的加固措施应当可以识别，并尽可能可逆，或至少不影响以后进一步的维修保护。

第37条　纪念地的保护应突出对于体现纪念地价值的环境特征的保护。

第38条　文化景观、文化线路、遗产运河的保护：必须在对各构成要素保护的基础上突出对文物古迹整体的保护。一定范围内的环境和自然景观是这些文物古迹本体的构成要素，对这部分环境和自然景观的保护和修复即是对文物古迹本体的保护。

第39条　历史文化名城、名镇、名村的保护：除了对文物古迹各构成要素的保护，还须考虑对整体的城镇历史景观的保护。保护不仅要考虑城市肌理和建筑体量、密度、高度、色彩、材料等因素，同时也应保护、延续仍保持活力的文化传统。从环境景观的角度还需考虑对视线通廊、周围山水环境等体现城镇、村落选址、景观设计意图等要素的保护。

第五章 合理利用

第40条 合理利用是文物古迹保护的重要内容。应根据文物古迹的价值、特征、保存状况、环境条件，综合考虑研究、展示、延续原有功能和赋予文物古迹适宜的当代功能的各种利用方式。利用应强调公益性和可持续性，避免过度利用。

第41条 鼓励以文物古迹为资料，进行相关研究工作。文物古迹是历史变迁、文化发展的实物例证，是历史、文化研究的重要对象。对文物古迹的研究是实现文物古迹价值的重要方式。

第42条 鼓励对文物古迹进行展示，对其价值做出真实、完整、准确的阐释。展示应基于对文物古迹全面、深入的研究。要避免对文物古迹及相关历史、文化作不准确的表述。展示应针对不同背景的群体采用易于理解的方式。

第43条 不提倡原址重建的展示方式。考古遗址不应重建。鼓励根据考古和文献资料通过图片、模型、虚拟展示等科技手段和方法对遗址进行展示。

第44条 对仍保持原有功能，特别是这些功能已经成为其价值组成部分的文物古迹应鼓励和延续原有的使用方式。

第45条 赋予文物古迹新的当代功能必须根据文物古迹的价值和自身特点，确保文物古迹安全和价值不受损害。利用必须考虑文物古迹的承受能力，禁止超出文物古迹承受能力的利用。因利用而增加的设施必须是可逆的。

第六章 附则

第46条 针对新的文物古迹类型，鼓励遵循《准则》的原则探索适合特定类型的文物古迹的保护方法。

第47条 本《准则》由中国古迹遗址保护协会制定、通过中国国家文物局批准向社会公布。中国古迹遗址保护协会负责对本《准则》及其附件进行解释。在需要进行修订时也要履行相同程序。

国家文物局、公安部发布《文物建筑消防安全管理十项规定》

为加强文物建筑消防安全工作，近日，国家文物局、公安部向各省、自治区、直辖市文物局（文化厅），公安厅、局印发《文物建筑消防安全管理十项规定》

一、切实落实消防安全责任

文物建筑的产权人或者管理、使用人是消防安全责任主体。

文物建筑产权单位或者管理、使用单位应当依法建立并落实逐级消防安全责任制，明确各级、各岗位的消防安全职责。单位主要负责人为消防安全责任人，统筹安排本单位消防安全管理工作。属于消防安全重点单位的文物建筑应当确定消防安全管理人，负责组织实施日常消防安全管理工作，主要履行制定落实消防工作计划和消防安全制度，组织开展防火巡查和检查、火灾隐患整改、消防安全宣传教育培训、灭火和应急疏散演练等职责。

二、建立完善专门机构和专兼职消防队伍

文物建筑产权单位或者管理、使用单位应当设置（确定）内设专门机构，或者确定专（兼）职消防管理人员，具体实施消防安全管理工作。应当依法建立专职或者志愿消防队伍，结合实际配备相应的消防装备和灭火器材，定期开展防火灭火训练。

三、严格消防设施管理

对文物建筑应根据防火需要和实际情况，确定消防车通道（消防道路），配置必要的消防给水系统、消防设施、设备和器材，确定疏散通道、安全出口，保持防火间距。用于参观、游览和经营场所的文物建筑，要切实采取人员的安全保障措施。

文物建筑毗邻区域和保护范围内不得擅自扩建或搭建建（构）筑物、占用防火间距和消防车通道（消防道路）。对文物建筑消防设施、设备和器材要加强日常保养维护和定期检测，确保使用功能。

四、严格用火管理

文物建筑内严格控制使用明火。用于宗教活动场所或者民居建筑等确需使用明火时，应加强火源管理，采取有效防火措施，并由专人看管，必须做到人离火灭。

五、严格用电管理

文物建筑内配电设备、电气线路、电器选型、安装等应符合相关规范和防火要求，并配备适用的电器火灾防控装置。文物建筑内宜使用低压弱电供电和冷光源照明，一般不得使用电热器具和大功率用电器具。确需使用的，要采取安全防护措施，制定并严格落实使用管理制度。严禁私拉乱接电气线路，室内外电气线路应采取穿金属管等保护措施。对电气线路和电器要定期检查检测，确保使用安全。

六、严格危险品管理

文物建筑保护范围内严禁生产、使用、储存和经营易燃易爆危险品，严禁燃放烟花爆竹。用于居民生产生活的民居类文物建筑和其他作为住宿、餐饮等功能的文物建筑，因生产生活需要使用燃气，堆放柴草等可燃物，要采取切实有效的安全防护措施。其他文物古建筑内，严禁使用燃气，不得铺设燃气

管线，不得堆放柴草、木料等可燃物，并应明显设立“禁止燃放烟花爆竹”、“禁止吸烟”、“禁止烟火”等标志。

七、严格大型活动管理

在文物建筑保护范围内举办祭祀、庙会、游园、展览等大型活动，主办单位应进行防火检查，增设必要的消防设施、设备和灭火器材，同时制定灭火和应急疏散预案并预先组织演练。要按规定事先将活动情况和消防措施报当地公安部门审核同意后，方可举办活动。

八、全面开展防火巡查检查

文物建筑的消防安全责任人或管理人每季度应至少组织1次防火检查，重点检查以下内容：

（一）消防安全管理制度落实情况，管理使用单位负责人和其他员工防火意识和消防知识、技能的掌握情况

（二）开展日常防火巡查情况；

（三）疏散通道、安全出口和消防车通道（消防道路）是否畅通，防火间距是否被占用情况；

（四）消防设施、设备和器材完好有效情况；

（五）消防水源是否满足使用需求；

（六）有无违章用火、用电、用油、用气情况；

（七）电器产品的安装、使用及其线路、管线的敷设是否符合消防技术标准和管理规定；

（八）按规定允许烧香、点蜡等使用明火的场所，是否符合相关规范，并落实安全防护措施；

（九）重点部位的消防安全措施情况；

（十）火灾隐患整改和防范措施落实情况；

（十一）其他消防安全管理情况。

专（兼）职消防管理人员应当对前款规定的第（三）、（四）、（六）、（七）、（八）、（九）项内容开展日常的防火巡查；文物建筑对社会开放期间，至少每2小时进行一次防火巡查，并强化夜间巡查。

九、切实开展消防演练

文物建筑产权单位和管理使用单位应当制定本单位灭火和应急疏散预案，明确每班次、各岗位人员及其报警、疏散、扑救初起火灾的职责，每半年至少开展一次演练。在宗教活动、民俗活动等人员集中的重点时段，应当结合实际制定专门预案。

十、认真开展消防安全宣传教育

文物建筑产权单位和管理使用单位应当开展经常性消防安全教育培训，增强防火安全意识，掌握防火技能。单位人员应当懂得本单位、本岗位的火灾危险性和防火措施，会报警、会扑救初起火灾，会疏散逃生自救。要结合实际对公众开展消防宣传，在醒目位置设立消防安全警示标识，张挂消防安全宣传图标。

文物违法行为举报管理办法（试行）

文物督发［2015］13号

关于印发《文物违法行为举报管理办法（试行）》的通知

各省、自治区、直辖市文物局（文化厅），天津、上海、重庆市文化市场综合执法总队：

现将《文物违法行为举报管理办法（试行）》印发给你们，请结合本地实际，认真贯彻落实。执行过程中如发现问题，请及时反馈我局。

特此通知。

国家文物局

2015年8月10日

第一条　为规范文物违法行为举报管理工作，推动各地文物行政部门主动接受社会监督，依法履行文物行政执法职责，及时查处文物行政违法案件，根据《中华人民共和国文物保护法》等法律法规，制定本办法。

第二条　本办法所称文物违法行为举报管理，是指各级文物行政部门对公民、法人和其他组织举报的涉嫌违反文物保护法律法规、应由文物行政部门调查处理的文物违法行为信息，依法开展的受理、核查与信息反馈等工作。

第三条　文物违法行为举报管理工作按照"属地管理，分级负责，便民高效、公开公正"的原则实施。

第四条　鼓励公民、法人和其他组织举报文物违法行为。各级文物行政部门保障举报人依法行使举报权利，保护举报人个人信息安全。

举报人应保证举报信息的真实性，不得虚假举报。故意虚构或歪曲事实，应承担相应法律后果。

第五条　国家文物局指导全国文物违法行为举报管理工作，受理涉及全国重点文物保护单位、馆藏一级文物，以及涉嫌损毁省级文物保护单位的违法行为举报信息，并予督办、转办，对重大案件线索组织调查核实。

国家文物局设立文物违法举报中心，承担文物违法行为举报受理的具体工作，并对各地工作情况进行统计分析。

第六条　各省、自治区、直辖市文物行政部门负责本行政区域内文物违法行为举报管理工作，受理涉及省级以上（含省级）文物保护单位、馆藏珍贵文物，以及涉嫌损毁不可移动文物本体的违法行为举报信息，并予督办、转办。对重大案件线索组织调查核实。

第七条　设区的市级文物行政部门对辖区内各县（市、区）文物违法行为举报受理工作进行督促检查，受理辖区内各级文物保护单位、馆藏文物，以及涉嫌损毁不可移动文物本体的违法行为举报信息，并组织调查处理。

第八条　各县（市、区）文物行政部门受理、核查辖区内不可移动文物、馆藏文物违法行为举报信息，并依法处理。

第九条　各级文物行政部门应建立信函、电话、网络等多种举报受理渠道，并主动对社会公开。适时开通文物违法举报热线。

第十条　文物违法行为信息举报受理范围：

（一）涉嫌损毁不可移动文物本体的行为；

（二）在文物保护单位的保护范围或者建设控制地带内发生的违法建设行为；

（三）擅自迁移、拆除不可移动文物或者擅自修缮不可移动文物，明显改变文物原状的违法行为；

（四）擅自在原址重建已全部毁坏的不可移动文物，造成文物破坏的违法行为；

（五）施工单位未取得文物保护工程资质证书，擅自从事文物修缮、迁移、重建的违法行为；

（六）涉及考古发掘的违法行为；

（七）涉及国有文物收藏单位和馆藏文物的违法行为；

（八）其他违反文物保护法律法规、应由文物行政部门调查处理的违法行为。

第十一条　对属于下列情形的举报信息，各级文物行政部门不予受理，登记后予以存档：

（一）不属于文物行政部门行政执法职责范围的；

（二）未提供违法行为信息或者无具体违法事实的；

（三）同一举报已经受理，举报人再次举报，但未提供新的违法事实的；

（四）已经或者依法应当通过诉讼、仲裁或行政复议等法定途径解决的；

（五）已经信访终结的；

（六）案发时间超出行政处罚时效的。

不属于受理范围的举报事项，应及时一次性告知举报人有权处理机关及相应举报途径。

第十二条　国家文物局和省级文物行政部门受理并督办、转办的举报信息，按照逐级交转原则，交由属地文物行政部门核查处理。重大案件线索，或属地文物行政部门应予回避的举报信息，国家文物局和省级文物行政部门可指定举报信息核查单位，或直接组织调查核实。

第十三条　设区市和县（市、区）文物行政部门受理举报信息，或接到上级督办、转办的举报信息后，应在15个工作日内完成实地核查。上级文物行政部门明确有核查时限的，应在时限要求内办结；情况复杂的，经上级交办部门同意，可适当延长办理期限。

举报信息经实地核查不属实的，由举报受理单位存档结项；属实或部分属实，确有违法行为的，由具有管辖权的文物行政部门依法实施行政处罚。

第十四条　各级文物行政部门受理举报信息后，对于实名举报，应自受理之日起60个工作日内，将办理情况反馈举报人。举报人对办理结果不满意的，应认真做好解释；举报人提供新的证据、需要进一步核实的，可进行复查并反馈。举报人对复查结果仍不满意，并以同一事实和理由重复举报的，不再受理。

第十五条　举报人对案件办结报告或执法文书申请信息公开的，应告知其案件文书基本信息，由文书制作单位负责具体信息公开事宜。

第十六条　各级文物行政部门应将文物违法行为举报管理经费纳入行政办公经费。鼓励各级文物行政部门建立文物违法行为举报奖励制度，设立举报奖励经费，对因举报使文物得到有效保护或免于重大损失的，给予举报人精神或物质奖励。

第十七条　各级文物行政部门应建立文物违法举报信息档案管理制度，妥善保管受理、核查及信息反馈过程中形成的资料，并及时整理归档。

第十八条　各级文物行政部门应建立文物违法举报信息季度、年度统计分析制度。各省、自治区、直辖市文物行政部门应将工作情况纳入《文物安全与行政执法工作情况统计表》，按照规定时限要求统计上报国家文物局。

第十九条　各地应根据实际情况，参照本办法制定实施细则。各级文物行政部门可将文物违法行为举报相关具体工作委托文物行政执法机构实施，并加强监督管理。

第二十条　本办法由国家文物局负责解释，自公布之日起实施。

福建省“福建土楼”世界文化遗产保护条例

（2011年9月29日福建省第十一届人民代表大会常务委员会第二十六次会议通过）

第一章　总则

第一条

为了加强对“福建土楼”世界文化遗产的保护，根据国家有关法律法规，结合本省实际，制定本条例。

第二条

本条例适用于本省行政区域内列入联合国教科文组织《世界遗产名录》的“福建土楼”世界文化遗产（以下简称“福建土楼”）的保护和管理。

第三条

“福建土楼”的保护，应当遵循依法保护、科学管理、加强监督、永续利用的原则，确保“福建土楼”的真实性和完整性。

第四条

“福建土楼”所在地县级以上地方人民政府及其文物行政主管部门负责本行政区域内“福建土楼”的保护工作。

县级以上地方人民政府有关部门和乡（镇）人民政府按照各自职责，做好“福建土楼” 保护管理的相关工作。

村民委员会可以根据本条例制定村规民约，建立群众性的保护组织，保护“福建土楼”。

第五条

“福建土楼”的所有权受法律保护。所有权人应当按照有关法律、法规的规定，保护“福建土楼”；所有权人有权参与“福建土楼”涉及所有权人利益事项的管理。

第六条

“福建土楼”所在地县级以上地方人民政府应当加强同有关组织的交流与合作，开展促进保护的科研活动，组织培训世界文化遗产保护管理的专业技术和管理人员。

第七条

“福建土楼”所在地地方各级人民政府及其有关部门应当加强土楼保护的宣传教育工作，普及土楼保护知识，增强当地群众的土楼保护意识。

第八条

任何单位和个人应当依法保护“福建土楼”，有权举报破坏“福建土楼”的行为。

对保护“福建土楼”做出突出贡献的单位或者个人，由“福建土楼”所在地县级以上地方人民政府或者有关行政管理部门给予表彰和奖励。

第二章　规划与管理

第九条

“福建土楼”所在地县级人民政府应当按照联合国教科文组织有关世界文化遗产的保护要求，组织编制“福建土楼”保护规划，明确“福建土楼”保护的标准和重点，分类确定保护措施，并报省人民政府及国务院文物行政主管部门批准，作为“福建土楼”保护管理和展示利用的依据。

“福建土楼”保护规划经批准公布后，应当严格执行，不得擅自修改；确需修改的，应当报经原批准机关批准。

“福建土楼”保护规划应当纳入同级地方人民政府的国民经济和社会发展规划、土地利用总体规划和城乡规划。

第十条

“福建土楼”所在地县级人民政府应当根据“福建土楼”申报文本，划定核心区和缓冲区范围，报省人民政府批准，并予以公布。

省人民政府应当为“福建土楼”作出标志说明。标志说明应当包括世界文化遗产的名称、核心区、缓冲区和保护机构等内容，以及联合国教科文组织公布的世界遗产标志图案。

县级以上地方人民政府应当建立“福建土楼”记录档案，并由省人民政府文物行政主管部门报国务院文物行政主管部门备案。

第十一条

开发利用“福建土楼”，应当符合“福建土楼”保护规划，并与“福建土楼”的历史和文化属性相协调。

在“福建土楼”核心区和缓冲区开辟参观游览场所，应当依法报所在地县级人民政府审批，并报省人民政府文物行政主管部门备案。

在参观游览场所设置服务项目，应当符合世界文化遗产的保护要求，注重维护当地群众的权益，遵循公开、公平、公正的原则，接受社会监督。

第十二条

在“福建土楼”核心区内，确因需要进行建设的项目，应当符合保护规划，并依法报省人民政府批准。

在“福建土楼”缓冲区内进行工程建设，应当符合保护规划，与“福建土楼”及其生态环境相协调，工程设计方案应当经省文物行政主管部门同意，依法报批后实施。

县级人民政府对不符合“福建土楼”保护规划的建筑物、构筑物应当责令限期清理、整改；对周边已遭到破坏的景观、植被等应当责令相关责任人及时修复。

第三章　保护措施

第十三条

“福建土楼”核心区和缓冲区内的土地和其他资源，应当严格保护，加强管理，任何单位和个人不得侵占和破坏。

第十四条

“福建土楼”所在地应当做好生态环境保护，防止生态破坏、水土流失和水资源污染，不得损害或者破坏“福建土楼”原生态资源；周边一重山范围内林木林地逐步依法纳入生态公益林管理，并按照规定给予林权所有者适当的补偿。

严格保护古树名木，禁止引进与当地生态环境不相协调的外来生物物种。

第十五条

“福建土楼”所在地县级人民政府应当科学规划、合理引导、严格规范、依法管理核心区内“福建土楼”所有权人和使用权人的商业经营活动。

第十六条

“福建土楼”所在地县级人民政府应当根据保护需要，科学组织、合理安排游客流量，避免过度人为活动损毁“福建土楼”。

第十七条

任何单位和个人进入“福建土楼”核心区，应当遵守有关规定，维护公共秩序和环境卫生，不得破坏“福建土楼”的景观风貌、危及“福建土楼”安全。

“福建土楼”核心区内禁止下列行为：

（一）采矿、采石、采砂，修建坟墓、垃圾处理场；

（二）存储易燃、易爆、腐蚀性等危险物品；

（三）在“福建土楼”及其标志、保护设施上张贴、涂写、刻划，或者移动、拆除“福建土楼”标志、保护设施；

（四）设置户外广告设施、修建人造景点；

（五）法律、法规禁止的其他行为。

第十八条

“福建土楼”所在地县级人民政府负责组织安全防范、公共消防设施建设，组织有关部门对用电、用气、用火等管理情况定期检查，开展应急自救教育和培训。

“福建土楼”所有权人和使用权人应当遵守国家有关治安、消防法律法规，配备消防器材，加强用电、用气、用火管理，落实安全、消防措施。

鼓励在“福建土楼”所在地成立志愿消防队，提高自防自救能力。

第十九条

“福建土楼”所在地县级以上地方人民政府应当采取措施，继承、保护和弘扬与“福建土楼”相依存的民俗风情、民间艺术等非物质文化遗产，收集和保存文化、艺术、工艺珍品，设置“福建土楼”博物馆、陈列室，出版、展示、宣传“福建土楼”历史文化作品。

第二十条

“福建土楼”所在地县级人民政府文物行政主管部门应当建立“福建土楼”重大事项专家咨询制度、定期通报制度、日常监测巡视制度。发现可能危及“福建土楼”安全的，应当依法采取措施予以保护，并向设区的市级、县级人民政府和省人民政府文物行政主管部门报告。

“福建土楼”所有权人或者使用权人应当与所在地县人民政府文物行政主管部门签订保护使用责任书，接受其指导和监督。

第二十一条

“福建土楼”的日常保养和维护由所有权人或者使用权人负责。

发现“福建土楼”有损毁危险，所有权人或者使用权人应当及时向县级人民政府文物行政主管部门报告。县级人民政府及其文物行政主管部门应当及时组织修缮，修缮费用由县级以上地方人民政府承担。

第二十二条

“福建土楼”的修缮，应当由取得文物保护工程资质证书的设计、施工、监理单位承担。修缮应当遵循不改变其原状的原则，保持原有材料、传统结构、形制工艺和历史原貌。修缮方案应当严格按照保护规划编制，并依法报国务院文物行政主管部门批准。县级人民政府文物行政主管部门应当监督修缮全过程，并将修缮及经费使用情况向省人民政府文物行政主管部门报告。

第二十三条

"福建土楼"遭受灾害造成重大损失、发生或者可能发生危及"福建土楼"安全的突发事件时，所在地县级人民政府及其文物行政主管部门应当及时采取应急措施，组织抢救保护，并向省人民政府及其文物行政主管部门报告。省人民政府及其文物行政主管部门接到报告后，应当及时决定处理办法并负责组织实施。

第四章　经费保障

第二十四条

"福建土楼"所在地县级以上地方人民政府应当依法将保护管理经费列入本级财政预算；根据保护工作的实际需要，可以设立保护专项经费，用于"福建土楼"的修缮、周边环境整治等保护工作。保护专项经费实行专账核算，专款专用，严格管理，不得挪作他用，并接受财政、审计等部门的监督。

第二十五条

鼓励设立"福建土楼"保护基金。保护基金可以通过政府投入、社会各界及海外捐赠、国际组织提供的保护经费等多渠道筹集。保护基金应当依法筹集、管理和使用，并接受社会监督。

第二十六条

"福建土楼"所在地人民政府应当将"福建土楼"开辟参观游览及设置服务项目获得的收益用于"福建土楼"的保护和对所有权人的补偿。对所有权人的具体补偿办法由"福建土楼"所在地县和乡（镇）人民政府、村民委员会、所有权人三方协商决定。

"福建土楼"所在地人民政府在"福建土楼"开辟参观游览及设置服务项目的收入和支出情况应当接受财政、审计等部门的监督，并定期向所有权人通报。

第五章　法律责任

第二十七条

违反本条例第九条第二款规定的，由省人民政府责令改正，通报批评，对"福建土楼"所在地县级人民政府负责人和其他直接责任人员依法给予处分。

第二十八条

违反本条例第十七条第二款规定的，由"福建土楼"所在地县级以上地方人民政府文物行政主管部门责令限期改正，逾期不改正的，处二千元以上二万元以下的罚款。

第二十九条

违反本条例第二十四条规定，将保护专项经费挪作他用的，对负有责任的主管人员和其他直接责任人员依法给予处分；构成犯罪的，依法追究刑事责任。

第三十条

有下列行为之一，由"福建土楼"所在地县级以上地方人民政府文物行政主管部门责令改正，造成严重后果的，处五万元以上五十万元以下的罚款；构成犯罪的，依法追究刑事责任：

（一）未经文物行政主管部门同意、城乡建设规划部门批准，在核心区、缓冲区内进行工程建设的；

（二）设计、施工、监理单位未取得文物保护工程资质证书，擅自从事修缮的。

第三十一条

有关行政管理部门工作人员，违反本条例规定，在管理过程中玩忽职守、滥用职权、徇私舞弊的，对负有责任的主管人员和其他直接责任人员依法给予处分；构成犯罪的，依法追究刑事责任。

第六章　附则

第三十二条

本条例自2011年12月1日起施行。

洛阳市邙山陵墓群保护条例

（2011年8月30日洛阳市第十三届人民代表大会常务委员会第二十次会议通过，2011年11月25日河南省第十一届人民代表大会常务委员会第二十四次会议批准）

《洛阳市邙山陵墓群保护条例》已经河南省第十一届人民代表大会常务委员会第二十四次会议于2011年11月25日审议批准，现予以公布，自2012年3月1日起施行。

第一条

为了加强对邙山陵墓群的有效保护和合理利用，根据《中华人民共和国文物保护法》等法律、法规，结合邙山陵墓群现状和本市实际，制定本条例。

第二条

本条例所称邙山陵墓群，是指本市行政区域内位于邙山的东周、东汉、曹魏、西晋、北魏、后唐等朝代帝陵及其陪葬墓群。

第三条

在邙山陵墓群保护范围及建设控制地带内进行规划建设、考古发掘、旅游开发、生产生活或者其他活动的单位和个人，应当遵守本条例。

第四条

邙山陵墓群保护工作，实行国家保护为主与社会保护相结合的原则，贯彻“保护为主、抢救第一、合理利用、加强管理”的方针，确保邙山陵墓群及其历史风貌和自然环境的真实性、完整性。

第五条

市人民政府应当加强对邙山陵墓群保护工作的领导。

市文物行政部门是邙山陵墓群保护工作的行政主管部门。

其他相关部门依照有关法律、法规，在各自的职责范围内共同做好邙山陵墓群的保护工作。

邙山陵墓群所在地的县级人民政府及其有关部门应当做好本行政区域内邙山陵墓群的保护工作。

第六条

市人民政府应当将邙山陵墓群的保护纳入国民经济和社会发展规划，编制邙山陵墓群保护规划，并将其纳入本市土地利用规划和城市总体规划。

第七条

市人民政府和邙山陵墓群所在地的县级人民政府应当将邙山陵墓群保护经费列入本级财政年度预算，并及时拨付。邙山陵墓群保护经费应当随着财政收入的增长而适当增加。

鼓励国内外社会团体和个人自愿捐资发展邙山陵墓群文物保护事业。

邙山陵墓群的保护资金应当专款专用，不得截留挪用，并接受财政、审计等部门的监督。

第八条

各级人民政府及其文物、教育等部门以及报刊、广播、电视、网络等媒体，应当加强本条例的宣传教育工作，增强公民的文物保护意识。

第九条

任何单位和个人对破坏邙山陵墓群及其历史风貌和自然环境的行为都有权依法制止、举报。对于在邙山陵墓群保护工作中有显著成绩的单位或者个人，由市人民政府或者市文物行政部门给予奖励。

第十条

邙山陵墓群已发现并确认的重要墓葬和遗址包括：

（一）东周墓地。位于孟津县平乐镇金村东，汉魏洛阳故城内城东北城垣内，面积1200米×1000米。

（二）大汉冢及其陵园遗址。位于孟津县送庄镇三十里铺村南。以坐标N34° 46.520′，E112° 34.975′为中心，向东南西北各延伸600米。

（三）二汉冢及其陵园遗址。位于孟津县平乐镇平乐村西北。以坐标N34° 45.977′，E112° 35.070′为中心，向东南西北各延伸500米。

（四）三汉冢及其陵园遗址。位于孟津县平乐镇平乐村北。以坐标N34° 45.701′，E112° 35.125′为中心，向东南西北各延伸500米。

（五）邙山陵墓群调查编号707号汉代大冢及其陵园遗址。位于孟津县平乐镇朱仓村西北。以坐标N34° 46.581′，E112° 36.227′为中心，向东南西北各延伸500米。

（六）邙山陵墓群调查编号722号汉代大冢及其陵园遗址。位于孟津县平乐镇朱仓村西北。以坐标N34° 46.524′，E112° 36.026′为中心，向东南西北各延伸500米。

（七）刘家井汉代大冢及其陵园遗址。位于孟津县送庄镇三十里铺村刘家井自然村。以坐标N34° 47.244′，E 112° 35.239′为中心，向东南西北各延伸500米。

（八）曹魏征东大将军、大司马曹休墓。位于连霍高速公路洛阳服务区东约100米。以坐标N34° 46.461′，E112° 34.705′为中心，向东南西北各延伸500米。

（九）西晋文帝崇阳陵。位于偃师市城关镇后杜楼村北1500米。以坐标N34° 45.0294′，E112° 44.2001′为中心，向东南西北各延伸500米。

（十）西晋武帝峻阳陵。位于偃师市首阳山镇南蔡庄村北2500米。以坐标N34° 45.0001′，E112° 41.9963′为中心，向东南西北各延伸500米。

（十一）北魏孝文帝长陵及其陵园遗址。位于孟津县朝阳镇官庄村东约800米。以坐标N34° 45.9596′，E112° 25.0573′为中心，向东南西北各延伸300米。

（十二）北魏宣武帝景陵。位于洛阳市老城区冢头村，洛阳市古代艺术博物馆所在地。以坐标N34° 44.084′，E112° 24.430′为中心，向东南西北各延伸300米。

（十三）北魏孝明帝定陵及其陵园遗址。位于孟津县送庄镇东山头村东南。以坐标N34° 46.506′，E112° 33.764′为中心，向东南西北各延伸300米。

（十四）北魏孝庄帝静陵。位于洛阳市西工区红山乡上寨村。以坐标N34° 42.273′，E112° 22.518′为中心，向东南西北各延伸300米。

（十五）后唐明宗徽陵。位于孟津县送庄镇送庄村东南。以坐标N34° 47.088′，E112° 33.912′为中心，向东南西北各延伸500米。

根据考古发现或者研究成果，应当及时依法增补重要墓葬和遗址。

第十一条

邙山陵墓群保护范围分为西段、中段和东段。

（一）西段：洛阳市北郊、孟津县境内，北魏陵区。

北界孟津县朝阳镇游王村至孟津县朝阳镇崔沟村北；西界孟津县朝阳镇崔沟村至洛阳市老城区邙山镇冢头村南；东界孟津县朝阳镇游王村至洛阳市瀍河回族区盘龙冢村；南界洛阳市老城区邙山镇冢头村至洛阳市瀍河回族区盘龙冢村。

洛阳市西工区红山乡杨冢村南、西工区新塘屯村东南、红山乡上寨村南、老城区邙山镇中沟村西、洛阳市驾驶员训练场西、营庄村庄王山自然村北、老城区邙山镇苗南村西、洛阳车辆段等9个大冢为中心，向东南西北各延伸300米为保护区。

（二）中段：洛阳市北郊、孟津县境内，东汉陵区。

北界孟津县送庄镇东立射村至孟津县会盟镇靳村；西界孟津县送庄镇东立射村至孟津县平乐镇左坡村南；东界孟津县会盟镇靳村至孟津县平乐镇天皇村半个寨自然村；南界孟津县平乐镇左坡村南至孟津县平乐镇金村。

（三）东段：偃师市境内，东汉、曹魏、西晋陵区。

北界首阳山一线；西界偃师市首阳山镇寨后村、保庄村至偃师市首阳山镇义井村小湾自然村；东界首阳山主峰至偃师市城关镇塔庄村；南界偃师市首阳山镇义井村小湾自然村至城关镇塔庄村之间的洛河北堤。

保护范围依法重新划定的，从其新的规定。

第十二条

邙山陵墓群建设控制地带分为西段、中段、东段和夹河段。

（一）西段：洛阳市北郊、孟津县境内，北魏陵区。

北界孟津县常袋乡酒流凹村至孟津县城关镇缠阳村至孟津县城关镇水泉村；西界孟津县常袋乡酒流凹村至洛阳市西工区红山乡杨冢村南；东界孟津县城关镇水泉村至洛阳市瀍河回族区小李村南；南界洛阳市西工区红山乡杨冢村南至洛阳市邙山镇苗南村至洛阳市瀍河回族区小李村南。

（二）中段：洛阳市北郊、孟津县境内，东汉陵区。

北界孟津县城关镇水泉村至孟津县白鹤镇牛庄村至孟津县会盟镇李家庄村；西界孟津县城关镇水泉村至洛阳市瀍河回族区小李村南；东界孟津县与偃师市的分界线；南界洛河河道北堤。

（三）东段：偃师市境内，东汉、曹魏、西晋陵区。

北界孟津县会盟镇李家庄村、小集村至偃师市邙岭乡东蔡庄村至偃师市山化乡游殿村；西界孟津县、偃师市的分界线；东界偃师市山化乡游殿村至偃师市山化乡忠义村；南界洛河河道北堤。

（四）夹河段：偃师市境内伊洛河交汇处，东汉陪葬墓区。

北界洛河北堤；西界洛阳市洛龙区李楼乡潘寨村至洛阳市洛龙区李楼乡焦寨村；东界偃师市首阳山镇古城村至翟镇镇王七村；南界伊河北堤。

建设控制地带依法重新划定的，从其新的规定。

第十三条

市文物行政部门应当在邙山陵墓群重要墓葬和遗址、保护范围、建设控制地带设立保护标志、界桩等保护设施。

任何单位和个人不得擅自移动、损坏保护设施。

第十四条

在邙山陵墓群重要墓葬和遗址内禁止下列行为：

（一）对设有禁止拍摄标志的区域或者文物擅自进行拍摄；

（二）刻划、涂污或者以其他方式故意损坏文物建筑物、构筑物；

（三）违规倾倒、堆放垃圾和排污、排水；

（四）修墓、立碑；

（五）建房、建窑、打井、挖塘、挖洞、挖渠、取土、垦荒；

（六）存放易燃、易爆、腐蚀性等危害重要墓葬和遗址安全的物品；

（七）擅自采集文物；

（八）其他危害重要墓葬和遗址安全的行为。

第十五条

在邙山陵墓群保护范围内，不得进行与邙山陵墓群保护无关的工程建设或者爆破、钻探、挖掘等作业。确需进行工程建设或者爆破、钻探、挖掘等作业的，应当符合邙山陵墓群保护规划，依法履行相关报批手续。

第十六条

在邙山陵墓群建设控制地带内进行工程建设，应当符合邙山陵墓群保护规划，确保邙山陵墓群的安全，并不得破坏邙山陵墓群的历史风貌。工程设计方案在依法报有关部门批准前，应当征求市文物行政部门的意见。

第十七条

对危害邙山陵墓群本体，破坏邙山陵墓群历史风貌，与邙山陵墓群保护展示不相协调的现有建筑物、构筑物，当地人民政府应当及时调查处理，必要时逐步拆除或者迁移，并依法予以补偿。

第十八条

在邙山陵墓群从事文物调查、勘探、考古发掘等活动，应当依照《中华人民共和国文物保护法》的有关规定履行报批手续，并报市文物行政部门备案。

考古调查、勘探和发掘结束后，应当及时向市文物行政部门提供勘探和发掘情况、出土文物清单和保护意见。发掘出土的文物应当及时移交市文物行政部门指定的国有收藏单位收藏和保护。法律、法规另有规定的，从其规定。

第十九条

邙山陵墓群所在地的各级人民政府应当合理利用邙山陵墓群文物资源，积极发展文化事业、文化产业、文化旅游业，促进经济社会协调发展。

利用邙山陵墓群拍摄电影、电视等影像资料以及举办大型活动，拍摄方、举办方应当依法履行报批手续，制订文物保护预案，落实保护措施，并接受市文物行政部门的监督。

第二十条

违反本条例，有下列行为之一的，由县级以上文物行政主管部门或者其他相关行政管理部门责令改正，情节严重的，按照下列规定予以处罚：

（一）违反第十三条规定，擅自移动、损坏邙山陵墓群保护标志、界桩等设施的，处二百元以下罚款；

（二）违反第十四条第（一）、（二）项规定的，处二百元以下罚款；违反第十四条第（三）、（四）项规定的，处五百元以上二千元以下罚款；违反第十四条第（五）、（六）项规定的，处二千元以上一万元以下罚款；违反第十四条第（七）项规定的，处五千元以上五万元以下罚款，并依法收缴非法所得文物；违反第十四条第（八）项规定的，依照有关法律和本条例的规定予以处罚；

（三）违反第十五条规定，在邙山陵墓群保护范围内擅自进行与保护无关的工程建设或者爆破、钻探、挖掘等作业，危害邙山陵墓群安全的，处五万元以上五十万元以下罚款；

（四）违反第十六条规定，在建设控制地带内进行工程建设时，工程设计方案未履行报批手续，对邙山陵墓群本体和历史风貌造成严重破坏的，处五万元以上三十万元以下罚款。

违反本条例，对邙山陵墓群及其保护设施造成损坏的，应当赔偿损失。因工程建设施工对邙山陵墓群本体和历史风貌造成破坏的，责令拆除违法建筑或者构筑物、恢复原状；构成犯罪的，依法追究刑事责任。

第二十一条

邙山陵墓群所在地的各级文物行政部门及其工作人员应当依法履行职责，如有违反本条例规定，滥用职权、玩忽职守、徇私舞弊的，对责任人依法给予行政处分；构成犯罪的，依法追究刑事责任。

邙山陵墓群所在地各级人民政府及其有关职能部门，由于工作失职造成邙山陵墓群严重破坏的，对责任人依法给予行政处分；构成犯罪的，依法追究刑事责任。

第二十二条

本条例自2012年3月1日起施行。

陕西省黄帝陵保护管理办法

《陕西省黄帝陵保护管理办法》已经省政府2009年第28次常务会议通过，现予发布，自2010年2月1日起施行。

第一条

为了加强黄帝陵的保护和管理，根据《中华人民共和国文物保护法》等有关法律、法规，结合黄帝陵保护区实际，制定本办法。

第二条

在黄帝陵保护区内从事保护、管理、建设、开发和经营等活动，应当遵守本办法。

第三条

黄帝陵保护区北至黄帝陵陵冢以北海拔1021米高地南侧，东至刘家川以东的东山岭岭脊，南至汉代周家洼遗址北，西至老虎尾巴村西。

第四条

黄帝陵保护区分为保护范围和建设控制地带。

保护范围是指黄帝陵园、轩辕庙院以及所处的桥山山体与山前空间；建设控制地带是指包括桥山周围山体、沮水两岸沟峪、黄陵县城以及周围景区景点。

第五条

黄帝陵保护管理应当遵循科学规划、保护为主、合理利用、加强管理的原则。

任何组织和个人都有保护黄帝陵的义务，对损害、破坏文物和历史风貌、自然环境的行为有权阻止、举报。

第六条

陕西省公祭黄帝陵工作委员会办公室负责协调黄帝陵保护、管理、规划、建设等重大事项，组织实施公祭活动。

省文物行政管理部门对黄帝陵文物保护实施监督管理。

省公安、住房和城乡建设、林业、旅游等有关行政管理部门，在各自的职责范围内做好黄帝陵保护和管理工作。

第七条

延安市人民政府对黄帝陵的保护、管理和建设事项，依法行使行政管理职能。

延安市人民政府设立黄帝陵管理局，负责黄帝陵的日常保护和管理工作。

第八条

黄陵县人民政府行使对黄帝陵管理局的代管职能，组织、督促黄帝陵管理局及有关部门做好黄帝陵的保护、管理和合理利用等工作。

第九条

黄帝陵是中华民族的人文始祖轩辕黄帝的陵寝，是海内外炎黄子孙寻根祭祖的场所。祭祀、参观活动应当庄严、有序，有利于传承中华文明，有利于促进中华民族的团结。

第十条

黄帝陵保护区内的文物古迹和有关文献资料、书法作品等均属国家所有，受法律保护。

黄帝陵保护区内的古树名木、桥山古柏林属于重点保护文物，受法律保护，任何人不得损毁。

第十一条

在保护范围内禁止下列行为：

（一）损毁、移动文物；

（二）挖砂取土、修建坟墓、排放污水、丢弃固体废弃物和其他可能损害文物安全的行为；

（三）存放易燃、易爆、放射性等危险物品；

（四）在文物和保护设施、标志上张贴、涂写、刻划、攀登；

（五）新建、改建、扩建与文物、风景名胜资源保护和合理利用无关的建设工程；

（六）设置户外广告，修建规划外的人造景点。

第十二条

在保护范围内进行下列建设工程或者作业，项目实施单位应当按照法定程序逐级报经省人民政府批准，并采取措施，保证文物的安全：

（一）新建、改建、扩建文物保护建设工程的；

（二）从事爆破、钻探、挖掘等作业的；

（三）设置通信、供电、供水、供气、排污管线的；

（四）实施环境绿化和美化工程的。

文物保护建设工程应当依法进行环境影响评价和地震安全性评价。

第十三条

在建设控制地带新建、改建、扩建工程项目前，应当进行考古勘探和环境影响评价，并依法履行报批程序。

建设控制地带的建筑物风格、色调应当与黄帝陵的历史风貌和自然环境相协调。

第十四条

黄帝陵生态环境保护应当符合下列要求：

（一）严格保护陵区植被和地形地貌，维护自然生态，陵区内严禁砍伐林木、破坏植被等破坏地形地貌的活动；

（二）制定绿化规划，增加绿化面积；

（三）林区禁止捕猎活动；

（四）合理控制游客的数量，保持生态环境承载力平衡。

第十五条

黄帝陵区应当保持宁静、肃穆，不得使用汽笛，不得利用敲鼓鸣钟进行经营活动，限制使用高音喇叭。

第十六条

黄帝陵保护范围内的经营活动应当按照统一规划、方便游客的原则实施管理。

举办大型活动应当按照有关规定履行报批程序。

第十七条

黄帝陵保护区应当加强专职消防队伍建设，制定防火措施，完善消防系统，提高灭火能力。

林区内禁止吸烟、野炊以及动用明火。

第十八条

黄帝陵现有各类碑（碣）是珍贵的历史遗存，应当实施保护管理，古碑（碣）不得随意拓片、修饰和迁移。

第十九条

黄帝陵保护区新立碑（碣）实行统一规划，分类管理。符合下列情况的，可以新立碑（碣）：

（一）国家主要领导人为黄帝陵题词；

（二）纪念中华民族重大历史事件；

（三）颂扬轩辕黄帝、中华文化的名家书法、绘画作品；

（四）黄帝陵捐资、整修记载。

第二十条

新立碑（碣）置放区域范围：

（一）前条第（一）项碑石立于轩辕庙古柏院东侧；

（二）前条第（二）项碑石立于轩辕庙古柏院西侧；

（三）前条第（三）、（四）项碑石立于登陵道两侧或者轩辕庙碑廊。

第二十一条

黄帝陵保护区新立碑（碣）应当按照有关规定履行报批程序。

第二十二条

黄帝陵保护和建设等专项资金，必须按照统筹规划专款专用，任何单位和个人不得侵占、挪用。

第二十三条

单位和个人捐赠的财物，应当用于黄帝陵的保护和建设，任何单位和个人不得侵占、挪用。

第二十四条

对在黄帝陵保护工作中作出突出贡献的单位和个人，由陕西省公祭黄帝陵工作委员会办公室予以表彰奖励。

第二十五条

违反本办法第十五条规定的，由黄帝陵管理局及时予以制止，并处以50元以上500元以下的罚款。

第二十六条

有关工作人员违反本办法规定的，由其所在单位或者上级行政主管部门给予行政处分。

第二十七条

违反本办法规定，法律法规有处罚规定的，从其规定。

第二十八条

本办法自2010年2月1日起施行。

唐崖土司城址保护管理办法

第一条

为了加强恩施土家族苗族自治州咸丰县唐崖土司城址文物保护和管理，根据《中华人民共和国文物保护法》及其实施条例、《湖北省实施〈中华人民共和国文物保护法〉办法》等法律、法规，结合唐崖土司城址保护管理工作实际，制定本办法。

第二条

在唐崖土司城址保护区从事文物保护、农业生产、旅游开发、经营服务、参观游览等活动的公民、法人和其他组织，应当遵守本办法。

唐崖土司城址保护区是指国务院核定公布的唐崖土司城址本体及其所依托的自然环境，分为保护范围和建设控制地带。

第三条

唐崖土司城址及其所属文物属于国家所有，任何单位和个人不得非法占有，不得作为企业资产经营。

在唐崖土司城址保护区内，任何单位和个人发现文物，应当及时报告咸丰县文物主管部门，不得哄抢、私分、损毁和藏匿。

第四条

唐崖土司城址保护工作遵循保护为主、抢救第一、合理利用、加强管理的方针，坚持与区域环境保护、生态建设相结合的原则，促进经济和社会可持续发展。

鼓励公民、法人和其他组织参与唐崖土司城址保护工作。

第五条

省人民政府文化、发展和改革、财政、国土资源、住房和城乡建设、环境保护、旅游等主管部门，应当在各自职责范围内指导和监督唐崖土司城址保护的相关工作。

第六条

恩施土家族苗族自治州人民政府应当加强对唐崖土司城址保护工作的领导，相关部门应当加强对唐崖土司城址保护工作的指导和监督。

第七条

咸丰县人民政府负责唐崖土司城址的保护工作，并根据唐崖土司城址保护管理需要，依法设立专门保护管理机构。

咸丰县人民政府文化、发展和改革、财政、国土资源、住房和城乡建设、环境保护、旅游以及公安、工商行政、农业、林业、水行政、民族宗教事务等主管部门应当在各自职责范围内，依法履行所承担的保护管理职责。

唐崖土司城址所在地的乡镇人民政府，应当依法做好唐崖土司城址保护管理工作。

唐崖土司城址所在地的村民委员会应当加强对村民的文物保护宣传教育，履行文物保护法律、法规规定的义务，协助当地人民政府做好文物保护管理工作。

第八条

唐崖土司城址保护管理工作经费列入咸丰县人民政府财政预算，并随着经济和社会的发展逐步增加。

省、恩施土家族苗族自治州人民政府财政主管部门应当对唐崖土司城址保护管理工作所需经费给予支持。

第九条

咸丰县人民政府应当在省人民政府文物主管部门的指导下，科学编制唐崖土司城址保护管理规划，正确处理经济和社会发展、人民群众生产生活改善与文物保护的关系，并将其纳入本级国民经济和社会发展规划。

唐崖土司城址保护管理规划涉及申报世界文化遗产的遗产区和缓冲区，应当与世界文化遗产的保护管理标准和要求相衔接。

第十条

经依法批准的唐崖土司城址保护管理规划，不得擅自修改；确需修改的，应当按照程序审批。

第十一条

省、恩施土家族苗族自治州人民政府文物主管部门应当加强对唐崖土司城址保护管理规划实施情况的监督检查，对发现的问题，应当及时纠正和处理。

第十二条

咸丰县人民政府及有关部门应当建立健全各项管理制度，确保保护区内文物本体的安全和历史风貌、自然环境的真实性、完整性和协调性。

第十三条

唐崖土司城址保护范围和建设控制地带应当依法设置保护标志、界桩和说明标牌。

唐崖土司城址保护管理机构应当设置专门的文物保护记录档案室，并根据保护工作需要不断完善相关资料。

第十四条

唐崖土司城址保护区内现存占压文物本体、影响历史风貌、自然环境的合法建筑物、构筑物，咸丰县人民政府应当坚持文物有效保护与保障群众生产生活相结合的原则，按照统一规划，实行迁移。

第十五条

唐崖土司城址保护区内禁止下列行为：

（一）刻划、涂污或者损坏文物及其保护设施；

（二）移动、破坏保护标志、界桩和说明标牌；

（三）破坏地形地貌、植被的活动；

（四）违反规定倾倒垃圾，排放污水；

（五）其他影响文物本体及周边环境的活动。

第十六条

参与实施唐崖土司城址考古发掘、文物修缮等工程的单位，应当依法取得相应资质。

第十七条

唐崖土司城址保护范围内不得进行工程建设或者爆破、钻探、挖掘等活动。因特殊情况确需进行的，必须经省人民政府批准，并确保文物安全。

在唐崖土司城址建设控制地带内，不得建设污损文物本体及其环境的设施，不得进行可能影响文物安全及其环境的活动，以确保唐崖土司城址及其环境的安全、完整和民族特色。

第十八条

唐崖土司城址保护管理机构应当利用文物遗存及其研究成果，加强唐崖土司城址文物保护的宣传教育，增强周边公民的文物保护意识。

第十九条

唐崖土司城址保护区内旅游配套服务项目和经营网点的设置，应当符合唐崖土司城址保护管理规划，经营机构和人员应当依法办理相关手续。

第二十条

因制作出版物、音像制品以及其他各种需要在唐崖土司城址保护区内进行文物拍摄，开展复制和拓印等活动的，应当依法履行报批手续。

第二十一条

对违反本办法规定的行为，法律、法规有处罚规定的，从其规定。

第二十二条

违反本办法第十五条规定，由相关部门给予警告，并处200元以下罚款；情节严重的，并处2000元以下罚款。

第二十三条

唐崖土司城址保护管理部门及其工作人员违反本办法规定，不履行职责，造成文物损坏、丢失的，对负有责任的主管人员和其他直接责任人员依法给予行政处分。

第二十四条

本办法自2013年12月1日起施行。

分送：各市、州、县人民政府，省政府各部门。

省委各部门，省军区，各人民团体。

省人大常委会办公厅，省政协办公厅，省法院，省检察院。

湖北省人民政府办公厅2013年10月12日印发

专题活动篇

在中国文化遗产研究院“文物保护理念与技术国际学术研讨会”暨纪念旧都文物整理委员会成立80年大会上的讲话

励小捷

各位来宾，女士们、先生们：

大家上午好！

在这激情如火的炎炎夏日，我们欢聚一堂，共同纪念和回顾中国文化遗产研究院的80年发展历史。这不仅是中国文化遗产研究院的一件盛事，也是中国文物界的一件大事。在此，我谨代表国家文物局，向中国文化遗产研究院全体职工表示热烈的祝贺！向为中国文物事业奉献毕生心力的老专家致以崇高的敬意！向莅临会议的各位嘉宾以及长期关心支持中国文化遗产研究院发展与文物保护事业的各界人士表示衷心的感谢！

80年前，为保护古都北平，避免承载中国优秀传统文化的文物古迹、建筑遭受战争涂炭，在北平市市长袁良的奔走呼吁之下，旧都文物整理委员会在北平成立。当年5月，“北平第一期文物整理工程”正式启动实施，开启了近代中国官方首次大规模古建筑修缮保护的序幕。80年过去了，“旧都整理委员会”已演变为今天的“中国文化遗产研究院”，工作职能也已由囿于北平“四九城”范围内的单一的古建筑修缮延伸至全国范围内的文物勘察、设计、规划、保护、施工等各个方面。同时，具备相应资质的古建维修设计单位已如雨后春笋，遍地开花，但旧都文物整理委员会在古建筑修缮领域的先行者地位已牢牢载入史册。

60年前，更名后的北京文物整理委员会受文化部文物事业管理局委托组织举办了第一期全国古建筑培训班，此后又陆续举办4期。正是这“黄埔”5期学员构成了中国文物及古建筑保护工作的骨干力量。时至今日，培训工作已经成为文研院的特色与优势。培训内容已由单一的古建筑扩展至包括出水文物保护、化学清洗、现代检测分析技术、壁画和泥塑文物保护、纸质文物保护、考古发掘以及文物行政管理等各个方面，文研院的学员遍天下，在文物保护、修复工作中发挥了重要作用。文研院已成为全国文物修复人才的重要培训基地。

40年前，文物保护科学技术研究所在“文革”晚期那个特殊背景下艰难恢复工作。以山西云冈石窟三年保护工程为契机，文研院逐步占据了在石质文物保护、馆藏文物修复方面的优势地位。时至今日，文研院组织主持的应县木塔严重倾斜部位及严重残损构件加固、大足石刻千手观音造像维修、吉林集安高句丽墓葬壁画原址保护、山东定陶汉墓保护设施工程、广东“南海I号”船体及出水文物的现场保护等都是技术难度高、社会关注度广泛、旷日持久的国家重点文物保护工程项目，体现了文化遗产保护国家队的担当、能力和勇气。

20年前，中国文物研究所走出国门，承接了中国政府第一次实施的文物援外工程——柬埔寨吴哥古迹周萨神庙保护修复工程。目前，由文研院承接的中国援柬二期工程——茶胶寺保护工程也已完成大部分工作任务，中国在柬埔寨暹粒的茶胶寺工地，已成为国际社会援助保护修复吴哥古迹行动中最活跃、最富有生气、成果最明显的工地。同时，文研院承接的中国政府援助乌兹别克斯坦花剌子模州历史文化遗产修复项目、援助蒙古国科伦巴尔古塔抢险维修工程项目都取得了实质性进展，展现了作为文物保护中国队的实力和精神风貌，为中国文物工作者赢得了良好的国际声誉，不断扩大了国际文化遗产保护领域的中国影响。

10年前，刚刚“改所建院”的中国文化遗产研究院在世界文化遗产领域失去先机的形势下奋起直追，全力完成了“中国大运河”“云南哈尼梯田”申遗文本和管理规划的编制，不仅积累了较为丰富的申遗经验，更对中国世界文化遗产的价值内涵、管理机制、与利益相关者的关系等方面有了深刻思考与认识，形成了一支专业素质较高、年轻而富有实干精神的申遗团队，初步形成在世界遗产保护、研究、申报、管理、监测等方面的综合优势。更重要的是，作为“中国世界文化遗产监测中心”，完成了预警系统国家平台建设，为全国世界文化遗产管理、监测奠定了坚实基础。

5年前，中国文化遗产研究院着眼国家大局，以“担海内重任、作天下文章”的责任感和使命感为驱动，把国家水下文化遗产保护中心放在重点建设、优先发展的地位，排除种种干扰，克服重重困难，通过完善法规建设、开展重点区域水下考古调查、推进水下文化遗产保护科研与国际交流合作，初步探索建立起了水下文化遗产保护事业新格局。同时，培养建立起了一支讲政治、顾大局、守规矩、有纪律、团结一致、甘于奉献、勇挑重担、拼搏进取的专业工作队伍，并最终培育出了“国家文物局水下文化遗产保护中心”这个统领全国水下文化遗产保护工作的总平台，在文研院发展史上书写了浓墨重彩的篇章。

回顾过去的80年，从“旧都文物整理委员会”、“北京文物整理委员会”到“文物保护科学技术研究所”“中国文物研究所”再到今天的“中国文化遗产研究院”，机构名称虽几经变迁，但以保护和传承国家文化遗产为己任的情怀始终如初，站立文化遗产行业发展潮头和领先者的地位未变。中国文化遗产研究院80年的发展历程，其实也是中国文化遗产保护事业发展的80年历程。

回顾过去是为了展望未来。当前，我国正处于全面建成小康社会、实现中华民族伟大复兴中国梦的重要阶段，文物事业发展面临着前所未有的难得机遇。希望中国文化遗产研究院秉承传统，继往开来，再铸辉煌。在此时机我提几点期望：

一是把握时代脉搏，深化改革成果。近年来，文研院以列入首批中央文化体制改革试点单位为契机，进行了“能升能降”的绩效工资考核分配制度改革、“能进能退”的岗位聘用制度改革，并顺应形势发展，敢为行业先，利用市场机制来整合资源和力量，组建了北京国文琰文物保护有限公司。但改革动力仍需强化，核心管理措施仍需完善，与时代要求尚有差距，应继续做好改革措施的深耕细作工作。

二是继续加强科研力量。近年来，文研院以“实际需求导向、重点领域突破”的科研基本原则和“以项目产生课题，以课题带动研究，结合文物工作和文物保护的实际需求开展科研工作”的应用性科研模式取得了一定成绩，但核心科研产品不突出，在发挥国家文化遗产政策理论研究领域“智库”的作用方面有提升空间。希望文研院在此方面能有所作为。

三是继续加强人才培养。文研院80年辉煌成就的取得离不开人才队伍的薪火相传。希望文研院在开拓人才引进渠道的同时，加强对学术带头人和青年学术骨干的培养，加强对优势领域专业创新团队建设，为人才成长、脱颖而出创造必要条件。同时，以文物行业指导委员会秘书处设立为契机，组建中国文化遗产研究院教育培训学院，为行业人才培养贡献力量。

衷心祝愿文研院更好的成长、进步，并迎来更加美好的明天。

在故宫保护总体规划咨询会上的讲话

单霁翔

今天，故宫博物院与中国建筑设计研究院建筑历史研究所合作编制的《故宫保护总体规划》正式面世，上周故宫博物院学术委员会全体会议听取了《故宫保护总体规划》的汇报，今天召开首次咨询会，向今天到会的媒体记者、故宫志愿者和各方面代表进行咨询，并通过大家广泛征求社会各界的意见和建议。刚才，中国建筑设计研究院建筑历史研究所陈同滨所长向大家介绍了《故宫保护总体规划》的内容，我谨就《故宫保护总体规划》的意义与重要性、编制过程、基本情况和拟解决的问题及对策等内容与大家进行交流。

一、《故宫保护总体规划》的意义与重要性

故宫，作为15—20世纪中国明清两朝皇家沿用近500年的宫殿，是世界上现存规模最大、保存最完整的木结构古代宫殿建筑群，代表了中国传统官式建筑的最高成就。紫禁城内布局规整、恢宏壮丽的建筑群，无论在国际国内，都被认作是中华民族传统文化最具代表性的象征体。1961年，故宫被国务院公布为第一批全国重点文物保护单位；1987年，联合国教科文组织将故宫列入《世界遗产名录》。时至今日，故宫以1500万人次的年接待观众数量，位居当今全球所有博物馆和世界文化遗产之首。这一数据，既见证了故宫在当代社会的意义与地位，也揭示了故宫的保护管理正面临着非同一般的挑战和压力。

故宫博物院保护管理工作面临的压力同时来自内外两个方面：内部压力存在于23万平方米的古建筑、180余万件（套）的馆藏文物、1500万人次的年接待观众量，这三者在遗产的保存、保护、利用与管理等方面存在着矛盾与制约；外部压力来自我国国民经济的持续高速发展——快速推进中的城市建设对故宫的周边环境产生了负面影响，公众对文化与社会教育的需求也在不断抬升故宫的观众接待量；更为重要的是，随着“中国梦”“文化复兴”等目标的提出，故宫的价值及其所承担的民族文化振兴之责任日渐显著。

这一切所构成的挑战，毫无疑义是属于世界级的。《故宫保护总体规划》正是在这一背景下启动：为深化故宫整体保护目标，全面贯彻《故宫保护总体规划大纲（2003—2020年）》、落实《“平安故宫”工程总体方案》，进一步提升故宫保护、利用与管理的科学性、合理性，适应我国当代社会的快速发展需求，发挥故宫这一国家级文化遗产在民族振兴与文化自信等国家战略目标中特有的广泛而深刻的社会教育与文化传播作用。可以说，这是一个处在特定社会发展阶段的重大文化遗产保护规划编制任务。

《故宫保护总体规划》遵照我国文物工作方针“保护为主、抢救第一、合理利用、加强管理”，遵照世界文化遗产保护有关真实、完整传承文化遗产价值的要求，立足于故宫文化遗产价值的整体保护，进一步深化文化遗产的保护、利用、管理与研究等各方面措施的系统性与合理性。《故宫保护总体规划》以国家文物局2005年批准公布的《故宫保护总体规划大纲（2003—2020年）》为基础，引入了真实性、完整性、最小干预等国际文化遗产的一系列新理念，针对文化遗产的保护、利用、管理和研究，全面展开了10年工作回顾与评估，归纳出主要问题；然后在重点研究故宫的遗产价值、分析其特征、辨认其载体的基础上，运用“基于价值的遗产保护管理”规划总策略，采用问题导向的务实姿态，针对故宫现存的各类文化遗产保护管理突出问题，一一制定了具有可操作性的分级、分类、分区、分批、分期规划措施，由此走向“遗产价值的整体保护”规划目标。

《故宫保护总体规划》是故宫博物院迄今为止第一份以文化遗产价值整体保护为目标的专项保护管理规划。在传承文化遗产保护强调完整性的立场上，系统梳理了文化遗产的价值，第一次鲜明地提出故宫价值的三大主题——中国古代官式建筑的典范、明清宫廷文化的见证、中国古代艺术的精品；第一次经由宫廷文化价值主题，将故宫不可移动的庞大建筑群体与可移动的珍贵馆藏文物统一在一个共同的价值主题下，建立起不可分割的内在关联；在文化遗产的保存、保护、利用、管理与研究诸方面，充分体现出当代国际文化遗产保护的系统理念。

二、《故宫保护总体规划》的编制过程

2003年10月，故宫博物院委托中国建筑设计研究院建筑历史研究所合作编制《故宫保护总体规划大纲（2002—2020）》，并于2005年1月由国务院委托国家文物局评审批准通过，正式公布实施。为落实《故宫保护总体规划大纲（2002—2020）》有关具体规划内容，使规划更具有可操作性，2012年2月，故宫博物院再次委托建筑历史研究所合作编制《故宫保护总体规划》。期间，“平安故宫”工程于2013年4月获得国务院正式批准、启动实施，成为规划编制的重要依据，有力推动了编制工作的进展。

自2012年2月至今，规划小组多次开展现场调研活动，与故宫博物院相关部门深入座谈、征求意见，就不可移动文物与可移动文物保护、功能调整、展览展示、遗产监测、观众管理等专题开展多次研讨。经过三易其稿，不断补充深化完善相关内容，今天以此稿内容征求社会公众意见，补充修改后将正式上报。

三、《故宫保护总体规划》的基本情况

（一）保护对象及规划期限

《故宫保护总体规划》的保护对象为世界文化遗产、全国重点文物保护单位故宫及其产权归属单位，包括紫禁城、端门、大高玄殿、皇史宬和稽查内务府御史衙门，共5处明清皇家建筑群，总占地面积为106公顷。规划范围与故宫的世界文化遗产缓冲区（即故宫周边区域）等同。实现《故宫保护总体规划》目标的时间节点为2025年，即故宫博物院建院100周年之际。

（二）遗产价值主题与特征

《故宫保护总体规划》以故宫价值研究成果为基础，结合近年来故宫博物院对现存各类不可移动文物与可移动文物的清点整理工作，进一步对照《实施保护世界文化与自然遗产公约操作指南》中有关世界文化遗产的突出普遍评估标准，归纳出下列3大类故宫文化遗产价值主题，提炼出

故宫·符望阁藻井　　摄影/陈鹤

体现这些主题的13项文化遗产的价值特征及其载体，用作指导故宫文化遗产的保护、管理与诠释等诸项规划措施的主要依据。

1. 中国古代官式建筑之典范

故宫是我国现存古代宫城的唯一实例和最高典范，也是世界现存建筑基址占地规模最大、保存完整的古代宫殿建筑群；展现了中国古代官式建筑的营造制度、传统技艺；其空间格局展现了中国传统礼制文化的规划理念；故宫园林展现了中国古代宫廷园林的杰出成就；所藏建筑档案保存了中国古代营造制度和技艺的重要信息。

2. 中国明清宫廷文化的特殊见证

其形制、空间格局和功能，及大量宫廷历史文物见证并记录了明清宫廷制度、生活方式，清代宫廷中多元民族文化与信仰的交融，及中西文化的深刻交融。

3. 中国古代艺术发展史的系统展示

馆藏的历代书画碑帖集中见证了中国古代书画艺术的发展史、历代古玩珍品展现了中国传统工艺的精华。

（三）保存现状及存在问题

遵照“整体保护遗产价值”的规划目标，依据《实施保护世界文化与自然遗产公约的操作指南》和《奈良真实性文件》等文件，编制组对故宫展开完整性、真实性和延续性评估。评估中发现的突出问题主要体现在以下3个方面：建筑群与馆藏文物在各自的保存、保护与展示要求上存在的统筹协调问题；故宫的保护、展示、管理要求与1500万人次/年的超负荷观众量之间的统筹协调问题；故宫整体保护与北京城可持续发展之间的统筹协调关系。

（四）规划总目标

全面保存并延续故宫文化遗产载体的完整性、真实性，充分阐释其三大价值特征——中国古代官式建筑之典范、中国明清皇家宫廷文化的特殊见证、中国古代艺术发展史的系统展现；全面提升管理和服务水平，迈进世界一流博物馆行列，使其在中华民族的文化复兴和东方文明与文化的传播过程中，发挥教育民众、振兴民族的重大社会作用，形成可持续的文化传承功能。

（五）规划原则

真实完整的保存原则、最小干预的保护原则、整体保护的管理原则、保护优先的利用原则、基于价值的阐释原则、公众参与的展示原则。

（六）规划总策略

1. 价值优先，建立完整体系

以故宫价值研究为导向，探讨明清皇家宫廷文化的完整体系，分别从深度和广度上发掘故宫的文化遗产价值及特征，建立起文化遗产价值的完整体系，为文化遗产的保护、利用、管理工作提供系统的对象。

2. 整体保护，统筹协调关系

针对各类价值载体开展认定与保存、保护、管理评估，分析、制定相应的保护、利用、管理与研究措施，统筹梳理世界文化遗产地与博物馆之间的关系。

3. 保利互动，合理调整布局

从空间功能的布局着手，合理调整文化遗产保护与利用之间的协调关系。

4. 分级分类，分期推进实施

综合分析各类价值载体不同的保存、保护和利用要求，分门别类、区分等级，制定不同的保护措施与利用方式。针对文化遗产所面临的压力和主要问题制定分期分批实施计划。

5. 问题导向，突出规划重点

以各类价值载体的保存与保护管理评估为依据，提炼主要问题、用作引导制定规划主要措施；并以规划期限为界，策划有针对性的实施重点，提升规划的可操作性。

6. 加强管理，提升保障能力

依据世界文化遗产管理要求，全面加强故宫博物院的管理运行能力建设，完善风险预防、应急预警与监测管理措施，提升文化遗产安全保障能力，促进可持续发展，以更加真实、完整地传承故宫整体价值。

（七）确定保护范围

依据故宫明清宫廷文化的遗产价值完整保护要求，按照全国重点文物保护单位保护区划标准调整，划定保护范围、建设控制地带；按照世界文化遗产的缓冲区要求以及城乡规划的文化资源环境保护要求，划定故宫的环境协调区；并确定各类区划的四至边界，按照地块深化分级分类，制定相关的管理规定。

（八）规划具体内容

1. 关于功能分区

调整故宫开放区与非开放区的比例与分布范围，尽可能扩大开放展示区范围，形成完整、集中、颇具规模的开放展示区域；参考各个院落历史功能，全面调整故宫利用功能布局，协调安排保护展示与办公管理所需空间；通过建设西河沿文物保护综合业务用房等，腾退和保护文物建筑。

2. 关于不可移动文物

通过系统展示，促进不可移动文物（包括文物建筑、古树名木、露天陈设等）整体纳入故宫价值维护体系。依据故宫文化遗产价值整体保护的原则，建立系统的不可移动文物价值维护和利用体系；制定院落管理统一标准，开展以院落为单位的日常维护、监测及管理工作；全面评估故宫不可移动文物的保存状态，制定基于日常维护为主的修缮计划；建立基于院落管理模式的日常监测机制，制定故宫不可移动文物日常监测标准；建立基于空间信息技术的故宫不可移动文物基础数据库；完善修缮工程管理制度，保证工程质量，培养明清官式建筑营造技艺的人才队伍等。同时拆除各类临时建筑，保证历史风貌和遗产地的完整性、真实性。

3. 关于可移动文物

针对故宫馆藏文物保存环境现存问题，编制专项《故宫博物院馆藏文物保存环境专项规划》，并在此规划完成前，采取多种措施提升可移动文物的保存条件，比如改造提升原有地下文物库房，利用故宫博物院北院区进行文物保护、修复及展示，全面加强可移动文物保存环境的监测等。

4. 关于展示、宣传和观众服务

通过扩大开放范围，合理布局展示空间，实现三大价值主题的系统性阐释：根据主题一“中国古代官式建筑之典范”，实现故宫宫殿建筑群整体格局展示，进行建筑等级制度、营造制度、营造技艺的展示和说明；根据主题二“中国明清宫廷文化的特殊见证”，编制《故宫文物建筑原状（式）陈列规划》，对原状陈列的宫殿布局进行严格考证和设置，全面、真实地展示宫廷文化；根据主题三“中国古代艺术发展史的系统展示”，提升藏品展示条件，充分展示故宫艺术藏品所承载的中国古代艺术精品价值，进行馆藏精品展示场所建设可行性研究。

不断创新各类宣传教育活动的内容，编制各项宣传、教育计划，扩大受众范围，培养公众参与保护文化遗产的意识；推进文化创意产品的研发工作，以丰富多样的文化创意产品，让更多观众实现把“故宫文化带回家”。

实行科学合理的分流限流措施，结合世界文化遗产监测，开展专题研究，实现观众量与参观舒适度对应的数据积累，科学研究最大承载量等课题，加强观众服务与流量控制，细化观众定向引导措施；改善院内微循环，避免集聚拥堵；完善安全检查制度、改善安防设施，排除观众人身安全隐患等。在保证安全的基础上，为观众提供更加舒适的参观环境和文化氛围。

5. 关于安全防范、遗产监测与人员管理

实现高压消防管网的全面覆盖，研制并部署针对故宫文物建筑特点的消防设备；针对可移动文物的特点配置相应消防系统，提高针对性；提高安防系统的监控覆盖范围，更新安防设备；积极开展地震次生灾害、临震和震后综合防御对策研究，落实相关措施，制定整体防震应急预案；加强与社会专业机构合作，研制高科技防震设施并推广实施。

针对故宫的文化遗产价值特征及其保护管理

需求，从文化遗产的保存与保护、环境与人为影响因素、管理保障体系等方面，开展系统规范的监测工作；对可移动文物和不可移动文物进行分类监测，监测内容包括文化遗产保存的真实性、完整性、文化遗产受自然环境影响、人为环境影响、管理活动影响等方面；从技术与管理制度两个层面建构科学的监测管理与技术体系等。

针对故宫博物院现有专业技术人员配置不均衡、人才短缺、团队协作不够、综合素质和能力有待继续提高等问题，制定并公布专项法规《故宫保护条例》；制定或修编《故宫博物院事业发展总体规划》；加强不可移动文物保护技术力量；强化程序管理，探讨适合故宫文化遗产保护的工程管理程序。

四、《故宫保护总体规划》拟解决的问题及对策

（一）可移动文物的修复、展示和保存与不可移动文物保护的矛盾

现存问题：

1. 在目前以故宫文物建筑作为展示空间的背景下，文物建筑的保护展示与文化遗产的现代化展示要求之间的矛盾仍然存在：一方面，文物建筑展厅受建筑面积有限和文物建筑保护要求限制，难以满足珍贵馆藏文物的展示面积要求和设备改造要求；另一方面，珍贵艺术藏品的展示设施建设以及展示方式要求，不利于文物建筑的保护和展示。

2. 馆藏文物的现代化展示要求与文物建筑保护间存在突出矛盾。展示用房的总体规模偏小，不足以全面阐释故宫的遗产价值；受文物建筑自身条件所限，展示用房在空间布置和场馆改造等方面均难以满足现代化文物展览要求。

3. 馆藏文物材质品类众多，体量各异，保存环境复杂，保存空间的规模与保存环境亟待改善。目前的地下库房不能满足馆藏重要文物分区分类存放的需求，库房的规划布局和保存条件方面尚有不足。

规划对策：

按照院落历史功能、结合管理现状要求调整管理空间功能分区，扩大开放面积。调整故宫开放区与非开放区的比例与分布范围，尽可能扩大开放展示区范围，形成完整、集中、颇具规模的开放展示区域；根据院落历史功能、可移动文物保护要求，全面调整故宫各院落利用功能布局，优化展藏格局；将办公管理功能依据历史沿故宫外围周边布局，从空间组织关系上理顺保护展示与办公管理之间的关系；将院落作为实施保护管理工作的基本单元，以院落为单位，落实各项功能调整规划措施。

比如，开放区内部除保留库藏、展示和观众服务功能外，其余办公管理功能一律调整至非开放区；全面调整文化遗产展示布局，扩大展示开放面积，增加展示用房数量，根据利用功能调整规划要求，将所有开放展示区内的非库藏类文物建筑列为展示用房；针对故宫馆藏文物保存环境现存问题，编制专项《故宫博物院馆藏文物保存环境专项规划》；制定故宫博物院馆藏文物保存环境改善措施等。

针对可移动文物保存环境现状，在《故宫博物院馆藏文物保存环境专项规划》完成之前，采取以下规划措施：按照可移动文物保存要求改善目前展厅中可移动文物的保存条件，逐步更换为温湿度可控展柜；尽快开展原状陈设可移动文物的监测，制定相应的保存环境标准，并建立定期维护保养制度；采用展陈结合策略，协调可移动

故宫细部

文物与不可移动文物之间的利用功能需求；对地下文物库房进行设备升级改造，更换陈旧老化设备，将水冷系统改为风冷系统，实现温度、湿度的调控功能分区，完善文物保护功能；建设第三期地下文物库房，提升文物藏品保存条件；将体量较大、在紫禁城内无法满足展示环境的文物（如大型家居、辇轿、地毯等），移至故宫博物院北院区进行保护、修复及展示、养护；将可移动文物中与故宫皇家宫廷文化无关，且在故宫无法满足其保存环境的文物，移至故宫博物院北院区进行更好的保管、展示；全面加强可移动文物保存环境的监测。

另外，规划调整库藏用房，适当改造提升地下库房。测算库藏需求总量，对藏品进行分类评估，遵照国家标准，依文物材质、品类及各类文物的保存环境要求，制定文物库房的全面调整规划，合理策划可移动文物的存放方式和位置。根据可移动文物藏品需求适当对院内一、二期地下库房区域实施改造提升，改善提高地下库房文物保存环境，满足不同材质文物分类保存条件要求。

（二）故宫的不可移动与可移动文物的保护、展示、管理要求与超负荷观众量之间的统筹协调问题

现存问题：

故宫的旺季日观众拥挤状况对文化遗产的保护、展示，以及观众安全都存在隐患，极其不利于文化遗产的可持续利用。故宫观众量时空分布极为不均，易在短时间段、特定区域内产生拥堵，并造成文物和人身安全伤害。故宫观众量时间分布受进京旅游活动的时间分布直接影响，空间分布不均的根源是重要（热点）文物建筑及园林的观众聚集效应。

目前采取的改善宫内客流微循环的措施取得了初步成效，尚需进一步完善方案并落实各项工作。御花园作为故宫核心参观通道，观众密集，园林意境和园林景观受到较大负面影响。御花园内传统彩色石子地面、古树名木及园林植被，特别是皇家园林的景观氛围受超负荷观众量的威胁巨大。

规划对策：

1. 实施观众容量控制

针对故宫观众量和日观众量世界第一的压力，规划采用分期递减策略，设定近期观众量控制指标为最高值8万人次/日，中远期逐渐加大控制力度；配合观众监测系统建设，开展专题研究，实现观众量与参观舒适度对应的数据积累，进一步矫正观众量限定指标，包括在总量控制的基础上进行高峰时段观众量控制和分区观众量控制；评估年观众量对保护管理目标的压力，制定年观众量控制目标。

2. 加强观众安全防范

通过优化票务制度、增强外部缓冲能力等入口管理方式消解观众量在进入时间上的峰值；通过扩大开放区域、细化观众定向引导、打通应急快速通道、实施分区域观众量控制，减缓瞬时观众拥堵风险大的区域的观众量峰值，加强导游人员管理等改善故宫内微循环的方式，避免观众在特定地点大量聚集；完善安全检查制度，排除文物建筑可能造成的观众人身安全隐患；改善安防设施，提升安防新技术、新系统。

3. 加强服务人员体系建设

按照考虑开放区扩大需求，优化相关管理部门人员配置，完善旺季增加临时人员的相关制度；加强外来导游人员、服务人员管理，对外来导游实施严格的考核检验制度和合作协议制度；管理部门严格控制人员进入故宫博物院进行经营活动；优化志愿者政策，进一步扩大志愿者队伍，充分发挥志愿者在故宫价值阐释和观众服务中的作用。

4. 宫廷园林和庭院景观保护

实施宫廷园林日常维护措施。制定整体保护措施、监测观众数量，控制宫廷园林内观众数量，对御花园内采取地面及植被防护和观众限、分流等控制措施，消解观众对御花园造成的负面影响。

（三）故宫整体保护要求与故宫博物院37个部门、1500余名职工管理用房之间的统筹协调问题

现存问题：

故宫管理用房占用部分文物建筑，用房需求与文物保护矛盾突出。管理用房布局分散，业务关联密切的部门相隔较远，不利于日常沟通协调。文物建筑的自身条件及保护要求限制了使用部门的发展建设。院内现有的观众流线和内部管理流线间存在相互干扰，存在安全隐患。

规划对策：

1. 腾退占用文物建筑的管理用房，逐步降低办公用房占用文物建筑的比例；全面系统调整管理用房布局，按部门业务与文物建筑的关联密切程度重新调整部门位置，故宫红墙以内除保留必要的安全保卫和有关业务部门之外，逐步外迁其他职能部门、业务部门和研究部门。

2. 规划要求依据历史档案恢复各院落、筒子河围房的建筑历史外观形态，内部空间应利于业务开展功能。规划第一、二期地库区域实施地库改造提升工程。

（四）破坏故宫真实性完整性和延续性的突出问题

现存问题：

紧邻城垣种植的柳树明显违背古代宫城周边禁止植树的安保禁忌，与历史原貌不符，沥青、水泥路面等与历史原貌不符。

规划对策：

移除不当种植的树木，恢复围房的历史风貌；依据真实性和完整性评估，可对部分历史院落、地块格局发生改变和少量无存的院落，如西河沿、内务府和造办处等，实施空间格局的恢复措施；拆除所有与保护和展示无关的建筑物和构筑物，改造必要的观众服务设施；改造基础管线和室外设备，消除对开放展示区景观的影响；对传统铺地地面实施日常维护措施，并针对破损较严重的传统铺地进行更换；对水泥方砖、石材及沥青地面等非传统铺地地面采取逐步恢复传统铺地的材料和样式，根据历史资料，对不同区域、不同材料按相应传统材料、传统工艺、传统做法实施更换。

（五）遗产保护与遗产管辖权不统一的矛盾

现存问题：

外单位用房中，除与故宫安全保卫工作密切相关的单位外，其他与故宫保护工作无关的外单位占用面积较大，不利于故宫文化遗产价值的全面展示，增加了保护与管理的难度。

故宫周边的外围环境指紫禁城城垣外皮至筒子河外沿之间的保护范围地段，目前各区域管理权属分散，周边的社会公共空间总体呈杂乱无序状态，不符合故宫保护的安全性、完整性要求，也使故宫博物院制定的各项保护措施难以全面实施。其中影响较大的有：阙左门与阙右门之间社会车辆可以任意穿行，东、西华门外游商小贩随意拦截观众兜售商品、社会车辆任意停放等。严重影响了遗产地风貌，给观众带来了极大的安全隐患。

规划对策：

故宫保护范围分别由紫禁城及端门、大高玄殿、皇史宬及稽查内务府御史衙门4处地块组成；总占地面积106.09公顷。保留调整或者搬迁与故宫安全保卫无关联的外单位。

（六）故宫古建筑保护的自身规律和特殊性与现行体制机制的矛盾

现存问题：

故宫修缮

鉴于故宫文物价值较高，对更换的传统建筑材料品质要求高，亟需建立专供古建筑传统材料的生产基地或调整古建筑修缮工程招投标管理制度。

故宫博物院维持传统营造技艺的人才队伍缺少可持续的机制和政策支撑，需探索创新体制机制，建立规范的专项制度和标准，将常态维修与技艺传承有机结合，并在用人制度方面对传承人才予以充分保障，切实解决传统技艺传承人才匮乏的问题。

规划对策：

以“明清官式建筑保护研究国家文物局重点科研基地”建设为依托，制定全面的建筑传统技艺传承策略、机制和计划，把故宫古建筑的修缮纳入故宫博物院科研体系。并与北京太庙、社稷坛、景山、颐和园、天地日月坛，沈阳故宫和承德避暑山庄，以及明清皇家陵寝——明十三陵（包括景泰陵、南京孝陵、钟祥显陵）和清东、西陵（包括辽宁永陵、福陵、昭陵）等建立协作研究机制。

在政策层面，通过调整现行古建筑修缮工程招投标管理制度，完善与传统技艺传承相关的管理制度，维护故宫古建筑修缮和技艺传承队伍的稳定，培育明清官式建筑传统建造材料的生产基地，保障明清官式建筑传统建造材料的质量，为故宫传统营造技艺的传承提供可持续的制度保障。

在技术层面，制定基于故宫古建筑修缮施工的明清官式建筑建造材料工艺标准、施工技术标准和操作技术规程，为故宫古建筑的维护和修缮提供技术规范。

在人才层面，以“明清官式建筑保护研究国家文物局重点科研基地”为依托，以故宫博物院古建部和修缮技艺部为核心，协同故宫研究院的相关科研部门，建立故宫古建筑、构筑物日常维护和重点修缮的科研机制。以故宫博物院古建部为基础，建立完善基于故宫不可移动文物整体信息记录和保存、遗产监测、日常养护和重点修缮的勘察、研究和设计队伍；以故宫博物院修缮技艺部为基础，恢复完善故宫博物院的传统古建筑修缮施工队伍，建立基于故宫文物建筑修缮为核心的明清官式建筑保护和修缮技艺传承队伍。

在建设材料上，以“明清官式建筑保护研究国家文物局重点科研基地”为依托，在全国范围内，特别是传统的明清皇家建材生产和加工地区，培育明清官式建筑传统材料、加工工艺的生产和传承基地。

最后，通过制定并公布专项法规《故宫保护条例》，提供强有力的法律保障。为加强故宫文化遗产保护的完整性、真实性，提升文化遗产价值整体保护力度，保障故宫文化遗产保护与利用的可持续发展，建议制定国家一级的专项法规《故宫保护条例》，对跨部门的主要保护管理措施以统筹协调管理方式予以整合。

希望《故宫保护总体规划》能够在故宫博物院建院90周年公布实施，在故宫博物院的百年大庆即2025年基本实现规划目标。作为21世纪的中国文化遗产保护者们，期待通过《故宫保护总体规划》的实施，实现建设世界一流博物馆并“把壮美的紫禁城完整地交给下一个600年”的目标。

2015年6月23日

避暑山庄及周围寺庙文化遗产保护工程

避暑山庄及周围寺庙文化遗产保护工程是"十二五"国家重点文物保护工程，工程自组织实施以来，在国家文物局和河北省政府的正确领导下，在河北省文物局和各位专家的大力支持下，坚持科学统筹安排，加强工作调度，加快工作进度，从严施工现场管理，狠抓工程质量和安全，严格专项资金评审、核定、拨付，目前各项工作正按工程总体计划稳步推进。现将承德文保工程进展情况如下。

避暑山庄烟雨楼修缮前

一、总体进展情况

截至目前，承德文保工程已通过国家文物局及相关部门审批方案105项，通过省文物局核准101项，已开工工程96项，已完工或基本完工86项。在已经完工的项目中，已有烟雨楼古建筑群、安远庙清代彩画、须弥福寿之庙古建筑、文津阁碑亭及围墙抢险等28项古建筑及科技保护项目通

避暑山庄烟雨楼修缮后

避暑山庄水心榭修缮前

避暑山庄水心榭修缮后

过省级技术验收。普乐寺、须弥福寿之庙等25项安消防能力提升项目通过国家文物局验收。安远庙古建筑、普乐寺古建筑、清代驳岸（二期）、须弥福寿之庙安防等16项工程完成竣工决算审计，目前还有65项工程正在进行竣工决算审计。

须弥福寿之庙保护修缮前

承德文保工程已累计到位专项资金5.34亿元，其中文保资金4.72亿元，水环境整治资金6208万元，共完成资金支付4.3亿元。

二、工程管理情况

（一）严格规范工程组织程序

在工程项目管理上，严格执行《文物保护法》和《文物保护工程管理办法》的有关规定，所有项目均委托具备文物保护工程勘察设计甲级资质的设计单位编制保护工程设计方案，所有方案均通过河北省文物局和国家文物局审批后再组织实施。工程项目的施工和监理全部组织公开招投标确定，以确保项目实施的公开、公平和公正。此外，所有工程项目均先取得河北省文物局开工许可审核后再组织施工。

（二）严格控制工程质量

在工程组织实施过程中坚持工程质量管理这一核心任务不动摇。一是坚持工程试验，在开始一项新的施工项目或有新的施工人员进场时，必须先开展小范围施工试验，确保施工的材料、工具、工艺流程符合设计要求和古建筑传统施工工艺后才允许进行大范围施工，瓦工、木工、油工、架子工等重要工种必须持证上岗；二是严格检查施工材料，所有施工材料必须符合设计要求，坚持使用古建筑传统工艺所需的原材料，坚持监理工程师和甲方技术人员现场材料抽检、见证取样和实验室复检，特别是对黄土、青灰、麻刀、桐油等无法进行实验室检测的传统材料进行老工匠经验性检查，严把材料关；三是严格施工现场质量的检查力度，采取监理工程师全程旁站监理和甲方返聘老工匠分专业监督检查相结合的

须弥福寿之庙保护修缮中

普乐寺宗印殿保护修缮前

方式，坚持对施工质量、施工工艺、传统做法进行不间断的检查，已发现问题，及时解决，确保工程质量；四是加强施工程序控制，要求施工和监理单位严格按照施工图纸、施工工艺及方法、施工步骤进行施工，监理工程师分工序检查验收，隐蔽工程专项检查验收，签字确认合格后再进行下一道工序；五是加强监理例会制度，每周例会开展各类形式的技术总结、交流活动，及时对工程中存在的技术问题进行研究，确保各项工程按要求高标准、高质量组织实施；六是坚持工程洽商制度，工程中出现的技术难题、施工材料和工艺的变化、施工中不可预见的重大变化都必须由设计代表到场进行四方技术洽商，履行报批程序再组织实施。

（三）强化现场安全管理

在施工中紧抓确保文物古建安全和施工安全这一工程生命线不动摇。一是制定下发了《承德避暑山庄及周围寺庙文化遗产保护工程施工现场管理规定》，对施工现场五板一图、封闭围挡、场地安排、施工人员着装、垃圾清运、防火与安全等进行统一规定和严格要求；二是加大安全教育和安全培训力度，坚持做到所有施工人员不培训不上岗；三是严格施工期间的文物保护和防护措施，对古建筑室内外的佛像、陈设、壁画、石雕等附属文物进行有效的保护；四是严格对工程所用易燃物品进行报告审批管理，确保易燃物品不在文保范围内过夜，消除火灾安全隐患；五是加大施工现场巡检力度，确保发现问题及时整改。通过以上施工安全管理，确保了工程实施“零”事故。

普乐寺保护修缮后

普乐寺宗印殿保护修缮后

（四）规范工程资料档案

高度重视工程档案资料的搜集整理工作，结合北京故宫和晋东南等其他古建筑修缮工程档案规范，根据承德遗产保护工程实际情况，专门制定了工程资料编制规范并成立了工程档案组，以及为充分调动施工方搞好档案工作，在项目承包合同中安排一定比例合同额作为档案保证金，在进行工程决算时，根据竣工档案资料是否齐全是否退还保证金，从而为提高档案资料的整体质量提供了有力的保证。在工程实施过程中，对工程档案收集整理实施动态监控，不定期组织对工程勘察、设计、审批、招投标、施工、验收全过程

须弥福寿之庙修缮前

须弥福寿之庙修缮后

的工程档案进行规范、收集、整理和检查，同时要求甲方、施工、监理三方同时对施工全过程进行施工记录，特别是对施工工序流程、隐蔽工程等进行详细的照片记录，从而确保了相关工程资料完整、及时、详备。

安远庙修缮前

三、下步工作计划

5年来，承德避暑山庄及周围寺庙文化遗产保护工程的组织实施虽然取得了一定的成绩，但在资金拨付进度等方面存在一些不足，有待我们进一步努力改进，不断将工程组织管理工作做深、做细，努力提高到一个新的水平。一是抓完善。对工程实施各项管理工作进行“自查”，对已完工的项目查漏补缺，对没完工的项目加大力度，加快进度，确保按照施工计划顺利完成。同时，要重点在专项资金拨付、工程档案资料管理等方面健全完善机制，让承德文保工程组织实施的经验可看、可学、可行，为其他文保工程做出示范；二是抓方案。加快未批复方案的修改完善、深化设计和上报审批的进度，力争所有方案早日通过审批和核准，确保上报方案及时获批和剩余文保专项资金尽快全部到位；三是抓进度。按照工程总体计划安排，全力确保所有文保工程项目年内全部开工，同时进一步加快科技保护项目的推进力度；四是抓资金。根据工程组织实施情况及时提请河北省文物局、国家文物局对工程进行初验、竣工验收和财政、审计部门进行工程结算审核和审计工作，同时继续督导施工、监理单位做好工程资料的收集整理工作，以切实有效提高资金拨付效率。

正在进行保护修缮的安远庙

安远庙修缮后

曲阜三孔古建筑彩绘保护工程

为贯彻落实习近平总书记视察曲阜及关于文化遗产保护等重要讲话精神，让文物保护工作“活起来”，根据中央有关领导和山东省委主要领导关于抓紧实施“三孔”等古建筑彩绘抢救性保护工作的指示，在各级领导关心支持下，曲阜“三孔”等古建筑彩绘保护工程于2014年4月正式启动。

一、曲阜“三孔”古建筑群

曲阜“三孔”古建筑群是中国封建社会历代纪念孔子、推崇儒学的代表，以悠久的历史、宏大的规模、丰厚的文化积淀、高超的建筑技术成就闻名于世，与北京故宫、河北承德避暑山庄并称为我国三大古建筑群。1961年，被公布为第一批全国重点文物保护单位。1994年，被联合国教科文组织列入世界文化遗产名录。“三孔”等古建筑以及它所承载的丰富的历史信息，为研究我国封建社会的政治、经济和文化教育提供了重要的资料，具有极高的历史文物和科学艺术价值。

曲阜“三孔”等古建筑群现有房屋1300余间，建筑面积约3.2万m^2，彩绘面积约14万m^2。自清末以来，由于历史、经济等原因，“三孔”等古建筑的彩绘一直没有进行过系统的保护维修，只在单体建筑大修时进行过局部的修复。时至今日，许多早期的建筑彩绘已经斑驳脱落，甚至漫漶不清，因此，对“三孔”等古建筑群进行抢救性、研究性保护维修，迫在眉睫。

二、各级领导高度重视，密集调度

2013年11月，习近平总书记视察曲阜时发表重要讲话，深刻阐述了中华优秀传统文化、孔子及儒家思想的重要价值、重大影响和时代意义。

“三孔彩绘”领导小组会议

2014年4月4日，原中共中央政治局常委李长春同志到曲阜视察工作，对曲阜文化遗产保护与传承提出明确要求，特别指出“三孔”等古建筑的彩绘抢救性保护工作刻不容缓。对此，省市领导高度重视，省委书记姜异康同志专门就此项工作做出批示。省委常委、宣传部长孙守刚同志多次调度情况，听取汇报。省文物局局长谢治秀同志亲自到曲阜现场察看，提出意见。济宁、曲阜两级市委、市政府都成立了专门领导班子。马平昌书记等市领导多次亲临现场调查，解决工作中存在的困难问题。曲阜市委书记李长胜同志多次召开工作调度会，现场调度工程进展情况。各级领导明确指示，“三孔”彩绘保护工程要立足于曲阜传统古建修缮的积累，借鉴故宫、承德避暑山庄彩绘保护工程的经验，做成全国领先的研究型保护工程。在各级领导的关心支持下，曲阜“三孔”等古建筑彩绘保护工程于2014年4月正式启动。

古建筑彩绘培训班（一）

为加强对此项工程的领导，山东省专门成立了曲阜“三孔”等古建筑彩绘保护工程领导小组，并于2014年9月19日在曲阜召开了“三孔”等古建筑彩绘保护工程现场调度会，山东省文物局局长谢治秀做出明确指示：一是要加快方案编制工作；二是要对彩绘工程采取的各种措施的实施比例进行严格规定，保留原有彩绘、只清理除尘的不能少于三分之一；三是一定要按传统做法施工，采取原工艺、原材料，做成百年工程；四是省、市、县各级政府要共同解决前期投入经费问题，确保整个项目的顺利进行。原国家文物局

古建筑彩绘培训班（二）

局长励小捷一直非常关心曲阜的文物保护工作，对“三孔”古建筑彩绘工程项目多次过问、调度情况，听取汇报。各级领导的高度重视和关心支持，为“三孔”古建筑彩绘工程顺利开展指明了工作方向，提供了组织保障和政策支持。

三、前期各项筹备工作扎实有序

“三孔”是世界文化遗产，“三孔”等古建筑彩绘不是一般的古建筑维修工程，更不同于一般的新建或仿古建筑，它是一项专业性强、技术要求高、工艺复杂的文化事业工程，也是一项严肃的政治任务，要对历史负责，要经得起历史的检验。因此，按照中央和山东省主要领导关于在曲阜实施文物保护重点项目，打造精品亮点工程的指示，以及2014年世界遗产组织在曲阜进行监测工作提出的意见，2015年1月16日，山东省文物局给济宁市文物局专门下发了《关于指定曲阜市古建筑保护工程专门队伍的复函》，明确指定曲阜市三孔古建筑工程管理处为具体负责实施“三孔”等古建筑彩绘保护工程的专门队伍。

古建筑彩绘培训班（三）

根据各级领导的指示精神，曲阜文物局抽调精干力量，精心组织，组建专门工作班子，制定了详细的工作计划，从维修方案制订、方案报批、材料储备、库房建设、资料准备、数据采集、人才培养、专家指导、组织施工等各个方面，快速行动，全面铺开，有条不紊，稳步实施。

孔庙大成门后檐介绍彩绘工程情况

（一）维修方案制订报批。三孔古建筑彩绘保护工程规模庞大、技术复杂、要求严格，维修方案的制订是非常重要的一环，为此，邀请全国重点文物保护工程方案审核专家库的几位成员，对三孔古建筑彩绘情况进行仔细地勘察、讨论，并对建筑本体的年代进行断代。同时与中国文化遗产院进行合作，运用我国当前先进的检测、监测设备，对“三孔”等古建筑彩绘材料进行保护性取样分析，对古建筑彩绘进行断代分析，为方案编制提供科学真实的基础资料，为彩绘保护修复提供重要依据。每做一个方案，都要认真查阅文献史料记载，经过多次现场勘察、专家论证和反复修改，经省文物局通过后再报送国家文物局批复。计划中的20项维修方案，截止到2015年6月，有10项或顺利竣工，或已经批复，或已经上报等待批复。其中，《孔府西路古建筑彩绘保护维修方案》、《孔府东路慕恩堂、报本堂建筑组群彩绘保护维修方案》、《孔庙东路古建筑群彩绘保护维修方案》、《孔林大林门到二林门古建筑组群保护维修方案》、《孔府东路一贯堂及内宅院古建筑油饰彩画二期保护维修方案》、《孔府中路古建筑油饰彩画二期保护维修方案（大门至三堂建筑组群）》、《孔林古建筑油饰彩画二期保护维修方案（万古长春坊碑亭、思堂院落、神庖、后土祠、孔毓圻碑楼、于氏坊）》、《孔庙古建筑油饰彩画二期保护维修方案 (大成门、金声玉振门、东西庑）》等8个彩绘方案，2015年全部得到了国家文物局批复文件。

（二）彩绘材料储备。对“三孔”彩绘维修保护工程，严格采用传统做法、传统工艺和传统材料，其中，需要使用的巴黎绿、群青、金箔、松烟、章丹、土籽、桐油等传统材料，产量少、分布广，目前市场上比较稀缺，有些材料因种种原因购买非常困难。为此，曲阜市文物局专门组织了采购队伍，南上北下，前往全国各地，四处联络，摸清采购物资基本情况，提前做好采购准备。目前，已经成功购买、定制了巴黎绿、精麻、砖灰、琉璃瓦件、灰瓦件等；签定了专供金箔、黄丹、群青、松烟、生桐油、线麻等购买协议，涉及北京、南京、安徽、湖南、山东、河北、天津等地。

观看彩绘颜料

（三）库房建设。在后作街东料场建设完成了长40m、宽8m的“三孔彩绘工程”专用库房。库房用防火材料建成，内有通风设备和烟雾传感器，涂刷了地板漆，外有消防器材和禁烟火标识。

（四）指挥部建设。在后作街西料场两间房屋成立了“三孔彩绘工程”项目指挥部，制定了相关规章制度，完成了制度上墙、办公用品等环境布置。

（五）资料准备。组建了前期工程资料筹备小组，以系统收集整理该工程的文字、照片、图案等资料，建档立卷，为今后开展学术研究奠定基础。小组成立后，立即购买了专业摄像机与照像机，聘请专业艺术设计人员，对三孔彩绘工程各项工作进程进行同步摄像、照相；油工队负责彩绘图案小样的绘制。筹备小组、电视台和茂然工作室三方相互配合，协调一致，同步进行。

（六）人才培养。2015年5月至6月，分别派人到西安、北京高校和故宫博物院进行彩绘知识、木作、裱糊等培训学习；邀请故宫博物院专家李永革、中国文化遗产研究院专家陈青、国文琰信息公司高级工程师郑宇来曲讲学，并到工程现场进行实际操作。

（七）技术人员培训。2014年7月，为提高文物建筑彩绘保护工作的技术水平，在省委宣传部、省文物局、济宁市文物局以及曲阜市政府的支持下，曲阜市文物局和曲阜市三孔古建筑工程管理处邀请北京故宫博物院等古建筑彩绘专家，举办了为期一周的“曲阜三孔古建筑彩绘保护维修专题培训班”。针对孔庙、孔林北方官式宫殿建筑彩绘和孔府曲阜当地彩绘的地域性特点，研究和探讨如何保护其原真性，保持其原工艺；对于早期珍贵的留存彩绘，如何确保不在修复过程中造成二次破坏；如何既保证文物安全，又要确保施工安全、景区游客安全等问题，有针对性地进行了系统专业的培训。

（八）2015年7月18日，“明清官式建筑保护研究国家文物局重点科研基地曲阜分基地”和“山东省文物局文物保护科学与技术研究重点基地”双双宣告在孔子故里曲阜挂牌成立。在仪式现场，山东省季缃绮副省长和故宫博物院单霁翔院长拿起彩笔，在绘有二龙戏珠纹饰的额坊上“画龙点睛”，标志着备受世人瞩目的三孔古建筑彩绘保护工程在顺利完成了前期各项筹备工作后，即日起正式开工。

介绍金箔

观看施工

（九）根据国家局的批复文件及修改后的设计方案要求，遵循文物保护原则，我们首先对孔庙大成门西次间内檐彩画保护修缮进行了小面积试验性施工。

大成门，清雍正八年（1730年）重建，是孔庙中轴线上的分水岭，起着承前启后的作用，地位独特，是儒家思想关于“序”观念的体现。其建筑本体结构部分，已按照国家局批复的方案在2015年上半年进行了保护维修，但其彩画因年久失修，出现了起甲、剥落、漫漶不清等比较严重的自然侵蚀风化现象，面临繁重的抢救性保护修缮任务。我们在小面积试验性施工中，将传统做法与现代技术相结合，针对不同部位、不同情况采取不同的施工方法。其中，大成门后檐西次间的金枋和三步梁彩画现状丰富，各种彩绘施工工序在这里得到了很好的体现。

大成门西次间内檐彩画保护修缮取得了良好的效果，为下一步“三孔”等古建筑彩绘修缮提供了重要的依据和参考。

三孔古建筑彩绘保护工程规模庞大，技术复杂，要求严格，计划5年左右完成。

国家暨山东省文物两大科研基地曲阜挂牌成立

2015年7月18日上午，在位于曲阜市后作街的曲阜基地，故宫博物院院长单霁翔和山东省副省长季缃绮共同为“明清官式建筑保护研究国家文物局重点科研基地曲阜分基地”和“山东省文物局文物保护科学与技术研究重点基地”揭牌，宣告国家暨山东省文物两大科研基地在孔子故里曲阜挂牌成立。

根据中央有关领导和省委主要领导关于抓紧实施“三孔”等古建筑彩绘抢救性保护工作的指示，2014年4月，曲阜启动了“三孔古建筑彩绘保护工程”。山东省文物局为此专门在曲阜设立了“山东省文物局文物保护科学与技术研究重点基地”，开展“曲阜孔庙、孔府、孔林古建筑保护之油画研究”重点课题，同时授权曲阜市三孔古建筑工程管理处成立古建筑培训中心，举办与古建筑维修相关的各种业务培训。

2015年5月，山东省文物局与故宫博物院达成了战略合作协议，将国家级文物重点科研基地分支设在山东曲阜，致力于共同打造中国明清官式建筑保护学术研究高地。

将国家级文物重点科研基地分支设在山东曲阜，是基于科学严谨的综合考量。一是曲阜作为孔子故里、儒家文化发源地、中国三大古代建筑群的保留地，所拥有的建筑遗存极具特色，既是北方官式建筑的代表，又有自己独特的地域性，既有丰富的历史文化内涵，又有很高的学术研究

科研基地揭牌

基地揭牌及开工仪式

价值，是全面系统研究明清官式建筑营造技艺的理想之地。二是山东省文物局专门在曲阜设立了“山东省文物局文物保护科学与技术研究重点基地”，分基地设在曲阜能够更好地发挥科研教学平台的作用。三是曲阜有古建筑维修方面深厚的历史根基。以三孔古建筑工程管理处为代表的曲阜古建维修，具有悠久的历史、传统的工匠队伍、传承的技艺、优秀的人才、丰富的实践、巨大的资源、突出的成果等多方面的优势。2011年至2014年，“颜庙复圣殿落架大修工程”、“孔府西路建筑群维修工程”、“尼山孔庙古建筑群维修工程”连续3年荣获“全国十佳文物保护工程奖”，取得了“三连冠”的骄人成绩，曲阜市三孔古建筑工程管理处也因此获得了“中国文化遗产保护与传承典范单位”的荣誉称号。因此，从曲阜三孔等文物古建筑保护维修的历史根基、文化传承与现实情况综合考量，分基地建设及日常运营将由曲阜市三孔古建筑工程管理处具体承担。

故宫博物院将对明清官式建筑保护研究曲阜分基地建设提供科研指导，并在人才培训、保护技术等方面予以必要的支持与帮助。山东省文物局将对明清官式建筑保护研究曲阜分基地建设在政策、资金、技术等方面给予支持，督促曲阜分基地完善管理，推进各项科研工作。

明清官式建筑保护研究国家文物局重点科研基地曲阜分基地，将系统研究中国明清官式建筑文化，解决中国明清官式建筑营造技艺学术空白，探索构建中国明清官式建筑的保护理论体系，更好地传承中国古建筑技艺，提升中国古建筑保护水平。具体合作与研究内容主要包括：以曲阜明清建筑发展史、建筑形制、营造技艺、传统材料及彩绘传统工艺为主要研究方向；承担“三孔古建筑彩绘保护工程”建设与研究；承接故宫博物院的相关科研任务；通过研究、学习，培训青年专业人才，为文物保护储备后续力量；与中国古建筑保护相关的其他课题。

中国明清官式建筑研究保护重点科研基地和山东省文物保护研究重点科研基地同时在曲阜挂牌成立，具有里程碑式的意义，这标志着曲阜文物古建工作从偏重于施工型、实践型，向科研型、实践型的复合性模式转变，发展理念和发展内涵都将有重大的方向性变化。古建科研与三孔彩绘工程相辅相成，科研提升工程水平，工程提供科研基础，科研与工程相互促进、同步进行的战略格局已经形成。

画龙点睛

国家明清官式建筑重点科研基地展馆亮相“2015国际文保展”获好评

10月26日上午10点，2015（济南）国际文物保护装备博览会（简称国际文保展）在济南舜耕国际会展中心隆重开幕。由曲阜三孔古建筑工程管理处设计建设、组织参展的国家明清官式建筑重点科研基地展馆，在展会上一亮相，便以其典型的中国古建筑传统风采吸引了众人的目光，精湛的古建筑传统技艺让人眼界大开，在此起彼伏的拍照留念声中获得了满满的称赞。

上午11点多，国家文物局副局长宋新潮、山东省副省长季缃绮和山东省文物局局长谢治秀等领导，来到国家明清官式建筑重点科研基地展馆视察。他们饶有兴趣地仔细观看了展馆内容，不时地与工作人员交谈，询问有关情况，对曲阜的这次展馆设计及参展内容表示满意。

2015（济南）国际文保展由山东省文物局、济南市人民政府和山东省贸促会主办，博览会主题是：文物保护装备——助推文物“活”起来。博览会规划出了187m^{2}的模拟博物馆展区，对山东省文物资源、文物保护成就和文物事业发展成就进行集中展示。除众多海内外参展企业、参展商、经销商和用户外，山东省文物局还邀请了400余家博物馆馆长及山东所有县级市以上文物局局长、文广新局局长或文保单位领导参观，是一次文物界的盛会。

特别值得一提的是，鉴于孔子在世界的巨大影响，曲阜三孔文物在山东省文化界无可替代的重要地位，同时，国家文物局及山东省两大文物科研基地又于今年7月均在曲阜成立，曲阜可谓是山东省一张厚重而闪亮的文化名片。为此，山东省文物局专门为曲阜三孔古建争取了36m^{2}的单独展区。曲阜市领导和曲阜文物局对这次参展都

国家文物局副局长宋新潮、山东省副省长季缃绮和山东省文物局局长谢治秀观看展品

高度重视，三孔古建筑工程管理处根据领导的指示，充分利用这次难得的机会，对参展展台的方案进行精心设计，创意策划，组织精干技术管理人员精工制作，以精湛的古建筑传统技艺完成了展台及展品制作。24、25日两天在舜耕国际会展中心日夜施工，顺利完成了布展任务。

为充分展现国家文物局和山东省两大文物科研基地建设情况，反映曲阜文物保护成就和三孔古建对中国古建筑文化及营造技艺的传承、研究和发扬，打造“三孔古建”知名品牌。三孔古建筑工程管理处对国家明清官式建筑重点科研基地展馆参展内容进行了精心选择，主要对国家文物局和山东省两大文物科研基地建设情况、三孔彩绘工程、曲阜三孔古建筑工程管理处和曲阜市安怀堂文物工程设计有限公司及木作、瓦作、油作、彩画等中国古建筑主要技艺进行了介绍；展示了多件三孔古建筑微观模型；对各种传统古建工具、构件和材料进行了场景式摆放演绎。

国家明清官式建筑重点科研基地展馆的设计思路及建设风格，特色突出，特点鲜明，让不少观众流连忘返。

——以中国古建筑的基本样式即方方正正的整体结构，构建了稳重大气的建筑空间，十分契合中国传统建筑的审美理念，彰显着浓郁的“中国风”。同时，采用了开放的空间结构，通过立柱的形式，对空间进行适当地条块分割，既增加了整体空间的通透性，便于观众从多个方向进行观看，又使整个展馆稳重大气而不失空灵。展馆顶层则采用了逐级外延的简洁手法，大写意式地完美体现了中国古建筑中“飞檐翘脊”的结构与意境。这些都使展馆本身成为展现中国古建筑技艺与神韵的完美载体。

——以“中国红”为展馆主色调。红色是中国人心目中最喜庆的颜色，准确把握和体现了中国人的心理情感世界，让人走进展馆，立即有一种自然的亲近感。

——由于空间有限，没有大面积的立面可用，展板采用了中国书画中特有的“画轴”的形式，既增加了通透性，又提高了展板的美感和艺术品位。

——三孔微缩景观模型成为最大亮点。按1:2比例制作的孔府著名的“重光门”，孔庙大成殿及孔庙、孔府古建筑微缩景观模型，完美展现了中国古建筑传统技艺的神韵，成为最出彩的亮点。

——场景式摆放在展馆四个边角的各种古建筑传统材料、工具和构件，让观众可以近距离的观看和直接感受中国古建筑传统技艺的细节，令人耳目一新。

虽然展馆的空间不大，但由于匠心独运，尽可能多地表现了中国传统古建筑营造技艺的丰富元素，介绍了曲阜三孔古建筑保护维修所取得的成绩，使之成为本次国际文保展博览会上最受欢迎和好评的展馆之一。开幕式第一天，国家明清官式建筑重点科研基地展馆前的观众就络绎不绝，不少观众对“重光门”和孔庙大成殿、杏坛、十三碑亭等微缩景观模型表现出了浓厚的兴趣，对其精湛的传统工艺赞叹不已，不停地拍照留念。而慕名前来的许多专业人士则在各种传统古建工具、构件和材料面前，认真观看和详细拍照。他们说，现在像曲阜三孔古建这样坚持完整传承中国古建筑营造技艺的越来越少了，今天能够见到如此地道的东西真是难能可贵。

中国建筑设计院有限公司建筑历史研究所

中国建筑设计院有限公司建筑历史研究所是1958年由梁思成和刘敦桢先生创办的、我国较早涉足文化遗产研究与保护的科研单位。该所原属中国建筑科学研究院，1983年之后历经一系列改革与名称变更，现隶属中国建筑设计院有限公司，是一个集产、学、研为一体的企业科研单位：具有国家城市规划甲级资质、建筑设计工程甲级资质和文物保护工程勘察设计甲级资质；文化遗产保护规划国家文物局重点科研基地；国务院学位委员会批准的建筑历史与理论硕士学位研究生培养单位；中国古迹遗址保护协会（ICOMOS CHINA）团体会员。

本所现有职工38人。其中工程院院士1人，高级技术人员10人，中级技术人员17人；具备硕士、博士学位者占70%以上。本所资料室藏有逾50年积累的大量历史资料，包括档案图纸近9000张，历史照片逾10万张，专业图书资料上万册。办公科研设备按照现代先进标准配置，为高效率、高质量的研究和咨询工作提供了有力的硬件支撑条件。

本所事业发展领域为中国建筑历史研究和文化遗产保护，科研水平均达到国内领先水平，历年来科技成果和咨询项目共获得省部级以上奖励20余项。

面对未来，本所将以研究和传承民族遗产为己任，保持严谨学风，结合中国特色，吸取国际理念，坚持集成创新，不断提高综合科技能力，服务国家与社会需求，力求将该所建设成国家文化遗产保护与研究创新体系中的重要组成元素之一。

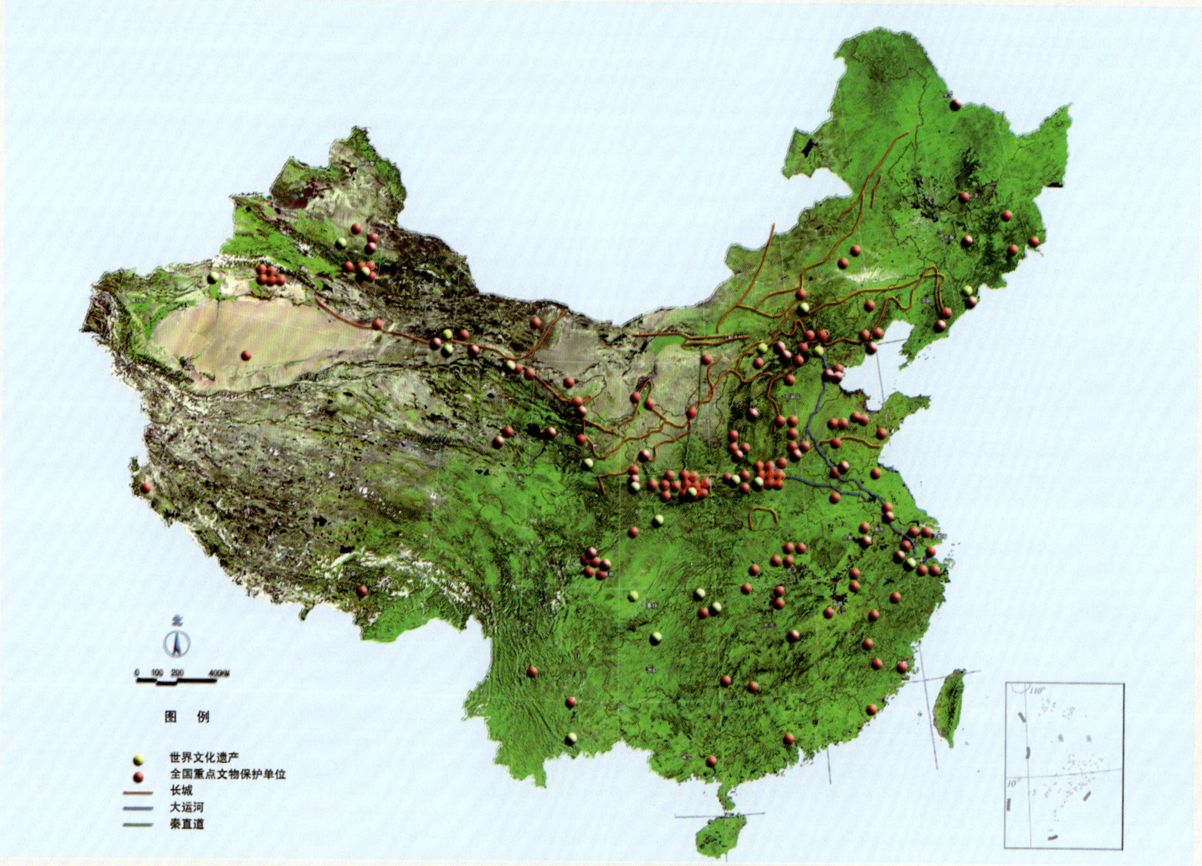

建筑历史研究所近年文化遗产保护项目分布示意图

INTRODUCTION:

The Institute of Architectural History (IAH), established in 1958 by Prof. Liang Sicheng and Prof. Liu Dunzhen, is among the first institutes in China which began to undertake studies and the conservation of cultural heritage. Originally affiliated with China Academy of Building Research (CABR) and now with China Architecture Design Group (CADG), the IAH went through a series of reforms and changes in its name and is now an enterprise of production as well as an institute for education and research. Entitled with the A-class national qualifications of China for urban planning, architectural design, as well as for the investigation and planning of cultural relic conservation, our institute is one of the key scientific research bases of State Administration of Cultural Heritage (SACH) in Cultural Heritage Conservation and Planning. Besides, the institute is also authorized by the Academic Degrees Committee of the State Council (ADCSC) to offer postgraduate programs granting Master's Degree of Architectural History and Theory; and is one of the institutional members of ICOMOS CHINA.

At present the Institute of Architectural History has a staff of thirty-eight, among whom are ten senior technicians and seventeen mid-technicians and one member of Chinese Academy of Engineering (CAE); and over 70% of members of the staff hold a master's or doctor's degree. The library of the institute has a great collection of historical data accumulated in the past 50 years, including nearly 9,000 pieces of hand-drawing archives, over 100,000 historical photos and more than 10,000 books for professional reference. The institute is also equipped with advanced modern facilities for scientific research and office utilities, backing up its high-quality and efficient researches and consultative services.

The IAH is mainly engaged in the Chinese architecture history research and cultural heritage conservation, and we've done leading scientific research in China. The research achievements and consulting projects have won more than 20 awards above provincial and ministerial level over the years.

Looking forward to the future, IAH will take responsibility for studying and passing down national heritages, maintain its rigorous academic style, combine the Chinese characteristics with international concepts, persist in integration innovation, as well as improve its comprehensive technological capability, to serve needs both of the state and of the society. The institute is aimed to be one of the important components in the national innovation system of cultural heritage conservation and research.

地址：北京市西城区德胜凯旋大厦12层东（100120）

Address: 12th Floor East, Block A, Deshengkaixuan Building, 36 Deshengmenwai Street,
Xicheng Districet, Beijing, 100120, P.R.China

电话（Tel）：+86 10 57368302　　传真（Fax）：+86 10 57368302

2014年“华夏建设科学技术奖”获奖项目（特等奖）

该项目已于2014年6月以“丝绸之路：长安—天山廊道的路网”之名列入《世界文化遗产名录》

超大型文化线路“丝绸之路”申遗与保护技术咨询

主要完成单位：中国建筑设计研究院（现中国建筑设计院有限公司）建筑历史研究所

主要完成人：陈同滨、傅晶、刘剑、王力军、蔡超、李琛、徐新云、苏春雨、李敏、韩真元、王敏、周伟、吴东、于文洪、尹航，等

“丝绸之路”是公元前2世纪至公元16世纪期间古代东西方文明与文化的融合、交流和对话之路，是人类历史上规模最大的文化线路。古“丝绸之路”所体现的这种精神，在当今世界仍然充满活力，还将影响丝路沿线国家的战略发展布局，为促进洲际间的协调和共同繁荣作出新的贡献。

丝绸之路文化遗产管理规划成果

丝绸之路申报世界遗产项目是1988年由联合国教科文组织提出和启动的，早期定为“对话之路：丝绸之路整体性研究”，开展了多次国际性科学考察，建立丝绸之路系列申遗跨政府协调委员会，经过多次国际磋商和专家研讨，逐步探讨这一跨国界、超大型文化线路遗产的申报策略，形成了一系列有关丝绸之路遗产研究及申报策略的指导性文件。至2011年国际古迹遗址理事会（ICOMOS）制定《主题研究》之后，明确提出丝路遗产是“在一个整体框架下的、与一个整体概念相关联的系列遗产集合（a collection of World Heritage serial properties）”，遂以“廊道”概念确定分段申报策略，并确定中国、哈萨克斯坦、吉尔吉斯斯坦三国联合申报的“丝绸之路：起始段和天山廊道的路网”为首批项目之一。ICOMOS在其《评估报告》中对此次申报的重要意义作出了阐述：“三个缔约国进行跨国界提名是将丝绸之路列入世界遗产名录过程中的一个重要里程碑。这是7年多合作努力以及更多年调查研究所取得的成果”，“显而易见，这些首次申报的遗产将为未来丝绸之路的系列申报奠定基础”。

本项目是为上述中、哈、吉三国政府联合申报世界遗产提供综合技术支撑的项目，属文化遗

产学术研究、保护管理规划及专项工程技术的综合性科技项目。本项目的全套研究及技术成果，于2013年1月由中、哈、吉三国政府联合签署，提交世界遗产中心进行审查。中国建筑设计研究院在该项目中作为技术主持方，中、哈、吉三国的行政管理部门和文物保护、考古、规划等专业领域人员参与了相关合作。

“丝绸之路”是涉及了半个地球的伟大的文化遗产，是中国第一项跨国联合申报的世界遗产，在遗产价值研究和保护管理需求等方面都超越了国境和民族，是我国文化遗产研究与保护领域中史无前例的技术探讨。本项目属于软科学技术领域中的文化遗产学术研究、保护管理规划及专项工程技术的综合性科技项目，具有学术与技术紧密结合、基础研究与技术应用互为支撑的集成创新特点，是为中国、哈萨克斯坦、吉尔吉斯斯坦三国政府联合申报“丝绸之路”世界遗产提供综合技术支撑的跨国合作项目。

项目主要内容包括丝绸之路历史文化专题研究，作为大型文化线路类遗产的特性、构成、世界遗产价值研究，遗产保存状况及保护管理需求分析，集合式系列遗产的管理规划技术体系创新，遗产保护与阐释工程设计，工程实施现场咨询，项目成果英文翻译等。本项目的全套研究及技术成果，以“丝绸之路跨国联合申报世界文化遗产文本（英文稿）”的形式，于2013年1月由中、哈、吉三国政府联合签署，提交世界遗产中心进行审查。项目规划设计的近期保护管理工程于2013年9月前全部落实实施。2014年5月本项目

丝绸之路提名文件补充材料成果

经国际古迹遗址理事会ICOMOS专业评审，“推荐列入”《世界遗产名录》。2014年6月本项目经世界遗产大会审议，以“丝绸之路：长安—天山廊道的路网”的名称正式列入《世界遗产名录》。

丝绸之路的规模与内涵空前，具有概念上的整体性，但申报实体却由多种类型、主题各异的遗产点、要素组成，价值提炼难度极大。同时，

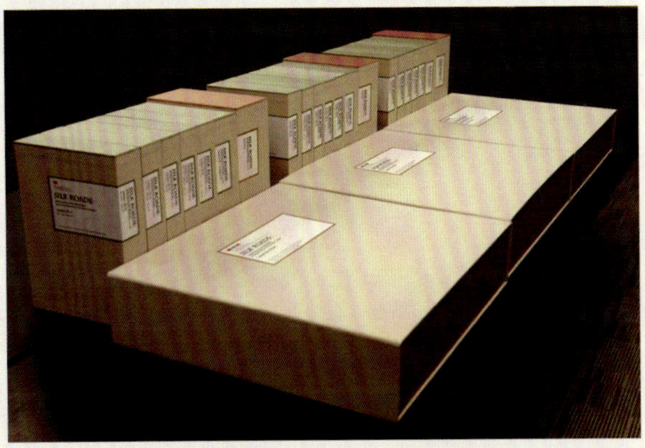

丝绸之路世界遗产提名文件成果

本次申报的“长安—天山廊道” 跨越3个不同国家，涉及不同的法律法规体系和保护管理机制，在技术整体协调方面面临空前的难度。本项目的主要创新点包括史学与专题研究方面的学术创新与突破以及遗产学的系列文化遗产保护理论与规划技术创新。在学术研究方面，从人类文明与文化发展史的角度，运用多学科交叉方式，提炼出项目的4条世界遗产价值标准。在文化遗产保护规划技术方面，基于超大型文化线路遗产的特征和保护管理需求，创立了“上挂下联”的集合式系列遗产管理规划编制体例。

目前正值我国与中亚国家共振古老丝绸之路、共建“新丝绸之路经济带”的开局阶段，本项目成果对于发掘中国与中亚国家的悠久历史渊源、继续亲密关系有着积极的文化与现实意义。丝绸之路联合申报世界遗产，对于传承历史文化、促进丝绸之路沿线区域经贸各领域的发展合作、开发该区域蕴藏的巨大潜力有着积极的文化认知与促进合作的作用。丝绸之路申遗项目，为我国的经济和外交战略的调整以及未来世界政治格局的转变提供了历史依据和现实途经，具有不可估量的社会效益。

2014年入选世界文化遗产名录项目

一、大运河

公元前486年吴王夫差筑邗城（今扬州），并掘邗沟，沟通江淮水道。大运河始建于公元前486年，包括隋唐大运河、京杭大运河和浙东运河3部分。大运河（隋唐大运河+京杭大运河）地跨北京、天津、河北、山东、河南、安徽、江苏、浙江8个省、直辖市，是世界上开凿时间较早、规模最大、线路最长、延续时间最久且至今仍在使用的人工运河。至今大运河历史延续已2500余年。隋大业元年（605年）拓宽开深山阳渎（今里运河），又开通济渠，连结洛、黄、汴、泗诸水达于淮河。大业六年（610年）拓宽浚深江南运河以达杭州。同时由洛阳附近凿永济渠通卫河，经临清转今天津，全线沟通，长约2700km。元朝定都北京（当时称大都），自公元1283年起利用10年时间先后挖通济州河、会通河，并建设闸坝，渠化河道，航程缩短为1794km。这就是今大运河的前身。

大运河以洛阳为中心，南起杭州，北至北京，流经浙江、江苏、安徽、河南、山东、河北、天津、北京等8个省市，沟通了海河、黄河、淮河、长江、钱塘江五大水系，全长1794km。在中华民族的发展史上，为发展南北交通，沟通南北之间经济、文化等方面的联系做出了巨大的贡献。

二、丝绸之路中国段

由中、哈、吉三国联合申报的丝绸之路成功入选世界文化遗产，成为首例跨国合作、成功申遗的项目。当这个项目宣布申遗成功后，现场掌声雷动。各国专家在发表看法时，对这条文化线路赞不绝口。

经过的路线长度大约5000km，包括各类共33处遗迹，申报遗产区总面积为42680ha，遗产区和缓冲区总面积为234464ha。其中，中国境内有22处考古遗址、古建筑等遗迹，包括河南省4处、陕西省7处、甘肃省5处、新疆维吾尔自治区6处。哈萨克斯坦境内有8处遗迹，吉尔吉斯斯坦境内有3处遗迹。

申遗成功后，世遗委员会建议，将其命名为“丝绸之路：长安—天山廊道的路网”。国家文物局副局长童明康说，作为世界上最伟大的贸易之路、对话之路、和平之路和发展之路，丝绸之路跨国联合申遗进一步增进了中国和哈、吉等中亚国家的传统友谊，成为新时期中国与中亚地区各国和平对话、共同发展的新纽带。

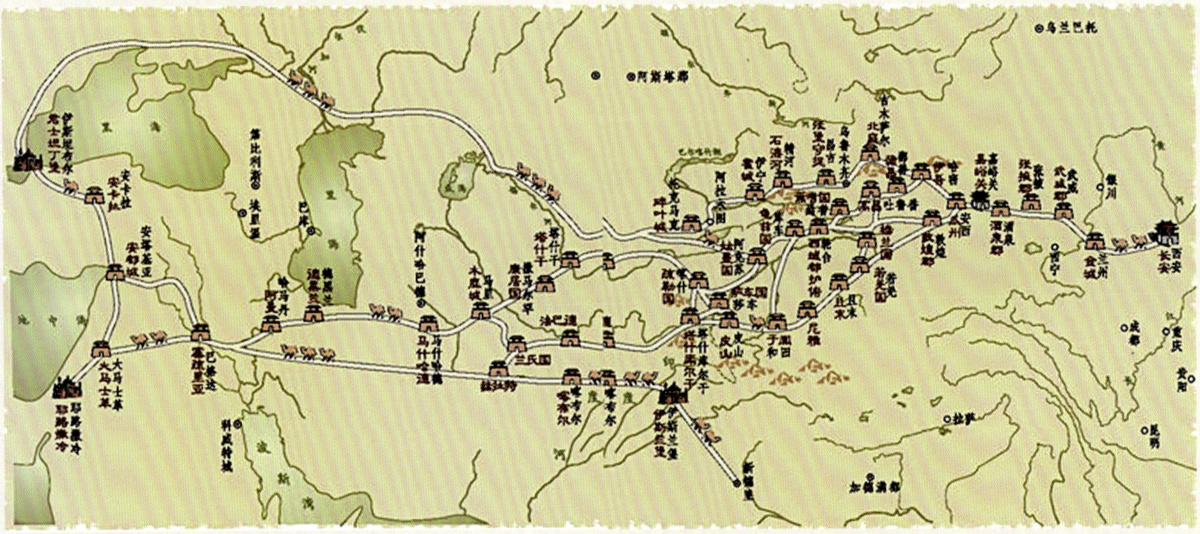

工程名录篇

2014年国家文物局批复的全国文物保护工程项目名录（1076）项

一、北京市

1. 柏林寺保护规划
2. 北海先蚕坛修缮工程
3. 北京大学红楼保护规划
4. 北京大学软件工程大厦设计方案
5. 北京国子监街南侧项目G楼改扩建工程方案
6. 北京鲁迅旧居修缮工程
7. 北京融坤养老中心项目
8. 北京西城区米粮库胡同23号院房屋翻修
9. 爨底下村文物保护工程总体方案
10. 大觉寺修缮工程
11. 地坛神库院修缮工程
12. 地坛坛墙、坛门及院墙院门修缮工程
13. 地坛西侧外坛墙残墙抢修工程
14. 地坛斋宫院修缮工程
15. 调整北京大学餐饮综合楼设计方案
16. 调整清华大学附属中学体育馆及宿舍楼工程方案
17. 房山云居寺塔及石经地宫监测方案
18. 辅仁大学本部旧址保护规划
19. 国立蒙藏学校旧址保护规划
20. 国子监街南侧项目G楼改扩建工程项目
21. 戒台寺地藏庵修缮工程
22. 戒台寺牡丹院修缮工程
23. 戒台寺南宫院修缮工程
24. 戒台寺下院修缮工程
25. 觉生寺（大钟寺）博物馆参观服务设施改造工程项目
26. 明十三陵长陵祾恩殿栏板望柱抢修工程修改方案
27. 李大钊旧居保护修缮工程
28. 清华大学出土文献研究与保护中心工程设计方案
29. 清华大学法律图书馆工程设计方案
30. 清华大学生物医学馆设计方案

31. 清华大学早期建筑保护规划
32. 清华大学早期建筑——生物学馆屋面修缮工程
33. 融坤养老中心设计方案
34. 潭柘寺方丈殿修缮工程
35. 潭柘寺安乐延寿堂修缮工程
36. 潭柘寺上下塔林修缮工程
37. 天安门、人民英雄纪念碑石质文物清洗工程
38. 天安门城楼城台墙体抢险修缮工程
39. 天安门城楼及城台安全性检测工程
40. 天安门东、西朝房等建筑修缮工程
41. 宛平城城墙及城楼修缮工程
42. 宛平城东西闸楼修复工程方案
43. 宛平城东西闸楼修复工程
44. 未名湖燕园建筑——俄文楼、外文楼、民主楼文物建筑修缮工程
45. 先农坛东、南部分坛墙及南坛门修缮工程
46. 延庆古崖居加固工程
47. 延庆县长城9–10号敌台边墙、12–13号敌台间边墙及13号敌台抢险修缮工程
48. 延庆县长城第八段77–79号敌楼及边墙抢险修缮工程方案
49. 延庆县长城第十段106–107号敌楼及边墙（南天门）抢险修缮工程方案
50. 真觉寺金刚宝座（五塔寺塔）修缮工程

二、天津市

1. 北洋水师大沽船坞遗址保护规划
2. 大沽口炮台遗址抢险加固工程
3. 蓟县白塔维修工程
4. 李纯祠堂修缮工程
5. 千像寺造像保护工程
6. 千像寺造像文物保护规划
7. 石家大院保护规划
8. 天后宫修缮工程
9. 天津五大道近代建筑群文物保护规划
10. 天尊阁保护规划

三、重庆

1. “中美合作所”集中营旧址——气象台和罗世文、车耀先墓护坡抢险加固工程
2. 大足石刻北山摩崖造像多基线数字近景摄影测绘项目
3. 大足石刻石篆山摩崖造像抢险加固工程
4. 弹子石摩崖造像保护规划
5. 弹子石摩崖造像修缮工程
6. 独柏寺正殿保护规划

7. 独柏寺正殿修缮工程
8. 国民政府军事委员会政治部第三厅暨文化工作委员会旧址修缮工程
9. 国民政府外交部旧址修缮工程
10. 涞滩二佛寺摩崖造像北岩造像本体保护工程
11. 涞滩二佛寺摩崖造像–大佛禅材石牌坊保护加固工程方案
12. 涞滩二佛寺摩崖造像抢险加固工程
13. 林园保护规划
14. 林园修缮工程
15. 南泉抗战旧址群——孔园修缮设计方案
16. 南腰界红三军司令部旧址修缮工程
17. 彭氏宗祠文物保护规划
18. 彭氏宗祠修缮工程
19. 千佛寺摩崖造像保护设施建设工程
20. 石门大佛寺摩崖造像修缮工程
21. 世界佛学苑汉藏教理院旧址部分建筑修缮设计方案
22. 双桂堂保护规划
23. 双桂堂修缮工程
24. 同盟国驻渝外交机构旧址群——法国领事馆旧址修缮工程
25. 潼南大佛寺摩崖造像保护规划
26. 潼南大佛寺摩崖造像部分建筑修缮工程
27. 赵世炎故居修缮工程
28. 重庆抗战金融机构旧址群——聚兴诚银行旧址修缮工程
29. 重庆谈判旧址群——宋子文官邸修缮工程

四、上海

1. 上海市黄浦区179街坊项目设计方案
2. 徐汇中学体育馆改建项目方案

五、河北

1. 保定淮军公所修缮工程
2. 卜北堡玉泉寺修缮工程
3. 常平仓文物保护规划
4. 呈报承德普宁寺小学规划及建筑设计方案
5. 大名府故城保护规划
6. 大明天主堂保护修缮工程
7. 定州贡院看护用房及展室工程
8. 定州文庙保护规划
9. 古莲花池保护规划
10. 黄粱梦吕仙祠保护规划
11. 鸡鸣驿村文物保护工程总体方案

12. 晋冀鲁豫边区政府旧址修缮工程
13. 开善寺文物建筑散水等维修工程
14. 李大钊故居保护规划
15. 隆兴寺文物库房设计方案
16. 南腰山村文物保护工程总体方案
17. 毗卢寺壁画保护修复方案
18. 普宁寺讲经堂改建设计方案
19. 清河道署修缮工程
20. 清西陵泰陵保护修缮工程设计方案
21. 山海关八国联军营盘旧址——英军营盘旧址保护维修工程
22. 释迦寺文物保护规划
23. 双塔庵双塔保护维修工程
24. 天齐庙文物保护规划
25. 天齐庙修缮工程
26. 娲皇宫及石刻保护规划
27. 蔚县常平仓修缮设计方案
28. 蔚县关帝庙文物保护规划
29. 蔚县南安寺塔文物保护规划
30. 蔚州古城墙文物保护规划
31. 西古堡村文物保护工程总体方案
32. 宣化古城保护规划
33. 药王庙修缮工程
34. 玉泉寺大殿修缮工程
35. 张家口市东榆林村烽火台修缮工程
36. 昭化寺文物保护规划
37. 赵邯郸故城4号门阙遗址保护展示工程
38. 真武庙文物保护规划
39. 正丰矿工业建筑群保护规划
40. 正丰矿工业建筑群小姐楼修缮工程

六、山西

1. 安国寺保护规划编
2. 北池稷王庙修缮工程
3. 北甘泉圣母庙修缮工程
4. 北马玉皇庙保护规划
5. 北马玉皇庙保护修缮工程
6. 北社大禹庙修缮工程
7. 北社三嵕庙修缮工程
8. 唱经楼文物保护规划

9. 池神庙及盐池禁墙保护规划
10. 池神庙及盐池禁墙——池神庙修缮工程
11. 崇安寺保护修缮工程
12. 崇福寺保护修缮工程
13. 大云院修缮工程
14. 大中汉三嵕庙修缮工程
15. 大周村古寺庙建筑群修缮工程
16. 砥洎城一期修缮工程
17. 定林寺环境综合整治工程项目初步设计方案
18. 东许三清庙献殿修缮工程
19. 董峰万寿宫修缮工程
20. 窦庄村文物保护工程总体方案
21. 二郎庙文物保护规划
22. 樊店关帝庙修缮工程
23. 范村圆智寺保护规划
24. 梵安寺塔修缮工程
25. 佛宫寺释迦塔（应县木塔）周边环境整治规划
26. 高都景德寺修缮工程
27. 高平市羊头山石窟修缮工程
28. 关村炎帝庙修缮工程
29. 冠山书院保护修缮工程
30. 冠山书院修缮工程
31. 郭峪村古建筑群城墙一期保护修缮工程
32. 海会寺修缮工程
33. 河底成汤庙修缮工程
34. 绛州大堂建设控制地带内环境整治项目
35. 解州关帝庙门楼和客服中心改造设计方案
36. 金洞寺修缮工程
37. 晋城玉皇庙塑像底座修复及临时搬迁方案
38. 晋祠七十二台建筑群修缮工程
39. 晋祠文昌宫修缮工程
40. 良户玉虚观修缮工程
41. 梁家滩白云寺修缮工程
42. 临猗妙道寺双塔环境综合治理设计方案
43. 灵空山圣寿寺天王殿等建筑修缮工程
44. 柳氏民居保护规划
45. 龙山石窟环境整治方案
46. 龙山石窟抢险加固工程

47. 麻衣寺砖塔建设控制地带内建设山西永鑫铁路专用线
48. 秘密寺文物保护规划
49. 明惠大师塔文物保护规划
50. 明秀寺环境综合整治工程设计方案
51. 南阳法王庙修缮工程
52. 南召文庙保护规划
53. 南召文庙保护修缮工程
54. 平遥城墙102号内墙滑落抢险加固修缮工程
55. 平遥惠济桥保护规划
56. 平遥惠济桥修缮工程
57. 平遥清凉寺修缮工程
58. 普净寺修缮工程
59. 千佛庵修缮工程
60. 前万户汤王庙修缮工程
61. 清徐尧庙保护规划编制
62. 三王村三嵕庙修缮工程
63. 山西大学堂旧址保护工程
64. 史村东岳庙修缮工程
65. 寺坪普照寺大殿保护工程
66. 太符观保护规划
67. 太符观彩塑壁画保护修复工程
68. 太原纯阳宫修缮工程
69. 太原大关帝庙保护规划
70. 太原文庙修缮工程
71. 天龙山石窟抢险加固保护工程
72. 天台庵修缮工程立项
73. 万荣东岳庙飞云楼修缮工程监测项目
74. 万荣东岳庙山门及管理用房工程设计方案
75. 万荣稷王庙保护规划
76. 王家大院高家崖、红门堡部分建筑修缮工程
77. 王家大院高家崖、红门堡修缮工程
78. 苇则寿圣寺修缮工程
79. 五台山佛光寺彩塑壁画数字化勘察记录项目
80. 西青北大禹庙保护修缮工程
81. 隰县千佛庵保护规划
82. 隰县千佛庵悬塑三维数字化详细方案
83. 香严寺西北侧边坡加固防护工程
84. 湘峪村文物保护工程总体方案

85. 襄陵文庙大成殿修缮工程

86. 襄垣慈胜寺保护规划

87. 襄垣文庙保护修缮工程

88. 襄垣文庙修缮工程

89. 辛村天齐王庙修缮工程

90. 新村妙觉寺保护规划

91. 兴东垣东岳庙修缮工程

92. 兴梵寺保护规划编制

93. 薛瑄家庙及墓地修缮工程

94. 岩山寺文物保护规划

95. 盐池禁墙保护工程

96. 义合三教堂修缮工程

97. 应县木塔（2014–2016年）监测项目

98. 应县木塔变形监测方案（2014–2016年）

99. 应县木塔抢险加固工程监测方案

100. 应县木塔严重倾斜部位及严重残损构件加固工程

101. 盂县大王庙保护规划

102. 云冈石窟第3窟危岩体抢险加固工程

103. 张壁村文物保护工程总体方案

104. 张壁古堡堡墙、照壁、21座民居院落修缮工程

105. 长宁大庙修缮工程

106. 长子法兴寺保护规划

107. 中漳伏羲庙修缮工程

108. 庄头天仙庙修缮工程

七、辽宁

1. 鞍山驿堡西墙南段维修工程

2. 本溪湖工业遗产群——本钢一铁厂旧址1号高炉防腐及修缮工程

3. 本溪湖工业遗产群——本溪湖煤铁有限公司旧址（小红楼）和本溪湖煤铁公司事务所旧址（大白楼）修缮工程

4. 本溪湖工业遗产群文物保护规划

5. 城子山山城保护性工程

6. 奉国寺大雄殿壁画保护修复研究及设计项目

7. 抚顺至通化高速公路清永陵建设控制地带内交警办公室和养护工区用房设计方案

8. 阜新万人坑核心保护区围栏建设方案

9. 阜新万人坑纪念碑修缮工程设计方案

10. 阜新万人坑新建陈列展示馆设计方案

11. 阜新万人坑岩土工程勘察及遗骨防潮、防腐工程设计方案

12. 阜新万人坑遗骸遗迹保护勘察设计方案

13. 阜新万人坑遗址展示设施建设规划
14. 关东军司令部旧址修缮工程
15. 关东州厅旧址修缮工程
16. 广宁城墙西墙南段修缮工程
17. 赫图阿拉故城文物展示综合楼设计方案
18. 千山古建筑群保护规划编制
19. 千山古建筑群——大安寺山门修缮工程
20. 千山古建筑群——龙泉寺山门、影壁修缮工程
21. 千山古建筑群——无量观八仙塔修缮工程
22. 侵华日军关东军司令部旧址文物保护规划
23. 清永陵东西路面改造工程设计方案
24. 清永陵泉眼沟水患治理工程方案
25. 沈阳故宫师善斋修缮工程
26. 沈阳故宫文溯阁修缮工程
27. 沈阳故宫左右翊门抢险加固工程
28. 圣水寺地面改造工程方案
29. 圣水寺室外地面和围墙保护项目
30. 圣水寺修缮工程
31. 西炮台遗址第二期抢险加固工程
32. 小虹螺山长城2段墙体、1–9号敌台、11–13号敌台及2号烽火台修缮工程
33. 银冈书院保护规划
34. 银冈书院地面修缮工程
35. 营口俄国领事馆旧址修缮工程
36. 元帅林——祭台抢险修缮工程方案
37. 元帅林——陵墙、哨楼抢险修缮工程方案
38. 张学良旧居排水工程
39. 张学良旧居帅府舞厅修缮工程

八、吉林

1. 吉林省金代延边边墙平峰山段抢险加固工程
2. 集安高句丽王城、王陵及贵族墓葬世界文化遗产监测预警项目
3. 辽源矿工墓文物保护规划
4. 辽源矿工墓文物保护与展示提升工程
5. 丸都山故城、洞沟古墓群、叶赫部城址和二龙湖古城遗址抢险加固工程设计方案
6. 伪满皇宫及日伪军政机构旧址——伪满皇宫缉熙楼、同德殿修缮设计方案
7. 伪满皇宫及日伪军政机构旧址——伪满洲国军事部旧址立面及屋面修缮设计方案
8. 乌拉街清代建筑群保护规划
9. 乌拉街清代建筑群修缮工程
10. 西团山遗址抢险加固工程

11. 延边古长城平峰山段抢险加固工程设计方案
12. 延吉边务督办公署旧址保护规划
13. 延吉边务督办公署旧址修缮工程勘察设计方案
14. 长春电影制片厂早期建筑——3号摄影棚、洗印车间、小白楼修缮工程方案
15. 长春市伪满军事部旧址内部装修设计方案
16. 长春至白城铁路扩能改造项目跨越老边岗土墙
17. 中东铁路建筑群公主岭俄式建筑群J10号机车厂检修车间修缮工程
18. 中东铁路建筑群公主岭俄式建筑群保护规划

九、黑龙江

1. 卜奎清真寺抢险修缮工程
2. 哈尔滨颐园街一号欧式建筑保护规划
3. 侵华日军第七三一部队旧址——本部旧址展示工程技术方案
4. 侵华日军第七三一部队旧址--细菌弹壳制造厂展示工程技术方案
5. 侵华日军东北要塞——虎头要塞一期修缮工程
6. 侵华日军东北要塞——胜山要塞（一期）抢险加固工程
7. 中东铁路建筑群——铁路治安所驻地抢险加固工程

十、江苏

1. 城上村遗址保护规划
2. 第一山题刻文物保护规划
3. 高邮当铺保护规划
4. 高邮当铺保护规划
5. 高邮当铺修缮保护工程
6. 何园保护规划
7. 何园保护规划
8. 淮安府衙保护规划
9. 黄山炮台旧址修缮与环境整治工程
10. 贾氏盐商住宅修缮工程
11. 江阴要塞司令部旧址建设控制地带内环境整治方案
12. 将军崖岩画抢险加固工程
13. 将军崖岩画文物保护规划
14. 孔望山摩崖造像文物保护规划
15. 隆昌寺保护规划
16. 南京城墙前湖段缺口保护展示工程
17. 南京城墙玄武门至神策门段环境综合整治项目中玄武湖公园管理处等三处建设项目
18. 南京地铁四号线鸡鸣寺站建设方案
19. 侵华日军南京大屠杀死难同胞丛葬地展示工程
20. 苏州文庙棂星门抢险加固方案
21. 太仓石拱桥之金鸡桥修缮工程方案

22. 新四军江南指挥部旧址保护规划
23. 薛城遗址保护规划
24. 盐城新四军重建军部旧址维修保护方案
25. 扬州城遗址唐子城宋堡城护城河遗址保护展示工程设计方案
26. 阳山碑材文物保护规划
27. 杨柳村古建筑群保护规划
28. 盂城驿及相关大运河遗产保护工程
29. 瞻园布政使衙署维修工程
30. 赵用贤宅保护规划

十一、浙江

1. 芙蓉村古建筑群之将军屋等10处文物建筑修缮工程
2. 芙蓉村文物保护工程总体方案
3. 古月桥修缮工程
4. 杭州之江大学旧址维修二期工程
5. 鸡鸣山居民苑建设控制地带内鸡鸣山民居苑拓展工程
6. 嘉兴文生修道院与天主堂修缮工程
7. 蒋氏故居保护规划
8. 柯岩造像及摩崖题刻保护工程
9. 兰亭建设控制地带内S08省道绍兴超限运输检测站（二期）建设项目
10. 六和塔建设控制地带内地下停车场建设项目
11. 宁波保国寺建设控制地带保国寺科技保护与展示交流中心项目
12. 宁波天主教堂修缮工程
13. 宁海古戏台保护规划
14. 蒲壮所城之蒲门所城北城墙修缮工程
15. 庆安会馆文物保护规划
16. 三槐堂修缮工程
17. 斯宅村文物保护工程总体方案
18. 泰顺廊桥——北涧桥修缮工程
19. 新叶村文物保护工程总体方案
20. 永昌堡修缮工程（四期）
21. 长兴新四军苏浙军区旧址建设控制地带内仰峰村便民服务中心建设项目
22. 芝堰村建筑群修缮工程（二期）立项的批复

十二、安徽

1. 安徽省博物馆陈列展览大楼保护规划
2. 安徽省博物馆陈列展览大楼修缮加固工程
3. 白崖寨文物保护规划
4. 北岸廊桥维修工程设计方案
5. 北岸吴氏宗祠保护展示工程

6. 北岸吴氏宗祠文物保护规划
7. 北岸吴氏宗祠修缮工程
8. 查济村文物保护工程总体方案
9. 查济古建筑群“查贵恒宅”（敬信堂）维修工程方案
10. 查济古建筑群“存仁堂”（查石敬宅）维修工程方案
11. 查济古建筑群宝公祠保护展示工程
12. 昌溪周氏宗祠文物保护规划
13. 呈坎村古建筑群潨川小学维修工程设计方案
14. 呈坎村古建筑群胡德意宅维修工程设计方案
15. 呈坎村古建筑群金小六宅维修工程设计方案
16. 呈坎村古建筑群罗光荣宅维修工程设计方案
17. 呈坎村古建筑群罗会铮宅修缮工程
18. 呈坎村古建筑群罗来林宅维修工程设计方案
19. 呈坎村古建筑群罗时根宅维修工程设计方案
20. 呈坎村古建筑群罗子琴宅维修工程设计方案
21. 呈坎村古建筑群三期修缮工程
22. 呈坎村古建筑群树滋堂维修工程设计方案
23. 呈坎村古建筑群——汪日辉宅维修工程设计方案
24. 呈坎村古建筑群文献祠保护利用工程
25. 呈坎村古建筑群文献祠维修工程设计方案
26. 呈坎村文物保护工程总体方案
27. 程大位故居保护展示工程
28. 程大位故居文物保护规划
29. 程氏三宅修缮工程
30. 浮山摩崖石刻文物保护规划
31. 合肥地铁5号线涉及安徽省博物馆陈列展览大楼建设控制地带部分工程方案
32. 洪家大屋——承恩堂、承荫堂、承泽堂、思补斋修缮工程方案
33. 洪家大屋展示项目
34. 洪氏宗祠文物保护规划编制
35. 黄村进士第文物保护规划编制
36. 黄村进士第修缮工程
37. 黄山市黟县西递除金堂保护维修设计方案
38. 黄田村古建筑群承志堂维修设计方案
39. 黄田村古建筑群敦义堂维修设计方案
40. 黄田村古建筑群国恩堂维修设计方案
41. 黄田村古建筑群——化龙小街店铺维修设计方案
42. 黄田村古建筑群聚星堂维修设计方案
43. 黄田村古建筑群荣禄大夫第维修设计方案

44. 黄田村古建筑群三期修缮工程
45. 黄田村古建筑群绍德堂维修设计方案
46. 黄田村古建筑群思慎堂维修工程设计方案
47. 黄田村古建筑群兴德堂维修设计方案
48. 黄田村古建筑群洋船屋维修设计方案
49. 黄田村古建筑群展示利用工程（一期）
50. 江村古建筑群进修堂修缮工程
51. 江村古建筑群文物保护规划
52. 泾县水西双塔大观塔修缮工程
53. 旌德文庙保护规划编制
54. 旌德文庙修缮工程设计方案
55. 琅琊山摩崖石刻及碑刻抢救保护工程
56. 琅琊山摩崖石刻及碑刻文物保护规划
57. 李氏家族旧宅保护规划
58. 刘铭传旧居保护展示工程
59. 六安汉代王陵墓地保护规划
60. 罗东舒祠（宝纶阁）彩画数字化勘察测绘技术方案
61. 南屏村古建筑群慎思堂修缮工程
62. 齐山摩崖石刻保护规划
63. 齐云山摩崖石刻抢救保护二期工程设计方案
64. 齐云山石刻填色设计方案
65. 祁门古戏台大本堂维修工程勘察设计方案
66. 祁门古戏台聚福堂维修工程勘察设计方案
67. 祁门古戏台群敦化堂维修工程勘察设计方案
68. 祁门洪家大屋文物保护规划编制立项
69. 侵华日军淮南罪证遗址文物保护规划
70. 上章李氏宗祠修缮工程方案
71. 上庄古建筑群——胡传旧居维修加固工程
72. 上庄古建筑群——胡适私塾维修工程
73. 上庄古建筑群文物保护规划
74. 世太史第保护规划
75. 寿县古城墙保护规划
76. 寿县孔庙保护规划
77. 寿县清真寺保护规划
78. 太白楼保护规划
79. 太平塔保护规划
80. 汤和墓保护规划
81. 棠樾古民居慎德堂（慈孝之门）修缮工程

82. 棠樾古民居文物保护规划
83. 棠樾石碑坊群世孝祠保护展示工程
84. 棠樾石牌坊群修缮工程方案
85. 天柱山山谷流泉摩崖石刻山水防治工程
86. 桐城文庙文物保护规划
87. 西递村古建筑群——胡元慰、胡同庆宅修缮工程
88. 西递村古建筑群——黄和生宅修缮工程
89. 西递村古建筑群——经管站修缮工程
90. 西递村古建筑群——七哲祠修缮工程
91. 西递村古建筑群——桃李园修缮工程
92. 歙县洪氏宗祠修缮工程
93. 歙县竹山书院修缮工程
94. 仙人塔修缮工程
95. 新四军军部旧址保护规划
96. 新四军军部旧址——大会堂保护维修工程勘察设计方案
97. 兴村程氏宗祠维修工程
98. 许村古建筑群大邦伯祠保护展示工程
99. 许村古建筑群——观察第修缮工程
100. 许村古建筑群许社林宅维修方案
101. 许村古建筑群许有章宅修缮工程
102. 许村文物保护工程总体方案
103. 岩寺新四军军部旧址——文峰塔修缮工程
104. 员公支祠修缮工程
105. 张廷玉墓保护规划
106. 振风塔保护规划编制
107. 郑氏宗祠保护规划
108. 竹山书院桂花庭修缮设计方案

十三、福建

1. 安海龙山寺石牌坊抢险加固工程方案
2. 安平桥（晋江段、南安段）抢险加固工程
3. 安平桥（五里桥）瑞光塔修缮工程
4. 安平桥超然亭修缮工程
5. 大田土堡群保护规划
6. 福建船政建筑——轮机厂、合拢厂、绘事院、钟楼修缮工程
7. 福建戍守台湾将士墓保护修缮工程
8. 福建土楼——绳武楼保护规划
9. 福建土楼之锦江楼维修设计方案
10. 福州文庙修缮工程

11. 古田会议旧址群之连南区革命委员会旧址保护修缮设计方案
12. 古田会议旧址群之士兵调查会旧址保护修缮设计方案
13. 古田临水宫保护规划
14. 古田临水宫壁画彩绘保护修复工程
15. 古田临水宫修缮工程
16. 鼓浪屿近代建筑群之理船厅公署修缮工程
17. 吉山村文物保护工程总体方案
18. 集美学村和厦门大学早期建筑之即温楼、让楼、崇俭楼、科学馆维修保护设计方案
19. 林公忠平祖殿保护规划
20. 林则徐宅与祠——林则徐故居修缮工程设计方案
21. 闽东北廊桥——仙宫桥、飞云桥、升平桥、鸾峰桥、杨梅州桥、田地桥修缮工程
22. 闽东北廊桥之千乘桥、万安桥保护规划
23. 南安中宪第修缮工程
24. 宁海桥保护规划
25. 培田村古建筑群双善堂修缮工程
26. 培田村文物保护工程总体方案
27. 平海天后宫保护规划
28. 平和城隍庙修缮工程
29. 泉州府文庙东西两庑及东厢房维修方案
30. 三坊七巷——朱紫坊建筑群之芙蓉园（二期）保护方案
31. 厦门大学早期建筑——成义楼修缮工程
32. 四堡书坊建筑群之在兹堂维修设计方案
33. 亭江炮台保护修缮设计方案
34. 无尘塔修缮工程
35. 玉井坊郑氏大厝修缮工程
36. 云峰寺大殿修缮工程

十四、江西

1. “八一”起义指挥部旧址——朱德军官教育团旧址道路维修整治工程
2. “二七”陂头会议旧址维修设计方案
3. 安福孔庙文物保护规划
4. 安福孔庙修缮工程
5. 白鹿——林业高等学堂、附属建筑修缮工程
6. 槎滩陂文物保护规划
7. 大智彭氏家族石刻抢救性保护工程方案
8. 东固平民银行旧址修缮工程
9. 东生围保护维修工程方案
10. 凤山查氏宗祠保护维修工程
11. 凤山查氏宗祠——查氏客馆保护维修工程设计方案

12. 抚州玉隆万寿宫保护规划
13. 抚州玉隆万寿宫修缮工程
14. 富田村诚敬堂修缮工程
15. 赣州佛塔——大圣寺塔修缮工程
16. 赣州佛塔——无为寺塔修缮工程
17. 赣州市贡江左岸排水工程涉及赣州城墙方案
18. 赣州文庙部分建筑修缮工程
19. 高岭村文物保护工程总体方案
20. 工农红军革命军第一军第一师师部旧址及团部旧址维修工程
21. 龚氏宗祠两牌楼及浣纱记石雕保护规划
22. 龚氏宗祠两牌楼及浣纱记石雕——叙千祠牌楼修缮工程
23. 海藏寺壁画保护修复方案
24. 浒崦名分堂戏台保护规划
25. 浒崦名分堂戏台修缮工程
26. 井冈山革命遗址修缮工程
27. 景贤贾氏宗祠文物保护规划
28. 景贤贾氏宗祠修缮工程
29. 君埠红一方面军总司令部旧址修缮工程
30. 李渡烧酒作坊遗址防渗保护设计方案
31. 理坑村传统村落文物保护工程总体方案
32. 流坑村古建筑群22处古建筑修缮工程
33. 龙虎山古建筑群保护规划
34. 龙图学士和刺史传芳牌楼门修缮工程方案
35. 龙溪祝氏宗祠修缮工程
36. 庐山会议旧址及庐山别墅建筑群——175、176号别墅维修方案
37. 美孚洋行旧址——油库旧址修缮工程
38. 渼陂红四军总部旧址维修设计方案
39. 渼陂红四军总部旧址修缮工程
40. 密溪村文物保护工程总体方案
41. 闽浙赣省委机关旧址修缮工程
42. 明园保护规划
43. 明园——汪柏弟宅、“苦菜公”大宅等四栋建筑修缮工程
44. 南岩石窟造像保护修复工程
45. 秋收起义安源军事会议旧址修缮工程
46. 瑞金革命遗址修缮工程
47. 瑞金中央工农红军学校旧址维修设计方案
48. 三清山古建筑群保护规划
49. 上高会战遗址文物保护规划

50. 上饶集中营旧址——士兵大队旧址修缮工程
51. 石钟山古建筑及石刻保护规划
52. 石钟山古建筑及石刻修缮工程
53. 太平桥保护维修工程设计方案
54. 谭纶墓保护工程
55. 铜岭铜矿遗址古采矿区抢险加固工程方案
56. 万安城墙保护规划
57. 万年桥和聚星塔文物保护规划
58. 万年桥和聚星塔修缮工程
59. 湘赣省委机关旧址修缮工程
60. 祥集弄民宅修缮工程
61. 新源俞氏宗祠保护修缮工程
62. 兴国革命旧址修缮工程
63. 寻乌调查旧址修缮工程
64. 瑶里改编旧址修缮工程
65. 驿前“石屋里”民宅文物保护规划
66. 永镇桥维修工程设计方案
67. 羽琌山馆和云亭别墅保护规划
68. 羽琌山馆与云亭别墅修缮工程
69. 玉带桥保护维修工程
70. 镇窑修缮工程
71. 中共苏区中央局旧址修缮工程
72. 中央红军长征出发地旧址修缮工程
73. 紫阳堤修缮工程

十五、山东

1. 百寿坊及百狮坊修缮工程
2. 卞桥修缮设计方案
3. 徂徕山抗日武装起义旧址修缮工程
4. 翠屏山多佛塔文物保护规划
5. 翠屏山多佛塔修缮工程方案
6. 猴矶岛灯塔保护规划
7. 孔府东路（一贯堂及内宅院落）修缮工程设计方案
8. 莱芜战役指挥所旧址修缮保护方案
9. 聊城山陕会馆修缮工程方案
10. 灵岩寺辟支塔修缮工程方案
11. 龙泉塔修缮保护工程
12. 隆兴寺铁塔环境整治方案
13. 牟氏庄园西忠来院落修缮设计方案

14. 宁阳颜子庙和颜林修缮保护工程
15. 蓬莱阁古建筑群修缮工程方案
16. 平阴永济桥保护规划
17. 青岛八大关近代建筑——居庸关路9号、11号修缮设计方案
18. 青岛八大关近代建筑——正阳关路21号、韶关路24号、荣成路36号、荣成路23号修缮设计方案
19. 青岛德国建筑——德国警察署旧址修缮工程
20. 青岛德国建筑——胶海关旧址修缮工程
21. 青岛地铁1号线工程可行性研究报告文物保护选线方案
22. 青岛地铁4号工程可行性研究报告文物保护选线方案
23. 青岛啤酒厂早期建筑修缮工程
24. 青州真教寺保护规划
25. 青州真教寺保养维修工程
26. 万字会旧址修缮工程
27. 微山伏羲庙修缮工程
28. 新四军军部暨华东军区、华东野战军诞生地旧址保护规划
29. 烟台西炮台修缮工程
30. 颜文姜祠修缮工程
31. 永丰塔修缮工程方案
32. 原齐鲁大学近现代建筑群——广智院修缮工程
33. 原齐鲁大学近现代建筑群——景兰斋修缮工程
34. 原齐鲁大学近现代建筑群——科研楼修缮工程
35. 原齐鲁大学近现代建筑群——美德楼修缮工程

十六、河南

1. 八路军驻洛办事处旧址保护规划
2. 北海近代建筑——双孖楼旧址南楼修缮工程
3. 碧霞宫文物保护规划
4. 柴庄延庆寺塔修缮工程
5. 崇唐观造像修缮工程
6. 大宋新修会圣宫铭碑修缮工程
7. 大兴寺塔修缮工程
8. 登封南岳庙大殿保护维修工程
9. 东周王城天子驾六车马坑遗址保护工程
10. 法王寺塔文物保护规划
11. 繁塔文物保护规划
12. 奉仙观文物保护规划
13. 奉仙观周边环境整治工程
14. 广唐寺塔保护规划
15. 广唐寺塔维修保护工程

16. 归德府城墙维修保护一期工程
17. 虢国墓地文物保护设施项目设计方案
18. 韩王庙与昼锦堂修缮工程
19. 汉魏洛阳故城内城西城垣暨西阳门遗址保护展示工程
20. 鸡公山近代建筑群文物保护规划
21. 济源济渎庙环境整治及保护性设施建设方案
22. 郏县山陕会馆文物保护规划
23. 焦裕禄烈士墓文物保护规划
24. 浚县古城墙及文治阁文物保护规划
25. 开封城墙东墙及北墙维修工程
26. 林州惠明寺保护规划
27. 临沣寨保护修缮工程
28. 临沣寨文物保护工程总体方案
29. 临沣寨文物保护规划
30. 刘碑寺碑修缮工程
31. 刘青霞故居三号院抢险保护工程
32. 刘振华庄园修缮保护工程
33. 龙门石窟东山万佛沟区域修缮工程
34. 龙门石窟奉先寺危岩体加固工程设计方案
35. 隆兴寺摩尼殿壁画保护方案
36. 卢氏城隍庙修缮工程
37. 鲁山县豫陕鄂前后方工作委员会旧址修缮工程
38. 洛阳涧西苏式建筑群整体修缮保护工程
39. 洛阳西工兵营保护规划
40. 洛阳西工兵营修缮工程
41. 邙山陵墓群——长陵保护展示工程
42. 妙乐寺塔保护性设施建设工程
43. 南阳武侯祠关张殿、卧龙书院维修工程
44. 乾明寺塔维修加固工程
45. 沁阳北大寺环境整治方案
46. 青龙宫保护规划
47. 青龙宫文物保护工程
48. 清丰县单拐村文物保护工程总体方案
49. 三杨庄遗址1号庭院遗迹保护性设施建设工程
50. 三杨庄遗址3号、4号庭院遗址保护性设施建设工程
51. 山陕甘会馆保护规划
52. 陕县安国寺古建维修工程
53. 升仙太子碑保护性设施建设工程

54. 水泉石窟保护规划
55. 太昊陵保护设施建设项目
56. 太昊陵庙保护规划
57. 太昊陵庙显仁殿保护性设施建设工程项目
58. 天宝宫保护规划
59. 望京楼文物保护规划
60. 望京楼修缮工程
61. 五花寺塔维修保护工程
62. 西蒋村马氏庄园维修保护工程
63. 下河湾冶铁遗址防洪护坡工程
64. 襄城城墙保护规划
65. 襄城乾明寺保护规划
66. 襄城文庙保护规划
67. 新县首府路航空路革命旧址基础设施建设项目方案
68. 兴阳禅寺塔保护工程
69. 许昌关帝庙古建筑群修缮工程
70. 许昌关帝庙文物保护规划
71. 叶县县衙修缮二期工程
72. 袁寨古民居文物保护规划
73. 寨卜昌村古建筑群修缮工程（一期）
74. 镇平菩提寺一期修缮工程
75. 郑州清真寺修缮工程
76. 周口关帝庙文物保护设施建设项目设计方案

十七、湖北

1. 白龙寺修缮工程
2. 慈孝沟“采皇木”摩崖文物保护规划
3. 大丰仓文物保护规划
4. 大水井古建筑群文物保护规划
5. 大智门艺术中心涉及大智门火车站建筑设计方案（修改稿）
6. 董必武故居文物保护规划
7. 甘氏宗祠文物保护规划
8. 甘氏宗祠修缮工程
9. 湖北省立图书馆旧址修缮工程
10. 华新水泥厂旧址保护与展示利用方案
11. 华新水泥厂旧址修缮工程
12. 黄陵庙白蚁综合防治工程
13. 荆州城墙西城墙保护工程
14. 龙湾遗址放鹰台展示区环境整治工程设计方案

15. 米公祠修缮工程
16. 明显陵明楼抢险加固工设计方案
17. 彭家寨古建筑群保护规划
18. 七里坪革命旧址——红二十五军军部和鄂东北道委会旧址文物保护工程
19. 三游洞摩崖修缮工程
20. 上津古城上关县人民政府旧址抢救性保护工程勘察设计方案
21. 上津古城四街古民居群修缮工程
22. 苏家垄墓群保护规划
23. 唐崖土司城遗址保护工程（第二期）勘察设计方案
24. 万年台戏台文物保护规划
25. 万年台戏台修缮工程
26. 五里村传统村落文物保护工程总体方案
27. 五里坪革命旧址（II期）修缮工程
28. 五祖寺山古道、二天门、古山门修缮工程
29. 武汉大学早期建筑——半山庐修缮工程
30. 武汉大学早期建筑——男生寄宿舍修缮工程方案
31. 武汉中共中央机关旧址保护规划
32. 武汉中共中央机关旧址文物保护工程方案
33. 湘鄂西革命根据地旧址（监利周老嘴）反帝大同盟旧址和邮务总局旧址文物保护工程
34. 湘鄂西革命根据地早期旧址抢救性保护工程勘察设计方案
35. 新店土城遗址保护规划
36. 新四军五师司令部旧址——国际招待所旧址修缮工程勘察设计方案
37. 新四军五师司令部旧址蒋家楼子会议旧址修缮工程勘察设计方案
38. 新四军五师司令部旧址造纸厂旧址修缮工程
39. 新四军五师司令部旧址——整风班旧址修缮工程
40. 新四军五师司令部旧址之《七七报》编辑部旧址修缮工程
41. 杨家湾老屋修缮工程
42. 阴湘城遗址护岸工程
43. 鱼木村传统村落文物保护工程总体方案
44. 鱼木寨新湾民居修缮工程勘察设计方案
45. 鱼木寨—张凤坪修缮工程
46. 玉泉寺及铁塔——玉泉铁塔修缮工程
47. 中共豫鄂边区委员会旧址保护规划
48. 中国共产党第五次全国代表大会旧址保护规划

十八、湖南

1. 安化风雨桥——十义桥修缮工程
2. 宝庆府古城墙保护规划
3. 北五省会馆修缮工程

4. 蔡和森、蔡畅故居建筑保护修缮工程
5. 蔡和森、蔡畅故居文物保护规划
6. 茶陵古城墙保护规划
7. 厂窖惨案遗址文物保护规划
8. 大矶头遗址抢救性工程
9. 大渔村王氏宗祠修缮工程
10. 大云山三战三捷摩崖石刻保护工程
11. 洞口宗祠建筑群文物保护规划
12. 洞口宗祠建筑群——钟元帅庙、黄氏宗祠、廖氏宗祠、曲塘杨氏宗祠修缮工程
13. 芙蓉楼保护规划
14. 高椅村文物保护工程总体方案
15. 恭城书院保护规划
16. 恭城书院保护维修工程
17. 红二、六军团长征出发地旧址修缮工程
18. 红二军团长征司令部旧址修缮工程
19. 胡耀邦故居文物保护规划
20. 胡耀邦故居修缮工程
21. 黄埔军校第二分校旧址修缮工程
22. 廻龙塔保护规划
23. 廻龙塔修缮加固工程
24. 涧岩头周家大院古建筑群——四大家院保护修缮工程勘察设计方案
25. 荆坪村古建筑群保护修缮工程勘察设计方案
26. 久安背翰林祠修缮工程
27. 老司城遗址抢救性保护工程四期方案
28. 澧州文庙文物保护规划
29. 醴陵窑保护规划
30. 濂溪故里古建筑群修缮一期工程
31. 林伯渠故居保护修缮工程
32. 龙溪李家大院保护修缮工程
33. 龙溪李家大院文物保护规划
34. 渌江书院修缮工程
35. 南岳庙第一期修缮工程勘察设计方案
36. 南岳庙二期修缮工程
37. 宁远文庙石质构件保养维护工程
38. 普光禅寺东侧地块环境整治工程
39. 普光禅寺古建筑群保护规划
40. 普光禅寺古建筑群保护修缮工程
41. 普光禅寺古建筑群南、北、西侧地块环境整治工程方案

42. 普光禅寺古建筑群——武庙维修工程勘察设计方案
43. 黔城古建筑群保护规划
44. 汝城古祠堂群保护规划
45. 汝城古祠堂群修缮工程
46. 汝城绣衣坊修缮工程
47. 上甘棠村古建筑群三期维修工程设计方案
48. 石堰坪村文物保护工程总体方案
49. 石堰坪古建筑群一期维修工程勘察设计方案
50. 水口山铅锌矿冶遗址保护工程
51. 塘田战时讲学院旧址保护规划
52. 桃花源古建筑群第二期修缮工程方案
53. 陶澍墓保护规划
54. 湘鄂川黔革命根据地旧址（永顺）保护规划
55. 湘鄂川黔革命根据地旧址文物保护规划
56. 谢觉哉故居修缮工程设计方案
57. 星子宫古建筑群保护规划
58. 绣衣坊（含范氏家庙、中丞公祠）保护规划
59. 炎帝陵文物保护规划
60. 荫家堂保护规划
61. 荫家堂保护修缮工程
62. 余家碑坊抢险加固工程
63. 岳麓书院保护维修工程
64. 岳阳楼保护规划（修改稿）
65. 岳阳楼教会学校文物保护规划
66. 云龙坊与王氏虚堂保护规划
67. 云龙坊与王氏虚堂修缮工程
68. 芷江天后宫保护规划
69. 芷江天后宫修缮工程

十九、广东

1. 陈芳家宅文物保护规划
2. 陈芳家宅修缮工程方案
3. 陈家祠建设控制地带内广州轨道交通8号线北延段建设项目
4. 从熙公祠文物保护规划
5. 从熙公祠修缮工程
6. 大鹏所城整体保护项目二期市政和环境整治工程
7. 大湾古建筑群学充李公祠修缮工程
8. 丹霞山摩崖石刻保护规划
9. 德庆学宫保护规划

10. 丁氏光禄公祠修缮工程

11. 丁氏光禄公祠修缮工程

12. 东华里古建筑群保护

13. 佛山祖庙保护规划

14. 佛山祖庙建设控制地带内佛山市图书馆现址改造工程设计方案

15. 佛山祖庙建设控制地带内孔庙片区工程

16. 父子进士牌坊保护规划

17. 光孝寺环境整治方案

18. 光孝寺建设控制地带内广州市第一人民医院磐松楼建设项目

19. 揭阳学宫修缮工程

20. 梁启超故居建设控制地带内重建民房方案

21. 梅庵山门抢险加固工程

22. 七星岩摩崖石刻保护规划

23. 七星岩摩崖石刻抢险加固保护工程

24. 三灶岛侵华日军罪行遗迹文物保护规划

25. 孙中山故居保护范围内故居公园池塘清淤改造

26. 塘尾村传统村落文物保护工程总体方案

27. 谢晋元故居保护规划

28. 许驸马府文物保护规划

29. 长围村围屋保护规划

30. 长围村围屋保护规划

31. 长围村围屋修缮工程

二十、海南

1. 蔡家宅保护规划

2. 斗柄塔修缮工程

二十一、四川

1. 安岳石窟·卧佛院（经文洞）摩崖造像防渗抢险保护工程

2. 茶马古道——蒙顶山天梯古道抢险修缮工程

3. 大像山摩崖造像保护规划

4. 大英卓筒井保护规划

5. 杜甫草堂东方丈、东院及塔院附属建筑改建工程

6. 二郎镇红军街文物保护工程总体方案

7. 樊敏阙及石刻维修加固工程

8. 广德寺保护规划

9. 广元千佛崖摩崖造像壁画数字化勘察项目

10. 夹江千佛岩石窟保护规划

11. 犍为文庙保护规划

12. 开江牌坊修缮工程

13. 龙居寺中殿修缮工程
14. 芦山青龙寺大殿抢救加固工程
15. 泸县龙桥群文物保护规划
16. 泸县屈氏庄园传统村落文物保护工程总体方案
17. 毗卢洞石刻造像防渗排水抢险工程
18. 平武报恩寺等四项彩塑壁画数字化勘察测绘技术方案
19. 平武报恩寺建设控制地带内天域凯帝商务酒店建设项目方案
20. 平襄楼维修工程
21. 荣县大佛梧桐水街规划设计方案（修改稿）
22. 卧龙山千佛岩石窟文物保护规划
23. 尧坝镇古建筑群保护规划

二十二、贵州

1. 鲍家屯水利工程文物保护规划
2. 鲍家屯水利工程修缮工程
3. 茶马古道——关岭段保护工程
4. 茶马古道贵州毕节陕西会馆保护工程
5. 茶马古道贵州清池江西会馆保护修缮工程
6. 茶马古道——马岭古道段保护工程
7. 茶马古道——七星关古道和摩崖石刻原址保护工程设计方案
8. 茶马古道——七星关摩崖、古道迁移保护方案
9. 茶马古道——青岩古道保护修缮工程
10. 茶马古道——长坡岭古驿道修缮工程
11. 东山古建筑群——铜仁城墙修缮工程
12. 飞云崖古建筑群保护规划
13. 飞云崖古建筑群修缮工程设计方案
14. 福泉城墙小西门至雄镇楼段修缮工程
15. 高仟鼓楼修缮工程
16. 贵汞电影院修缮工程设计方案
17. 和平村旧址墙体加固保护工程
18. 甲秀楼修缮工程（一期）
19. 黎平会议会址保护规划
20. 隆里古建筑群保护规划
21. 隆里古建筑群修缮一期工程
22. 榕江大利村古建筑群保护规划
23. 石阡府文庙保护规划
24. 石阡楼上村古建筑群保护工程
25. 石阡万寿宫古建筑群·忠烈宫修缮工程
26. 石阡万寿宫古建筑群龙王庙修缮工程方案

27. 石阡万寿宫文物保护设施初步设计方案
28. 思唐古建筑群府文庙修缮工程
29. 思唐古建筑群思南府文庙修缮工程设计方案（修改稿）
30. 息烽集中营旧址文物保护规划
31. 习水土城盐号船业工会旧址修缮工程
32. 习水土城盐号修缮工程
33. 岩门长官司城保护规划
34. 岩门长官司城修缮工程
35. 云山村2014年传统村落文物保护工程总体方案
36. 云山屯古建筑群（含本寨）——杨家大院维修设计方案
37. 云山屯古建筑群碾房、财神庙维修设计方案
38. 云山屯古建筑群——沈晓明宅维修方案
39. 云山屯古建筑群屯门、花碉楼维修工程
40. 宰俄鼓楼保护工程
41. 寨英村古城墙修缮工程
42. 寨英村古建筑群富华商号修缮工程方案
43. 寨英村古建筑群吴祥泰商号修缮工程
44. 寨英村古建筑群易和兴商号前厅、前天井修缮工程
45. 镇远青龙洞——紫阳书院保护修缮工程勘察设计方案

二十三、云南

1. 茶马古道——鲁史镇古建筑群戏楼和文魁阁修缮工程
2. 滇西军都督府旧址及叠园集刻修缮工程
3. 广允缅寺修缮工程
4. 红河县东门楼及迤萨民居保护规划
5. 会泽会馆——楚黔会馆修缮工程
6. 建水文庙保护规划
7. 建水朱家花园保护规划
8. 景风阁古建筑群修缮工程
9. 景迈村翁基组文物保护工程总体方案
10. 景迈古茶园——糯干村与翁基村村落保护工程
11. 景迈古茶园文物保护规划
12. 丽江大觉宫建筑维修工程方案
13. 丽江黑龙潭古建筑群二期修缮工程勘察设计方案
14. 陆良大觉寺修缮工程
15. 南诏镇古建筑群修缮工程
16. 糯干村文物保护工程总体方案
17. 团山村文物保护工程总体方案
18. 团山民居建筑群上庙、下庙、大成寺、皇恩府等四处古建筑修缮工程

19. 西门街古建筑群修缮工程
20. 熊庆来故居修缮工程
21. 指林寺大殿保护规划

二十四、陕西

1. 八云塔抢险加固工程
2. 北杜铁塔文物保护规划
3. 党家村传统村落文物保护工程总体方案
4. 党家村上寨塬边坡加固II期工程设计方案
5. 黄帝陵抢险加固工程
6. 勉县武侯祠保护规划
7. 乾陵陵园朱雀门至陵山环境整治方案
8. 陕甘边照金革命根据地旧址岩体抢险加固工程
9. 泰塔抢险加固工程
10. 瓦房店会馆群——北五省会馆古建筑彩画保护修复项目
11. 武功城隍庙边坡加固工程设计方案
12. 西安地铁四号线穿越西安城墙和平门及西安事变旧址西京招待所文物保护方案
13. 延昌寺塔抢险加固工程

二十五、甘肃

1. 榜罗镇会议旧址保护维修工程
2. 榜罗镇会议旧址抢险加固工程方案
3. 榜罗镇会议旧址文物保护规划
4. 茨日那毛泽东旧居景观工程设计方案
5. 大像山石窟第6窟保护性设施建设工程方案
6. 东华池塔文物保护规划
7. 俄界会议旧址景观工程设计方案
8. 海藏寺保护修缮工程
9. 海藏寺壁画保护修复方案
10. 胡氏古民居建筑——南宅子彩画修缮工程
11. 环县塔修缮工程
12. 会宁红军会师旧址保护规划
13. 建设瓜敦快速公路莫高窟连接线工程
14. 金天观部分古建筑修缮工程
15. 崆峒山古建筑群保护规划
16. 拉卜楞寺壁画保护修复方案
17. 拉卜楞寺弥勒佛殿、夏卜丹殿、下续部学院木结构油饰彩绘修缮工程
18. 兰州府城隍庙部分古建筑修缮工程
19. 莲花寺石窟保护工程方案
20. 鲁土司衙门旧址——雷坛修缮工程

21. 麦积山石窟彩塑壁画数字化勘察测绘技术方案

22. 南梁陕甘边区革命政府旧址保护规划

23. 青城古民居保护修缮工程设计方案

24. 庆阳莲花寺水库涉及莲花寺石窟文物保护方案

25. 圣容寺建筑修缮设计方案

26. 石拱寺石窟保护规划

27. 洮州卫城加固维修工程

28. 天梯山石窟赋存岩体及洞窟本体防护加固工程

29. 王母宫石窟窟檐修缮工程设计方案

30. 威远楼修缮工程

31. 五泉山建筑群——漪澜亭修缮工程

32. 西来寺修缮设计方案

33. 兴隆山古建筑群保护维修工程

34. 悬泉置遗址防洪工程设计方案

35. 榆林窟保护规划

36. 云崖寺和陈家洞石窟、天梯山石窟、仙人崖石窟、木梯寺石窟等四项彩塑壁画数字化勘察测绘技术方案

37. 张掖民勤会馆修缮设计方案

二十六、青海

1. 阿河滩清真寺保护修缮工程

2. 旦斗寺修缮工程

3. 郭麻日村传统村落文物保护工程总体方案

4. 和日石经墙石质文物保护工程

5. 和日寺修缮工程

6. 科哇清真寺礼拜大殿维修加固工程方案的批复科哇清真寺礼拜大殿维修加固工程方案

7. 瞿昙寺佛塔保护加固工程设计方案

8. 撒拉族清真寺古建筑群保护规划

9. 撒拉族清真寺古建筑群塔沙坡清真寺唤礼楼维修工程

10. 赛宗寺保护修缮工程

11. 赛宗寺文物保护规划

12. 石藏寺保护规划

13. 石藏寺保护修缮工程

14. 塔尔寺文物保护与展示中心建设项目

15. 文都寺及班禅大师故居保护规划

16. 文都寺及班禅大师故居修缮工程

17. 循化西路红军革命旧址夯土围墙修缮工程

18. 循化西路红军旧址保护维修工程方案

19. 珍珠寺抢险加固工程

二十七、内蒙古自治区

1. 巴丹吉林庙修缮工程
2. 定远营——古民居保护维修工程
3. 汇宗寺保护规划
4. 将军衙署文物保护工程
5. 库伦三大寺兴源寺嘛呢殿壁画维修工程
6. 灵安州城墙遗址抢险加固工程
7. 曼德拉山岩画群保护规划
8. 奈曼蒙古王府修缮工程
9. 内蒙古巴彦淖尔市乌拉特前旗赵北长城抢救保护工程
10. 内蒙古将军衙署保护范围环境综合整治项目
11. 侵华日军阿尔山要塞遗址——火车站候车楼及南兴安隧道碉堡修缮工程
12. 侵华日军阿尔山要塞遗址——五岔沟机场修缮工程
13. 寿因寺大殿保护维修工程
14. 绥远城墙及将军衙署——绥远城墙保护规划
15. 乌拉特前旗小佘太秦长城张德禄弯段抢险加固工程
16. 乌兰察布市汉长城杏桃沟段墙体、五道沟障城抢险加固工程
17. 乌兰察布市金界壕赛胡洞、十二倾段抢险加固工程
18. 乌素图召保护修缮工程
19. 席力图召及家庙保护规划
20. 席力图召家庙修缮工程
21. 中东铁路建筑群博克图段修缮工程
22. 中东铁路建筑群扎兰屯段修缮工程
23. 中东铁路满洲里段建筑群修缮工程
24. 桌子山岩画群保护规划
25. 远城墙绥和将军衙署——绥远城墙保护修缮工程

二十八、广西壮族自治区

1. 八路军桂林办事处旧址——路莫村物资转运站文物保护工程
2. 北海近代建筑——北海天主教堂旧址神父楼修缮工程
3. 北海近代建筑——德国森宝洋行旧址修缮工程
4. 北海近代建筑——德国信义会教会楼旧址修缮工程
5. 北海近代建筑——合浦图书馆旧址修缮工程
6. 北海近代建筑——女修道院旧址修缮工程
7. 程阳永济桥修缮工程
8. 大士阁修缮工程
9. 伏波庙修缮工程
10. 富川瑶族风雨桥群保护规划
11. 富川瑶族风雨桥群维修一期工程

12. 和里三王宫修缮工程
13. 花山岩画危岩体加固工程
14. 花山岩画污染物清除工程
15. 江头村传统村落文物保护工程总体方案
16. 靖江王府及王陵——靖江王府修缮工程
17. 昆仑关战役旧址桂南会战检讨会旧址修缮工程
18. 昆仑关战役旧址将士墓园、昆仑关古驿道及战斗工事群维修工程
19. 柳州旧机场及城防工事群旧址机场驻军营房及张公岭环山工事碉堡群修缮工程
20. 容县近代建筑——马晓军别墅修缮工程
21. 西林岑氏家族建筑群维修保护工程
22. 湘山寺塔群与石刻文物保护工程
23. 谢鲁山庄保护规划
24. 永宁州城城墙保护规划
25. 长岗岭村传统村落文物保护工程总体方案

二十九、宁夏回族自治区

1. 董府陈列展示工程
2. 海宝塔保护修缮工程
3. 田州塔修缮工程
4. 须弥山石窟加固工程
5. 中卫高庙保安寺文物保护修缮工程
6. 中卫高庙保护规划

三十、新疆维吾尔自治区

1. 巴仑台黄庙古建筑群保护规划
2. 柏孜克里克千佛洞之胜金口石窟壁画保护修复方案
3. 红山核武器试爆指挥中心旧址文物保护规划
4. 惠远钟鼓楼修缮工程
5. 克孜尔石窟保护展示项目
6. 克孜尔石窟新1窟壁画抢救性保护修复方案
7. 库车大寺保护规划
8. 库木吐喇千佛洞展示系统建设与展览提升改造工程
9. 阔科克古墓群保护规划
10. 纳达齐牛录关帝庙修缮工程方案
11. 平定准噶尔勒铭碑加固清洗方案
12. 莎车加满清真寺保护规划
13. 唐王城遗址保护规划
14. 吐鲁番地区坎儿井保护工程（五期）方案
15. 乌鲁木齐轨道交通1号线工程文物评估及保护文案
16. 新疆人民剧场安全检测及加固改造工程

17. 洋海墓群保护规划

18. 伊犁将军府围墙及屋面修缮工程

三十一、西藏自治区

1. 白居寺保护规划

2. 冲赛康保护及展示工程

3. 贡嘎曲德寺壁画保护修复方案

4. 吉如拉康修缮工程

5. 拉鲁颇章修缮工程

6. 帕巴寺修缮工程

7. 皮央和东噶遗址壁画保护修复方案

8. 桑耶寺乌孜大殿保护维修工程方案

9. 喜德寺修缮工程

10. 扎什伦布寺保护规划

11. 扎塘寺保护维修方案

设计案例篇

浒崦名分堂戏台

项目名称：浒崦名分堂戏台维修工程设计方案
建设单位：乐平市博物馆
设计单位：江西省文物保护中心
项目负责人：徐少平

一、概述

浒崦名分堂戏台又名程氏宗祠，坐落于江西省乐平市镇桥镇浒崦村，坐南朝北。由戏台及名分堂（享堂）两部分组成，前为戏台，后为名分堂，是一座人神共娱的设施。

据程氏族谱载，名分堂建于清嘉庆二十三年（1819年），在名分堂建成14年后，即道光十二年（1833年）开始筹建戏台，传说当时募集能工巧匠30余人，历时3年竣工。戏台为双面台，又称晴雨台或鸳鸯台，该戏台以建筑奇巧复杂、雕刻精美、装饰豪华而著称，当属乐平古戏台之极品。

名分堂为砖木结构，穿斗与抬梁混合结构，封火山墙，硬山顶，阴阳瓦屋面。

戏台造型采中国古典牌楼式样，三间四柱三楼两硬山式，明间升起三重楼，斗栱五层托起飞檐翘角，屋顶为歇山重檐两翘角。次间为硬山顶，两侧起封火山墙，墙体以青砖砌成，并加石灰粉刷。屋顶面盖青灰瓦，压脊两头置龙吻，中央矗立五彩塔刹式葫芦宝瓶，一组方天画戟直指苍穹；垂脊配一对石雕蹲狮，角脊饰一组人兽，翘檐下悬风铃铜铎，风起铃动，清脆悦耳。而遍布梁枋上的戏文人物故事雕件计百幅以上，雕镂工艺无以复加。梁枋之上配斗栱层层出挑。台内台外通体敷金，点缀晶片，放眼望去一派金碧辉煌、美轮美奂。

屋面俯视，戏台后檐翼角背拆

右侧立面，增搭附属房

二、文物保护单位保护工作沿革

清同治十一年（1873年）程氏宗亲筹资大修；

1981年程氏宗亲对其进行了局部维修，戏台交由浒崦村老年协会管理。

1983年乐平市人民政府将其公布为乐平市文物保护单位。

2000年江西省人民政府公布为江西省文物保护单位。

2002、2006年进行局部维修。

2013年5月公布为第七批全国重点文物保护单位。

三、价值评估

1. 浒崦戏台设计科学，布局合理，造型奇特，

左侧立面、粉刷层局部脱落

做工精巧，整个建筑整体呈长方形，由戏台、侧廊和名分堂三大部分组成，极具地方特色，对于研究地方传统建筑，具有重要的建筑科学价值，不仅在江西建筑史，甚至在中国建筑史上都具有重要意义。

背立面，墙面生长苔藓，粉刷局部脱落

2. 浒崦戏台是乐平戏台建筑发展阶段中嘉道时期的代表作。从文化传承上来看，乐平戏台经历过明末清初之滥觞，戏台被视为祠堂的附属物，嘉道之际的裂变，晚清民国至“文革”前的恪守传统等不同的发展阶段。据族谱载，名分堂建于清嘉庆二十三年（1818年），戏台在宗祠建成后14年，即道光十二年（1833

晴台正面

年）开始筹建，历时3年竣工。戏台为宗祠的组成部分，位于宗祠的前部，戏台之后为天井、廊、厢楼，再后即为享堂。由此可见浒崦戏台是乐平古戏台于嘉道之际戏台裂变过程中，衍生出的一种身附魂离式文化形态。所谓身附指的是它仍与祠堂连结一体，所谓魂离指的是因为它的前台即为主台。这种戏台打破了中国古戏台建筑以往坐南朝北，面向主殿的规制，实现了从娱神到娱人的过渡性转变，使乡村戏台真正成为公众娱乐场所，具有非常重大的意义。浒崦戏台在中国戏剧建筑史乃至戏剧文化史上都具有重大的价值。

雨台正面，翼角被拆

3. 浒崦戏台是晴雨双面戏台类型的经典之作。作为戏剧演出的场所和延续宗族血缘关系的文化空间的戏台建筑，乐平古戏台的种类全，有祠堂台、会馆台、庙宇台、家庭台、万年台等。浒崦戏台为双面台（又称晴雨台或鸳鸯台），晴台朝前，面对台前广场，雨台朝后，面对宗祠享堂，两台以屏风相隔，戏台内经两旁的看台与程氏宗祠相连接，中间一方天井。浒崦戏台属于祠堂台中晴雨双面台的类型。浒崦戏台檐柱粗壮，表演区开阔，气势宏大，戏台保存完好，戏台设计独特，是乐平古戏台的经典作品，当属乐平古戏台之极品。

晴台明间藻井

4. 浒崦戏台建筑布局合理、雕刻传神，是清代戏剧建筑的标本，极具艺术和研究价值。从建筑艺术上来看，类似这种诸多奇

晴台天花以下梁架及藻井，前檐额枋糟朽

雨台天花以下梁架，天花板糟朽

巧与复杂的戏台确实很难用传统的几柱、几椽来描述其形制，尤其是戏台上部架构奇巧多变，除了通常的抬梁与穿斗混合使用外，有的或加以辅柱、穿枋、抱檩等，五花八门各显神通。遍布梁枋上的戏文人物故事雕件计108件，且无雷同，突破了雕塑内容单一穷乏的局面，台上的许多雕刻取材于我国古典文学作品及传说，形象生动，惟妙惟肖；雕塑独特，浓金重彩；梁枋之上配斗栱层层出挑。台内台外通体敷金，点缀晶片，放眼望去一派金碧辉煌、美轮美奂。浒崦戏台装饰讲究，富丽堂皇，古朴典雅，俨然是一座富丽堂皇的艺术宫殿。这些都具有极高的艺术价值，可以用“建筑奇巧复杂，装饰豪华艳丽”来形容，浒崦戏台实可谓是乐平古戏台中精品之精品。

戏台天花以上梁架，望板、椽子糟朽

5. 浒崦戏台从造型布局到装饰雕刻，从工艺美术到楹联配置，无不透露出它作为传统文化遗产的深邃内涵，充分显示出能工巧匠的精湛技艺和主人们的审美情趣；是融建筑、雕塑、工艺、美术和文学于一炉的珍贵民族文化遗产；保存基本完好，时代特征明显，具有重要的历史、艺术和科学价值。

四、维修设计说明

（一）维修保护的目的和任务

1. 维修保护的目的：真实、全面的保存并传递其文化价值。

2. 维修保护的任务：修缮自然力和人为造成的损伤，制止新的人为破坏。

（二）维修保护的基本原则

1. 不改变文物原状的原则

《中华人民共和国文物保护法》第二十一条规定：对不可移动文物进行修缮、保养、迁移，必须遵守不改变文物原状的原则。

晴台下檐翼角下弯

文物古迹的原状是指最充分表现其文化价值的实物的状态，主要有以下几种状态：

1）未经干预前的（未实施保护工程及未发掘以前）的状态。

2）历史上多次干预（修缮、改建、重建、破坏）留存的有价值的状态。

3）虽有部分缺失，但仍有实物遗存，足以证明已缺失的相关部分的原有状态。

4）局部坍塌、变形、错置，但仍保留原构件原形制，足以证明原来的状态。

2. 尽可能减少干预的原则

凡是近期没有重大危险的部分，除日常保养之外不应进行更多的干预。必须干预时，附加的手段只用在最必要部分，并减少到最低限度。采用的保护措施应以延续现状，缓解损伤为主要目标。

雨台外侧台板维修不符合文物保护要求

文物古迹本身包含的历史信息是价值最根本、最重要的组成部分。对文物古迹任何形式的干预都不可避免地在不同程度上影响历史信息。因此，当文物古迹出现残损需要干预时，必须充分考虑最少干预的原则，以最小程度影响历史信息，从而更好保护文物古迹的价值。对于设计而言，就必须严肃对待现状中保留的历史信息，尽可能多地保留各个时期有价值的遗存，不必追求风格式样的统一。

戏台屏风门

3. 加固处理的可逆性原则和可识别性原则

一切技术措施应当不妨碍再次对原物进行保护处理，必须是可逆的，就是所用的加固件可拆卸下来，恢复到处理前的状态，不妨碍再次进行保护处理和采取更好的维修措施。

戏台次间花罩

任何加固措施都不得损害原物，都应保证文物建筑结构体系的完整性，保护其外形不受损坏，历史信息不受破坏。维修古建筑砖、石作部分不得用混凝土作固结措施，因为混凝土是不可逆性的材料，将给以后维修带来困难，甚至造成保护性破坏。

经过处理的部分要和原物既相协调，又可识别。所有修复的部分都应有详细的记录档案和永久的年代标志。

4. 保护现有实物原状与历史信息的原则

修复应当以现存的有价值的实物为主要依据，并必须保存重要事件和重要人物遗留的痕迹和历史上经过修缮、改建、重建后留存的有价值的状态，以及能够体现重要历史因素的状态。

左侧廊立面

右侧廊立面

历史信息的积累是持续的过程，它不仅包括始建状态，还包括历代修缮及当时保护工程附加的信息。保护措施的决策应始终以价值评估为基础，客观认识全面的价值，首要保护价值最高的部分，并尽可能保留那些逐渐累积、助于考证的信息。这样可以增强文物的可读性，为研究提供更多的线索。

侧廊楼板以下构架

5. 按照保护要求使用保护技术的原则

独特的传统技术属于文物原状，具有文化价值，必须保留。所有的新材料和新工艺都必须经过前期试验和研究，证明是最有效的，对文

侧廊楼板以上构架，望板、椽子局部糟朽

物古迹是无害的，才可以使用。

6. 四保持原则

1）保持原来的形制；

2）保持原来的建筑结构；

3）保持原来的建筑材料；

4）保持原来的工艺技术。

（三）维修工程性质及维修项目

侧廊额枋虫蛀，部分楮木楼板被改为杉木楼板

根据现状勘察及文物维修的原则，本工程揭顶维修。

维修项目包括：平面、墙体、墙面、木柱、梁架、屋面、地面、楼板、天花、油漆、排水及线路等。

（四）维修方法说明

1. 平面布置

1）拆除享堂明间后金柱至后檐柱间，两次间后中金柱至明间后上金柱间加设板壁隔断，恢复原平面布局。

檐柱柱底糟朽

2）拆除明间后上金柱至后檐墙部位加设木地板，恢复原平面高度。

3）拆除右山面增搭附属房，恢复原布局。

2. 墙体

针对本建筑墙体、墙面残损，维修主要有以下几方面：

1）据当地村民介绍，裂隙在10年间未曾扩大，本次维修为开裂墙体局部拆砌；

侧廊部分楮木楼板糟朽

2）拆除窗洞封堵墙体，订制原规格（$250\times110\times50mm^3$）青砖，按单丁一斗一眼的砌法重新砌筑；

天井地面加抹水泥砂浆面层

3）清除外墙面生长的苔藓，复原被填排水沟；

4）下碱风化红条石脱盐处理，用纸巾和清水敷，反复多次，脱去柱础内的无机盐；

5）铲除外墙面开裂、起皮的粉刷，会同无存粉刷复原纸筋灰粉刷；铲除内墙面粉刷，按外墙面粉刷做法重粉纸筋灰浆。

享堂立面

具体各处维修详见表1。

技术要求：

1）砖砌墙体补砌门窗洞必须将断砖取出后进行修补，灰缝要求平缝对齐两端原灰缝，看不出明显接搓痕迹；

2）粉刷及砌筑灰浆均要求选用纸筋石灰浆，灰浆配比为纸筋:石灰浆=6:100。

3. 柱、柱础

针对本建筑现状残损，本建筑木柱维修主要有以下几方面：

1）右侧廊自前至后第三间开裂前檐柱用杉木加工成型后嵌补维修；

享堂明间梁架，五架梁局部糟朽、所有后期维修更换的木构件未刷油漆

2）剔除右侧廊自前至后第四间前檐柱柱底糟

墙体、墙面维修说明表　　表1

部位		维修方法说明
左山墙	下碱墙	风化红条石脱盐处理
	侧廊	拆除窗洞封堵墙体，订制原规格青砖，按原砌法重新封堵
	外墙面	①清除墙面生长的苔藓，复原被填排水沟； ②铲除外墙面开裂、起皮的粉刷，会同无存粉刷复原纸筋灰粉刷。
	内墙面	铲除内墙面粉刷，按外墙面粉刷做法重粉纸筋灰浆
右山墙	下碱墙	风化红条石脱盐处理
	戏台	拆除后改砖脊，复原小青瓦垒瓦脊
	侧廊	开裂墙体局部拆砌
	享堂	开裂墙体局部拆砌
	外墙面	①铲除加粉刷石灰砂浆粉刷，复原纸筋灰粉刷； ②铲除外墙面开裂、起皮的粉刷，会同无存粉刷复原纸筋灰粉刷。
	内墙面	铲除内墙面粉刷，按外墙面粉刷做法重粉纸筋灰浆
后檐墙	外墙面	清除墙面生长的苔藓，复原被填排水沟

朽部位，用杉木加工成型后接补维修；

3）享堂明间前开裂金柱杉木加工成型后嵌补维修；

享堂次间梁架，夹泥墙全部无存，现用胶木板临时封堵

4）其余木柱及柱础维持现状。

技术要求：

1）接补维修：先用铲子、凿子将糟朽部分剔除，并将外形修整成几何形，剔挖的面积以最大限度地保留木柱没有糟朽的部位为宜，然后用干燥的杉木依样做形，以胶粘结，嵌入木柱内，并用竹钉钉牢，再用刨子或扁铲做成随木柱外表的形状。

享堂明间左缝前檐柱柱底劈裂

2）剔补维修：用干燥的杉木按开裂形状依样做形，以胶粘结，嵌入木柱内，并用竹钉钉牢，再用刨子或扁铲做成随木柱外表的形状。

4. 梁架

针对本建筑梁架残损，维修方法主要有以下几方面：

1）参照现存梁架做法复原被拆梁架；

2）对上一次维修时更换的所有木构件进行检测，如已糟朽、强度达不到要求的则予以拆除，按原材质、原规格重新制安，所有重新制安的木构件必须要求天然杉木，含水率、强度等指标达到《古建筑修建工程质量检验评定标准》（南方地区）之要求；

享堂左次间后檐额枋糟朽

3）挑檐枋松动榫头归位安装。

具体各处维修详见表2。

右山墙享堂部位墙体开裂，裂隙自地面至顶

技术要求：

1）接补维修：接补木构件规格、材质必须与原构件

梁架维修说明表　　表2

部位		构件名称	维修方法说明
戏台	明间	前檐额	右端糟朽部位剔补维修
		前檐部穿枋	第一穿枋中部糟朽部位剔补维修
		檩条	按原规格（Φ70mm）更换前坡自脊檩下第一根严重糟朽的檩条
		雁翅板	按原规格复原
	右次间	前檐额	中部糟朽部位剔补维修
		后檐翼角	参照前檐翼角做法复原
		檩条	用原规格（Φ70mm）杉圆木接补前坡自脊檩下第四根檩右端糟朽部位
			按原规格（Φ100mm、Φ90mm、Φ80mm）更换前坡自脊檩下第三根檩、后坡自脊檩下第二、第五根严重糟朽的檩条
		雁翅板	按原规格复原
	左次间	檩条	按原规格（Φ140mm）更换前坡自脊檩下第四根严重糟朽的檩条
		前檐翼角	按原规格（150mm×140mm）更换糟朽的老角梁
		后檐翼角	参照前檐翼角做法复原
		雁翅板	按原规格复原
	左梢间	檩条	剔补维修后坡自脊檩下第四、第五根檩顶部糟朽部位
左侧廊	第一间	檩条	剔补维修前挑檐檩顶部糟朽部位
	第一间	前檐额枋	剔补维修左端顶部糟朽部位
	各间	挑檐枋	松动挑檐枋归位安装
右侧廊	第一间	檩条	剔补维修前挑檐檩顶部糟朽部位
	各间	挑檐枋	松动挑檐枋归位安装
享堂	明间	左缝五架梁	剔补维修糟朽部位
	左次间	前檐额	剔补维修糟朽部位
		后檐额	按原规格（500mm×50mm）更换

一致，接补长度不小于600mm，斜角角度不大于30°。

2）剔补维修：先用铲子、凿子将糟朽部分剔除，并将外形修整成几何形，剔挖的面积以最大限度地保留木构件没有糟朽的部位为宜，然后用干燥的杉木依样做形，以胶粘结，嵌入木构件内，并用竹钉钉牢，再用刨子或扁铲做成随木构件外表的形状。

左山墙下碱红条石风化、粉化深度3~22mm

5. 屋面

针对本建筑屋面残损，维修方法有以下几方面：

1）屋面揭顶维修，更换断裂、规格不符及质地、强度较差的瓦件，不够的瓦件按原规格（缸瓦规格为长300mm×宽（大头150mm、小头140mm）×厚9mm，小青瓦规格为长160mm×宽（大头

山墙增开窗洞，部分窗洞现封堵，但封堵墙体砌法粗劣，断砖未取出

外墙面粉刷层局部脱落

170mm、小头150mm）×厚7mm）定制，按底瓦为缸瓦、盖瓦为小青瓦的盖瓦重新施盖。

2）按戏台现存花边瓦及滴水瓦规格、花纹定制花边瓦及滴水瓦，复原所有檐头花边瓦及滴水瓦。

3）拆除所有2006年维修时更换的椽子及望板，按原规格（望板20mm厚，椽子规格80mm×25mm×215mm）重新制安。

享堂后加隔断

4）安装檐柱及檩底现存榫眼，参照前檐翼角做法，复原后檐被拆翼角。

具体各处维修详见表3。

技术要求：

1）揭瓦盖瓦：揭顶卸瓦时，注意不要损坏瓦件，挑选可用的瓦件，清理后按质地分类堆放。可用瓦件的挑选标准：瓦的缺角不超过瓦宽的1/6（以盖瓦后不露缺角为准），后尾残长在瓦长的9/10以上的，列为可用瓦件。更换瓦件时优先选用同种规格的旧瓦，如无旧瓦可用，则按规格、原质地、原色泽定烧。重新盖瓦时，可将新瓦及旧瓦分开集中盖。瓦面应平整顺直，瓦线一致，搭头搭接应紧密，严格按底瓦搭七留三的要求施盖。

戏坪三合土地面被改为素混凝土地面

戏坪后改排水沟及钢筋混凝土盖板

2）待瓦面揭除后进一步勘察享堂椽子的残损，再根据其残状，分别采取不同的维修方法：

（1）对于糟朽深度小于1/5椽厚，保留使

屋面维修说明表　　表3

部位	构件	维修方法说明
戏台	瓦件	屋面揭顶维修
	椽子	按原规格更换所有的椽子
	望板	按原规格更换所有的望板
	檐头附件	清除花边瓦及滴水瓦均加抹的石灰浆
	翼角	更换前檐左次间翼角老角梁 复原被拆后檐翼角
侧廊	瓦件	屋面揭顶维修
	椽子	按原规格更换所有糟朽的椽子
	望板	按原规格复原所有的望板
	檐头附件	按戏台花边瓦及滴水瓦做法复原
享堂	瓦件	屋面揭顶维修
	椽子	按原规格更换糟朽的椽子
	望板	按原规格更换糟朽的望板
	檐头附件	按戏台花边瓦及滴水瓦做法复原

享堂左次间后改拼版隔断，原板壁油漆脱落

用；

（2）对于糟朽深度大于1/5椽厚，按原断面更换。

6. 地面

针对本建筑地面残损，维修方法主要有以下几方面：

1）拆除2002年维修时浇捣素混凝土阶沿，订制断面为430mm×80mm青条石，复原青石阶沿，铲除天井加抹水泥砂浆面层，揭露青石板地面。

2）拆除享堂后金柱至后檐墙加设木地板，露明三合土地面，恢复原地面标高。

享堂右次间进深第一间胶木板修补板壁

3）挖除前坪及左山面素混凝土，复原三合土地面，为防止再次发生压裂等残损，本次维修三合土加大三合土厚度，为200mm厚，维修后为防止机动车进入，在入口设置6个花岗岩石墩。

4）挖除右侧路面残留的砂卵石及混凝土残块，挖除凹凸不平的地面，因此路尚在使用，为防止再次发生断裂等残损，本次维修将三合土层加厚至200mm。

左山面排水沟被填，污水四溢

5）挖除后部浇捣素混凝土，夯铺100mm厚三合土地面，复原被填排水沟。

技术要求：

1）三合土地面

（1）原材料：选购一级生石灰块，熟化后进行粗筛，黏土选用未扰动的生黏土。（2）配比：按生石灰：黏土：中砂=4:4:2的比例拌和均匀，堆沤3个月。（3）铺夯：因三合土地面为200mm厚，本次维修分两层夯筑，每层厚100mm，做法为基面整平夯实，铺料平整，夯实先虚铺200mm，夯实至100mm，分3次拍实，最后一遍拍打时间应在三合土凝固结实初期进行，务必用力拍打致实。下层要求为毛面，上层要求用泥抹子压平抹光。

线路凌乱，在山墙上搭设电线支架

2）天井青石板地面

（1）尽量利用原有条石；（2）无存青石板按原规格厚密缝铺墁，露明处两遍斫凿（大小按照原尺寸补配）；（3）石灰浆坐浆密缝墁铺。

戏台正面次间雕刻

7. 台（楼）板、楼梯

1）台（楼）板

拆除雨台2006年修补断面较小的台板，订制30mm厚，宽260~480mm宽不等（具体宽度以被接补楼板宽为准）的杉木台板，按锯齿状接头重新接补。

拆除两侧廊后改杉木楼板及糟朽的楮木楼

戏台正面明间雕刻（拼接）

板，订制30mm厚，宽320~560mm的楮木楼板，按平口铺法重新铺装。

2）楼梯

维持现状。

8. 藻井、天花

藻井维持现状；

拆除戏台糟朽的天花板，订制25mm厚杉木天花板，按平口铺法重新铺装。

财神斜撑

9. 门、窗、隔断

针对本建筑门窗、隔断，维修方法主要有以下几方面：

福禄寿斜撑

1）按享堂次间板壁隔断做法复原戏台无存隔断；

2）拆除胶木板隔断，按享堂次间板壁隔断做法复原板壁隔断；

3）拆除胶木板简易修补的板壁隔断面板，用20mm厚杉木板，采用锯齿状接头重新修补；

4）拆除2006年维修时从就近民居拆除的隔断，按享堂次间板壁隔断做法重新制安；

5）拆除胶木板，按现存夹泥墙做法复原夹泥墙隔断；

6）拆除后改素混凝土地栿，复原青条石地栿。

具体各处维修详见表4。

10. 油漆

针对本建筑油漆残损，维修主要来自两个方面：

第一方面为铲除褪色、开裂、起皮的油漆，会同无存油漆重刷枣红色油漆，要求3遍成活；

仙人斜撑

第二方面为对现状保存较好的油漆的高光漆刷退光漆退光处理。

技术要求：

1）各木构件刷油漆之前，必须将基层清理干净，然后再刷漆，刷漆要求3遍成活，下道油饰必须在前道油漆收干后进行。

2）油料选用　选购成品颜料光油（枣红色）

狮形斜撑

虎形斜撑

或购买生桐油和红土粉自行熬制，桐油与红土粉的配比应现场试验确定，确保复原的油漆色泽与

门窗、隔断维修说明表　　表4

部位		构件名称	维修方法说明
戏台	两次间	板壁	拆除2006年维修时从就近民居拆除板壁，按享堂板壁做法重新制作安装
	梢间	地栿	拆除后改素混凝土地栿，按1200mm×270mm×100mm规格复原青条石地栿
享堂	明间	板壁	拆除后改胶木板，参照次间现存板壁、地栿、抱框做法复原无存的板壁、地栿、抱框
	左次间	板壁	按现存板壁、地栿、抱框做法复原无存的板壁、地栿、抱框
		夹泥墙	拆除所有的胶木板隔断，参照后檐步现存夹泥墙做法复原夹泥墙
	右次间	板壁	按现存板壁、地栿、抱框做法复原无存的板壁、地栿、抱框
			拆除前檐部胶木板修补的板壁，用20mm厚杉木板重新接补
		夹泥墙	拆除所有的胶木板隔断，参照后檐步现存夹泥墙做法复原夹泥墙

戏台翼角及斗栱

原状油漆色泽相近后方可实施。

3）用桐油灰施靠骨灰，不得盖住木构表面，要露出木纹，只需填补构件表面细小裂纹和孔洞。

4）桐油灰配合比及制作要点：

泼灰加面粉加桐油调匀。白灰：面粉：桐油=1:1:1。

戏台正吻

5）油漆退光应小范围试验，先涂刷一道后观察其退光效果，如达到预期效果则刷一道即可，如达不到则多刷几道，确保油漆退光后的色泽与原状油漆色泽相近。

11. 周边环境及排水

尽快划定文物保护范围及建设控制地带，对仅存的3栋传统民居进行简易修缮，确保建筑安全使用，周边3~4层的砖混建筑暂不处理，在日后条件成熟时可采用降层即立面处理的方式进行整治，加强管理，严格防止保护范围出现新的建筑。

拆除正面红砖砌筑排水沟及素混凝土沟底、钢筋混凝土盖板，参照浒崦村现存传统排水沟做法重新制作。

挖除背面及两山面素混凝土，复原排水明沟。

技术要求：

排水沟做法为青石板沟底、青条石沟壁。青石板规格920mm×920mm×60mm，青条石长860~1260mm不等，宽260mm，高160mm。

12. 其他

1）对线路进行改道，拆除搭设在山墙上的线路。

2）拆除现屋内所有走线不规范的强电线路，重新规范走线，尽量沿屋面阴角处安装，强电线均用铜套管保护，使用卡管钉卡固。

13. 白蚁防治

现场勘查本建筑未发现有白蚁蛀蚀的痕迹，因为气候和地理环境等原因，景德镇地区一直是白蚁危害高发区，但根据《城市房屋白蚁防治管理规定》，本建筑必须做白蚁防治处理，具体实施方案和操作请具有白蚁防治资质单位另行施行，并定期跟踪复查。

14. 木构件防腐

所有新旧木构件均用ACQ木材防腐剂喷涂3遍作防腐处理，榫卯部位用注射灌注法注入，隐蔽部位在掩蔽覆盖前必须作防虫防腐处理。

ACQ配方如下：

主要成分组成：铜化物，9.5%；苯甲烷铵（BAC），4.75%

ACQ中所含的铜和季铵盐能有效地杀灭和抑制真菌、蛀虫和白蚁等，能与木材纤维牢固地结合在一起，不易流失，固能对木材起到长期保护的作用，经ACQ处理的木材使用寿命长。

15. 材质要求

砖瓦件：必须用黄黏土踩拣澄淋后手工制作，柴火窑烧制。其尺寸合度，棱角规整，色正音纯，敲击响

山墙正面墀头砖雕

戏台楹联

亮，无蜂窝砂眼。耐压强度不小于10Mpa。

木作构件：本建筑木作构件材质有杉木及槠木两种，所用木材必须是一级天然老山林木，主要受力构件必须用轴心材制作。木材含水率及其他各项质量指标应达到CJJ70–96《古建筑修建工程质量检验评定标准》（南方地区）“大木构架材质标准 表4.0.3”之标准。

石灰：应购买一级生石灰块按要求熟化后使用，不应购买市场上的石灰粉。

16. 维修标识

1）砖瓦件在隐蔽部位戳记“某某年维修更换”字样；

2）石构件在隐蔽部位雕刻“某某年维修更换”字样；

3）木构件在隐蔽部位墨书“某某年维修更换”字样。

（五）修缮工程应遵循的原则及注意事项

1. 安全第一

安全第一是修缮工程的保障，文物的安全与人员的安全同等重要，施工中应设置防火、防雨设备，设置完善的安全设施，并对施工人员及周围群众作好安全宣传、教育工作，确保人员及文物建筑的安全。

柱础式样（一）

2. 保障质量

施工单位应严格按照设计文件和《古建筑木结构维护与加固技术规范》（GB 50165–1992）第八章：工程验收：各相关规范施工。现场监理人员应及时对隐蔽工程进行验收和档案记录。出现新情况无法确定时，应通知设计单位会同甲方共同研究，确定处理方案。

文物修缮的成功与否，关键是质量。施工单位必须选择有相应古建修缮资质的施工单位，修缮过程中必需要加强质量意识与管理工作。材料的采购，必须按照部标或国标选择优质产品。修缮工艺，施工工序要符合国家古建筑修缮有关质量标准与法规。

柱础式样（二）

3. 尊重传统、保持地方风格

地方建筑风格与传统工艺手法，对于研究各地区建筑史和各地区传统建筑工艺具有极高的价值。在修缮过程中应加以识别，尊重传统。保持地方建筑风格的多样性、传统工艺手法的地域性和营造手法的独特性。

4. 资料收集

拆除施工中对重要隐蔽部位及其节点应拍照存档，以备修复施工中对照。竣工后施工单位应提交完整的竣工档案资料、并归档保存。

5. 在施工过程中，如发现数据与设计不符时该以实际尺寸为准。

6. 在施工过程中，尽量使用原有构件。如无老构件可用或改做时，则按原规格制作安装。

九江油库

项目名称：九江油库维修工程设计方案
建设单位：九江市文物局
设计单位：江西省文物保护中心
项目负责人：徐少平

一、概述

美孚洋行旧址位于在九江市滨江路77号，共有4处单体建筑，分别是洋行旧址、油库旧址、油库办公楼旧址、别墅旧址，其功能的完整性和保存的完好程度在国内同类建筑中都不多见。

清宣统二年（1910年），美国美孚石油公司看中九江的水运优势，在当时的九江英租界设立分公司，建造了美孚洋行及相关建筑，它们均为近代西式建筑风格。油库旧址为美孚洋行设在九江金鸡坡的油料储存仓库及住宅楼。该油库建筑恢宏、容量巨大，是九江市唯一保存的一座近代帝国主义列强在九江的工业仓库，反映了19世纪末、20世纪初西方建筑古典复兴的思潮，具有较高的历史、艺术和科学价值。

油库旧址建筑为南北朝向，面阔60.94m，进深24.22m。油库建筑可谓真材实料：建筑整体为钢筋混凝土、木结构，红机瓦坡顶。混凝土浇筑

正立面（周边地面于2010年被填高）

背立面（门洞于1970年被拆改成窗洞）

左山面（右侧门洞被封堵）

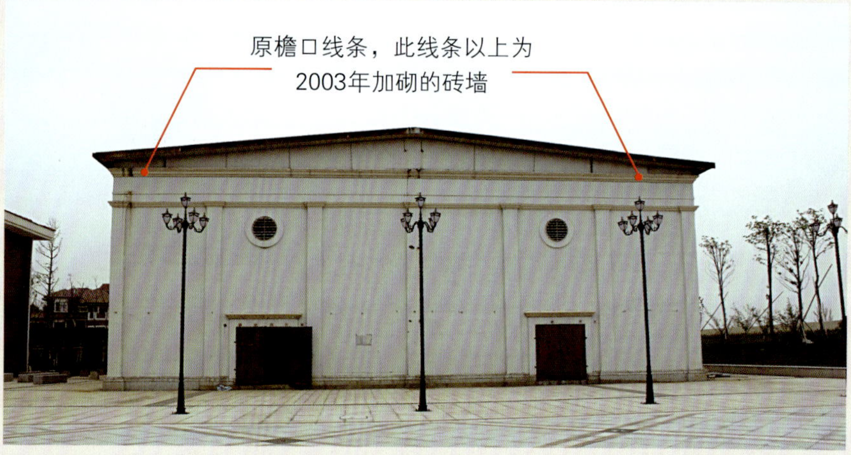

右山面（墙顶被加高）

左山面柱头内壁残存牛腿

的四壁厚为33.5cm，库内横向建有16根立柱，承接大跨度人字形屋架。仓库四面均开设门，疏散方便。由于储存易燃物品，保证了库内良好的通风性能。不仅如此，油库的相关配备也很完善，离油库50m外原本还建有美孚煤油专用码头。

1986年被列为九江市文物保护单位。

1987年以“九江美孚公司旧址”之名列为江西省文物保护单位。

2003年底，旧址部分木屋架构老化，霉烂严重，使用单位维修时改用钢架坡顶代替。

2006年公布为全国重点文物保护单位，编号为V-97，公布名称为“美孚洋行旧址”，包括洋行旧址、油库旧址、油库办公楼旧址、别墅旧址。

2010年九江市人民政府启动滨江生态公园工程，美孚洋行旧址作为其中重要的组成部分，开始对旧址周边进行整治，拆除旧址及相关建筑附近的部分民房，建造一个欧式园林景观区，这一景观区于2011年建成。

二、建筑特征

旧址坐南朝北偏西16°，建筑面积1531.51m^2。钢筋混凝土、木结构，四坡顶，红机瓦屋面。

1. 平面

旧址平面形状为横向长方形，通面阔十五间60.940m，第一间及十五间面阔为3.950m，其余各间面阔均为4.080m。通进深六间24.220m，第一、六间进深为3.950m，其余各间进深均为4.080m。

2. 墙体

均为承重墙，钢筋混凝土墙体，墙厚335mm，内、外墙面为纸筋白灰粉刷层，厚3mm。

右山面柱头牛腿残迹

3. 柱

本旧址共用56根钢筋混凝土柱，柱断面尺寸：610mm×610mm。前、后檐墙各16根，左、右山墙各5根，内柱14根。

4. 梁架

为木作“人”字梁架。

旧址右侧面广场

旧址正面绿化带

旧址背面建筑

室内右后角增建的房屋

5. 屋面

以横向中轴线对称分布的两个四面坡屋面。每个屋面前、后坡各为九檩，共十九，脊檩断面尺寸为240mm×140mm，其余檩条断面尺寸为240mm×120mm，山面坡屋面设七檩，檩条断面尺寸均为240mm×120mm。后屋面构造与前屋面对称。

檩条之上钉望板，望板之上盖防水卷层，卷层上钉挂条，盖红机瓦，屋脊为瓦。

6. 地面

室内地面均为混凝土地面。

室内柱子及梁架全部无存

7. 门、通风口

1）门扇：均为木作实榻板门。

2）通风口：左右山墙墙门上端均设有圆形通风口，共4个。

8. 周边环境及排水

本旧址右侧（东面）为广场，正面（北面）、背面（南面）左段及左侧（西侧）均为绿化带，背面右段为办公楼。建筑四周均为暗沟排水。檐口均设白铁水笕及白铁水落管集中排水，水笕规格：2500mm（每节长）×280mm（断面长）×170mm（断面宽）×1.2mm（壁厚），水落管规格：2000mm（每节长）×Φ150mm（管径）×1.2mm（壁厚）。

三、价值评估

1. 美孚洋行油库是九江市唯一保存的一座近代帝国主义列强在九江的工业仓库，具有重要的历史教育意义。

2. 美孚洋行油库建筑恢宏、容量巨大，与其周边的洋行旧址、办公楼旧址、别墅旧址是研究晚清和民国时期建筑技术发展、演变的重要实物资料。

四、残损现状勘察

由于人为拆改，旧址残损较为严重，特别是平面、墙体、屋面、柱、梁架、地面、门。始建至今虽多次维修，但多处修缮不符合文物保护原则。

1. 平面

在旧址右后角增建两房间，面积分别为14.7m^2、15.73m^2。

2. 墙体

2003年底，九江石油公司改建屋面时，前后檐墙墙顶加高了约0.52m，左右山墙墙顶均加高了约0.43m~1.50m；内墙面约70%粉刷层布满尘埃及屋面漏雨造成的水渍。

3. 柱

2003年底，九江石油公司改建屋面时，将室内14根钢筋混凝土柱全部拆除；同时将前后檐墙柱子（共28根）顶端牛腿上部凿除，左右山墙柱子（共14根）顶端牛腿全部凿除。

4. 梁架

由于屋面的拆改，旧址原双跨木作人字梁架全部无存，九江石油公司于2003年底拆改为单跨钢架。

5. 屋面

屋面原机瓦屋面无存，现为2003年底九江石油公司改建的铁皮屋面。

背立面柱顶牛腿上部被凿除

6. 地面

1）室内地面于20世纪70年代被当时使用单位填高约0.600m。

2）2010年，九江市人民政府启动滨江生态公园工程，旧址室外周边地面被填高约0.530m，为花岗岩石板地面。

7. 门

20世纪70年代，使用单位对大多数门洞进行封堵和拆改，原门扇全部被拆。

1）左山墙右侧门洞被封堵；

2）前檐墙从左起第一、三、四三个门洞及后檐墙四门洞，改为窗户，底部1.270m砌砖墙、上部为玻璃窗，门扇无存；

3）其余现存门洞的门扇全部改为铁质门。

屋面于2003年全部被拆改

8. 屋面排水

1）由于屋面的拆改，原白铁水笕全部无存；

2）由于维修不当，原白铁水落管全部无存，现部分为PVC水落管。

9. 室内外排水暗沟

室内外地面均被填高，现室外绕旧址四周设有暗沟，上盖石板，雨水通过暗沟排入正面长江内；室内原排水暗沟保存状况不明，待工程施工后，挖除被填高的地面后，进一步勘查原排水沟分布和残状。

五、勘察结论

本旧址就目前损坏情况分析，现状各方面违背了历史原貌，体现在：

1. 增建房间；

2. 墙顶加高，门洞被封堵；

3. 室内中轴线上的钢筋混凝土柱无存；

4. 原梁架全部无存，改为单跨钢架；

室内地面于1970年被填高

后檐墙门洞于1970年拆改为窗洞

右山墙门扇被拆改

5. 原屋面无存，2003年改建为不合原貌的铁皮屋面；

6. 地面被填高；

7. 门扇被拆改或无存；

8. 水笕、水落管无存。

造成残损的主要原因：人为拆改。

六、维修设计说明

（一）维修保护的目的和任务

1. 维修保护的目的：真实、全面的保存并传递其文化价值。

2. 维修保护的任务：修缮自然力和人为造成的损伤，制止新的人为破坏。

（二）维修保护的基本原则

1. 不改变文物原状的原则

《中华人民共和国文物保护法》第二十一条规定：对不可移动文物进行修缮、保养、迁移，必须遵守不改变文物原状的原则。

2. 尽可能减少干预的原则

凡是近期没有重大危险的部分，除日常保养之外不应进行更多的干预。必须干预时，附加的手段只用在最必要部分，并减少到最低限度。采用的保护措施应以延续现状，缓解损伤为主要目标。

文物古迹本身包含的历史信息是价值最根本、最重要的组成部分。对文物古迹任何形式的干预都不可避免地在不同程度上影响历史信息。因此，当文物古迹出现残损需要干预时，必须充分考虑最少干预的原则，以最小程度影响历史信息，从而更好保护文物古迹的价值。对于设计而言，就必须严肃对待现状中保留的历史信息，尽可能多的保留各个时期有价值的遗存，不必追求风格式样的统一。

3. 按照保护要求使用保护技术的原则

原铁皮水落管改为PVC管

独特的传统技术属于文物原状，具有文化价值，必须保留。所有的新材料和新工艺都必须经过前期试验和研究，证明是最有效的，对文物古迹是无害的，才可以使用。

4. 四保持原则

1）保持原来的形制，如油库旧址平面不做改动；

2）保持原来的建筑结构，如拆除后修的单跨钢架，恢复油库旧址原双跨木作人字屋架；

美孚洋行别墅屋面

3）保持原来的建筑材料，如恢复油库原红机瓦屋面及按现存钢筋混凝土柱恢复室内无存的14根钢筋混凝土柱；

4）保持原来的工艺技术，如恢复以横向中轴线对称分布的前、后两四面坡屋面及各门洞无存的实榻门扇。

（三）维修项目

维修项目：平面布局、墙体、屋面、柱、梁架、地面、门等。

（四）维修方法说明

1. 平面

拆除旧址右后角增建的两房间。

2. 墙体

拆除墙顶加高的墙体；清理内墙面粉刷层布满的水渍、尘埃。

3. 柱、梁架、屋面复原

1）复原依据

（1）老照片。20世纪80年代末拍摄的油库旧址照片（九江市文物局提供），从此照片可以看出原屋面为前后两个并列的屋面，但也作了局部修改，加砌了山墙，将两侧的坡屋面改为前后坡。

（2）掌握2003年改建前屋架屋面资料。经多方查阅和了解，原屋面屋架情况如下：

①该旧址室内横向屋中原有一排钢筋混凝土柱子，柱子断面与外围柱相同；

②原屋架类同美孚洋行屋架，为木作人字屋架，东北松制作。屋架分布为前后并列的两组；

③屋面形式、构造和机瓦亦与洋行旧址相同，屋面形式为四坡顶，构造为人字屋架上安装矩形檩条，檩条上铺钉望板，再钉挂瓦条，盖机瓦。

（3）参照本旧址其他建筑如洋行旧址及别墅旧址的梁架、屋面的结构、构造、用材材质和规格断面。

2）基本做法

（1）柱

①按照现存钢筋混凝土柱做法，复原室内14根无存的钢筋混凝土柱，钢筋混凝土柱规格为610mm×610mm；

②补浇前后檐墙柱子顶端牛腿被凿除的部分和左右山墙柱子顶端被凿除的牛腿。

美孚洋行别墅

（2）梁架

拆除现单跨钢架，参照洋行旧址梁架做法，复原该旧址屋架。即为木作人字屋架，东北松制作。屋架分布为前后并列的两组。

（3）屋面

拆除现铁皮屋面，参照洋行旧址屋面做法，

美孚洋行别墅红机瓦

复原该旧址屋面。即屋面形式为四坡顶，构造为人字屋架上安装矩形檩条，檩条上铺钉望板，再钉挂瓦条，盖红色机瓦。

4. 地面

降挖室内外被填高的地面，至原地面标高。

挖除20世纪70年代填高的地面后，进一步勘查，根据实际情况确定维修方法。

1）若原混凝土地面，基本完好，则维持现状；

2）若原混凝土地面，局部或部分残损或无存，则拌制混凝土局部修补；

3）若原混凝土地面无存，则拌制C20的素混凝土重新浇筑，厚150mm。

5. 门

拆除门洞封堵砖块及铁质门，开启门洞，参照美孚洋行旧址门扇做法，复原该旧址门扇。

1）拆除左山墙右侧门洞封堵的墙体，开启门洞；

2）复原无存的前檐墙左起第一、三、四3门洞及后檐墙四门洞及实榻板门；

3）拆除铁皮门扇，复原无存的实榻板门。

6. 屋面排水

1）参照美孚洋行一别墅旧址水笕做法，复原无存的白铁水笕，水笕规格：2500mm（每节长）×280mm（断面长）×170mm（断面宽）×1.2mm（壁厚）；

2）拆除PVC水落管，参照美孚洋行一别墅旧址水落管做法，复原无存的白铁水落管，水落管规格：2000mm（每节长）×150mm（管径）×1.2mm（壁厚）。

7. 室内外排水暗沟

由于地面被填高，室、内外原暗沟做法、残损及分布位置均无法勘察，待施工时，降挖室内外被填高的地面，恢复至原地面标高，进一步勘查室内外原排水沟后，再补充详细设计。

8. 维修标示

1）砖瓦件在隐蔽部位戳记“某某年维修更换”字样；

2）木构件在隐蔽部位墨书“某某年维修更换”字样。

9. 木构件防虫防腐

所有新旧木构件均用ACQ木材防腐剂喷涂3遍

20世纪80年代末拍摄的油库旧址照片（九江市文物局提供）

作防虫防腐处理，榫卯部位用注射灌注法注入，隐蔽部位在掩蔽覆盖前必须作防虫防腐处理。

ACQ配方如下：

主要成分组成：铜化物，9.5%；苯甲烷铵（BAC），4.75%

ACQ中所含的铜和季铵盐能有效地杀灭和抑制真菌、蛀虫和白蚁等，能与木材纤维牢固地结合在一起，不易流失，固能对木材起到长期保护的作用，经ACQ处理的木材使用寿命长。

10. 材质要求

瓦件：必须用黄黏土踩拣澄淋后手工制作，柴火窑烧制。其尺寸合度，棱角规整，色正音纯，敲击响亮，无蜂窝砂眼。耐压强度不小于10Mpa。

木作构件：木作构件所用木材树种为东北松，材质必须是一级天然老山林木，强度等级：应大于TC17。主要受力构件必须用轴心材制作。木材含水率及其他各项质量指标应达到相关的规范要求。

铁件：铁箍、铁钉必须用优质材料由人工锻打。铁钉断面为方形，不得用机制圆钉代替。

石灰：应购买一级生石灰块按要求熟化后使用，不宜购买市场上的石灰粉。

七、修缮工程应注意事项

（一）安全第一

安全第一是修缮工程的保障，文物的安全与人员的安全同等重要，施工中应设置防火、防雨设备，设置完善的安全设施，并对施工人员及周围群众作好安全宣传、教育工作，确保人员及文物建筑的安全。

（二）保障质量

施工单位应严格按照设计文件和《古建筑木结构维护与加固技术规范》（GB 50165-1992）第八章：工程验收：各相关规范施工。现场监理人员应及时对隐蔽工程进行验收和档案记录。出现新情况无法确定时，应通知设计单位会同甲方共同研究，确定处理方案。

文物修缮的成功与否，关键是质量。施工单位必须选择有相应古建修缮资质的施工单位，修缮过程中必需要加强质量意识与管理工作。材料的采购，必须按照部标或国标选择优质产品。修缮工艺，施工工序要符合国家古建筑修缮有关质量标准与法规。

（三）尊重传统、保持地方风格

地方建筑风格与传统工艺手法，对于研究各地区建筑史和各地区传统建筑工艺具有极高的价值。在修缮过程中应加以识别，尊重传统。保持地方建筑风格的多样性、传统工艺手法的地域性和营造手法的独特性。

洋行旧址屋架（参照梁架）

（四）资料收集

拆除施工中对重要隐蔽部位及其节点应拍照存档，以备修复施工中对照。竣工后施工单位应提交完整的竣工档案资料、并归档保存。

（五）在施工过程中，如发现数据与设计不符时该以实际尺寸为准。

龙溪祝氏宗祠

项目名称：龙溪祝氏宗祠维修工程设计方案

建设单位：广丰县博物馆

设计单位：江西省文物保护中心

项目负责人：徐少平

一、历史沿革

龙溪祝氏宗祠位于广丰县东阳乡龙溪村，距县城36km，属于东阳乡龙溪自然村，东与浙江省江山市峡口镇毗邻，南与东阳乡舵阳村接壤，西以清淤村为界，北与浙江省江山市廿三都相接。整个村落村巷纵横，井然有序。高低错落的风火墙，点缀于青山绿水之间，给人一种古朴淡雅之美。

龙溪祝氏宗祠始建于明成化年间（1465年~1487年）；明万历年间（1573年~1620年）被扩建；明万历后遭兵焚，大半烧毁，仅存寝室；清雍正六年（1738年）对因战乱毁坏的后堂进行修缮恢复。清乾隆年间（1736年~1795年），因族人认为后堂建筑太窄，向南扩建中堂。

民国时期（1911年~1949年），祝氏宗祠被设为私立学堂。

1957年，祝氏族民对建筑中堂屋面进行过整修。

1970年~1982年，建筑被征用于龙溪小学，后迁出。

1983年，祝氏宗祠被公布为县级文物保护单位。

1985年，广丰县人民政府拨出专项经费维修，主要对戏台，后堂已腐朽的角梁、望板、封檐板、地面等处以及其他建筑小构件进行更换。

2006年，建筑被公布为省级文物保护单位。

2008年5月，其建造技艺入选江西省第二批非物质文化遗产名录。

2013年5月被公布为第七批全国重点文物保护单位。保护范围：东3m；南8m；西3m；北3m，建控地带为保护地带向外延伸：东5m；南23m；西5m；北5m。

侧立面

二、价值评估

（一）历史价值

龙溪祝氏宗祠始建于明成化年间（1465年~1487年）。祝氏宗祠是龙溪祝氏一族用来供奉和祭祀祖先的场所，也是族长行使族权的地方；凡族人违反族规，则在这里被教育和受到处理，直至驱逐出宗祠，所以它既可以说是封建道德的法庭，也可以作为家族的社交场所。祝氏宗祠绵延数百年的世态史实，是中国从封建社会走向半殖民地半封建社会的活化石，是宗法制家国一体的特征，是凝聚宗族团结的场所；见证了中国封建社会从强盛走向衰落的历史。

龙溪祝氏宗祠始建于明成化年间（1465年~1487年）；明万历年间（1573年~1620年）被扩建；明万历后遭兵焚，大半烧毁，仅存寝室；清雍正六年（1738年）对因战乱毁坏的后堂进行

前厅、跑马楼、戏台（一）

修缮恢复；清乾隆年间（1736年~1795年），因族人认为后堂建筑太窄，向南扩建中堂。祝氏宗祠经明清两代，见证了一段历史的变化，其建筑结构带明代中期和清代晚期建筑造型特点与地方构造手法，是我国南方现今保存最完整的宗祠建筑之一，为我们研究明、清代宗祠建筑的历史提供一处十分难得的实例。

（二）艺术价值

祠堂为三进六天井式建筑，戏台、中厅、后院厢房、享堂均为重檐歇山顶，祠堂为三进六天井式建筑，戏台、中厅、后院厢房、享堂均为重檐歇山顶，建筑面积2920.29m^2，体量宏大，立于群山之间，与周边环境相互协调融合。前厅面阔五间，进深四间，两层，砖木结构，穿斗梁架，缸瓦屋面，硬山顶，后檐明间与次间檐柱向南辟面阔三间；进深两间；四柱三楼歇山顶戏台。戏台飞檐翘角；挺拔飘逸；直指苍穹。檐下大横额、挑梁、斜撑雕刻精美，雕刻刀法精湛，有压地突起的缕雕：也有压地隐起的线刻，其刻画体裁十分丰富；有人物戏文、琼花瑶草、祥禽瑞兽；均是千姿百态，栩栩如生。戏台天棚中央是五踩斗栱六边形藻井。纵观戏台即有清代戏台华丽的造型，又有地方建筑梁柱朴实的特点，更有广丰地域受吴越文化影响的印记。宗祠山墙和前檐墙上所绘卷草、回纹及山水人物的墨线图案，表现了地方文化背景与工艺手法，极大地丰富了祝氏宗祠的文化内涵与艺术效果，祝氏宗祠将明代粗犷大气与清代灵活精巧完美结合在一起；展现了我国古代宗祠建筑艺术风格特色；同时又融合了赣、浙传统建筑的手法，是我国南方具有代表性的宗祠之一。

（三）科学价值

龙溪祝氏宗祠平面成传统对称轴线布置。祠堂分三进，中轴线上自南而北依次为一进戏台、二进中厅三进享堂。戏台面朝中厅，台前有宽敞的前院，开敞的重建设计方便乡民看戏、娱乐；戏台两侧厢房为二层结构建筑，跑马楼廊与戏台相通，方便演员休息和表演；中厅和享堂面阔五间，气势不凡，中厅为议事、宴飨的厅堂；后院栽种古树两株，古朴苍劲，郁郁葱葱，为古祠增添几许风韵；后院两侧厢房，称“报功”和“崇德”，为褒彰祀奉乡贤和名宦而置，三进享堂则为族人祭奠祖先、行使祭祀活动的主要场所；祠堂侧还有客房、膳堂、马厩等附属建筑，一应俱全，体现了清代晚期更加成熟、合理的平面布局方式。

前厅、跑马楼、戏台（二）

因建筑明成化年间遭兵焚，大半烧毁，清朝雍正年间和康熙年间进行了两次修缮，祝氏宗祠梁架现为穿斗抬梁混合式构架，木梁架呈现出两个时期的结构特点，但主要以清代晚期特点为主；建筑梁架举折较为平缓，只有脊步架举折较

大，中厅、后院厢房、享堂明间梁架多为穿斗抬梁混合式梁架，结构严谨，用材硕大，制度严谨，丁头拱与柱子连接在一起共同支撑月梁和檩条，结构与装饰浑然一体，极富力度美和威严感，是明代建筑比较明显的标志；次、梢间则为穿斗式梁架，梁架编排灵活，制作简单，易于变化、装饰，给人一种千娇百媚、生机盎然的感觉，是清晚期比较经典的构架。因此，解析祝氏宗祠建筑本体，对传统建筑和乡土文化学科的研究具有重要的现实意义。

中厅左厢房栏杆现状

（四）社会价值

龙溪祝氏宗祠是祝氏一族祭奠祖先、激励后人、开展农村娱乐的重要场所；是现代农村旅游的重要资源；是研究地方民风民俗与中国传统建筑珍贵的实物；同时也是研究中国近代乃至现代农村发展史难得的资料，因此具有很高的社会价值。

三、维修保护的目的和任务

1. 维修保护的目的：真实、全面的保存并传递其文化价值。

2. 维修保护的任务：修缮自然力和人为造成的损伤，制止新的人为破坏。

四、维修保护的基本原则

（一）不改变文物原状的原则

《中华人民共和国文物保护法》第二十一条规定：对不可移动文物进行修缮、保养、迁移，必须遵守不改变文物原状的原则。

文物古迹的原状是指最充分表现其文化价值的实物的状态，主要有以下几种状态：

1）未经干预前的（未实施保护工程及未发掘以前）的状态。

2）历史上多次干预（修缮、改建、重建、破坏）留存的有价值的状态。

3）虽有部分缺失，但仍有实物遗存，足以证明已缺失的相关部分的原有状态。

4）局部坍塌、变形、错置，但仍保留原构件原形制，足以证明原来的状态。

（二）尽可能减少干预的原则

凡是近期没有重大危险的部分，除日常保养之外不应进行更多的干预。必须干预时，附加的手段只用在最必要部分，并减少到最低限度。采用的保护措施应以延续现状，缓解损伤为主要目标。

文物古迹本身包含的历史信息是价值最根本、最重要的组成部分。对文物古迹任何形式的干预都不可避免地在不同程度上影响历史信息。因此，当文物古迹出现残损需要干预时，必须充分考虑最少干预的原则，以最小程度影响历史信息，从而更好保护文物古迹的价值。对于设计而言，就必须严肃对待现状中保留的历史信息，尽可能多的保留各个时期有价值的遗存，不必追求风格式样的统一。

（三）加固处理的可逆性原则和可识别性原则

一切技术措施应当不妨碍再次对原物进行保护处理，必须是可逆的，就是所用的加固件可拆卸下来，恢复到处理前的状态，不妨碍再次进行保护处理和采取更好的维修措施。

任何加固措施都不得损害原物，都应保证文物建筑结构体系的完整性，保护其外形不受损坏，历史信息不受破坏。维修古建筑砖、石作部分不得用混凝土作固结措施，因为混凝土是不可逆性的材料，将给以后维修带来困难，甚至造成保护性破坏。

经过处理的部分要和原物既相协调，又可识别。所有修复的部分都应有详细的记录档案和永久的年代标志。

（四）保护现有实物原状与历史信息的原则

修复应当以现存的有价值的实物为主要依据。并必须保存重要事件和重要人物遗留的痕迹和历史上经过修缮、改建、重建后留存的有价值的状态，以及能够体现重要历史因素的状态。增强文物的可读性，为研究提供更多的线索。

历史信息的积累是持续的过程，它不仅包括始建状态，还包括历代修缮及当时保护工程附加的信息。保护措施的决策应始终以价值评估为基础，客观认识全面的价值，

首要保护价值最高的部分，并尽可能保留那些逐渐累积、助于考证的信息。这些独特的传统技术属于文物原状，具有文化价值，必须保留。所有的新材料和新工艺都必须经过前期试验和研究，证明是最有效的，对文物古迹是无害的，才可以使用。

五、工程性质、范围

本次工程属于文物建筑修缮工程，工程范围包括龙溪祝氏宗祠本体及其环境，总占地面积2526.62m^2，建筑面积2920.29m^2。

六、保护措施

对龙溪祝氏宗祠实施修缮前，必须做好现场测量绘图，文字记录、拍摄照片等资料留取工作，掌握一手资料，建立科学的技术档案。在此技术上着手下一步的工程实施阶段。

七、主要项目施工方法与技术

（一）地面维修

三合土地面。1. 原材料：灰土选购一级生石灰块，熟化后进行粗筛，黏土选用未扰动的生黏土。2. 配比：按生石灰：黏土=3:7的比例拌和均匀，堆沤3个月。3. 铺夯：基面整平夯实，铺料平整，夯实先虚铺100mm，夯实至50mm，分3次拍实，最后一遍拍打时间应在三合土凝固结实初期进行，务必用力拍打致实。

（二）墙体维修

1. 重砌墙体和补砌门窗洞口，与周边原墙体接槎处必须将断砖取出后进行修补，灰缝要求平缝对齐两端原灰缝，看不出明显接搓痕迹，青砖的摆法必须与原状一致；2. 拆砌墙体注意不要损坏原青砖，清理青砖表面砂浆及杂草，清理后挑选比较好的青砖按原砌法重砌，不够的青砖按原规格订制，新老砌体之间的搭接一定要处理好，基面清理干净，砌筑砂浆必须饱满密实；3. 修补墙体。剔除墙面砖残缺处灰尘及脱落物，待青砖加工成型用石灰浆嵌补。

（三）木构架维修

1. 梁架。由于屋面覆盖，部分檩条的残状未勘察到，这就要求施工单位在屋面揭除后，对所有檩条再进行检修，特别是檩条与椽子、瓦件的接触部位，认真区别各檩条的残损严重，再根据其残损严重区别对待，具体维修方法如下所述。

1）糟朽的檩条，腐朽深度小于1/4直径的，将糟朽部位剔除后，用杉木条加工成型进行修补，并用铁钉和两道铁箍加固。

2）腐朽深度大于1/4直径的，只是端头糟朽的（糟朽长度小于1/3），则将糟朽部位锯除后，用同规格杉木进行接补，糟朽长度大于1/3的，则按原直径更换。

中厅现状

2. 柱子。当裂缝超过0.5cm的用旧木条粘牢补严。缝宽超过3~5cm以上，深达木心的粘补后还需加铁箍1~2道。所加铁箍应嵌入柱内，外皮与柱皮齐平。粘补的木条每道裂缝应争取用通长木条，避免用碎木填影响外观。

1）木柱剔补方法：先用铲子、凿子将糟朽部分剔除，并将外形修整成几何形，剔挖的面积以

最大限度的保留木柱没有糟朽的部位为宜，然后用干燥的同类木材依样作形，以胶粘结，嵌入木柱内，再用刨子或扁铲做成随木柱外表的形状。

2）屋面揭顶时，加强成品保护意识，严禁损坏脊砖等原屋面构件。

享堂

（四）屋面维修

屋面维修施工方法：1. 揭瓦时应进一步对屋脊、瓦件规格以及各砌筑材料作详细勘查记录，尽可能保留好原构件。拆除所有后改椽子，按原规格予以复原，糟朽椽子拆除后按原规格予以更换。原状椽板弯垂不超过长度的2%可继续使用。拆卸过程中应尽量小心使瓦件不受损。瓦件应根据其完好程度区分对待。缸瓦的缺角不超过瓦宽的1/6（以盖瓦后不露缺角为准），后尾残长在瓦长的9/10以上的，列为可用瓦件，碎裂的瓦件须更换；2. 椽子更换的要求：对于有天花板的瓦椽，目前难以勘察，待瓦面揭除后进一步勘察，再根据其残状，分别采取不同的维修方法：1）对于糟朽深度小于1/5椽厚，保留使用；2）对于糟朽深度大于1/5椽厚，按原断面更换。

（五）门窗维修

按设计图纸补齐残损部分木门窗，对于缺失部分门窗按原样重新制作；木门窗的木材品种，材质等级、规格、尺寸应符合设计要求；木门窗的结合处和安装配件处不得有木节或已填补的木节。

（六）防腐防虫

所有的新、旧木构件均用ACQ喷涂3遍作防虫防腐处理，榫卯部位用注射灌注法注入，隐蔽部位在掩蔽覆盖前必须作防虫防腐处理。

ACQ配方如下：

主要成分组成：铜化物，9.5%；苯甲烷铵（BAC），4.75%

ACQ中所含的铜和季铵盐能有效地杀灭和抑制真菌、蛀虫和白蚁等，能与木材纤维牢固地结合在一起，不易流失，固能对木材起到长期保护的作用，经ACQ处理的木材使用寿命长。

（七）白蚁防治

白蚁防治在维修工程实施的同时，进行全面的白蚁防治，具体实施方案和操作如下：白蚁杀灭及防治采取查杀及诱饵诱杀两种方式并行的措施进行。查杀药剂选用有机磷杀虫剂（如毒死蜱及异柳磷）及拟除虫菊酯类杀虫剂（如氯菊酯、氯氰菊酯、联苯菊酯及氰戊菊酯等）。

诱杀是采用对诱饵投放药剂，白蚁把药剂带回蚁巢，在蚁巢中通过白蚁交哺作用和舐吮行为传递药效给群体内的其他个体达到灭杀白蚁的目的。目前，药饵诱杀系统的药剂主要有以下3类：1. 慢性代谢抑制剂及神经毒剂如伏蚁腙（Hydramethylnon）、氟虫胺（Sulfluramid）（Su et al.，1995）、阿维菌素（Avermectins）等；2. 生物制剂如真菌、细菌、抗生素等；3. 昆虫生长调节剂如氟铃脲（Hexaflumuron）、除虫脲（Diflubenzuron）（Su et al.1993）、蚊蝇醚（PYRIPROXYFEN）等。

白蚁杀灭及防治，具体实施方案和操作应请具有白蚁防治资质单位另行施行，并定期跟踪复查。

（八）材质要求

砖瓦件：必须用黄黏土踩拣澄淋后手工制作，柴火窑烧制。其尺寸合度，棱角规整，色正音纯，敲击响亮，无蜂窝砂眼。耐压强度不小于10Mpa。

木作构件：木作构件所用木材树种应与原构件树种相同，材质必须是一级天然老山林木，强度等级：杉木应大于TC11，硬杂木应大于TC17。主要受力构件必须用轴心材制作。木材含水率及其他各项质量指标应达到相关的规范要求。

铁件：铁箍、铁钉必须用优质材料由人工锻打。铁钉断面为方形，不得用机制圆钉代替。

石灰：应购买一级生石灰块按要求熟化后使用，不宜购买市场上的石灰粉。

砌筑灰浆：纸筋（麻刀）石灰浆，配比纸筋：石灰=1:10。

（九）木构件做旧

凡重新补配的新木构件（露明部分）需做旧处理：首先要配置3种不同浓度的色汁，配料红茶1两、黄芷1两、研磨墨汁适量、饮用水3.5公斤。将其4种材料煮熟待原有的色汁冷却后将其分为3等份，第一种保持不变确定为浓度较深的色汁，第二种掺入适量的饮用水将其浓度稀释为中等浓度的色样，第三种掺入适量的饮用水，使其浓度稀释为较浅颜色。然后根据木材的吃色能力确定涂刷不同浓度的色汁，其色泽要与原有的旧木材保持相应的统一，不得深于原有的旧木料的色样。

八、施工部署

结合该工程施工条件及古建工程维修特点，细心组织好流水施工，做到瓦、木、石等各工种工序连续均衡施工。

1. 先搭设好施工工棚，清理好场地，创造良好的施工环境和条件。

2. 认真细致地搞好各项施工工作，凡属可以利用的材料都要分类放好。

3. 清理、准备可以利用的原材料数据，着手购买所需各种材料，并细心加工制作。

4. 油漆应在木件及屋面完成后施工。

5. 脚手架应在整个维修工程动工前做好，确保牢固安全。

九、修缮工程应注意事项

（一）安全第一

安全第一是修缮工程的保障，文物的安全与人员的安全同等重要，施工中应设置防火、防雨设备，设置完善的安全设施，并对施工人员及周围群众做好安全宣传、教育工作，确保人员及文物建筑的安全。

（二）保障质量

施工单位应严格按照设计文件和《古建筑木结构维护与加固技术规范》（GB 50165-1992）第八章：工程验收：各相关规范施工。现场监理人员应及时对隐蔽工程进行验收和档案记录。出现新情况无法确定时，应通知设计单位会同甲方共同研究，确定处理方案。

文物修缮的成功与否，关键是质量。施工单位必须选择有相应古建修缮资质的施工单位，修缮过程中必需要加强质量意识与管理工作。材料的采购，必须按照部标或国标选择优质产品。修缮工艺，施工工序要符合国家古建筑修缮有关质量标准与法规。

（三）尊重传统、保持地方风格

地方建筑风格与传统工艺手法，对于研究各地区建筑史和各地区传统建筑工艺具有极高的价值。在修缮过程中应加以识别，尊重传统。保持地方建筑风格的多样性、传统工艺手法的地域性和营造手法的独特性。

中厅梢间梁架现状

（四）资料收集

拆除施工中对重要隐蔽部位及其节点应拍照存档，以备修复施工中对照。竣工后施工单位应提交完整的竣工档案资料、并归档保存。

（五）在施工过程中，如发现数据与设计不符时该以实际尺寸为准。

（六）在施工过程中，尽量使用原有构件。如无老构件可用或改做时，则按原规格制作安装。

玉隆万寿宫

项目名称：玉隆万寿宫维修工程设计方案
建设单位：抚州市园林绿化（风景名胜）局
设计单位：江西省文物保护中心
项目负责人：徐少平

一、概述

抚州玉隆万寿宫坐落于抚州市大公东路中段南侧，占地面积4086.88m^2。始建于明，现存建筑为清。整个建筑由前院、戏台、前厅、南北厢房、旌阳祠、火神庙、文兴庵、后楼（玉隆阁、道长精舍和经堂）组合而成。

抚州玉隆万寿宫最早称文兴庵，为抚州名寺正觉寺的下院，始建于明洪武中期，后毁，清嘉庆年间在废墟上重建，建成之后文兴庵"面灵谷，背芝山，右携月塘，左引金湖，为港东巨观"（旧时抚州城郊分为五厢，文昌桥以东五里称港东厢）。嘉庆十六年（1811年），为纪念东晋时期的水利专家许逊（字旌阳），由抚州府所属六县民众在文兴庵右侧捐建许旌阳祠，即现在的中宫，并塑有许逊神像以供祭祀。火神庙为古代供奉火神之处，从临川县志上来看，这里还是官办的消防机构，配有水龙等灭火器械，建于嘉庆二十二年（1817年），县志记载：时任临川知县秦沆"因邑多火灾遂建庙于港东厢，岁以六月二十三日致祭，置水龙

玉隆万寿宫屋面俯视

四座……一座存火神庙，每座设水兵十名，每岁祭期集水兵四十名操演水龙，遇失火水龙即至，自是火灾遂息。”咸丰十年（1860年）太平天国军进攻抚州城，因水患而退兵，抚州百姓则纷走传告真君显圣致使“发匪”退兵，为此，清光绪八年（1882年），抚州府所属六县商人再次筹资对文兴庵、许旌阳祠、火神庙进行维修，将这些建筑合为一体，维修完工后于光绪十二年（1886年）再进行扩建，增建了门坊、戏台、前厅和南北厢房，并将整座建筑命名为万寿宫（玉隆别境）。万寿宫之名由此而来。抚州玉隆万寿宫在清末和民国时期的抚州社会生活中发挥了重要作用，见证了抚州许多近、现代历史事件：20世纪初，一些思想激进的学生经常在此集会、演说；“五四”运动时期，抚州学生赶排了《东亚文明史》等反帝反封建的文明戏，在玉隆万寿宫进行公演，劝募捐款，支援北京的爱国学生运动；抚州籍的老一辈无产阶级革命家经常在此进行革命活动，如傅大庆、李井泉、舒同等；1927年4月朱德率军官教导团来抚剿匪时，其中一部分在此驻扎、操练。

历史沿革

明洪武中期始建太平庵。

清嘉庆初年在太平庵废墟上重建，改为文兴庵。

嘉庆十六年（1811年），抚州府所属六县民众于捐建旌阳祠。

嘉庆二十二年（1817年），时任临川知县秦沆建火神庙供奉火神。

光绪八年（1882年），对文兴庵、许旌阳祠、火神庙进行维修，将这些建筑合为一体。

光绪十二年（1886年），抚州府所属六县商人筹资扩建南北厢房、戏台、前厅、石门坊。

1921年在此创办毓秀女中。

1948年进行维修。

1949年玉隆万寿宫收归国有，成为附近工厂的职工宿舍。

1984年第二次文物普查后列为抚州市（县级市）文物保护单位。

2001年公布为抚州市（地级市）第一批文物保护单位。

2001年市政府筹款100万元进行维修，2002年竣工。

2001年市政府将其划归抚州市文化局管理。

2002年向公众免费开放。

2004年投入58万元进行第二期维修，同年10月竣工。

2006年12月公布为江西省第五批省级文物保护单位。

2013年5月被国务院公布为第七批全国重点文物保护单位。

门楼正面上部

二、建筑特征

抚州玉隆万寿宫坐落于抚州市大公东路中段南侧，坐西朝东偏南35°，总体布局近似矩形，占地面积4086.88m^2，建筑面积3293.79m^2。为砖、木混合结构，抬梁式、穿斗式构架并用，大部分用硬山顶，戏台、前厅和玉隆阁为歇山顶，封火山墙，均为阴阳瓦屋面。

三、价值评估

1. 2013年3月公布为第七批全国重点文物保护单位，公布名称为“抚州玉隆万寿宫”，公布年代为清代。

2. 抚州玉隆万寿宫为纪念东晋道教宗师及水利专家许逊而建，许逊（239-374年），晋武帝康元年（280年），诏为蜀郡县令，后因政局动乱弃官东归，周游江南诸郡，兴修水利，灭除灾害，深得民众爱戴。历代名人孟浩然、范大成、王安石、曾巩、姜夔等对其多有赞颂。因此对研究许逊生平具有重要的史证价值。

3. 抚州玉隆万寿宫历史悠久，保存至今，保留了较好的平面格局，具有较为浓厚的古色古香的特色和时代气息，反映了明清时期的建筑风格和营造技艺的演变。同时，抚州玉隆万寿宫在清末和民国时期的抚州社会生活中发挥了重要作用，见证了抚州许多近、现代历史事件：二十世纪初，一些思想激进的学生经常在此集会、演说；“五四”运动时期，抚州学生赶排了《东亚文明史》等反帝反封建的文明戏，在玉隆万寿宫进行公演，劝募捐款，支援北京的爱国学生运

旌阳祠前堂明间中央藻井

动；抚州籍的老一辈无产阶级革命家经常在此进行革命活动，如傅大庆、李井泉、舒同等；1927年4月朱德率军官教导团来抚剿匪时，其中一部分在此驻扎、操练。为研究抚州历史和我国建筑史提供了一份难得的实物佐证，保护好这一处文物，对激励后人，加强革命传统教育，增强全国人民尤其是青少年的爱国情感，弘扬和培育民族精神，具有重要的现实意义。

4. 抚州玉隆万寿宫建筑规模宏大，技术手法精良，继承了中国古代建筑传统，整座建筑彰显徽派建筑风格，高耸的封火山墙，以天井采光、通风，梁架用料硕大，且注重装饰，雕有多种图案，通体显得恢宏、华丽、壮美。梁架构件的巧妙组合和装修使工艺技术与艺术手法相交融，达到了珠联璧合的妙境。采用木、石雕，内容广泛，多人物、山水、花草、鸟兽，题材众多，有传统戏曲、民间故事、神话传说，手法多样，有线刻、浅浮雕、高浮雕透雕、圆雕和镂空雕等。质朴高雅，浑厚潇洒，尤其是门坊的雕刻，更是叹为观止，其雕刻之精致，纹饰之优雅，可与木制雕刻相媲美。为研究建筑提供极为重要的实物例证，是新建筑设计和新艺术创作的重要借鉴。

5. 抚州玉隆万寿宫是江西省境内保存较好的一处万寿宫，具有重要的历史、艺术和科学价值，是江西省古建筑的优秀代表。以其为中心500m半径的区域内，共计有省级文物保护单位2处，市级文物保护单位5处及众多的清代民居。是抚州地区重要的人文荟萃之地，积淀着浓郁的地方特色，保护好抚州玉隆万寿宫，对于促进抚州地区的文物建筑的保护有着重要的示范作用。同时有助于抚州文化旅游事业的发展，极大地提升抚州的知名度，进而带动该地区相关产业的发展，推动地方经济发展。

四、残损现状勘察

民国及新中国成立以后，抚州玉隆万寿宫几经维修，但由于当时资金的短缺，未能系统、全面地进行维修，现经堂、南厢房已经坍塌无存，原址上或存少量残迹，或增建屋舍，文兴庵亦全部坍塌无存，仅残存部分墙体、柱础、墁地和天井等；由于年久失修、人为拆改及维修不当等原因，玉隆阁、道长精舍坍塌严重，其余部分出现了较为严重病害和改动，如屋面坍塌，梁架拔榫、糟朽等严重残损，存在较大安全隐患；加上其产权不清，导致居民擅自拆改文物本体的平面格局，或随意增建房屋，杂乱无章。

五、残损现状勘察结论

抚州玉隆万寿宫历史悠久，至今已有几百年，虽然近年来有所维修，但由于资金短缺，未能对整组建筑进行全面维修，部分建筑已经倒塌，如文兴庵和南厢房以及经堂等，居民在建筑原址之上耕作种菜、增建民房等，对现残存遗迹存在较大的威胁，如不及时维修，残迹将会荡然无存。

由于年久失修，多年的风雨侵蚀，缺少维

护，部分建筑已经成为了危房，如玉隆阁和道长精舍等，山墙和屋面倒塌严重，有相当一部分梁架常年裸露在外，受风雨侵蚀，梁架或糟朽严重，或已经倒塌无存。现存大部分木基层也已经糟朽，瓦件摇摇欲坠，很是危险。又由于产权不明朗，居民擅自进行围隔分割，改变了文物本身的平面布局等。综上所述，玉隆阁和道长精舍存在较大安全隐患，维修已然是迫在眉睫。

2002年针对戏台和北厢房进行了维修，但部分布局已经被拆改，至今12年，原老构件也陆续出现了糟朽情况，但建筑本体总体是安全的。

2004年又对旌阳祠进行了维修，由于建筑用材选用了未风干的速生材，梁架现在或开裂或糟朽严重，现虽然加设支顶，但是仍然存在较大的安全隐患，急需维修。

六、维修设计说明

（一）维修保护的目的和任务

1. 维修保护的目的：真实、全面地保存并传递其文化价值。

2. 维修保护的任务：修缮自然力和人为造成的损伤，制止新的人为破坏。

（二）维修保护的基本原则

1. 不改变文物原状的原则

《中华人民共和国文物保护法》第二十一条规定：对不可移动文物进行修缮、保养、迁移，必须遵守不改变文物原状的原则。

文物古迹的原状是指最充分表现其文化价值的实物的状态，主要有以下几种状态：

1）未经干预前的（未实施保护工程及未发掘以前）的状态。

2）历史上多次干预（修缮、改建、重建、破坏）留存的有价值的状态。

3）虽有部分缺失，但仍有实物遗存，足以证明已缺失的相关部分的原有状态。

4）局部坍塌、变形、错置，但仍保留原构件原形制，足以证明原来的状态。

2. 尽可能减少干预的原则

凡是近期没有重大危险的部分，除日常保养之外不应进行更多的干预。必须干预时，附加的手段只用在最必要部分，并减少到最低限度。采用的保护措施应以延续现状，缓解损伤为主要目标。

文物古迹本身包含的历史信息是价值最根本、最重要的组成部分。对文物古迹任何形式的干预都不可避免地在不同程度上影响历史信息。因此，当文物古迹出现残损需要干预时，必须充分考虑最少干预的原则，以最小程度影响历史信息，从而更好保护文物古迹的价值。对于设计而言，就必须严肃对待现状中保留的历史信息，尽可能多的保留各个时期有价值的遗存，不必追求风格式样的统一。

3. 加固处理的可逆性原则和可识别性原则

一切技术措施应当不妨碍再次对原物进行保护处理，必须是可逆的，就是所用的加固件可拆卸下来，恢复到处理前的状态，不妨碍再次进行保护处理和采取更好的维修措施。

任何加固措施都不得损害原物，都应保证文物建筑结构体系的完整性，保护其外形不受损坏，历史信息不受破坏。维修古旧址砖、石作部分不得用混凝土作固结措施，因为混凝土是不可逆性的材料，将给以后维修带来困难，甚至造成保护性破坏。

戏台

经过处理的部分要和原物既相协调，又可识别。所有修复的部分都应有详细的记录档案和永久的年代标志。

4. 保护现有实物原状与历史信息的原则

修复应当以现存的有价值的实物为主要依据。并必须保存重要事件和重要人物遗留的痕迹和历史上经过修缮、改建、重建后留存的有价值的状态，以及能够体现重要历史因素的状态。

历史信息的积累是持续的过程，它不仅包括始建状态，还包括历代修缮及当时保护工程附加的信息。保护措施的决策应始终以价值评估为基础，客观认识全面的价值，首要保护价值最高的部分，并尽可能保留那些逐渐累积，助于考证的信息。这样可以增强文物的可读性，为研究提供更多的线索。

5. 参照保护要求使用保护技术的原则

独特的传统技术属于文物原状，具有文化价值，必须保留。所有的新材料和新工艺都必须经过前期试验和研究，证明是最有效的，对文物古迹是无害的，才可以使用。

6. 四保持原则

1）保持原来的形制；

2）保持原来的建筑结构；

3）保持原来的建筑材料；

4）保持原来的工艺技术。

七、修缮工程应注意事项

1. 安全第一

安全第一是修缮工程的保障，文物的安全与人员的安全同等重要，施工中应设置防火、防雨设备，设置完善的安全设施，并对施工人员及周围群众做好安全宣传、教育工作，确保人员及文物建筑的安全。

2. 保障质量

施工单位应严格参照设计文件和《古建筑木结构维护与加固技术规范》（GB 50165-1992）第八章：工程验收：各相关规范施工。现场监理人员应及时对隐蔽工程进行验收和档案记录。出现新情况无法确定时，应通知设计单位会同甲方共同研究，确定处理方案。

文物修缮的成功与否，关键是质量。施工单位必须选择有相应古建修缮资质的施工单位，修缮过程中必需要加强质量意识与管理工作。材料的采购，必须参照部标或国标选择优质产品。修缮工艺，施工工序要符面积约国家古建筑修缮有关质量标准与法规。

3. 尊重传统、保持地方风格

地方建筑风格与传统工艺手法，对于研究各地区建筑史和各地区传统建筑工艺具有极高的价值。在修缮过程中应加以识别，尊重传统。保持地方建筑风格的多样性、传统工艺手法的地域性和营造手法的独特性。

旌阳祠天井俯视

4. 资料收集

拆除施工中对备重要隐蔽部位及其节点应拍照存档，以备修复施工中对照。竣工后施工单位应提交完整的竣工档案资料、并归档保存。

5. 在施工过程中，如发现数据与设计不符时，应该以实际尺寸为准。

6. 在施工过程中，尽量使用原有构件。如无老构件可用或改做时，则按原规格制作安装。

齐长城-穆陵关西段

项目名称：齐长城-穆陵关西段抢救性保护方案
建设单位：山东省沂水县文化广电新闻出版局
设计单位：山东省文物科技保护中心

一、综述

齐长城位于山东省境内，是春秋战国时期齐国所修建的军事防御体系，是我国现存建筑年代最早的长城遗产之一，2001年，齐长城遗址被国务院公布为第五批全国重点文物保护单位。

2008年10月至2009年7月，山东省文物局组织专业技术人员对齐长城进行了翔实的资源调查，摸清了齐长城的长度、走向、墙体构筑方式、结构特点以及墙体保存现状等情况。调查发现，因年久失修及缺乏有效管理等因素导致齐长城本体出现多种自然残损及人为破坏，且残破程度呈逐年加速的趋势，亟待保护。

山东省文物科技保护中心受沂水县文广新局委托，承担了齐长城–穆陵关西段抢救性保护方案的设计工作，并于2013年8月组织专业技术人员进行了实地勘察、测绘工作，设计完成本保护方案。

（一）文物概况

齐长城穆陵关支线总长41988m，西端由主线椁根腿南山三叉点分支向东南，经由围子山、关顶（穆陵关）、黄墩山、龙山、鸡叫山至杨廷山，在光光山三叉点于主线相交，整体位于齐长城主线南侧。

齐长城–穆陵关西段总长1950m，位于沂水县关顶村西的穆陵关西山山脊之上，属于齐长城穆陵关支线，墙体为土砂（石）混筑结构，其中79m地表无遗迹。总体走向由西南向东北，总体呈“＿┌”。该段长城由穆陵关西西岭段长城（编码370724382102020021）后1100m部分和穆陵关段长城（编码370724382102020022）前850m部分组成。

（二）区域自然环境

1. 地理位置

沂水县位于山东省东南部的沂山南麓、临沂市最北端。北纬

顶部冲蚀（由西向东）

墙体内侧冲沟（由北向南）

35° 36' ~ 36° 13'，东经118° 13' ~ 119° 03'。东以诸城、莒县为邻，西和沂源、蒙阴接壤，

墙体内侧冲沟（由东向西）

南与沂南毗连，北同临朐、安丘交界；东西最大横距78km，南北最大纵距67.5km，总面积2434.8km^2。

齐长城–穆陵关支线位于沂水县北部，穆陵关西段位于沂水县马站镇关顶村（穆陵关）西侧山脊之上，沂山山脉东麓。

2. 气候水文

沂水县地属北温带季风气候。全县累年平均气温12.3℃。极端最高气温39.2℃，极端最低气温24.9℃。秋冬有霜冻。年平均降水770mm，降水多集中夏季。夏秋存在冰雹。冬天有降雪。全县冬季多为北到东北风，夏季多南风。大风各季均有发生。县内主要分布有沂河、沭河和浯河。沂河由沂源县鲁山发源，南流入江苏。沭河发源于沂山南侧泰薄顶，向东南流。浯河发源于红石峪、上二郎峪，向东流入潍河，并分布许多的沿河支流。

道路斜向穿过墙体（由北向南）

3. 地形地貌

沂水县为低山丘陵区，西部、北部为低山区；东部、东北部为丘陵；中部、南部为平原。以泰薄顶山最高。山地多为古生代石灰岩、页岩所构成。丘陵岭矮坡缓，岭顶浑圆，谷地宽展，多为古生代变质岩构成的砂岭，土壤多为棕壤。

齐长城–穆陵关西段位于沂水北部，属低山丘陵地带，地势西高东低，山体风化，土砂层堆积较厚，植被茂密。

4. 植被覆盖

沂水县属暖温带阔叶林区，经人类长期活动，天然植被已逐步被人工植被所代替，现有的植被具有明显的次生性质。阔叶树主要有杨树、旱柳、刺槐、泡桐、臭椿、白榆、国槐、枰柳、楸树、麻栎等。针叶树主要为松类、侧柏。板

墙体内侧冲沟（由北向南）

栗、柿子、核桃等干果树，多分布于山坡。而苹果、桃子、梨树、山楂等多分布于低地。野生灌木有黄荆、酸枣、胡枝子等。草本植物有100多种，草场面积占22%，主要有3个草系，以黄背草为主、以白羊草为主和以百里香为主的灌草丛群系；农作物主要有小麦、玉米、地瓜、花生、黄烟及药材类的丹参、黄芪等。梯田开垦至岭顶，高处种植耐旱的花生、地瓜，低处种植小麦、玉米，山坡陡处有刺槐树。

齐长城–穆陵关西段位于沂山山脉东麓，总体植被茂盛，现有植被均为次生植被和人工植被，且分布较有规律。以次生刺槐林为主，间有松树。长城内侧多种植花生、玉米、栗子等。现长城顶部多生长狗牙根、黄背草，灌草丛种类较

多，主要有胡枝子—苔草属灌草丛，荆条、酸枣—结缕草、黄背草灌草丛，荆条、酸枣—白羊草、百里香灌草丛等几种构成。狗牙根、黄背草、刺槐覆盖率较高，为优势种。

墙体外侧冲蚀（由南向北）

二、历史沿革

齐长城的始建年代，有齐襄公时、齐桓公时之说。《管子》载："长城之阳，鲁也。长城之阴，齐也。"据此分析，最迟在齐桓公时，已有齐、鲁之间的长城，后战国时期对其逐年修建，向东延伸，才形成现在的规模。

《竹书纪年》载："梁惠成王二十五年，齐筑防以为长城，缘河经泰山千余里，东至琅琊台入海。"说明齐威王时沿泰沂山脉向东扩建，修完了齐长城大小关隘。此时鲁弱楚强，扩修齐长城重点防楚。

春秋至战国初，各国主要用战车作战，长城修建重点为关隘，以阻战车。战国时，步兵的作用凸显，迫使齐国修筑山岭上的长城，以防步兵入侵。至齐宣王时，齐国修完了连接关、隘之间山岭上的长城。

墙体横向切面（由东南向西北）

秦统一后，齐长城失去原有的军事价值，渐行颓废。

至明代，燕王朱棣发起"靖难之役"，山东是燕城和南京之间的重点战场。燕王修齐长城，重新发挥其军事作用。明朝迁都燕京后，北修秦长城，南修齐长城，成为燕京的南北两条军事防御工程。

2001年，国务院以国发[2001]25号文将齐长城遗址公布为第五批全国重点文物保护单位。

三、文物价值

（一）历史价值

齐长城为中国最古老的长城。先秦时期的诸侯国在各自兴建长城时，也借鉴齐国的经验、受齐长城影响，彰显了齐长城在中国长城史上毋庸置疑的奠基地位。

墙体内侧纵向切面（由西向东）

齐长城修建贯穿于春秋战国时期，历时200多年，耗费大量的人力物力，体现了齐国的强大的经济实力，是齐文化的重要载体。

齐长城的修建过程伴随着各诸侯国的争伐、兼并、强弱更替，是齐国特殊的地缘政治的产物、反映了春秋战国时期我国的政治、历史变迁。

（二）科学价值

齐长城集中展示了春秋战国时代齐国科技的整体实力和水平，充分证明了齐国在地理学、测绘学、建筑学、系统工程学、物理学、化学以及冶金技术等方面的领先水平。

齐长城充分利用泰沂山脉，在自然山势基础上合理设计，不仅充分体现了"齐陵堤防，必处其而右背之”的军事原则，也节约了大量的人力、物力，充分显示了齐长城建筑上的科学性和军事防御的合理性。齐长城在选址、取材、建筑工艺等方面，都为后来历代的长城开创了先河，是人类智慧的结晶。

齐长城穆陵关支线体现了重要地段的多重防御。

（三）社会价值

齐长城是中华民族多元一体格局形成的见证，表现了古代人民维护民族尊严、国家独立与完整的意识，是进行爱国主义教育的优秀素材和重要内容。科学、持续、合理地保护、管理和利用齐长城遗址，有利于弘扬齐文化、提高当地民众的文物保护意识、提升山东的文化品位和对外影响力。

齐长城的军事作用虽已消失，但其对于揭示长城与中国民族关系发展的内在联系，研究长城学、民族学及中国民族关系史、古代军事史等学科的发展，对于促进各民族团结都有重要的现实意义和理论研究价值。

四、现状描述

本次勘察针对本段墙体保存程度的好差、折拐、消失等不同方面，进行了详细分析和测绘。顺长城走向，由西向东以现存墙体中线为基线，沿里程详细记录了墙体的现状及病害分布。统一由墙体西端起始点为里程点起点，标记为K0+000，进一步明确了墙体的分布、形制特征、病害类型、周边环境等方面的资料。

五、主要病害成因分析和现状评估

墙体顶部冲蚀（由南向北）

（一）主要成因分析

1. 自然破坏

1）雨水冲蚀

土砂（石）混筑墙体，其中夯筑程度不均

墙体内侧切面（由南向北）

一，抗水性较差，容易在降水过程中不断冲蚀消减甚至消失。随着降雨进行，水分逐步渗透墙体夯筑层，伴随着水分的冻融、蒸发作用，土层中盐分等不断出现结晶重结晶的循环，逐步削弱墙体成分，破坏原有夯筑强度，导致墙体疏松，易发生水土流失现象。因此，在两千余年风雨侵蚀之后，齐长城墙体出现了不同程度的损毁，甚至消失，比如K0+443至K0+500已消失。另外由于雨季雨量较大，在K0+000至K0+219间墙体内侧出现多处冲沟。

2）植被生长

该段长城遗址中土砂混筑墙体表面大量覆盖草皮，植被作物对于齐长城遗址具有破坏和保护双重作用，遗址表层覆盖草皮植被多为结缕草、黄背草、白羊草，属多年生须根系草本植物，其根系网络在土壤表层形成网状结构，成为“加筋整体”，有效提高了土体的抗剪强度和抗冲蚀能力，减缓了墙体水土流失和塌落的程度，如墙体切面凹进处，顶部墙体未持续塌落、滑坡的主要原因均为植物的保护作用，本段中K0+209至K0+381墙体总体由于草皮覆盖好，保存状况稳定。

2. 人为破坏

1）耕作破坏

自20世纪70年代“农业学大寨”运动至今，

长城墙体两侧或墙体顶面被开垦为农田，人们为了扩大耕种面积，不断地蚕食墙体，形成大量墙体切面，农民耕种时常将墙体塌落坡开垦整平，甚至将墙心夯土大量采挖至墙下薄地，导致墙体破坏。部分耕地直接侵占墙顶，且深翻顶部夯层，将土层摊平至长城两侧，使墙体遭受严重破坏，局部段落趋于消失，如K0+700至K0+773间墙体已经基本摊平。

墙体内侧纵向切面（由南向北）

2）修路破坏

长城墙体长期处于农田包围环境中，人们为了便利，在墙体外侧开辟机耕路，纵向剖开墙体，利用墙体土石来铺设路基，造成墙体纵向切面；有的直接利用墙体顶部作为机耕路；有的直接横向挖断墙体，打通墙体内外两侧，作为机耕路，造成墙体横向切面；有的斜向开挖墙体，利用土石来铺设路基，成为农用机动车的上、下道口，造成墙体斜向切面。另外，农用车辆的长期碾压，造成墙体顶部受压不均，凹陷下沉，易积水破坏墙体。

以上两种原因造成的墙体切面，在雨水冲刷等力的作用下，会导致墙体失稳，易发生切面掏蚀或者切面坍塌，这种现象已表现在墙体多处切面上。

3）植树造林

植树造林活动因为保护意识的缺乏，将遗址开垦为苗圃，破坏了墙体顶部夯层，在种植和砍伐起挖过程中造成墙体出现大量凹陷和树坑。其中乔、灌木主要以刺槐、荆条为主，其生长迅速，刺槐等根系发达，对于墙体夯层破坏尤为严重。

（二）现状评估

齐长城-穆陵关西段墙体位于人为活动频繁区，紧邻村庄，饱受人为因素破坏，由垦田拓路等原因造成的墙体切面、凹陷等病害，在雨水冲刷等自然外力的作用下，出现掏蚀凹进、冲沟、坍塌等现象，使之处于失稳状态。整体上该段墙体保存路线清晰，连续度较好，但视觉通畅度低，存在的切面及植树造林开挖墙体问题较为严重，并持续破坏墙体。

六、勘察结论

齐长城-穆陵关西段为土砂（石）夯筑墙体，通过对其现状的勘察分析，墙体的破坏因素主要是人为破坏，在此基础上，加上雨水冲刷等自然外力，加剧了破坏进程，扩大了破坏程度，直至墙体消失，使长城墙体不能长久的保存。另外现墙体顶部出凹陷下沉，造成墙体排水不畅。因此，亟需对墙体进行补夯加固、培土、墙体顶部的排水、植草保护等维修措施。

七、维修设计说明

（一）工程性质

根据《中华人民共和国文物保护法》、《文物保护工程管理办法》等法规的规定及工程分类，结合齐长城-穆陵关西段墙体的保存现状，本次维修定性为现状保护，抢险加固为主。

（二）设计内容及规模

本维修工程勘察设计内容为：齐长城-穆陵关西段墙体的维修，土砂（石）混筑墙体，总长1950m。

墙体外侧纵向切面（由东向西）

主要包括：

1. 长城墙体树坑、切面部位；

2. 长城墙体顶面冲蚀、凹陷部位；

3. 长城墙体冲沟部位；

4. 林木苗圃破坏区域。

（三）设计依据

《中华人民共和国文物保护法》

《中华人民共和国文物保护法实施条例》

《中国文物古迹保护准则》

《文物保护工程管理办法》

《沂水县穆陵关西侧齐长城遗址考古勘探报告》

（四）设计原则和指导思想

本维修设计依据《中华人民共和国文物保护法》中“对不可移动文物进行修缮、保养、迁移，必须遵守不改变文物原状的原则”的规定，遵循“不改变文物原状”和“最小干预”原则，

墙体顶部凹陷（由东向西）

坚持“保护为主、抢救第一、合理利用、加强管理”的方针，以能消除影响齐长城遗址本体安全的各种病害、隐患为目的，不追求完整，且具有可识别性。

（五）维修措施

1. 补夯加固

1）工程范围及要求

工程范围：垂直高度＞0.5m的墙体切面，墙体冲沟。

工程要求：

（1）土与碎石均就近选择，且碎石砾径小于10cm；

（2）土的含水率控制在能手握成团即可；

（3）采用芦苇席隔离切面，使新补夯土具有可识别性，芦苇席厚度应小于5mm；

（4）墙体放坡以安全稳定为依据，不追求完整，墙体补夯范围依据考古报告内墙体宽度进行控制。

外侧切面（由南向北）

2）工程做法

（1）清理切面。内容包括：①切面风化表层，清理厚度不超过5cm；②切面顶部松动草皮，清理宽度不超过10cm；③切面底部塌落堆积物，清理宽度视补夯情况而定。

（2）切面标示处理。补夯前在清理好的切面铺一层芦苇席，高度低于切面10cm，标示新老墙体。对于切面较为复杂不适合直接铺芦苇，布置木锚杆，做法同（3）安置木锚杆。

（3）安置木锚杆。针对大于等于2m的墙体切面，在切面设置白蜡杆木锚杆，木锚杆长度1m，锚杆直径3cm，斜向插入切面0.6m，按照横0.5m、纵0.5m，横纵错位设置。

（4）补夯。把土和碎石按照维修部位墙体土

墙体内侧切面（由西向东）

石比例进行混合，碎石的比例控制在20%~30%，进行分段分层打夯压实。每次夯筑长度控制在10~20m，虚铺厚度为30cm，压缩率约为92%，接缝处打毛后夯实，不留拼接缝。

后墙体顶部凹陷（由北向南）

（5）放坡。按照设计要求进行放坡，最小排水坡度3%，用木锨自上而下修理坡面。

（6）顶部新旧切面接缝处理。补夯顶部应略高于切面顶部1~2cm，再用木板修整找平，为后续的植补草皮做准备。

（7）植补草皮。参照植草保护措施。

2. 培土

1）工程范围及要求

工程范围：垂直高度小于等于0.5m的墙体切面；墙体顶面冲蚀、凹陷、树坑部位。

工程要求：

（1）土与碎石均就近选择，且碎石砾径小于3cm；

（2）土的含水率控制在能手握成团即可；

（3）墙体放坡以安全稳定为依据，不追求完整。

墙体内切面（由北向南）

2）工程做法

（1）清理切面。内容包括：①切面风化表层，清理厚度依据风化情况而定，最大不超过3cm；②切面顶部松动草皮，清理宽度不超过10cm；③切面底部塌落堆积物，清理宽度视补夯情况而定。

（2）培土压实。虚铺25cm，淋湿浇透，铺土踩实，直至与旧面齐平。

（3）放坡。按照设计要求进行放坡，最小排水坡度3%；用木锨，自上而下修理坡面。

（4）植补草皮。参照植草保护措施。

3. 林木苗圃处理

针对墙体范围内林木的处理措施，对城墙范围内速生乔木、幼苗进行砍伐注射，遗址内松树景观性较好，范围及周围遗址稳定予以保留。

地表无遗迹（由东北向西南）

1）工程范围及要求

工程范围：K0+300、K0+400至K0+443、K0+560至K0+900、K1+046至K1+176、K1+305至K1+345、K1+377至K1+483、K1+580至K1+673、K1+800至K1+950。

工程要求：确保砍伐过程中遗址本体的安全。

2）工程做法

（1）砍伐。齐地平砍伐林木，对于K1+800至K1+950柏树苗移除。

（2）药剂注射。对树桩采用注射腐烂处理。

（3）渗透灌浆。残留树洞进行渗透灌浆。

（4）顶部进行培土、植草保护。

3）材料准备

（1）注射药剂：可使用8%铵盐溶液或者0.2%~4.6%的二氯苯氧醋酸。

墙体顶部种植柏树苗（由西向东）

（2）泥浆制作：选当地可溶盐含量低于0.5%的黏土，粉碎后经过1mm的筛分，与石灰粉按照灰土比3:7混合均匀，与糯米浆液按照水灰比0.4拌制加固浆液。

（3）石灰选用要求：石灰最好选用磨细生石灰粉，或块灰浇以适量的水，经放置24小时成粉状的消石灰。

4. 排水设计

针对墙体顶部凹凸不平，排水不畅，增加排水设计。

1）工程范围及要求

工程范围：K0+000至K0+209、K0+421至K0+443、K0+500至K0+779、K0+900至K0+988、K1+744至K1+775、K1+800至K1+950。

工程要求：确保墙体顶部及遗址周边排水畅通，不积水。

墙体外侧冲蚀（由东向西）

2）工程做法

（1）清理作业面。

（2）培土保护后修整顶部排水坡度，以墙体中心线向两侧放坡。

（3）设计最小排水坡度为3%。

（4）沿墙体走向排水，以墙体走向山体走势排水，防止雨水聚集于墙体边缘，墙体边缘低洼处采用回填土，设计排水坡度不小于3%。

（5）植草保护。参照植草保护措施。

5. 植草保护

1）工程范围及要求

工程范围：补夯加固区域；培土区域；林木苗圃处理区域；排水设计区域；土砂（石）混筑墙体边缘外5m。

墙体内侧冲沟（由东向西）

工程要求：

（1）草皮种类应选择墙体区域内生长的黄背草、狗牙根；

（2）墙体表面冲蚀区域，应先做培土然后再植草保护；

（3）补种后的草皮覆盖率达100%。

2）工程做法

（1）整理作业面。内容包括：①冲蚀区域表层风化面；②墙体补夯加固坡面和培土坡面；③废弃道路路面。

（2）植补草皮。在专业技术人员指导下进行植补。

（3）日常检查。随时检查草种成活情况，及时补足草皮。

慈氏塔

项目名称：慈氏塔修缮
建设单位：湖南省岳阳市文物管理处
设计单位：湖南省文博设计研究院有限公司
项目负责人：龚延武

一、概况

慈氏塔是岳阳的地标性建筑，是岳阳历史文化名城的重要组成部分。最初的慈氏塔创建于东晋或初唐，为木塔，后因种种原因遭到毁坏。现存慈氏塔重建于北宋时期，塔身转角倚柱、塔龛佛教造像及莲花座造型、腰檐平座和塔龛的设置、塔檐叠涩出挑和仰莲装饰的布设手法、各层转角檐口花岗岩戗角石的形制和安装手法等，都明显具有北宋时期的建筑风格。尤其是塔刹宝盖上“大宋治平三年”的铭文款识，以铁的事实证明，慈氏塔重建于北宋治平三年（1066年），距今已有949年历史。南宋淳祐二年（1242年），安抚制置使孟珙曾进行了一次较大规模的维修，后来，元、明、清各朝均对其进行了不同程度的维修，最后一次维修是清嘉庆二十四年（1819年）。慈氏塔是目前湖南省保存最早的北宋古塔建筑之

慈氏塔全貌

仰莲

刹座

塔尖宝盖、宝珠等

一，具有很高的历史、艺术和科学价值。

慈氏塔系纯青片砖垒砌，高拔挺秀，浑厚坚实，自宋至今949年，历经雷电风雨，仍巍然矗立在洞庭湖畔，点缀巴陵秀色，充分体现了古代劳动人民的聪明才智。

二、建筑形制及做法特征

1. 总体特征

慈氏塔又名慈氏寺塔，塔高为35.55m，七级八方实心，为仿木结构的楼阁式砖塔。台基由下层的麻石基座和上层砖座构成，台基边沿石结合处有燕尾榫卯连接加固。在塔一层的正东、西、南、北各设一门，从第二层起，每层东西南北四面均设有小佛龛，每个龛内原供有1尊佛像，共24尊，现仅存3尊。塔顶作八角攒尖式，顶上立塔刹，由砖砌八方刹座、砖砌相轮和刹杆、铸铁宝盖、铸铁仰莲、火焰宝珠等构件组成，高5.19m。自宝盖向八方各拉铁链一根至八角与花岗石翘角连接，起稳固和避雷作用。

塔身内保存较好的佛像

2. 结构形式

慈氏塔为正八边形青砖砌筑实心塔，塔下正八边花岗岩台基直径9.51m，清水面层。台基阶沿石之间均用燕尾石榫卯连接，使台基具有更好的整体性；花岗石台基上再筑青砖台基。塔高35.73m，塔身白灰抹面，塔檐由青砌叠涩砌筑而成，塔顶则由青砖逐层上收代替盖瓦，每层塔檐均有莲花头异形砖构造，塔身层层内收，共7层，塔刹相轮7层承托铁刹，塔刹宝盖由8根铁链分别牵拉在七层的八角戗角石上。每层戗角置龙形角铁，角铁上悬挂铜风铃。（现塔铃全部缺失）

塔刹

3. 塔身

塔身正八边形，白灰抹面。塔身层层内收，一层塔身直径最大，七层塔身直径最小，并且七层塔身有青砖砌筑围栏。一层塔身的正东、西、南、北各设一门，门顶的砌砖逐层叠涩内收，作壶门牙子，上横置厚而长的条石门楣。二至七层塔身为佛龛，佛龛顶叠涩内收，作壶门牙子，佛龛内置佛像，每个佛龛内的佛像各不相同。据现场勘察和佛龛砖刻文字记载最后一次维修应为嘉庆二十四年（1819年），因此留下了各朝各代的多次维修印记，使得一些佛像下的须弥座保留了维修朝代的特色，同一层的佛龛须弥座样式有所不同，层与层之间的须弥座大小、样式各异。

4. 塔檐

塔檐为青砖叠涩砌筑结构，每层塔檐外观基本相同，只局部存在细小差别，每层塔檐戗角处均设有花岗岩戗角石，戗角石下设有龙形角铁，角铁上留有悬挂塔铃的圆孔，现塔铃全部缺失。戗角石下青砖叠涩层层挑出

佛像

形成檐出，檐口下设有莲花头异形砖，檐口戗角石下设有一层花岗石挑出，将檐出挑得更远。戗角石上青砖叠涩层层内收，形成檐口屋面。塔檐均用白灰抹面。

上层青砖台基

5. 塔顶

塔檐以上部分青砖叠涩，层层内收，白灰抹面，形成塔顶屋面。塔顶作八角攒尖式，顶上立塔刹，由刹座、相轮、宝盖、宝珠等组成，塔刹宝盖向八方各拉铁链一根至戗角石，起稳固和避雷作用。刹座八方，青砖砌筑，上立青砖和青石混合砌筑的7层相轮，相轮上置圆盘状铸铁宝盖，扣在大花岗石上。宝盖上立仰莲，其上为火焰宝珠。

下层青砖台基

6. 台基

下层花岗石台基为330mm×330mm×1200mm的大花岗石条石砌筑，座高1.4m，清水面层。台基阶沿石之间均用燕尾榫卯连接，使台基具有更好的整体性。从台基石表皮加工手法和石榫卯形状分析，应为宋式做法。石台基上再砌青片砖台基，台基由两层构成，共高2.2m。

7. 材料。青砖和花岗石、青石。

三、建筑现状和修缮设计做法

（一）建筑现状

1. 塔檐砖石砌体风化、破损、脱落现象严重，白灰抹面脱落干净；戗角龙形角铁全部脱落无存，塔铃全部缺失。

2. 塔身青砖砌体风化、破损现象严重，白灰抹面脱落干净。

3. 塔门局部青砖脱落，后人用红砖剔补，门顶青石风化、断裂，白灰抹面脱落干净。

台基边沿石燕尾榫卯

4. 台基外圈大部分青砖砌体破损，使台基轮廓边线模糊。

5. 台基石普遍松动走闪，局部断裂、下沉，其面层台基石结合处燕尾榫卯无存。

6. 塔周地面全被后人改造成水泥地面；塔周20世纪50年代添建的低矮房屋杂乱无章，破败不堪，环境混乱。

7. 佛龛局部青砖风化脱落，顶石风化、断裂，佛像无存；龛内须弥座倒塌、破损现象严重，白灰抹面脱落干净。

8. 宝珠上有抗战年代战争留下的多处弹孔，火焰铸塑破损；莲花座边缘大块破损。

9. 宝盖上也有抗战年代战争留下的多处弹孔，并伴有裂痕，局部大块破损，底

花岗石台基

座锈蚀严重。

10. 塔顶链条仅存两根，六根缺失。

11. 相轮砖、石砌体风化、破损、脱落残损现象严重。

须弥座

12. 刹座和屋面杂草、杂树生长，青砖砌体破损、脱落、松散，堆积在塔顶上，白灰抹面脱落干净。

（二）修缮做法

地面

1. 大面积拆卸台基破损的外圈青砖砌体，挑选可用件，补配缺少的青砖，按原做法砌筑修补，恢复台基边线及白灰抹面。

2. 对底层花岗石台基石进行规整、加固，必要时做灌浆处理；补配缺失的燕尾榫卯。

3. 拆除塔周围后人改造的水泥地面，恢复原花岗石地面；对塔周环境进行整治，该拆迁的建议进行拆迁，尽可能地恢复历史原貌。

4. 对塔檐拆卸下的青砖精心挑选可用件，补配缺少的青砖及莲花头异形砖，按原做法恢复塔檐和白灰抹面，具体维修措施参照本维修方案第四条。

5. 恢复塔檐戗角处缺失的角铁及塔铃，补配断裂的戗角石，具体维修措施参照本维修方案第四条。

6. 对塔身风化严重、松动、脱落的青砖砌体进行局部剔补或拆卸维修。

7. 清理塔身面层的浮灰、污垢等杂物，恢复塔身白灰抹面。

8. 对佛龛风化的龛顶青石，进行防风化处理，破损处作局部修补；对断裂的龛顶青石，认真检查，看是否影响结构，对结构存在影响的，必须进行拆卸更换；对破损、脱落的砖砌体作局部修补，恢复白灰抹面。

宝盖

9. 对破损能修复的佛像，进行修复；对不能修复和缺失的佛像，根据史料、佛教佛学及当地方传说恢复缺失的佛像，并按现存做法，做好彩绘面层。

屋面

10. 修补龛内破损的须弥座，按现存各层的特有样式及做法恢复“文革”时被拆毁的须弥座和白灰抹面。

塔檐青砖烧制莲花头图案

11. 对火焰宝珠作防锈处理；对宝珠莲花座，进行局部修补。

12. 对宝盖大块破损处，以及裂缝处，进行局部修补。

13. 底座锈蚀严重，对宝盖底座进行除锈和防锈处理。

14. 按现存铁链样式，用同材质恢复缺失的6根铁链。

15. 拆卸塔顶后，按原样式及做法，用同材质恢复相轮及塔顶结构；替换破损的青砖、青石及花岗石等。

16. 随同塔顶的拆卸，一并清除塔顶生长的杂树、灌木。

17. 恢复塔顶屋面、刹座、刹杆白灰抹面，恢复相轮外圈挂砖。

四、设计总结

根据慈氏塔的现状勘察情况，拟对慈氏塔采取全面修缮，塔顶拆卸维修。贯彻“保护为主、抢救第一、合理利用、加强管理”的工作方针，采取切实可行的保护方式，科学规划，妥善处理文化遗产保护与经济发展、人民群众生活条件改善的关系，坚持“不改变文物原状”、遵循“修旧如旧”“不改变原来的建筑形制、结构、材料和工艺技术”的原则。

重点维修项目：依据遗存和同类做法恢复其原貌和形制的完整。

局部维修项目：带有抢险和局部维修的性质，维修和加固台基砌体，恢复原地面形式。维修措施应优先采取建筑本身的做法和地方传统做法，以及各朝代维修时的打锚固铁的做法，必要时可采取局部灌浆加固措施。

塔檐散落的角铁

佛龛内砖刻

佛龛内碑刻

红二、六军团长征出发地旧址

工程名称：红二、六军团长征出发地旧址
建设方：贺龙故居纪念馆
设计方：湖南省文博设计研究院有限公司
项目负责人：王辉

一、概况

红二、六军团长征出发地旧址位于张家界市桑植县的刘家坪白族乡刘家坪村龙堰峪组和瑞塔铺乡瑞市村，旧址现存文物建筑包括红二、六军团总指挥部旧址、红六军团司令部旧址，附属文物有红军誓师坪（含干田坝誓师坪、枫树塔誓师坪）、红二军团政治部、哨所等其他附属建筑。

红二、六军团总指挥部旧址位于刘家坪乡龙堰峪组，地理位置处北纬29° 28′ 11.3″，东经110° 13′ 30.4″，海拔324m。旧址建于清末，是一栋并列四连环共三天井的半干栏式大型转角吊脚楼建筑，3个三合院并列联成一个整体，构成东、中、西侧3个院落，每个院落的转角尽端均设吊脚楼；建筑单檐悬山顶，局部歇山顶，双坡小青瓦屋面，墙为木板壁，室内多为木地板；整个梁架为穿斗式结构，共28间房屋，建筑面积约1740m^2。1935年11月4日，中共湘鄂川黔省委和军委分会在此召开联席会议，决定根据遵义会议决议精神坚决突围，史称“刘家坪会议”。

红二、六军团总指挥部旧址主会场大门

红六军团司令部旧址位于瑞塔铺乡瑞市村，地理位置处东经110° 15′ 26″，北纬29° 25′ 3″，海拔320m。旧址建于清末，是一座穿斗式木结构的四合院，建筑面积约500m^2。一进为商铺，二进为正屋，正屋中设正堂屋，两侧设耳房，作为住房；四合院东、西两侧设厢房，院中施天井，天井为红砂岩砌成，有排水孔；木壁板隔墙，小青瓦屋面。1935年11月初，红六军团司令部设立于此，王震、肖克等在此居住。

红二、六军团总指挥部旧址西边一角

二、建筑概况及特点

1. 平面布局

红二、六军团总指挥部将军馆展厅

红二、六军团总指挥部旧址依山而建，三面环山；房前为农田，视野开阔，后有苍松翠竹。建筑坐北朝南，3个三合院并列联成一个整体，构成东、中、西侧3个院落，每个院落的转角尽端均设吊脚楼；3个院落并不严格对称，依地势而建，建筑布局严谨中透着变化，独具匠心。

红六军团司令部旧址临街而建，两侧均为居民房。建筑坐南朝北，平面布局为四合院形式；一进为临街铺面，二进为正堂屋和耳房，两侧为厢房，中施一天井。

红二、六军团总指挥部旧址贺龙、任弼时住房

2. 建筑结构与构造特点

红二、六军团总指挥部旧址建筑主要采用穿斗式梁架结构承重，单层单檐悬山顶，局部歇山顶，双坡小青瓦屋面，墙为木板壁，檐廊地面铺石板，室内多为木地板。正屋正面檐下设有板凳挑，出檐深远。内外装修较为朴素，部分门窗为雕花木门窗，木构施桐油。

红六军团司令部旧址建筑结构与构造特点基本与红二、六军团总指挥部旧址相同，只是没有歇山顶，采用穿斗式梁架结构承重，单层单檐悬山顶，双坡小青瓦屋面，墙为木板壁，檐廊地面铺石板，室内多为木地板。

三、残损状况概述

1. 屋面漏雨严重，瓦件破损较多，脊饰破损、抹灰面脱落严重。

修缮做法：放线铺设，铺瓦时按从下至上的顺序，第一排应稍微翘起，不能低头，以防一排翘曲。每排达到平整顺直的要求，横向和竖向每铺5片的距离，要进行一次误差的调整，铺屋檩处最后一排时，尾部要用麻刀灰垫实坐稳。

红六军团司令部旧址四合天井小青瓦屋面

2. 梁架糟朽现象较多，檩条霉变、糟朽严重；木基层糟朽严重。

修缮做法：拨正歪闪木构架，墩接糟朽柱，更换糟朽严重的木构件，补配缺失构件，对于改变做法、结构的部分予以恢复。

3. 室内木地板糟朽、三合土地面残损严重，室外铺地石松动、破损现象较多。

修缮做法：做三合土地面厚100mm。铺前清理旧垫层，素土夯实后作1:3的白灰砂浆

红二、六军团总指挥部西边吊脚楼

垫层，按当地地面传统做法黄土:石灰:砂=4:3:3（体积比）的比例找平并逐层拍打夯实。其中白灰量不得少于30%，以提高防潮效果。

红二、六军团总指挥部旧址贺龙卧室

4. 台基石松动、走闪，局部开裂；阶条石局部破损，现用水泥浆填补。

修缮做法：对走闪错位的台明等石构件重新归安时，对需拆除石构件进行编号。尽量避免拆除残损石构件，确实需要拆除时应对其采取一定的加固措施，保证石构件安全。按照编号进行原状归位，缺失部分用规格同材质石材补配。安装时用碎石垫牢，构件稳平后，灌白灰浆，先灌稀浆，再灌稠浆，为保证灌浆饱满，须用铁钎等插捣密实。石材勾缝用油灰勾缝。

红二、六军团总指挥部旧址贺龙办公室

5. 散水铺地石下沉，出水口杂草丛生，堵塞严重。

修缮做法：将石缝内积土和杂草清除干净，用油灰重新勾抿严实。

6. 顶棚板糟朽，表面油饰脱落严重；木隔板霉变、糟朽；梁架间竹篾夹泥墙面抹灰脱落严重，局部残损缺失。

修缮做法：更换糟朽顶棚板，重新做竹篾夹泥墙面。

7. 窗框局部破损残缺，油饰脱落严重。

修缮做法：所有木构件都没有其他颜色的油饰，只做了桐油钻生；此次修缮对所有木构件重新做3遍桐油钻生。

四、修缮设计工作总结

本次修缮设计以文物保护基本准则为前提，按照以下基本原则，对该项目进行修缮设计工作。

1. 不改变文物原状的原则

施工中对损坏的构件执行能修理、加固后使用的应修理、加固后使用，不随意更换和添加构件，无原件的参照同类式样和同样做法进行复原，以达到最大限度的保留原来的构件，不降低文物价值的目的。

红二、六军团总指挥部旧址穿斗木构架

2. 恢复历史原状的原则

对照现有的历史资料、照片资料和实地勘查结果，做好记录，拆除加建和改建部分，恢复文物建筑的原状，完整真实地反映出红二、六军团总指挥部旧址的历史特征。

3. 最小干预原则

维修中做到“四个保持”：1）保持原来的形制；2）保持原来的建筑结构；3）保持原来的建筑材料；4）保持原来的工艺技术。

红六军团司令部旧址内雕花窗之一

4. 材料的使用要保证其可逆和隐蔽的原则

现代材料和现代技术仅用于原结构或原有材料的修补与加固，并应有可逆性与可再处理性。

定远营王府迎恩堂

工程名称：阿拉善王府维修工程
建设单位：阿拉善左旗文化旅游局
设计单位：内蒙古苏勒德文物古建筑设计有限公司
施工单位：内蒙古王府古建筑工程有限公司
监理单位：赤峰长城文物古建筑工程监理有限责任公司
项目负责人：建设方／吴永元　施工方／杨建国

一、概况

定远营创建于清雍正八年（1730年），为南北长350m，东西长700m的古城，是清代内蒙古西部的重要军事和商业重镇。目前保存了较为完整的古城格局，王府、寺庙、古民居、传统街巷和部分城墙遗址占古城面积60%以上。

王府位于定远营古城内东部，按《大清会典》郡王府第等级营建，占地面积5889m^2。建筑群坐北朝南，纵深三进，分三路横向布列。迎恩堂属王府中路建筑，为扎萨克公务办公之所。

二、建筑形制

坐北朝南，面积251m^2，面阔5间，前出抱厦3间，有月台，设后廊，卷棚硬山。凸型台基，三级踏步；前置月台，设后廊；饰灯楼芯棂格，槛窗，墀头饰雕砖，飞檐；卷棚前后覆筒瓦，月台上独设卷棚与之相接，饰垂脊，硬山。两边设耳房，面阔3间，卷棚。

定远营王府迎恩堂

三、地方建筑特点

定远营及王府的营建，是和硕特部从游牧走上定居的标志和起始点。王府建筑群不仅集中反映了中国儒家文化尊卑高下的严格等级制度，同时也反映了和硕特民族的民情、民俗、礼仪、伦理等不同的文化，成为阿拉善地区有代表性的清代官式建筑。

迎恩堂虽是官式建筑，建造时也融入颇多地方做法，尤以油饰与彩画做法差异较明显。例如柱及大木构架的油饰，一般官式建筑会采用一麻五灰，但迎恩堂的油饰却达不到一麻五灰的级别。其实，这种做法在内蒙古地区很常见，有的甚至没有麻或者只有两道灰。此外，定远营及王爷府营建时，同时在北京建府，匠人往来于北京与定远营，带回了很多科学技术及文化信息，故使这些住所具有很多北京建筑的风格。

屋面现状

四、残损状况及修缮做法描述

1. 基础：台基砖残损、酥碱、断裂52块；阶条石残损、断裂、酥碱；原有垂带残损、风化，缺失砚窝石；原有台阶残损、风化。

修缮做法：剔凿挖补残损、酥碱、断裂的台基砖52块；拆除残损、断裂、酥碱的阶条石，且按原制重新制作；拆除残损、风化的垂带且按原制重新制作，补安砚窝石；拆除残损、风化的台阶，且按原制重新制作。

2. 地面：地面后期改制为水泥地面；廊步、抱厦地面为改制的水泥地面，后檐廊步地面为改制的水泥地面。

修缮做法：拆除原有残损、水泥抹面的方砖，细墁尺二方砖，桐油钻生；廊步拆除原有残改制的水泥抹面，细墁尺二方砖，桐油钻生。

台基现状

3. 油饰：由于原修缮用化学原料彩画、油饰，致使柱、檩、垫板、檐下椽、飞、望板、抱头梁、穿插枋、门窗地仗油饰、彩画脱落开裂、变色。

修缮做法：柱子、门窗槛框、檐金檩垫枋做一麻五灰地仗，大漆罩面；抱头梁、穿插枋、檐金檩垫枋、雀替、做清式旋子彩画墨线小点金；椽飞头做万字彩画；檐下椽、飞、望板、雀替门窗心屉做四道灰地仗，飞椽绿漆罩面，檐椽望板红漆罩面，门窗心屉、雀替红漆罩面。

4. 墙体：前檐下碱墙残损、酥碱且后期改制；东西山墙下碱墙破损、酥碱、断裂；东西山墙上身墙砖破损、酥碱、断裂；内墙山墙下碱墙轻微残损；内墙山墙水泥抹面；廊心墙轻微残损。

梁架现状

修缮做法：拆除原有下碱墙，且按原制大亭泥干摆重新砌筑；对东西山墙下碱墙残损、酥碱、断裂剔凿挖补且对下碱墙刷浆打点、墁干活；对东西上身墙砖残损、酥碱、断裂进行剔凿挖补且对上身刷浆打点、墁干活；对廊心墙进行刷浆打点、墁干活；对山墙内墙下碱刷浆打点、墁干活；对山墙内墙上身铲除水泥抹面且刷浆打点、墁干活。

油饰现状

5. 屋面：由于不当修缮，望板改为苇席，瓦口为2号瓦瓦口，50%瓦见为3号瓦，且瓦密度不够，部分瓦残损导致漏雨严重，连檐瓦口糟朽。

修缮做法：拆除已改制、残损的瓦屋面，拆除灰泥背；更换望板连檐瓦口、护板灰20mm、泥背30cm、灰背20cm，2号瓦重新铺砌瓦屋面。

6. 其他：穿插枋缺失，缺失雀替；门窗改制。

修缮做法：按原制新做隔扇门窗；补配穿插枋及雀替。

室内地面现状

五、修缮设计

（一）设计依据

《国际古迹保护与修复宪章》，即《威尼斯宪章》；

《中华人民共和国文物保护法》；

《中国文物古迹保护准则》；

《文物保护工程管理办法》；

《中华人民共和国环境保护法》；

《古建筑木结构维护与加固技术规范》（GB 50165–1992）

（二）修善目的

为更好地保护定远营王府迎恩堂历史文化遗产的需要，对其进行整体修缮已迫在眉睫。

通过对迎恩堂整体的修缮，主要是解决建筑目前存在的具体病害和问题。真实、全面地保存并延续其历史信息和全部价值，通过技术的和管理的措施，修缮自然力和人为造成的损伤，制止新的破坏。

电线裸露在外

（三）工程性质

以此次对定远营王府迎恩堂的整体勘察、测绘及其修缮结论为基础，以迎恩堂残损现状及其残损原因分析为依据，同时，综合考量了其他各种因素，确定其修缮性质为：保护修缮工程。

（四）修缮原则和指导思想

在《中华人民共和国文物保护法》确定的“保护为主、抢救第一、合理利用、加强管理”16字方针的指导下，坚持“不改变文物原状”的原则。

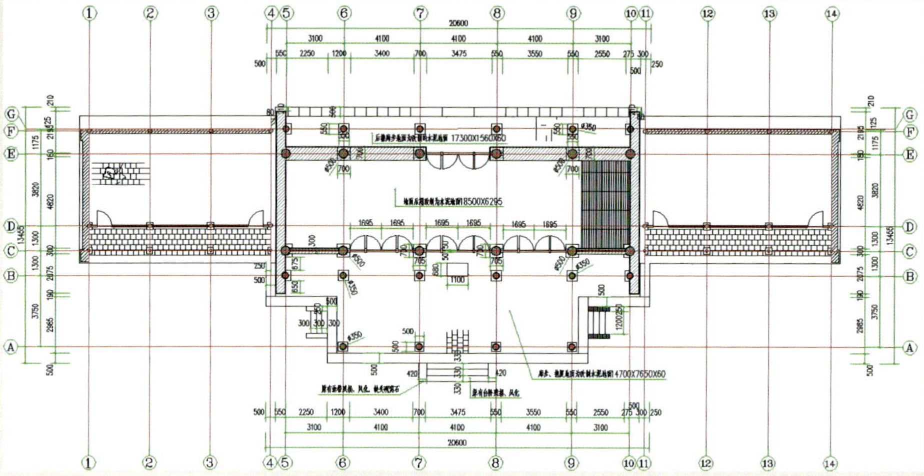

迎恩堂勘察平面图

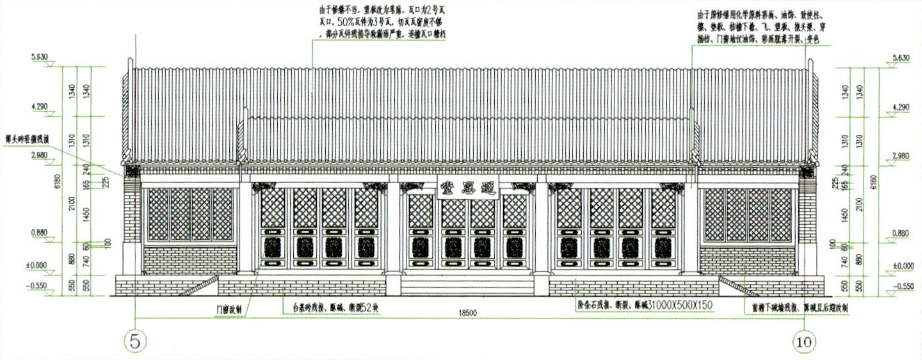

迎恩堂勘察正立面图

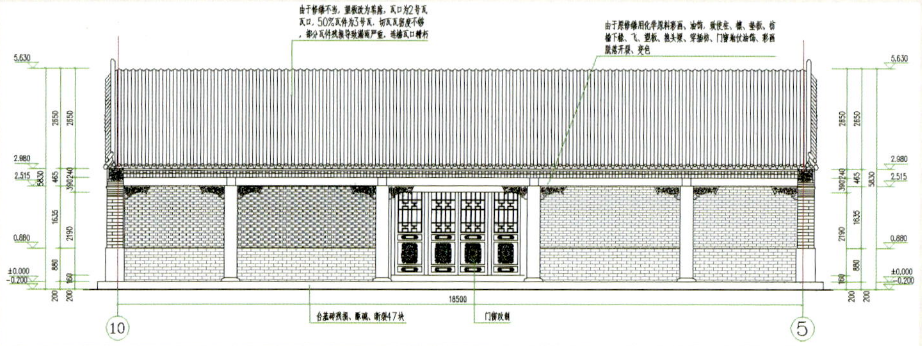

迎恩堂勘察背立面图

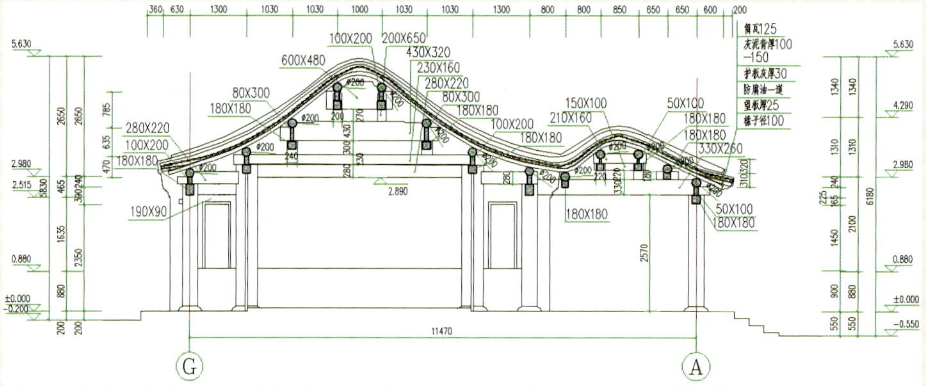

迎恩堂勘察剖面图

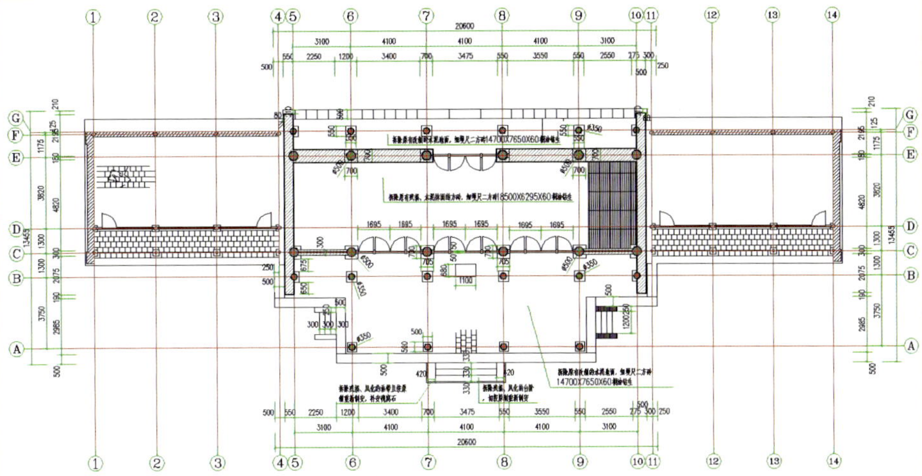

迎恩堂设计平面图

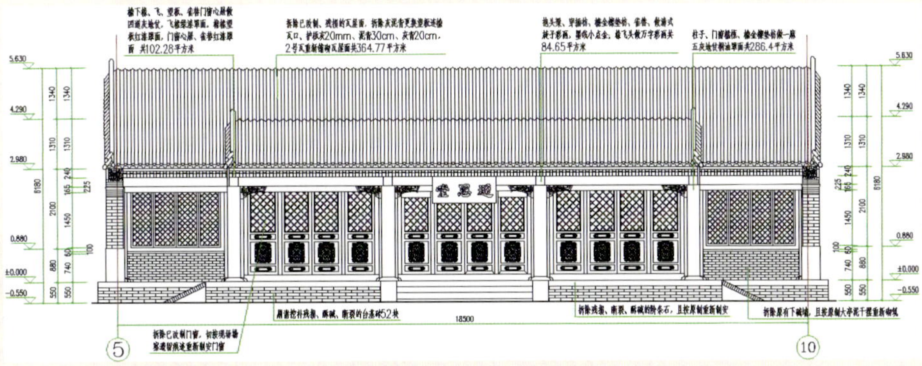

迎恩堂设计正立面图

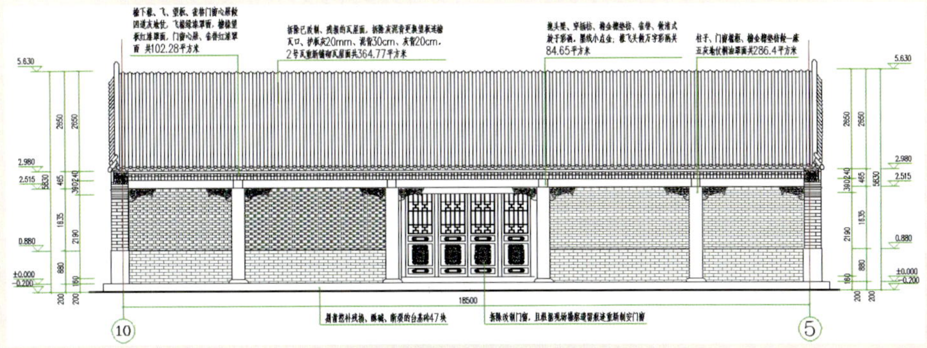

迎恩堂设计背立面图

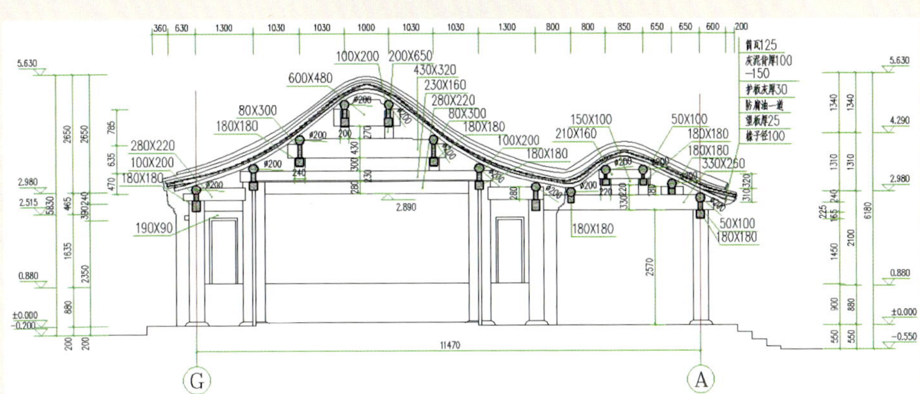

迎恩堂设计剖面图

美岱召泰和楼

工程名称：美岱召保护维修工程方案
建设单位：内蒙古包头市文物管理处
设计单位：内蒙古苏勒德文物古建筑设计有限公司
施工单位：内蒙古王府古建筑工程有限公司
监理单位：赤峰长城文物古建筑工程监理有限责任公司
项目负责人：建设方/张海滨　施工方/杨建国

一、概况

美岱召，明代称灵觉寺，是藏传佛教格鲁派（黄教）在内蒙古的第一所寺院，创建于隆庆六年（1572年）。1996年公布为第四批全国重点文物保护单位。美岱召占地面积40000m^2，融合蒙藏风格而建，是一座“城寺结合，人佛共居”的喇嘛庙。南墙正中开设城门，并建有城楼—泰和楼，城门上嵌有明代扩建寺庙时刻的石匾额，上题“泰和门”。

二、建筑形制

泰和楼面阔一间，进深一间，两层周围廊三滴水歇山布瓦顶建筑。廊步及一层室内为方砖地面，二层为木楼板。墙内檐柱与一层廊檐柱间施单步梁，上承檩条、檐椽，形成第一层檐。一层单步梁上置柱形成第二层廊檐柱，廊檐柱与墙内檐柱间施单步梁，上承檩条、檐椽，形成第二层檐。廊檐柱之间与墙内檐柱之间分别施枋木，上承木楼板。墙内檐柱直通屋顶，上承梁架，形成第三层檐。一层梁架结构为五架梁，前后施

美岱召泰和楼

单步梁；顶层梁架结构为三架梁，下用抹角梁。只在上层檐下施单翘三踩斗栱，中间施两攒平身科斗栱。三层外檐均绘有彩画。一层前檐中间施板门，其余均用墙体围护；二层前檐中间施隔扇门，用斜方格心屉，后檐中间施方窗，心屉为六边形内雕花饰，其余均用墙体围护。

墙体现状

三、地方建筑特点

泰和楼营建于清代，与官式建筑有着一定的差异，地方做法比较明显，其中油饰与彩画做法差异比较突出。其中，柱及大木构架的油饰，一般官式建筑会采用一麻五灰，但泰和楼的油饰却达不到一麻五灰的级别，换句话说可能没有五道灰，这种做法在内蒙古地区很常见，有的甚至没有麻或者只有两道灰。另外，内蒙古地区有很多建筑营建于清代，但彩画样式却与清式旋子彩画有着明显的区别，地方气息比较浓厚。在内蒙古

地杖现状

地区，有的清式建筑彩画带着宗教色彩，如六字真言及相关藏式建筑艺术特征都在该地区的建筑中体现出来。因为内蒙古地区的发展与山西有一定的关系，所以，内蒙古地区很多建筑都是由山西工匠修建的，因此，地方做法及特点也就充分地体现出来。

四、残损状况描述

1. 地面：地面局部酥碱、断裂，水泥勾缝。

修缮做法：拆除磨损、断裂、酥碱的方砖且按原制重新铺墁，剔除水泥勾缝。

2. 墙体：槛墙砖酥碱断裂24块；背立面墙体空鼓、水泥抹面，二层背立面墙体纵向裂缝、破损严重；山墙空鼓水泥抹面，二层山墙墙体纵向裂缝、破损严重。

修缮做法：剔凿挖补酥碱断裂的槛墙砖；剔除背立面墙体空鼓的墙皮及水泥抹面，剔除裂缝墙体及周围的墙砖并重新砌筑；剔除山墙空鼓的

地面现状

墙皮及水泥抹面，剔除裂缝墙体及周围的墙砖并重新砌筑。

3. 屋面：瓦屋面破损35%、局部勾头滴水缺失；望板局部开裂、破损；椽飞糟朽、开裂56根；挂檐板局部缺失。

修缮做法：更换屋面破损的瓦件，重新制作安装缺失的瓦构件；更换开裂破损的望板及糟朽开裂的椽飞；补全缺失的挂檐板。

4. 油饰：柱子油饰地仗起翘脱落60%；大木油饰彩画褪色、脱落40%。

望板、椽子现状

修缮做法：剔除柱子起翘脱落的油饰地仗且按原制重新做地仗及油饰；按现场勘察残留下来的彩画痕迹对褪色及脱落的彩画部分重新进行彩画。

5.门窗：门窗局部破损。

修缮做法：补全破损的门窗。

五、修缮设计

（一）设计依据

《国际古迹保护与修复宪章》；

《中华人民共和国文物保护法》；

《中国文物古迹保护准则》；

《文物保护工程管理办法》；

《中华人民共和国环境保护法》；

《古建筑木结构维护与加固技术规范》（GB 50165–1992）

（二）修缮目的

管线现状

为更好地保护美岱召泰和楼历史文化遗产，对其进行整体修缮已迫在眉睫。

通过对美岱召泰和楼整体的修缮，主要是解决建筑目前存在的具体病害和问题。真实、全面地保存并延续其历史信息和全部价值，通过技术的和管理的措施，修缮自然力和人为造成的损伤，制止新的破坏。

（三）工程性质

以此次对美岱召泰和楼的整体勘察、测绘及其修缮结论为基础，以泰和楼残损现状及其残损原因分析为依据，同时，综合考量了其他各种因

瓦屋面现状

素，确定其修缮性质为：保护修缮工程。

（四）修缮原则和指导思想

在《中华人民共和国文物保护法》确定的“保护为主、抢救第一、合理利用、加强管理”16字方针的指导下，坚持“不改变文物原状”的原则。

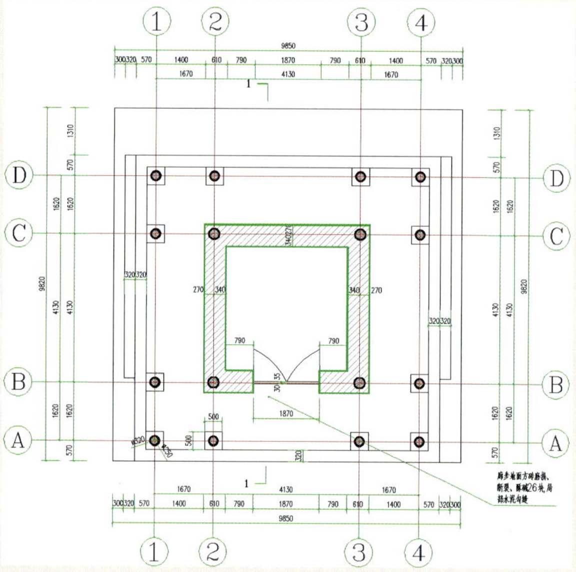

泰和楼平面实测图

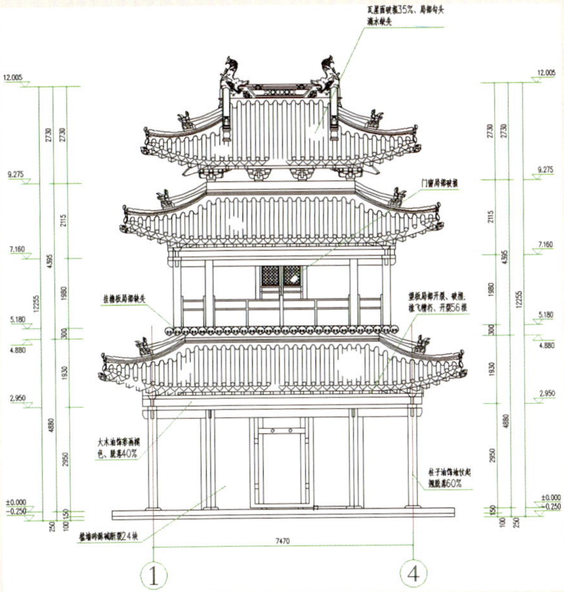

泰和楼正立面实测图

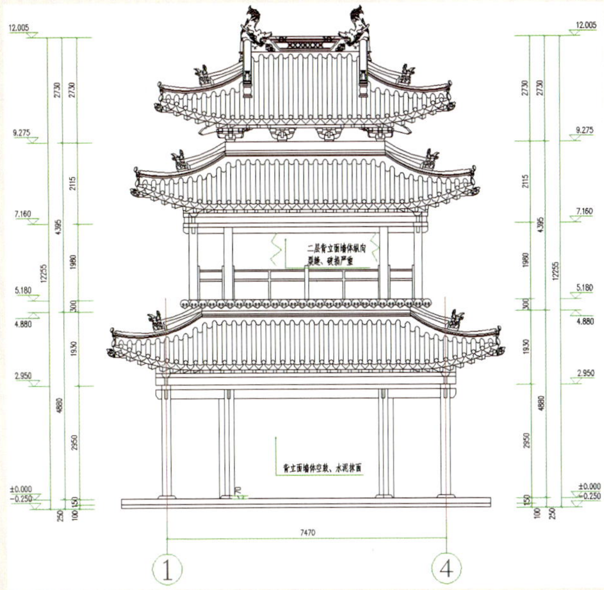

泰和楼背立面实测图

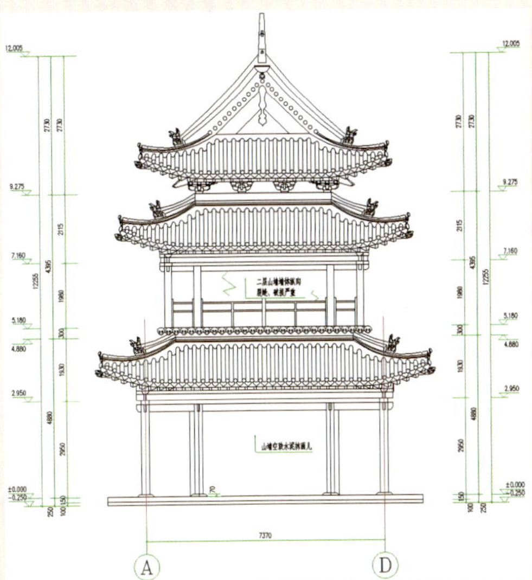

泰和楼侧立面实测图

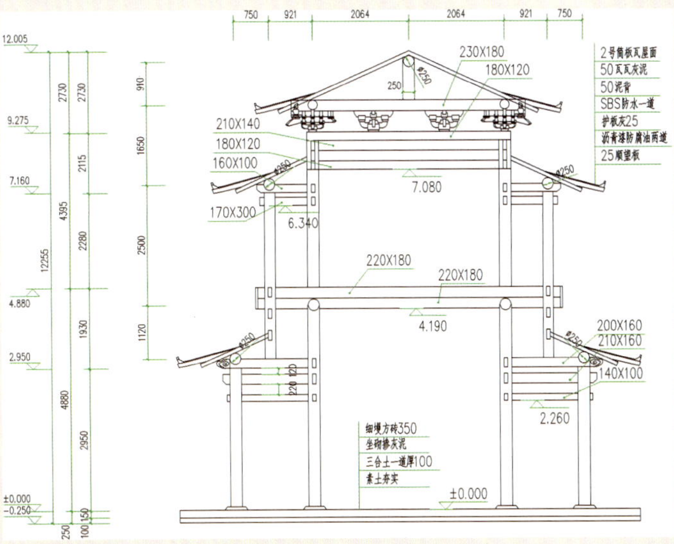

泰和楼剖面实测图

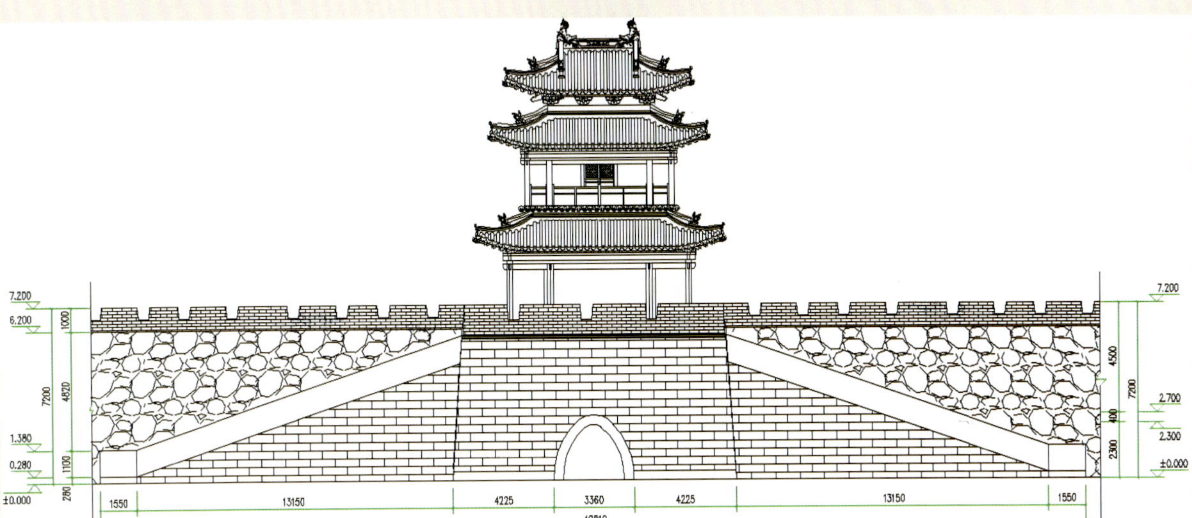

泰和楼及城墙背立面实测图

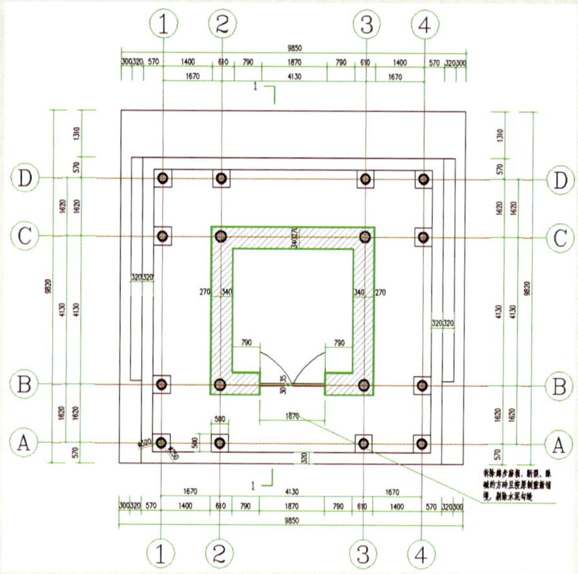

泰和楼平面设计图

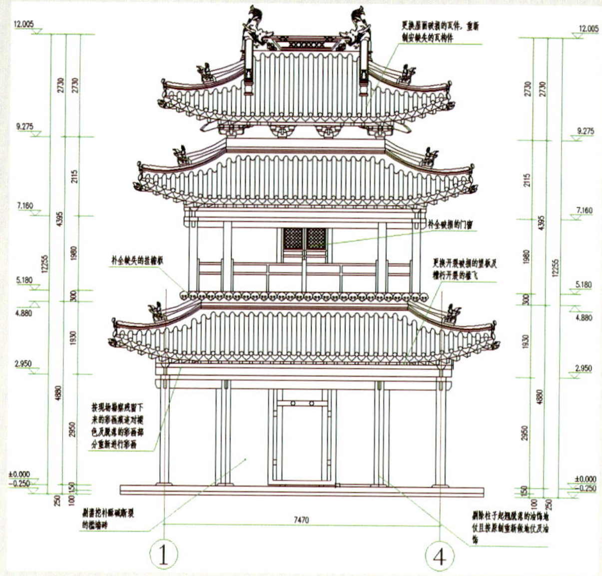

泰和楼正立面设计图

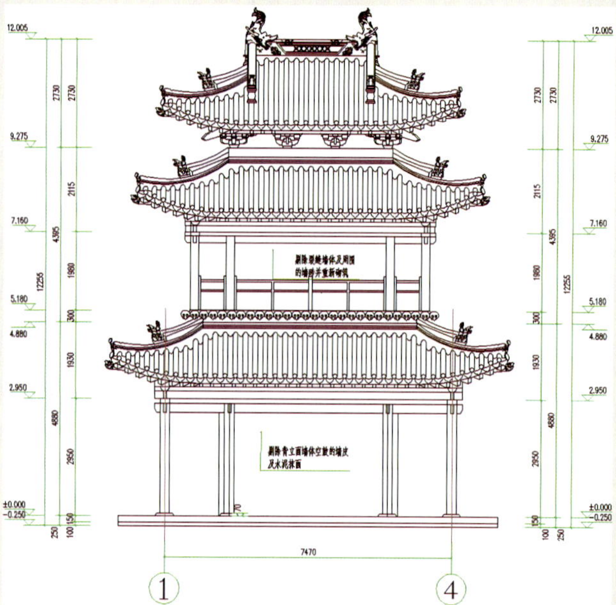

泰和楼背立面设计图

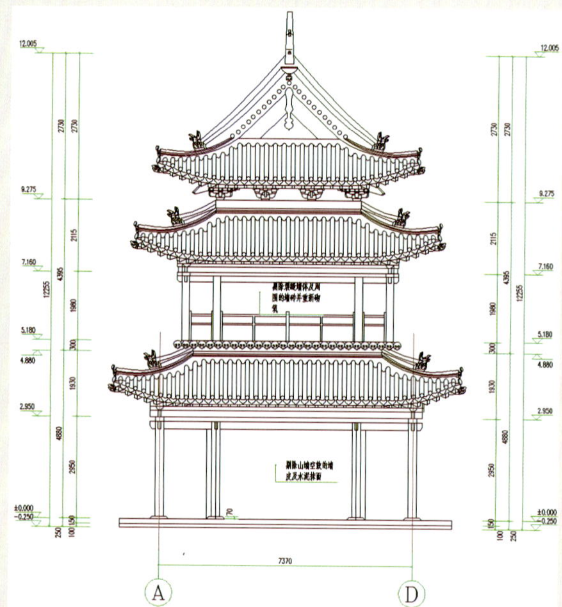

泰和楼侧立面设计图

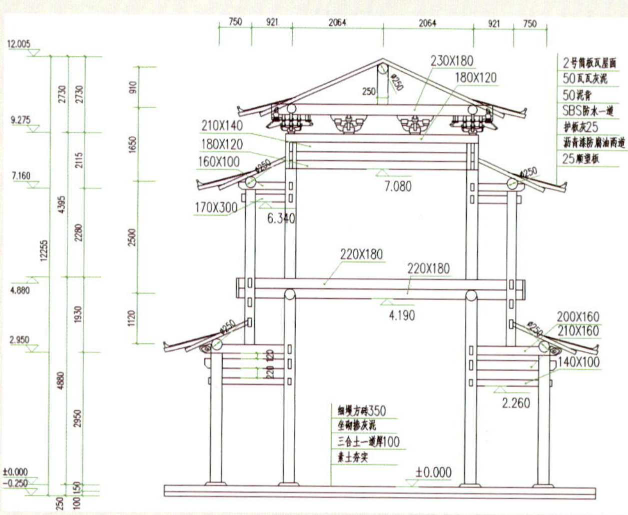

泰和楼剖面设计图

工程案例篇

云居寺石经洞

工程名称：云居寺石经洞抢险保护工程

建设单位：北京市房山区文物保护所

设计单位：北京市文物建筑保护设计所

监理单位：北京市工程咨询公司

施工单位：北京国电水利电力工程有限公司

质量监督单位：北京市文物工程质量监督站

一、项目情况概述

云居寺位于北京市房山区大石窝镇水头村南，地理坐标为北纬39° 30′ ~39° 44′ 和东经115° 25′ ~116° 08′，距周口店遗址直线距离约15.3km。施工人员于2013年12月份正式进场，2014年9月份完工。本工程主要包括以下工作内容：

1. 高强精轧螺纹预应力锚杆：包括钻孔、高强锚杆制作、灌浆、墩头石方人工开挖、墩头浇筑、张拉、封锚、做旧等。

2. 砂浆锚杆施工，SNS高强防护网铺设安装。

3. 晒经台顶截水沟土石方人工开挖及浆砌石截水沟砌筑。

4. 滑坡体锚喷支护：砂浆锚杆制作安装及钢筋网挂网施工。

5. 安全监测：安装埋设锚索测力计、单点位移计、表面测

浆砌石截水沟砌筑

砂浆锚杆钻设

监测仪器安装

锚墩墩头开凿

锚索锚具安装

缝计及自动化观测系统，动态监测山体内部变化。

6. 雷音洞顶土石方开挖、钠基膨润土防水毯铺设、原土回填，砌筑排水沟等。

7. 雷音洞内石板、佛柱清洗及保护。

雷音洞顶防水层铺设

在项目实施过程中，严格执行工程项目监理制，认真贯彻落实每次会议精神及各项管理措施，确保工程顺利完工。云居寺石经洞抢险保护工程的实施，有效解决了山体危岩不稳定、滚石的危险、雷音洞渗水等问题，提高了山体的稳定性。为经板、佛柱的保护、游客的人身安全提供了保障，效果明显，2014年11月5日顺利通过验收。

雷音洞顶清沟

二、工程技术难点与新技术推广应用情况

（一）工程施工的主要难点及技术措施

精轧螺纹钢预应力锚杆的钻孔、锚杆安装、张拉、锁定等关键工序的施工控制。

预应力锚杆长度为6~9m，距山脚高度为0~70m，锚杆间距为2m，呈梅花形布置，锚杆位置偏移为±200mm，角度偏移±3°，孔深偏移±100mm，每道施工工序均按照规范进行施工，经检验合格才可进入下道工序的施工。经检验，所有施工产品均满足设计、规范要求。

施工难点：1）施工地点在石经山上，车辆无法直接抵达施工区域，所有施工材料、机械均为人工搬运，路程为1.5个小时，搬运工程量巨大，制约施工进度。2）施工范围广，分3个施工段进行施工，造成脚手架反复搭拆，且脚手架搭建在山体上，搭拆难度较大，为了保证施工安全，分段将脚手架与山体进行拉结，每层脚手架增加斜撑加强钢管。

（二）新技术推广应用情况

本工程采用了以下几项新技术

1. 新型防水材料技术

2. 新新Ⅲ级钢筋的应用技术

3. 新型锚具的应用技术

4. 施工过程监测和控制技术

5. 企业管理信息化技术

三、质量情况介绍

（一）岩体加固工程

锚杆钻孔

本工程采用砂浆锚杆、预应力锚杆、防护网、锚索复合型的岩体加固模式，由于工程为岩体，根据现场实际情况，对施工图纸进行了局部调整，最终该分部工程使用了PSB785预应力锚杆3750m，PSB930预应力锚杆2079m，砂浆锚杆3879m，危岩体防护网4708.125m^2。施工过程中，对现场的原材料按照不同批次、型号进行抽样检测，确保原材料质量合格。同时对施工过程

锚索张拉

排水沟施工后

中使用的砂浆、水泥净浆进行抽样，制作试块，并送至具有相关资质的试验室进行试验。锚杆浆体养护期满，对不同部位、型号的砂浆锚杆进行抗拉拔试验，根据《锚杆喷射混凝土支护技术规范》规范要求，按照锚杆量得3%进行抽样，经现场试验，结果均为合格。抽样过程由监理方现场监督，确保抽样结果真实、有效。

钻孔：按照施工图纸施工，锚孔的孔深、孔径、孔深、孔斜角度指标满足施工规范要求，经检测全部合格。

锚杆的制作与安装：锚杆的长度、型号准确，锚杆基本对中。

灌浆：施工用砂浆、水泥净浆由现场制作，按照施工配比进行搅拌，对不同批次的产品按照抽样规范进行抽样，经检测全部合格。

岩体加固后

锚墩：锚墩为混凝土制作，几何尺寸准确，外观平整，无裂缝，施工人员对其进行做旧处理，基本与周边环境融合。

SNS高强防护网：钢丝绳的固定、缝合满足设计施工要求，外观和手动感受无明显松动，每张钢丝网相对周边预构成其挂网单元的支撑绳建的缝合绳绕向、松紧度基本一致。

（二）文物本体保护工程

对雷音洞内石经板、佛柱，进行表面除尘，之后采用专用清洗液进行清洗，外观完整，无损伤。

（三）防水与排水工程

1. 防水

雷音洞顶防水材料采用钠基膨润土防水毯，抽样数量为2m^2，经检验为合格。材料搭接长度满足施工设计要求，外观无损伤、破洞，接缝密封满足施工要求。完毕后用过筛原土进行复原。

2. 排水

混凝土排水沟几何尺寸准确、表面平整，内实外光，无影响结构安全的裂缝，达到了钢筋混凝土要求。

高强防护网

钢筋制作与安装：钢筋规格型号准确，搭接长度满足要求，保护层厚度为30mm。

浆砌石排水沟相互错缝、坐落挤紧，无松动，灰缝饱满均匀，外观平整、美观。

四、工程主要质量特色

1. 对山体进行分段加固，采用预应力锚杆、砂浆锚杆、防护网复合型的模式进行加固，及对较大的危岩进行加固，又对表面危岩进行加固，增加了山体的完整度，有效减少山体滑坡、落石等情况的发生。锚杆、防护网均有很强的隐蔽性，对外部的墩头进行了做旧处理，减少施工对周边环境的影响。

2. 藏经洞上部悬挑危岩加固，采用新型的锚具进行加固，保证了该区域的美观、完整。

全景

符望阁区建筑内外檐油饰彩画

工程名称：符望阁区建筑内外檐油饰彩画维修工程
建设单位：故宫博物院
设计单位：故宫古建部
施工单位：北京市园林古建工程公司
项目负责人：杨红

一、工程起止时间

2013年3月~2014年11月

二、基本信息

符望阁一区古建筑位于宁寿宫花园（乾隆花园）第四进院落。包括：符望阁、竹香馆（南北边楼、斜爬廊）、玉粹轩、净尘心室（玉粹轩北耳房）、玉粹轩北游廊、倦勤斋东西游廊共约10座建筑。

根据院维修规划，2012年对符望阁区建筑进行了整体维修工程。目前土木维修部分、室内彩画及室内外油饰部分已于2014年7月31日通过北京市文物工程质量检查监督站第八分站验收。室内裱糊工程于11月初完成。

三、修缮必要性

1. 彩画

外檐大木彩画保存较为完整，均为1958年绘制，纹饰图案清晰，颜色稍有褪色，金箔普遍失光、氧化。

符望阁三层外侧擎檐部在1958年重做时，画活表面罩清油，现在颜色的质感、色相都起了很大的变化；玉粹轩外檐彩画开光洋山水写生画白活纹饰局部脱落；个别游廊由于木构件的局部糟朽、渗漏，局部彩画纹饰脱落。

整体上没有丧失对木构的保护、显示建筑等级和体现文物价值作用，具有历史、文物保留价值。

只是三层室内乾隆时期彩画损坏较为严重，只剩余部分檩枋彩画、天花彩画；椽飞头彩画普遍颜色褪色，无金的彩画纹饰不清，

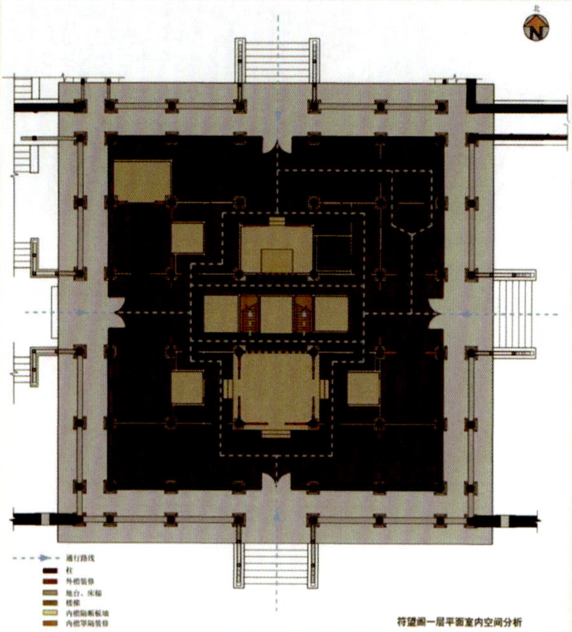

符望阁一层平面室内空间分析

有金的彩画金箔氧化、脱落，丧失对木构的保护、显示建筑等级和体现文物价值、体现建筑装饰完整性的作用。

2. 油饰

外檐：上架椽望、下架檐部木构件地仗油饰开裂、剥落、见木骨，已丧失了对木构的保护作用。

下架金部木构件大部分油饰地仗还较为完好，装修部分局部油皮表面形成蛤蟆斑和脏物质。绦环板、裙板雕刻纹饰由于金胶油太嫩，金箔被吃化、消失。

内檐：上下架大木、装修，地仗、油饰残损非常严重，大部分脱落见木骨，已丧失了对木构的保护作用。

3. 裱糊

室内裱糊纸张由于时间较长，残损非常严重，大面积开裂、脏污、起皱、变色，部分脱落，纸张的抗张强度和耐折力、耐久性和抗虫性尽失。

4. 包金土墙面

倦勤斋东游廊包金土墙面大部分酥碱、起鼓，包金土浆、砂绿大边、红白粉线普遍脱落。失去了保护及美观墙面的作用。

因此亟待实施整体性维修。

四、修缮目的和内容

（一）目的

处理此区油饰彩画表面的病害并延长文物寿命，真实、全面地保存并延续宁寿宫区符望阁院落官式苏画的历史信息及全部价值，使古建筑彩画恢复完整健康的状态。

（二）内容

1. 外檐彩画较为完好的采取“原状保护修整”，局部破损的，采取按照原状彩画纹饰、工艺做法进行局部加固、随旧修补。

2. 符望阁三层内檐大部分缺失彩画采取“重点修复”。原有彩画遗迹不能在木构上保留，但又具有历史价值，采取实施揭取，作为古代彩画真实标本，保存到文物库房中。

重新复原的内檐彩画要根据现存乾隆三十七年始建彩画遗迹进行原样复原。要采取原型制、原工艺、原材料。

3. 地仗、油饰、裱糊

外檐上架椽望、下架檐部木构件地仗、油饰采取“重点修复”，按原工艺、原材料重做地仗油饰。室内下架大木、装修、护墙板等地仗、油饰、裱糊采取“重点修复”。按原工艺、原材料重做地仗油饰及裱糊。

金部木构件地仗、油饰采取找补做法。

五、修缮工程中解决的问题

（一）前期研究

对符望阁、玉萃轩、竹香馆几座建筑内檐油饰、裱糊形制及工艺情况进行详细勘察，并作详细记录，撰写了《符望阁内檐纸张裱糊报告》并已出版。

除乾隆花园项目组委托美国基金会专家对符望阁室内裱糊纸张进行检测以外，我们还委托科技部实验室利用扫描电镜、显微镜、红外荧光仪等仪器进行了壁纸的显微结构观察、各层壁纸成分分析、壁纸粘结材料分析、多层壁纸时代变化趋势。同时，对3处建筑室内裱糊纸张纤维种类、纸张类别做了判断，对套色绿夔龙、套色缠枝花卉纸张的颜料成分、白色底灰成分、“卍”纹饰成分进行了分析，为施工中恢复原材料、原工艺提供了科学参考数据，为施工队伍选择准确材料提供了依据。

对符望阁现存老彩画进行取样，通过各种显微镜做颜材料的定性定量分析。

（二）对三层室内乾隆时期老彩画采用科技手段保护

请专业厂家对三层室内老彩画进行保护，根据保护方案制订修复措施和步骤。采用离子喷射技术对深层次污染的彩画层进行清洗、除尘，后修复，再用b72加固封护的实验。这种技术在恭王府有过使用，遗产院做过厚度检测，有相应的数据支持，不会伤害到原有的颜料层。主要是物理清洗粒子喷射过程中，针对不同污染物，调节喷头大小、颗粒的大小以及所使用的去除污染物的不同粒子。

（三）对三层内檐已脱落无存的彩画采取的措施

根据现存三层乾隆时期彩画历史遗迹对三层室内大木彩画进行复原，均采取传统工艺和材料，按照设计所指定的同间相对称的现存彩画的

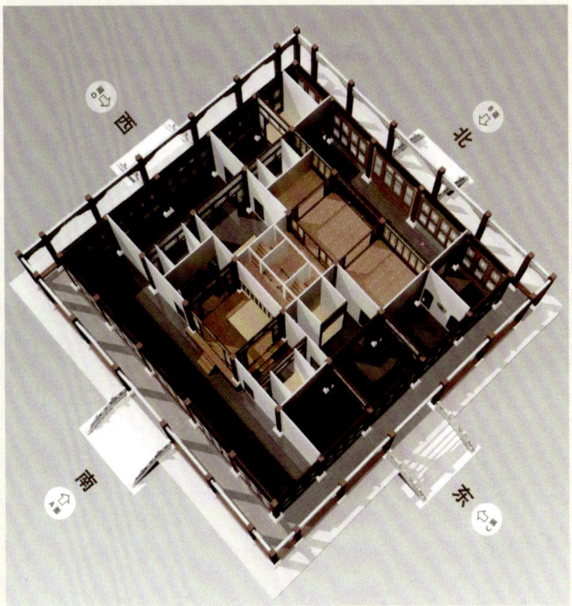

式样，用传统工艺与材料补绘。新作彩画颜色效果方面达到新旧有别的可识别性原则。

（四）地仗油饰工程

1. 施工中进一步勘察，补充调整地仗做法。

原定设计做法为金柱、槛框找补地仗，地仗完好部分串磨油皮，浆灰一道。因金柱现状油皮有裂纹，局部有空鼓现象。因此为了勘察灰层情况寻找原因，设计补充做法，颠砍油皮，局部离骨的地仗，砍除干净，做一麻五灰。其余的地仗较好的部分，做一布四灰地仗。并且在金柱地仗中发现了高丽纸，证明历史上某个阶段曾经以纸代替麻布，使用在灰层中。

2. 施工中又有新的发现，对油皮颜色进行调整。

符望阁原下层室内内金柱、中金柱做法为：刷二珠油。经设计进一步现场勘查，发现原金柱油皮颜色为褐色，与室内装修颜色协调。因此，此次施工设计补充做法调整为褐色。

3. 施工中考虑油饰颜色、工艺应与建筑彩画等级相匹配，调整补充设计做法。

符望阁上层杩杖栏杆下花板雕刻纹饰夔龙纹为烟琢磨拶退做法，经设计再次勘察，认为：1）烟琢磨拶退做法等级较低与金线苏画不相匹配；2）周围的同等级彩画殿座杩杖栏杆下花板雕刻纹饰夔龙纹均为金琢磨拶退做法；3）下架油饰是1992年重做的，当时没有考虑到整体建筑彩画油饰等级相匹配的原则。因此，此次维修按照符望阁上层杩杖栏杆下花板雕刻纹饰夔龙纹调整为金琢磨拶退做法。

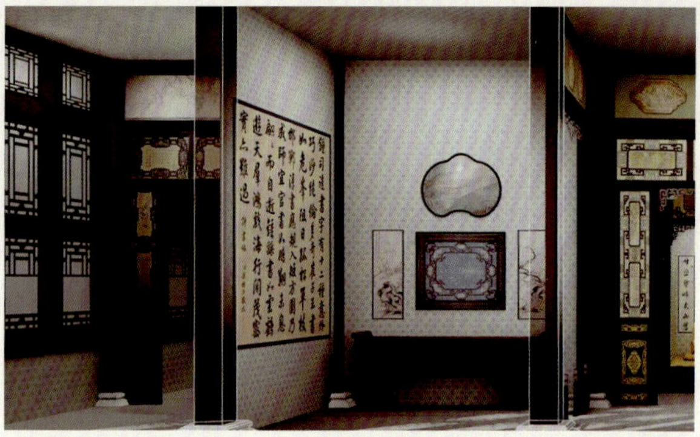

（五）室内重点裱糊工程

1. 接取部分多层次叠压的老银花纸保留，必须重做的纸张要按原老纸工艺做法、施工做法、使用的颜材料、原纸张进行复制。恢复的盖面纸样采用每座建筑最底层的老纸。底层纸采用倦勤斋室内裱糊纸张的桑皮纸。

原有裱糊纸2-3层、3-7层，底层皮纸，盖面纸不同花色二三层叠压，是不同历史时期修缮的。像一些贴落画、挂瓶后面的纸张较早，还有像玉翠轩底层缠枝花卉万子纸，与墙面的乾隆《玉萃轩通景画》中的纸张一样，我们选用每座建筑最底层的老纸作为恢复的乾隆时期纸样。

并根据老银花纸张的取样分析，就纸张的工

艺做法、施工做法、使用的颜材料，和施工方及乾隆花园项目组进行沟通，对厂家制作的符望阁室内裱糊纸张样品进行审核和确定。

这次重新做的纸张共有4种，符望阁室内选用2种：大部分盖面绿色小团龙万字不到头套色银印花纸，明间楼梯间两壁板裱糊盖面万字不到头银印花纸；玉萃轩室内裱糊盖面纸纸张为绿色缠枝花卉，竹香馆室内裱糊接近于官倭子纸的最底层红色花纹纸。

符望阁及玉翠轩室内的万字纸，仔细分析就有2种：符望阁“卍”纹饰位置成分：白云母，白色底灰成分：铅白、硅酸盐黏土、少量石膏、滑石；颜料成分为氯铜矿等。而玉翠轩绿色缠枝花卉万字不到纸，正与符望阁相反，与乾隆花园三进院的萃赏楼、养和精舍是一样的，“卍”纹饰位置成分：铅白，硅酸盐黏土、少量石膏、滑石，白色底灰成分：白云母；颜料成分为氯铜矿等。竹香馆纸张其红色颜料为铁红，白色底灰成分：滑石、硅酸盐黏土，花瓣上亮片为白云母。

2. 在老纸中选择并保留部分历史上的重缮层次，用于展现给后人，作为体现我们文物保护水平的例证。

为了更多的保留原有裱糊纸张的历史层次，给后人留下历史信息，在全面维修施工前要求施工人员在设计现场确定保留一部分裱糊历史遗迹的前提下，进行保护。符望阁、竹香馆都保留了一间老纸。

3. 施工中根据实际情况，可以随时补充及调整做法。

符望阁室内墙壁原设计做法，底层两道桑皮纸，一道麻布，中层两道桑皮纸，盖面绿色小团龙万字不到头套色银印花纸。此次施工，考虑到墙面地仗层已使一麻一布六灰，基层较平整，裱糊纸张内糊布不起太大作用，而且，布要求使用清中期的苎麻布，结实、网格较密，搭接处容易过厚，太明显。因此，此次符望阁室内墙壁裱糊做法调整为：去掉麻布层，底层两道桑皮纸，中层两道桑皮纸，盖面绿色小团龙万字不到头套色银印花纸。

4. 施工中严格对纸张尺寸、颜色、样式把关，要求厂家力求做到原型制、原工艺、原作法。

符望阁下层室内裱糊：盖面绿色小团龙万字不到头套色银印花纸，尺寸为480mm×310mm。万字不到头银印花纸，尺寸为480mm×310mm。经设计和美国基金会共同商量，并且绘制纸张尺寸纹饰样板，在电脑上模拟纸张与纸张之间的搭交，哪种尺寸在最小的范围内搭接，施工中不浪废纸。这两种纸张根据纸张花纹的单元组合模数完整性，印刷尺寸调整为480mm×320mm，四边各多留5mm，便于裱糊的搭接。

六、完成后的效果

2014年底竣工验收，北京市质量监督站第八分站王乃海处长认为“符望阁三层室内新绘制的彩画效果非常好，除了严格按照设计要求和文物修缮基本原则以外，其做工精细，颜色均匀，金箔光亮，比其他彩画工程质量都要高。对三层老彩画的采用科技保护方法和保护理念修复，应作为故宫古建筑彩画保护的范例，除已脱落无存和残损严重无法现状保护的彩画外，均以现状清洗、加固和必要的修补为主要保护方式，以使故宫古建筑彩画在日常保养的基础上，有效地保留、保护历史信息。”

符望阁区建筑油饰彩画维护的设计方案中体现了对故宫文物建筑的前期深入研究，方案中所采取的具体保护措施及方法适合故宫古建维护的实际需要，具有可行性。对有价值的老彩画尽量原状保留，采取最小干预的原则；对表面的污染物去除，是在实验分析的基础上，尽量采取传统工艺与科技保护相结合的思路，去病延年，以保持其良好的健康状态，来满足对外开放的需要；对脱落已无，或确实没法在原地保存、修复时，采取了原工艺、原型制、原做法进行恢复，符合文物修缮基本原则。此工程对其他古建维护工程起到指导和示范作用，同时对维修保护工程的质量起到保障作用。

芮城县永乐宫

工程项目名称：山西省芮城县永乐宫保护修缮

建设单位：山西芮城永乐宫文管所

设计单位：山西省古建筑保护研究所

监理单位：山西省古建筑工程监理有限公司

施工单位：平遥县古建筑工程有限公司

项目经理：张增河

一、工程概况

永乐宫，原名大纯阳万寿宫，是元代著名道教宫观，因原址位于县城西南20km永乐宫镇招贤里村，故俗称“永乐宫”。1961年，永乐宫被国务院公布为全国重点文物保护单位。1998年，永乐宫被列入世界历史文化遗产预备清单，2004年被评为国家AAAA级风景名胜区。

永乐宫坐北朝南，坐落在芮城县城北3km的龙泉村附近，是我国现存一组完整的元代宫殿式建筑群。远眺宫宇，规模宏伟，红墙绿瓦，掩映在苍松翠柏之中，一派古刹风韵。近观宫内，布局疏朗。5座主体建筑都布列在中轴线上，从南到北依次排列：宫门、龙虎殿、三清殿、纯阳殿、重阳殿。除宫门为清代重建外，其余4座均为元代建筑。

轴线主体建筑与两侧的附属建筑内外以两道宫墙间隔环绕。三清殿在永乐宫所有建筑中体量是最大的，位于宫内轴线正中，与纯阳殿和重阳殿均有凸出地面很高的台基，相互之间用高耸的甬道相连，两侧不设廊屋和配殿。永乐宫四周砌筑宫墙两道，将宫内分为3道轴线，而以中轴线为主体。这种总体布局和一般寺庙主殿位居最后的形制完全不同，而是按照宫廷规制和道教仪规加以设置的。各殿塑像早已不复存在，仅三清殿内背面尚留‘救苦天尊’一尊。在4座元代建筑中，各殿四壁均满绘壁画，题材广泛，内容丰富，技艺高超，在我国现存的古代历史文化遗产中，元代寺观壁画推此为冠。永乐宫各殿除清代建筑宫门设踏跺台阶外，其余4座元代建筑前后及月台两侧全部用礓礤坡道而不设台阶。礓礤两侧砖砌象眼菱形图案，大小不等，横竖有序，叠层有别。

纯阳殿脚手架、保护棚的搭设完成

龙虎殿脚手架、保护棚的搭设完成

二、工程范围、修缮性质与修缮目的

（一）工程范围

1. 重点修复——屋面。

2. 现状整修——地面、台帮、墙皮、甬道、宫墙。

（二）修缮性质

重点修缮工程

（三）修缮目的

保证通过此次修缮后的文物本体建筑在较长时间内不再修缮。同时合理改善永乐宫周围环境，保留原构件特征及信息，使其恢复文物建筑应有的健康状态和延续各种历史文化信息。

三、保护修缮原则与依据

（一）修缮原则

严格遵守不改变文物原状的原则，尽可能真实地、完整地保存其历史原貌。在维修过程中以本建筑现有做法为主要的修复手段。对于后期添加部分，在本次维修中予以纠正，恢复其原貌。

1. 不改变文物原状

按照《中华人民共和国文物保护法》中对不移动文物进行修缮、保养、迁移、必须遵守“不改变文物原状的原则”，即文物保护工作贯彻“保护为主，抢救第一，合理利用，加强管理的方针”，在维修时遵循“整旧如旧”的理念，尽最大可能利用原材料，保存原有构件，使用原工艺，延续文物的历史信息和时代特征。

2. 安全为主

在修缮过程中，确保文物本体安全和工作人员安全。

3. 可逆性、可再处理

修缮工程中，坚持修缮过程的可逆性，保证修缮后的可再处理性。尽量选择使用与原构件相同、相近或兼容的材料，使用原有工艺技术法，保留最多的历史信息，为后人的研究、识别、留有更多的空间。

4. 尊重传统、保持地方风格

在修缮过程中对地方建筑风格与传统工艺手法加以识别，尊重传统，保持地方建筑风格的多样性、传统工艺手法的地域性和营造手法的独特性。

（二）修缮依据

1. 法律法规依据

1）《中华人民共和国文物保护法》及《中华人民共和国文物保护法实施细则》的有关规定；

2）《文物保护工程管理办法》（2002年）；

3）《中国文物古迹保护准则》（2003年）；

4）《古建筑木结构维护与加固技术规范》（GB 50165-1992）；

5）《古建筑消防管理规则》。

2. 资料依据

1）《山西省芮城县永乐宫保护修缮工程勘察报告》；

2）永乐宫保护修缮工程实测图；

3）永乐宫相关碑碣及历史文献资料；

4）现状遗物做法、用材规制、整体风格、地域特点、时代特征、功能需求等方面的考察记录及研究性成果。

四、工程项目的实施情况

（一）起止时间

2013年11月1日~2015年10月20日

本工程于2014年3月6日进场安置工人食堂、进行安装水电等准备工作。

（二）安全控制

安全控制是建筑工程监理工作的重点控制目标之一，对任一工程来讲，将安全方面工作做好，是保证工程质量的重要一步。工程质量应是第一位，但工作中安全方面也尤为重要。因此，对安全方面我施工单位进行了严格控制。

材料的使用和堆放，做到了逐批审核原材料进场以及生产合格证、质量证明书等各种证件，确保原材料的合格使用，拆卸构件和加工构件要求施工单位分类、分场码放，并在材料堆积区域设置消防器材，并搭建保护棚，防止雨季造成损失和消除火灾隐患。

（三）质量控制

我单位对山西省芮城县永乐宫保护修缮工程特别重视，要求施工人员依据《山西省芮城县永乐宫保护修缮工程设计方案》要求，严格把关，做好每个部位的监理工作，对各个重点部位、隐蔽部位进行旁站监理，并进行拍照详细记录，对完成的分项工程进行仔细检查，认真核对，对工

碑廊石碑防护完成

程质量不达要求的，要整改后方可进行下一步工序，以确保工程的百年大计。

为了控制工程质量和工期，质量检测人员跟踪监督、从严控制，对出现的问题及时纠正。严格执行《山西省芮城县永乐宫保护修缮工程设计方案》，遵守住房和城乡建设部和国家计委《工程建设监理规定》。

1. 施工脚手架工程质量控制

施工前应先检查脚手架、防护栏杆或安全网架设是否牢固。用双轮车运瓦应注意稳定，不得猛跑，前后车距离应不小于2m；坡度行车两车距

栱眼壁防护完成

离应不小于10m。禁止并行或超车。人工传递材料时，上下方的人员要注意递准和接稳，位置应相互避开，不准从下向上手抛。屋面卸瓦时，应在两坡均衡地同时进行，保持屋架荷重的均衡；严禁单坡堆放和集中堆放。屋面无望板时，应铺设有防滑条走道。如屋面的顺水边无搭设脚手架时，檐口应架设防护栏杆或张挂安全网。屋面坡度大于25°时，必须使用移动式板梯，板梯应设有牢固的挂钩。必要时还需系好安全带。

2. 搭设围挡、支顶保护架、施工区防护棚、壁画、栱眼壁、悬塑保护架

1）永乐宫大殿修缮之前，对施工现场进行安全布置，搭设险情区工地围挡，设置危险警示牌。

2）搭设施工脚手架。使用50mm钢管搭双排脚手架，严格按规范进行搭设，架体下部采用5cm硬木板垫块垫底，扫地钢管不超过20cm。立杆与平杆搭设使用直行扣件接头，剪刀撑每个搭头不能少于2个扣件，立杆间距1.5m，平杆间距不小于1.7m。在架体下部使用海底网

安全旅游通道支搭完成

硬板，在工作面搭设随屋架板、挡脚板。架子搭设好后采用钢架结构彩钢瓦全封闭顶部，以保证建筑的安全可靠维护。架体采用密目网封闭，在脚手架侧面搭设竖向爬梯。屋顶根据外架平面几何尺寸：重阳殿29m×19.5m，面积565.5m^2；纯阳殿34.2m×24m，面积820.8m^2；三清殿40m×24m，面积960m^2；龙虎殿29.2m×14.8m，面积432.16m^2，宽度1.2m双排脚手架，钢结构屋顶两边找坡排水。钢架支撑在人工搭设的脚手架上，依脚手架作为支点受力，屋

壁画保护架支搭完成

编号拆除屋面瓦件

面结构采用桁架结构。

3）壁画、栱眼壁、悬塑保护架。把壁画保护板依据实量尺寸在地面上做好，在大龙骨上预先打孔，以后上预埋螺丝斜拉撑杆，上面盖板也预先做好，把保护壁画的柔性材料预先钉好；施工时在组装过程中不允许人在墙壁和保护板里面行走，起升第二块及以上时线用绳拴住保护板以

拆除木基层

保证在固定前不向外倾倒，在施工完第二层时搭钢管脚手架后再进行第三层及斗栱保护施工；用宣纸将栱眼壁隔离；钉木盒，内附着柔性材料将其栱眼壁、悬塑保护起来；把做好的壁画保护板按规格编好依次立起来，然后用通杆螺丝连接，下面搭设扫地杆，然后连接斜撑，最后把盖板盖上，外面与保护架连接，上面铺盖柔性材料、塑料布防雨防尘，且殿内留好检查门，配置温度计、湿度计，并有专人检查并做好记录；搭设双排保护架保护斗栱，把保护板撑杆与保护架二次加固，上面在水平方向铺木板，再将斗栱保护盒托住，与立杆（龙骨）斜拉固定；外搭保护架基本与里面相同。

3. 拆除屋面瓦件、木基层、木构件

拆除瓦顶前，对一些艺术构件如雕花脊筒、大吻、小兽等进行编号，并做出编号位置图，以免在重新安装时装错。编号依一定的顺序进行，从西北角开始，按逆时针方向编号。在图上写明构件名称和编号数，在实物上用墨汁书写在隐蔽处，颜色一般与瓦件颜色有明显的区别。对于数量多、位置关系不大的如勾头、滴水、扣脊瓦、板瓦、椽子等，一般不进行编号，仅对特殊的部分编号。对梁、柱、枋、檩、斗栱、装修、脊饰等都要进行编号处理，注明其所在的位置、规格、材质、残损情况及拟采取的维修措施。

4. 大木构件修缮、加固

1）梁架、椽飞、望板加固：对劈裂和糟朽程度还不足以影响屋顶构件荷载的梁、额枋、檩条等构件，采取局部加固、剔糟补足及防腐的措施进行处理。具体做法是，据劈裂程度以及裂缝大小而定，裂缝小者将缝内杂物及尘土清理干净后施环氧树脂或鱼鳔铁箍1~2道，对一些糟朽不太严重的构件，只做清理及渗刷防腐剂即可对一些糟朽严重影响其整体受力的构件进行剔除、补制粘接加固和加铁箍处理，同时进行渗刷防腐剂。针对一些劈裂、糟朽、变形现象非常严重，且失去自身作用不能继续使用的少部分构件，予以更换，不留隐患。更换时需选用与原构件材质相同的材料或强度高于原材料的材质，制作时必须以原构件的做法及风格为依据，不得使用低于原材料材质的材料或改变原构件的风格、手法。

2）糟朽的处理：糟朽深度在3cm以内、长度

大木构件更换完成

大木构件施铁箍锚固

不超过100cm、宽度不超过15cm，且糟朽程度未超过整个构件面积1/4，采取整体防腐、剔补加固的方法。具体做法是，先将糟朽部分剔除干净，然后施以有机氯和剂进行防腐处理，然后施干燥木条依原样及尺寸用环氧树脂粘接修整，最后施铁箍锚固。

3）更换椽子、飞椽：屋椽总体保存较好，但有部分飞椽残损严重，按照原有旧件的形制采用上等落叶松补配。按照设计图要求布钉时为加大增强大殿上部结构的整体性，有效防止各部位檩条错位滚动，在每一缝内均匀布设3组拉杆椽，拉杆椽用直径18mm的螺栓固定。更换飞椽，先搭好作檐的架子，由木工将连檐、瓦口、望板、飞头拆下。飞头拆下后，选择比较完好的一根，飞头后尾用钉钉牢，然后在两根飞头迎面的上楞各钉一个小钉，在两钉间拴小线，用一垂直木杆上顶飞头下楞，下顶台明基石，在迎面看好平正，上下要和檐椽对直，迎头上楞要跟线，飞头尾要钉牢固。然后按飞头档装好所有闸挡板。闸挡板上口要平、缝口要严。最后钉连檐、望板。

新补配木构件全部防虫防蛀处理

5. 墙体工程

1）工艺要求

按原墙所用砖规格制作，保证砖的压力在100号，且砍磨规整，砌筑规矩，清理整洁。

粘接剂：砌筑墙体时施白灰糯米混合灰浆，将糯米煮烂加入白灰膏中搅拌均匀后施用，白灰糯米浆配比（重量比）为白灰膏:糯米=100:3。白灰膏须是提前6个月淋好的陈白灰。首先剔除墙体糟酥部分，然后用清水冲洗缝内杂物，冲洗时须控制水流量，防止水过量致使基础软化。对墙体裂缝表面处理、剔槽清理封缝灌浆。

木基层安转完成

2）整体拆砌

针对局部空鼓、酥碱、裂缝、基础下沉等险情，而简单加固又不能彻底排除隐患的墙体，实行整体拆砌。施工时应尽量保证原砖的完整性，砌筑时尽量使用原有构件。先在地面弹出水平轴线和边线，并在四角按收分挂设立线。放线在准确核对后进行垒砌，砌筑时砖下面必须铺灰，砖缝不超过5mm。用半块砖进行背里砌筑，高度与面砖一致。墙体砌筑完后，需对墙面进行清理，并检查其平整度是否在施工要求的范围之内，如有不妥，及时处理。

3）局部拆砌

针对残损范围相对较大，但经局部拆砌即可排除险情的墙体。该方法仅限于在墙体上部使用。这种有选择性的拆砌在施工过程中须边拆边砌，切忌全拆再砌，以防人为塌落，且每次拆砌长度不得超过50～60cm。若只拆砌内外墙的表砖时，其长度不得超过100cm。

4）墙体掏砌

对于酥碱的墙体，采用掏砌的方法进行。

掏砌时不能大面积拆除，拆砌长度一般不超过3皮整砖，并且要随拆随砌。

拆除后的接茬要求是整砖，为了保证槎子砖周围的整砖不被破坏，拆除时在要拆除的砖块中间先用冲击钻打一排眼，将中间掏空，然后再用扁铲将上下剩余部分轻轻铲除，尽量不要破坏原有的砌体。

将拆除部位清理干净后用水湿润，湿润程度以施工时灰膏不干裂为准。

用原墙面所用砖的规格和手法经重新砌筑。

墙内须施灰膏填灌饱满。为防止灰膏下沉，必须在补砌筑的最上一皮砖下的灰缝内使用生铁皮将补砌砌体撑牢。

如果在拆除中必须一次拆除的面积较大或存在安全隐患，要采取支撑保护措施。一种办法是采用丝杆斜撑将未拆除的砌体顶牢，然后才能开始砌筑。另一种办法是采用杠杆的形式，在墙体外平行于墙面埋设立杆或砌支墩作为支点，然后在支点上架设水平横杆，水平横杆的一端支撑住需支撑的墙体，另一端加配相应重量的配重，利用杠杆原理将墙体支撑，确认墙体支撑牢固安全后才能开始砌筑。

墙体麻揪完成

5）灌浆加固

墙体裂缝较大的情况采取此办法。对墙体裂缝较宽的部位施以聚乙烯醇水泥溶液灌浆加固。步骤为：表面处理、剔槽清理、封缝灌浆。首先剔除墙体糟酥之物，然后清洗缝内杂物，最后灌浆。冲洗时须控制水流量，防止软化基础。灌浆应分两步进行：其中第一次是预灌，为了解决灰尘与浆液溶解及对裂缝处表面进行渗透，防止灌浆后粘接剂出现两层皮现象。

墙体抹灰完成

6）整体整修

整体整修包括打点勾缝。当全部墙体砌筑、补砌完毕后，对整个墙体进行检查，统一勾缝，统一作旧。建筑台明的原有灰缝酥碱、脱落造成灰缝空虚时，石活很容易产生移位。对移位不严重的，直接进行勾缝。严重的部分打点勾缝，在归安和灌浆加固后进行。铲尽松动的灰皮，扫尽浮土，将灰缝塞堵严实，不可造成内部空虚。灰缝一般应与石活勾平，以大麻刀月白灰勾抹。

7）抹灰工程

主要指建筑墙皮的拆、补部位，也包括围墙墙皮残损部分的彻底维修。修缮时，所使用的灰应符合原监护材质和传统建筑材料的要求，抹灰层与基层之间必须粘接牢实，无脱层、空鼓、爆灰和裂缝等现象。抹灰表面整齐、光滑，表面平整度和立面垂直的允许偏差均控制在最小范围内。

参照建筑墙皮现存做法，确定如下相应的抹灰操作工序和材料配比：

第一层在土坯外抹粗泥，黄土:白灰:麦秸=65:30:3~4（重量比），厚12~15mm。

第二层抹中泥，黄土:白灰:麦壳、麻刀=65:30:3~4（重量比），厚8~10mm。

第三层抹面泥，黄土:白灰:细砂=30:100:5（重量比），厚5mm。

如果是土坯墙，则在墙面钉梅花状竹签并披

苫护板灰、泥背

麻（做麻揪），以此保证所抹新泥与土坯的有效结合。如果是砖墙外抹灰，则应将墙体的原有灰缝抠出深度1~2cm的缝隙。抹灰时，灰泥经过挤压后嵌入墙体缝隙，使其成为一个整体，从而增强抹灰在墙体的附着力。最后，外抹红灰。灰必须是淋过的灰，掺上红土，前面抹后面压，最终的外观色泽为淡红色，且不脱色。

6. 屋面工程

1）屋面苫背

望板铺钉完毕之后先抹2cm的护板灰。护板灰是用泼灰和麻刀（20:1重量比）加水调匀而成。用来保护望板和椽子。

苫青灰背

开始苫背，泥背用料是将灰与泥（1:3）再加适量滑秸（麦秆）用水闷透调匀。抹背不少于2道，每层泥背厚度不超过5cm，檐头和脊部的灰背应稍薄。灰背囊度随木架举势。为防止屋顶生草，所用泥为深层黄土。每层灰背需和缓平整并层层拍实。在泥背上开始苫青灰背，青灰背采用大麻刀月白灰，须反复赶轧，次数不少于“三浆三轧”。

苫完背以后在脊上抹扎肩灰。“扎肩”使前后坡交点成为一条直线，并为整个屋面瓦垄的平直奠定了基础。抹扎肩灰时应拴一道横线，作为两坡扎肩灰交点的标准。线的两端拴在两坡博缝交点的上棱。前、后坡扎肩灰各宽30~50cm，上面以线为准，下脚与灰背抹平。

2）瓦瓦

铺瓦前必须对瓦件做必要的质量检查，做到外观无缺损。新板瓦使用前必须将其放入白灰池中浸泡，以渗堵沙眼。瓦瓦时应自下而上依次进

屋面捉节夹垄

行，按传统做法“压四露六”。底瓦之下铺垫灰泥要厚薄均匀，另铺白灰浆一层，使底瓦与泥背连接牢固，不易下滑，增强瓦顶的抗渗漏功能，最终捉节夹垄（煮浆灰:麻刀=100:3~5，加适量松烟）。屋面瓦件等构件的补配，尺寸和式样参考现存的实物。重新烧制的构件要与现有式样风格吻合。屋面工程完毕后，要对其进行全面的清理。建筑排山及檐口所需的瓦钉一定要定设牢固，避免掉落后危及游人的安全，同时还影响观瞻。最后套施钉帽。出现残损的木基层和山花构

屋面瓦瓦完成

件应视具体情况采取对应的技术措施。

瓦瓦做法：先瓦瓦后调脊，清洗底、盖瓦，采用3:7灰泥瓦瓦。首先根据屋面和瓦的尺寸大小进行分中号垄，屋面分垄必须正确。根据分中号垄进行冲垄。根据屋面面积大小而定冲垄数。先冲边垄，拴好“齐头线”“楞线”和“檐口线”再冲屋面中间的瓦垄。要求屋面所冲的垄曲线平滑、均匀一致。采用传统掺灰泥瓦瓦。冲垄、瓦瓦、底瓦必须保证三搭头。盖瓦满沾月白浆、底瓦满沾白灰浆。

底盖瓦的瓦脸灰、捉节灰应饱满，不得有脱落和洞眼。盖瓦夹垄灰分二次进行要密实、光滑、直顺。应符合相应古建操作要求。屋面完成后将瓦件清扫干净，各条脊和瓦面刷浆色泽应均匀一致。

7. 地面工程

甬道方砖铺墁

砖的规格、品种、质量等必须符合传统建筑材料的要求，加工应严格遵守原建筑物砖的时代特点和设计要求。按原有砖施工的实际尺寸定砖的厚度和长度。砍砖要求十成面，不得有“花羊皮”，不得有“棒槌肋”“肉肋”及“倒包灰”。加工成品砖尺寸要一致，棱角必须整齐。

细墁方砖：做好基层处理，将经检查合格进场的加工砖码放整齐，做好半成品保护，施工中轻拿轻放，以防碰坏棱角。首先沿两山各墁一趟砖，然后冲趟，确认无误，拴好拽线一道卧线进行样趟，达成“鸡窝泥”保证方砖平顺，砖缝均匀、严密，均匀浇浆，麻刷沾水将砖肋刷湿，砖角均匀挂灰，先铺墁，再用礅锤将砖叫平叫实，

宫墙散水条砖铺墁

铲尺缝后墁干活，按卧线检查砖棱，进行刹趟，并擦干净，做好成品保护。

条砖墁地：做好三七灰土垫层，将经检查合格进场的加工砖码放整齐，做好半成品保护，施工中轻拿轻放，以防碰坏棱角。首先沿两山铺墁，各墁一趟砖调平，然后冲趟，确认无误，拴好拽线一道卧线铺砂进行样趟，保证条砖平顺，砖缝均匀、严密。全部墁完后用细砂灌缝，扫净浮砂，做好样品保护。采用经检查合格的加工砖铺墁运输、码放过程中做好半成品保护，施工中轻拿轻放，以防碰坏棱角。采用中砂铺墁，中砂厚度控制在3cm左右，砖缝控制在5mm左右。

建筑四周散水的铺墁必须考虑泛水的坡度。散水铺墁时，应夯实并铺灰土垫层，还应考虑到院落的整体排水方向，避免造成积水，从而影响建筑基础的安全与稳定。

素土与灰土夯实：根据《地基基础设计规范》其压实系数应大于0.96。

8. 整修台帮

剔凿挖补：用于墙体局部砖块酥碱部分的处

剔补台班酥碱砖

台明地面铺墁

理。先用凿子将需要修复的部位剔除，然后用原墙面所用砖的规格和手法重新砌筑，墙内须施灰膏填灌饱满。

台帮拆砌：主要指甬道的台帮，其他位置的台帮残损极少。甬道台帮的整体保存状况不容乐观，出现的残损点比较多，有的部位需要进行拆除后好重新砌筑。拆除时应尽量保证砌筑材料青砖的完整性及其可重复利用。灰浆原则上采用原建筑材料及配比，若配比强度太低，可适当、适量增加白灰的比例，且施工中尽量采用原工艺进行操作。在对台帮拆砌、加固时必须严格按照原有风格实施，不得改变原状，保证历史的真实性。台帮上个别砖块的酥碱应按照原墙所用砖的规格和手法进行剔凿挖补处理，内部需施灰膏填灌饱满。

9. 拆除保护棚架、脚手架、围挡

1）拆除前，班组成员要明确分工，统一指挥，操作过程中精力要集中，不得东张西望和开玩笑，工具不用时要放入工具袋内。

2）正确穿戴好个人防护用品，脚应穿软底鞋。拆除挑架等危险部位要挂安全带。

3）拆除前，周围应设围栏或警戒标志，在交通要道设专人监护，禁止无关人员入内。

4）严格遵守拆除顺序，由上而下，一步一清，不准上下层同时作业。

5）拆除脚手架的大横杆、剪刀撑，应先拆中间扣，再拆两头扣，由中间操作人往下顺杆子，不得往下乱扔。

6）拆除的槽钢、脚手架杆、脚手板、钢管、扣件等材料应往入传递或用绳索吊下，不得往下投扔，以免伤人和造成不必要的损失。

三清殿修缮完成

纯阳殿修缮完成

7）拆除过程中不得中途换人，如必须换人时，应将拆除情况交代清楚。

8）拆除过程中不得中断，如确需中断应将拆除部分处理清楚告一段落，并检查是否会倒塌，确认安全后方可停歇。

9）拆除完后应将架料分类堆放，堆放地点要平坦，下设支垫保证排水良好。钢类最好放置于室内，堆放在室外应加以遮盖。对扣件、螺栓等零星小构件应用柴油清洗干净装箱、装袋分类存放在室内以备再用。

10）弯曲变形的钢构件应调直，损坏的及时修复并刷漆以备再用，不能修复的应集中报废处理。

11）拆除时设置安全网，安全网的质量必须符合GB5725-35规定，即外形尺寸为1.8m×6m和4m×6m两种，每张网的重量应少于15kg/张，大于8kg/张，安全网分平网、立网两种。立网的目数应在2000目（10cm×10cm）以上。

重阳殿修缮完成

五、工程评价

芮城县永乐宫文管所及相关领导对山西省芮城县永乐宫保护工程都给予了高度的重视，莅临现场指导工作。在各级领导的关注下，施工单位认真组织施工，合理制定施工组织计划，从原材料、施工工艺、施工人员、施工安全等4个方面把握了工程质量。

双林寺大雄宝殿

工程名称：平遥双林寺大雄宝殿修缮保护工程

建设单位：平遥县文物局

设计单位：山西省古建筑保护研究所

山西达志古建筑保护有限公司

监理单位：山西省古建筑工程监理有限公司

施工单位：平遥县古建筑工程有限公司

项目负责人：贾忠照

施工单位负责人：张栋

一、工程概况

双林寺是平遥古城周边的重要文化遗产，该寺原名中都寺，1965年5月24日由山西省人民政府公布为山西省重点文物保护单位，1988年1月13日被国务院公布为全国重点文物保护单位，1997年12月联合国教科文组织将平遥古城、双林寺、镇国寺一同列入《世界遗产名录》。

双林寺位于平遥县城西南6km的中都乡桥头村北侧，寺院坐北朝南，分东西两个区域，西部为寺院区，东部为禅院区，总占地面积约1.5万m^2；其中庙院占地面积7400m^2。该区沿南北中轴线坐落着四进院落，由山门、天王殿、释迦殿、大雄宝殿、娘娘殿及其两侧的罗汉武圣殿、地藏土地殿、钟楼、鼓楼、千佛殿、菩萨殿等10座建筑和山门以南35m处的倒座清式戏台1座组成，寺内现存有2000余身明清彩塑，还有唐槐1株，宋碑1通，明清碑碣10余块，寺周用高大夯土堡墙围护，寺内格局、建筑风貌别具特色。

大雄宝殿位于双林寺第三进院落正北，是全寺最高大的建筑物，大殿面阔五间，进深六椽，单檐歇山顶，建筑面积为498.9m^2，坐落在高大台基之上，殿前设宽大月台（占地面积650.43m^2）。由于年久失修，大殿出现了基础下沉、柱网倾斜、梁架位移、榫卯拔开、墙体开裂、屋顶漏雨等险情，且近年来险情快速发展，亟需实施修缮保护工程。

脚手架、保护棚的搭设

二、工程范围、修缮性质与修缮目的

（一）工程范围

1. 大雄宝殿建筑本体修缮保护

2. 大雄宝殿内、外附属文

物的安全防护设施等

（二）修缮性质

重点修缮工程

（三）修缮目的

通过此次修缮后的文物本体建筑保证在较长时间内不再修缮。同时合理改善双林寺大雄宝殿周围环境，保留原构件特征及信息，使其恢复文物建筑应有的健康状态和延续各种历史文化信息。

三、保护修缮原则与依据

（一）修缮原则

严格遵守不改变文物原状的原则，尽可能真实地、完整地保存其历史原貌。在维修过程中以本建筑现有做法为主要的修复手段。对于后期添加部分，在本次维修中予以纠正，恢复其原貌。

1. 不改变文物原状

按照《中华人民共和国文物保护法》中对不移动文物进行修缮、保养、迁移、必须遵守“不改变文物原状的原则”，即文物保护工作贯彻“保护为主，抢救第一，合理利用，加强管理的方针”，在维修时遵循“整旧如旧”的理念，尽最大可能利用原材料，保存原有构件，使用原工艺，延续文物的历史信息和时代特征。

2. 安全为主

在修缮过程中，确保文物本体安全和工作人员安全。

3. 可逆性、可再处理

修缮工程中，坚持修缮过程的可逆性，保证修缮后的可再处理性。尽量选择使用与原构件相同、相近或兼容的材料，使用原有工艺技术法，保持最多的历史信息。为后人的研究、识别、留有更多的空间。

4. 尊重传统、保持地方风格

在修缮过程对地方建筑风格与传统工艺手法，加以识别，尊重传统，保持地方建筑风格的多样性、传统工艺手法的地域性和营造手法的独特性。

（二）修缮依据

1. 法律法规依据

1）《中华人民共和国文物保护法》及《中华人民共和国文物保护法实施细则》的有关规定；

2）《文物保护工程管理办法》（2002年）；

3）《中国文物古迹保护准则》（2003年）；

4）《古建筑木结构维护与加固技术规范》（GB 50165-1992）；

5）《古建筑消防管理规则》。

2. 资料依据

1）《山西省双林寺大雄宝殿修缮保护工程勘察报告》；

2）双林寺大雄宝殿修缮保护工程实测图；

3）双林寺大雄宝殿相关碑碣及历史文献资料；

4）现状遗物做法、用材规制、整体风格、地域特点、时代特征、功能需求等方面的考察记录及研究性成果。

材料码放区域

四、工程项目的实施情况

（一）起止时间

2014年5月4日~2014年11月30日

本工程于2014年5月4日进场安置工人食堂、水电等准备工作，并组织10人在偏院割草，硬化地面，搭设材料保护棚。

（二）安全控制

安全控制是建筑工程监理工作的重点控制目标之一，对任一工程来讲，将安全方面工作做好，是保证工程质量的重要一步。工程质量应是第一位，但工作中安全方面也尤为重要。因此，为在安全方面我施工单位进行了严格控制。

材料的使用和堆放，做到了逐批审核原材料进场、生产合格证、质量证明书等各种证件，确保原材料的合格使用，拆卸构件和加工构件要求施工单位分类、分场码放，并在材料堆积区域设置消防器材，并搭建保护棚，防止雨季造成损失和消除火灾隐患。

（三）质量控制

我单位对平遥双林寺大雄宝殿修缮保护工程特别重视，要求施工人员依据《平遥双林寺大雄宝殿修缮保护工程设计方案》要求，严格把关，做好每个部位的监理工作，对各个重点部位、隐蔽部位进行旁站监理，并进行拍照详细记录，对完成的分项工程进行，仔细检查，认真核对，对工程质量不达要求的，要整改后方可进行下一步工序，以确保工程的百年大计。

为了控制工程质量和工期，质量检测人员跟踪监督、从严控制，对出现的问题及时纠正。严格执行《平遥双林寺大雄宝殿修缮保护工程设计方案》，遵守住房和城乡建设部与国家计委颁布的《工程建设监理规定》。

1. 施工脚手架工程质量控制

施工前应先检查脚手架、防护栏杆或安全网架设是否牢固。用双轮车运瓦应注意稳定，不得猛跑，前后车距离应不小于2m；坡度行车两车距离应不小于10m。禁止并行或超车。用人工传递材料时，上下方的人员要注意递准和接稳，位置应相互避开，不准从下向上手抛。屋面卸瓦时，应在两坡均衡地同时进行，保持屋架荷重的均衡；严禁单坡堆放和集中堆放。屋面无望板时，应铺设有防滑条走道。如屋面的顺水边无搭设脚手架时，檐口应架设防护栏杆或张挂安全网。屋面坡度大于25°时，必须使用移动式板梯瓦瓦，板梯应设有牢固的挂钩。必要时还须系好安全带。

2. 搭设围挡、支顶保护架、施工区防护棚、壁画、栱眼壁、塑像保护棚

1）双林寺大雄宝殿修缮之前，对施工现场进行安全布置，搭设险情区工地围挡，设置危险警示牌。

采用D125管、彩钢瓦进行围挡，长110m，高2.50m。外侧喷绘双林寺大雄宝殿宣传画。

2）搭设施工脚手架：沿大雄宝殿外围搭设双排悬挑脚手架。纵向立杆间距1.6~1.8m。横向立杆间距2m，杆底垫0.2m×0.4m×0.06m木板一块，距地0.25m设纵横扫地杆各一支，水平纵横杆每1.6~1.8m设一支；施工脚手架坚固耐久，同时具备防风、防雨、防晒及施工安全防护，物件材料运送方便，坡道、戗桥的坡度以1:4为宜，架子外部每隔4~6m立杆，绑扎一副×字杆；在檐头之上绑扎两步护身栏杆，每步35~40cm，不允许利用建筑本体柱子绑扎朴槁，架子与建筑本体之间留有不少于30cm的安全距离。

塑像保护架支搭完成

3）施工区防护棚：搭设大雄宝殿保护棚，棚顶随屋面呈双坡状，坡度不小于30cm，雨水排向大殿台明外散水处，保护棚轻钢梁采用100mm×100mm方管、150mm×75mm工字钢、50mm×50mm角钢、80mm×40mm檩条等相互焊接完成，外端头与双排架外侧顶平杆焊接，轻钢梁间距不大于6m，檩上施0.8mm彩钢瓦封顶，两侧使用10号钢丝绳设缆风绳各四道，棚顶距城顶高2.5m。

4）壁画、栱眼壁、塑像保护架：把壁画保护板依据实量尺寸在地面上做好，在大龙骨上预先打孔，让以后上预埋螺丝斜拉撑杆，上面盖板也预先做好，把保护壁画的柔性材料预先钉好；施工时在组装过程中不允许人在墙壁和保护板里

拱眼壁保护架安装完成

面行走，起升第二块及以上时线用绳拴住保护板以保证在固定前不向外倾倒，在施工完第二层时搭钢管脚手架后再进行第三层及斗栱保护施工；用宣纸将栱眼壁、塑像隔离；钉木盒，内附着柔性材料将其栱眼壁、塑像保护；把做好的壁画保护板按规格编好依次立起来，然后用通杆螺丝连接，下面搭设扫地杆，然后连接斜撑，最后把盖板盖上，外面与保护架连接，上面铺盖柔性材料、塑料布防雨防尘，且殿内留好检查门，配置温度计、湿度计，并有专人检查并做好记录；搭设双排保护架保护斗栱，把保护板撑杆与保护架二次加固，上面水平方向铺木板，再将斗栱保护盒托住，与立杆（龙骨）斜拉固定；外搭保护架基本与里面相同；塑像保护正面留好检查门以备检查。

3. 灰土桩成孔成桩

现场距离建筑物包台6m外进行了直桩和斜桩的试桩，试桩施工时现场水位较低，以及设计灰桩桩径较小，斜桩倾斜角度也不大，未发现塌孔现象。为做到万无一失，万一发现土质松软，发生塌孔现象，首先探明塌孔位置，将砂和黏土混合物回填到塌孔位置以上1~2m，等填物沉积密实后再重新冲孔。斜桩采用丝结杆铸铁重锤夯筑。

灰土桩成孔

1）原材料进场严格控制，石灰材料应选用新鲜生石灰块，有效氧化钙含量不低于70%，粒径不应大于70mm，含粉量（即硝石灰）不宜超过15%，粉煤灰含水量宜控制在20%左右，确保密实度的施工控制指标。

2）灰桩添料配比为：水泥:生石灰:粉煤灰＝1:2:7。

3）灰桩布置说明：沿建筑墙及柱角梅花布置，桩径ϕ150mm，墙体内外各打两排，里一排为竖向位置，间距800mm，外一排为斜向与竖向交错布置，间距800mm，柱顶石边缘打一排，四个角布置斜向桩，桩径ϕ150mm，间距为450~500mm之间，灰桩分两种一种为有斜向15°成桩，桩底标高-5m，一种为竖向成桩，桩底标高为-6m。

4）桩施工顺序执行先外排后里排，同排内间隔进行施工，按先1号后2号，最后3号补桩的顺序进行分段间隔施工，以免因挤压振动造成相邻孔缩孔或塌孔，且墙内外桩，及东西山墙对称同时施工，保持基础受力均匀，成孔后立即夯实、夯平，夯击次数不少于8击，并立即回填，即成孔即成桩，不大面积先成孔后成桩。

灰土桩成桩

5）灰桩施工采用定制15cm洛阳铲人工夯实，填料时必须分段夯实，每段填料厚度不大于400mm；人工夯击用铸铁重锤，落锤高度不小于2m，每层夯击不小于10锤，施打时，逐层以量斗定量，均匀地向桩孔下料、逐层夯实，桩顶夯筑高出设计标高15cm，挖土时将高出灰桩铲除。

拆除屋面正吻

6）进入场地的材料做到防水、防雨、防火措施，做到随用随进；桩位偏差不宜大于0.5倍直径。

4. 拆除屋面瓦件、木基层、木构件

拆除瓦顶前，对一些艺术构件如雕花脊筒、大吻、小兽等进行编号，并做出编号位置图，以免在重新安装时不会装错。编号依一定的顺序进行，从西北角开始，逆时针旋转方向编号。在图

拆除木基层

上写明构件名称和编号数，在实物上用墨汁书写在隐蔽处，颜色一般与瓦件颜色有明显的区别。对于数量多，位置关系不大的如勾头、滴水、扣脊瓦、板瓦、椽子等，一般不进行编号，仅对于特殊的部分编号。对梁、柱、枋、檩、斗栱、装修、脊饰等都要进行编号处理，注明其所在的位置、规格、材质、残损情况及拟采取的维修措施。

5. 大木构件打牮拨正、加固

1）柱网打牮拨正。对屋面进行揭顶卸除负荷后，然后建立整体柱网标高、空间监测体系。墙体内柱子需预先掏挖柱门，用杉篙，扎绑绳等，绑好迎门戗（顺梁身方向，和梁身呈180°角的支撑斜柱）和捋门戗（梁身中部和梁身呈90°角的支撑斜柱）。对梁架进行打牮拨正支护完毕后，保持柱础不变，顶升后在柱下施以相应厚度的金属或石材，取得平整度，然后再调整、拨正柱头到原来位置。

柱子校正完成

2）裂缝的处理。该殿裂缝程度较小，仅五椽栿、丁栿等处存在轻微裂缝，故只将缝内杂物及尘土清理干净后施以整根木条附环氧树脂贯楔。

3）糟朽的处理。明柱受糟朽影响较小，糟朽主要集中在墙内暗柱柱根。为不影响殿内四周墙体的安全，在“最小干预”的原则前提下，只需将柱外侧墙体进行局部开槽验槽。糟朽深度在3cm以内、长度不超过100cm、宽度不超过15cm，且糟朽程度未超过整个构件面积四分之一的，采取整体防腐、剔补加固的方法。具体做法

大木构件施铁箍锚固

是，先将糟朽部分剔除干净，然后施以有机氯和剂进行防腐处理，然后施干燥木条依原样及尺寸用环氧树脂粘接修整，最后施铁箍锚固。

4）构件拨榫、滚动的加固处理。将梁架逐一拨正归位后，进而将滚动位移的檩件进行复位，发挥其应有功能。对于大梁滚动、瓜柱歪闪、梁枋拨榫的现象，可随梁架拨正时，重新归位吊装安好。将梁、柱子、梁枋、瓜柱用扒钉拉结钉牢。檩条榫卯完好的情况下，在重新拨正搭接好后，用扒钉与瓜柱钉牢或檩条与檩条用扒钉拉结，也可用铁板条或木板条做夹板拉结钉牢。如果严重者，以上方法可同时并用。

码放整齐的木材

5）更换椽子、飞椽。屋椽总体保存较好，但有部分椽飞残损严重，按照原有旧件的形制采用上等落叶松补配。按照设计图要求布钉时为加大增强大殿上部结构的整体性，有效防止各部位檩条错位滚动，在每一缝内均匀布设3组拉杆椽，拉杆椽用直径18mm的螺栓固定。更换飞椽，先搭

铺设望板

尺量补配构件

好作檐的架子，由木工将连檐、瓦口、望板、飞头拆下。飞头拆下后，选择比较完好的一根，飞头后尾用钉钉牢，然后在两根飞头迎面的上楞各钉一个小钉，在两钉间拴小线，用一垂直木杆上顶飞头下楞，下顶台明基石，在迎面看好平正，上下要和檐椽对直，迎头上楞要跟线，飞头尾要钉牢固。然后按飞头档装好所有闸挡板。闸挡板上口要平、缝口要严。最后钉连檐、望板。

补配构件已安装完成

6）铺作检修。梁架归位后检修周檐铺作。补配各类残损构件。维修时，从修理单体构件开始，然后再进行整攒斗栱的归整。对糟朽的构件如超过断面面积2/5以上的要做重点评估，揭修时如发现特别严重无法继续用的，报设计单位，批准后予以更换，2/5以下糟朽的构件剔除朽坏部分采取修加固措施。重新制安的铺作构件均采用原材料或者榆木材料。根据“保持现状”的原则，修补具体办法如下。

斗：劈裂为两半，断纹能对齐的，粘牢后可

继续使用，断裂面不能对齐的或者严重糟朽的应更换，斗耳断落的。按原尺寸式样补配，粘牢钉固。

栱：劈裂未断的灌缝粘牢，左右扭曲不超过0.3cm的继续使用，超过的更换。榫头断裂无糟朽现象的灌浆粘牢，糟朽严重的可锯掉后接榫，并用螺栓加固。

昂：裂缝粘接与栱相同，昂嘴脱落时，照原样补配，与旧构件相接平接或榫接。

正心枋、外拽枋、挑檐枋等：斜劈裂纹的用螺栓加固，灌缝粘牢。部分糟朽者剔除糟朽部分，用木料补齐。整个糟朽面积超过断面2/5以上或折断时应更换。

构件的更换：构件数量过多时，所用木材的干湿程度很难一致，在逐步干燥过程中收缩程度不同，锯截时相等的构件经过一段时间就会出现

剔补、更换构件

不同的后果。在更换斗栱构件时，需经过仔细研究，寻求其变化规律。定出更换构件的标准样式和尺寸，并做出样板以利于施工制作。

6. 墙体工程

本次修缮主要对大殿外侧裂缝、酥碱部位进行加固修缮。根据墙体残损的不同程度，分别采取剔凿挖补、局部拆砌（打牮拨正柱网时对柱外裂缝墙体进行拆除，待打牮拨正柱网、梁架，屋顶工程完工，综合校正监测合格后，按原材料原工艺回砌墙体）、剔补挖补等方法进行整修加固。

1）剔凿挖补。先用钻子将需修复的地方凿掉。凿去的面积应为整个单砖的整倍数。然后按原墙体砖的规格重新砍制，砍制后按照原样原做法重新补砌好，里面灰要背实。

修缮后的墙体

2）局部拆砌。将需拆砌的地方拆除。如有砖槎，应留坡槎。用水将旧槎洇湿，然后按原样重新砌好。

7. 屋面工程

1）屋面苫背

望板铺钉完毕之后先抹2cm的护板灰。护板灰是用泼灰和麻刀（20:1重量比）加水调匀而成。用来保护望板和椽子。

开始苫背，泥背用料是将灰与泥（1:3）再加适量滑秸（麦秆）用水闷透调匀。抹背不少于二道，每层泥背厚度不超过5cm，檐头和脊部的灰背应稍薄。灰背囊度随木架举势。为防止屋顶生草，所用泥为深层黄土。每层灰背需和缓平整、并层层拍实。在泥背上开始苫青灰背，青灰背采用大麻刀月白灰，须反复赶轧，次数不少于“三

苫护板灰、泥背

苫青灰背

浆三轧”。

苫完背以后在脊上抹扎肩灰。“扎肩”使前后坡交点成为一条直线，并为整个屋面瓦垄的平直奠定了基础。抹扎肩灰时应拴一道横线，作为两坡扎肩灰交点的标准。线的两端拴在两坡博缝交点的上棱。前、后坡扎肩灰各宽30~50cm，上面以线为准，下脚与灰背抹平。

2）瓦瓦

屋顶瓦件1/2是清宣统年间补配的小规格瓦件，与明代屋面瓦件规格不相匹配。屋面是用6

屋面琉璃剪边

种规格的瓦件混搭安装的。这种混搭做法难以保证屋面瓦顶的整体性、耐久性与防水性能。为合理使用旧有瓦件，保持屋面整体协调性，故重新瓦瓦时，前坡用早期瓦件（筒瓦32cm×14cm，板瓦宽度为20cm），正中保留原有的琉璃套方，两侧新增琉璃套方，檐头全部使用琉璃剪边；后坡用现有瓦件（筒瓦24cm×11cm，板瓦宽度为16cm）瓦瓦；两山屋顶施以早期瓦件（32cm×14cm，板瓦宽度为200cm）重新瓦瓦；补配屋面50%的筒板瓦。瓦瓦泥选用3:7灰泥。瓦瓦前首先确定该屋面是筒瓦居中还是板瓦居中，根据分中号垄进行冲垄。根据屋面大小、筒瓦规格而定冲垄数。先号边垄，拴好“齐头线”“楞线”和“檐口线”再冲屋面中间的瓦垄。屋面所冲的垄须曲线平滑、均匀一致。冲垄、瓦瓦底瓦必须保证三搭头。盖瓦满粘月白浆、底瓦沾满白灰浆。底盖瓦的瓦脸灰、捉节灰应饱满不得有脱落和洞眼。盖瓦夹垄灰分二次进行要密实、光滑、直顺。屋面完成后瓦件清扫干净，瓦面刷浆色泽应均匀一致。

屋面琉璃套方完成

3）调脊

双林寺大雄宝殿屋脊原为孔雀绿主色调的浮雕琉璃脊筒造法。后期维修时候将部分琉璃垂脊用于补配正脊缺失部分；以部分琉璃戗脊补配垂脊部分；而以别处取得的青色素脊筒和小规格筒瓦、孔雀蓝脊饰瓦件等补配屋面其他缺失部分，

砌筑脊台

从而使得大殿现状脊饰瓦件杂乱无章。在此次修缮中采取归安原脊饰件，按照旧制补配缺损，恢复原貌，可以更好地保护各部位残存的脊饰吻兽，另可恢复该殿原状瓦顶的艺术风范。

根据正脊补配缺失部分且将歪闪的脊饰构件拨正归位；移除正脊处的旧垂脊，按原有形式重新归位复原；拆安、补配缺失的前后坡垂脊脊筒、垂兽；参照垂脊处的戗脊补配东南、东北、西南、西北角四处缺失的戗脊及4个戗兽；补配正吻下的脊座；对旧有的屋面琉璃瓦件釉面脱落严重的进行补釉面。垂脊自下而上依次垒砌。其上

安装正吻

各层脊、兽件做灰和使碰头灰要足。头缝填馅须平整。脊兽桩钉牢，吻兽位置准确周正平稳。各条脊均要平直顺向，各构件脊日平整、严实，角度一致、直顺高低一致。调正脊要挂通直线。调垂脊（戗脊）拉线找好弧度，自角端部开始，一次安装垒砌。按原位置安装跑兽、垂兽，然后做兽后部分，内用灰泥填满，至最顶端留一段等吻安装好在封口。按正吻前安好吻桩子，涂好防腐材料，吻内用灰泥装满，垒砌封固。

8. 地面工程

室内地面铺墁完成

殿内地面有下沉现象并且大面积凸凹不平、碎裂，拆除后，夯实3:7灰土重新铺墁，地面砖

室外地面铺墁完成

都经过打磨后方可使用，揭墁时必须重新铺泥、揭趟和坐浆，绝不干墁。室外地面比室内地面容易受到雨水的侵蚀，所以用灰土夯实基层再进行铺墁。铺墁前按设计标高抄平，室外地面向外做7/1000的“泛水”。

9. 整修台明

台明夯实3:7灰土

恢复东、西、后檐旧台明砌体，旧台明外边缘距山墙外皮1.2m，符合传统建筑上下檐出的营造规制，也可证明现有台明为后人维修时增设的外包砌体。两

台明砌筑完成

山墙及后檐台明、月台均用条石压檐。外皮施以青砖包护。操作时以两端条石外皮为标准拴一条横线。条石的归置都要以这条线为准，安装的条石打道砸花锤雕刻。

10. 装修、天花板

由于年久失修，门板、门框、槛窗，隔扇等木构件出现不同程度的轻微糟朽、裂缝、心屉缺失、榫卯松脱。采用环氧树脂附

门板施工中

木条贯楔进行嵌补加固，补配缺失的心屉，隔扇槛窗整扇拆落，归安方正。

修缮后的天花板

天花板由于年久失修造成下垂，并有部分为后期补配胶合板天花，严重影响整体性。在维修时，选用与原天花相同规格、相同风格样式的天花。更换时对新旧的天花的匹配做到万无一失，对于现有的旧天花，对一井一井天花板进行加固检查，发现疵病及时处理，再给天花板油漆彩画。

（四）保护棚架、脚手架、围挡、零时用房拆除

1. 拆除前，班组成员要明确分工，统一指挥，操作过程中精力要集中，不得东张西望和开玩笑，工具不用时要放入工具袋内。

2. 正确穿戴好个人防护用品，脚应穿软底鞋。拆除挑架等危险部位要挂安全带。

3. 拆除前，周围应设围栏或警戒标志，在交通要道设专人监护，禁止无关人员入内。

4. 严格遵守拆除顺序，由上而下，一步一清，不准上下层同时作业。

5. 拆除脚手架的大横杆、剪刀撑，应先拆中间扣，再拆两头扣，由中间操作人往下顺杆子，不得往下乱扔。

6. 拆除的槽钢、脚手架杆、脚手板、钢管、扣件等材料应往入传递或用绳索吊下，不得往下投扔，以免伤人和不必要的损失。

7. 拆除过程中不得中途换人，如必须换人时，应将拆除情况交代清楚。

8. 拆除过程中不得中断，如确需中断应将拆除部分处理清楚，告一段落，并检查是否会倒塌，确认安全后方可停歇

9. 拆除完后应将架料分类堆放，堆放地点要平坦，下设支垫保证排水良好。钢类最好放置室内，堆放在室外应加以遮盖。对扣件、螺栓等零星小构件应用柴油清洗干净装箱、装袋分类存放室内以备再用。

10. 弯曲变形的钢构件应调直，损坏的及时修复并刷漆以备再用，不能修复的应集中报废处理。

11. 拆除时设置安全网，安全网的质量必须符合GB5725-35规定，即外形尺寸为1.8m×6m和4m×6m两种，每张网的重量应少于15kg/张，大于8kg/张，安全网分平网立网两种。立网的目数应在2000目（10cm×10cm）以上。

五、工程评价

平遥县文物局及相关领导对平遥双林寺大雄宝殿修缮保护工程都给予了高度的重视，莅临现场指导工作。在各级领导的关注下，施工单位认真组织施工，合理地制定施工组织计划，从原材料、施工工艺、施工人员、施工安全等4个方面把握了工程质量。

修缮后的大雄宝殿

介休后土庙

工程名称：山西介休后土庙保护修缮工程
建设单位：介休市文物局
设计单位：山西省古建筑保护研究所
监理单位：山西省古建筑工程监理有限公司
施工单位：山西省文物技术中心
项目负责人：杨海军

三清观影壁修缮前

三清观影壁修缮后

一、概况

介休后土庙，是一处道教庙宇，位于山西省介休市城内庙底街，是由后土庙、三清观、吕祖阁等组成的古建筑群，建筑面积2206m^2，为第五批全国重点文物保护单位。现存建筑为明洪武年间（1368年~1398年）至清道光年间（1821年~1850年）不断添建而成。

后土庙古建筑群，坐北向南，有五进院落，两条并列的中轴线。西轴线由南到北依次为三清观影壁、山门、护法殿、献亭（两侧东西配殿）、三清楼、乐楼（两旁置钟鼓二楼），后土庙大殿（包括三官殿及真武殿，原殿前有献亭）、东西厢房；东轴线为后土影壁、山门，通过一条30m的通道，拾级而上为娘娘殿，殿前原有献亭1座，毁于1947年，殿前西墙原有一门，通往后土庙大院。主轴线东侧，依次并列着三座庙宇均为后土庙的组成部分，依次为吕祖阁（纯阳宫）、关帝庙、土神庙，三庙前为一个大院。南面3座三间卷棚硬山造戏台排成一线，分别对应3座庙宇，前端这种3座戏台为三连戏台的型制，全省仅此一例，后被前面砌墙改为学校教室；吕祖阁为一进院，中间一牌坊，院内正中建筑为两层，一层砖券三间无量殿、上置悬山造吕祖阁三间，明间出歇山造抱厦，屋面黄绿琉璃剪边，东西砖券窑洞各三间，上有楼阁；关帝庙为一进院，过殿五间硬山造，大殿为二层，一层为五间砖券无梁殿，上为三间硬山造春秋楼，东西原有廊，现为厢房，过殿和春秋楼均为琉璃剪边；土神庙院落不完整，仅存硬山造黄绿琉璃剪边正殿三间，以及西配殿三间，原三连戏台东西两侧有对称的两个砖券旧式庙门，已拆毁。现存规模为明正德年间扩建，以明清建筑为主。后土庙琉璃从明至清佳品极为丰富，屋面金碧辉煌，堪称山西琉璃艺术宝库。

二、后土庙古建筑群修缮项目

（一）三清观影壁

影壁。始建于明代，长9530mm，厚1120mm，高8070mm。方石基座，细磨砖砌筑，中心四岔作法，两侧壁心为“麒麟闹八宝”“二龙闹海”，上面正脊为黄、绿、蓝三彩琉璃饰件。

屋面揭瓦，补配残缺琉璃饰件，台明压沿石拆卸、整修、归位，台面砖及垫层拆除，重并铺墁，酥碱墙砖剔补。

院地面。方砖地面全部揭取重新铺墁，铺地掺灰泥5:5。地基渣土换填3:7灰土，压实系数≥90，全部人工换填深1m。

（二）三清观山门殿

三清观山门殿修缮前

1. 建筑结构。清代建筑，面阔三间，通面宽10.58m，进深五椽通进深8.855m，建筑面积93.67m^2。五架梁对前单步梁，脊檩处施丁华抹颏拱、叉手，斗栱为一斗二升交象头，前廊式单檐硬山顶，琉璃剪边及方心筒板瓦屋面。前檐明间设板门、迎风板，两侧为方格形砖雕，后檐明间为六抹隔扇门、迎风板。

三清观山门殿修缮后

2. 修缮内容。殿内塑像、壁画保护，屋面全部揭取、拣选补配修补瓦件后重新铺瓦，苫背拆除重做，木基层拆卸、构件拣选补配嵌补后安装，装修拆修安，大木构架整体拨正调平、木构件嵌补加固、局部拆换，柱抽换、墩接，西山墙整体拆除重砌、其他墙面剔补修复、东山墙内柱探挖剔补，殿内外地面全部揭取重新铺墁，台明压沿及踏跺整修、台帮拆除重砌，地基人工杂填土换填3:7灰土，拆卸砖瓦件及进购旧砖瓦件剔灰面、砖件切割磨制，木构件断白油饰，脚手架工程，场内及场外材料运输等。

（三）三清观护法殿

1. 建筑结构。清代建筑，面宽三间10040mm，进深五椽7920mm，设后廊，单檐硬山顶，琉璃剪边筒板瓦屋面。前檐明间为四扇六抹隔扇门，次间设砖砌窗洞，后檐明、次间设四扇六抹隔扇门，地面方砖铺墁，内有4尊塑像。梁架为五架梁对后单步梁，斗栱为一斗二升交象头，脊檩处施丁华抹颏拱。殿内塑四大天王，即四大护法金刚，造型高大威武，各持一法器。

护法殿修缮前

2. 修缮内容。殿内塑像、壁画保护，附属文物保护，屋面全部揭取、拣选补配修补瓦件后重新铺瓦，苫背拆除重做，木基层拆卸、构件拣选补配嵌补后安装，装修拆修安，大木构架整体拨正调平、木构件嵌补加固、局部拆换，柱抽换、墩接，东山墙整体拆除重砌、其他墙面剔补修复、西山墙内柱探挖剔补，殿内外地面全部揭取

护法殿修缮后

重新铺墁，台明压沿石整修归位，地基人工杂填土换填3:7灰土，拆卸砖瓦件及进购旧砖瓦件剔灰面、砖件切割磨制，木构件断白油饰，脚手架工程，场内及场外材料运输等。

（四）三清观献亭

献亭修缮前

1. 建筑结构。清代建筑，建于台明上，通过甬道与护法殿衔接，面宽三间10020mm，进深五椽4870mm，单檐卷棚歇山顶，琉璃剪边带坊心筒板瓦屋面。地面方砖斜铺，六架梁通达前后用两柱卷棚式，斗栱为三踩单昂。

2. 修缮内容。附属文物保护，屋面全部揭取、拣选补配修补瓦件后重新铺瓦，苫背拆除重做，木基层拆卸、构件拣选补配嵌补后安装，大木构架整体拨正调平、木构件嵌补加固、局部拆换，柱检修嵌补，台明台帮风化砖剔补，台明地面残损砖件剔补，台明压沿石、踏跺、抱鼓石整修归位，进购旧砖瓦件剔灰面、切割、磨制，木构件断白油饰，脚手架工程，场内及场外材料运输等。

献亭修缮后

（五）后土庙钟、鼓楼

1. 建筑结构。清代建筑，平面近方形，上下两层，下为砖砌券洞，上为单间十字歇山顶，施45° 抹角梁，柱头及补间各一攒五踩斗栱。

钟楼修缮前

2. 修缮内容。屋面全部揭取、拣选补配修补瓦件后重新铺瓦，苫背拆除重做，木基层拆卸、构件拣选补配嵌补后安装，补配装修，大木构架整体拨正调平、木构件嵌补加固、局部拆换，柱墩接，墙体垛口部位拆除重砌、其他墙面剔补修复，上下地面全部揭取重新铺墁，台明压沿石整修，砖踏跺拆除改石质踏跺及石质栏板，拆卸砖瓦件及进购旧砖瓦件剔灰面、砖件切割磨制，木构件断白油饰，脚手架工程，场内及场外材料运输等。

钟楼修缮后

鼓楼修缮前

鼓楼修缮后

（六）三清殿及戏楼

1. 建筑结构。重建于明正德十四年（1519年），是庙群中脊顶最高、结构最复杂的建筑，总高15.2m。三清楼下为三清正殿，上为三面围廊的三清楼（又名八卦楼）。面阔三间，进深两间，平面是“凸”字形，三重檐十字歇山顶。它的背面有带抱厦的后土庙戏台，面阔五间，进深三间，重檐歇山顶。三清楼和戏台巧妙衔接，精巧而富于变化，成为明、清楼阁式建筑之典范。它将中国古建筑中歇山、十字歇山和悬山顶各种造型巧妙地组合在一起，成为集殿、台、楼三位一体的独特建筑形式。

戏楼修缮前

三清殿东西两山墙留有两个通道，可经过戏台底部到达后土庙院内，三清楼的下层为三清正殿，殿内正面塑三清圣像，正中为玉清元始天尊、右为上清灵宝天尊、左为太清道德天尊，在三清塑像两旁站立二尊像，分别为葛玄、葛洪。三清殿的东西两旁，还有四尊坐像，即尧、舜、禹、汤。各像身材端庄、比例适度、线条流畅，为明代塑像之佳作。背面后土庙戏楼，左右开重檐悬山造，八字形影壁，中间突出抱厦，台面虽高，但低于三清阁楼，是解决“乐上神下”矛盾之成功建筑范例。楼顶琉璃是后土庙的精华之一，黄、绿、蓝三彩烧造的高耸的鸱吻、楼阁、开合俯仰的莲花脊筒等饰件，造型优美、颜色纯正、做工精致。殿内装饰棂花格扇，玲珑剔透，戏楼木雕工艺精致无比。

戏楼修缮后

2. 修缮内容。殿内塑像及附属文物保护，琉璃屋面全部揭取、拣选补配修补瓦件、饰件后重新铺瓦，苫背拆除重做（局部支垫部分木板），木基层拆卸、构件拣选补配嵌补后安装，装修拆修、补配、安装，大木构架整体拨正调平、木构件嵌补加固、局部拆换，藻井拆修安，柱抽换、墩接，部分墙体拆除重砌、其他墙面剔补修复、墙内柱探挖剔补，殿内外地面全部揭取重新铺墁，戏楼楼板、承重等折卸、补配，两侧砖踏跺拆除改制为木楼梯，台明压沿石整修归位，地基人工杂填土换填3:7灰土，拆卸砖瓦件及进购旧砖瓦件剔灰面、砖件切割磨制，木构件断白油饰，脚手架工程，场内及场外材料运输等。

（七）后土大殿及三官、真武殿

1. 建筑结构。明正德十五年（1520年）重建，面阔五间12060mm，进深三间8330mm，重檐歇山顶，明间五架梁前后单步梁通檐用四柱，次间前后三架梁对前单步梁，通檐用四柱。左右各设垛殿（左真武殿、右三官殿）各三间，面阔五间8550mm，进深三间6900mm，四架梁对前单步梁通檐用三柱，单檐悬山顶。屋顶全以黄琉璃铺盖，显示后土的尊贵。大殿前檐悬有“厚德载物”横匾一方，为1999年张颔先生赐题。

后土庙大殿修缮前

后土庙大殿修缮后

檐下斗栱及雀替各具特色：正殿共计斗栱42踩，一层前檐斗栱为五踩双昂重栱计心造，明间平身科出45° 斜拱，后檐柱头科及平身科各一攒三踩斗栱；二层斗栱20攒，柱头及补间均为七踩三重昂重拱计心造；左右垛殿共计斗栱24踩，前檐斗栱为五踩双昂重拱计心造，明间平身科出45° 斜栱，后檐柱头科及次间平身科各一攒三踩斗栱，明间平身科出45° 斜栱。

2. 修缮内容。殿内塑像、彩画保护，屋面全部揭取、拣选补配修补瓦件后重新铺瓦，苫背拆除重做，木基层拆卸、构件拣选补配嵌补后安装，大木构架整体拨正、木构件嵌补加固、局部拆换，柱抽换、墩接，墙体裂缝及墙面风化、酥碱部位剔补修复，殿内外地面全部揭取重新铺墁，台明压沿补换及踏跺整修、台帮拆除重砌，地基杂填土换填3:7灰土，木构件断白油饰，脚手架工程，场内及场外材料运输等。

大殿梁架二层檐斗栱全部拆卸检修，后檐斗栱全部拆卸检修，梁架支顶检修构件并整体拨正，探挖墙内柱，根据残损情况后墙内柱多为半截支顶且糟朽，严重影响建筑安全不能继续使用，全部更换，山墙内柱部分墩接，抽换及检修柱侧墙体拆砌。墙下槛及三官、真武殿水泥地面拆除，三官殿吊顶拆除。

（八）后土庙娘娘殿

1. 建筑结构。清代建筑，面宽三间8690mm，进深一间6380mm，单坡硬山顶，明间前设单檐卷棚歇山顶一间，布瓦屋面琉璃剪边带琉璃坊心，双步梁通达前后用两柱、金步设瓜柱荷叶角背、单步梁。明间前设卷棚单间歇山抱厦，四梁梁（金檩）承双脊瓜柱、向日葵角背、顶步架，三踩单昂斗栱。

后土庙娘娘殿修缮前

2. 修缮内容。屋面全部揭取、拣选补配修补瓦件后重新铺瓦，苫背拆除重做，木基层拆卸、构件拣选补配嵌补后安装，大木构架整体拨正、木构件嵌补加固、局部拆换，柱抽换、墩接，墙体裂缝及墙面风化、酥碱部位剔补修复，殿内外

后土庙娘娘殿修缮后

地面全部揭取重新铺墁，台明压沿补换及踏跺整修、台帮拆除重砌，地基杂填土换填3:7灰土，木构件断白油饰，脚手架工程，场内及场外材料运输等。

（九）三连戏台

1. 建筑结构。三连戏台由吕祖阁戏台、关帝庙戏台、土神庙戏台由西到东排成一线，现俗称“三连戏台”。各戏台间通过一间过道连接。吕祖阁戏台，面宽三间11980mm；关帝庙戏台，面宽五间19600mm；土神庙戏台面宽三间9530mm；三戏台进深各一间7400mm，四架梁通达前后用三柱，单檐卷棚硬山顶，布瓦屋面琉璃剪边带琉璃坊心。

2. 修缮内容。屋面全部揭取，拣选补配、修补瓦件后重新铺瓦，铺瓦灰泥比7:3；苫背拆除重做，泥背灰土比5:5；木基层拆卸，构件拣选补配、嵌补后安装，吊顶拆除；后人改制装修全部拆除，按戏台原制补配内装修及后檐装修；墙体裂缝，两山墙全部拆除重砌，墙面风化、酥碱部位剔补修复，后人增砌前檐墙体及内墙体拆除，墙下槛水泥面拆除，抽换及检修墙内柱墙面剔

砌；殿内外地面全部揭取重新铺墁，台明压沿石补换整修，台帮拆除重砌，后人增建前檐踏跺拆

三连戏台修缮前

除；地基杂填土换填3:7灰土，青砖浆砌柱基础；木构件断白油饰，脚手架工程，场内及场外材料运输等。

梁架大木构架因柱网倾斜，整体倾闪，原设计方案勘察时未将顶部吊顶拆除，隐蔽部位未能勘察到位，梁架构件残损严重。梁架整体拨正调平，木构件嵌补加固、局部拆换，补配残损严重不能使用构件；原设计方案勘察时未探看墙内柱，将墙内柱漏察（原图中可见未标识墙内柱，

三连戏台修缮后

缺12根墙内柱，这部分内柱的残损情况原设计未勘察），维修将残损柱抽换、墩接，探挖墙内柱、根据残损情况墙内柱抽换或墩接；斗栱全部拆卸检修、补配残损及缺失构件。

三连戏台后檐维修时拆除后人改建砖砌护墙，原建筑结构形制及装修痕迹露出，根据勘察结果复建后檐转身平台。转身平台砖石结构，3:7灰土填实地基，灰浆砖砌基础，砖砌看面墙体，石质踏跺、压沿、地伏，石质栏板及望柱、抱鼓。

（十）吕祖阁建筑群

1. 院落布局。位于后土庙东侧，是后土庙建筑群的组成部分。现存一进院落，南为二柱一楼木牌坊，北为正殿二层建筑，东西两侧为配楼及耳楼。正殿下层为三间前后联体的窑洞，窑洞上建献厅、吕祖阁。

2. 建筑结构。献厅，下层是前组窑洞，为三间前插廊后横窑结构，仅明间用2根上下相通的廊柱，次间窑廊的枋木直通厢房的砖墙内。上下层廊交接处施穿插枋，其上置楼板。窑洞平面墙体结构近“而”字形，前壁开3个券洞，中接横向的通券窑，后壁仅明间砌神龛，明间窑洞前设门，为通道，两次间窑前设槛墙与窗户。上层为献亭，平面为“凸”字形，面宽三间，明间前为抱厦，进深明间二间，次间一间，明间施六架梁，梁头置于抱厦的柱头科上。次间施四架梁，前廊柱间施栏杆。两山柱旁为平台过道，沿窑洞山墙砌拦墙。

修缮前

吕祖阁，下层为太虚洞窑洞式，东西向砌筑横窟，西边超出前横窑一间，在尽头向南开窑洞门，窑洞口为二券二伏。上层正殿面宽三间，进深二间，前设廊，前单步梁对后四架梁，殿内施前金柱，两山与后面砌砖墙单檐悬山式灰瓦顶，琉璃剪边，琉璃脊。

东、西配楼，为二层建筑，下层为三孔窑

修缮后

洞，上层为带前廊的单坡硬山顶。配楼南有一间砖砌两层耳楼，下层为砖房前脸窑洞式，上层为简易的砖木结构房。配楼及耳楼均经后人功用而有大幅度的改造，主要为一层装修的改制及二廊部改制。

3. 修缮内容。吕祖阁现存一进院落整体排水靠自然坡度，现建筑外院地坪，高于院面175mm，院内底层院面局部凹陷，牌坊、正殿、东西配楼及耳楼，柱子倾闪，墙体裂缝、屋面严重坍塌，东西配楼及耳楼存在较严重的残损且经后人改造较多。

吕祖阁修缮后

1）牌坊：本体保存较完整，主要残损为屋面瓦件残损、瓦节脱节，南侧地面、抱鼓石人为抬高、踏跺后人改建制作粗糙，墙体酥碱、裂缝严重。

2）吕祖阁：一层由前后两组窑洞组成前组窑洞，现为三孔前插廊后横窑式结构为太虚洞，后组窑洞为一孔横通窑，与前组横窑相联，共用一墙体，东部比前窑宽出一间，在尽头向南开设洞口，西部洞口现碎砖封堵。吕祖阁二层当地进行过维修现状较好，此次维修主要为太虚洞及前廊。

地面及地基：太虚洞内外地面及一、二层院地面。

墙体：裂缝及酥碱砌体拆砌或墙砖件剔补。

装修：拆除后人更改，按原貌补配。

3）东西配楼：屋面全部揭取、拣选补配修补瓦件后重新铺瓦，苫背拆除重做，木基层拆卸、构件拣选补配嵌补后安装，后人改制装修拆除全部按原貌补配，大木构架整体拨正，木构件嵌补加固，大部分构件拆换，柱全部更换，墙体裂缝及墙面风化、酥碱部位拆卸、剔补修复，殿内外地面全部揭取重新铺墁，台明压沿补换及踏跺整修、台帮拆除重砌，地基杂填土换填3:7灰土，木构件断白油饰，脚手架工程，场内及场外材料运输等。

墙体：近年因功用而改造，增设前檐砌体，山墙严重酥碱，局部开裂，东配楼墙体二层部分残损严重，主要表现为裂缝、倾闪。

梁架：三架梁对前单步梁通檐用三柱，明间增设辅助檩支撑，檩枋走闪，构件脱榫、糟朽、裂缝严重，经现场勘察东配楼梁架构件残损较西配楼严重，大部分均需更换。

4）东西耳楼：后人因为功用而改造较大，且屋面残损严重，墙体裂缝、墙砖风化酥碱，木构件全部因年久失修糟朽，地面水泥抹面裂缝、砖地面磨损碎裂，地基杂填土换填3:7灰土，木构件断白油饰，施工脚手架工程，场内外材料及建筑污土运输等。

院地面：二层院地面方砖铺地，残损严重，风化、碎裂、磨损均达85%以上。

（十一）关帝庙建筑群

1. 建筑布局。关帝庙位于吕祖阁建筑群的东侧，坐北朝南，一进院落。中轴线上从南至北依次建有戏台、过殿、正殿（上层为春秋楼），过殿与正殿之间，两侧建有两厢游廊。

关帝庙修缮前

2. 建筑结构。过殿：面宽五间，进深二间，前后单步梁通檐用三柱，明间为通道。单檐硬山式筒瓦顶，琉璃剪边、琉璃坊心，琉璃正吻。

正殿：五间窑洞，明次间前设廊，单步梁前出头雕成龙头，后尾插在窑洞砖壁上，单坡硬山式灰瓦顶。

关帝庙修缮后

春秋楼：下为正殿，上为春秋楼。面宽三间，进深二间，前单步梁对后三架梁通檐用三柱，单檐硬山式筒瓦顶。两山墙檐柱与金柱间券门洞。

两厢廊房，面宽各二间，进深一间，单檐单坡硬山式筒瓦顶。

3. 修缮内容。现存建筑因人为改造，年久失修等因素，使各建筑都存在着不同程度的残损。尤其过殿及两厢廊房、院内地面较为严重。

过殿及游廊：人为因素改造较严重。屋面全部揭取，拣选补配瓦件后重新铺瓦，铺瓦灰泥比7:3；苫背拆除重做，泥背灰土比5:5；吊顶拆除，木基层拆卸；梁架落架，大木构件拣选补配、嵌补后安装；斗栱检修；后人改制装修全部拆除，按原制补配装修；墙体裂缝两山墙局部拆除重砌，墙面风化、酥碱部位剔补修复，后人增砌墙体拆除，抽换及检修墙内柱墙面剔砌；殿内外地面全部揭取重新铺墁，台明压沿石补换整修，复建月台；地基杂填土换填3:7灰土；木构件断白油饰，脚手架工程，场内及场外材料运输等。

正殿及春秋楼：当地政府进行过局部维修。此次维修部分为正殿下层中部三间及上院地面部分。人为改造装修全部拆除按原制补配；殿内外地面全部提取重新铺墁，台明压沿石补换整修，地基杂填土换填3:7灰土；内墙皮铲除、墙面残损砖件剔补处理，拆除檐部装修下槛墙体；木装修及木基层断白油饰，神龛彩绘，脚手架工程，场内及场外材料运输，搬运殿内堆放杂物办公桌椅等。

院地面：由于院地面整体低于院外，排水受阻，地面砖返潮严重，地基杂土填充使院地面不平。揭取全部重新铺墁，地基杂填土换填3:7灰土。

4. 关帝庙过殿及游廊：原方案设计为过殿及配殿，修缮时拆除近人因功用增设的墙体门窗后发现，原建筑应为过殿连游廊而非配殿，经与相关单位沟通后修缮时按原貌恢复为过殿及游廊形式。

（十二）土神庙建筑群

1. 建筑布局。土神庙位于关帝庙建筑群的东侧，一进院落，现存正殿、西配殿。

土神庙修缮前

2. 建筑结构。正殿，面宽三间，进深二间，前单步梁对三架梁通檐用三柱，单檐硬山式筒瓦顶，琉璃剪边，琉璃正吻、脊刹。

西配殿，面宽三间，进深一间，单坡硬山式灰布瓦顶。

3. 修缮内容。正殿：当地政府进行过局部屋

土神庙修缮后

面揭瓦维修。残损墙砖剔补，补配装修，地面提取重新铺墁，地基杂土换填3:7灰土，台明压沿石拆卸、整修、补配，台明前踏跺拆卸整修补配，台帮拆除重砌，廊部木构件及装修油饰断白，脚手架工程，建筑污土及材料运输等。

西配殿：屋面全部揭取、拣选补配修补瓦件后重新铺瓦，苫背拆除重做，木基层拆卸、构件拣选补配嵌补后安装，装修拆除按原貌补配，大木构架整体落架、木构件嵌补加固、更换，柱更换，墙体拆除重砌，殿内外地面全部揭取重新铺墁，台明压沿石整修归位，地基人工杂填土换填3:7灰土，拆卸砖瓦件及进购旧砖瓦件剔灰面、砖件切割磨制，木构件断白油饰，脚手架工程，场内及场外材料运输等。

（十三）后土庙影壁、山门及前院

1. 影壁。始建于明正德十四年（1519年），清道光十五年（1835年）重建，长7310mm，厚920mm，高9120mm。方石基座，细磨砖砌筑，两侧壁心雕“鲤鱼跃龙门”和“蓬莱仙阁”吉祥图案，上施砖雕五踩斗栱，歇山顶，用罕见的孔雀蓝琉璃。

维修项目：屋面揭瓦，补配残缺琉璃饰件，酥碱墙砖剔补。

后土庙山门殿影壁修缮前

2. 山门。清代建筑，面阔五间13510mm，进深三间9010mm，单檐硬山顶。三架梁对前后单步梁，通檐用四柱，明间前后设门，前为板门，后为隔扇门。次间，前檐为砖砌六边什锦窗，后檐为四扇四抹隔扇窗。

维修项目：屋面揭瓦，补配残损灰陶瓦件20%，苫麻刀灰背灰:土=5:5，瓦瓦掺灰泥灰:土=7:3。台明拆卸整修归位。

3. 院地面。方砖地面全部揭取重新铺墁，铺地掺灰泥5:5。地基渣土换填3:7灰土，压实系数≥90，全部人工换填深0.7m。

后土庙山门殿影壁修缮后

4. 院围墙。东围墙墙帽及墙体整体拆卸，重做基础、重新以灰浆砌筑、重瓦墙帽，灰瓦件全部补配。

5. 东边门。墙体开裂，裂缝宽15mm，墙体下沉，瓦顶残损严重。

维修项目：屋面揭取重新铺瓦，边门踏跺及抱鼓石拆卸、整修、归位，墙体拆除重砌，墙砖及瓦件全部补配。

6. 院内拆除及换填渣土等建筑污土外运。补配收购砖、瓦件及灰土运输。

三、修缮项目完工总结

1. 地基加固。设计方案对地基处理方法为地基加固措施，采用压力注浆法加固。

材料采用普通硅酸盐水泥，其标号为32.5#，外加剂为硅酸钠，每米注浆用量≥50kg，水灰比0.8。

工作布置：孔深6m、孔径5cm、孔间距0.8~1m之间，距墙0.5m，共计布孔516，在具体施工时应根据现场条件可另行调整。

施工工艺：1）成孔：采用小型回转钻机成孔（孔深6m）；2）下注浆管：将加工好管插入孔中，地面余留15cm；3）封口：封孔深度0.7m；4）注浆；采用泥浆泵进行，压力控制在0.3MPa。

施工时我们认为这样做不符合文物保护的相关原则。1）采用硅酸盐水泥压力注浆不具可逆性。2）成孔时采用小型回转钻机成孔，这类的机械设备在各建筑殿内无法进行可行的操作，且机械作业产生的振动对古建筑造成的伤害无法估算。经与设计方、建设方、监理方沟通地基加固采用人工挖杂（渣）土换填3:7灰土，最大压实系数≥90。各院落及殿宇根据填充杂土情况换填3:7灰土深度为0.3~2.9m不等，全部人工夯填。部分殿、阁由于地基沉降使柱沉降严重导致墙体倾斜或裂缝严重，需要重新砌筑柱基础，柱基础采用拆卸墙体残损砖件以灰浆砌筑。

2. 地面。修缮殿宇全部方砖铺地，部分殿内由于近代办公等用途，方砖面上抹水泥面一层。维修时先将殿内外地面堆放杂物及用具清理、搬移，铲除水泥面层，揭取方砖地面。补配铺地方砖，加工后规格为275mm×275mm×58mm，铺地掺灰泥5:5、厚度60mm。

3. 墙体。后土庙墙体全部青条砖灰浆、采用磨砖对缝工艺砌筑。墙体拆卸青砖编号登记并进行拣选后存放保护棚（使用时需剔补灰面）。补配砖件应建设方要求及文物保护需要在当地及周边收购旧条砖（市场上大部分为机制砖，保护修缮用砖按设计要求采用手工砖），收购砖件经检测合格后方可使用，收购砖件因规格与原砖件相对有微差，需剔灰面后切割并磨制达到符合原砌体用砖件规格后用于墙体砌筑。内墙面原有抹灰的维修时铲除灰面，维修后按原制重新抹灰（靠骨灰及麻刀泥灰面），外墙面整体抹红灰。

4. 屋面。后土庙建筑屋面主要为灰陶筒板瓦屋面及琉璃瓦屋面，屋面揭取维修时，将拆卸瓦件及脊饰件分类编号登记并经过拣选后存放保护棚。

琉璃瓦件及饰件有残缺、残损两种情况。残缺为构部件部分缺失或全部缺失，残损表现为构件表面局部脱釉经修补后能继续使用、构件碎裂为不能继续使用需补配。工程用琉璃构件主要分布在屋面包括瓦件和脊饰件、山面博缝件。由于介休建筑琉璃享誉全国，而后土庙建筑为介休主要古建筑群，介休琉璃现存主要在此，因此对琉璃构件的修缮部分无论建设方或施工方均格外慎重，拆卸构件全部按所属殿宇及不同部位分别、分类编号，经过认真仔细的拣选鉴定，经三方（建设方、监理方、施工方）认可并且有依据可循方能补配或修补。经过大量的市场调查，选定几家不同地区琉璃烧制厂商后，按后土庙内不同颜色、块料烧制小样反复比对后，建设方同意最后确定为平定琉璃为后土庙琉璃补配、修复构件定点烧制供应商。后土庙琉璃构件主要颜色有黄色、绿色和孔雀蓝色，而孔雀蓝色烧制相对难点要高，而补配缺失构部件要与原槎对接，烧制件全部按原形制、规格、色泽、修复块样达到质量要求后（同样经过三方现场检查验收）方予以接收使用。缺损脊饰件在三方监督下跟人拉至烧制厂，将修补件烧制成品达到要求后运回现场修补加固。

灰陶瓦件及饰件亦有残缺、残损两种情况。现市面瓦件大部分为机制件，不符合后土庙修缮需要、瓦件质量及文物保护用材料的要求，经与建设方协商同意，后土庙修缮所用灰陶瓦件均向当地及周边民间收购旧瓦件（规格上有要求，基本为2#瓦件，建设方、监理方、施工方三方认可），收购瓦件与各建筑用件原形制、规格基本相符，经三方现场检验后方预接收使用，收购瓦件均需进行剔除灰面处理。脊饰件按原形制订制补配（缺失构件参照同类建筑物）。

屋面苫背按原制泥背为掺灰麻刀泥5:5，铺瓦灰泥为7:3。

5. 木基层。包括椽、飞椽、望板、大小连檐、瓦口、隔椽板等。这部分构件残损较严重，望板、连檐、瓦口、隔椽板等全部糟朽更换；椽及飞椽拆卸下架经编号登记后进行残损鉴定拣选，糟朽严重不能使用的按原形制、材料、规格予以更换，椽头糟朽的长改短移位置后继续使用，椽身轻度糟朽或裂缝的将表皮及裂缝部位清理干净，以木条嵌补并粘牢后原位归安。

6. 梁架。梁架维修根据梁架整体的残损及倾闪情况分为整体拨正、调平或落架整修。

梁架拨正、调平是指对由于地基或柱糟朽造成梁架侧倾、构件侧滚等情况的修正，将梁架整体支护，更换或修补残损构件，将每缝梁架及构件调正、调平并梁架间横向亦调正、调平。梁架拨正殿宇有三清观山门殿、护法殿、献亭、后土大殿及三官和真武殿。

梁架打牮拨正、调平——1）梁架拨正前先将构件榫卯缝隙清理干净，有加固的铁件全部取下，对已严重残损的檩、角梁、斗栱等构件先行拆下；2）各构件纵横中线方向要与相应的轴线一致，逐层抄平每层构件的标高到符合设计要求；3）相邻构件榫卯结构来实无误，在构件安装时预留位置贯设直梢，由下而上分层分次调整，每次调整量适中不宜过大，直到达到设计要求；4）梁架调整归位后在柱与额枋、檩端、廊架梁枋柱等位置加拉接件（80mm×6mm扁铁）加固。

后土庙戏楼、钟、鼓楼属半落架式。根据地基及梁架整体的残损情况，将其檐部斗栱以上（不包括檐部斗栱）拆卸，檐部斗栱及以下部分支护加固，将残损构件更换或修补。

梁架落架是因地基沉降严重，造成梁架的整体危险或梁架整体严重残损不能受力有可能发生危险的情况时，进行落架整修。落架构件编号登记并进行拣选后存放保护棚，需加固构件移至构件检修棚进行检修加固，加固构件根据残损情况进行清理、嵌补、墩接、加铁件打箍等加固；补配构件要按原质订购，根据规范达到材质要求，按原形制、规格、做法制作安装。需落架维修的殿宇有三连戏台、吕祖阁配楼、吕祖阁耳楼、关帝庙过殿及游廊、土神庙西厢房。

梁架立木归安——1）支搭承重架木，安好起重设备，构件按编号位置校对无误后运至预定位置，木构件拆卸前要将彩画保护并防止榫头折断或劈裂造成二次损坏；2）前后檐墙上端预留梁头位置，立檐柱、金柱、雀替、额枋归安，梁、瓜柱及檩归安；3）分层分件校正最后整体校正；4）每一层构架预装前检查榫卯严合，杜绝中线不合、平水不平、贯梢不严；5）随时复检各层构件标高，前后中线是否与轴线垂直相符，柱类吊靠垂直，柱头柱脚榫卯绞合严实；6）柱头直梢贯穿平板枋后，结构于坐斗底部的榫卯内；7）梁与墙头接触底面尽可能将梁头取平，以期稳定；8）整个梁架归安中，注意对构件的安全保护；9）梁架安装完成后，临时用斜杆斜撑将梁枋稳定，防止屋顶工程期间的失衡、变形、歪闪。

加固用铁件及铁钉全部按所属需加固构件要求订制。柱墩接、柱头柱脚加固、梁头包镶、梁身加固、檩头加固采用明拉扁铁倒刺钉紧固，檩头扁铁拉接、钉扒锔。

7. 斗栱。根据残损情况及梁架整体残损情况亦为现状整修或拆卸、整修、安装。现状整修将缺失或残损构件补配或修补，整攒随梁架调正、调平。落架斗栱编号登记并进行拣选后存放保护棚，需加固的构件移至构件检修棚进行加固，补配构件登记后按原材质订购材料，按原形制、规格制作补配。

8. 装修。基本上全部拆卸，近代改制装修全部拆除。拆卸后的装修根据残损情况检修，木条嵌补或加固后安装。将改制或缺失的装修按原形制补配安装，补配较多的殿宇为三清殿及戏楼、三连戏台、吕祖阁建筑、关帝庙建筑及土神庙建筑装修。后土庙装修主要为隔扇、隔窗及板门形式，三连戏台补配内隔断“出将、入相”。

9. 断白油饰。按设计要求维修后的梁架及木基层、斗栱、装修等木构件全部断白油饰做旧处理。1）基本材料：水、传统骨胶、氧化铁红、氧化铁黄、砖灰、细老尘土、黑松烟，配比10:15:1:2:1.5:2:0.1。2）构件补灰二至三道，粗纱布打磨，生桐油用适量煤油稀释（80%），棕刷涂刷渗透2次，配比好的断白材料涂刷，直到色泽和观感与原构件及相邻构件取得协调。

吕祖阁牌坊维修后按原工艺重新彩画。三连戏台、吕祖阁、关帝庙、土神庙木柱地仗全部一麻五灰做法（建设方要求）。三连戏台前檐部分断白油饰由于建设举办活动时间上有要求前后共做3次。

下交汤帝庙

工程名称：下交汤帝庙修缮保护工程

建设单位：山西省阳城县文物局

设计单位：山西省古建筑保护研究所

施工单位：北京房地集团古建分公司

监理单位：北京英诺威建设工程管理有限公司

项目负责人：建设方/李学东　郭军亮　施工单位/李士洪

一、概况

下交汤帝庙位于山西省阳城县河北镇下交村。坐北朝南，二进院落，占地面积2000余平方米。据碑记及石柱题记记载，创建于金大安二年（1210年），明清两代均有修缮，现正殿、拜亭为金代建筑，其余皆为明清建筑。中轴线上由南而北建有山门、马王祠、戏台、拜亭、正殿，两侧有华门、妆楼、文昌阁、乐楼、厢房、配殿、耳殿。山门居庙院正南，外建悬山顶抱厦，门额书“桑林遗泽”。庙内现存历代碑刻15通，碣14方。抗日战争时期，该庙是中共晋豫特委的重要驻地。1943年，崔振华烈士就是在该庙东厢房内被敌人活活烧死，为了纪念烈士，下交村曾经一度易名为振华村。2006年下交汤帝庙被国务院公布为全国重点文物保护单位。

山门修缮前

山门修缮后

二、残损状况概述

（一）台基地面

地砖缺失，散水遗失，台阶风化、残损严重，踏步缺失。

修缮方法：以“最小干预”的原则重新调整、补配台明踏步。对位移较小、歪闪不太严重的采取用撬棍拨正归位后，灌浆处理；变形较大的采取拆除重砌。重新做散水，确保排水畅通；重新用方砖铺满地面。

（二）墙体墙面

正殿东山墙酥碱，后檐墙下沉，西山墙后下金檩处通长裂缝；山门后人在梁架下砌砖，围成两间房；戏台两山脊檩位置处断裂，裂缝通长，后檐下沉。

正殿修缮前

修缮方法：对于地基保存尚好，整个墙体比较完好的，仅局部砖壁风化、脱落、残缺、非通深、通长的裂缝处，均采取择砌的方法。对影响地基的墙体要拆除重新垒砌。后人加砌的墙要拆除，对断裂的构件要粘合。

正殿修缮后

（三）大木构架

正殿檐椽及望板、连檐、瓦口糟朽严重，大木构架走闪严重，后檐檩、角梁糟朽严重；献亭西北角穿插枋折断；戏台前檐西北翼角塌落，明间西柱开裂。

修缮方法：对深度在3cm以内、长度不超过100cm、宽度不超过15cm的糟朽构件采取防腐、剔补加固的方法；对糟朽严重，不能继续使用的构件，进行更换，更换时必须按原构件的材质、手法及风格进行。

（四）屋面瓦顶

正殿勾头、滴水缺90%，屋面瓦件松动、缺失、碎裂，殿内漏雨；献亭博风板糟朽；戏台正脊筒缺5块，垂兽缺1个。

修缮方法：屋面要做好防水处理，重新补配博风板、瓦件、兽件。

（五）装修

正殿门窗无，仅存卯口；戏台勾栏缺失。

修缮方法：对门窗、隔扇、雀替等构件的残缺进行修复性添配、制作、安装，要按照原有的风格进行配置安装。

三、修缮施工阶段的具体内容

2010年4月14日至2011年3月25日对献亭进行了全面修缮。用薄海绵包裹严实并用胶带缠紧，在海绵的外侧再裹一层薄棉被，再在棉被外侧包2cm厚的木板用铁丝拧紧加固；对不拆除的梁架

献亭修缮前

献亭修缮后

戏台修缮前

用软布、塑料布包裹，防止水侵蚀、淋湿彩绘；用钢管脚手架搭设保护架；屋面瓦件拆除，从檐口开始卸除勾头、滴水、帽丁，然后进行坡面揭瓦；对劈裂和糟朽程度还不足以影响屋顶构件荷载的梁、枋、擦条等构件，采取局部加固、剔糟补及防腐的措施进行处理，变形严重，不能承重的进行更换；对斗子、栱子劈裂、残断的进行修缮，对缺失的进行补配；大木拨正归安；椽子望板铺设；灰背泥背；调脊；瓦瓦；3:7灰土垫层铺地。

2010年4月9日至2011年6月6日对正殿进行了全面修缮。采取保护石碑的方式保护石柱，搭设脚手保护架，架要高出瓦面1.5m，长出周檐0.5m；屋面瓦件的拆除；裂缝小的清理干净后施环氧树脂或鱼鳔粘固，裂缝较大即粘合后再加铁箍1~2道，无法承重的进行更换；在柱身正侧画出柱中线进行调整；对斗子、栱子劈裂、残断的进行修缮，对缺失的进行补配；斗栱安装无误后校核标高，重新拉线安装大木；用凿子将需修复的酥碱部分凿掉，以见好的砖剔补、做旧；地面用290mm×290mm×50mm的方砖错缝顺铺。

戏台修缮后

2010年7月94日至2011年6月6日对戏台进行了全面修缮。搭设脚手保护架；按屋面瓦件拆除工序进行拆除；根据糟朽程度不同进行补配归安大木构件；屋面椽子望板铺设、泥背灰背、调脊、瓦瓦；墙面挖补；铺墁地面；台明维修。

修缮中（一）

修缮中（二）

四、修缮工作总结

修缮保护工程的起止时间为2010年4月1日至2011年6月6日，共1年2个月。

对下交汤帝庙的修缮，总结如下：

首先在施工前，主抓设计文本的熟悉，做到人人心中有数，招标过程中，审核单位严审施工资质，优选施工经验丰富的队伍担当这次修缮任务；聘请专业监理单位严把工程质量；文物部门全程监管及安全检查；县政府、镇、村做好下交汤帝庙开工前的协调工作。

开工后，施工方进驻后，先邀请设计方、监

厢房修缮后

理方、建设方到现场进行技术交底，现场与文本相结合，两者有不符的及时提出，现场解决，做好既按图施工，也尊重建筑历史及当地文化。施工方在施工过程中，有新的变动，要开例会，各方确认签字方可实施。

华门、文昌阁修缮后

施工过程中，南部工程专家组曾先后两次到工地进行实地指导，为维修提供了技术支持。修缮工程得到河北镇党委、政府和下交村委的大力支持，他们为施工队伍排除各种矛盾、纠纷，为施工队伍创造了和谐、健康、畅通无阻的施工环境，为下交汤帝庙的修缮起到了保驾护航的作用。文物部门专门安排2名业务骨干长驻工地，配合监理单位严把工程质量，为施工方、监理方和设计方、所在地政府、村委等相互间架起沟通的桥梁，排除各种困难，确保工程能够正常顺利开展。施工方严格贯彻落实文物修缮的方针、原则，依照修缮设计方案严格施工，监理单位恪尽职守，严把工程质量，省质检站站长先后数次到现场检查工程质量，提出改进要求和方法等。

竣工后，及时组织于2011年8月完成验收。修缮后的下交汤帝庙得到国家专家验收组的高度评价，提出下交汤帝庙可以作为南部早期工程的样本工程。

五台山菩萨顶牌楼、龙泉寺钟楼

工程名称：五台山菩萨顶牌楼、龙泉寺钟楼等修缮工程

建设单位：五台山风景名胜区政府

设计单位：山西省古建筑保护研究所

施工单位：山西省古建筑集团有限公司

监理单位：北京方亭工程监理有限公司

项目负责人：建设方/刘文光　施工方/孙书鹏

一、概况

菩萨顶位于山西省五台山台怀中心区北台脚下，是五台山黄庙中的首庙，昔为五台山五大禅处之一。始建于北魏孝文

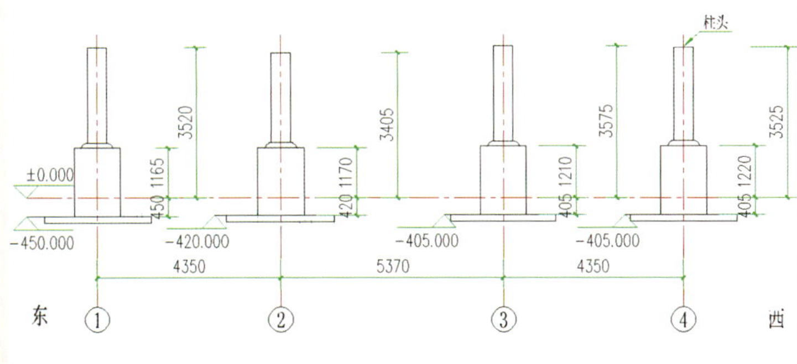

菩萨顶牌楼标高示意图

帝时（471~499年），唐贞观五年重修殿堂。宋景德年间建重阁。明成化十七年重建，并塑文殊镀金像。明永乐年间改建。清康熙年间寺内改住喇嘛，遂成黄庙，雍正时成为黄庙中的首府，通管其他26所黄庙事务。菩萨顶于1986年被公布为山西省重点文物保护单位，具有很高的文物价值和学术研究价值。

二、牌楼残损状况概述

柱子内部有蛀虫

柱子糟朽严重

屋面残损

木基层糟朽严重

残损状况：屋面长草、勾抿灰脱落、瓦件残损严重；部分木基层腐朽不可继用；部分梁架劈裂；部分斗栱构件断裂、缺失；部分木构件歪闪移位；油饰和彩绘起甲严重。

施工中经现场勘测发现牌楼柱子均有不均匀下沉，具体表现为：东①、②号柱水平线至夹杆石上平标高相差5mm，西

木构件歪闪

③、④号柱水平线至夹杆石上平标高相差10mm，总体夹杆石标高为东①、②号夹杆石比西③、④号夹杆石上平低40~50mm，水平线至柱头①、④号柱标高相等，②号柱比③号柱低170mm。

大木构件劈裂

油饰起甲严重

就此现象对柱子根部进行取样勘测，经取样发现，柱子地下部分糟朽严重，且有蛀虫。

修缮方法：对牌楼进行大落架整修，基础重新加固，更换四根柱子，按原制加工补配不可继用的木构件，加固整修残损但可继用的檩枋和椽子等木基层和残损劈裂或轻度糟朽的斗栱构件。

牌楼施工中安全防护

屋面重新瓦瓦，补配缺失或残损不可继用的瓦件。并对牌楼整体重新进行油饰并彩绘。

三、修缮施工阶段的具体内容

菩萨顶牌楼修缮工程为重点修缮工程，根据牌楼的残损性质，对其进行解体大落架整修。

牌楼修缮从2014年3月18日至2014年7月26日进行，整个修缮时间正处于旅游旺季，故在修缮前对脚手架层层加固，并对牌楼构件进行遮盖保护，但考虑到五台山菩萨顶刮风期较长，风级较大，且游客众多，为确保游客与文物的安全，综合考虑，屋顶保护大棚选用质地较软的彩条布多层保护，并不断加固，出入口处挂设安全警示牌，并派专人负责疏导游客通行。并对附属文物进行保护。

修缮后的牌楼正面

更换牌楼柱子

拆除前对木构件统一编号，在拆除过程中对构件轻拿轻放，避免二次破坏，拆除下来的构件统一安放在工棚内，但因场地有限，对部分放置在室外的构件进行保护。

牌楼柱子全部更换为落叶松（原柱子材质经专家鉴定是“美国松”，拆除下的柱子交予寺庙方保管），严格按照原制尺寸制作，通体刷5遍桐油，并对未露明的部位进行碳化，碳化厚度约3mm。

对拆除的柱子进行保护

本着对文物的保护和对历史信息的传承，对残损但可继用的木构件进行加固

表面碳化（一）

整修，并制作补配腐朽比例较小的木构件。

屋面苫背、瓦瓦严格按传统工艺施工，屋顶采用“压肩”做法，先瓦瓦，后筑脊，以增强屋顶防水性能。

表面碳化（二）

因更换的木构件含水率较大，如立即彩画，唯恐质量不合格，做不到修缮的目的，故计划于2015年天气暖和后再进行施工。

木构件修补（一）

四、修缮工作总结

菩萨顶牌楼修缮工程中，由于施工场地较为狭窄，正值旅游旺季，游客众多，所以施工难度系数较大，但在严格的管理技术下，牌楼修缮安全竣工，并顺利通过验收，且得到各领导与专家组的好评。

在施工前，对工人进行了严格的训练和培训，加强对文物保护的意识，灌输安全施工的理念，让所有人意识到“文物的生命与人的生命同等重要”；在施工过程中严格管理，确保文物的安全，发现问题及时纠正，避免产生不良后果；施工后及时清理场地，机械入库，达到“工完、料尽、场地清”的效果，让文明施工融入生活的点点滴滴。

木构件修补（二）

文物修缮工程正逐步走向法制化、标准化和规范化，所有从事文物修缮工程的人员面临着机遇与挑战，且此项工程施工以来，我们兢兢业业、尽力把工程做好、做细，力求完美。

安装牌楼琉璃瓦

修缮后的牌楼背面

阳城县润城东岳庙

工程名称：阳城县润城东岳庙工程
建设地址：阳城县润城镇润城村
建设单位：阳城县文物局　负责人：卫伟玲
设计单位：山西重德古建筑规划设计院
监理单位：山西省古建筑监理有限公司
施工单位：山西省文物技术中心
项目负责人：杨海军

一、概况

润城东岳庙位于山西省阳城县润城镇润城村，占地面积1000m^2。

该庙坐北朝南，创建于金之前，现仅存献亭、天齐殿、天齐殿东西耳殿、后宫、后宫东西耳房等建筑，其余建筑及围墙不存，院落地面被抬高。

二、修缮前残损情况说明

（一）献亭主要残损情况

1. 现室内地面为后人用条砖铺墁，且出现凹凸不平破碎等现象；院落地面抬高，将建筑原有台帮淹埋；压檐石走闪、缺失；原踏步不存，现以条砖垒砌。

2. 石柱出现不均匀沉降，石质柱根均严重分化；石质

献亭施工前（一）

献亭施工前（二）

献亭施工后（一）

献亭施工后（二）

天齐殿东耳殿施工前

栏杆年久失修，表面风化严重；望柱上置动物残缺不全，部分望柱缺失。

3. 屋面木基层糟朽严重，大木构件糟朽严重，部分构件出现断裂现象；斗栱整体倾斜、部分折断，斗栱构件出现缺失、歪闪现象，散斗部分糟朽、缺失，昂嘴被后人锯断。

天齐殿东耳殿施工中（一）

4. 屋顶瓦件残缺、松动，瓦垄起伏不平；大吻全部缺失；正脊局部缺失，脊刹上半部缺失；戗脊缺失；垂脊坍塌，部分缺失；垂兽缺失或倒塌；屋面檐头附件钉帽缺失严重，勾头滴水部分缺失；山面博风板琉璃部分缺失或破裂；屋面杂土从生，天沟排水不畅，屋面漏雨，导致木基层沤损严重，泥背裸露。

（二）天齐殿主要残损情况

1. 经勘察挖掘室内地面用方砖（320mm × 320mm × 70mm）墁地；后人占用时为使用方便在殿内增砌隔墙，用庙内四通石碑在西山墙下搭设讲台，台长3800mm，宽2100mm，高480mm；后檐墙明间原装修不存，仅残留卯口与地栿，后人用条砖封堵，并留有小门。

2. 屋面木基层糟朽严重，大木构件糟朽严重，部分构件出现断裂现象。

3. 正脊上原有的脊刹及走兽因年久失修已全部缺失，部分琉璃脊块、琉璃扣脊瓦缺失；前后檐4条垂脊均残损严重，前后檐脊块缺少90%，垂兽全部缺失，通口缺失2个，扣脊瓦全部缺失，琉璃悬鱼局部缺失，傧伽缺失。前檐80%的素瓦破裂，部分瓦垄脱节，前檐右起第十垄瓦有题记：同治八年重修。

天齐殿东耳殿施工中（二）

（三）天齐殿东耳殿主要残损情况

1. 室内地面堆满明间与东次间屋面塌落的木构件与建筑垃圾，杂草丛生；后人用水泥重铺地面，经发掘原地面已不存；台明地面为水泥抹面，台阶被建筑垃圾掩埋，地面杂草丛生，经勘察挖掘台阶保存较好；经勘察挖掘原散水不存。

2. 后人占用时为使用方便在前檐增设墙体，把内檐装修移至前檐，内檐仅残留卯口，并在殿

天齐殿东耳殿施工后

内增设墙体与装修，东山墙与后檐墙整体歪闪濒临倒塌。

3. 屋面明间与东次间后檐及前檐的脊步金步梁架坍塌，仅残留前廊部分但也濒临倒塌，正脊残留西大吻与两块脊块砖，其余全部缺失，前后檐东半部两条垂脊全部缺失，后檐椽缺失80%，前檐脊步金步椽缺失80%，剩余全部糟朽。残留的西次间屋面瓦垄脱节、杂草丛生，木基层糟朽严重前后屋面金步下凹；前檐部分斗栱歪闪散斗缺失。

后宫施工前（一）

（四）天齐殿西耳殿主要残损情况

1. 原室外地面被后人抬高91cm，经勘察挖掘原台阶及原散水不存；经勘察挖掘发现原室内地面不存，后人占用时改制，现为水泥抹面。

2. 后人占用时为使用方便在前檐增设墙体与门窗，在后檐墙增设便门，在殿内增设隔墙，内檐装修全部缺失。

3. 前后屋面瓦垄脱节，杂草丛生，正脊、垂脊保存较好，前檐部下栽5~8cm；西大吻局部缺失；木基层糟朽殿内后檐出现漏雨。

（五）后宫主要残损情况

1. 殿内地面条砖与方砖杂乱铺墁，且凹凸不平，破碎30%；台明地面杂物堆放，墁地砖杂乱铺墁。

2. 石柱出现不均匀沉降，本次维修需将其调平，石质柱根均严重分化；后人在一层前檐增砌墙体，安装板门。后檐墙明间柱位置通体裂缝，下墙体严重酥碱。

3. 屋面木基层糟朽严重，大木构件糟朽严重，部分构件出现断裂现象，斗栱散斗部分糟朽、缺失，昂嘴被后人锯断，斗栱部分折断。斗栱整体倾斜、断裂。

4. 屋面严重残损，屋面瓦件破裂、松动、歪闪，瓦垄脱节，琉璃脊饰轻微脱釉，大吻歪闪，脊刹上半部缺失；屋面檐头附件钉帽缺失严重，勾头滴水部分缺失，山面博风板琉璃部分缺失或破裂；屋面杂草丛生，排水不畅，常年漏雨，导致木基层糟朽严重，泥背裸露。

（六）后宫耳房主要残损情况

1. 年久失修导致压檐石错位、歪闪，台阶不存。

2. 明间装修不存，后人占用时在明间前檐增砌墙体安装板门；东次间前檐部分椽条折断，下墙体条石严重酥碱。

3. 后人维修时将屋面改为仰合瓦屋面，正脊不存，现为条砖脊；屋面常年漏雨，导致木基层全部糟朽，大木构件局部糟朽、檩向南滚动；后檐墀头局部残损。

三、修缮过程情况说明

（一）献亭主要修缮情况说明

1. 拆除条砖铺墁的地面，依据原有的方砖规格（320mm×320mm×70mm）重新铺墁；整修院落及台明，补配缺失的压檐石并将走闪的压檐石归位安置；恢复石质台邦原有高度，并补配安装散水砖；拆除后人用条砖临时垒砌的台子，依据当地老人口头传承恢复原有踏步。

2. 依据发掘石质栏杆的位置及现存完好的望柱头样式、栏板样式及其规格尺寸恢复缺失。

3. 依据现有斗栱的规格尺寸补

后宫施工前（二）

脊、垂脊脊筒；依据当地建筑风格及当地老人的回忆恢复建筑大吻、正脊。

四、技术处理说明

（一）瓦面拆除

1. 拆除前首先确认拆除部位，保留部分不得拆除。标明栋号分类记录瓦件花式、大小。

2. 拆除工具使用瓦刀，铲垫层背用平锹，避免对保留部分的灰背造成破坏。

3. 首先将檐头勾滴拆下，然后一垄筒瓦一垄底瓦依次拆除，不得将筒瓦全部拆除后再拆底瓦。瓦件随时由料台往下清运，经清理集中码放在指定地点。如果在脚手架上码放要分散，码放高度小于400mm。有异形和其他标志的瓦件要汇报技术人员作记录，并对所拆下的瓦件分类。

4. 运输瓦件的过程中要做到轻拿轻放，避免对瓦件进一步损坏。

5. 拆除瓦件后铲除瓦瓦泥、青灰背，垫层背铲除是注意不得对望板造成破坏。拆除中配合技术人员详细记录瓦瓦、灰背、垫层背、护板灰的材料种类、厚度、做法。落房土由溜槽落到集中清至渣土堆，如果有扬尘现象要洒水降尘。洒水时不得往木构件和铲完垫层背的屋面上浇水，以免造成对木构件进一步破坏。瓦件及其他易损坏构件不得用溜槽溜放。

6. 瓦件分类。保留瓦件经清理后集中码放在现场指定的地方可再利用。已碎裂有明显残缺的或有隐残的瓦件经监理确认后清出处理。

7. 灰背拆除注意事项。瓦面拆除至灰背后检

天齐殿施工后（一）

查灰背情况，视损坏程度经监理、甲方确认后方可拆除。

8. 每天下班前将拆除部位架子上下清理干净，关闭水源，保持现场清洁。

（二）椽望拆除（木基层拆除）

瓦面灰背拆除完毕，拆除望板清除糟朽椽飞。

天齐殿施工后（二）

1. 用扒娄子将望板上钉子拔除竖望板逐块取下，由一端开始。

2. 拆下构件分三类存放：糟朽构件；可直接归安构件；修整后可再利用构件。

3. 飞椽、檐椽糟朽1/3以上者列为不用，合规矩构件列为整修后待用，其余能直接归安的构件分类码放整齐。

4. 凡是拆下的构件在未安排清运时不得随意运走。

（三）大木落架

1. 拆卸结构时，按安装顺序，后安装的先拆，先安装的后拆，自上而下地进行。

2. 拆卸椽望时，不得猛撬，不得任意损坏各种构件。

3. 拆卸时须编号，编号须在构件隐蔽处编。

4. 拆除翼角时，要先编号后拆除。编号方法：用毛笔蘸墨汁在隐蔽处编，在翼角椽、翘飞椽上面前部标明所在部位。

5. 各种枋类、板类、梁类按部位、位置标注在构件的上面中部。

6. 桁类拆除时，先拆挑檐桁，后拆正心桁。不得破坏斗栱。桁类按部位、位置标在构件的上面中部。

7. 斗栱要整攒拆除，先把每攒所在位置标注在斗栱上，用麻绳捆绑牢固，整攒运下。所有拆下的构件按种类码放到指定地点，码放时下面垫好。破损构件单独码放，码放好后要苫盖严密牢固。

天齐殿西耳殿施工中

（四）梁架、斗栱拆卸

1. 拆卸结构时，按安装顺序，自上而下地进行，不得任意损坏各类构件。

2. 拆卸时要进行编号，编号应在隐蔽处。

3. 各类枋类、板类、梁类按部位标在构件上面中部。

4. 檩类拆除时应先拆脊檩最后拆檐檩。

5. 斗栱要整朵拆除，先把每朵所在位置标注在斗栱上，用麻绳捆绑好，整朵运下。

6. 所有拆卸下来构件按类整齐存放，码放下面应垫好，破损构建单独存放，码放好后要盖严实。

（五）打牮拨正

1. 先将歪闪严重的建筑支保上戗杆，防止继续歪闪倾圮。

2. 揭去瓦面，铲掉泥背，拆去山墙、槛墙等支顶物，拆掉望板、椽子，露出大木结构。

3. 将木构架榫卯处的涨眼料（木楔）、卡口等去掉，有铁件的，将铁件松开。

4. 在柱子外皮，覆上中线、升线（如旧线清晰可辨时，也可用旧线）。

5. 向构架歪闪的反方向支顶牮杆，同时吊直拨正使歪闪的构架归正。

6. 稳住戗杆并重新掩上卡口，堵塞涨眼，加上铁活，垫上柱根，然后掐砌槛墙、砌山墙、钉望板、苫背瓦瓦。全部工作完成后撤去戗杆。

（六）大木一般维修

1. 柱子劈裂：用旧木条嵌严粘牢，严重者加箍1~2道，嵌入柱内，外皮与柱面齐平。

2. 柱根糟朽：根据设计要求，轻微者可用干燥旧木料按原样尺寸补配整齐，严重者须将糟朽部分截掉，用同质新料墩接。接头宜做刻半榫或抄手榫，榫长为柱径的1~1.5倍，外周用铁箍箍紧并嵌入柱内。

3. 抽换柱子：柱子严重糟朽时，需用千斤顶、牮杆、戗杆将梁、枋支顶起来，撤去朽柱，换上与原状相同的新柱。

4. 大梁劈裂：用旧木条嵌补严实，用胶粘牢，严重者加箍2~3道，嵌入梁内，外皮与梁面齐平。

天齐殿西耳殿施工后

5. 承椽枋扭闪：应在椽尾上部加一根压椽木，用铁箍与下面承椽枋连为一体，上面与额枋之间用短柱支顶。

6. 桁檩拔榫：将桁檩归回原位后，加铁锔或扁铁拉牢。转角处用十字扁铁加固。

7. 桁檩外滚：将外滚桁檩复位后，在桁檩两端换两根新椽作拉杆椽，用螺栓将椽子头尾分别与桁檩连接，直至脑椽尾部。不更换椽子时，可

天齐殿东耳殿施工前

栏杆年久失修，表面风化严重；望柱上置动物残缺不全，部分望柱缺失。

3. 屋面木基层糟朽严重，大木构件糟朽严重，部分构件出现断裂现象；斗栱整体倾斜、部分折断，斗栱构件出现缺失、歪闪现象，散斗部分糟朽、缺失，昂嘴被后人锯断。

天齐殿东耳殿施工中（一）

4. 屋顶瓦件残缺、松动，瓦垄起伏不平；大吻全部缺失；正脊局部缺失，脊刹上半部缺失；戗脊缺失；垂脊坍塌，部分缺失；垂兽缺失或倒塌；屋面檐头附件钉帽缺失严重，勾头滴水部分缺失；山面博风板琉璃部分缺失或破裂；屋面杂土丛生，天沟排水不畅，屋面漏雨，导致木基层沤损严重，泥背裸露。

（二）天齐殿主要残损情况

1. 经勘察挖掘室内地面用方砖（320mm×320mm×70mm）墁地；后人占用时为使用方便在殿内增砌隔墙，用庙内四通石碑在西山墙下搭设讲台，台长3800mm，宽2100mm，高480mm；后檐墙明间原装修不存，仅残留卯口与地栿，后人用条砖封堵，并留有小门。

2. 屋面木基层糟朽严重，大木构件糟朽严重，部分构件出现断裂现象。

3. 正脊上原有的脊刹及走兽因年久失修已全部缺失，部分琉璃脊块、琉璃扣脊瓦缺失；前后檐4条垂脊均残损严重，前后檐脊块缺少90%，垂兽全部缺失，通口缺失2个，扣脊瓦全部缺失，琉璃悬鱼局部缺失，偾伽缺失。前檐80%的素瓦破裂，部分瓦垄脱节，前檐右起第十垄瓦有题记：同治八年重修。

天齐殿东耳殿施工中（二）

（三）天齐殿东耳殿主要残损情况

1. 室内地面堆满明间与东次间屋面塌落的木构件与建筑垃圾，杂草丛生；后人用水泥重铺地面，经发掘原地面已不存；台明地面为水泥抹面，台阶被建筑垃圾掩埋，地面杂草丛生，经勘察挖掘台阶保存较好；经勘察挖掘原散水不存。

2. 后人占用时为使用方便在前檐增设墙体，把内檐装修移至前檐，内檐仅残留卯口，并在殿

天齐殿东耳殿施工后

内增设墙体与装修，东山墙与后檐墙整体歪闪濒临倒塌。

3. 屋面明间与东次间后檐及前檐的脊步金步梁架坍塌，仅残留前廊部分但也濒临倒塌，正脊残留西大吻与两块脊块砖，其余全部缺失，前后檐东半部两条垂脊全部缺失，后檐椽缺失80%，前檐脊步金步椽缺失80%，剩余全部糟朽。残留的西次间屋面瓦垄脱节、杂草丛生，木基层糟朽严重前后屋面金步下凹；前檐部分斗栱歪闪散斗缺失。

后宫施工前（一）

（四）天齐殿西耳殿主要残损情况

1. 原室外地面被后人抬高91cm，经勘察挖掘原台阶及原散水不存；经勘察挖掘发现原室内地面不存，后人占用时改制，现为水泥抹面。

2. 后人占用时为使用方便在前檐增设墙体与门窗，在后檐墙增设便门，在殿内增设隔墙，内檐装修全部缺失。

3. 前后屋面瓦垄脱节，杂草丛生，正脊、垂脊保存较好，前檐部下栽5~8cm；西大吻局部缺失；木基层糟朽殿内后檐出现漏雨。

（五）后宫主要残损情况

1. 殿内地面条砖与方砖杂乱铺墁，且凹凸不平，破碎30%；台明地面杂物堆放，墁地砖杂乱铺墁。

2. 石柱出现不均匀沉降，本次维修需将其调平，石质柱根均严重分化；后人在一层前檐增砌墙体，安装板门。后檐墙明间柱位置通体裂缝，下墙体严重酥碱。

3. 屋面木基层糟朽严重，大木构件糟朽严重，部分构件出现断裂现象，斗栱散斗部分糟朽、缺失，昂嘴被后人锯断，斗栱部分折断。斗栱整体倾斜、断裂。

4. 屋面严重残损，屋面瓦件破裂、松动、歪闪，瓦垄脱节，琉璃脊饰轻微脱釉，大吻歪闪，脊刹上半部缺失；屋面檐头附件钉帽缺失严重，勾头滴水部分缺失，山面博风板琉璃部分缺失或破裂；屋面杂草丛生，排水不畅，常年漏雨，导致木基层糟朽严重，泥背裸露。

（六）后宫耳房主要残损情况

1. 年久失修导致压檐石错位、歪闪，台阶不存。

2. 明间装修不存，后人占用时在明间前檐增砌墙体安装板门；东次间前檐部分椽条折断，下墙体条石严重酥碱。

3. 后人维修时将屋面改为仰合瓦屋面，正脊不存，现为条砖脊；屋面常年漏雨，导致木基层全部糟朽，大木构件局部糟朽、檩向南滚动；后檐墀头局部残损。

三、修缮过程情况说明

（一）献亭主要修缮情况说明

1. 拆除条砖铺墁的地面，依据原有的方砖规格（320mm×320mm×70mm）重新铺墁；整修院落及台明，补配缺失的压檐石并将走闪的压檐石归位安置；恢复石质台邦原有高度，并补配安装散水砖；拆除后人用条砖临时垒砌的台子，依据当地老人口头传承恢复原有踏步。

2. 依据发掘石质栏杆的位置及现存完好的望柱头样式、栏板样式及其规格尺寸恢复缺失。

后宫施工前（二）

3. 依据现有斗栱的规格尺寸补

配缺失的散斗，并调平东角柱角科斗栱。

4. 更换因漏雨而导致沤损严重，失去承载力的椽飞；补配后檐飞椽；拆除瓦顶后检查与檩条、望板相切的隐蔽部分，如发现残损严重即失去承载力的椽，予以更换；更换望板；对变形、沤损、丢失的瓦口木，进行更换、补配，最后做防腐处理。

5. 揭瓦瓦顶，仍沿用保存完好的瓦件，短缺的进行补配，规格、式样、工艺、材质应与原有瓦件相同，补配前后檐丢失残损的勾滴，补配两山前后坡丢失的勾滴；按照现在残存的大吻式样及其建筑群中轴线主体建筑的大吻式样进行补配，按照现在残存的兽式样补配其他丢失部分，倒塌完好的可以继续使用；整修正脊、垂脊脊筒。

（二）天齐殿主要修缮情况说明

1. 室内地面用方砖（320mm × 320mm × 70mm）墁地，拆除后人搭设讲台；恢复被后人淹埋的台阶；拆除后人占用时在殿内增砌的隔墙，拆除现装修，恢复原有装修。

后宫施工后（一）

2. 更换因漏雨而导致沤损严重，失去承载力的椽飞；补配后檐飞椽；拆除瓦顶后检查与檩条、望板相切的隐蔽部分，如发现残损严重即失去承载力的椽，予以更换；更换望板；对变形、沤损、丢失的瓦口木，进行更换、补配。

3. 揭瓦瓦顶，仍沿用保存完好的瓦件，短缺的进行补配，规格、式样、工艺、材质应与原有瓦件相同，补配前后檐丢失残损的勾滴，补配两山前后坡丢失的勾滴；按照现在残存的大吻式样及其建筑群中轴线主体建筑的大吻式样进行补配；按照现在残存的兽式样补配其他丢失部分，倒塌完好的可以继续使用；整修正脊、垂脊脊筒。

后宫施工后（二）

（三）天齐殿东耳殿主要修缮情况说明

1. 清除地面建筑垃圾恢复原有地面，参照正殿室内地面方砖（320mm × 320mm × 60mm）重新墁地；清除台明前堆积的建筑垃圾及杂草，矫正阶条石，增设散水。

2. 拆除后人在室内增砌的墙体与装修；参照明次间柱上残留的卯口恢复原有装修；拆除后人在前檐增填的墙体与门窗，根据槛框与下槛的卯口，同时参照当地同时期样式补配，恢复装修。

3. 更换补配坍塌或因漏雨而导致沤损严重，失去承载力的椽飞；补配后檐飞椽；拆除瓦顶后检查与檩条、望板相切的隐蔽部分，如发现残损严重即失去承载力的椽，予以更换；更换望板；对变形、沤损、丢失的瓦口木，进行更换、补配，做防腐处理，参照正殿的西耳殿补配安装缺失的大吻正脊及垂脊垂兽。

（四）天齐殿西耳殿主要修缮情况说明

1. 参照正殿室内地面方砖（320mm×320mm×60mm）重新墁地；参照东耳殿现存台阶恢复原台阶。

天齐殿施工前

2. 拆除后人在前檐外增设的围墙，拆除后人在前檐增设的墙体与门窗，填补后人在后檐墙增设的便门，拆除后人在殿内增设的隔墙，参照卯口以及同地区同时期的装修恢复原装修。

3. 屋顶进行重点维修，参照原形制原工艺补配缺失构件，检修望板、椽飞等木基层，更换糟朽构件，做防腐处理；参照大吻样式根据纹式补配缺失部分，然后用环氧树脂粘补局部缺失。

（五）后宫主要修缮情况说明

1. 首层拆除杂乱破碎的地面，依据原有的方砖规格（350mm×300mm×60mm）重新铺墁；清理杂物，修整台阶；拆除后人增砌墙体；二层拆除现状地面，依据原有的方砖规格（200mm×200mm×60mm）重新铺墁。

天齐殿施工中（一）

2. 择砌裂缝墙体，将前廊柱与檐柱调平，检修后檐墙内柱，更换或墩接糟朽或不可续用的墙内柱。

3. 更换因漏雨而导致沤损严重，失去承载力的椽飞；补配后檐飞椽；拆除瓦顶后检查与檩条、望板相切的隐蔽部分，如发现残损严重即失去承载力的椽，予以更换；更换望板；对变形、沤损、丢失的瓦口木，进行更换、补配。

4. 屋顶进行重点维修，按照原形制原工艺补配缺失构件，检修望板、椽飞等木基层，更换糟朽构件，做防腐处理；补配安装缺失的傧伽。

5. 装修根据槛框与下槛的卯口，同时参照当地同时期样式补配，恢复装修。

（六）后宫耳房主要修缮情况说明

1. 清理室内地面上堆放的物品，按天齐殿残留地面方砖规格铺墁地面，按原规格进行加工坎磨，统一铺墁。按设计标高抄平铺墁，地面砖规格为（320mm×320mm×70mm），采用细墁法，用青灰将砖缝守严扫净。

天齐殿施工中（二）

2. 剔补酥碱墙体。

3. 更换因漏雨而导致沤损严重，失去承载力的椽飞；补配后檐飞椽；拆除瓦顶后检查与檩条、望板相切的隐蔽部分，如发现残损严重即失去承载力的椽，予以更换；更换望板；对变形、沤损、丢失的瓦口木，进行更换、补配。

4. 揭瓦瓦顶，仍沿用保存完好的瓦件，短缺的进行补配，规格、式样、工艺、材质应与原有瓦件相同，补配前后檐丢失残损的勾滴；整修正

加铁板椽依此法自上而下通长连接。

（七）翼角维修：

1. 椽子劈裂深度小于1/2椽径时，可用木条嵌严后，围铁腰子加固。糟朽深度小于椽径2/5的椽子，可砍净朽木，用旧木料粘补平齐。

2. 老角梁头糟朽不超过挑出长度的1/5时，可锯掉糟朽部分，用新料刻榫粘结。超过上述限度时，宜自糟朽处向上锯成斜口，更换新料搭接粘牢，并用螺栓或铁箍加固。

3. 梁尾出现劈裂时，可用木条嵌补粘牢后，在梁的外皮用两道铁箍加固。

4. 损坏严重的构件，应按原式样配置构件样板，按样板制作新件安装更换。

（八）斗栱维修

1. 斗栱劈裂，断纹能对齐的，可粘结后继续使用。斗腰被压扁超过0.3cm的应在斗口内用硬木片塞严，0.3cm以内的可以不补。

2. 栱件劈裂未断的可灌缝粘结，并用铁钉钎牢。

3. 昂嘴断裂、脱落，照原样用干燥硬杂木补配，与旧构件平接或榫接。

4. 更换构件时，需用标准样板进行复制，精心雕刻细部纹饰，但不开榫卯，待安装时随更换构件所处位置的情况临时锯凿，保证搭交严密。

5. 落架进行地上补配时，应分攒检查，逐件补修或更换。进行试装后原地妥善保存。

（九）枋类构件制作

1. 在枋料两端弹出迎头中线，以设计要求的截面尺寸找方，弹线抛光。

2. 在枋身上、下面弹出顺身中线，按丈杆分别标出面宽、净面宽及加上榫长的尺寸线。

3. 依照顺身中线，用抽板从柱头卯口讨退确定枋肩及榫头形状尺寸。

4. 截去长荒，开榫，断肩，刮刨圆楞，复弹中线，在枋身上面标写位置号。

后宫东耳房施工后

后宫西耳房施工后

5. 箍头枋一端做燕尾榫，一端做箍头榫和霸王拳或三岔头。箍头的高、厚均为枋子正身尺寸的8/10，长度做霸王拳时由柱中向外加长1倍柱径，做三岔头时加长1.25倍柱径，榫厚同燕尾榫，搭角处按山面压檐面刻半搭交。小额枋做大进小出榫。

（十）椽望制作

1. 正身椽制作：制作时要放八封线，裹圆楞，上下面留金盘线，后尾要按原有角度做压撑（与旧椽为样板比较）椽身应表面浑圆直顺，金盘平直，表面无疵病。

2. 飞椽制作：采用红松加工，飞尾长度两尾半，破截飞头要先弹出飞头脖线，飞椽表面要刨得平直光洁。

3. 望板制作：采用红松按原厚度加工，横望板厚底为25mm，长度不宜小于1500mm，宽度不限。横望板侧面要开柳叶缝，缝口要直顺光洁无毛刺，底面刨光，端头盘截方正。

4. 大连檐尺寸参照原构件现场截取。锯口端头要依次错开300~400mm。连椽表面要光洁直顺，棱角完整。翼角连檐必须用6m料制作。

（十一）大木安装

首先支搭承重架木，安好起重设备，将构件依次编号拆除。安装时按拆除编号校对无误后进行安装并将大木构件运至预定位置附近。按原结构顺序依次分层安装。

1. 各构件应按拆除记录草图及编号，核对实物无误后再进行安装，安装时查清构件前后或左右的榫卯，位置摆正以免发生倒装现象或发生榫卯不严或无法搭交的情况。

2. 应注意保护榫卯，安装时要细心稳妥，安装至一个阶段时，除应校核平直外，应连同梁架举架、升起一起并检查无误后再继续施工。梁架上某些附属构件，如山面的博风板、山花等构件可在钉好椽子、望板后进行安装。

3. 归安后将原拔榫交接点用80mm×6mm的扁铁进行拉结。

（十二）瓦瓦

瓦瓦泥为4∶6掺灰泥，扎缝为中麻刀红灰，捉节用碎麻刀红灰。

1. 首先在连檐上将“中”作出记号，然后找出边垄中，在中与中之间按正当沟的长度加灰缝赶排瓦口，翼角割角留七分，其余部分瓦口规格以近似值正身垄均分。钉瓦口要垂直，然后平行抬至脊部并用油漆作出标记。

2. 按作业档冲垄，冲垄时要先冲靠向翼角的第一根正身垄，向檐头顺囊，要顺向自然，以此标准挂檐头勾滴齐头线，中腰节一至两道，老桩子挂一道，并且老桩子及中腰节要挂吊鱼。

3. 瓦底瓦：首先要审瓦，有隐残及变形的瓦件不得使用，檐头滴水要坐灰，在不影响昂向的情况下启口要高，第一块底瓦要搭在瓦口外，底瓦泥要软，打泥要足，瓦要摁实，搭落压六露四，压落要一致并顺向、严实、不喝风、无侧偏。瓦翅子随手备实、备严，蛐蜒当用青麻刀灰填实抹平。

4. 瓦筒瓦：首先在两滴水之间放置遮羞瓦，要用同色带釉的瓦片并用麻刀灰抱严，然后沿蛐蜒当打盖瓦泥，盖瓦泥必须使用拉斗，并且要足，在老桩子处扣一块筒瓦挂线，必须挂在细肋。勾头要用麻刀灰抱头，捉节灰要碎麻刀灰打在雄头上，挤压饱满、严实。七样瓦睁眼为25mm，六样瓦睁眼为35mm，五样瓦睁眼为45mm，由上至下要大小一致。

5. 加垄：筒瓦瓦完后，用瓦刀将两肋斜切、扫净。用中麻刀红灰分2次加垄，下脚要略大，压活时拍直并压平、压光，要顺直。

（十三）调脊

1. 瓦排山勾滴：在调脊之前，先瓦好排山勾滴。方法是首先计算瓦垄，尖山式勾头坐中。瓦口外皮与博风板外皮一致，滴子瓦出檐尺寸稍小于檐头出檐，后面压一块耳子瓦，与檐头滴子交角处瓦割角滴子瓦，交角与屋面瓦垄成45°。滴子瓦之间用色灰扣好遮心瓦，再用色灰瓦、勾头瓦，割角滴子上瓦螳螂勾头。

2. 调正脊

1）在屋面前后坡老桩子瓦上栓通线捏正当勾，两坡当勾的距离与脊筒宽度相同。当勾的两边及底楞都要抹色灰，卡在盖瓦之间底瓦之上，当勾之间要用灰砖填实抹平。

2）当勾之上栓通线砌压当条，外楞出正当勾5mm为宜，里面苫小背抹平，然后晾背，至少半天。

3）晾背稍干后，在压当条之上用色灰砌裙色条，出进与压当条一致，里口填灰砌砖抹平。

4）在正脊两端山尖坐中勾头之上，用色灰砌筑吻座，吻座里口应卡在两坡垂脊当勾之内，在裙色条和吻座之上用色灰砌筑正吻。大件正吻需用吻锯拼装，然后安装剑把、背兽及兽角。

5）在裙色条之上、正吻之间栓通线用色灰砌筑正脊筒。先在中间放一块整脊筒，然后向两边赶排砌筑，脊筒内要横放铁钎与脊桩拴牢，并填充麻刀灰及瓦片，不可太满，以淹过铁钎为好。而后拴通线用色灰砌盖脊瓦，脊瓦上皮应在正吻唇内。最后勾抹缝子，擦净各部脊件。

3. 调垂脊等其他脊

1）在排山勾滴一侧拴线用色灰捏正当勾，但不可挡住勾头的钉帽，当勾外皮距屋面边垄盖瓦的中心应与垂脊筒宽度相同。当勾上面用色灰再砌一层平口条，并用碎砖及麻刀灰背里，填实抹平，晾背半天以上。

2）山面与檐面交角处螳螂勾头上面退进20mm，用色灰砌筑一块咧角倘头，后面接砌压当条，上口取平。其上砌筑一块咧角撺头。

3）在压当条之上正心桁位置用色灰砌筑兽座及垂兽。

4）垂兽前用色灰砌筑一层三连砖直到咧角处，与咧角撺头相接。撺头上铺灰放一块方眼勾头，在勾头方眼内钉铁钎坐灰安装仙人及仙人头。垂兽前三连砖上面再砌一块整盖瓦，然后在距仙人之间均匀砌筑小跑。

5）垂兽后面压当条上拴线用色灰砌筑垂脊筒，脊根处用戗尖垂脊筒与正吻相交，各垂脊筒用镀锌铅丝拴牢，筒内填充灰、瓦，上面砌筑盖脊瓦交在正吻腿肘下面，高度以“垂不淹肘”为好。最后打点勾缝，擦拭釉面。

（十四）博缝板、悬鱼制安

1. 放实样，由檐部至脊部斜长，用2~3块五合板临时用钉子连接，钉设于出际插端中心。

2. 确定弧线（考虑屋顶瓦面的摆砌方式）。

3. 确定博缝板上檐弧线，由连檐垂直向上，考虑望板、连檐瓦口木、泥背的厚度；脊部考虑脑椽斜部剖切面的高度，泥背在脊部的垂直高度、座底瓦灰掺灰泥的厚度及底瓦的实际弧度，再在五合板上趟两次线，线与点要相吻合。

4. 套样板，编号。

5. 确定博缝板的下沿。

6. 依设计图绘制1:1大样图，做样板，整修以后明确雕刻手法（浅浮雕）及雕刻花卉的内容，开始雕刻博风板、悬鱼、惹草；雕刻完毕后，进行打磨。

7. 依照片钉设相应的铁页、扒锯、蘑菇钉。

（十五）木装修制作

1. 土建装修的制作必须符合设计要求或文物建筑操作规程规定。

2. 隔扇、槛窗、风门的大边与上下枓头交角处必须做大割角，双榫实肩，大边与中枓交角为人字的榫蛤蟆肩。

3. 门窗边抹的肩角必须严实，使胶加楔严实、榫眼饱满不得劈裂，不得用母楔，不要闷头榫。

4. 仔屜、棂条的制作，外装修仔边榫卯必须做三道线，相交处肩角严实，胶榫饱满，棂条空档均匀，对应棂条顺直，交点平严。

5. 攒边门的门板粘接应做平口缝，穿带必须严密适度，不得崩楞。

6. 装修的制作表面应光平结角，无刨痕，戗槎，榫卯无皮楞，窜角。

（十六）砖料加工

1. 审砖：对毛坯砖要进行挑选，有“啪啦”声的砖要在指定的场地整齐码放。

2. 磨面：挑选一个较为平整的面用斧刃铲面，然后用磨头将面磨平，表面无“花羊皮”“斧花”。

3. 划线：检查面及棱角的完整，尽量将残缺让出去，不得借肋。以面上一个边划线在丁头面用包灰尺划线，以包灰线划出底面线。

4. 打扁：沿线将线外部分打掉，即“打直”，两头即“迎头扁”，底面即“底扁”，打扁要直，不得打窝心扁。

5. 过肋：将线外打扁后的多余部分用斧刃劈掉，看面砖棱处要保留不少于10mm的转头肋，然后用磨头顺肋要直顺。并用直尺检查不得有倒包灰。

6. 划线：依据第一个肋用制子划出宽窄的第二个肋，并用包灰尺划出两头的包灰线，然后再打扁、过肋、用磨头顺肋。

7. 截头：以一个肋用方尺勾出截头线，并用两个肋格方检查两个肋是否平行，用包灰尺划出四面线，再打扁、砍磨，用长制子标出另一点，用方尺勾出另一个截头线，再打扁、砍磨。出桌前检查四角格方、表面平整。

8. 方砖：铲面时要选择比较细致的“水

面”，铲好的面要用磨头磨平，并用“八搭尺”检查，要求盒子面，而且表面无“花羊皮”“斧花”。取任意一肋用直尺板划签“打直”，然后“打扁”，用斧子“过肋”、用磨头“磨肋”，以此肋为准，用方尺勾出垂直的另一肋，再打扁、过肋，最后用长制子划签划出平行的另一肋，再打扁、过肋，4个肋相互垂直，并保证不少于10mm的转头肋，不大于3mm的晃尺包灰。两块合面，对角码摞高不超过10块。

9. 成品砖码放场地要平整、不积水，在指定地点整齐码放，要出头露面码放，高度不超过10层。

10. 每天上班首先要将制子用官砖进行核对，有偏差时及时进行修正。

（十七）剔补墙体

1. 小心拆去旧安窗。

2. 用专用工具清出墙面残余的半块砖件。

3. 挑选与旧砖墙规格色泽一样的旧砖。

4. 按原样三顺一丁砌法补砌。

5. 要求砖要湿透，灰浆饱满，灰缝与原两边墙一致，竖缝对正。

6. 砌完后清理墙面适当做旧，达到与两边上下旧墙一致，看不出是新补砌的墙。

7. 新旧墙不得直槎砌筑，接槎必须密实、顺直。新旧墙里、外皮必须拉结牢固，内外墙体必须结合牢固。择砌墙和掏洞口，上部接槎必须填塞密实，不得有空虚和裂缝。

（十八）抹灰

1. 墙面清理浇水：首先将墙面清理干净，无余灰及杂物，然后浇水充分湿润。

2. 串缝：旧墙面在抹灰前浇水后用白麻刀灰将砖缝亏灰处堵抹填实、平整，如有局部砖酥碱要先剔除后用麻刀灰抹平。

3. 钉麻揪：在麻丝中间处，缠绕在4寸圆钉上系扣，沿砖缝间距500mm钉入墙面，每行间交错呈梅花形分布，麻长以能够相互搭接为宜。

4. 压麻灰：先在墙面抹一遍刻骨灰，再将麻呈伞状均匀分开后拍在灰上，麻分布要均匀，无漏麻现象。

5. 打底灰：亚麻灰抹完后用白麻刀灰打底找平，厚10mm，用木抹子趟平。底灰六成干后抹罩面灰。如墙面平整度较差可再找一遍打底灰。随墙面收升，厚度一致。每一面墙在施工前拉线检查墙面平整度，必要时要冲筋。

6. 罩面：外墙用大铁抹子在底灰上抹葡萄灰，用木抹子搓平，随后根据干燥程度用铁抹子带红浆赶轧，浆色要一致。内墙压活不刷浆。

7. 透风砖要在罩面灰时安装，安装要由花碱向上距离一致，周正、牢固。

（十九）墁地

1. 首先对槛垫石、过门石、柱顶石进行检查，拉线确定平整。柱顶石高低在10mm左右的要分1~2趟相随。

2. 冲趟：在明间过门石中，以整砖坐中，进深方向沿拽线墁一趟，即为“冲趟”。

3. 样趟：在两道拽线间栓卧线依卧线为准墁砖。如趟较长时要在中间腰线。泥不要打得太密，即打成“鸡窝泥”，砖要用墩锤叫平叫实。

4. 揭趟浇浆：将样好趟的砖按顺序揭下来，然后对铺泥不足之处补垫平实，在泥上浇生白灰浆，浇浆时由右下向左上浇。

5. 上缝：用木剑在砖外棱上过水刷子，再挂油灰，要足，不断条，将砖按顺序回归原位，用墩锤上缝，叫实叫平。

6. 铲齿缝：上缝后用竹片起油灰，然后用磨头将不平部位磨平。

7. 刹趟：以卧线为标准，将多出的地方用磨头磨平直。

8. 串浆：每墁完一趟后在外口用泥围起灌白灰浆。

9. 打点：砖面上如有砂眼或残缺，用砖药打点严实。

10. 墁水活：全部墁完后检查地面平直，用磨头蘸水将不平之处磨平，然后用麻团蘸水将砖面擦干净，露出真砖石缝。

11. 钻生：将地面完全干透后再进行钻生，将生桐油倒在地面上后用刮子刮匀，待油吃进砖后再将油皮角完整起掉。局部有存油处可用青灰加白灰对砖色守生。将地面清理干净后用软布反复擦拭地面直至出亮。

（二十）石材维修、归安

1. 首先对技术交底进行认真地学习，对需修缮的部位进行拉线检查，并与相邻的柱顶石比较，确定每一个部位的归安方法。

2. 经检查发现台明石大部分有倒喝水、歪闪现象，在前口上棱顺线后检查台帮墙与石材的交接情况，如墙体较平整，残损程度较轻时可考虑石材沿墙体调整。保证外口上棱顺直，泛水符合要求。

3. 对个别宽窄、薄厚略有出入的经检查确认不予更换，不得更换位置。归安中要注意调整顶头缝的大小一致。

4. 如需要大调整的要利用起重设备将石材吊起，将底面浮土及杂物清理干净。

5. 使用的撬棍头部要套胶皮管以免在施工中对石材造成损坏。

6. 背山要用石片打石山，要稳固不出头。

7. 踏跺拆安：踏步石按原位置安装，调整泛水及头缝，与垂带交接不得出现亮脚或淹脚现象。

8. 归安完成后再次检查无误后方可灌溉，浆要用生石灰块调制，灰块要完全消解，不得有生灰子。灌浆前将大底清理干净并用水略洇一下。

9. 缝子清理干净后用灰将缝子打点严实平整。

（二十一）台明、台阶

1. 表面局部酥碱严重处应剔凿干净后按原样补齐。石材断裂应清理干净后用“焊药”或高分子材料粘接剂进行粘结。石活位移、头缝空虚者应点撬归位，扫净浮土，用水湿润后重新勾缝灌浆。

2. 石构件残缺，位移严重时，可局部或全部拆除，进行补配归安，添配铁活加固，刷道见新，或按设计要求涂刷高锰酸钾溶液做旧，用清水冲净浮色，再涂黄泥浆一遍，干后扫净。

3. 毛石砌体臌闪，坍塌，应拆至完好墙身处，重新垒砌。料石砌体重砌时应加铁活拉固。

4. 石构件缺失的按相邻位置功能相同的构件的材质、形制、规格补配，然后涂刷高锰酸钾溶液做旧，用清水冲净浮色，再涂黄泥浆一遍，干后扫净。

（二十二）麻灰地仗

1. 在捉缝前检查各木件是否有需填补部分，如有欠缺过大的部分，用一满一料调制比调制大籽填补，不可一次过厚，待干后，要多次进行填补找实。

2. 捉缝：一满一料进行调制，捉缝灰的籽灰中要加入20%中灰和20%细灰进行调制。施工操作时要用钢板、横掖、竖刮左右反复，缝要填满刮实。缝外要收拾干净利落，干后用砂轮或瓦片串磨。

3. 通灰：一满一料进行调制，通灰的籽灰中要加入30%中灰和20%细灰进行调制。操作时要由3人同时进行，批灰、过板、捡灰的程序进行。批灰者要左右来回用手皮压实，不可单用板子批灰，不可按一顺的方向批灰。过板者用木制的长板左右过板要平整、压实。捡灰者随后收捡余灰，收拾秧脚。通灰的厚度不宜过厚，干后用砂轮片或瓦片磨去浮粒，潮湿的布掸除清理。

4. 使麻：使用上等线麻进行人工梳制，梳麻时断开长度在50~60cm，梳制时要精细，麻丝要求细软，但不得梳成麻茸，麻内不得有硬梗与其他杂物。使麻浆：用刷子开浆，浆要开匀，浆比为1满1.2料。使麻要求把麻铺均匀，薄厚一致，然后进行用麻压子进行砸麻，把麻内的浆扎出，麻要扎实，不能有空麻包，不得窝浆。秧脚处要进行掐秧，不得有崩秧、翘边。第一遍扎实，要稍生进行二次扎浆。另新麻层要与旧麻层接实，相交宽度不得小于2cm。

5. 磨麻：麻干后要用砂轮或瓦片磨麻，磨时要磨到，不得漏磨，磨的线路不要过长，本着传统的短磨麻的操作规范进行施工。压麻时如有干麻丝要挑翘翻开消生补浆后再次铺匀进行压麻、砸浆。

6. 压麻灰：按满料比1∶1.5调制余籽，余籽灰中加入30%细灰进行调制，料要调均匀。在操作过程中，要同通灰一样3人进行操作。如做两麻六灰时，第一道压麻灰要改为通灰的中籽压麻，比例按通灰比操作，同前通灰时的程序和规范。压麻灰干后用砂轮或瓦片进行串磨，磨时要磨到，不能漏磨。

（二十三）回填土

1. 填土前应将防空洞底或地坪上的垃圾等杂物清理干净；防空洞回填前，必须清理到基础底面标高，将回落的松散垃圾、砂浆、石子等杂物清除干净。

2. 检验回填土的质量有无杂物，粒径是否符合规定，以及回填土的含水量是否在控制的范围内；如含水量偏高，可采用翻松、晾晒或均匀掺入干土等措施；如遇回填土的含水量偏低，可采用预先洒水润湿等措施。

3. 回填土应分层铺摊。每层铺土厚度应根据土质、密实度要求和机具性能确定。一般蛙式打夯机每层铺土厚度为200～250mm；人工打夯不大于200mm。每层铺摊后，随之耙平。

4. 回填土每层至少夯打3遍。打夯应一夯压半夯，夯夯相接，行行相连，纵横交叉。并且严禁采用水浇使土下沉的所谓“水夯”法。

（二十四）油饰基层处理

1. 斩砍见木不得用斧斜砍，要轻颠垛砍，斧刃要垂直操作面进行。砍除时不得伤害木骨，要在木表层留有薄层的余灰层，留有薄的余灰层再用挠子挠净，以免伤害木骨。

2. 砍除时不允许用斧顶猛砸，不允许用扁铲撬除，以防旧的麻灰层带伤木骨。砍掉的旧灰、麻层的脱落物呈碎屑状。留有不砍的旧地仗要分层次出现斜面，每层不得小于2cm。

3. 砍除后要用挠子挠白，挠时要顺着木质的纹理适度挠除，不得逆挠，防止挠起木刺及伤害木骨。

4. 挠至程度为：挠净木表面余灰，使大木见新为准。

5. 撕缝：用撕缝刀把原有的缝内旧灰清理干净，然后用撕缝刀把缝隙的边缘划成外八字形状，外八字斜度不宜过小。

6. 补垛斧迹：检查原旧斧迹是否符合要求，在斧迹不够部分要重新补垛，斧迹补垛成品字形，不得斜垛，垛时斧刃要锋利，斧迹的深度要控制在2～3mm，斧迹纹理要呈现刀切的程度，不得过粗，垛时不得断筋。

7. 下竹钉：原有旧的竹钉松动的要清理掉，躲开原有竹钉的钉眼，重新补下竹钉，钉距在12～15cm之间，下竹钉时要用胶。竹钉顶端要嵌入木表面2～3mm。

8. 楦缝：竹钉之间，缝隙大的要用干硬杂木锯刨规格合适的木条，加胶楦缝。木条下嵌大木表面的要求2～3mm。

9. 清理：清理大木表面的浮浊物（木屑、灰尘）不得过水，只允许干掸，扫除清理。

10. 检查是否有漏掉或其他未补的缝隙，未清除干净的灰尘后，进行汁浆，汁浆时要用刷子满刷，不得用喷具喷，缝隙及各部位要刷到，不可漏刷。

（二十五）油饰（油皮）

1. 打磨生油：待生油干透后用细纱布细细打磨，打磨时注意不要把细灰打穿，要把生油面打磨断斑即可，特别注意秧脚接口处的打磨，一定要细，绝不可马虎，磨完后用潮布掸净。

2. 细腻子：用血料、水、滑石粉、大白粉调制使用。首先用调制好的腻子用铁板和皮子满刮腻子一至两道。秧角小的部分，铁板或皮子进不去的部分，要认真走腻子，走腻子时要快，否则就不光滑了。无论刮腻子或走腻子接口处要放在背面。腻子要光滑平整无遗漏。干后要用砂布打磨，磨时一定要磨到不可遗漏。磨完后要掸净浮尘。

3. 垫光樟丹油、光柿红油：要将柱根、脚手板、台阶等场所打扫干净，秧角处掸净浮土。施工时先从连檐瓦口、椽头椽望开始操作。施工时要先把优质丝头放入水里浸一下，然后拧净水，否则丝头发硬不好用。蘸油时五指垂下，少蘸多团。先搓飞檐，从左边穿角数第三根开始往前搓。然后搓老檐，方向与飞檐相反。施工时要从秧角下手，顺着大面要横着木纹蹬，竖着木纹顺。栓路要长要直，路数要多要平，秧角要到。不要有流油或漏油现象。油肥处用力，接头处要轻漂，亏油处从油肥处赶油，并注意下秧存油下坠。另外横着木纹直着油栓满蹬一道。顺着木纹顺齐，要均匀、光亮一致，不出绺、不出节、不出褶。

（二十六）彩画

1. 测量记录，分中与三停

1）测量记录：按照建筑构件的长度尺寸测量出实际尺寸，然后做好记录备用。记录时一定要标明构件部位，越详细越好，绝不可混记。

2）分中与三停：从每个开间下枋子左右柱秧开始往中间赶量，左右要对称的尺寸向中间量，然后剩下中间量小的尺寸进行准确分中标号。然后用线坠吊直上下垂线，标号后用长直尺画好垂线。此线即是中线。要注意下枋子、垫板、上枋子、坐斗枋以及各件之仰头等处要上下十分垂直地穿上。尽间上檐檩，它的分法与下枋子等都不同，它的中线要根据下枋子、垫板往上穿。否则箍头和岔口线穿对不上。

3）三停线：开间枋长平均分三等份即分三停。计算的方法最科学。

2. 起谱子

1）配纸：使用优质牛皮纸，按构件宽度裁纸，配好构件正间面阔的二分之一长度。

2）分件谱子：上檐檩—垫板—上坊子—下枋子—椽头—柁头—插梁—插柁和各种仰头谱子。

3）谱子摊活：按照设计要求在配制好的牛皮纸上开始规划五大线，然后在各部位按设计要求的图案用碳条或铅笔绘画出需要的图形。绘制时开始要轻描，以便修改。每个部位整体体现出来后，要认真仔细检查。看是否有与整体和设计要求有不符或冲突的地方。然后要认真修改，直到完美为止，接着把谱子标号与标出色号，然后交设计验谱子。

4）扎谱子：在准确无误后再开始扎谱子。扎谱子用的针有排针和单针，排针是多指针等距离排在一起固定使用，适用于扎直线条。另一种是单针，适用于扎曲线条。扎谱子时针距不得超过2mm，针距要均匀。纸下垫好聚苯板，针要垂直纸面不得倾斜。对称花纹起扎一半或四分之一即可，一次可扎2层或4层，扎完后展开就是完整的谱子。

5）拍谱子：在做彩画部位，把生油地用细砂纸细细打磨后，把谱子铺好，要上下左右对正，靠秧角处要贴秧，靠中线处一定要取正中线，不斜不歪。然后靠实构件，用粉包垂直构件表面轻轻满拍打，这样构件表面上就清晰地留下图案线条，然后根据线条进行彩画。

3. 沥粉

沥粉大致可分3种。即大粉——线条粗者，分双尖和单尖大粉，大粉多用于规划线；小粉线条细者；二路粉。

1）沥粉的操作：竖起粉尖，不要倒着粉尖。沥粉时要一气贯通。直线要比上尺棍，竖线左搭尺，右边拉粉尖子。平直线者，高出采用上搭尺，其余采用下搭尺。十字交叉线者，先沥横线后沥竖线。沥较长的大粉时要3人配合，2人扶尺棍，1人量开架子不间断沥粉。如遇三裹柁，先沥仰面，再沥两侧面。

2）沥粉修理：万一有一条线不理想，可用小足刀轻轻铲掉，不要铲坏地子，接头处如凹凸不齐，或有小疙瘩，可待七成干后，用小刀细细切齐，干透后用细砂纸磨光。

（二十七）院落地面垫层

1. 确定开挖槽尺寸。

2. 在台帮画线下挖50cm，线以外挖1m，按设计要求确定台平。

3. 开挖基槽：拉角线下翻尺寸找平清槽底，素土夯实，按设计分步打灰土。

4. 回填槽坑，分步夯实灰土和回填土。

大孤山古建筑群

工程名称：大孤山古建筑群部分建筑维修工程
建设单位：辽宁省大孤山文物管理处
设计单位：辽宁省文物保护中心
施工单位：大连市古建筑园林工程有限公司
监理单位：辽宁文博古建工程有限公司
项目负责人：建设方/姜任刚　施工方/于贵治

一、概况

大孤山古建筑群位于东港市孤山镇北街大孤山南坡山坳中。古建筑群总面积5000m^2，占地23000多平方米。古建筑群有上庙和下庙两大群体组成，有殿、亭、楼、阁128楹。上下庙两组建筑物，在一条中轴线上左右呼应，上下贯通，依山就势，层陟阶升，中间林带掩映，使上下庙浑然一体。将三教的建筑融为一体，聚于一山，建筑中各式屋顶、各类结构、民间神话、历史故事一应俱全。极具历史、科学、艺术价值。1979年被辽宁省政府公布为省级文物保护单位。大孤山古建筑群距今已有200多年的历史，现建筑规模、形制保存完好。古建筑群虽没有大险情发生，但瓦面、墙体、檐柱，尤其是墙内柱、装修油饰等都急需维修。本次主要修缮的建筑为：1）天后宫山门包括地面台基、墙体、大木架构、椽望及瓦顶部分、装修；2）下庙钟楼和鼓楼包括地面台基、墙体、大木架构、椽望及瓦顶部分、装修；3）上庙钟楼包括地面台基、墙体、大木架构、椽望及瓦顶部分、装修。

上庙钟楼修缮前

上庙钟楼修缮后

二、残损状况概述

（一）天后宫山门

天后宫山门位于整个天后宫轴线的最南端，现在作为下庙建筑群的正门。天后宫山门建于5m高的石砌高台上，坐北朝南，单檐硬山式建筑。面阔三间。前后出廊，梁架形式为五架梁，前后各出一步。殿内原塑有“千里眼、顺风耳”今已不存。

1. 地面台基部分

原状做法：台基平削式，前后压面石，两山金边石，明间设花岗石垂带式踏跺。前、后台面用花岗石铺墁。室内明间正中部位用方砖，45°斜铺。次间等用条砖，石质鼓形础石。

天后宫正门修缮前

现状勘察：台基价条石风化、酥碱，局部断裂，部分缺失。室外地面石材缺失，凹凸不平。室内地面断裂、缺失、酥碱严重。

修缮方法：基础保持现状，调平前、后檐压面石，统一勾抹石缝。补配石材、地面统一调平。室内按原形重新铺墁地面，尽量使用原青砖，对于确实不能继续使用的进行更换。

2. 墙体

原状做法：整个建筑为硬山式，前后出廊，施有角柱石和压面石。前后墙皆为墙砖砌筑，前面次间设置青砖实体墙，中间开圆窗。后次间为青砖砌筑。前后均为淌白丝缝墙，五层顺砖十字缝，加一层丁砖。面砖全部经过加工，灰缝0.2cm。东西山墙上下身由腰线石分隔，其余部位有墙砖砌筑，砌法同前后墙。戗檐砖及盘头砖均为砖雕，为“犀牛望月”、“海马朝云”等图案，造型生动，刀法精湛。前后廊均有廊心墙，前为上身抹灰廊心墙，后为方砖心做法，上架部分有不同题材的单色壁画。东西墀头均为石材雕刻而成。室内白灰罩面，其上绘有壁画。

现状勘察：西山墙有较大裂缝，缝宽约3cm。西南角、东北角墀头开裂严重。后檐明间两侧木构节点部分，由于压力的作用，出现劈裂现象，严重的部位已经砖体脱落。室内抹灰脱落，壁画破损严重。

修缮方法：用同规格青砖对墙体风化、酥碱部位进行剔补，统一打点后重新勾缝。对砌体风化部位超过3cm的进行适当剔补，剔补时不必将整砖剔出。以免影响结构；3cm以下的剔补风化部位后，用青灰修补。西侧山墙及后檐明间两侧墙体从里面拆检墙内柱柱根，对朽损的柱根进行墩接修补。后檐劈裂墙体局部拆砌。西南角、东北角墀头拆安归位。修补室内抹灰及壁画。

3. 大木构架

梁架形式为五檩抬梁式，前后各出一步架。每缝为五檩用两柱，五梁架上施瓜柱承托三架梁，三架梁上立脊瓜柱，托脊檩。各檩下设枋。抱头梁、随梁枋雕刻为“龙头”等，雕工细腻，精美绝伦。

现状勘察：部分木构件出现局部朽损开裂现象。明间五架梁裂缝最宽处2.5cm。明间檩枋具有0.5~2cm的裂缝。各构件表面饰基本脱落，木质纤维裸露。后檐明间抱头梁与檩节点朽损，已经不起结构作用。

修缮方法：大木架保持现状，对于后檐明间节点，进行修补榫卯处理，如有必要更换抱头梁。对檐柱、金柱重新进行油饰。对大木构件槽朽的部位进行修补，对开裂部位用干燥木条粘牢补严，劈裂超过2cm处加1~2道铁箍钉牢，拆除檐檩铁线，修补完成后加两道铁箍钉牢。

4. 椽望及瓦顶部分

原装做法：屋面为青布瓦顶，筒板瓦覆盖。正脊用方形镂空砖雕。正脊正中饰宝瓶，两旁

天后宫正门修缮后

立力士，正脊两侧立大吻，各脊有垂兽及跑兽，垂兽样式特别，为海里祥兽。体现了妈祖庙的装饰特色。山墙上施有排山勾滴，旗下嵌“宝箱莲花”悬鱼。椽子为方形，飞椽三面收分。屋面使用望板。

现状勘察：瓦面植物滋生，夹陇灰脱落，瓦件破碎。垂脊兽前部分错位，排山勾滴破碎。跑兽缺失，垂兽风化。正脊鸱吻裂开、松动，宝瓶破损。椽飞、望板、连檐、瓦口部分糟朽50％。望板风化60％。

修缮方法：编号拆除瓦顶，拆除苫背、椽望。按原制修补、更换朽烂的椽飞、连檐、瓦口、望板，补配望砖。在望板上抹2cm白灰护板灰。再用4:6灰土做平均厚8cm的苫泥背，泥背上抹0.5cm的青灰背（如有必要可在苫背部位增加现代防水层），然后重新瓦瓦，补配缺失垂兽、缺失瓦件、宝瓶。

5. 装修

原装做法：前后檐均施木装修，明间前辟对开板门，门楣有4个门簪，簪上分别刻“功、德、广、大”四字。前瞻次间辟圆窗，檩下使用龙头式、荷花、仙鹤等隔架木雕，再下为平板枋，明间配有雀替透雕“云龙戏珠”次间雀替透雕“凤凰戏牡丹”“鱼跃荷花”等图案。

天后宫施工前

现状勘察：前后明间为板门。保存基本完好，部分门边框、抱框破损，榫卯松动，东侧余塞板破损严重。门板裂缝1~3cm。前次间设置圆形槛窗，窗体结构基本完好。榫卯松动，轻微走闪。门窗表面油饰局部脱落。

修缮要点：修补门边框、抱框。用干燥通长木条嵌补门板缝隙，粘接严实。整修门窗。对于破损缺失的棂条，予以更换补配，新旧棂条接口应抹斜。槛窗安装玻璃。

天后宫屋面防腐

（二）鼓楼、钟楼

鼓楼、钟楼位于天后宫山门东西两侧，建筑完全对称。东为钟楼、西为鼓楼。面阔一间，进深一间，二层单檐歇山布瓦顶。建筑平面为正方形，底层四周出廊，上层木装修围合。梁架形式为五檩抬梁式，每缝为五檩两柱式。整个建筑北向开门。

1. 地面台基部分

原状做法：台基平削式，四面施阶条石。室内一层地面方砖铺墁，二层木质地板。石质鼓形础石。

现状勘察：基础现状基本完好。阶条石风化、破损、移位。地面方砖断裂、残损30％。

修缮方法：清理条石断裂处，用环氧树脂粘接，统一勾抹石缝，补配缺失部分。整修台明。替补室内地面砖。

2. 墙体

原状做法：整个建筑仅一层有维护墙。四周墙皆为青砖砌筑，北侧开券门。墙体均为淌白丝缝墙，下肩与墙身有1cm的退台，十字缝形成。面砖全部经过加工，灰缝0.2cm。室内一层白灰罩面。

现状勘察：墙体没有大的裂缝。墙体面砖基

本完好，风化约30%。

修缮方法：用同规格青砖对墙体风化、酥碱部位进行剔补，统一打点后重新勾缝。对砌体风化部位超过3cm的进行适当剔补，剔补时不必将整砖剔出，以免影响结构；3cm以下的剔补风化部位后，用青灰修补。

3. 大木构架

梁架形式为五檩抬梁式。每缝为五檩用两柱，五架梁上施瓜柱承托三架梁，三架梁上立脊瓜柱，托脊檩。各檩下设枋。一层由二层外边柱的基础上，在外围四角各布置一柱，在一层墙体外部形成通透的廊。

现状勘察：部分木构件出现局部朽损开裂现象。檩枋具有0.5~2cm的裂缝。构件表面油饰基本脱落，木质纤维裸露。

修缮方法：对较细裂缝留待油饰时用腻子勾抿严实；缝宽超过1cm以上的用干燥木条粘牢补严。缝宽2cm以上用木条粘补后加铁箍钉牢。对大木构件糟朽的部位进行修补，对开裂部位用干燥木条粘牢补严。木架整体修。

天后宫修檩条

4. 椽望及瓦顶部分

原状做法：屋面为青布阴阳合瓦顶，并布置有正脊、垂脊、戗脊、围脊大吻、跑兽等。正脊雕刻龙纹图案，围脊雕刻为翔凤及植物图案。垂脊和戗脊做成砂锅套花瓦脊形式。椽为方椽，飞椽三面收分。飞椽头无彩绘，漆以黄色。屋面铺设望板。

现状勘察：瓦顶杂草丛生，瓦件松动破损严重，破损达50%，多处漏雨。正脊、垂脊、戗脊多处勾抹。背面仙人缺失，正脊鸱吻开裂、松动。椽飞、望板、连檐、瓦口大部分糟朽75%。

天后宫修缮后

修缮要点：编号拆除瓦顶，拆除苫背、椽望。按原制修补、更换朽烂的椽飞、连檐、瓦口、望板。在望板上抹2cm白灰护板灰。再用4:6灰土做平均厚8cm的苫泥背，泥背上抹0.5cm的青灰背（如有必要可在苫背部位增加现代防水层），然后重新瓦瓦。按原制补配缺失垂兽、缺失瓦件。

5. 装修

原状做法：建筑一层北向辟门，门的形式为板门。二层各面设四扇四抹隔扇窗。檩、梁下使用龙头式、鹿图样隔架木雕，再下为平板枋、额枋及透雕翔凤雀替。二层四角节点檩梁头均饰雕刻。

现状勘察：板门保存基本完好，部分门边框、抱框破损，榫卯松动。门板裂缝1~3cm。隔扇窗体结构基本完好，榫卯松动，轻微走闪、棂条缺失。门窗表面油饰局部脱落。隔扇窗未安装玻璃。

修缮方法：修补门边框、抱框。用干燥通长木条嵌补门板缝隙，粘接严实。加固门窗。对于破损缺失的棂条，予以更换补配，新旧棂条接口应抹斜。隔扇窗安装玻璃。

（三）上庙钟楼

上庙钟楼位于上庙东院入口处，亦作为东院的门楼使用。面阔一间，进深一间，二层单檐攒尖布瓦顶。整个建筑平面为正方形。底层实墙砌筑，东西向辟券门。上层木装修围合。脊檩下悬一个铸铁钟。

瓦件浸豆浆水

1. 地面台基部分

原状做法：一层地面方砖铺墁，二层木质地板。

现状勘察：基础现状基本完好。地面方砖部分断裂、残损30%。木质地板朽损严重。

修缮方法：替补地面砖。更换腐烂的地板，重新铺设二层楼地面。

2. 墙体

原状做法：整个建筑仅一层有维护墙。四周墙皆为青砖砌筑，墙体均为淌白墙，建筑四角砌筑通高石柱。东西墙身下肩用石材砌筑，南北墙身上下一体砌筑。墙体砌法为五层顺砖，一层丁砖。室内上身白灰罩面，下部为青砖露明。建筑一层东西开一券一伏形式券门。

现状勘察：墙体没有大的裂缝。南北墙体面砖酥碱、风化、松动较为严重，约40%。南北墙面有水泥勾抹的现象，并且砖体与石柱，各石构件之间有轻微移位的现象出现。

修缮方法：用同规格青砖对墙体风化、酥碱部位进行剔补，统一打点后重新勾缝。对砌体风化部位超过3cm的进行适当剔补，剔补时不必将整砖剔出，以免影响结构；3cm以下的剔补风化部位后，用青灰修补。石材归安，并将缝隙统一用青灰勾抹。

3. 大木构架

钟楼是攒尖顶的亭楼式建筑。各层布置四根柱子。沿面宽方向的金檩轴线安置长趴梁，在进深方向安置短趴梁，梁两端搭置在长趴梁上。趴梁上依次安装金枋、金檩。沿各角安置角梁，以上安装由戗，四根由戗共同支撑雷公柱。

现状勘察：部分木构件出现局部朽损开裂现象。各檩枋具有0.5~2cm的裂缝。构件表面油饰基本脱落，木质纤维裸露。

修缮方法：对较细裂缝留待油饰时用腻子勾抿严实；缝宽超过1cm以上的用干燥木条粘牢补严。缝宽2cm以上用木条粘补后加铁箍钉牢。对大木构件糟朽的部位进行修补，对开裂部位用干燥木条粘牢补严。

4. 椽望及瓦顶部分

原状做法：二层屋面为四角攒间青布阴阳合瓦顶，各脊并布置垂兽、跑兽。四脊攒中坐“宝相葫芦”宝顶。垂脊做成银锭花瓦脊形式。椽为方椽，飞椽三面收分。飞椽头无彩绘，漆以红色。屋面铺设望板。一层为筒板瓦屋面，四面布置为围脊、合角吻。四条垂脊为银锭花瓦脊。檐下为方形砖质椽飞。

更换钟楼椽子

现状勘察：瓦顶杂草丛生，瓦件松动破损严重，破损达60%，多处漏雨。垂脊、围脊等处勾抹。走兽缺失，垂兽、合角吻等开裂、松动。椽飞、望板、连檐、瓦口大部分糟朽75%。一层砖檐基本完好。

修缮要点：二层编号拆除瓦顶，拆除苫背、椽望。按原制修补、更换朽烂的椽飞、连檐、瓦口、望板。在望板上抹2cm白灰护板灰。再用4:6灰土做平均厚8cm的苫泥背，泥背上抹0.5cm的青灰背（如有必要可在苫背部位增加现代防水层），然后重新瓦瓦。按原制补配缺失垂兽、缺失瓦件。椽望油饰。一层屋面更换破损严重的瓦件。剔除勾抹水泥。整修檐头。

5. 装修

原状做法：二层各面设四扇四抹隔扇窗。窗棂形式为一码三箭。整个窗体除棂条漆以绿色，其余部分为红色。

钟鼓楼屋面修缮前

现状勘察：隔扇窗体结构基本完好，榫卯松动，轻微走闪、棂条缺失。门窗表面油饰局部脱落。隔扇窗未安装玻璃。

修缮方法：整修隔扇窗。对于破损缺失的棂条，予以更换补配，新旧棂条接口应抹斜。隔扇窗安装玻璃。

三、修缮施工阶段的具体内容

2014年2月26至2014年3月31日，施工具体内容如下，拆除天后宫山门瓦面，垂脊，跑兽，拆除灰背，拆除泥背，清理拆除腐烂望板，清理拆除腐烂椽、飞、瓦扣板、大连檐小连檐，重新制安望板、瓦扣板、椽飞、大连檐小连檐，望板防腐，做护板灰，做泥背，青灰背，瓦瓦；拆除清理下庙钟鼓楼瓦面，垂脊，跑兽，拆除灰背，拆除泥背，清理拆除腐烂望板，清理拆除腐烂椽、飞、瓦扣板、大连檐小连檐，重新制安望板、瓦扣板、椽飞、大连檐小连檐，望板防腐，做护板灰，泥背；清理拆除上庙钟楼瓦面，垂脊，跑兽，拆除灰背，拆除泥背，清理拆除腐烂望板，清理拆除腐烂椽、飞、瓦扣板、大连檐小连檐，重新制安望板、瓦扣板、椽飞、大连檐小连檐，望板防腐。

2014年4月1日至2014年4月30日，施工具体内容如下：天后宫山门瓦瓦，重新制安吻兽，对墙体裂缝进行处理，拆除墙角对角柱进行检查，发现腐烂的部分进行墩接修补。修补室内檩条。拆除室内地面按照原制方砖重新铺设。重新修补制安门窗破损部分。清理油饰部分原有灰皮，汁浆撕缝打腻子。下庙钟鼓楼做青灰背瓦瓦，修补正脊垂脊戗脊，重新制安吻兽，更换室内地板，修补柱子，修补门窗，清理油饰原有灰皮，汁浆撕缝打腻子。上庙钟楼做护板会，泥背，青灰背，瓦瓦。修补正脊垂脊，重新制安跑兽，更会室内地板，修补柱子门窗。清理油饰原有灰皮，汁浆撕缝打腻子。

2014年5月1日至2014年5月16日，施工具体内容如下：天后宫山门油饰部分刷3遍红油，对正脊参照原有样式进行彩绘。调平天后宫前台阶。下庙钟鼓楼油饰部分刷3遍红油。上庙钟楼油饰部分刷3遍红油。清理现场卫生。

鼓楼修缮后

凤凰山山城北门及南、北瞭望台遗址

工程名称：凤凰山山城北门及南、北瞭望台遗址保护工程
建设单位：凤城市文物管理所
设计单位：辽宁省文物保护中心
监理单位：辽宁文博古建工程有限公司
施工单位：大连市古建筑园林工程有限公司
项目负责人：建设方／武伟胜　施工方／滕宝林

北瞭望台施工前（二）

北瞭望台施工前（三）

一、概况

凤凰山山城是高句丽时期著名山城，位于辽宁省凤城市南郊的凤凰山东侧，又名乌骨山。凤凰山山城周长16km，规模庞大、气势雄伟。现为全国重点文物保护单位。

凤凰山古时又叫屋山、横山和熊山，唐朝以前曾称乌骨山。西汉末年，高句丽民族建立了高句丽国并陆续修筑了许多易守难攻的高山城隘。

北瞭望台施工前（一）

从凤凰山最高峰上鸟瞰凤凰山山城，可见此城中心低洼，四周高峭，呈一巨大盆地状。对面东大顶子（海拔约800m）与攒云峰遥遥相对，成为东、西两个制高点，沿城都是突兀的山峰和陡峭的岩脊相连，十分险峻。唐人《高丽记》中说："乌骨城在国西北，夷言屋山，在平壤西北七百里，东西二岭，壁立千仞，自足至巅，皆是苍石，壮类荆门三峡；其上别无草木，唯生青松，攫斡云表。高丽于南北峡口，筑断为城。"

二、残损状况概述

（一）北门

北门为块石干砌法砌筑而成，墙体石材分为面石和心石两种，内、外墙面石均采用经过加工的楔形块石砌成，墙芯石为较长的梭形石及不规则的碎石，互相拉结并与外墙楔形石咬合砌筑，采用自然排水。经现场勘查，门道南北长约5.8m，东西宽约3.6m，现两侧壁面破损严重，局部心石散落于地，表面植物丛生。门道入口处残存有局部铺设平板石的门道路面，入口处西侧约2.5m处发现一长方形门础石。门道内两侧城墙护壁地势较高，经对西侧考古清理时发现有一弧形石砌墩台，紧邻墩台南侧有一宽台阶式黄土路面呈弧形通向城墙顶部，但由于风

北瞭望台施工中（一）

北瞭望台施工中（二）

北瞭望台施工中（三）

雪侵蚀，现已塌落。北门内东侧拐折处墙体面砖大部分塌落，仅残留1~2层面石，上部心石裸露，

北瞭望台施工后（一）

结构松散，西侧拐折处墙体面石残存4~5层，基础石条有松动移位现象。顶部杂草丛生，与山脊平行。北门外东侧外墙面石基本全部坍落，局部残存1~2层面石，心石散乱堆砌，顶部杂草丛生。

经考古挖掘，在瓮城墙的内外壁均发现有三面石砌一面开放的半包围壁柱柱洞，其中西段瓮墙外壁有6个，内壁有3个，北段翁墙外壁有9个，内壁有7个，另外在北段瓮墙内侧地面之南约在

北瞭望台施工后（二）

1m处有与内壁7个石砌壁柱柱洞两两之间错位分布的6个柱洞。所有壁柱相临柱洞之间距离约在2m左右。柱洞内堆积均不同程度发现有木炭残块。现瓮城北墙东部坍塌40%，外侧面石基本不存，梭形石与碎石散落形成坡面，表面被淤土覆盖，杂草丛生。

修缮方法：

1）清理植物清理积土

（1）彻底清除北门遗址心石缝隙内部及表面积土。

北瞭望台施工后（三）

（2）清除遗址表面植物。需针对不同情况采取不同的处理方法：对于常见的爬藤类、灌木可将其直接清除，对于中等大小树木，除其主干后，再使用化学药品注入树根将其杀死，腐烂后以素土填实树洞，切忌直接开挖树根，避免对城墙造成破坏。

2）加固遗址墙体

（1）局部回填加固外墙底部不稳定及考古清理出来的底部面石。

（2）松动部分面石用片石或碎石垫固。

（3）按原制清理摆砌散乱的遗址墙芯石，并用片石垫固补强，缺失部分梭形石不予补砌。

（4）为了能够护住墙芯石，防止墙芯石外闪，补砌面石缺失严重的北门门道两侧内壁楔形石，其中要先对散落至遗址周围的原石进行收集和整理，并根据石材形状和大小分类，进行原石归位保护，不足部分不予补砌。

城墙施工前（一）

（5）根据发掘报告，折尺形瓮城砌筑方法较为粗糙，外部多为大小不等的平整块石相互叠压砌筑而成，少楔形石，故本次修缮参照原形制，收集遗址周围面石原石，进行适当归位补砌，以保护墙芯，并在隐蔽处做标识。

城墙施工前（二）

（6）北门内、外壁均发现排杈木桩，其中西段瓮墙外壁有柱洞6个，内壁有3个，北段瓮墙外壁有9个，内壁有8个，另外在北段瓮墙地面之南侧1m处与内壁8个石砌排杈柱洞错位分布有6个柱洞。现已基本无存，但由于其既传达历史信息，又能起到实际力学作用，故本次修缮进行补设。

城墙施工前（三）

（二）北门东侧城墙

此段城墙为块石干砌结构，依山势修筑而成，内外墙面均采用经过加工的楔形块石砌成，墙内用较长的梭形石及不规则的碎石，互相拉结咬合砌成。外墙的原始高度应在5m左右，内墙的原始高度应在1m左右，山脊的顶点即是内墙的基础，向上垒砌3~5层即为墙体顶部，以方便守城的人随时随地登临城墙，以利防御。此处城墙的基石都很大，也很牢固，在山体陡峭或土质松软处皆有大型石块倚住墙根。

城墙施工中（一）

以东侧马面与为起点，以10m为单位进行勘察，沿山脊向下伸展到北门门道东侧内壁约计46.3m。

1. 0–1段

长10m，两点地势高差2.5m，此段城墙于2006年维修时曾进行修缮维护，对外墙进行过整理加固，现保存较好，外墙现存高5m，内墙面石残存高度0.8m，结构基本稳定，无鼓胀现象，墙体顶部砌石局部坍落、松动，植物丛生。

修缮方法：

1）清理植物及积土

（1）彻底清除墙体面石、芯石缝隙内部及表面积土。

（2）清除遗址表面植物。需针对不同情况采取不同的处理方法：对于常见的爬藤类、灌木可将其直接清除，对于中等大小树木，除其主干后，再使用化学药品注入树根将其杀死，腐烂后以素土填实树洞，切忌直接开挖树根，避免对城墙造成破坏。

城墙施工中（二）

2）加固遗址墙体

（1）局部回填加固外墙底部不稳定及考古清理出来的底部面石。

（2）松动部分面石用片石或碎石垫固。

（3）按原制清理摆砌散乱松动的遗址墙芯

石，并用片石垫固补强，缺失部分梭形石不予补砌。

（4）清理淤积泥土及植物后，砌石缺失严重部位用收集原石面石适当填补，达到结构稳定状态即可。

（5）用防护网进行覆盖防护加固，解决墙芯砌石与内墙砌石下坍形成安全隐患。

城墙施工后（一）

3）加强遗址防水功能

清除植物填补树洞完成后，于城墙顶部夯铺2层土工布，中间筑碎石素土层8cm厚防止雨水下渗。再用白灰补充一层拍实，白灰层厚度为2cm，最后在顶部错缝铺砌片石、板石。并注意向外留好泛水，坡度3%。

2. 1–2段

长10m，两点地势高差2.2m，外墙残高最高0.45m，墙芯高4.5m，内墙面石残存4~6层面石，结构相对稳定，无外闪、故障现象，平均高度1.2m。墙体顶部砌石坍落，墙芯梭形石散乱堆砌，树木杂草丛生。该段城墙在从1点向西2.4m长度内残留有1~2层基础面石，现存面石没有鼓胀现象，但风化严重。芯石部位相对稳定，表面为淤土覆盖，表面杂草丛生。

修缮方法：

1）清理植物清理积土

（1）彻底清除墙体面石、心石缝隙内部及表面积土。

（2）清除遗址表面植物。需针对不同情况采取不同的处理方法：对于常见的爬藤类、灌木可将其直接清除，对于中等大小树木，除其主干后，再使用化学药品注入树根将其杀死，腐烂后以素土填实树洞，切忌直接开挖树根，避免对城墙造成破坏。

2）加固遗址墙体

（1）局部回填加固外墙底部不稳定及考古清理出来的底部面石。

（2）松动部分面石用片石或碎石垫固。

（3）按原制清理摆砌散乱的遗址墙芯石，并用片石垫固补强，缺失部分梭形石不予补砌。

（4）清理淤积泥土及植物后，砌石缺失严重部位用收集原石面石适当填补，达到结构稳定状态即可。

（5）用防护网进行覆盖防护加固，解决墙芯砌石与内墙砌石下坍形成安全隐患。

3）加强遗址防水功能

清除植物填补树洞完成后，于城墙顶部夯铺2层土工布，中间筑碎石素土层8cm厚防止雨水下渗。再用纯白灰补充一层拍实，白灰层厚度约2cm，最后在顶部错缝铺砌片石、板石。并注意向外留好泛水，坡度3%。

3. 2–3段

长10m，地势高差2.8m，外墙残高最高1.2m，墙芯高4.5m，内墙面石残存高度1.2m，墙体顶部砌石坍落，墙芯梭形石散落堆砌，树木杂草丛生。该段城墙在2点位置3.75m长度内残留有2~3层基础面石，现存面石没有鼓胀现象，但风化严重。芯石部位相对稳定，表面为淤土覆盖，表

城墙施工后（二）

面杂草丛生。内墙面石残存4~6层，结构相对稳定，无外闪、鼓胀现象。

修缮方法：

1）清理植物清理积土

（1）彻底清除墙体面石、芯石缝隙内部及表面积土。

南瞭望台施工前（一）

（2）清除遗址表面植物。需针对不同情况采取不同的处理方法：对于常见的爬藤类、灌木可将其直接清除，对于中等大小树木，除其主干后，再使用化学药品注入树根将其杀死，腐烂后以素土填实树洞，切忌直接开挖树根，避免对城墙造成破坏。

南瞭望台施工前（二）

2）加固遗址墙体

（1）局部回填加固外墙底部不稳定及考古清理出来的底部面石。

（2）松动部分面石用片石或碎石垫固。

（3）按原制清理摆砌散乱的遗址墙芯石，并用片石垫固补强，缺失部分梭形石不予补砌。

（4）清理淤积泥土及植物后，砌石缺失严重部位用收集原石面石适当填补，达到结构稳定状态即可。

（5）用防护网进行覆盖防护加固，解决墙芯砌石与内墙砌石下坍形成安全隐患。

3）加强遗址防水功能

清除植物填补树洞完成后，于城墙顶部夯铺2层土工布，中间筑碎石素土层8cm厚防止雨水下渗。再用白灰补充一层拍实，白灰层厚度约2cm，最后在顶部错缝铺砌片石、板石。并注意向外留好泛水，坡度3%。

4.3–4段

长10m，地势高差3.6m，外墙残高最高0.6m，墙芯残高4.6m，内墙面石残存4~6层，结构相对稳定，无外闪、鼓胀，现存高度1.0m。墙体顶部砌石坍落，墙芯梭形石散乱堆砌，树木杂草丛生。该段城墙仅在中部残留2段基础面石，长度分别为2.7m和1.7m，高度为1~2层，没有鼓胀现象，但风化严重。芯石部位相对稳定，表面为淤土覆盖，表面杂草丛生。

修缮方法：

1）清理植物清理积土

（1）彻底清除墙体面石、心石缝隙及表面积土；

南瞭望台施工前（三）

（2）清除遗址表面植物。需针对不同情况采取不同的处理方法：对于常见的爬藤类、灌木可将其直接清除，对于中等大小树木，除其主干后，再使用化学药品注入树根将其杀死，腐烂后以素土填实树洞，切忌直接开挖

南瞭望台施工中（一）

南瞭望台施工中（二）

南瞭望台施工中（三）

树根，避免对城墙造成破坏。

2）加固遗址墙体

（1）局部回填加固外墙底部不稳定及考古清理出来的底部面石。

（2）松动部分面石用片石或碎石垫固。

（3）按原制清理摆砌散乱的遗址墙芯石，并用片石垫固补强，缺失部分梭形石不予补砌。

（4）清理淤积泥土及植物后，砌石缺失严重部位用收集原石面石适当填补，达到结构稳定状态即可。

南瞭望台施工后（一）

（5）用防护网进行覆盖防护加固，解决墙芯砌石与内墙砌石下坍形成安全隐患。

3）加强遗址防水功能

清除植物填补树洞完成后，于城墙顶部夯铺2层土工布，中间筑碎石素土层8cm厚防止雨水下渗。再用白灰补充一层拍实，白灰层厚度约2cm，最后在顶部错缝铺砌片石、板石。并注意向外留好泛水，坡度3%。

5. 4–5段

长6.3m，地势高差0.5m，外墙面石不存，墙芯高4.6m，内墙面局部残存高度0.6m，大部分均已坍落。墙体顶部砌石坍落，墙心梭形石散乱堆砌，树木杂草丛生。该段城墙仅在中部残留2段基础面石，长度分别为2.7m和1.7m，高度为1~2层。现存面石没有鼓胀现象，但风化严重。芯石部位相对稳定，表面为淤土覆盖，表面杂草丛生。内墙局部残存1~4层面石，结构相对稳定。

南瞭望台施工后（二）

修缮方法：

1）清理植物清理积土

（1）彻底清除墙体面石、芯石缝隙及表面积土。

（2）清除遗址表面植物。需针对不同情况采取不同的处理方法：对于常见的爬藤类、灌木可将其直接清除，对于中等大小树木，除其主干后，再使用化学药品注入树根将其杀死，腐烂后以素土填实树洞，切忌直接开挖树根，避免对城墙造成破坏。

2）加固遗址墙体

（1）局部回填加固外墙底部不稳定及考古清理出来的底部面石。

（2）松动部分面石用片石或碎石垫固。

（3）按原制清理摆砌散乱的遗址墙芯石，并用片石垫固补强，缺失部分梭形石不予补砌。

南瞭望台施工后（三）

（4）清理淤积泥土及植物后，砌石缺失严重部位用收集原石面石适当填补，达到结构稳定状态即可。

马面北侧施工后

（5）用防护网进行覆盖防护加固，解决墙芯砌石与内墙砌石下坍形成安全隐患。

3）加强遗址防水功能

清除植物填补树洞完成后，于城墙顶部夯铺2层土工布，中间筑碎石素土层8cm厚防止雨水下渗。再用白灰补充一层拍实，白灰层厚度为2cm，最后在顶部错缝铺砌片石、板石。并注意向外留好泛水，坡度3%。

（三）北瞭望台

瞭望台址坐北朝南，由石砌高台主体和附属阶梯两部分组成。高台东西长约9.8m，南北宽月8.6m，残高约2.8m，四角用扇形石砌筑，外壁用楔形石逐层水平砌筑圆角长方形建筑，内部用梭形石相互逐层叠压咬合砌筑。阶梯位于高台南侧的中部，呈长方形，南北长3m，东西宽2.2m。在高台的四周散落有大量板瓦和筒瓦残片。

经现场勘查发现，台体东侧残存面石3层，东北角角石、面石坍落不存；南面残存面石2~4层，中部台阶仅存1~2层面石，其余部分基本全部坍塌；西侧残存面石1~3层；北侧残存面石2~5层，北侧中部面石坍塌，形成一豁口。顶部台芯石现散乱堆砌，结构松散。

修缮方法：

1）清理植物清理积土

（1）彻底清除北瞭望台遗址表面积土，并对遗址周围散落瓦片进行素土回填。

（2）清除遗址表面植物。需针对不同情况采取不同的处理方法：对于常见的爬藤类、灌木可将其直接清除，对于中等大小树木，除其主干后，再使用化学药品注入树根将其杀死，腐烂后以素土填实树洞，切忌直接开挖树根，避免对城墙造成破坏。

2）加固遗址墙体

（1）对散落于遗址周边的砌筑原石进行搜集和整理，并在现状加固基础面石的基础上，将搜集到的原石进行归安保护。

（2）面石松动部位可采用片石加垫的方法，嵌固补强。

（3）调整加固残存的墙芯石，散乱部位按原制重新摆砌。

3）加强遗址防水功能

清除植物填补树洞完成后，于城墙顶部夯铺2层土工布，中间筑碎石素土层8cm厚防止雨水下渗。再用白灰补充一层拍实，白灰层厚度约

马面东侧施工后

2cm，最后在顶部错缝铺砌片石、板石。并注意向外留好泛水，坡度3%。

（四）南瞭望台

南瞭望台呈正方形，可分为瞭望台主体、护台和台阶部分。

北门施工后（一）

护台为正方形长约14.4m，宽约14.5m，方形，周长57.5m。通过考古挖掘得知，护台四边用楔形石砌筑，用来加固护台四周，护台的面上从内向外呈斜坡状，护台表面铺一层较为平整的石头作为台面。瞭望台主体现存高度1.3m，底边是边长8.35m的正方形，石砌筑而成，现存6层（不包括埋藏在主体内的），向上每层石头内收约10cm，瞭望台顶部平面为边长约7.4m的正方形。台阶位于瞭望台主体西侧的护台上，修筑在瞭望台主体和护台西侧的居中位置，台阶现存4层，台阶宽约1.75m，台阶底长约2.2m。

通过现场勘察，东侧中部仅存4块面石，东北角面石、基石坍落无存；南面左侧残留2~4层面石，右侧面石基本不存；西侧台体及台阶相对保存尚可，残存高度为1.75m，台阶右侧被积土掩埋近0.5m；北面残存2~4层面石，西北角角石坍落缺失。台体顶部现大部分被积土覆盖，表面杂草丛生。

修缮方法：

1）清理植物清理积土

（1）彻底清除南瞭望台遗址表面积土，并对遗址周围散落瓦片进行素土回填。

（2）清除遗址表面植物。需针对不同情况采取不同的处理方法：对于常见的爬藤类、灌木可将其直接清除，对于中等大小树木，除其主干后，再使用化学药品注入树根将其杀死，腐烂后以素土填实树洞，切忌直接开挖树根，避免对城墙造成破坏。

2）加固遗址墙体

（1）对瞭望台护台边缘残存块石进行整理加固。

（2）调整加固残存的墙芯石，散乱部位按原制重新摆砌。

（3）面石松动部位可采用片石加垫的方法，嵌固补强。

（4）在现状加固基础面石基础上，参照现存北瞭望台面石砌筑形式及南瞭望台现存最高点高度，将搜集到的原始面石、芯石进行适当归安，使瞭望台四面高度基本平整即可。

3）加强遗址防水功能

清除植物填补树洞完成后，于瞭望台顶部夯铺2层土工布，中间筑碎石素土层8cm厚防止雨水下渗。再用纯白灰补充一层拍实，白灰层厚度为2cm，最后在顶部错缝铺砌片石、板石。并注意向外留好泛水，坡度3%。

北门施工后（二）

三、修缮施工阶段的具体内容

2013年10月12日至21日，施工主要内容是清理南瞭望台、北门东侧城墙及北门的杂草、树木等植物；清理北门东段城墙墙基，南瞭望台四面墙体进行修复砌筑，顶部夯铺土工布。北门东侧城墙0-1段的面石开始砌筑，土工布进行夯铺（土工布2层，素土8cm，再用纯白灰铺一层夯实，上面再铺砌片石、板石），狼牙石砌筑及加固。

2013年10月22日至31日，施工主要内容是北门东侧墙体0-4段面石的砌筑，以及土工布的夯铺，狼牙石的砌筑及加固等工序已完成；南瞭望台的面石砌筑及顶部夯铺土工布工作已完成。

2013年11月1日至11日，北门东侧墙体4-5段的面石砌筑。土工布的夯铺，狼牙石的砌筑及加固等工作已完成；清理北门东侧0-5段的散水地基，以及散水的铺设已完成；北门东侧马面墙体上槎狼牙石等工作已完成；南瞭望台的台阶砌筑及加固工作已完成。

2014年8月31日至9月10日，施工主要内容是清理北门瓮城、北瞭望台的杂草树木等植被；清理倒塌的基础，以及搜集散落在半山腰等处的石头运回现场，北瞭望台的修复工作已完成；开始清理北门瓮城墙基。

2014年9月11日至25日，施工主要内容是将做好防腐的木桩运往现场，安装木柱，北门瓮城墙体面石进行砌筑及加固，北门瓮城墙顶夯铺土工布，北门瓮城墙顶部狼牙石砌筑及加固等工作已完成。

瓮城施工后（二）

四、修缮工作总结

凤凰山山城北门及南、北瞭望台遗址保护工程，自2013年10月12日开工以来，在建设单位、监理单位、设计单位的大力支持和配合下，在监理单位的严格监管下，我们按照文物修缮修旧如旧的原则，在保证工程质量的前提下，不延误工期，于2014年9月25日完成全部施工任务。

（一）维修前状况

北门、北门东侧城墙，以及南、北瞭望台，在数百年来历经风雨遭到自然等因素的破坏，年久失修等原因，造成北门东段城墙外墙多处坍塌，墙面面石及石条多处丢失不存。

瓮城施工后（一）

（二）修缮项目

（1）北门；

（2）北门东侧城墙；

（3）北瞭望台；

（4）南瞭望台。

（三）按照设计方案修缮措施

（1）首先清除了植物、杂草、树木及树根，在清理时注重了原文物体的保护，清除后产生的空洞，用原材质、原工艺进行了补砌。

（2）墙顶使用梭形石按照方案施工。

九门口长城

工程名称：绥中县九门口长城3号敌台、2号马面抢险工程

建设单位：绥中县九门口长城管理处

设计单位：辽宁省文物保护中心

施工单位：大连市古建筑园林工程有限公司

监理单位：辽宁兴博文化遗产保护设计有限公司

项目负责人：建设方/叶铭　施工方/滕宝林

一、概况

九门口长城建于明洪武十四年（1381年）。是大将军徐达奉旨所修，原名一片石，现称九门口长城，隶属明山海卫。九门口长城位于辽宁省绥中县李家堡乡新堡子村，长城两侧均为居民区及农田、果园，长城四周皆为丘陵地带，地处绥中西北部山区。九门口长城显现出古代军事防御工事在选址、布局、配置上的建筑理念，是研究古代军事防御体系的重要实例，对于研究明代长城的功能和建筑思想有着重要的意义。1988年12月20日，辽宁省人民政府正式公布九门口长城为省级重点文物保护单位。1996年，被辽宁省政府公布为全国重点文物保护单位。2002年，正式通过联合国教科文组织的验收，成为世界文化遗产——长城的一部分。后因暴雨所致九门口3号敌台和2号马面出现险情。本次抢险工程主要是针对3号敌台坍塌部分和2号马面缺失的基础进行彻底抢修，既处理险情又达到修缮加固的作用。

二、残损状况概述

（一）2号马面

2号马面位于九门口长城关隘南侧。现存形制比较完整，存高7.56m，长9.75m，凸出长城4.28m。马面上有维修后的毛石砌筑的架炮平台。

由于辽西强降雨，现马面的基石已经被冲毁。东南角掉落础石3行，西南角掉落础石2行，所幸没有伤及内部拉结条石。

2号马面施工前（一）

2号马面施工前（二）

马面南面，墙面比较规整，没有鼓闪现象和不均匀沉降的现象。但墙面多已风蚀，约占墙面面积的70%，风蚀的最深达5cm，平均深度约为3cm。垛口帽砖几乎全部缺失。

马面西侧，条石以上左侧全部为后期维修，右侧为原有墙体。新旧墙体均存在风蚀现象，约占墙面的80%，风蚀程度同马面南侧。垛口帽砖全部缺失。

马面东侧，条石以上10行，均为原墙面，其上均为后期砌筑。墙面风蚀面积约80%，风蚀最深达3cm，平均深度约2cm。垛口保存较好，有完整的帽砖3块。

马面平面为条砖铺地，比较平整，砖缝处有少量植物滋生。马面吐水嘴和排水设施保存较好。

修缮措施：2号马面重点恢复和补强已经被雨水冲毁的基础，同时对马面其他破损部位进行现状加固。清理坍塌的基础缺口，扫除浮土，找回已经滚落的条石，按原位进行归安。归安时用白灰浆灌实，要求满实，不得留有空隙。

墙面进行剔补，对旧砖面，风化达50%的旧砖进行剔补，风化达30%以上的后补砖面。墙面统一进行嵌补和打点。墙帽按现制完整的帽砖重做。

2号马面施工后（二）

2号马面施工后（三）

马面平面，清除滋生杂草，揭取已经松动的面砖并剔除上次修缮时的水泥勾缝，用白灰浆重新铺浆、墁平地面，最后地面统一桐油钻生。现存炮台为水泥勾缝，也对其进行剔除后改用白灰砌筑。

2号马面施工后（一）

揭取地面砖时要对其防水夯层进行检查，如有老化应全部铲除，后重做二八灰土夯层，如有破损则应进行灰土进行补夯。

（二）3号敌台

3号敌台早年损毁，现仅存建筑基址和南墙、西墙残壁。因大雨导致南墙残壁整体倒塌。现倒塌的敌台南壁，整体性较好，长约3.2m，宽约1.4m，厚约0.8m，内侧墙面保存完好，外侧墙面由于倒塌，保存状况不明。现存的东墙残壁高约2.2m，宽约1.9m，内外墙面均为断砖，尤其是内墙面保存更差。敌台平面，现表面多是建筑碎料，由于现存高度未达到原敌台室内地面高度，所以原形制无法辨识。

敌台现残高4.38m，敌台南面墙体保存较差，墙面缺失或损坏整砖约30%，墙面风化约40%。敌台西面与长城墙体相接，地面上仅存残壁。敌台东面，墙面无完整面砖，均已缺失或破损。

马面剔补中

修缮措施：完整保留现存没有倒塌的西墙，对墙体外立面进行勾缝，并剔除碎砖茬，根据设计在此基础上适当增筑砖面。内墙面保存现状，剔除松动的灰浆，重新勾缝。

清理倒塌的南面墙体，扶起时尽量少进行拆分，以便恢复时可以整体砌筑。按原位归安南墙，南墙与西墙之间应用砖做好拉结。

清理敌台平面，因现存敌台平面未到原敌台内平面高度，所以平面不恢复敌台内的平面格局，依据现存的高度做好防水层和墁砖，以防止敌台内部收到雨水侵蚀，同时方便游人游览。

剔补敌台墙面，对风化30%以上的砖进行剔补，30%以下的进行打点。对已经缺失的墙面进行嵌补。后补墙面统一进行做旧、打点、找平。

三、施工阶段具体内容

2014年6月20日至7月19日，施工主要内容：2号马面，清理周边环境，清理找回缺失的基础，清理墙面，剔补风化严重的墙面砖，归安条石基础。3号敌台，清理周围环境，清理倒塌的南墙，清理残留的原有西墙，清理北墙基础，清理东墙风化酥碱严重的墙砖，对西墙进行补砌加固，对东墙墙面砖进行剔补，补砌倒塌的南墙。

2014年7月20日至8月19日，施工主要内容：2号马面，按照原有样式重新制安墙帽砖，墙体勾缝，炮台穿四周毛石铲除水泥缝，重新用白灰砌筑，对炮台平面清理之后二八灰土进行夯实，清理地面，二八灰土夯实，白灰浆重新铺浆、墁平地面。3号敌台，补砌北墙，墙面勾缝，清理平台地面，二八灰土夯实，两层海墁砖。

2014年8月20日至8月30日，施工主要内容：2号马面，地面桐油钻生，清理现场。3号敌台，地面桐油钻生，清理现场。

四、修缮工作总结

施工时间：2014年6月20日至8月30日，历时

3号敌台施工前（一）

3号敌台施工前（二）

两个半月。

施工准备阶段，通过招标选定优秀的施工队伍担任此次修缮任务，甲方派专业人员进驻现场全程监督，聘请省里专业的监理人员，施工前施工单位多次考察现场，认真研究方案，会同甲方监理设计单位进行技术交底，提出施工中可能会出现问题。

开工后，甲方代表和监理人员实时督促现场施工单位注意施工现场的安全防火和文明施工，在施工现场周围设立警示带，防止游客误入施工现场，避免造成人身伤害。现场严禁吸烟，对用电经常检查，防止造成山间大火。施工单位实行奖惩措施，发现问题及时解决，施工期间没有发生一起事故。及时召开现场监理会议，针对施工中出现的问题及时解决。施工中严格按照方案和合同进行，均采用传统工艺进行施工，对于风化小于30%的墙砖，进行保留，将新做和旧有形成对比，以便区分。2号马面缺失的垛口墙帽砖，施工按照原有的样式找厂家先制作样品，待甲方和监理方同意确认后再进行批量生产施工。对于地面施工，清理现场杂草垃圾后，对原土层进行夯实，在采用二八灰土分层夯实，防止雨水对其浸入，再进行海墁的铺砌。由于施工在山脊进行，现场运料施工机械运送有相当难度，施工单位积极采取办法，克服困难，最终完成此次修缮任务。施工过程中，所用材料都经监理工程师见证。各分部分项工程的施工工艺及施工质量均符合施工设计要求及相关规范规定的要求。施工技术资料完整、准确，签署齐全。自检工程施工质量合格。

3号敌台海墁施工中

3号敌台海墁施工后

3号敌台南墙施工后

竣工后，九门口长城管理处实施初步验收，工程得到了高度的评价，邀请省里专家进行评价，对其修缮结果十分满意，同时提出了宝贵的意见，供今后的修缮作参考。

绥中县锥子山长城

工程名称：绥中县锥子山长城大毛山段部分段落抢险工程四标段单体建筑抢险工程

建设单位：绥中县长城文物管理处

施工单位：沈阳故宫古建筑有限公司

监理单位：辽宁文博古建工程有限公司

设计单位：辽宁省文物保护中心

一、概况

锥子山长城地处辽宁省绥中县永安堡乡境内，是明代所修长城军事防御体系中的重要组成部分，历来为兵家必争的战略要地。锥子山长城全长22455m，共分6段，依次为大毛山段、锥子山段、椴木冲段、蔓芝草段、石匣口段、金牛洞段。蜿蜒于燕山余脉的崇山峻岭之上，蔚为壮观，保存较为完好，2006年被中华人民共和国国务院公布为全国重点文物保护单位。

此次修缮的段落属于锥子山长城的大毛山段的一部分。该段长城坐落在西沟村的小河口、西沟两个自然屯南侧的山脊之上，全长1250m，包括砖结构、石结构墙体；其间建有4座空心敌台，马面2座，方形实心烽火台3座。

二、残损状况概述

（一）敌台

1. 基础与基座

西、南、北三面局部基础被碎石、积土掩埋；毛石缝隙多有植物生长。局部白灰膏脱落。

修缮方法：清理表面杂草，连根系一起除净，并对处理后的缝隙进行填补。缝隙较大的用片石进行填补，较小的用石灰膏进行填补。清理毛石基础附近的杂物，使之排水顺畅。

2. 外墙体及垛口

券门、券窗的砖券部分破损严重，并造成券顶上方的外墙开裂，券门左侧柱石缺失；外墙面砖酥碱风化严重，以西侧台体最为严重，约35%的面砖

脱落，其他各面均有不同程度的裂缝、风化及缺损；台体西侧45%拔檐、牙砖缺损。垛口墙缺失95%，台体各面局部存在植物生长的问题。

修缮方法：对券窗、券门破损部位进行整理、剔出茬口，采用原规格青砖、按原工艺进行砌，尤其是发券部位、新旧墙体结合部位，一定要用铸铁片嵌实后再进行勾缝。对开裂的面砖要整砖剔出，再用整砖砌补。嵌补前要对内部的缝隙进行补砌，尤其是发券部位、新旧墙体结合部位，一定要用铸铁片嵌实后再进行勾缝。对开裂这段的面砖要整砖剔出，再用整砖砌补。嵌补前要对内部的缝隙进行补砌、灌注。0.5cm以下的小缝不必剔砖，直接用青灰膏灌注后，再做出墙面效果。对面砖风化超过3cm的进行剔补；不超过3cm的采用剔净风化面后用青砖片或青灰膏进行贴补。

3. 底层平面及结构

底层墁地条砖基本被坍塌的夯土与青砖掩埋无法辨认；内外墙均在券门、券窗部位破损严重，有的部位被人拆除；通道券顶局部松散，青砖浮摆，随时都有塌落的可能；内部各折角处均有不同程度的缺损及风化。

修缮方法：清理室内积土、垃圾；修补室内的三合土垫层；按2层墁砖错缝叠压的原制形式用白灰砂浆铺砌地面；铺砌时要满铺、满挤，最后用青麻刀灰勾缝。对错位、开裂、缺失的券门窗部位要逐个清理，针对不同部位，采取针对性的措施进行砌补、错位、嵌实、勾缝，使之牢固稳定。清理内墙、砖墩的残墙，剔出茬口。按原制补砌内墙转角处的缺失部位；补砌时使用白灰砂浆勾缝。对内部券顶风化、酥碱的部位清理干净，用青麻刀灰进行修补封闭，不做替砖修复，对松动的部位用片石镶砌，在修补券顶时，不许大拆大卸，要先对相邻部位进行支顶，然后利用可移动全台进行修补工作。

4. 顶层平面

台面已被积土掩盖，长满荆棘；外圈垛口墙坍落缺失95%；铺设被积土与植物覆盖；排水部位堵塞，雨水下渗，殃及内部结构。

修缮方法：

清理顶层的积土、植物；对顶层的铺设部位进行考古清理；对清理出来的铺设残墙现状加固。适当补砌台面垛口，补砌高度控制在80cm左右。按原制修补缺失的吐水嘴，剩余吐水嘴不作替换，现状加固即可。对台面海墁砖进行恢复，按原制做法，下部青砖然后整铺8cm厚白灰垫层，之后为370mm×370mm×80mm海墁方砖；铺砌时要满铺、满挤，最后用青麻刀灰勾缝，并做好台面的泛水，疏通排水渠道。

5. 楼梯

毛石台阶保存完好，仅有局部松动；上部券顶局部青砖酥碱。

修缮方法：对松动、移位的毛石进行纠偏加固。对券顶酥碱部位进行清理，用青麻刀灰进行修补封闭，不作替砖修复，对松动的部位用片石镶砌。

（二）烽火台

1. 台体（南、北、东、西）

整个烽火台上部全部缺失，垛口墙等不存。现为村民随意垒砌；多处塌陷，毛石散乱掉落；各面局部被碎石、积土掩埋；残存台体毛石松动，缺失；大部分白灰膏脱落；毛石缝隙多有植物生长。

修缮方案：对植物、杂草、积土进行清理外运，清理要一直清理到墙基，检查一下被埋的墙体是否受到损伤。上部结构，垛口墙等不作复原修缮，按原制工艺局部补砌归安散落石块。对于松散部位，编号拆除，并按原形制垒砌。按原制

适当补砌外墙面石、墙芯石，保证现存墙体稳定。墙面石修补加固。做海墁。对于整体较为稳定的部位，保持现状，并补齐缺失毛石，整体白灰膏嵌缝。

2. 顶层平面

上部结构全部缺失；现存台面积土遍地，荆棘茂盛；垛口墙全部缺失；排水不畅，雨水下渗，殃及内部结构。

修缮方法：

清理顶层的积土、植物；对顶层部位进行考古清理；对内部土体、碎石现状加固。适当补砌墙体。按原制修补缺失的吐水嘴，剩余吐水嘴不作替换，但需要加固。顶部素土拍实，再用三七

灰土补充一层拍实，平均厚度12cm，铺设时向内留好泛水。再用存白灰补充一层拍实，白灰层厚度约2cm。最后在顶部铺设一层规整的片石、板石。

三、修缮施工阶段的具体内容

1. 补砌、加固坍塌部位

对完全坍塌，目前已达到稳定的墙体，保持现状不再干扰；对塌落临界的墙体进行加固和补砌，使之达到稳定状态；对局部塌落的墙体按原制重砌，表面用石灰勾缝，内里用毛石干插填充在陡峭地段砌成阶梯状，并砌筑石踏步。

墙体补砌时一定要遵守不改变原来的建筑形制、结构材料和工艺技术的原则。补砌时要清好基底，加固好残存的部位。参照两端现存墙体的形制，用原墙坍落下来的块石，按原砌法进行补砌。对小面积的坍落，用散落的块石尽量补齐；对大面积的坍落，应对两端的墙石进行加

固和适当补砌，以保证两端的墙体和墙芯石牢固稳定。对坍塌稳定的部位保持现状。此次补砌，一块新石不用。

2. 清理城墙顶部，重做海墁

清除顶部植物，用碎石填充根系留下的孔洞，再用白灰浆灌严。按原制重砌顶部坍塌的石台阶、石踏步，用石灰勾缝；对松动部位用片石嵌固垫牢。对顶部残存素土海墁重新拍实，再用三七灰土补充一层拍实，平均厚度50cm，向内留好泛水。

3. 墙体面石加固

对松动部位采用片石加垫或铧铁嵌固的方法，然后再用白灰砂浆勾严；对下部脱落造成上部墙体失稳的部位进行补砌，后采用毛石牛腿墙的方法进行支顶。对没有坍落的墙体进行检查，补充基岩与底层石之间的片石垫。对残存的墙芯石部位采用补充墙面石的办法，以保证墙体的稳定。

4. 整理城墙周边环境

砍伐距离城墙较近的灌木、荆棘，清除其根系，对散落的石块进行整理，缩小散积，整理城墙周边环境。清除城墙顶部的植物，清除后的孔洞一定用素土填实。补充一下素土面层的厚度，做好顶部排水。

5. 砖石合筑墙体

6. 清理敌台内部，填平缺失部位

清除墙体的一切植物及其根系，将含有草籽的浮土一并清除。对散落在墙顶内的进行整理。按原制对缺失的内部山石进行补充，大小皆用，尽量填实。

7. 修补墙体、裂缝，剔补风化砖

对被掏空的墙体茬口进行整理，采用原规格青砖，按原工艺从里向外进行补砌。新旧墙体结合处，用铸铁片嵌实后再行勾缝。

对开裂折断的面砖要整砖剔出，再用整砖嵌补，嵌补后要与好的墙面基本一致，内部大的裂缝同样用砖补砌，小裂缝用灰膏灌严后，再做出墙面效果。对排水口附近的风化砖进行剔补，将风化砖剔除后，应对墙体内部的裂缝进行灌浆加固。再按原制进行补砌。所用新砖均做好年代标识。

8. 垛口墙

适当补砌垛口的缺失部位，加固松动部位，对整个垛口墙面重新进行打点，对脱落的灰缝进行补勾。

瑞光塔

工程名称：瑞光塔维修工程
申报单位：苏州市文物保护管理所
设计单位：苏州市计成文物建筑研究设计院有限公司
施工单位：苏州计成文物建筑工程有限公司
监理单位：苏州建华建设监理有限责任公司

一、工程概况

瑞光塔位于苏州市城南盘门景区内，为七级八面砖木混合结构楼阁式塔，通高52.87m，外绕副阶，始建于三国赤乌十年（247年），现存古塔据考建于北宋，后经历朝风雨，至新中国成立前已破败不堪。1987年对瑞光塔进行全面整修加固，恢复宋塔风貌，1988年瑞光塔被列为全国重点文物保护单位，是苏州古城重要的文化遗存。

维修前瑞光塔全景

近年来，瑞光塔塔顶出现了塔刹底座砌体下沉，承重枋与柱连接发生脱节错位等现象，导致了塔顶渗水严重，威胁到古塔的结构安全，另外自20世纪80年代大修后未进行过系统维修，塔身还存在油色剥落、木构件糟朽、构件脱落等现象，亟待维修。

维修前塔顶裂缝

维修前塔壁抹灰层空鼓脱落

2010年苏州市文物保护管理所委托苏州市计成文物建筑研究设计院有限公司编制维修方案，于2011年获得国家文物局批准，经过两年多筹备工作，工程由苏州计成文物建筑工程有限公司中标，于2013年9月26日正式开工，本工程建筑面积约为934.72m^2，工程总投资为382.98万元，工期为120天，由苏州建华建设监理有限责任公司负责监理，作为全国重点文物保护单位的维修项目，本工程遵循“不改变文物原状”的原则，按照原工艺、原材料、原形式的要求实施维修。本次工程从前期的技术论证、工程准备到实施阶段的安全、质量、进度管理，再到竣工验收都采用了现代化的工程管理模式，真正实现从工程管理组织、程序到方法的全过程全环节的科学化、规范化。同时，针对瑞光塔的特性强调了施工过程中安全监测的重要性，为工程实施中的文物安全保驾护航。

群柱顶端朽烂严重

通过参建各方密切配合，围绕工程质量、进度共同努力，及时解决施工过程中出现的各种问题，确保维修工程顺利进行，并通过验收。

二、工程详细内容

（一）工程背景

1.立项时文物本体的保存状况：

1）塔座台基

台基的锁口青石均为后期添补，塑腰青石除了3块是后期新置外，其余为宋代青石原构，目前青石上石雕有风化破损的现象，石块表面有裂纹，正西和西北方的石雕有多处风化破损，正北和东北的线脚破损较多，东面延伸出的月台青砖铺地局部轻微塌陷。

拆除群柱及角梁等木构

2）副阶

副阶檐柱及扶手栏杆表面油饰褪色剥落较为严重，部分木椽、望板、平棊板朽烂，屋面筒瓦碎裂，檐口漏雨严重，危及内部木结构安全。

3）塔壁

塔芯墩是宋代原构，后期经过部分整修，塔外壁抹灰层有酥碱、空鼓、脱落的现象。

4）腰檐、平座

目前腰檐和平座为1987~1990年间重修，各平座地面采用青砖顺纹铺设。腰檐铺作有表面油色剥落现象，木基座有水渍侵害、出檐椽开裂木望板糟朽现象，五层正西和西北方向戗角上千斤梢缺失。腰檐屋面瓦垄局部损坏、渗漏，檐部钉帽残缺。

维修前草架内木构朽烂

5）六、七层木结构

木构件大部分是大修期间整修补充，均按照宋《营造法式》的基本尺寸加以修复。六层塔芯群柱有明显侧角，木柱和柱间木枋有大片的水渍和脱榫现象。从塔顶内部勘测发现，承重枋表面糟朽，榫卯脱位，变形下沉，窜枋、角梁、木椽等构件同步变形下沉。

6）塔顶

根据塔顶外立面勘测，20世纪80年代后期大修时新增的混凝土板与其下部刹座砌体结合处局

维修前木构表面油色剥落

部脱开产生横向裂缝，透过裂缝，能看到内部群柱表面有朽烂现象，刹座砌体下部部分筒瓦脱节并下滑碎裂。刹杆向东北倾斜，塔芯木两个抱箍松动滑落，局部锈蚀。

2. 需解决的问题

混凝土板边缘现浇高标混凝土

瑞光塔自20世纪80年代后期维修以后，至今已20多年没有进行过全面保养修缮。塔顶层承重枋由于受力不均产生位移，导致刹座砌体出现裂缝，由于温差及砖砌体本身收缩等原因，砌体裂缝扩大，粉刷层剥落，长期雨水渗入，造成塔顶层木构件糟朽变形，长期以来，构件糟朽情况日益严重，影响顶层结构稳定，造成严重的安全隐患，亟待抢救维修。相对塔顶险情而言，塔体结构基本稳定，勘察未发现严重安全隐患，但塔身外部构件出现油色褪色剥落、木构件松动等情况，不利于文物建筑的价值展示延续，需进行保养维修。

3. 立项目的

通过维修解决瑞光塔病害，排除险情，保证文物安全。

群柱与角梁加固节点

（二）工程主要内容、设计理念、技术特点及施工、管理情况等

1. 设计方案

1）设计原则

（1）以“不改变文物原状”为原则，最大限度地保留原有构件和历史信息；

（2）设计中为了更好地保护文物建筑的安全而采用的加固材料外，其他所有维修更换的材料应坚持遵循“原材料、原工艺、原形制”的原则进行维修；

（3）坚持尽量少干预的原则，更换构件要严格限制，以加固为主。

2）指导思想

（1）制定有效的维修方案，以排除影响到文物建筑结构安全的隐患和险情，更利于瑞光塔整体文物价值的保存和充分展示；

（2）此次维修更换及加固用的构件部分，可

群柱上部承重枋

分别根据不同的材料采用刻字、墨书、模印等方法在适当部位做出标识；

（3）全面保护维修塔体外立面，重点抢修塔顶刹座砌体开裂部分，以利于木结构及主体的保护；

（4）对历史上曾干预或维修过的部分，其现状结构若对文物建筑本体结构原状构成不安全因素时，须予以调整或拆除，使建筑本身的受力状况恢复原有结构的稳定状态。

2. 施工技术

1）塔顶及六、七层木结构

更换8根新群柱及梁柱等木构

（1）总体说明

瑞光塔自20世纪80年代大修过后，至今已20多年未曾进行过保养维修。塔顶层承重枋与柱连接的节点发生变形并下沉且截面面积较小，枋下无其他竖向支撑构件，长期受到上部砌体荷载作用下，造成承重枋、刹座砌体同步下沉，砌体上部形成高度100mm以上的横向裂缝。长期以来雨水渗入，侵蚀暴露在裂缝处的木柱，造成8根群柱顶部朽烂严重，同时塔顶内其他主要木构件（如窜枋、角梁、木椽等）受其影响，造成节点松动、局部下沉等安全隐患。根据塔顶层的险情勘察及原因分析，为了排除安全隐患，对塔顶屋面揭顶后，以“不改变文物原状”为原则，不得改变塔刹内现有的木构架形制，对糟朽严重的构件进行更换，保存较好的构件进行加固，加固时保持原结构、原形式，以原有构件为主，钢构件为辅。塔顶所采用的加固措施在提高整体结构的稳定性及结构强度的同时，应做到不破坏原塔顶木结构的外观风貌，即钢构件最大限度地隐蔽。

草架内椽条与桁条间增加木构垫实

（2）维修加固技术措施

A. 第六层内群柱柱角加固：为了加强群柱柱角结构的稳定性，必须先加固第六层地面处，联系群柱柱角的卧地对角梁。在联系卧地对角梁的扶手栏杆下部，增设截面厚度为100mm的地栿，提高卧地对角梁的整体强度。

B. 窜枋加固：现状中，第六、七层窜枋受塔顶刹座砌体及柱联系承重枋下沉牵连，结点榫卯松动，局部下沉。为了增强整体稳定性及结构强度，窜枋榫卯归位密实后，在其下面内侧一圈的隐蔽部位，使用5mm × 50mm × 200mm/400mm的“L”形镀锌钢板固定焊接，壶门处钢板表面用80mm厚替木装饰掩盖，以保持塔内传统风貌不被新增钢构件破坏。

群柱顶部增设不锈钢板及硬木套枋加固节点

C. 角梁加固：为增加角梁整体结构强度，在8根角梁根部与群柱连接部位，增加一圈5mm × 60mm × 250mm的不锈钢扁钢，以直径8mm螺栓连接，使角梁与群柱相互联系，形成整体构架。为防止子角梁与老角梁之间承载力不足，造成异角断裂，在老角梁与子角梁顶面夹角部位，增设50mm × 50mm镀锌角钢，并用直径8mm螺栓连接，使两者整体性及承载力得以加强。

D. 草架修缮：由于长期雨水侵蚀，8根群柱顶部严重朽烂，为确保结构安全进行更换，草架木结构受上部角梁下沉影响，构件本身年久失修，桁条结点处有歪闪、下沉等安全隐患。为了排除安全隐患，在塔顶屋面揭顶后，对草架内朽烂严重的构件进行更换，对原构件进行加固。8根群柱按原有榫眼规格、位置开设榫眼，并相应增加水平支撑与塔芯木联系；童柱底部与木梁连接处，增加梯形木托角；每根桁条于木梁顶部，用特制不锈钢搭钉固定，增强桁梁构架整体强度；窜枋下部使用扁铁进行加固；部分脱节的榫头采用木楔及扁铁加固相结合；部分椽条与桁条间隔较大，应增加木构垫实；原有摔网椽下部增加短木撑进行加固支撑。

E. 承重枋加固：刹座砌体下沉开裂的主要原因是20世纪80年代末大修时更换的塔顶承重枋截面面积较小，枋下缺少竖向结构支撑，承载力不足，受压变形导致。维修过程中，拆除现在的塔顶层承重枋，在原形式、原材料、原工艺基础上，加大承重枋截面厚度

窜枋下部扁铁加固

50~100mm，并在承重枋与8根立柱结点底部，增设80mm×180mm×120mm的梯形木托，作榫卯连接，增加承重枋整体稳定性与承载力；群柱上部增设八角套枋，与群柱套牢，并设木托与角梁固定。

F. 重砌刹座砌体：原刹座砌体为砖石叠砌，因塔顶内木结构年久失修，构件老化，承载力不足等原因下沉开裂。维修过程中，混凝土板底部进行碳纤维加固，并增设不锈钢板与承重枋相连接；混凝土板边缘处砌体重做，内衬钢筋、钢丝网，现浇高标混凝土，檐口做滴水线，下部刹座砌体，内部增设不锈钢套筒，并在套筒外侧绑扎钢筋，重新叠砌。

G. 整理塔顶屋面：塔顶屋面受刹座砌体下沉牵连，瓦件下滑碎裂。揭顶后，按原形式、原材料、原工艺重新铺设。

H. 塔刹纠偏：塔顶屋面揭顶后，首先对塔刹进行纠偏，纠偏后现塔刹偏差东西方向约1cm，南北方向约6cm。并对塔刹构件进行防腐、防锈处理，构件面层涂刷水柏油，缝隙处用环氧树脂进行填补。

七层屋面筒瓦铺设

2）塔身

（1）总体说明

塔身整体于20世纪80年代末进行过大修，对残损的副阶以及腰檐、平座、塔刹进行了修复，并对塔身砖体结构进行了加固。但塔身已有20多年未较为全面地保养维修，长期日晒、雨淋，再加上人为因素干扰，塔身的塔壁、副阶、塔基、腰檐、平座、装修等部分，均有不同程度的残损状况，须对塔壁、副阶、塔基、腰檐、平座、装修进行保养性维修保护。

（2）维修措施

A. 塔壁：因长期日晒雨淋，人为胡涂乱画，塔外壁及砖砌阑额粉刷层空鼓、剥落严重。维修中，铲除原剥落的外墙抹灰，按原材料、原色

一层木构油色粉饰

调、原形式重新粉刷。油色层褪色剥落的，清理基底，按原油色工艺重新油饰。

B. 副阶：该处屋面严重漏雨，望板、飞椽均有大面积腐朽，本次维修中予以揭顶，按原形式、原材料、原工艺更换腐朽的望板、飞椽，并补齐残缺的瓦件，揭顶后，根据“不改变文物原状”的原则，防水层按原样修复。檐柱及栏杆的油色层按原色调、原材料重新油饰。

C. 塔座台基：须弥座束腰20世纪80年代末进行过修补，现基本完好，保持原样。月台铺装因垫层基础松散塌陷，按原材料、原工艺进行修补。

D. 腰檐、平座：因腰檐屋面筒瓦及底瓦局部碎裂，下部木结构（望板、木椽、铺作）油漆层长期受雨水渗入侵蚀，大面积起皮脱落。平座栏杆局部木构件榫卯松动，有安全隐患。按原油色工艺对其下部木结构（望板、木椽、铺作）等全部重新油漆，对栏杆局部木构件有榫卯松动情况的，归位后，用“L”形铁件固定于榫卯结点处，加强结构强度。维修前，破损的瓦件预先送往相关单位印模烧制，重做苫背，补齐残缺瓦件，防止屋面漏雨。

修缮后顶层

E. 装修：塔身外部装修工程，如壶门、破子棂窗等表面油色因自然及人为因素影响，褪色脱落较严重。维修中清理原有饰面，按原形式、原材料、原工艺进行修补，保持其原有宋代色彩和风格特征。

F. 防腐：与墙面相贴的木构件及易受潮腐朽的木结构，作防腐处理，顶层草架内新作木构件涂刷水柏油二度来进行防腐。

修缮后副阶

G. 防虫：维修工程木构件作防虫处理，联系白蚁防治中心采取喷灌白蚁防治剂处理。

3. 实施效果

本次维修工程已全部完成设计图及合同范围内的各项目。维修过程中，严格按照同意的方案要求实施，施工手续规范，管理严谨。维修用木构件、瓦构件采用了原材料、原工艺进行修复，木构件油漆采用传统工艺广漆做法修复，屋面防水性及立面整体效果得到了有效改善。整体工程最大限度地保留了原有的历史信息，符合设计要求，符合古建筑修缮原则的要求，原有风貌得到了有效展示，达到了修缮保护的目的。

（三）解决的主要问题

1）脚手架封顶后，对塔顶层进行现场勘察，发现以下问题：

（1）塔顶层8根群柱，南侧4根向东倾斜，北侧4根向西倾斜，呈逆时针扭转，总体偏差约

修缮后夜景

50mm，塔芯木产生倾斜偏移。东北角一根群柱顶部糟朽断裂，横梁缺失，其余群柱糟朽均较为严重。

（2）混凝土板上部塔芯木向西北倾斜约40mm，混凝土板下部塔芯木向东倾斜约200mm，塔芯木2个抱箍松动滑落，局部锈蚀。

（3）塔刹处支撑砌体的混凝土板底因漏雨糟朽严重，钢筋锈蚀严重。

（4）塔顶层草架内构件用料偏小，桁条、水平联系梁等构件扭闪、走位，榫头松动，椽条糟朽，部分梁与榫眼不匹配。

2）以上险情已严重影响顶层结构安全，本次维修工程采用揭顶加固的方式，对七层内构架及草架部分进行修缮，维修方案如下：

（1）对塔刹进行纠偏；

（2）更换糟朽的8根顶撑，按原有榫眼规格、位置开设榫眼，并相应增加水平支撑；

（3）混凝土板下部加不锈钢顶板，群柱与不锈钢顶板相连接，形成刚性节点，钢板边缘作防水处理；

（4）增设八椢抬梁式木构间的剪刀撑；

（5）增设角梁面剪刀撑，角梁与塔芯木断开处用木楔顶紧；

（6）增设七层内八角筒内支撑；

（7）更换尺寸较小、糟朽构件；

（8）加固各柱梁节点；

（9）更换塔刹墩接处铁箍。

（四）效益

1. 文物价值

苏州瑞光塔始建于三国赤乌十年（247年），现存古塔据考建于北宋，后经历朝风雨，基本保持了宋代砖身，较好地体现了宋代古塔的真实性和完整性；瑞光塔是我国南方较早出现楼阁式塔的砖结构向砖木结构演变发展的典型实例，其建造技艺在当时有许多创新，对后世塔的营造影响深远。

2. 经济价值

瑞光塔是苏州著名的盘门三景中的一景，周边的水陆盘门、吴门桥、大运河等文物古迹构成了环境优美、文化内涵丰富多彩的盘门景区，盘门景区为4A级景区，每年吸引数十万游客，带动了周边旅游业的兴盛，创造了上千万的经济效益。

3. 社会价值

瑞光寺塔为全国重点文物保护单位，2014年又被列为大运河世界文化遗产点，是苏州古城的象征之一，是苏州古城和大运河的标志建筑，折射出苏州古城悠久的历史、深厚的文化底蕴、丰富的城市景观，提高了苏州的城市品位，提升了在国内外交往中的城市地位。瑞光塔高超的建造技艺表现出苏州人无穷的智慧和极大的创造力，足以使苏州人为之骄傲和自豪。瑞光寺塔是爱国主义教育的重要题材，不断释放出巨大的民族凝聚力和民族认同感，促进了苏州社会的可持续发展。实施本次维修工程，不仅有利于保护这座千年古塔，保证文物安全，而且对于传承发扬苏州传统文化意义深远。

修缮后全景

扬州大明寺大雄宝殿

工程名称：扬州大明寺大雄宝殿抢救性保护工程

设计单位：北京兴中兴建筑设计事务所

施工单位：扬州意匠轩园林古建筑营造有限公司

监理单位：扬州市建厦工程建设监理有限责任公司

一、项目概况

大明寺坐落在扬州古城西北蜀冈之上，依山面水，冈地形成东、中、西三峰，中峰夹涧建“双峰云栈”，为扬州北部“二十四景”之一，大明寺居于中峰之上，通过数年的营造，绿树成荫，殿宇有序，气势宏伟。它既是一座驰名中外的千年古刹，又是一处环境秀丽的自然风光，同时更是具有丰富内涵的人文景观。蜀岗三峰一直堪称“扬州第一胜景”。

二、历史沿革与历次修缮情况

扬州大明寺始建于南朝宋孝武帝大明年间（457~464年），故称大明寺。隋仁寿元年（601年）大明寺内建栖灵塔，塔高9层，大明寺亦因之一度改称为“栖灵寺”；入清，因忌讳“大明”二字，在其后200年间，一直称为法净寺；清咸丰年间（1853年），法净寺毁于战火之中。现存建筑大雄宝殿为同治九年（1870年）复建；天王殿为民国4年（1915年）修建；1980年4月，为迎接鉴真大师坐

大明寺

像自日本回国“探亲”这一盛举，将“法净寺”恢复原名“大明寺”。1957年公布为江苏省文物保护单位，2006年被公布为全国重点文物保护单位。大明寺曾在1915年（民国4年），1934年（民国23年）进行过修缮，并有碑文记载。新中国成立后，陆续进行过维修。1979年迎接鉴真坐像回乡“探亲”活动，其间进行了2次规模较大的维修。

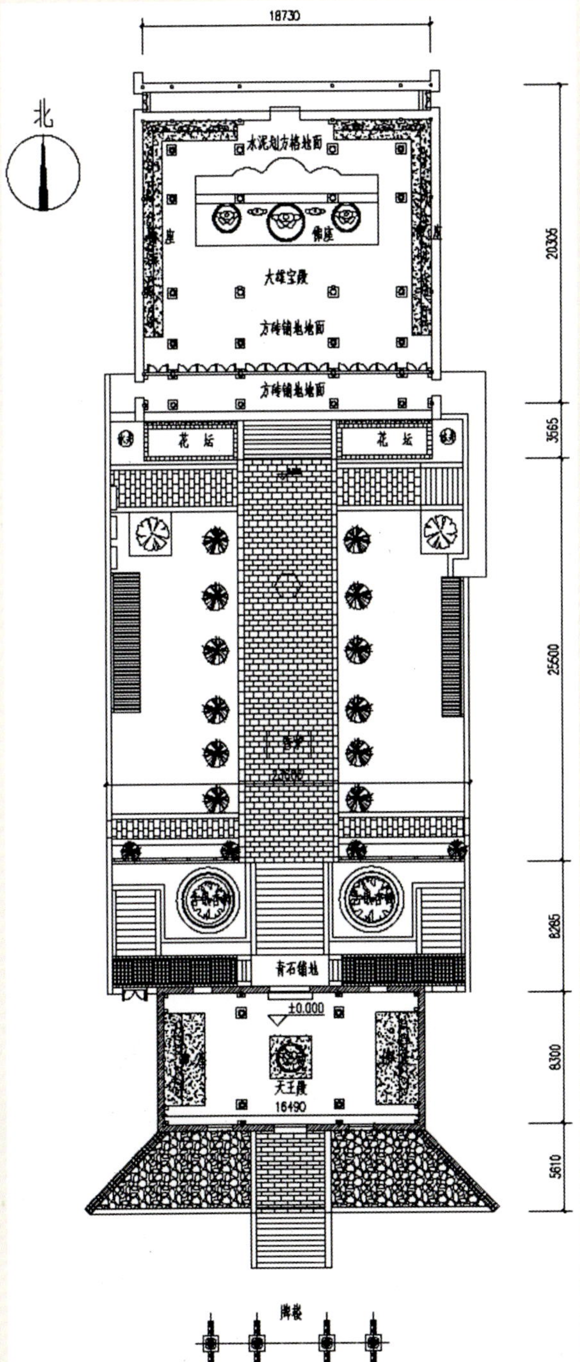

大明寺平面图

三、查勘现状

千年古刹保持着昔日的建筑格局，在寺院长期的使用工程中，大雄宝殿出现构件变形，殿宇木柱出现白蚁侵蚀，屋面漏雨，砖瓦酥碱、风化等不同程度的险情，这些险情造成殿宇在使用过程中存在一定安全的隐患。

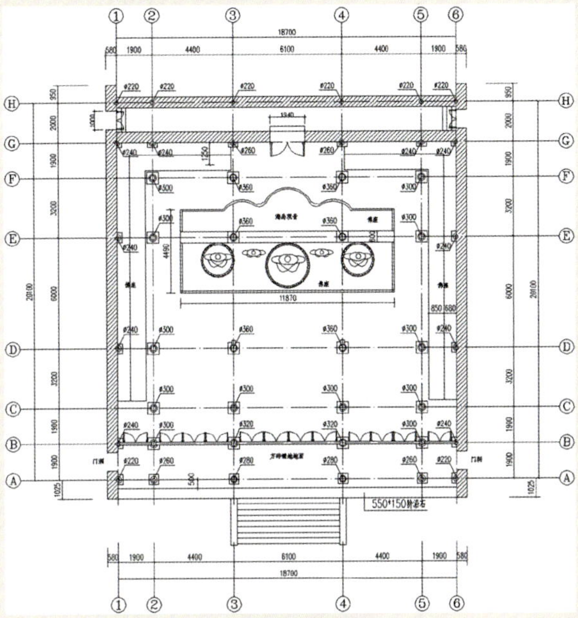

大雄宝殿平面图

大雄宝殿建筑构造：面阔5间，长度18.7m，进深5间，长度20.10m。屋顶为重檐歇山顶。根据历史记载，大雄宝殿始建于同治年间（1870年），南北两面有披廊，披廊木构架用料较大。建筑受力体系为传统木构架承重，东、西、北砖墙围合，前檐为木门扇。一层地面铺方砖，局部采用水泥砂浆地面，小屋瓦面。檐口正立面与西

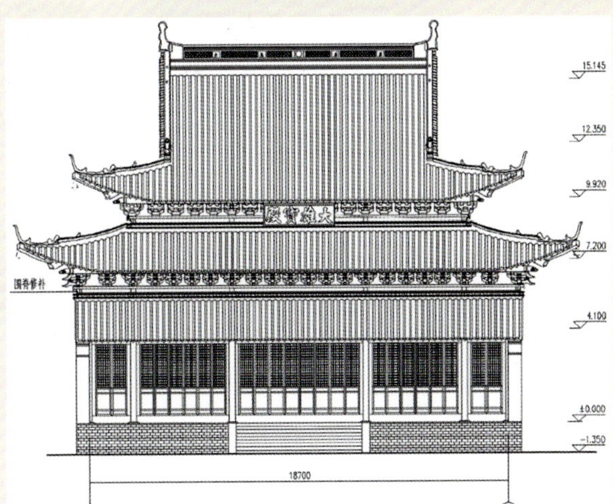

大雄宝殿南立面图

山一半未设斗栱，从构造及受力状态上分析为装饰性斗栱。室内墙体刷成白色，所有小木作、木柱皆漆成红色，屋构架为紫红色。

大雄宝殿距离上一次维修已30年。通过测量，外观墙体未发现异常情况，除西北角柱下沉5.5cm，前后檐口木构变形外，地基与木构架基本完好。主要存在以下问题：北檐角柱下沉5.5cm；东、西、北室外地面高于大殿地面，地面有返潮现象，尤其靠墙面下部潮湿比较严重；室内方砖施工质量较差，表面不平，还有水泥地面，与传统风貌不符；廊桁、廊枋、梓桁断面偏小，檐口变形严重。

大雄宝殿立面图

歇山山花板、封檐板损坏严重。屋脊损失严重，屋面漏雨，望砖酥碱，屋面石灰有时会掉落在地上；墙体抹灰大面积剥落，佛座做法与传统

大雄宝殿木构架残损图

风格不符；油漆剥落，木构架油漆存在开裂、剥落现象；电器设备老化，电灯开关、电箱皆较陈旧，线路复杂，从木构架上铺设存在一定安全隐患。

四、勘察结论与残损状况等级鉴定

通过上述的论述，我们在本次的勘察工作过程中已对大雄宝殿的残损情况作了一次较为细致的勘察。针对对大雄宝殿的地基、木构架、屋盖瓦顶、墙体装饰及其附属部位所存在的多种残损病状有了一个全面系统的认识。同时由于部分檐柱处于隐蔽状态，隐患的因素尚未确定，待维修过程中进一步考察。由此我们认为建筑的损坏情况和结构的可靠性状况可以简要地归纳为以下几点：大雄宝殿木构架的整体结构完好，但前后檐口的变形情况严重，从而会引发起广泛的连锁损坏现象；殿宇屋面漏雨严重，已经影响正常使用，屋脊，脊兽损坏、缺失较多，影响建筑整体外观；地面凹凸不平，部分地面是水泥修补；佛坛后人新做，与传统做法不符；电器设备老化，线路紊乱，存在一定的安全隐患；大雄宝殿的东、西、北室外地面高于大殿室内地面，墙体下部受潮比较严重；殿宇受虫害较严重，不彻底根治会影响结构安全；外观环境与传统风格不符，影响景观效果。

基于上述原因，根据中华人民共和国《古建筑木结构维护与加固技术规范》（GB 50165-1992）第4.14条古建筑的可靠性判定类型为Ⅱ类建筑，属于重点维修工程，根据《文物保护工程施工管理办法》（2003年）第五条分类属于修缮工程。

五、修缮设计方案

（一）设计依据

本次修缮保护工程实施方案的主要科学依据为：《中华人民共和国文物保护法》（2002年）、文化部《文物保护工程管理办法》（2003年）、《中华人民共和国古建筑木结构维护与加固技术规范》（GB 50165-1992）、《古建筑修缮过程质量检验评定标准》（南方地区）。

（二）修缮设计的目标

（1）保护和修缮大雄宝殿文物建筑，应忠实于保存和继承其清同治年间以及民国年间所特有的结构特征、建筑风格、历史信息及其文化底蕴。

（2）保护和整治院落及周边环境，忠实地保存和传承其清同治年间特有的建筑布局特点和院落景色。

（3）综合治理，标本兼顾，全面修缮，立足于彻底排除存在于建筑内的多类残损险情与结构隐患。

（三）修缮设计的基本原则

所有工程技术措施遵守《中华人民共和国文物保护法》关于“不改变文物原状”的原则，最大限度地保留和使用原有构件也是本设计的基本工作目标；所有工程技术措施遵守真实性原则，严格考证，有据可依，尽可能根据历史资料及各种相关的遗存、遗物复原；坚持“三原”的原则，保护其文物构建的建筑风格和建筑特色，除设计中为了更好地保护文物建筑的安全而利用的修补、加固材料外，其他所有维修更换的材料均坚持原材料、原形制、原工艺；可识别原则，在环境风貌协调一致的前提下，对新换构件进行标识，体现真实性、可识别性原则；安全与有效原则，由于大明寺游客量较大，应满足结构要求、安全疏散要求、消防要求、避雷要求等。

（四）修缮设计要求

本次修缮以揭瓦不落架的手法对木构架进行牮正与加固，由于局部隐蔽及相关部件尚未彻底看清楚，在脚手架搭好后，应对建筑进行全面的再次复勘，进一步勘查建筑破损情况，尽量保留原构架。根据损坏情况采用环氧树脂、碳素纤维材料或铁件等加固。观测木柱槽朽及虫蛀情况，根据《古建筑木结构维护与加固技术规范》进行墩接、灌注、拼绑或更换。还需要注意选用优质同类材料，木柱含水率不得超过20%，板类不得超过15%，油漆使用传统材料及工艺，应使用桐油和国漆；拆除屋顶时要详细注意屋脊的构造情况、样式，并要注意拍灰塑品照片。按照原材料、原规格、原材质添配构件；采用传统胶粘材料及粉刷材料，新材料及新工艺必须充分论证其可靠性；地面：原材料、原规格、原材质添配。工艺及基层处理采用传统做法；施工过程中应有完整的施工记录、照片、录像资料，对修缮变更之处进行档案记录。

大雄宝殿具体修缮设计内容包括（表1）：

（1）消防设施。建筑物内不宜放置消防栓，采用原有室外的消防栓，数量适当增加。消防用水应并入消防管网系统，需进行专项设计。

（2）排水系统。改造院内的排水系统，因地形标高复杂，需与建筑防潮相结合，进行专项设计。

（3）电力设施。建筑物内照明采用高效荧光灯，灯具安装应考虑建筑的防火安全。电线原为露明布线方式，现改为穿铜管贴墙角处梁下走线。铜管的颜色应与木构件相当，增加吊扇设施，采取消震措施，减少对建筑的震动。

（4）防雷措施。本建筑群根据国家防雷设计规范专项设计。

（5）防虫防腐。易受潮腐朽或遭虫蛀的构件由白蚁防治所作防腐处理，应采用当代最新无毒式或毒性较小的药剂，不得使用对人畜有害、污染环境的药剂。分3个阶段：地坪拆除后，在原下卧层上喷洒药液；木构架整修完毕后，对其构架进行喷洒药剂防治；油漆工程施工前，对所有木构架、木装修进行白蚁防治。

（6）佛像保护。揭顶前需采用封闭保护，顶部需作防水处理。

六、主要项目施工方法及技术

（一）保（防）护

（1）室内保护：配好篷雨布，保证每天晚上及雨前屋盖上满铺；沿檩条下口及利用室内满堂脚手固定篷雨布，并用木条压实，确保室内防雨、防水；明照部位及两山壁龛佛像上口，采用木枋作楞木，四周用复合板封闭。对明照进行上下、左右平衡控制，以便屋面卸荷后明照变形，

大雄宝殿修缮内容 表1

序号	部位	现状	修缮内容	备注
1	屋面	屋面漏水、檐口变形，望砖酥碱，屋脊损坏、缺失	揭顶修缮 ——使用做细望砖，更换屋面原有的望砖，尺寸按现状大小复制 ——增加SBS防水层、自粘网一层 ——拆除旧瓦，定制原规格的新瓦，挑质量好的用于山门殿及围墙，屋脊、脊兽按原样新做	
2	大木构架	前后檐廊桁、廊枋、桁直径偏小，廊枋变形，承椽枋组合断面不能共同工作而变形，椽口椽子腐朽，子角梁腐朽，后檐西角柱下沉5.5cm	——揭瓦后复核测量变形情况，打牮拨正，更换腐朽椽、里口木、瓦口板、勒望木。勘查埋墙柱的损朽情况，剔除损朽部分，根据情况进行修补、墩接，并对埋墙柱和与屋面相接触物件进行防腐处理 ——廊桁、梓桁加固，梓桁上口采用材料补齐，下口或中部增加支撑点 ——廊枋、承椽枋使用环氧树脂、碳纤维布和铁件加固 ——子角梁更换 ——后檐西角柱下沉5.5cm，因其处于隐蔽位置无法查勘，待修缮时进一步查清，确定方案	
3	墙体	粉刷粗糙、空鼓、脱落，佛座上使用现代瓷砖铺贴，装饰板做法与传统风格不符	——墙下脚部位做防水处理，内墙粉刷按传统方法新做，后檐墙恢复原清水墙 ——景窗做法采用砖细做法 ——佛台按传统风格新做，原结构不动	
4	地面	方砖不平，粗糙，部分为水泥地面	——采用传统做法，按原规格方砖新铺	
5	小木与油饰	后檐东门损坏严重，且东、西门不对称，木构件油漆起皮、脱落，山花板、封檐板损坏严重	——东、西门按传统做法换新 ——山花板、封檐板新做 ——按传统方法重新做油漆，颜色与现状相同	
6	防潮	建筑东、西、北室外地面均高于大殿室内地面	——大殿的东、西、北面做低于室内地面的防水排水沟	

边间佛像保护图

是本次修缮的难点。

（2）室外保护：砖细墙面采用木枋，复合板全部封闭，以防施工时损坏；建筑物四周场地分

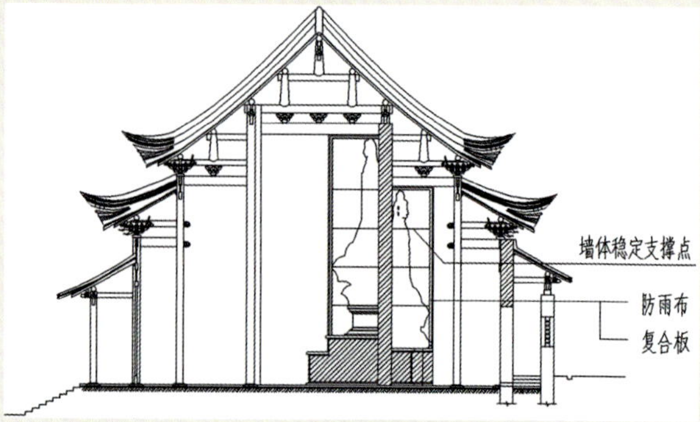

明照佛像保护图

隔，石碑、香炉四周采用钢管搭设，竹篾作围护墙，外设密目网围护。

所有上下踏步均采用木板封闭后作为施工通道。

（3）施工脚手：根据本工程的特点及高度要求，外围全部采用Φ48钢管扣件双排脚手，设

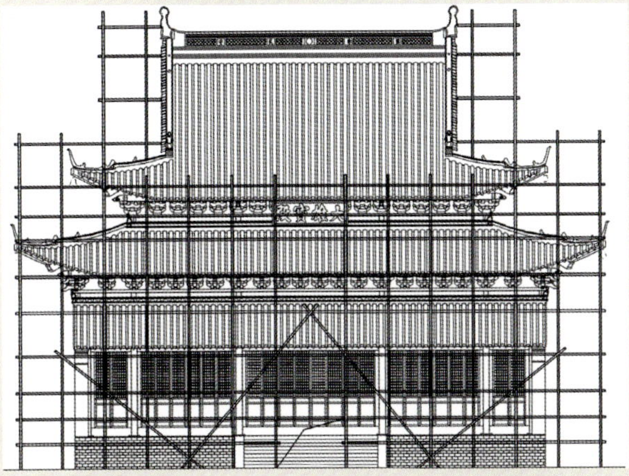

外墙双排脚手

水平竹篾3道，外围全部采用密目网封闭。在大殿的西南角设坡形工作梯，二、三层重檐上下分别在西南、东北设上下垂直梯，采用钢管与脚手架连接，在北侧设置垂直人行梯，建筑物的四周均设接料平台；双排扣件式钢管脚手架，立杆纵

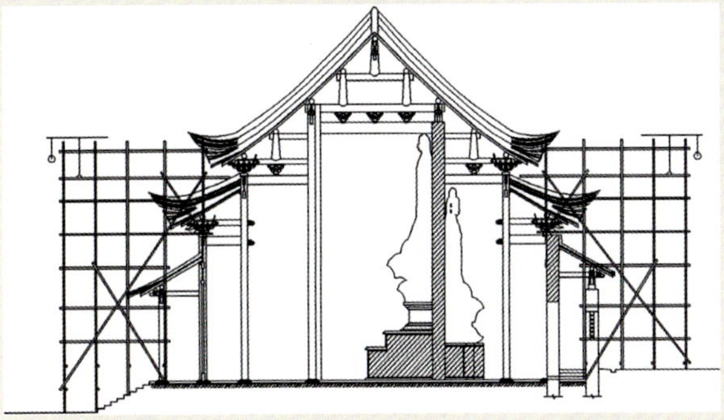

接料平台

距1.5m以内，大横杆距1.2m；室内搭设满堂脚手及上下坡形工作梯，直至屋面的底部；在大殿的东廊入口及北侧搭僧人、游人通道。通道与施工现场全部隔离，通道采用钢管搭设，上口采用竹篾，密目网双重封闭，两侧采用胶复合板封闭，严格按照安全操作规程的标准进行搭设。

（二）拆除工程

首先按照僧人及文物保护的要求，瓦件拆卸之前应先切断电源并做好内、外檐装修及室内屋

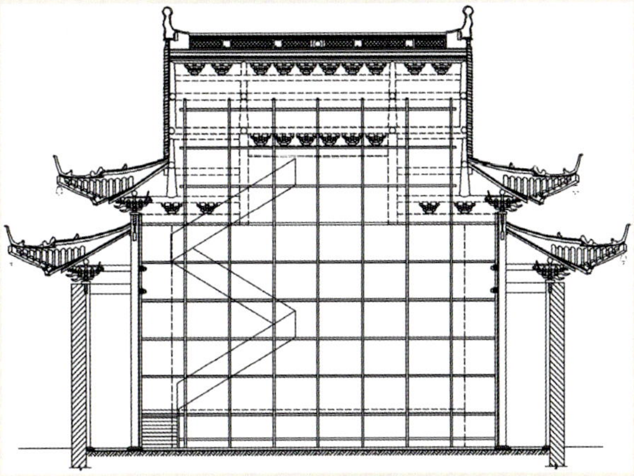

室内满堂脚手

顶棚的保护工作。考虑到卸荷均匀，应四边同时拆除，拆卸瓦件时应先拆揭勾滴（或花边瓦），并送到指定地点妥为保管，然后拆揭瓦面和垂脊、戗脊、围脊等，最后拆除大脊。

（三）木构架工程

及时检查木构体系，如需更换木构件，应及时复制更换，用料一致。注意收集旧料，因本工程的木构架体系用料偏小，根据保护设计方案，本工程拟对柱子采用粘贴碳纤维布（CFRP）的方法进行加固。

（四）屋面工程

屋面施工的程序是：先做脊后盖瓦。

（1）望砖：板望施工应将望砖浇刷干净，严格按照地方传统做法组织施工。

（2）盖瓦：首先分中、号垄、排瓦当；檐口的下檐分中垄与上层檐相同，上、中、下檐的中线要垂直对齐；盖边垄时，在每坡两端边垄位置挂线，铺灰，各盖2趟底瓦，1趟盖瓦，歇山排山勾滴同时盖好，两端的边垄应平行；拴线时以两端边垄盖瓦为标准，在正脊、中腰和檐头位置拉3道横线，作为整屋顶的瓦垄控制标准。审瓦要对瓦件应逐块检查，外观无明显屈曲、变形、无粘疤；布瓦要点：大殿旧料用于东、南、西面，新瓦用于北屋面；考虑到操作人员多，前后或双山面同时铺盖；檐口勾头和滴水瓦盖时要拴2道线，一道线在滴水尖的位置，控制瓦的高低和出檐，第二道线即为檐口线，勾头的高低和出檐均以此为标准；盖底瓦时应用钢丝开线，底灰应饱满厚

度不少于4cm，底瓦应窄头朝上，从下往上依次摆放，底瓦的搭接为“压六露四”，檐头的3块瓦为“压五露五”，脊根的3块瓦达到“压七露三”，灰应饱满，瓦要摆正不得偏歪，底瓦两侧灰应及时用瓦刀抹齐，不足之处需补齐，底瓦垄之间的缝隙处用纸筋灰塞严密实。盖瓦过程中，始终保持一人在远处观察，指出瓦垄存在的质量问题；盖瓦灰要比底瓦灰稍硬一点，盖瓦不要紧挨底瓦，继续以线为准，盖瓦要熊头朝上，从下往上依次安放，瓦垄的高低、直顺都要以瓦刀线为准。应特别注意不必每块都依线，盖瓦须为“大瓦跟线，小瓦跟中”。

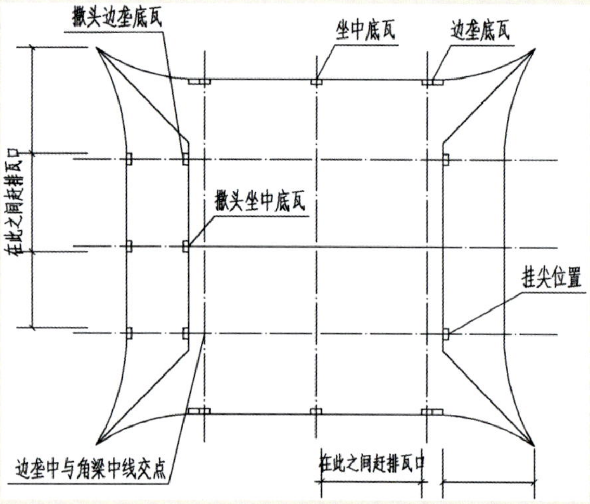

屋面盖瓦定位图

（3）筑脊：正脊、围脊及饰件的位置、造型、尺度及分层做法，必须符合原样要求，严格控制成品标准；垂脊、戗脊、博脊所用的灰泥、品种、质量、色泽应符合恢复原样和现代技术的要求，走兽、脊头中心位移偏差±8mm，垂脊、戗脊斜面直顺度在20mm以内。

（4）泥塑艺术品件：灰塑件的各种材料的材质、规格、配合比应符合恢复原样的要求；对恢复原样的材料发生变化，亦经建设单位、文物部门同意后方可变更。

泥塑制品表面光滑，线条清晰流畅，形象生动逼真，层次清楚，立体感强，安装牢固正直，结合严密，表面洁净；认真按照原样、放大样、套样求作底样，并反映原建筑历史特点和风格。

（五）油漆工程

木基层处理：柱子需砍去原地仗重新做地仗，其余采取个别处破坏，找补地仗即可；各遍灰之间及地仗与基层之间应清理干净，粘结牢固，无脱层、空鼓、翘皮和裂缝等缺陷。

七、结束语

扬州大明寺抢救性保护工程是国家发改委拨款修缮的项目，国家、省、市文物部门、宗教部门十分重视，是文物保护工作中的一件大事。在各级相关领导及专业人士的共同协作下，坚持了“保护为主、抢救第一”的方针，是新形势下开展文物建筑保护工作的重要工程实践活动。保护修缮过程中充分体现了执行国家设计与施工验收规范，贯彻国家文物保护的方针和政策；以数据化表述工程档案信息；施工组织方案是控制修缮过程的重要文件；分部分项工程严格按照工序及工艺标准进行施工；各种试验材料检验试验合格，各项技术资料齐全；新技术运用谨慎；严格遵循工程施工周期及文明施工；各种检测报告齐全，观感效果良好；严格控制修缮范围，有效节约投资成本。本次修缮未对20世纪90年代歇山山花板上新开天窗进行整改，木柱油漆的大红色未进行进一步考证，以及地砖规格等问题，这将在今后修缮时进一步改进。

修缮后大明寺大雄宝殿

金华太平天国侍王府

工程名称：金华太平天国侍王府整体维修工程

工程地址：金华将军路东端南侧太平天国侍王府内

建设单位：金华市太平天国侍王府纪念馆

设计单位：中国文物研究所　浙江省古建筑设计研究院

质检单位：金华市建筑工程质量监督站

一、工程简介

该工程为常规性维修工程，工程范围：侍王府内甬路及散水地面；东路建筑，全部建筑外檐柱油饰重做，重点维修建筑：大堂、穿堂、二堂；西路建筑，全部建筑外檐柱油饰重做，重点维修建筑：九间楼。

二、施工条件

本工程位于金华市区，施工现场三通一平已经做好，道路已经通到施工现场，交通运输便利，有利于材料的运输。

三、本工程的维修整改设计方向

（一）东院建筑

1. 大堂

（1）翻修屋面：拆除瓦面、灰背，全面检查望板，完好者保持现状，腐朽者按原样更换，补配完整后，在望板上喷洒蚁灭净两遍；清理瓦件，损坏者按照现状补配。大吻参照二殿吻样补配；与穿堂屋面相交的天沟望板处，依自下而上顺序满铺SBS防水卷材，宽度随卷材一般规格，上下叠压长度不小于8cm；修复屋脊，安置大吻。

（2）修配木构件：搭施工架后，详细全面检查木构件，对有白蚁及腐朽问题的构件，逐个进行剔补并喷洒蚁灭净；除椽、望外，对其他木构件修配尽量采用现状修补加固，不得轻易更换，尤其是艺术构件。木椽及遮椽板加工完成后，涂刷蚁灭净2遍；所有木构件修配都要按照原做法和规格，不得随意改变；对非结构裂缝，直接

西院过厅维修前

西院过厅维修后

西院门厅维修前

用木条、竹片嵌补或油灰封堵，结构裂缝需酌情加铁箍。

（3）封面：清理内墙面，局部起壳部位重新粉刷整洁，1:1:6混合砂浆底，纸筋灰面。

（4）地面：翻修地面，用500mm×500mm方砖按现状铺墁形式重新细墁。地面标高参照现有阶条石，檐柱以外部分做出0.5%泛水。

（5）油饰：清理下架油饰，用广漆按当地传统材料、工艺重新油饰，颜色随现有色调。

西院门厅维修后

2. 穿堂

（1）翻修屋面：拆除瓦面、灰背，全面检查望板，完好者保持现状，腐朽者按原样更换，补配完整后，在望板上涂刷浓度5%CCA3道；清理瓦件，损坏者按现状补配；与大堂、二堂屋面相交的天沟望板处，依自下而上顺序满铺SBS防水卷材，宽度随卷材一般规格，上下层叠压长度不小于8cm。

（2）修配木构件：所有木构件修配都要按照原做法和规格，不得随意改变；木构件裂缝，直接用木条嵌补或油灰封堵。

（3）翻修地面，用500mm×500mm方砖按现状铺墁形式重新细墁，地面标高参照现有阶条石。

（4）油饰：清理下架油饰层，用广漆按照当地传统做法，重新油饰，随现有土红色调。

3. 二堂

（1）翻修屋面：先拆除瓦面、灰背，全面检查望板，完好者保持现状，腐朽者按原样更换，补配完整后，在望板上涂刷浓度5%CCA3道；清理瓦件，损坏者按照现状补配；与穿堂屋面相交的天沟望板处，依自下而上顺序满铺SBS防水卷材，宽度随卷材一般规格，上下层叠压长度不小于8cm；修复屋脊，归安大吻；苫背按当时的传统做法。

西院围墙维修前

（2）修配木构件：搭施工架后，详细全面检查木构件，对有白蚁及腐朽问题的构件，逐个进行剔补并喷洒蚁灭净；除椽望外，对其他木构件修配尽量采用现状修补加固，不要轻易更换，尤其是艺术构件。所有木构件修配都要按照原做法和规格，不得随意改变；对非结构裂缝，直接用

西院围墙维修后

木条、竹片嵌补或油灰封堵，结构裂缝需酌情加铁箍。

（3）墙面：清理内墙面，局部起壳部位重新粉刷整洁，1:1:6混合砂浆底，纸筋灰面。

（4）地面：翻修地面，用500mm×500mm方砖按现状铺墁形式重新细墁。地面标高参照现有阶条石，檐柱以外部分做出0.5%泛水。

（5）油饰：清理下架油饰层，用广漆按照当地传统材料、工艺重新油饰，随现有土红色调。

4. 耐寒轩

大门木柱维修前

（1）检查东西厢房无望板干摆小青瓦屋面，针对局部松动破碎瓦进行局部揭取，按原规格补配瓦件并按原状重新铺设。

（2）木构件修配：大缝用木条嵌补，小细缝用油灰封堵；更换腐朽檐椽有遮椽板。

（3）外檐下架重新油饰：清理下架油饰层，用广漆按照当时传统材料、工艺重新油饰，随现有土红色调。

（二）西院建筑

1. 一进至三进建筑

（1）检修屋面：针对局部松动破碎瓦进行局部揭取，按原规格补配瓦件并按原状重新铺设。

（2）修补木构件裂缝：大缝用木条嵌补或竹钉楦缝，细缝用油灰封堵。

（3）下架重新油饰：清理外檐下架油饰层，按照当地传统材料、工艺重新油饰，门厅、二进正厅外檐柱为广漆做法，其余建筑为颜料光油做法，随现有土红色调。

2. 九间楼

（1）翻修屋面：先拆除瓦面、灰背，全面检查望板，完好者保持现状，腐朽者按原样更换，补配完整后，在望板上涂刷浓度5%CCA3道；清理瓦件，损坏者按照现状补配。修复屋脊；苫背按现有传统做法。

（2）木构架调整：将调整位置的牵枋松解，避免在木构架调整中，造成对墙体的扰动。

对调整部位的木结构节点进行临时加固，防止调整时出现拔榫或构件断裂；木构架调整要在观测中缓慢进行，拨正后，要在关键节点进行固定性加固，如用铁件加强联系，防止变形；在西三间损坏的木桩边，增加两根抱柱，并用铁件将原柱联系在一起。

（3）修配木构件：搭施工架后，详细全面检查木构件，对有白蚁及腐朽问题的构件，逐个进行剔补并喷洒蚁灭净；艺术构件或有彩画的构件尽量采用现状加固方法，不得轻易更换；所有木构件修配都要按照原做法和规格，不得随意改变；对非结构裂缝，直接用木条嵌补，结构裂缝需酌情打铁箍。

大门木柱维修后

（4）墙面：清理内墙面，局部起壳部位重新粉刷整洁，1:1:6混合砂浆底，纸筋灰面。

（5）翻修地面，用300mm×300mm方砖按现状铺墁形式重新细墁。

（6）油饰：新配构件直接刷一道光油。

3. 东西跨院

（1）本次拟对该院建筑进行全面整修。

（2）翻修屋面。

（3）查补检修木构件。

（4）修补槛墙，重新进行粉刷。清理内墙面，局部起壳部位重新粉刷整洁，1:1:6混合砂浆底，纸筋灰面。

（5）翻修地面，打一步3:7灰土。

（6）重新进行断白油饰。工程所有木构架、门窗装修等木材面均以褐红色醇酸调和漆二底三度。外墙粉刷面用白水泥建筑胶水满批两遍苯丙涂料二度，内墙白水泥建筑胶水满批两遍，乳胶漆二度。

大堂墙面维修前

4. 院内甬路

（1）去除所有水泥方砖路面。

（2）前院当中主要甬路改为条石路面，宽2m。

（3）院内其他道路按照西路四进现存老路面即当中为卵石，两边为条石的铺地形式。

（4）后花园道路卵石两边用牙子砖。

四、修复原则

（1）现代材料的使用应可逆、隐蔽，为了保护更多有价值的构件，允许科学地使用现代材料。但使用时应遵循在重要部位使用后应是可

东西跨院北后檐墙维修后

大堂墙面维修后

逆，或使用后不影响今后的保养维修。同时现代材料的使用应做到隐蔽、不破坏、不影响古建筑的外观。

（2）进行维修拆卸时，注意不要损坏原有构件。

（3）施工中应加强对不可移动构件的保护。

五、本工程的主要施工难点和特点

（1）本工程为文物修复工程，如何在施工过程中确保原有文物不受到人为的干扰或者破坏是一个难点，也是一个重点。

东西跨院北后檐墙维修前

（2）木材由于木结构为本工程维修部分主体结构的主要材料，如何做好木材的“三防”措施及木材结构安装是个难点。

（3）施工中如何最大程度的降低木料加工施工噪音，保证施工期间附近村民正常工作、生活秩序，以及安全施工是本工程施工管理的重点。

（4）本工程最大单体高度约为10多米，应特别做好安全防护措施，防止高空坠物伤人。同时应选择适用的脚手板及脚手架支撑系统以确保大木结构的施工质量和施工安全。

（5）整体屋面采用传统土青瓦铺设，屋面防水也是本工程施工重点。

诸暨斯宅斯盛居

工程名称：诸暨斯宅斯盛居西侧厢维修工程
建设单位：诸暨市文化广电新闻出版局
设计单位：浙江省古建筑设计研究院
施工单位：浙江双林古建园林工程有限公司
监理单位：北京方亭工程监理有限公司
项目负责人：边高焕

一、工程建筑概况

斯盛居位于斯宅乡螽斯畈村东南面，建筑坐南朝北，呈规整长方形，总占地面积约6870m²，是清代江南典型聚族而居的大型民居建筑。建筑乃斯元儒所建，以正门砖雕额镌小篆"於斯为盛"而得名，又因其建筑规模宏大，当地俗称"千柱屋"。"於斯为盛"出自《论语》、《礼记》，寓意斯氏昌盛。该建筑规模宏大，保存完整，是诸暨传统民居建筑中不可多得的尚存较完好的实物资料之一。

二、修缮前残损情况说明

（1）屋面小青瓦松动、碎裂残缺较严重，尤其檐口位置，需全面揭瓦翻修；椽子开裂、虫蛀；檐部、翼角残损、下垂严重。

（2）局部外墙受风化、酥碱严重，导致开裂。

（3）柱子、梁等木构件残朽、中空、劈裂。

全景

三、修缮过程情况说明

（一）屋面工程

依据本工程屋面残损实际情况，一是解决了修缮前存在的残损缺陷，二是采用SBS防水卷材对渗透问题进行了维修，三是按照施工组织设计方案工艺流程对残损瓦片进行更换。

墙门

（二）装饰装修工程

1. 木门窗的整修

主要由2类组成：原物的修缮和复原重做。

对原物的修缮：主要是更换和接补抱框、槛等构件，榫卯构件的更换，玻璃的更换，板类构件的拆换以及打磨和做漆。

复原重做：对局部腐朽严重的木窗，按照设计图纸要求和依据斯宅同期建筑门窗的形状进行复原重做。无论是原物的修缮，还是复原重做，都按照设计图纸，使其符合业主和设计要求。

2. 内、外墙的修复

内墙面基层的处理，腻子粉的打磨，和面乳胶漆的施工均符合设计要求，所使用的原材料型号、规格、质量均按照设计要求。

外墙修缮：在保证按照设计要求进行修补的同时，重点还立足于不损伤历史建筑物原有的风貌和尽量“少干预”的原则，整体修复符合设计要求，观感质量好。

3. 楼地面和看台扶手、栏杆的修复

三合土地面，采取对原三合土地面进行取样测验，将取得的数据作为重新配置的依据，整个施工工艺与施工组织设计方案相吻合，符合设计要求，观感近似原样。

卵石地面修补。卵石的规格、质量符合设计要求，施工按规范进行。

（三）给水排水、消防设备的安装

本工程的给排水、消防设施中采用的材料和配套设备配件进场后，我们都对其进行了自检，在确保各种材料和设备都合格的情况下，才进行施工。组织专门技术人员严格按规程安装，并坚持先试验后隐蔽的原则，经过灌水、通水试验，检验结果符合设计要求和施工验收规定才投入使用。

四、技术处理说明

（1）采用SBS防水卷材对渗透问题进行了维修。

（2）采取对原三合土地面进行取样测验，将取得的数据作为重新配置的依据。

五、修缮后的完工总结报告

本案所指的建筑物，均蕴含着珍贵的历史价值、艺术价值、科学价值和人文价值。遵照“保护为主、抢救第一、合理利用、加强管理”的工作方针，主要切实把握以下要点：

长窗

（1）“原真性”原则。历史建筑是时代的产物，是历史的见证。尽最大可能、最大限度保护、保留真实历史信息，是所有文物保护的一条最基本的准则，在实施方案中，应当遵守“减少干预”、“不改变文物原状”的精神。

门罩修缮前

（2）“科学性”原则。在延长建筑寿命、加固复原残损建筑构件，修复建筑风格中，在忠实于建筑本身固有风格前提下，遵照《文物法》、《中国文物古迹保护准则》，按照东阳市古建园林设计有限公司设计的图纸合理、科学地安排保护措施，组织生产。

（3）“价值再利用”原则。历史建筑的保护，除了史学、美学、科学价值外，同时还具有继续发挥其使用功能的价值。在尊重“原真性”的前提下，历史建筑“合理使用”。

依据《文物法》、《中国文物古迹保护准则》和《古建筑木结构维护与加固技术规范》（GB 50165-1992），我公司实施了本项目施工，现就本案涉及的主要分部分项工艺陈述如下：

（一）墙体工程

（1）铲除、清理当代涂装和酥碱、空鼓，还原建筑本来面目。

（2）对原外墙粉刷层进行局部修补、复原。具体工艺为：清理、凿铲原粉刷层；纸筋石灰抄底一遍；麻刀灰罩面一遍；石灰浆压光一遍；石灰浆配色做旧；墨线重绘墙体粉刷抹面均采用生石灰，现场熟化后方可施工。在粉刷前采取多组试样后再进行粉刷修复，求得新补部分在质感、色彩上与原物基本接近。

（3）整修墙体。对局部砖块破碎的，用同样材料的青砖进行修复；倾斜的围墙拆除重砌；轻微的墙体裂缝，采取灌浆修复的方法，最大限度减小干扰面，保留建筑表面的历史信息。

（二）屋面工程

鉴于遗存建筑碎裂，渗漏严重，需揭顶维修屋面。维修屋面期间，由一个区域完成后再作业另外一个区域，并充分做好防水措施，以防雨水给木结构带来二次侵害。在原建筑上拆下来的瓦片可以使用的尽量保留使用，新添加部分参照原瓦片、望砖规格定烧、补配。屋面铺瓦时要求档匀垄直，底瓦压六露四，盖瓦瓦面上半部压七露三，下半部自然过渡到压六露四，天沟部位底衬特制大瓦，坡度曲线流畅，瓦面洁净。

斜沟瓦是小青瓦屋面最易漏水的环节。为了解决这个难题，我们采取了通过改进瓦底座浆配方，提高砂浆防水性能的方法，比较好地解决了这个难题。经过夏季暴雨的检验，没有出现漏水现象。

马头墙因日晒、雨淋、风吹，全部摧毁。我们按当地同期建筑样式，制大样，经三方确认后进行复原。砖雕和造型基本实现预期效果。

门罩修缮后

（三）结构工程

（1）清除不恰当使用造成的污损，除需要更换和缺失补配的木构件之外，其余经过修复能使用的要尽量保留使用。

（2）柱子断裂和局部破损影响结构安全的柱子（超过柱子1/4的），梁、枋、桁对缺失的进行补配，对残损、腐朽、中空、劈裂、霉烂严重的，采取“偷梁换柱”法进行更换，避免对结构的过度干扰。

（3）当柱脚腐朽严重，自柱底面向上未超过柱高的1/4时，按施工图大样，采用墩接方法处理。

马头修缮前

（4）局部梁架闪歪，采取解开柱梢、雨伞梢，不落架，运用机械、人工结合的方法，进行纠偏，打牮归正。

（5）部分由农户自行维修的梁架，且不符合规范，或与建筑风貌冲突的，进行更换、复原。

（6）丛桂堂部分结构、格栅、楼板蚁害严重，危害结构承载，后经设计院现场踏勘，进行更换。

（四）门窗、装饰工程

后期开的窗封砌（部分农户无法说服的只能暂时维持现状）；对缺失、残损严重的木结构装饰进行参照原样补配。霉烂、虫蚀严重的各类槛、门梃等构件，确实影响安全的，进行局部加固或更换。

缺失的花格类门窗，按现存实物样式复原、补配。

雀替、梁托等装饰雕刻，均按原样复原补配。

（五）油饰工程

（1）对原样老木结构、装饰、门窗及构件进行表面清理及清洗，铲除后期追加的所有附着物、污渍等。

（2）新换木材料应事先作配色做旧处理，只用熟桐油涂装2遍。

（3）配色做旧，在施工过程中，先做一部分小样，待业主、设计、监理方认可后大面积施工。

（六）专项防护工程

（1）防火工程：木作表面涂刷防火涂料。为不改变文物的色彩，宜选用无色防火涂料。

（2）虫害处理工程：建筑物构件内可能存在虫巢、虫卵，应选用针注、药液封堵等手段进行专项灭杀。

白蚁专用药液：采用联苯菊酯乳剂，按照每平方米0.3kg喷施，对建筑的结构、墙体、基础作全面喷施。

油漆前，应对建筑物进行再次防虫药液的喷洒。

（3）防腐工程：除对木材进行一般性防腐涂刷外，对易受雨水、墙地面接触受潮部分木材进行重点防腐处理，使用有机氯合剂按照每平方米500g涂刷4遍，其余构件均涂刷2遍。

（七）工程质量的技术组织措施

在整个施工进程中，我公司在业主的总体安排下，依据公司质量体系文件对工程施工进行全过程控制，并对容易产生质量问题的特殊控点采取特殊措施，以保持工程质量达到优良。特殊控制点包括：

1. 测量放线

测量放线一定准确、完备。为此，由施工员担任测量放线组长。每一道测量放线组长，均须对其将做的工作及要求进行了解，并能熟悉使用测量放线工具。施工组长应对其工作进行抽检，发现异常情况应立即落实查明。对参加测量、放线工人应按公司质量体系要求进行培训，以确保测量、放线的准确性，即设计输入的正确性。

马头修缮后

2. 材料控制

材料严格按公司质量体系文件的要求控制，材料进场要进行材料检验，并有相关质量记录。对国家有强制性要求的送第三方复检材料要按要求送检，并做到来一批检一批，不漏检。同时，对材料质检工作要抽查，进行二次检验，以验证质检人员的工作效果。对质检工作配备充分的设备、仪器资源，仪器设备先要按要求核准。送业主审批的材料，尺寸要能反映材料的真实质量情况，并能在今后的采购中能采购得到。

3. 施工过程控制

在施工过程控制中，特别要注意施工技术交底及培训工作，尤其是如本工程这样高质量要求的装修。为此，除按公司质量体系文件要求的程序进行监控外，必须将其列为特殊控制过程。施工技术交底至施工班组，使每位施工人员知道施工工序、材料要求，以及应注意的问题等方面。

4. 质量管理

严格按照公司质量体系文件要求对进场材料及分项质量进行检查。质量管理员对施工情况在时间上进行全过程监控。质量例会每周开一次，其任务是，检查一天的质量情况，交待下一应注意的质量管理事务和质量活动。此外，质量管理员还随时抽查质检员的工作质量，使质检工作随时处于受控制状态。项目负责人每10天巡查工地1次，发现问题，及时纠正。

5. 加强材料计划控制

严格按业主的要求及时提交材料样品送业主确认，并按照公司质量体系文件有关规定、计划采购工程必需之工程材料。对须提前订货的材料，材料组提前向有关领导反映提前订货，使每种工程材料按期进入施工现场，避免出现停工待料的现象。

6. 成品保护措施

（1）原材料存放、场内搬运的保护由材料员负责；加工产品在进场之前由加强中间保护，进场后由材料员负责保护。

（2）工序产品在验收之前，由该工序班组负责人负责保护，验收后下道工序班组负责人负责保护。

（3）最终的工程产品由项目经理指定人负责保护，直至产品交付为止。

丛桂堂修缮后

宋卿体育馆

工程名称：武汉大学宋卿体育馆保护修缮工程

建设单位：武汉大学后勤保障部维修管理办公室

设计单位：湖北省文化厅古建筑保护中心

监理单位：浙江省古典建筑工程监理有限公司

施工单位：浙江双林古建园林工程有限公司

项目负责人：边高焕

一、工程建筑概况

宋卿体育馆是武汉大学早期建筑群中的一个重要建筑单元，位于狮子山西部南坡底。1934年4月，黎元洪（中华民国前总统，字宋卿）其子黎重光、黎仲修将其先父保管的辛亥革命志士筹建江汉大学的捐款，全部移赠武汉大学修建体育馆，因此，该体育馆又称宋卿体育馆。1935年10月开工，1936年7月竣工，长35.05m，宽24.34m，建筑面积2748m^2，建筑高度19.92m。

内景修缮前

内景修缮后

马驼书背飞檐修缮前

该馆采用当时先进的三绞拱钢架结构，大跨度空间和别具一格的山墙和屋顶造型，绿色琉璃瓦屋顶随三绞拱的弧线轮廓的转折，形成轮舵式的山墙和三重檐歇山顶，既表现出现代新型的建筑技术，又保持和发扬了中国传统的建筑特色，为体育馆活动创造了良好的空间和采光通风条件。场馆内设看台，外有景观台，为典型的“中西合璧”式建筑。

马驼书背飞檐修缮后

二、修缮前残损情况说明

屋面残损缺陷严重，木门窗门槛、抱框、榫卯构件破坏，木窗腐朽，内、外墙面有墙体脱落现象，看台、扶手栏杆有破损现象，地下室、淋浴间、卫生间有漏水现象。

三、修缮过程情况说明

（一）屋面工程

依据本工程屋面残损实际情况，一是解决了修缮前存在的残损缺陷，二是采用双组份911聚氨酯柔性防水卷材对渗透问题进行了维修，三是按照施工组织设计方案工艺流程对琉璃瓦进行全面更换。

（二）装饰装修工程

1. 木门窗的整修

主要由2类组成：原物的修缮和复原重做。

对原物的修缮：主要是更换和接补抱框、槛等构件，榫卯构件的更换，琉璃的更换，板类构件的拆换以及打磨和做漆。

复原重做：对局部腐朽严重的木窗，按照设计图纸要求并依据武汉大学同期建筑门窗的形状进行复原重做。无论是原物的修缮，还是复原重做，都按照设计图纸，使其符合业主和设计要求。

轮舵式山墙修缮前

2. 内、外墙的修复

内墙面基层的处理，腻子粉的打磨，以及面乳胶漆的施工均符合设计要求，所使用的原材料型号、规格、质量均按照设计要求。

外墙修缮：在保证按照设计要求进行修补的同时，重点还立足于不损伤历史建筑物原有的风貌和尽量“少干预”的原则，整体修复符合设计要求，观感质量好。

3. 楼地面和看台扶手、栏杆的修复

水磨石地平面，采取对原水磨石结构进行取

轮舵式山墙修缮后

样测验，将取得的数据作为重新配置混凝土的依据，整个施工工艺与施工组织设计方案相吻合，符合设计要求，观感近似原样。

灯光球场NBA木地板安装。本底板规格、型号、质量符合设计要求，施工按规范进行。

4. 地下室吊顶，淋浴间、卫生间吊顶

按照设计图纸要求，对地下室吊顶采用石膏板，施工前对隐蔽部位进行了“三防”处理。

（三）给水排水、消防设备的安装

本工程的给水排水、消防设施中采用的材料和配套设备配件进场后，我们都对其进行了自检，在确保各种材料和设备都合格的情况下，才进行施工。组织专门技术人员严格按规程安装，并坚持先试验后隐蔽的原则，经过灌水、通水试验，检验结果符合设计要求和施工验收规定才投入使用。

四、技术处理说明

（1）采用双组份911聚氨酯柔性防水卷材对渗透问题进行了维修；

（2）采取对原水磨石结构进行取样测验，将取得的数据作为重新配置混凝土的依据；

（3）对地下室吊顶采用石膏板，施工前对隐蔽部位进行了“三防”处理。

双重檐琉璃瓦修缮前

五、修缮后的完工总结报告

本项目4个分部工程，全部按照甲方以及设计的要求施工完成，外观质量好，工程质量合格。

双重檐琉璃瓦修缮后

肥东八斗赵氏祠堂

工程名称：肥东八斗赵氏祠堂

建设单位：肥东县文物管理所

设计单位：安徽省文物保护中心

施工单位：安徽华韵古建有限责任公司

项目负责人：康辉

肥东八斗赵氏祠堂位于合肥市肥东县八斗镇找东岗行政村，2014年7月至10月修复完成。建筑面积354m²。其中仿动物形态斜撑的制作是最为困难的。保存完好的象斜撑与狮斜撑还可以按原样现场制作，对于缺少的凤凰斜撑最为麻烦，只能通过搜集相同年代相关资料木构件的相似样式，由木工现场制作。

东侧立面修缮后

门厅全景

寝堂修缮前

寝堂修缮后

门厅局部修缮前（一）

门厅局部修缮前（二）

门厅局部修缮后（一）

门厅局部修缮后（二）

卫立煌故居

工程名称：卫立煌故居维修工程
建设单位：合肥市重点工程建设管理局
设计单位：安徽省文物保护中心
监理单位：安徽中灏工程咨询有限公司
施工单位：安徽华韵古建有限责任公司
项目负责人：建设方/丁敬华　施工方/康辉

卫立煌故居（含宋世科故居、吴氏炮楼）位于合肥市淝河镇卫乡村，2013年7月至2014年初修复完成。其中卫立煌故居建筑面积660.19m²，含3层单体洋楼，宋世科故居建筑面积1200m²，含3层单体洋楼，吴氏炮楼共3层，单层32m²。此工程是合肥市内不多的近现代建筑之一，从方方面面力求完美。修复中主结构施工的工程量最大，此中牵涉到古式构件的制作与安装、大木制作与安装。修复前只剩下1间老房子，所有工艺与造型需按照硕果仅存的老房子为模板，同时搜集相关原始资料，与村里老人作详细沟通，多方面结合确定相关制作方法与工艺流程。院内拱形门由青砖垒砌而成，青石门套镶边，弧度的控制，工艺的细腻也是对施工的一大挑战。

一券四伏窗罩

二层找平

生活用房木结构搭架

炮楼一层搭架

东进一路院

西进一路院

敞厅

生活用房

门厅

屋面结构

白鹭洲书院

工程名称：白鹭洲书院

建设单位：江西省吉安市白鹭洲书院公园改造工程指挥部

设计单位：华南理工大学建筑设计研究院

施工单位：潮州市建筑安装总公司

监理单位：江西省瑞林建设监理有限公司、江西省文物保护中心

项目负责人：建设方/张平　施工方/苏锐湘

一、概况

白鹭洲书院，位于吉安市城东赣江中白鹭洲上，宋淳祐元年（1241年）吉州太守江万里创办，为宋时江西三大书院之一。宝祐四年（1256年），书院39人同登进士金榜，文天祥高中状元，震动朝野，宋理宗亲赐御书“白鹭洲书院”匾额，悬

中山院修缮前

挂书院大门。从此，书院名声大振，与白鹿洞、豫章、鹅湖同为江西四大书院。培养了文天祥、刘辰翁、邓光荐等一大批历代名人，并延续办学近700多年而著称海内外。现存有云章阁、

中山院修缮后

风月楼、泮月池、文山亭、古吉台、永堤、中山院等宋至民国书院古建筑。

云章阁修缮前

本次修缮复原共12个子项，其中修缮：中山院、云章阁、风月楼、泮池拱桥为文物保护单位；复原：号舍一、号舍二，道心堂，逢源堂，棂星门，零星及地面，碑廊一万竹亭，碑廊二洗心亭。复原工程结构形式参照清代赣中传统书院民居建筑，采用石结构和砖木结构；修缮工程采用当地民间工艺传统做法恢复建筑原有的整体风貌。

云章阁修缮后

二、修缮工程残损状况概述和修缮方法

（一）明台台阶

明台台阶原采用红砂岩石，由于年代久远和红砂岩有崩解破碎的特性，台明台阶出现差异性风化、片石碎裂、凹凸不平、部分崩解破碎。

修缮方法：根据文物原状的具体铺砌方式和材料，以“原材料、原工艺、原做法”原则，采用同类同材质的红砂岩石料，要求缝密实，表面自然平整，无风化剥落。制作与铺装采用传统方法。

（二）墙体

墙体不同程度的裂隙、酥碱，部分墙体基本失去稳定性。

修缮方法：严重失稳墙体采用拆砌方法，利用部分不风化、酥碱青砖，增补青砖均为民间采集，按照原青砖“砍砖”工艺，选购的旧砖均经过五扒皮统一砍制；墙体勾缝采用原传统蓝灰勾缝做法。

（三）木构件

风月楼修缮前

风月楼修缮后

部分木构件糟朽、闪歪、榫卯松动。

修缮方法：对丧失受力条件的木构件进行替换，新替换的木构件采用老山材，制作木构件前进行干燥处理，含水率不得大于12%。榫卯均按文物原状的传统做法，并做防潮、防腐、断白和防火处理。

泮池拱桥修缮前（一）

（四）屋面

屋面原状采用传统灰瓦，原状面瓦搭七留三。原状屋面变形，脊、瓦垄断裂，杂草丛生，出现漏水现象。

修缮方法：采用部分揭顶维修，原状屋面为传统赣中风格，利用部分完整、不风化、酥碱瓦片，增补瓦片均为民间采集，按原状面瓦采用搭七留三。脊、瓦垄采用原材料、原工艺、原做法复原。

（五）彩绘、木雕

部分彩绘地仗脱落和裂缝，彩绘褪色模糊和被涂鸦。木雕构件部分残损、佚失。

修缮方法：彩绘地仗脱落和裂缝，彩绘褪色模糊和被涂鸦部分进行修补复原，地仗采用传统的一麻五灰，彩绘画面根据原状修补，无法知道原状图案的，用照相、绘图等方法留取图案的轮廓资料，为彩绘的重新绘制提供依据。重新绘制的彩绘不能破坏原有彩绘的风格，根据设计及当地文史专家的考证，采用当地传统风土人情图案。绘制的材料也应与原材料保持一致，色料全部采用植物、矿石色料。颜色可以参照利用色度计测量出的现有彩绘的色度情况，使重绘的部分能与原彩绘相协调一致，最大程度地表现其历史风貌。木雕构件都采传统木雕手工艺，木雕样式、图案原状修补。

（六）油漆

大量油漆常年受到日光的照射，风力、温湿度、生物及微生物、人为等因素，会使木构件彩绘产生龟裂、起甲、起翘、卷曲、空鼓、脱落等现象，从而影响古建筑的美观，失去对古建筑的保护作用。

修缮方法：施工前颜色可以参照利用色度计测量出的现有彩绘的色度情况，使重新油漆的部分能与原状相协调一致。油漆面采用传统着色桐油漆3遍；要求在生桐油中调蜜陀僧如膏等原料熬制成熟桐油，生熟程度全凭工匠经验把握，要求很高，一般工匠难以把握，故调用公司老一辈大匠参与施工，并在施工中对下一辈工匠传授经验。

三、修缮工作总结

本工程不仅涉及文物保护、木构复建，也包括当地民间工艺传统做法在古建筑修缮中的运用。在施工前，组织项目管理人员、施工操作人员针对设计文本认真学习，读解设计意图，同时，对照设计的修缮内容，比对现场的实际残损现状，使所有参与人员心中有数。对现场通过拍

泮池拱桥修缮前（二）

照、构件形制测量、绘图、色度计测量等方法进行现状信息采集，尽可能采集现状的完整信息，为修缮提供依据。在进行修缮、保养时遵守不改变文物原状的原则。施工中以现状测绘研究为依据，恢复建筑原有的整体风貌；尽量利用建筑的

原有材料，必须换新的部分应采用相似的材料及构造做法；推测复原的部分应与当时做法吻合，并在维修中提高木材的防火、防腐、抗虫的能力。复原工程结构形式以清代赣中传统书院民居建筑，石结构和砖木结构；修缮工程采用当地民间工艺传统做法恢复建筑原有的整体风貌。在施工的全工程中，本着修旧如旧的原则，向历史负责。坚持质量第一，用户至上的宗旨，切实贯彻执行国家施工及验收规范、操作规程和制度，确保工程质量和安全。工程竣工验收受到了各级部门、验收专家的好评。

泮池拱桥修缮后（一）

泮池拱桥修缮后（二）

武当山玉虚宫玄帝殿

工程名称：武当山玉虚宫玄帝殿工程
建设单位：武当山经济特区文物宗教局
设计单位：北京清华城市规划设计研究所
施工单位：曲阜市园林古建筑工程有限公司
监理单位：湖北亚太建设监理有限责任公司
项目负责人：周庆利

一、工程概况

（一）基本情况

武当山玉虚宫玄帝殿位于湖北省十堰市武当山经济特区老营宫村，展旗峰北，九渡涧旁，坐落在约$5km^2$的内聚形盆地上，海拔200m，四面环山，左引崇岗，右浚曲水，后枕华麓。距玄岳门西约4km，殿前襄渝铁路横贯而过。

玄帝殿，明永乐十一年（1413年）敕建，坐南朝北，为玉虚宫正殿，是全玉虚宫建筑序列的高潮，立于三重高大的台基之上，前设月台。明间后次间布置须弥座作为供奉神台。

（二）建筑概述

根据玄帝殿修复工程现存现状及史料的记载，玉虚宫玄帝殿始建于明永乐年间，历经几百年的风风雨雨和战乱，玄帝殿已荡然无存，仅存殿宇基础和部分残缺的柱础，目前主要面

修缮前（一）

修缮前（二）

修缮前（三）

修缮前（四）

临着风雨侵蚀、气候变化、植被滋生等自然力的破坏，亟待加以保护。大量建筑遗迹暴露在空气中，受风雪霜冻的影响，墙体和地面受潮开裂，酥碱风化加速，石灰剥落失去粘合力，滋生大量生物病害；又如建筑遗存长期暴露在大气环境中，无人看管，遗存上滋生大量杂草、灌木；另外，遗存还存在着自然老化的现象，石质构件风化，地面材料磨损严重。基于以上文物破损的严重情况，国家文物局在2009年6月正式批准对玉虚宫玄帝殿进行抢救性保护和展示性修复。

（三）本次修复建筑情况概述

玄帝殿修复工程位于整个玉虚宫的次南端，

修缮中（一）

父母殿北面。通面阔40.72m，通进深24.24m，根据本次设计图纸和历史史料记载，本文物建筑为歇山重檐建筑，下檐为七踩溜金木制斗栱，上檐为九踩重翘重昂木制斗栱，外墙1为澄浆城砖（470mm×240mm×120mm），干摆；外墙2为大城砖糙砌，内墙1同外墙1，内墙2同外墙2。屋面基层为木椽，上铺木型板；屋面为黑色琉璃瓦绿剪边屋面。门窗为传统木材质，隔扇为四抹三交六椀样式；顶棚为平綦吊顶；柱、梁、檩、槛框等大木构件地仗做一麻五灰；檐椽、飞椽、连椽、瓦口做单皮灰；裙板、走马板等做一布四灰；雀替、开启扇做细灰。油饰按传统方式调制油浆，圆柱、门窗、槛框、博风板、榻板、山花板、开启扇均饰氧化铁红色。檐椽、飞椽红帮绿底。彩画形式采用明式金线旋子彩画。台基修缮中保留原物，对现存遗迹进行修复和加固，遵照

修缮中（二）

最小干预性原则，最大限度保留现在砖石遗迹。对于少量台基变形、坍塌、松散的部分进行部分摘砌，灌注石灰浆用以加固。地面墁砖应按照传统材料，传统工艺及技术进行重新铺墁，方砖尺寸、铺墁方法均应以现存墁砖为依据。须弥座局部有石材表面层状剥落、黑壳、风化、色彩变质、色彩表面沉积现象，但明代石刻保存较好。对其以保护为主，不加扰动。

修缮中（三）

修缮中（四）

修缮中（五）

二、工程施工阶段的主要内容

（一）砌筑工程

1. 砌体的施工质量要求

玉虚宫玄帝殿四周围护材料主要为大城砖、蓝四丁砖，砌筑构造要求严格按国家认可的古建施工技术资料执行。所有墙体留洞待安装完毕后周边都应填密实，山墙、后檐墙对应柱子位置在距地二层砖以上留砖透风，墙包柱做法按传统做法用瓦干渣、留缝，严禁砌砖时用灰料灌严。砖的品种、规格尺寸按设计要求订货选购；砖颜色要与现存建筑砖体颜色保持一致。

修缮中（六）

2. 砌体的类型和摆砌方法

玄帝殿修复工程墙体砌体为澄泥城砖干摆和灰砌糙砖两种砌筑方法。

1）干摆

干摆墙须使用“五扒皮”。摆砌过程中应有专人“打截料”，随时补充砍砖中的未尽事宜。干摆工艺：①弹线，样活；②拴线，衬脚；③摆第一层砖，打站尺；④背里，填馅；⑤灌浆，抹线；⑥刹趟；⑦逐层摆砌；⑧打点修理。

2）灰砌糙砖

灰砌糙砖的特点是不打灰条，而是满铺灰浆砌筑。灰缝8~10mm。

（二）大木作的制作与安装技术

玉虚宫玄帝殿台基以上建筑全部为以木质材料为骨干构架的建筑物。其主要构件有柱、梁、枋、檩、板、椽、望板及斗栱等。各类构件的功能不同，形状不同，在建筑物中的位置不同。构件之间凭榫卯结合在一起。榫卯的形状、大小、相互之间的结合方式也有很大差别。要将数以百计，而形状、功能、位置又各不相同的构件有机地组合起来，构成一座建筑物的骨干构架，就要事先将它们准确无误地制作出来。这就是“大木制作”所要完成的任务。

1. 施工流程

修缮中（七）

大木制安的施工工艺流程如图所示。

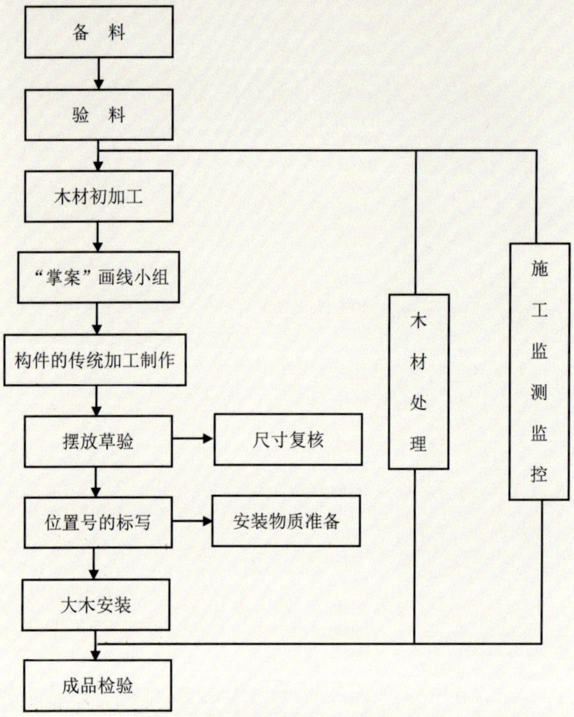

大木制安施工流程

2. 木构架安装

（1）大木构架中，柱头以下构件为“下架”，以上为“上架”。当大木安装至下架构件齐全（檐枋、金枋、随梁枋等构件都安齐）以

修缮中（八）

后，就不继续安装了。而要用丈杆认真核对各部件面宽、进深尺寸，发现问题及时解决，通过校核尺寸，使下架的大木安装完全符合轴线尺寸的要求，并将其节点固定。

尺寸检验完成后，进行吊直拨正和支戗的工作。先拨正，用撬棍或“推磨”的方法，使柱根四面中线与柱顶石中线相对。完成后，分别沿进深方向用“迎门戗”，面宽方向用“龙门戗”把柱子固定戗牢，支戗和吊直须同时进行，先支戗，再吊线，吊线由两人进行，一人“打旗”，

修缮中（九）

一人扶线坠看线。最终使柱子中线与铅垂线完全平行，柱子完全垂直于水平面为止。

（2）上架构件，要顺序安装，中线相对，勤校勤量。上架构件安装时，也是由内向外，由下向上顺序进行。所有大木构件都装齐以后，看一下直顺，有无构件歪闪错位现象，进行调整。

（3）木基层安装。大木构件完全装齐之后，即可开始安装椽望、连檐等构件。其流程为：檐椽→小连檐→花架椽、脑椽→檐头望板→钉飞椽→大连檐→闸挡板→飞头望板、压尾望板→验收。

（三）木门窗制作安装

木门窗制安顺序：

加工规格料→放制样板→画线→制作→组装成形→核尺编号→码放待装→成品安装。

修缮中（十）

（四）斗栱制作安装

（1）斗栱制作必须按图纸要求和文物建筑传统工艺施工操作。所用材料含水率必须符合质量要求（不大于12%），并保证材质无虫蛀、斜

修缮中（十一）

纹、裂纹和髓心，构件任何一面所在150mm长度上所有木节的总和不得大于所在面的1/4，严禁有死节。

（2）斗栱制作按设计尺寸放实样，套样板，画线制作，各部件尺寸精确，尺寸及形象必须准确无误。斗栱所有构件必须按样板画线进行加工制作，要求材料尺寸准确，找方找正，刻口尺寸准确，并保证不亏空、搭接严密，做袖斗栱昂嘴等饰样准确，棱角分明，栱眼雕刻深度一致。

（3）昂翘尾装饰及昂头卷杀均应符合设计图纸的要求，并应先试验组装一攒斗栱，制作完后草架码放经检验合格后，方可成批生产。斗栱制作必须符合古建传统做法。

（4）斗栱单件制作完成以攒为单位试装分组

修缮中（十二）

码放。加强对成品的保护，不得受雨淋，各种加工后的木构件用地台垫起分类码放防止变形。做好检查验收记录。

（五）屋面工程

玉虚宫玄帝殿为歇山重檐建筑，黑色琉璃瓦绿剪边屋面。

1. 工艺流程

（1）木椽上铺木望板；

（2）20mm厚护板灰一层（深月白麻刀灰）；

（3）SBS改性沥青防水卷材一层+SBS改性沥青防水涂料一层，卷材厚度大于4mm，涂膜厚度大于3mm；

（4）20mm厚水泥砂浆保护层，上刷小八厘石头或碎石屑；

（5）麻刀泥背2层，每层厚度40mm，麻刀泥背七成干时进行“拍背”；

修缮中（十三）

（6）月白灰背2层，每层厚度20mm，用大麻刀月白灰；

（7）清灰背1层，厚度50mm，应反复刷青浆与轧背，赶轧次数不少于“三浆三轧”（青灰背表面应打拐子，搭麻辫，抹“扎肩灰”，并应适当“晾背”）；

（8）瓦泥；

（9）黑色琉璃瓦绿剪边屋面（一勾一筒）。

2. 歇山式屋面做法

1）前后坡分中号垄

①在屋脊部位找出屋顶正中点，此点即为坐

修缮中（十四）

修缮中（十五）

中底瓦的中点。②两端从博风外皮往里返活，找出两个瓦口的位置和第二块瓦口的中点，这个中点就是边垄底瓦中。③将上述3个中点号在脊部灰背上。④将这3个中点平移到檐头连檐上并钉好5个瓦口。⑤在钉好的瓦口间赶排瓦当。

2）撒头分中号垄方法

①量出前后坡檐头边垄中点至翼角转角处的距离，按照同样的距离，向撒头量出撒头部位边垄中；②撒头正中即为撒头坐中底瓦中；③按照这3个中点钉好3个瓦口；④在3个瓦口之间赶排瓦当。

3）瓦

（1）审瓦、沾瓦。在瓦前对瓦件逐块检查，然后用生石灰浆浸沾底瓦的前端，沾浆的部分应占瓦长的2/5。

（2）冲垄，拴线铺灰，先将中间的3趟底瓦和2趟盖瓦铺好。

（3）檐头，拴线铺灰，将檐头滴子瓦和圆眼沟头瓦好。滴子瓦出檐最多不应超过本身长度的

修缮中（十六）

一半。在两端边垄滴子瓦下棱位置拴一条横线，每垄滴子瓦出檐和高低都应以此为准。圆眼沟头出檐为瓦头“烧饼盖”的厚度。就是说，圆眼沟头要紧靠着滴子。圆眼沟头的高低以檐线为准。

（4）底瓦。先在齐头线、楞线和檐线上各拴一根短钢丝，即“吊鱼”。“吊鱼”长度根据线

修缮中（十七）

到边垄底瓦翅的距离定。然后“开线”，按照排好的瓦当和脊上号好垄的标记把线的一端固定在脊上。另一端拴一块瓦，吊在房檐下。这条瓦用线叫作“瓦刀线”。拴好瓦刀线后，铺筑瓦泥安放底瓦，底瓦灰的厚度不应超过灰背厚度。底瓦的高低和顺直应以“瓦刀线”为准，瓦要摆正，避免“不合蔓”，不得偏歪，防止“喝风”。瓦与瓦之间不铺灰。瓦要摆正，瓦与底瓦灰的接触面应达到100%。底瓦垄的高低和直顺程度都应以瓦刀线为准。每块底瓦瓦翅，宽头的上棱都要贴近瓦刀线。

（5）盖瓦。按棱线到边垄盖瓦瓦翅的距离

调好“吊鱼”的长短。然后以吊鱼为高低标准开线。瓦刀线两端以排好的盖瓦垄为准。盖瓦灰应比底瓦灰稍干。盖瓦之间留有睁眼，睁眼大小应为筒瓦高的1/3左右。盖瓦要熊头朝上，从下往上依次安放。上面的筒瓦应压住下面筒瓦的熊头。盖瓦垄的高低、直顺都要以瓦刀线为准。

修缮中（十八）

（6）捉节夹垄：铺好盖瓦后，用瓦刀将小麻刀色灰分两次把“睁眼”处塞严，再用抹子抹平轧光，使之通顺垂直。同时勾平抹严上下盖瓦相接处的缝隙，最后清扫瓦垄，安装钉帽，擦亮琉璃瓦釉面。

3. 正脊做法

①正当勾；②压当条；③群色条；④正脊筒；⑤扣脊瓦。

4. 垂脊做法

①正当勾；②压当条；③群色条；④垂脊筒；⑤扣脊瓦。

5. 戗脊做法

①斜当勾；②压当条；③戗脊筒；④扣脊瓦。

6. 博脊做法

①正当沟；②压当条；③博脊连砖；④连砖挂尖；⑤博脊瓦。

7. 围脊做法

①正当沟；②压当条；③群色条；④博脊连砖；⑤蹬脚瓦；⑥满面砖。

（六）地面工程

1）按设计要求，地面应按照传统材料、传统工艺及技术重新铺墁，方砖尺寸、铺墁方法以及

修缮后（一）

修缮后（二）

铺墁工程做法均应以现存台明为依据。

2）拆除旧砖重新铺墁

（1）拆除前的准备工作：拆除原有地面，应做好相应的临边防护，拆除前测量地面标高并做好标高控制点。

（2）拆除砖面层后，将结合层的灰、泥浆清除干净，按照原有隐蔽构造的材料做法补做3:7灰土，按照原有砖的规格、质地加工制作铺墁用砖。

（3）铺墁地面砖：每铺墁一块要将加工好的砖进行样活、试墁，不合要求的应对砖作修整，使尺寸、砖缝合适，试墁时要掌握好铺泥、灰的厚度，将基层清理干净并适当淋水湿润，经试墁好后，再浇浆揭墁。铺墁用砖可打少许油灰，铺墁较实后，按传统工艺墁水活、打点，以利于找平，待砖干透后桐油钻生。

（七）彩画工程

明式金线大点金旋子彩画的基本做法：

（1）大木彩画按分三停规则构图，设箍头（大开间加画合子）、找头、枋心。凡枋心、岔口线、皮条线、圭线光等造型均采用折形斜线。

（2）梁枋大木的枋心为素枋心。

工艺流程：

丈量→配纸→起扎谱子→磨生过水→分中→拍谱子→摊找活→号色→沥粉→刷色→套色→包胶→打金胶贴金→拉晕色→拉大粉→攒退活→切活→拉金线→打点活。

修复中保留了年代信息，对现有地面墁砖不作处理，直接在上面铺设有一定承载能力的玻璃砖和木地板，形成隔离层，起到对遗迹进行保护并能达到原状展示的效果。须弥座局部有石材表面层状剥落、黑壳、风化、色彩变质、色彩表面沉积现象，但明代石刻保存较好。对其以保护为主，外面罩以玻璃维护，避免各种不利因素影响，同时又不妨碍对历史遗存的观赏。修复后的玉虚宫大殿采用重檐歇山顶式大木结构，庄严宏伟，恢复了明代文学家袁宏道描述的“其中虬柱龙梁、云藻榱井，砌以文石，覆以碧瓦，绮寮云接，飞阁雾连”的景象，再现了完整的玉虚宫。

五里坪革命旧址

工程名称：五里坪革命旧址修缮工程
建设单位：鹤峰县文化体育局
设计单位：湖北省文化厅古建筑保护中心
监理单位：浙江省古典建筑工程监理有限公司
施工单位：河南华磊园林工程有限公司
项目负责人：建设方/柳洪涛　施工方/苏发生

一、工程简介

五里坪革命旧址位于鹤峰县五里乡五里村五里坪集镇老街中段，北纬29° 50′～29° 51′，东经110° 16′～110° 20′。自明清以来，五里坪一直是湘鄂西地区的交通要冲和边贸重镇，有“湘鄂咽喉小南京”之称。第二次国内革命战争时期，贺龙率红四军、红二军团在这里指挥著名的“五里坪围歼战”，并根据中央指示组建了湘鄂边特委、中华苏维埃湘鄂边联县政府，开辟以鹤峰为中心的湘鄂边苏区，形成了整个湘鄂西革命根据地的战略后方和反围剿斗争的主要战场，苏维埃政权长达5年之久。

五里坪革命旧址坐落于五里坪集镇北侧老街上，街长150m，宽不足5m，18幢革命旧址（木房117间），坐北朝南和坐南朝北，分别立于老街两侧，占地面积2300m^2。这条老街保持了清末民初的民居风格，街道两侧房屋均为悬山穿斗式板装瓦房，分四柱四棋、五柱四棋、五柱五棋多种类型，多为1层，较普遍的是前檐柱外另设一柱一棋，称“看柱”“看棋”。看柱立于阶檐，形成长长的廊道。本次修缮工程为一期修缮工程，为其中的8处旧址建筑：中央湘鄂边特委机关旧址、湘鄂边独立团团部旧址、红军被服厂旧址、收编川军谈判旧址、赤色监所旧址、九区苏维埃政府旧址、湘鄂边苏维埃合作社旧址、红军驻军旧址。该8处旧址除一两处保留较为完好，其余各处都濒临倒塌，文物建筑的安全受到严重威胁。

赤色监所正立面

维修后的赤色监所正立面

2006年，五里坪革命旧址被公布为第六批全国重点文物保护单位。

二、修缮前残损状况说明

（一）赤色监所旧址

凌乱的屋面瓦件

旧址概述：赤色监所旧址位于老街中段北端，东邻红军驻军旧址，西靠红军驻军旧址，为悬山顶穿斗结构木质板装瓦房。3大间，面阔12m，进深6m，四柱四棋，中柱高6.5m，前檐柱高4.5m，后檐柱高4m。后有一拖屋，面阔4m，进深5.1m，总建筑面积约92.5m^2。

赤色监所屋面瓦件

（1）屋面：板瓦干铺屋面，瓦件尺寸为160mm×190mm×20mm，瓦件多已凌乱，90%已破损，瓦件下为100mm×20mm方椽，间距120mm，方椽70%糟朽，表面霉变严重。其残损的主要原因在于住户外迁，屋面长期缺少维修。

糟朽的外墙板

（2）大木构架：旧址正间为四柱四棋，中柱直径为230mm，其余各柱直径均为200mm。脊檩直径为200mm，檐檩直径为120mm，其余檩条直径均为150mm，檩下无枋。柱与柱间用250mm×30mm（竖向间距250mm）的木枋相互铆接。木檩直接搁置在两榀屋架的柱头上。整体大木构架已发生严重的倾斜，整个屋架向西倾斜，由于西侧有隔壁屋架支撑，因此，旧址暂未坍塌。后檐柱已有2根缺失，现用临时木棍支撑。室内所有木柱根部已全部腐朽。檩条80%已糟朽。

坍塌的外墙板

修缮后的外墙板

修缮后的一层木地板

（3）木墙板、木门窗：该旧址外墙木隔板由于长期受雨水溅湿浸泡已全部糟朽，北侧已发生大面积坍塌，内墙木隔板50%已缺失，木门窗几乎全部变形、糟朽，局部棂条断裂。

糟朽的木柱

（4）二层木楼板、楞木：旧址中正屋、拖屋均为2层，二层木楼板根据楞木铺设方向的不同垂直铺设，木板厚30mm，楞木平均尺寸为150mm×120mm。由于长期受屋面漏雨影响，二层木楼板已全部糟朽，局部木楼板缺失。木板下的楞木有80%已缺失，局部残留的楞木大小不一，经考证，为后

墩接修缮后的木柱

人临时添配。

（5）一层木地板、三合土地面：旧址地面有铺设木地板和三合土地面两种形式，由于当地潮湿的空气环境以及地面雨水湿气的蒸发，使得一层铺设的木地板全部糟朽，局部已坍塌，外露木龙骨，木龙骨已全部糟朽，残存的三合土地面凹凸不平。

缺失的二层木楼板

（6）室内环境：由于该旧址内的居民已外迁，室内的电线等设施已全部拆除。因此，本次维修对该旧址内重新按规范进行电气设计，以方便日后管理、使用。

（7）散水、室外环境：现存旧址南侧有1m左右宽度的散水，青石散水已残破不堪，北侧院内由于堆土，散水早已缺失，院内堆土使得后院地面远远高出室内地坪，为旧址安全考虑，对后院进行场地平整，恢复后院青条石散水。

修缮后的二层木楼板

（二）湘鄂边独立团团部旧址

旧址概述：湘鄂边独立团团部旧址位于老街道西段北侧，东靠红军驻军旧址，西邻现代民房，为悬山顶穿斗结构木质板装瓦房。面阔16.42m，进深9.40m，中柱高6m，前檐柱高4.1m，后檐柱高2.4m，后有一拖屋，长7.6m，宽3.6m，现存旧址总建筑面积$143.4m^2$。

（1）屋面：板瓦干铺屋面，瓦件尺寸为160mm×190mm×20mm，瓦件多已凌乱，75%破损，瓦件下为100mm×20mm方椽，间距120mm，方椽70%糟朽，表面霉变严重，遇有暴雨，室内漏雨严重。屋面破损的原因主要在于长期缺少维修；而外界风、雨以及各种家养、野生动物的踩踏也是其破损的重要原因。瓦件的破损直接导致屋面方椽的糟朽、霉变。

（2）大木构架：正间为六柱五棋，脊柱直径为220mm，其余柱直径均为200mm。脊檩直径为200mm，檐檩直径为120mm，其余木檩直径均为150mm，檩下无枋。柱与柱间用250mm×30mm（竖向间距250mm）的木枋相互铆接，木檩直接搁置在两榀屋架的柱头上。正间大木构架整体保持较为完整，然而在6轴与D、F轴北侧区域，由于住户私自新建2层楼房，使得该区域木柱、木檩、方椽、屋面瓦全部破坏，但由于脊柱、脊檩尚存，整体结构稳定性相对较好。拖屋由于北侧为吊脚，住户在房屋下养殖牲畜，致使该屋严重倾斜，木柱根部由于长期受牲畜活动碰撞，部分木柱直径不足原来的一半。该区域大木构架稳定性已严重不足。正间有20根木柱柱根糟朽，20%柱身有竖向裂纹，15%檩条糟朽。拖屋70%木柱破坏，60%檩条糟朽。

独立团团部旧址正立面

（3）木墙板、木门窗：旧址间与间之间均采用30mm厚木板作为墙体起隔离作用，旧址内正间内墙木隔板多已被住户拆除。其他木隔板由于长期受雨水溅湿浸泡作用，外墙木隔板95%已糟朽、霉变，内墙木隔板正间内保留完好，拖屋内90%糟朽。木门窗几乎全部变形、糟朽，局部棂条断裂。

旧址正立面

修缮后的房屋

（4）二层木楼板、楞木：旧址中正屋、拖屋均为2层，二层木楼板根据楞木铺设方向的不同垂直铺设，木板厚30mm，楞木平均尺寸为150mm×120mm。由于长期受屋面漏雨影响，二层木楼板90%已糟朽，局部木楼板缺失或凌乱不堪。木板下的楞木40%已糟朽霉变，由于楞木铺设密集，二层楼板荷载较小，因此，无竖向挠曲现象。

凌乱的屋面、糟朽的方椽

濒临倒塌的拖屋

（5）一层木地板、水泥地面：旧址地面有铺设木地板和水泥地面两种形式，正间地面已全部被住户铺设为水泥地面，拖屋内木地板尚存。由于当地潮湿的空气环境以及地面雨水湿气的蒸发，使得拖屋一层铺设的木地板80%糟朽，局部已坍塌，水泥地面表面返碱、霉变严重，且水泥地面严重影响了旧址的原貌。

（6）室内环境：由于当地居民缺乏防火安全意识，在旧址内根据自家生活实际需要，随意拉设无安全防护的电线，部分电线有老化裸漏的现象。而这些非正规的电线敷设方式和使用为旧址埋下了安全隐患。为了满足自身生活需要，住户将该旧址内大面积内墙木隔板拆除，采用机砖重新砌筑隔墙，严重打乱了旧址原有的建筑布局。

修缮后的拖屋

（7）散水、室外环境：现存旧址南侧有1m左右宽度的水泥抹面散水。后院地面起伏较大，拖屋东侧散水已坍塌，现仅用木材随意堆砌，以起支撑一层木龙骨的作用。由于拖屋下吊脚部分比其他区域较低，一旦下雨，雨水全部灌入拖屋底下。

（三）红军驻军旧址

旧址概述：红军驻军旧址位于老街中段北侧，东连五鹤游击队队部旧址，西靠赤色监所旧址，为悬山顶穿斗结构木质板装瓦房。坐南朝北，临街两大间，面阔5.86m，进深7.0m，建筑面积39.98m^2。

旧址正立面

（1）屋面：板瓦干铺屋面，瓦件尺寸为160mm×190mm×20mm，瓦件多已凌乱，90%破损，瓦件下为100mm×20mm方椽，间距120mm，方椽50%糟朽，表面霉变严重，遇有暴雨，室内漏雨严重。屋面破损的原因主要在于长期缺少维修；而外界风、雨以及各种家养、野生动物的踩踏也是其破损的重要原因。瓦件的破损直接导致屋面方椽的糟朽、霉变。

红军驻军旧址正立面

（2）大木构架：旧址为四柱五棋，脊柱直径为220mm，檐柱直径为200mm，其余柱直径均

残破、凌乱的屋面瓦件

为180mm。脊檩直径为200mm，檐檩直径为120mm，其余木檩直径均为150mm，檩下无枋。柱与柱间用250mm×30mm（竖向间距250mm）的木枋相互铆接，木檩直接搁置在两榀屋架的柱头上。旧址大木构架整体保持较为完整，然而在C轴北侧区域，由于木柱糟朽，住户私自将其拆除，使得该区域木柱、木檩、方椽、屋面瓦全部破坏，但由于脊柱、脊檩尚存，整体结构稳定性相对较好。拆除糟朽木柱后，住户用檩木将旧址与其后房屋局部连接，檩上搭设石棉瓦，以方便生活使用。由于其后为临时建筑，因此，本次维修将临时建筑拆除后重新恢复后檐木柱及屋面。旧址8根木柱柱根糟朽，30%檩条糟朽。

屋面瓦件

二层木楼板缺失

（3）木墙板、木门窗：旧址间与间之间均采用30mm厚木板作为墙体起隔离作用，现存木隔板由于长期受雨水溅湿浸泡作用，外墙木隔板85%已糟朽、霉变。内墙木隔板由于住户为了方便使用，将其全部拆除。木门窗几乎全部变形、糟朽，南侧外墙木窗为后加玻璃窗，与旧址原貌不符。

修缮后的二楼木地板

水泥地面改为三合土

（4）二层木楼板、楞木：旧址为2层，二层木楼板根据楞木铺设方向的不同垂直铺设，木板厚30mm，楞木平均尺寸为150mm×120mm。由于长期受屋面漏雨影响，残留的二层木楼板80%已糟朽，局部木板已缺失，住户用细竹竿铺设。木板下的楞木20%已糟朽霉变，由于楞木铺设密集，二层楼板荷载较小，因此，无竖向挠曲现象。地面全部为水泥地面，严重影响了旧址的原貌。

后人铺设的水泥地面

（5）一层木地板、水泥地面：旧址内原有木地板全部被拆除，住户为使用方便，全部改为水泥地面，严重影响了旧址的原貌。

大木构架

（6）室内环境：由于当地居民缺乏防火安全意识，在旧址内根据自家生活实际需要，随意拉设无安全防护的电线，部分电线有老化裸露

完好的大木构架

的现象。而这些非正规的电线铺设方式和使用为旧址埋下了安全隐患。为了满足自身生活需要，住户将该旧址内所有内墙木隔板拆除，从而使旧址失去原有建筑布局。

（7）散水、室外环境：现存旧址南侧有1m左右宽度的青条石散水，条石已全部破损。后檐散水由于人为拆除，已全部缺失。

（四）中共湘鄂边特委机关旧址

旧址正立面

旧址概述：中共湘鄂边特委机关旧址位于五里坪西北的洪家村，距老街500m。旧址依山环水，坐北朝南，为一正一横悬山顶穿斗结构板装瓦房，6大间，东西长约18.6m，南北长约20.5m，建筑面积约270.4m²。正屋3大间，六柱五棋，前檐柱高4.2m，中柱高6.5m，后檐柱高2.5m，东侧2间为手枪连驻地，西侧与横屋相连的拖屋为食堂。正屋西端垂直向南伸出横屋（厢房），共3大间，其南端为悬空仅靠木柱支撑的吊脚楼，上下2层，下层外间有铺台（为特委接待室），铺台外阳台阶檐有护栏，内室为特委常委董大山卧室及办公室，明间退堂为特委书记周小康卧室，靠北次间为特委委员董朗等特委负责人办公室，厢房楼层上共5小间，设有会议室、油印室、“红星”（油印小刊）编辑室，鹤峰县委书记、特委秘书伍佰显卧室。1931年9月20日，中共湘鄂边特委机关转移到乡下后，这里一直是湘鄂边各县领导秘密接头和开会的重要场所。

修缮后的旧址正立面

（1）屋面：板瓦干铺屋面，瓦件尺寸为160mm×190mm×20mm，瓦件多已凌乱，80%破损，瓦件下为100mm×20mm方椽，间距120mm，方椽60%糟朽，表面霉变严重，遇有暴雨，室内漏雨严重。屋面破损的原因主要在于长期缺少维修；而外界风、雨以及各种家养、野生动物的踩踏也是其破损的重要原因。瓦件的破损直接导致屋面方椽的糟朽、霉变。

糟朽的外墙木墙板

修缮后的外墙板

（2）大木构架：正间以及东侧间均为六柱五棋，柱直径大小不等，中柱直径稍大，前后檐柱较小，柱直径在180~220mm之间。脊檩直径为200mm，檐檩为120mm，其余檩条直径均为150mm，檩下无枋。柱与柱间用250mm×30mm（竖向间距250mm）的木枋相互铆接。木檩直接搁置在两榀屋架的柱头上。整体大木构架保持较为完整，仅在拖屋的后檐（测绘图中的11轴），由于木柱糟朽，住户将其拆除后用砖砌筑侧墙，以支撑局部屋架。正屋西侧由于局部柱础石沉降，导

残破的屋面瓦件

修缮后的屋面瓦件

糟朽、开裂的木柱

致屋架向西发生局部倾斜、变形。由于整个屋架檩条较多，屋面荷载相对较小，因此，檩条等主要受力构件无竖向挠曲现象。旧址内木柱由于干缩以及常年雨水的淋湿作用，外墙木柱（28根）柱头以及柱根有1m范围内糟朽、霉变现象，未糟朽区域70%柱身有竖向裂纹。裂纹最大达20mm。

（3）木墙板、木门窗：旧址间与间之间均采用30mm厚木板作墙体，起隔离作用，现存木隔板由于长期受雨水溅湿浸泡作用，外墙木隔板90%已糟朽、霉变。内墙木隔板除30%根部有糟朽的痕迹外，其余保留较好。木门窗几乎全部都变形、糟朽，局部棂条断裂。

修缮后的木柱

（4）二层木楼板、楞木：旧址中正屋、侧屋以及拖屋均为两层，二层木楼板根据楞木铺设方向的不同垂直铺设，木板厚30mm，楞木平均尺寸为150mm×120mm。由于长期受屋面漏雨影响，二层木楼板90%已糟朽，局部木楼板缺失或凌乱不堪。木板下的楞木保留相对完好，仅有20%有糟朽、霉变现象，由于楞木铺设密集，二层楼板荷载较小，因此，无竖向挠曲现象。

（5）一层木地板、水泥地面：旧址地面有铺设木地板和水泥地面（后人铺设）两种形式，由于当地潮湿的空气环境以及地面雨水湿气的蒸发，使得一层铺设的木地板90%糟朽，局部已坍塌，水泥地面表面返碱、霉变严重，且水泥地面与旧址原貌严重不符。

（6）室内环境：由于居民缺乏防火安全意识，在旧址内根据自家生活实际需要，随意拉设无安全防护的电线，部分电线有老化裸露的现象，而这些非正规的电线铺设方式和使用为旧址埋下了安全隐患。

（7）散水、室外环境：现存旧址四周均有1m左右宽度的散水，南侧原青石散水已被人为拆除，现改用砖砌、水泥抹面。其余区域散水青条石90%已破损，且错位较大。旧址散水外无明显的有组织排水措施，且旧址局部地处低洼地段。

（五）红军被服厂旧址

旧址正立面

旧址概述：红军被服厂旧址位于老街西端南侧，东靠红军驻军旧址，西临现街道，坐南朝北，为悬山顶穿斗结构木质板装瓦房。临街两大间，面阔9.4m，进深11.2m，中柱高5.0m，前檐柱高3.8m，后檐柱高3.0m，建筑总面积85.9m^2。

（1）屋面：板瓦干铺屋面，瓦件尺寸为160mm×190mm×20mm，瓦件多已凌乱，80%破损，瓦件下为100mm×20mm方椽，间距120mm，方椽40%糟朽，表面霉变严重，遇有暴雨，室内漏雨严重。屋面破损的原因主要在于长期缺少维修；而外界风、雨以及各种家养、野生动物的踩踏也是其破损的重要原因。瓦件的破损直接导致屋面方椽的糟朽、霉变。

修缮后的旧址正立面

（2）大木构架：旧址为四柱四棋，所有木柱直径均为200mm。脊檩直径为200mm，檐檩直径为120mm，其余木檩直径均为150mm，檩下无枋。柱与柱间用250mm×30mm（竖向间距250mm）的木枋相互铆接，木檩直接搁置在两榀屋架的柱头上。旧址三榀屋架均发生严重倾斜、歪闪，且屋架倾斜呈扭曲状，尤其是C轴的屋架，脊柱以北向外倾斜，脊柱以南向内倾斜。外侧14根木柱柱根糟朽，20%柱身有竖向裂纹，50%檩条糟朽。

凌乱、残破的屋面瓦件

修缮后的屋面瓦件

（3）木墙板、木门窗：旧址间与间之间均采用30mm厚木板作为墙体起隔离作用，现存木隔板由于长期受雨水溅湿浸泡作用，外墙木隔板95%已糟朽、霉变。内墙木隔板保留较完好，仅20%地面上1m范围内有霉变现象。木门窗几乎全部变形、糟朽，局部椺条断裂。

扭曲、歪闪的大木构架

（4）二层木楼板、楞木：旧址为2层，二层木楼板根据楞木铺设方向的不同垂直铺设，木板厚30mm，楞木平均尺寸为150mm×120mm。由于长期受屋面漏雨影响，二层木楼板80%已糟朽，局部木楼板缺失或凌乱不堪。木板下的楞木40%已糟朽霉变，由于楞木铺设密集，第二层楼板荷载较小，因此，无竖向挠曲现象。

修缮后的木柱

（5）一层木地板、水泥地面：旧址地面有铺设木地板和水泥地面两种形式，由于当地潮湿的空气环境以及地面雨水湿气的蒸发，使得一层铺设的木地板85%糟朽，局部已坍塌，水泥地面表面返碱、霉变严重，且水泥地面严重影响了旧址的原貌。

（6）室内环境：由于当地居民缺乏防火安全意识，在旧址内根据自家生活实际需要，随意拉设无安全防护的电线，部分电线有老化裸漏的现象。而这些非正规的电线敷设方式和使用为旧址埋下了安全隐患。

（7）散水、室外环境：现存旧址北侧有1m左右宽度的水泥抹面散水。水泥抹面严重影响了旧址的原貌。

（六）收编川军谈判旧址

旧址概述：收编川军谈判旧址位于老街西段北侧，东靠红军驻军旧址，为悬山顶穿斗结构木质板装瓦房，西侧房屋已坍塌，现为空地。旧址临街为3大间，面阔10.16m，进深6m，中柱高6.2m，前檐柱高4.2m，后檐柱高3.5m，面积61m²。

旧址正立面

修缮后的正立面

（1）屋面：板瓦干铺屋面，瓦件尺寸为160mm×190mm×20mm，瓦件多已凌乱，70%破损，瓦件下为100mm×20mm方椽，间距120mm，方椽30%糟朽，表面霉变严重，遇有暴雨，室内漏雨严重。屋面破损的原因主要在于长期缺少维修；而外界风、雨以及各种家养、野生动物的踩踏也是其破损的重要原因。瓦件的破损直接导致屋面方椽的糟朽、霉变。

旧址西侧倾斜的木构架

修缮后的木构架

（2）大木构架：旧址为四柱四棋，脊柱直径为220mm，前檐柱直径为200mm，其余柱直径均为180mm。脊檩直径为200mm，檐檩直径为120mm，其余木檩直径均为150mm，檩下无枋。柱与柱间用250mm×30mm（竖向间距250mm）的木枋相互铆接，木檩直接搁置在两榀屋架的柱头上。旧址大木构架整体保持较为完整，然而西侧一榀屋架向外倾斜，但结构整体性相对较好。

糟朽的二层木楼板

外墙所有木柱（12根）柱根糟朽，20%柱身有竖向裂纹，30%檩条糟朽。

（3）木墙板、木门窗：旧址间与间之间均采用30mm厚木板作为墙体起隔离作用，现存木隔板由于长期受雨水溅湿浸泡作用，外墙木隔板80%已糟朽、霉变。内墙木隔板正间内保留完好，仅30%根部1m范围内有霉变的迹象。木门窗几乎全部变形、糟朽，局部椽条断裂。

修缮后的二楼木楼板

（4）二层木楼板、楞木：旧址为2层，二层木楼板根据楞木铺设方向的不同垂直铺设，木板厚30mm，楞木平均尺寸为150mm×120mm。由于长期受屋面漏雨影响，二层木楼板50%已糟朽，局部木楼板缺失或凌乱不堪。木板下的楞木仅20%已糟朽霉变，由于楞木铺设密集，二层楼板荷载较小，因此，无竖向挠曲现象。

（5）一层木地板、水泥地面：旧址地面有铺设木地板和水泥地面两种形式，由于当地潮湿的空气环境以及地面雨水湿气的蒸发，使得一层铺设的木地板60%糟朽，局部已坍塌，水泥地面表面返碱、霉变严重，且水泥地面严重影响了旧址的原貌。

糟朽的外墙木隔板

（6）室内环境：由于当地居民缺乏防火安全意识，在旧址内根据自家生活实际需要，随意拉设无安全防护的电线，部分电线有老化裸漏的现象。而这些非正规的电线敷设方式和使用为旧址埋下了安全隐患。为了满足自身生活需要，住户将该旧址内大面积内墙木隔板拆除，采用机砖重新砌筑隔墙，严重打乱了旧址原有的建筑布局。

修缮后的外墙木隔板

（7）散水、室外环境：现存旧址南侧有1m左右宽度的青条石散水。条石已全部破损。旧址西侧空地是四周雨水经常汇集地，木柱基础常年受汇集雨水浸泡，因此，急需对该西侧空地进行场地平整、环境整治。

（七）九区苏维埃政府旧址

旧址概述：九区苏维埃政府旧址位于老街中

旧址正立面

段南侧，东端紧连中华苏维埃湘鄂边联县政府旧址。该旧址系两进式悬山穿斗结构木质瓦房，坐南朝北，面阔10.7m，进深17.75m，明间中厅直接与天井、后一进神龛壁形成一大间，明间临街面8扇大门，前后两进之间有5.4m^{2}的天井，前进左右次间各分内外两室，后进左右次间及退堂共5间。1929年6月，鹤峰县九区农民协会在这里成立，1930年4月改称第九区苏维埃政府，6月区苏维埃政府遭破坏后，贺龙曾在这里重新恢复苏维埃政府，并于11月23日在这里召开恢复区苏维埃政府和反围剿斗争胜利庆祝大会。1931年4月下旬，共青团湘鄂边特委在这里建立特委机关，共青团湘鄂边特委机关设此处东端次间，九区苏维埃政府设西端次间，天井后的房屋为食堂。

修缮后的旧址正立面

残破、凌乱的屋面瓦件

修缮后的屋面瓦件

（1）屋面：板瓦干铺屋面，瓦件尺寸为160mm×190mm×20mm，瓦件多已凌乱、60%破损，瓦件下为100mm×20mm方椽，间距120mm，方椽20%糟朽，表面霉变严重，遇有暴雨，室内漏雨严重。屋面破损的原因主要在于外界风、雨以及各种家养、野生动物的踩踏也是其破损的重要原因。瓦件的破损直接导致屋面方椽的糟朽、霉变。由于旧址领导小组办公室所在地，经常有人维修，因此，保存的较为完好。

二层糟朽的木挡板

修缮后二层的木挡板

（2）大木构架：前进为四柱五棋，后进为六柱五棋，前进脊柱直径为250mm，前檐柱直径为200mm，其余柱直径均为220mm，脊檩直径为200mm，檐檩直径为120mm，其余木檩直径均为150mm，檩下有木枋，木枋为120mm×50mm。柱与柱间用250mm×30mm（竖向间距250mm）的木枋相互铆接，木檩直接搁置在两榀屋架的柱头上。整个旧址大木构架整体保持较为完整，但是，由于长期受雨水淋湿、浸溅作用，外墙木柱以及天井两侧木柱（共28根）根部1m范围内严重糟朽，

雨水溅湿后的木构件

修缮后的木构件

天井内侧糟朽的木隔板

20%柱身有竖向裂纹，30%檩条糟朽。

（3）木墙板、木门窗：旧址间与间之间均采用30mm厚木板作为墙体起隔离作用，现存木隔板由于长期受雨水溅湿浸泡作用，外墙木隔板90%已糟朽、霉变。内墙木隔板房间内保留完好，但天井内侧木隔板95%已糟朽。其余区域内墙板有30%糟朽。木门窗几乎全部变形、糟朽，局部棂条断裂。

修缮后的天井内侧木隔板

糟朽的外墙木隔板

（4）二层木楼板、楞木：旧址中前后两进均为两层，二层木楼板根据楞木铺设方向的不同垂直铺设，木板厚30mm，楞木平均尺寸为150mm×120mm。由于长期受屋面漏雨影响，二层木楼板50%已糟朽，局部木楼板缺失或凌乱不堪。木板下的楞木40%已糟朽霉变，由于楞木铺设密集，二层楼板荷载较小，因此，无竖向挠曲现象。

修缮后的外墙木隔板

（5）一层木地板、三合土地面：旧址地面有铺设木地板和三合土地面两种形式，由于当地潮湿的空气环境以及地面雨水湿气的蒸发，使得一层铺设的木地板60%糟朽，局部已坍塌，三合土地面凹凸不平。

（6）室内环境：由于旧址内原有的电线安装严重不符合规范，且内部还存在原住户随意拉设无安全防护的电线，部分电线有老化裸漏的现象。而这些非正规的电线敷设方式和使用为旧址埋下了安全隐患。

（7）散水、室外环境：现存旧址南、北两侧均有1.0m左右宽度的青条石散水。残存的青条石散水全部残破，且错位移动较大。后院地势较旧址室内地坪低0.5m左右，不利于旧址木柱基础的保护，应进行场地平整。

（八）湘鄂边苏维埃合作社旧址

旧址概述：湘鄂边苏维埃合作社旧址位于五里坪老街中段南侧，坐南朝北，临街三大间，系悬山穿斗结构板装瓦屋，明间退堂后另接东西朝向拖檐横屋。该旧址面阔11.2m，进深10.05m，临街扇架中柱高6.5m，前檐柱高4.6m，后檐柱高2.6m，占地面积为138.5m^2。

旧址正立面

（1）屋面：板瓦干铺屋面，瓦件尺寸为160mm×190mm×20mm，瓦件多已凌乱、95%破损，瓦件下为100mm×20mm方椽，间距120mm，方椽70%糟朽，表面霉变严重，遇有暴雨，室内漏雨严重。屋面破损的原因主要在于长期缺少维修；而外界风、雨以及各种家养、野生动物的踩踏也是其破损的重要

修缮后的旧址正立面

凌乱、残破的屋面瓦件

原因。瓦件的破损直接导致屋面方椽的糟朽、霉变。

（2）大木构架：正间为六柱五棋，柱直径大小不等，从150～280mm，其中脊柱直径为280mm。脊檩直径为200mm，檐檩直径为120mm，其余木檩直径均为150mm，檩下无枋。柱与柱间用250mm×30mm（竖向间距250mm）的木枋相互铆接，木檩直接搁置在两榀屋架的柱头上。正间内侧大木构架整体保持较为完整，然而A轴屋架整体发生扭曲，其主要原因在于该榀屋架下木柱柱础石全部缺失，基础严重悬空。木柱根部95%糟朽，由于各木柱受力方向不同导致屋架的扭曲。旧址内外柱（25根）柱根全部糟朽，30%柱身有竖向裂纹，40%檩条糟朽。拖屋整体木构架已全部糟朽，有随时倒塌的可能。

修缮后的屋面瓦件

（3）木墙板、木门窗：旧址间与间之间均采用30厚木板作为墙体起隔离作用，现存木隔板由于长期受雨水溅湿浸泡作用，外墙木隔板75%已糟朽、霉变。内墙木隔板正间内保留完好，仅有20%靠近地面0.5m范围内有霉变现象。拖屋内木墙板全部糟朽。木门窗几乎全部变形、糟朽，局部桷条断裂。

歪闪、扭曲的屋架

修缮后的屋架

濒临坍塌的后院横屋

（4）二层木楼板、楞木：旧址中正屋、拖屋均为2层，二层木楼板根据楞木铺设方向的不同垂直铺设，木板厚30mm，楞木平均尺寸为150mm×120mm。由于长期受屋面漏雨影响，二层木楼板90%已糟朽，局部木楼板缺失或凌乱不堪。木板下的楞木40%已糟朽霉变，由于楞木铺设密集，二层楼板荷载较小，因此，无竖向挠曲现象。

修缮后的后院横屋

凌乱、糟朽的外墙板

（5）一层木地板、水泥地面：旧址地面有铺设木地板和水泥地面两种形式，由于当地潮湿的空气环境以及地面雨水湿气的蒸发，使得一层铺设的木地板90%糟朽，局部已坍塌，水泥地面表面返碱、霉变严重，且水泥地面严重影响了旧址的原貌。

修缮后的外墙

（6）室内环境：由于当地居民缺乏防火安全

意识，在旧址内根据自家生活实际需要，随意拉设无安全防护的电线，部分电线有老化裸漏的现象。而这些非正规的电线敷设方式和使用为旧址埋下了安全隐患。为了满足自身生活需要，住户将该旧址内大面积内墙木隔板拆除，采用机砖重新砌筑隔墙，严重打乱了旧址原有的建筑布局。

（7）散水、室外环境：现存旧址北侧有1m左右宽度的水泥抹面散水。后院以及旧址西侧空地地面比旧址地面低1m左右，一旦下雨，雨水全部灌入旧址基础内。

三、修缮过程情况说明

室内三合土铺装

2013年9月2日，河南华磊园林工程有限公司通过参与“五里坪革命旧址文物保护工程”公开招投标，成为该工程的施工中标单位，并于2013年9月28日与鹤峰县文化体育局签订了施工合同。

木板壁打磨除污

2013年10月18日至2014年2月28日，施工项目主要是对文物建筑内的居民进行了搬迁，对文物周边的违章建筑，按照文物保护规划的要求进行了拆除，为文物本体的施工创造良好的条件。

2014年3月至4月首先对红军被服厂旧址、湘鄂边特委机关旧址、苏维埃合作社旧址进行先期施工，首先对屋面进行拆卸，对瓦件进行分类码放，并同时进行现场拍照勘察，其次对糟朽严重的木构件进行拆卸，结合施工图对大木构架、木装板、木楼板等再次进行现场勘察。最后在屋面和木构架维修完成后对地面水泥地及文物前后檐后期做的水泥散水进行拆除。

修缮过程中按照《中华人民共和国文物保护法》对不可移动文物进行修缮、保养、迁移、必须遵守“不改变文物原状的原则”和文物工作贯彻“保护为主、抢救第一、合理利用、加强管理”的方针，尽最大可能利用原材料，保存原有

台明三合土铺装

构件，使用原工艺，延续文物的历史信息和时代特征。本次工程施工过程中，按照设计施工图纸，严格做到了“最少干预”和避免了文物修缮过程中的修缮性损伤。

2014年5月至8月对收编川军旧址、红军驻军旧址、赤色监所旧址、九区苏维埃政府旧址进行了修缮。在前三栋文物建筑施工完成后，及时

木板壁安装

召开技术总结会议，吸取一期施工中的经验和教训，开始第二期施工，3个施工小组用时4个月完成了修缮。

2014年9月到10月18日完成了独立团团部旧址修缮工程。

四、技术处理说明

1）确保文物本体及施工人员安全，对保护范围内影响文物本体安全的非文物建筑，依据设计方案，标明需拆除的建筑物和构筑物，并在拆除

屋面拆卸

前制定了详细的安全预案，确保文物安全和施工工人的安全，对高层现代建筑采用机械拆除，对猪圈、厕所等低矮建筑采用人工拆除。整个拆除过程十分顺利，对文物本体和施工人员没有带来任何伤害。

屋面临时防雨水及历史信息遮挡保护

2）工程中木材的选用。聘请林业部门专业技术人员及老木工对文物本体所用木材树种进行专业鉴别，结合设计方案中对木材选购的要求，确定所用木材品种为杉木，对鹤峰、五峰等周边地区进行了大量的调查研究，采取就近就地取材的办法，选用存放家中年久且干透的杉木干料，并做到优中选优，在木材运输过程中与当地政府取得联系，在当地林业部门的配合下保证选购材料顺利进工地。材料运至施工现场后，进行归类堆放，整齐有序，符合防火需求。

3）工程中瓦件的选用。本次维修屋面瓦件主要是小青瓦，且屋面瓦件残损比较严重，小青瓦需要量很大，目前地方新建民居均不再使用小青瓦，本地也已不再生产这种小青瓦，瓦件采购遇到了很大的困难。但通过调查，发现很多农户家中还保留有这种小青瓦，且质量很好，通过耐心的思想工作，逐户高价购买，积少成多，最终解决了瓦件购买难的问题，所买瓦件均为传统工

三合土台明修缮

艺制作，规格与原瓦件一致。在购买回来的瓦件中，对有裂缝、砂眼、残损、变形、微裂纹，隐残和瓦音不清脆的现场挑出，优中选优，确保了瓦件质量。

三合土台明修缮

4）根据图纸设计的要求及现状勘察，街道地面、台明及柱础石为当地产青石。施工方到当地多个厂家实地考察，以五里坪革命旧址内现有青石为样板，确

定紧邻鹤峰的五峰石材厂作为生产商，施工方派技术人员结合厂家技术人员现场制作样板，青石制作合格后按合格青石进行制作。

台明条石采购

5）工程中防虫、防腐药剂部分。

（1）本工程防腐的药剂采用CCB。硼化合物作为木材防腐剂使用，在历史上很早就有记载。由于它具有杀菌、杀虫和阻燃性能，加之具有对人畜无害、渗透性好、价格便宜等优点，因此，当今世界很多国家都用它作为木材防腐剂。有研究证明，硼化合物与其他防腐剂混合使用时，其防腐抗菌效果比单独使用一种硼化合物的防腐抗菌效果更加理想。CCB木材防腐剂便是由硼化合物与酸性铬酸铜复配而成的一种优良防腐防虫剂，它具有很强的渗透性及良好的抗流失性能，是当前各国通用的优良防腐剂之一，在国外，特别是北欧国家普遍用于木结构防腐。

（2）防治对象：白腐菌、褐腐菌、白蚁。CCB对人畜无害，对环境无污染，仅对微生物有毒。对白蚁有很好的毒杀和预防效果。

（3）防虫药剂要求要有明确的名称、生产厂家、剂型浓度和出厂日期、说明书及合格证，确保其高效低毒、残效期长及较小污染。

一层木地板铺设

6）施工工艺的质量控制内容。

施工中具体的施工工艺控制要点如下：

（1）瓦作拆换和修缮施工工艺。

A. 施工中瓦作拆除严格按施工程序进行，控制其屋面受力平衡并做了必要的现状记录（包括瓦件、连檐瓦口的尺寸大小，各面坡的瓦垄数等），同时做好了环保防尘措施。

B. 将瓦件拆除后从脚手架上运走，放到指定场地，进行瓦件扫灰，用清水洗刷清理后分类码放。

C. 在施工中对原拆除的旧瓦件进行筛选，破裂和裂隙的不使用，做了数量记录并移交甲方进行保管。瓦面的铺盖按搭七露三的规定施工。

木柱墩接

D. 旧址瓦面是直接在椼板上以仰合形式干摆青瓦，瓦片自下而上盖瓦大头朝下，仰瓦大头朝上，压七露三，逐一码放。屋脊为青瓦干茬花。

（2）木基层的拆换和修缮施工工艺。

A. 拆除瓦面后，椽子拆除前先扫除灰尘后做好编号。

B. 更换的新料做好后使用CCB防虫防腐，风干后按原来的铺钉方法和编号顺序进行铺钉。

C. 尽量使用原构件，腐烂变形的椽子不采用。

（3）木作拆换和修缮施工工艺。

A. 为保证木材的不变形不裂口且达到含水率，施工方制作了烘房，采用烘烤方法使其充分干透而达到合格标准，确保其符合国家现行标准规定（TC11—A级要求）和本工程的设计要求。

B. 在拆卸前根据建筑物的结构情况，绘制了拆卸记录草图，并按结构顺序分类编号注明在图上。同时制作编号小木牌，写明编号及构件名称，拆卸前钉于该构件上。对拆卸部分进行影像记录。在整个木构件拆除过程中，发现很多木构件表皮完好，内心被虫蛀一空，对被虫蛀不能使用的木构件拆除后对照原构件进行复制，制作的新构件和原构件尺寸及图案和原构件相同。

屋面瓦作

C. 把要拆除的构件固定好，从上至下把相互咬合的节点打开。做好支点，用滑轮把构件直接吊到地面，放在指定的堆放场地，码放整齐。

D. 本工程柱子局部修补采用的方法为：柱根槽朽的采用墩接方法；木柱裂缝采用木条嵌补；柱子本身表皮局部槽朽，柱心尚还完好，根本不至于影响柱子的应力，对于这种柱子采取挖补方法。

木柱墩接应注意：在木柱墩接前做好防虫防腐处理，木柱搭接处喷刷防虫防腐两遍，搭接

暗处防腐处理

木柱柱根刷沥青防腐，做好防虫防腐后再进行安装。木柱塔接好后应用5mm厚扁铁加固，扁铁加固为两道。

（4）木装修施工工艺。

A. 本工程细木构件组织高级木工师傅按照图纸大样图，雕刻制作完成后，先组装一次。木结构栏杆、雀替等细木制品所用木材的树种按设计要求，根据其特性按规定进行了防裂、防变形、防腐和防虫处理。木制品的制作装配及安装采用了半机械和传统的施工方法，以提高工程和生产效率。细木制品的表面及榫卯制作时精细、准确。

B. 上架木构件安装之前，对下架构件与木架之间榫卯节点的位置、标高、轴线进行了预检、合榫试装。榫卯坚实严密、标高正确一致。

木柱墩接

C. 槛框制作主要是画线和制卯，在正式制作槛框之前，首先要对建筑物的明、次、稍各间尺寸进行一次实量。由于大木安装中难免出现误差，因此，各间的实际尺寸与设计尺寸不一定完全相符，实量各间的实际尺寸可以准确掌握误差情况，在画线时适当调整。装修槛框的制作和安装，往往是交错进行的。一般是在槛框画线工作完成之后，先做出一端的榫卯，另一端将榫锯解出来，先不断肩，安装时，视误差情况再断肩。槛框的安装程序一般是先安装下槛（包括安装门枕石在内），然后安装门框和抱框。安装抱框时，要进行岔活。方法是，将已备好的抱框半成品贴柱子就位、立直，用线坠将抱框吊直（要

沿进深和面宽两个方向吊线）。然后将岔子板一叉沾墨，另一叉抵住柱子外皮，由上向下在抱框上画墨线。内外两面都岔完之后，取下抱框，按墨砍出抱豁（与柱外皮弧形面相吻合的弧形凹面）。岔活的目的是使抱框与柱子贴紧贴实，不

二层木楼板铺设

留缝隙。同时由于柱子自身有收分（柱根粗、柱头细）柱外皮与地面不垂直，在岔活之前，应先将抱框里口吊直，然后再抵住柱外皮岔活，既可保证抱框里口与地面不垂直，又可使外口与柱子吻合，这就是岔活的作用。抱框岔活以后，在相应位置剔凿出溜销卯口，即可进行安装。岔活时应注意保证里口的尺寸。在安装抱框、门框的同时安装腰枋。然后，依次安装中槛、上槛、短抱框、横陂间框等件。槛框安装完毕后，可接着安装连槛、门簪。装隔扇的槛框下面还可安装单楹、连二楹等件。其余马板、余塞板等件的安装依次进行。槛墙上榻板的安装须在槛框安装之前进行。

D. 残损的隔扇门窗使用进行修补，新配隔扇门窗、木板壁按原有榫卯位置、尺寸进行加工安

防虫处理

装。隔扇等木装修首先按原装修的痕迹，确定抱框隔扇等的尺寸，再根据图纸设计重新恢复木装修。

木门窗：木门窗制作时，严格按图纸尺寸和形状加工制作，花纹规则，卡腰严实，净活干净，棂条宽窄厚薄一致，双肩实榫大割角。门窗的出榫宽不小于其厚度的1/4，不大于1/3，门框断面厚度不大于50mm，采用双榫搭接开刻的做法，其开刻深度为1/2厚度，裙板做法为：里裙板开槽嵌镶，外裙板采用高低缝形式拼接，并托档穿带，即按传统工艺、传统做法施工。木板壁的拼缝采用子母缝内置竹钉。

木门窗的制作与安装，门窗全部采用木结构宫式和直条式，木门窗的制作、安装，有两点需要提及。由于门扇边梃甚厚，开启关闭时也同样会遇到实榻门等门边碰撞的情况，因此，应在制作时考虑分缝大小。另外，由于木门窗关闭时是掩在槛框里口，而不附在槛框内侧，所以，上下左右都无须留掩缝，相反，扇与槛框之间要适当留出缝路，以便开关启合。

板壁刷桐油

木雕花饰件是采用干杉木雕制。对窗花饰件部分缺失补配的式样尺寸是根据现场残留下的样式进行原样雕刻补配。

五、完工总结报告

（一）工程概况

维修内容：五里坪革命旧址内的中共湘鄂边特委机关旧址、湘鄂边独立团团部旧址、赤色监所旧址、红军驻军旧址、九区苏维埃政府旧址、红军被服厂旧址、收编川军谈判旧址、湘鄂边苏

维埃合作社旧址等8处文物主体建筑；维修面积约2000m²。计划投资：865.249317万元。合同造价：823.5万元。完成工期：365天。

（二）施工依据

（1）国家文物局《关于五里坪革命旧址文物保护工程勘察设计方案的批复》文物保函【2010】460号。

（2）建设单位与施工单位签订的施工合同和补充合同、协议。

（3）本工程经审查合格的施工图纸及设计单位设计变更单、图纸会审、工程洽商记录。

（4）《中华人民共和国文物保护法》、《湖北省实施〈中华人民共和国文物保护法〉办法》、《文物保护工程施工管理办法》、《古建筑结构维护与加固技术规范》等有关法律、规范。

（5）建设部颁发的《建设工程施工现场管理规定》。

（6）施工单位经审批的施工组织设计及各专项施工方案。

（三）工程施工概况

1. 施工组织及管理

（1）明确指导思想。在开工之初，针对本工程的指导思想是：必须遵守“不改变文物原状的原则”和文物工作贯彻“保护为主、抢救第一、合理利用、加强管理”的方针，尽最大可能利用原材料，保存原有构件，使用原工艺，延续文物的历史信息和时代特征。确保质量第一，业主满意，以质量求生存，以效率促发展。按照公司的《质量保证手册》，参照《质量管理和质量保证》系列标准，建立工程质量保证体系，精心组织，科学管理，优质高效地完成本工程的施工任务，力争创出鹤峰县一流的精品文物修缮工程。

（2）选派精兵良将。选派经验丰富的项目经理主持本项目工程，抽调了作风硬朗，责任心强，既懂技术又懂管理的技术骨干组成强有力的管理团队，落实项目经理负责制。选调业务素质高，施工经验丰富，责任心强，长期在本公司一线施工现场工作的专业队伍参与施工。

（3）强化创优意识。加强全体管理人员和施工人员的思想教育和技能培训，确定创优目标，增强品牌意识，争创优质工程。

2. 技术管理情况

工程开工前，组织项目部施工技术人员熟悉工程技术方案、熟悉设计图纸，参加业主单位组织的图纸会审；由技术负责人组织编制好施工组织设计，报公司总工程师和监理单位审批通过后进行施工。对工程质量和安全起决定性因素的关键性分部分项工程，如木柱墩接、梁架局部糟朽部位拆卸更换构件、门窗修缮、三合土施工、油饰涂刷等，由技术负责人编制专项施工方案，并向施工班组长进行质量技术交底。各班组长负责在每天作业前向本组职工进行技术交底，严格执行技术质量保证措施。

项目部制定各项管理制度，确保技术资料管理到位，传统施工工艺使用到位，原材料筛选使用及合理添配材料质量到位。保证有关技术工作正常运行。

3. 质量管理制度

（1）针对既定的工程质量目标和质量规范，编制工程质量管理计划，加强过程控制和工序管理，实行“三检制”，及时完整地做好质量记录和验评资料。

（2）执行公司综合管理程序文件，建立项目质量保证体系和建立各级质量责任制来明确质量责任。

（3）加强施工过程控制，一是严把原材料（木材、石材、桐油、石灰等）质量关，完全按照设计要求及文物本体材料树种进行采购，进场前报送监理人员审核合格后进场储备。二是严格控制工序质量，施工中对各重要隐蔽部位及其接点进行了拍照存档，在修复施工中对照施工，并做好现场记录，同时还申请监理人员同步监督，现场及时对隐蔽工程进行验收和档案记录。三是每个分部分项工程的关键工序（位置）设立质量管理点，贯彻实行自检互检和交接检制度。

（4）严格执行样板引路，样板（如三合土施工、桐油施工）的制作由各专业工种技术过硬的施工人员承担，规范操作规程，提高样板自身质量水平，以样板工程带动工程质量全面提高。

（5）认真做好计量器具的检定工作，使所有检测数据和检测结果更具有有效性、可靠性。

（6）制定质量通病的预防措施。

4. 文物修缮过程中所做的主要工作

1）主要施工部署。整体施工部署将本次需要修缮的8处旧址建筑，按操作难易程度，分3个时段进行施工。

（1）首先对搬迁完毕，周边无对文物有影响的非文物建筑，具备了开工条件的三个文物单体进行组织开工，即：红军被服厂旧址、湘鄂边特委机关旧址、苏维埃合作社旧址。在3月和4月进行施工，用时两个月完成了修缮。

（2）在一期施工的同时，对收编川军旧址、红军驻军旧址、赤色监所旧址、九区苏维埃政府旧址周边的现代建筑进行了拆除，待一期施工完成，召开技术总结会议，吸取一期施工中的经验和教训，开始第二期施工，在5月和8月进行施工，3个施工小组用时4个月完成了修缮。

（3）2014年9月至10月18日完成了独立团团部旧址修缮工程。

2）确保文物本体及施工人员安全，对保护范围内影响文物本体安全的非文物建筑，依据设计方案，标明需拆除的建、构筑物，并在拆除前制定了详细的安全预案，确保文物安全和施工工人的安全，对高层现代建筑采用机械拆除，对猪圈、厕所等低矮建筑采用人工拆除。整个拆除过程中十分顺利，对文物本体和施工人员没有带来任何伤害。

3）工程中木材的选用。聘请林业部门专业技术人员及老木工对文物本体所用木材树种进行专业鉴别，结合设计方案中对木材选购的要求，确定所用木材品种为杉木，我们对鹤峰、五峰等周边地区进行了大量的调查研究，采取就近就地取材的办法，选用存放家中年久且干透的杉木干料，并做到优中选优，在木材运输过程中与当地政府取得联系，在当地林业部门的配合下保证选购材料顺利进工地。材料运至施工现场后，进行归类堆放，整齐有序，符合防火需求。

4）工程中瓦件的选用。本次维修屋面瓦件主要是小青瓦，且屋面瓦件残损比较严重，小青瓦需要量很大，目前地方新建民居均不再使用小青瓦，本地也已不再生产这种小青瓦，瓦件采购遇到了很大的困难。但通过调查，发现很多农户家中还保留有很多这种小青瓦，且质量很好，通过耐心的思想工作，逐户高价购买，积少成多，最终解决了瓦件购买难的问题，所买瓦件均为传统工艺制作，规格与原瓦件一致。在购买回来的瓦件中，对有裂缝、砂眼、残损、变形、微裂纹、隐残和瓦音不清脆的现场挑出，优中选优，确保了瓦件质量。

5）根据图纸设计的要求及现状勘察，街道地面、台明及柱础为当地产青石。施工方到当地多个厂家实地考察，以五里坪革命旧址内现有青石为样板，确定紧邻鹤峰的五峰石材厂作为生产商，施工方派技术人员结合厂家技术人员现场制作样板，青石制作合格后按合格青石进行制作。

6）工程中防虫、防腐药剂部分。

（1）本工程防腐的药剂采用CCB。硼化合物作为木材防腐剂使用，在历史上很早就有记载。由于它具有杀菌、杀虫和阻燃性能，加之具有对人畜无害、渗透性好、价格便宜等优点，因此，当今世界很多国家都用它作为木材防腐剂。有研究证明，硼化合物与其他防腐剂混合使用时，其防腐抗菌效果比单独使用一种硼化合物的防腐抗菌效果更加理想。CCB木材防腐剂便是由硼化合物与酸性铬酸铜复配而成的一种优良防腐防虫剂，它具有很强的渗透性及良好的抗流失性能，是当前各国通用的优良防腐剂之一，在国外，特别是北欧国家普遍用于木结构防腐。

（2）防治对象：白腐菌、褐腐菌、白蚁。CCB对人畜无害、对环境无污染、仅对微生物有毒。对白蚁有很好的毒杀和预防的效果。

（3）防虫药剂要求要有明确的名称、生产厂家、剂型浓度和出厂日期、说明书及合格证，确保其高效低毒、残效期长及较小污染。

7）施工工艺的质量控制内容。

施工中具体的施工工艺控制要点如下：

（1）瓦作拆换和修缮施工工艺。

A. 施工中瓦作拆除，严格按施工程序进行，控制其屋面受力平衡并做了必要的现状记录（包括瓦件、连檐瓦口的尺寸大小，各面坡的瓦垄数等），同时做好了检查其环保防尘措施。

B. 对瓦件拆除后从脚手架上运走，放到指定场地，进行瓦件扫灰用清水洗刷清理后分类码放。

C. 在施工中对原拆除的旧瓦件进行筛选，破裂和裂隙的不使用，并做了数量记录移交甲方进行保管。瓦面的铺盖按一搭三的规定施工。

D. 旧址瓦面是直接在椽板上以仰合形式干摆青瓦，瓦片自下而上盖瓦大头朝下，仰瓦大头朝上，压七露三逐一码放。屋脊为青瓦干茬花。

（2）木基层的拆换和修缮施工工艺。

A. 拆除瓦面后，椽子拆除前先扫除灰尘后做好编号。

B. 更换的新料做好后使用CCB防虫防腐，风干后按原来的铺钉方法和编号顺序进行铺钉。

C. 尽量使用原构件，腐烂变形的椽子不采用。

（3）木作拆换和修缮施工工艺

A. 为保证木材的不变形不裂口且达到含水率，施工方制作了烘房，采用烘烤方法使其充分干透而达到合格标准用材，确保其符合国家现行标准规定（TC11–A级要求）和本工程的设计要求。

B. 在拆卸前根据建筑物的结构情况，绘制了拆卸记录草图，并按结构顺序分类编号注明在图上。同时并制作编号小木牌，写明编号及构件名称，拆卸前钉于该构件上。对拆卸部分进行影像记录。在整个对木构件拆除过程中，发现很多木构件表皮完好，内心被虫蛀一空，对被虫蛀不能使用的木构件拆除后对照原构件进行复制，制作的新构件和原构件尺寸及图案和原构件相同。

C. 把要拆除的构件固定好，从上至下把相互咬合的节点打开。做好支点用滑轮把构件直接吊到地面，放在指定的堆放场地，码放整齐。

D. 本工程柱子局部修补采用方法：柱根糟朽的采用墩接方法；木柱裂缝采用木条嵌补；柱子本身表皮的局部槽朽，柱心尚还完好，根本不至于影响柱子的应力，对于这种采取挖补方法。

木柱墩接应注意：在木柱墩接前做好防虫防腐处理，木柱搭接处喷刷防虫防腐两遍，搭接木柱柱根刷沥青防腐，做好防虫防腐后再进行安装。木柱塔接好后应用5mm厚扁铁加固，扁铁加固为两道。

（4）木装修施工工艺。

A. 本工程细木构件组织高级木工师傅按照图纸大样图，雕刻制作完成后，先组装一次。木结构栏杆、雀替等细木制品所用木材的树种按设计要求，根据其特性按规定进行了防裂、防变形、防腐和防虫处理。木制品的制作装配及安装采用了半机械和传统的施工方法，以提高工程和生产效率。细木制品的表面及榫卯制作时精细、准确。

B. 上架木构件安装之前，对下架构件与木架之间榫卯节点的位置、标高、轴线进行了预检、合榫试装。榫卯坚实严密，标高正确一致。

C. 槛框的制作与安装，槛框制作主要是画线和制卯，在正式制作槛框之前，首先要对建筑物的明、次、稍各间尺寸进行一次实量。由于大木安装中难免出现误差，因此，各间的实际尺寸与设计尺寸不一定完全相符，实量各间的实际尺寸可以准确掌握误差情况，在画线时适当调整。装修槛框的制作和安装，往往是交错进行的。一般是在槛框画线工作完成之后，先做出一端的榫卯，另一端将榫锯解出来，先不断肩，安装时，视误差情况再断肩。槛框的安装程序一般是先安装下槛（包括安装门枕石在内）。然后安装门框和抱框，安装抱框时，要进行岔活。方法是，将已备好的抱框半成品贴柱子就位、立直，用线坠将抱框吊直（要沿进深和面宽两个方向吊线）。然后将岔子板一叉沾墨，另一叉抵住柱子外皮，由上向下在抱框上画墨线。内外两面都岔完之后，取下抱框，按墨砍出抱豁（与柱外皮弧形面相吻合的弧形凹面）。岔活的目的是使抱框与柱子贴紧贴实，不留缝隙。同时由于柱子自身有收分（柱根粗、柱头细）柱外皮与地面不垂直，在岔活之前，应先将抱框里口吊直然后再抵住柱外皮岔活，既可保证抱框里口与地面不垂直，又可使外口与柱子吻合，这就是岔活的作用。抱框岔活以后，在相应位置剔凿出溜销卯口，即可进行安装。岔活时应注意保证里口的尺寸。在安装抱框、门框的同时安装腰枋。然后，依次安装中槛、上槛、短抱框、横陂间框等件。槛框安装完毕后，可接着安装连槛、门簪。装隔扇的槛框下面还可安装单楹、连二楹等件。其余马板、余塞板等件的安装依次进行。槛墙上榻板的安装须在槛框安装之前进行。

D. 残损的隔扇门窗使用进行修补，新配隔扇门窗、木板壁按原有榫卯位置、尺寸进行加工安装。隔扇等木装修首先按原装修的痕迹，确定抱框隔扇等的尺寸，再根据图纸设计重新恢复木装修。

木门窗：木门窗制作时，严格按图纸尺寸和形状加工制作，花纹规则，卡腰严实，净活干净，棂条宽窄厚薄一致，双肩实榫大割角。门窗的出榫宽不小于其厚度的1/4，不大于1/3，门框断面厚度不大于50mm，采用双榫搭接开刻的做法，其开刻深度为1/2厚度，裙板做法为：里裙板开槽嵌镶，外裙板采用高低缝形式拼接，并托档穿带，即按传统工艺，传统做法施工。木板壁的拼缝采用子母缝内置竹钉。

木门窗的制作与安装，门窗全部采用木结构宫式和直条式，木门窗的制作、安装，有两点需要提及。由于门扇边梃甚厚，开启关闭时也同样会遇到实榻门等门边碰撞的情况，因此，应在制作时考虑分缝大小。另外，由于木门窗关闭时是掩在槛框里口，而不附在槛框内侧，所以，上下左右都无须留掩缝，相反，扇与槛框之间要适当留出缝路，以便开关启合。

木雕花饰件是采用干杉木雕制。对窗花饰件部分缺失补配的式样尺寸是根据现场残留下的样式进行原样雕刻补配。

（四）安全管理概述

我们在施工过程中，加强对施工人员的安全教育，制定责任制，文物安全无小事，对于违反规定的给予严厉处罚，对在施工中吸烟的一次性罚款200~500元，到施工现场不戴安全帽的罚款50~100元，同时对临时用电及安全措施的落实，安排了专职安全员进行现场跟踪监督，通过强有力地执行这些处罚措施，工程自始至终没有发生安全事故。

（五）资料整编情况

工地现场配备资料员1名，负责对工程资料进行收集和整编归档，保证工程技术资料的及时、完整和真实。工程开工、竣工形成的各项程序文件；工序施工前后形成的技术资料，以及原材料进场等质保资料等，都及时进行收集，并报监理项目部备案，以便对整个文物本体维修过程进行全方位控制。同时记录好施工日志，做好文明工地资料等的收集和整理。

（六）工程质量验收

各旧址单体维修工程所包含的分部及子分部工程质量，均经监理项目部检查验收，全部合格。2015年2月经湖北省文物局专家组验收，鹤峰县五里坪革命旧址文物维修工程施工质量评定为合格。

坪坦风雨桥之中步头桥与中步二桥

工程名称：坪坦风雨桥之中步头桥与中步二桥修缮工程

建设单位：通道侗族自治县文物局

设计单位：北京市古代建筑设计研究所

施工单位：湖南中彩神匠文物保护古建园林工程有限公司

监理单位：湖南省文博设计研究院有限公司

一、概况

风雨桥是侗乡的主要标志之一，它又称花桥，一般为杉木组合托架简梁式木桥，桥台上为长廊，长廊中绘有彩画，有对联、匾额和题词等，桥墩上建亭阁，整座桥亭阁、长廊联为一体。侗乡的风雨桥不仅可使人过桥、休息、避风雨，还可使人欣赏到侗家艺术。

坪坦风雨桥共9座桥，均始建于清代，均为木结构桥。在建桥过程中，让侗族工匠值得骄傲的是，他们修桥居然没有图纸，造型、构件、尺寸全在设计者的头脑之中。修建前，设计者将廊柱、梁枋等构件的尺寸，标注在一根长杆上，榫印的尺寸标在许多块指头宽、尺余长的竹片上，这种长竹竿叫“香杆”，竹片叫“线”。施工时，由掌墨师傅（相当于总工程师的角色）在材料上根据标注的尺寸下墨，其他木匠按墨施工。更令人惊叹的是，修桥不用一钉一铆，全部榫卯相合。有的相合处甚至是使用古老的“湿藤绑扎

中步二桥北侧石阶修缮前

中步二桥北侧石阶修缮后

中步二桥修缮后全景（一）

中步二桥修缮后全景（二）

法”，居然也能经历风雨、长久无损。

中步头桥始建于清咸丰二年（公元1852年），桥身均为木结构桥。在建桥过程中，不用钉铆，只采用木榫卯，甚至使用了古老的湿藤绑扎法。评审专家评价其建造技术“是我国古老造桥术的尾闾，是国内桥梁建造史中最后的、罕见的一批活化石”。

中步二桥屋面修复前

中步二桥是湖南唯一一座人畜分道的侗乡风雨桥，桥横亘于中步村梓坛河上，东西跨向，为叠梁式木构架廊桥。全长14.20m，宽5.35m，共5个廊间。桥始建于清嘉庆二年（公元1797年），后圮于水，民国10年（公元1912年）复修。桥辟有人行道和牲畜行道，其中人行道宽4.01m，牲畜行道宽1.34m。桥东、西两端清砌青石挡水金刚墙为桥身基础，在其上迭层架圆木作枕，上铺木板并建桥廊。桥廊南面披挂廊檐，施小青瓦；北面为牲畜行道，装齐腰直棂挡板，以防牲畜惊吓坠落河中。整座廊桥色彩均以材料本质为基调，桥身南北面均开直棂窗，光线明亮，透气良好。

中步二桥屋面修复后

二、建筑现状与修缮做法

（一）中步头桥

1. 桥墩堡坎坍塌

修缮做法：根据设计图纸要求对坍塌堡坎进行清理，固基；根据图纸尺寸放线找平；砌筑堡坎。

2. 因河道岸长期受污水淤泥冲刷导致河道岸分化碎裂，河道岸局部坍塌

中步二桥桥板修复前

修缮做法：采用先清理河道岸淤泥，再砌筑河道岸，然后用灰浆对河道岸砌体勾缝处理。

3. 桥板及长凳腐朽、断裂

修缮做法：拆卸腐朽、断裂桥板及长凳；新桥板及长凳榫卯制作；新做桥板及长凳归制。

4. 立柱腐朽及破损

修缮做法：拆卸立柱；锯除立柱腐朽段；制作立柱榫卯；墩接立柱；立柱做旧。

5. 桥尾立柱采用碎石临时支撑存在安全隐患

修缮做法：先拆卸木构架；再拉水平线定好石础位；再安装石础；再安装木构架。

6. 桥屋瓦面破烂，参差不齐

修缮做法：人工拆卸屋面瓦，人工挑选瓦片，拉水平线，盖瓦采用“压七露三”制式。

（二）中步二桥

1. 桥廊瓦面破碎，局部漏雨

修缮做法：人工拆卸屋面瓦，选瓦片留好去坏，拉水平线，盖瓦采用“压七露三”制式。

2. 檩条糟朽

中步二桥边桥修复后

修缮做法：拆卸糟朽的檩条，木工按原有的形状制作檩条，制安新的檩条。

中布头桥原瓦面修复前

3. 立柱腐朽及破损

修缮做法：拆卸立柱，锯除立柱腐朽段，制作立柱榫卯；墩接立柱；立柱做旧。

4. 边桥（畜道）槽朽严重无法通行。

修缮做法：拆卸边桥，去除糟朽的过缸楼木，制安新的过缸楼木，制安边桥。

中布头桥瓦面修复后

5. 桥板腐朽、断裂

修缮做法：拆卸腐朽、断裂桥板，新桥板榫卯制作，新做桥板及安装。

三、施工阶段内容

中布头桥长凳修复前

根据本工程特点，确定重点控制项目为：修补及制作木件结构拆换所需构件（同时进行尘埃及污垢清理，防腐处理）、安装已修补及更换所需构件（拆除中相应的关联部件也需拆卸，在此也安装回去），重铺及增添瓦件，做旧工程对其进行重点控制，来保证工程的工期质量和安全。

中布头桥桥板修复前

四、工程总结

中布头桥长凳修复后

项目质量管理目标是本项目全体施工人员的目标和责任，施工员、材料员为主要直接实施责任者，在各项目分管领导的指导下严格控制各质量节点，全面完成质量目标。质检员在项目技术负责的领导下对各工序过程及施工结果进行验证，以确定其是否满足规范和设计标准。

进度控制管理实行PDCA循环过程。在执行本文件进度计划的前提下，各施工环节充分考虑本项目工程特点，尤其注意修缮与其他工程的进度搭接关系，具体制定各工序进度实施计划，报批后遵序执行。加强过程控制检查和进度评估，及时发现问题，及时查找工序进度滞后原因，修改完善进度计划，保持持续推进态势。进度管理目标由施工员具体负责实施。

中布头桥修复后全景（一）

中布头桥修复后全景（二）

普光禅寺古建筑群——武庙

工程名称：普光禅寺古建筑群——武庙维修工程
建设方：永定区文物局
设计方：湖南省文博设计研究院有限公司
监理方：湖南省文博设计研究院有限公司
施工方：湖南中彩神匠文物保护古建园林工程有限公司

一、概况

普光禅寺位于湖南省张家界市永定区白羊山南麓，解放路20号。是湖南最早的宗教建筑群之一，始建于明永乐十一年（1413年），经历朝续建，至今拓展为占地11601m²，是一处拥有各时期建筑20余幢的大型宗教建筑。这批宗教建筑，当地人历来习惯以普光禅寺命名，或以其山名统称“白羊古刹”，如今大门都是以白羊古刹为题记。与湖南境内众多名山胜地的寺院庙宇一样，普光禅寺古建筑群，体现为佛、道、儒和谐共处的升平景象。普光禅寺东北角有道教高贞观先于佛寺而建，后来归普光禅寺统一管理；左前有文昌祠，清末所建，现已损毁，仅存祠门及两座节孝枋；武庙位于祠门左侧，在整个建筑群中位于东侧，始建于明代，也是本次抢救性保护工程的重点实施对象。

关圣殿即武庙建筑群中最重要的殿堂之一。专祀关公，原供当地庙会使用，清代进行过数次大修，今存建筑多以清道光年间的遗构为主。武庙外院由弓形封火墙及院内多进四合院构成，目前，从前至后包括古戏台、练武坪、春秋阁、钟（东）鼓（西）亭、关圣殿、寝殿。

春秋阁屋面捡瓦

春秋阁修缮前的宝顶

修缮后的春秋阁屋面及宝顶

普光禅寺于1959年被湖南省人民政府公布为省级文物保护单位，2013年3月被国务院公布为国家级文物保护单位，目前是张家界最重要历史人文景观。

本工程为重点修复工程为主，局部包括防护加固工程与现状修整工程的内容，此次修缮工程为揭顶保架大修，局部根据实际残损情况进行落架大修。

二、残损概况说明

（一）春秋阁

（1）大木作：表面糟朽严重。

修缮做法：影响到承载力的直接更换；针对表面局部糟朽，尚未影响到承载力者，将腐朽部分剔除干

鼓亭外墙，换瓦

净，最大限度保留本身未朽部分。剔除部位成标准的几何形状，清除洞内的木屑杂物，用防腐剂喷涂至少3遍。嵌补木块与洞的形状吻合，木块进行防腐败无害化处理后，进行钉固、包镶。

（2）小木作：封檐板、飞椽、望板糟朽破损。

修缮做法：更换糟朽封檐板、飞椽、望板。

（3）屋面：瓦片凌乱，正脊（螭吻、鱼跃龙门灰塑）受损。

修缮做法：盖小青瓦，修补正脊（螭吻、鱼跃龙门灰塑）

（二）钟、鼓亭

钟亭盖瓦

钟亭因主横梁断裂、立柱糟朽劈裂严重，采用落架维修，鼓亭结构相对稳定，采取的保架维修。

（1）墙体：内墙抹灰层潮碱剥落，砖面大量裂缝。

鼓亭制安封檐板

修缮做法：彻底铲除现有内墙面粉灰层。对现有砖面裂缝进行修补。找平层修补，厚度在20mm以内，内墙墙面抹白灰。

（2）大木作：表面糟朽严重，部分影响到承载力。

修缮做法：影响到承载力的直接更换。针对表面局部糟朽，尚未影响到承载力者，将腐朽部分剔除干净，最大限度保留本身未朽部分。剔除部位成标准的几何形状，清除洞内的木屑杂物，用防腐剂喷涂至少3遍。嵌补木块与洞的形状吻合，木块进行防腐无害化处理后，进行钉固、包镶（其做法与挖补相似，工序相同，一般最后加铁箍1~2道。铁箍镶平柱面，以便油饰）。

（3）小木作：封檐板、卷棚板、卷棚条、天花板糟朽，

鼓亭作脊

雀替、花格槛窗缺损。

修缮做法：更换朽损的封檐板、卷棚板、卷棚条、天花板。对残损雀替、花格槛窗的局部按同类构件进行仿制并加固，大雀替整修加固后做灭虫防腐后归安。

（4）屋面：屋面板糟朽，瓦条部分脱落。

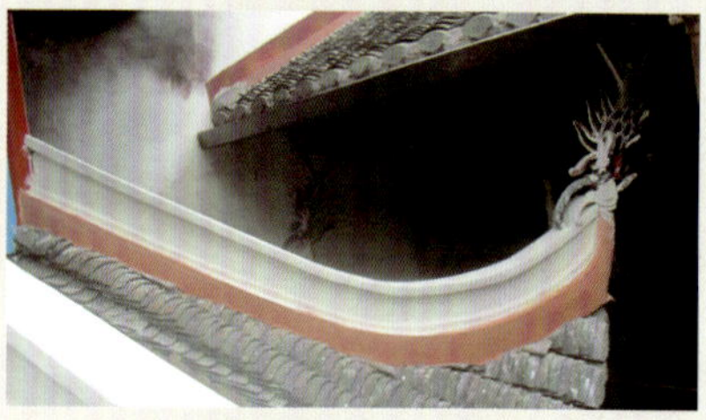
钟亭脊头做小兽

修缮做法：更换糟朽屋面板及挂瓦条，盖小青瓦。屋顶新制葫芦宝顶，屋面新制安垂脊（底瓦上盖小青砖，做脊头小兽，抹灰），脊头做鸱吻用钢筋连接固定。

（三）关圣殿

（1）墙体：内外墙粉灰层潮碱脱落。

修缮做法：彻底铲除现有内外墙面粉灰层。

修缮后的钟亭

对现有砖面裂缝进行修补。找平层修补，厚度在20mm以内，内墙墙面抹白灰。

关圣殿后立面西边雕花板

（2）大木作：部分椽檩枋糟朽残损严重。

修缮做法：按设计要求和实际情况更换糟朽残损严重的椽檩枋。表面糟朽严重，影响到承载力的直接更换。针对表面局部糟朽，尚未影响到承载力者，将腐朽部分剔除干净，最大限度保留本身未朽部分。剔除部位成标准的几何形状，清除洞内的木屑杂物，用防腐剂喷涂至少3遍。嵌补木块与洞的形状吻合，木块进行防腐败无害化处理后，进行钉固、包镶（其做法与挖补相似，工序相同，一般最后往往需加铁箍1～2道。箍之宽窄、厚度依现场实际决定。铁箍镶平柱面，方便油饰）。

柱子，随梁枋，抱头柱，童柱新安

（3）小木作：封檐板、飞椽、椽子、屋面望板朽损。

修缮做法：更换朽损的封檐板、飞椽、椽子、屋面望板。对残损雀替、花格槛窗的局部按同类构件进行仿制并加固；大雀替整修加固后做灭虫防腐后归安。

关圣殿正脊

（4）屋面：屋面正脊修复、粉饰（蝙蝠瑞兽及灰塑螭吻）受损。

修缮做法：盖小青瓦，屋面正脊修复、粉饰（蝙蝠瑞兽及灰塑螭吻），屋檐制安木制天沟，内嵌PVC管。

三、施工总结

在施工中按照“加强管理、精心施工、创优良工程、树文明形象、拓一方市场”的公司质量管理方针精心组织施工。

关圣殿雀替

（1）质量目标。坚持“百年大计、质量第一”方针，工程质量达到了《工程施工质量验收规范》和国家有关文物古建筑要求的合格标准，并一次性验收合格。保证了武庙抢救性保护工程达到修旧如旧的效果，重现历史原貌。

（2）施工工期。精心组织，全部工程在140天内前全部竣工。

（3）安全生产。文物修缮工程中加强了安全管理，确保安全施工无事故，安全达标工程。

（4）竣工工程技术档案资料达到了真实、完整、齐全，借助数字摄影测量和地理信息系统等技术手段，制作各古建筑和文物的影像图文资料、照片、施工照片等，制作重要文物构件等文物的有关拓片、负片、幻灯片，并将以上资料存储在计算机光盘上，为文物资料管理及后期维护奠定翔实的基础。

制安关圣殿北侧屋檐随檩枋

关圣殿椽及枋现状

永顺县湘鄂川黔革命根据地旧址一期

工程名称：永顺县湘鄂川黔革命根据地旧址一期修缮工程

建设单位：湖南省永顺县文物管理局

设计单位：浙江省古建筑设计研究院

监理单位：河南东方文物建筑监理有限公司

施工单位：湖南省弘古建筑有限公司

一、概况

永顺县湘鄂川黔革命根据地旧址位于湖南省永顺县塔卧镇，是第六批全国重点文物保护单位、全国爱国主义教育示范基地、全省全民国防教育基地和全州未成年人思想道德建设活动基地，全国红色旅游精品线精品线景点之一。旧址现保存有省委、省革委会、省军区、红四分校、省委党校、无线电台、兵工厂等，整个旧址共6000多平方米。本次修缮工程对象为省委、省革委会、省军区、省委党校。

主体1修缮前

主体1修缮后

湘鄂川黔革命根据地是红二方面军最大的和中国红军在江南最后的根据地。它孕育的红二方面军不仅自己完成了长征，保存了强大实力，而且为策应中共中央和中央红军长征，牵制和挫败了数

主体2修缮前

主体2修缮后

主体3修缮前

主体3修缮后

十万国民党反动军队，同时，粉碎了张国焘分裂红军的阴谋，促成红四方面军北上会师，维护了红军三大主力统一，为中国革命成功作出了巨大贡献。

湘鄂川黔革命根据地旧址（塔卧）修缮工程方案于2007年3月编制完成，并由国家文物局批复（文物保函〔2007〕1109号）；本工程于2012年11月招标确定施工单位，于2012年12月30日进行启动实施，于2014年8月竣工验收。

二、建筑现状与修缮做法

修缮前残损情况：

屋面呈波浪状，高差15~40cm，多处渗漏，瓦件及屋面残损严重。正脊、屋檐呈不规则起伏、蛇形，数据差额达60cm。扁椽截面为80mm×15mm，严重腐朽、变形、塌陷。园檩因屋面漏水多处出现腐朽，榫头霉烂。屋架年久失修，出现严重倾斜，在柱底部位的偏差最大达45cm。主体为木质壁板，因多年来多次翻修，所用的工艺、材料及维修的理念均不同，造成现在的主体壁板制式、样式杂乱无章。门窗部分被历任住户多次改形改制达40余扇，另有隔扇遗失54扇，所遗留的原始形制门窗隔扇仅7扇。室外地面、台基、台阶均为石质构件，年久失修，均有不同程度的沉降、走闪、歪斜。

（1）屋面：普遍存在年久失修的问题。椽、檩腐朽严重、瓦面呈波浪形凹陷，瓦件残损较多、漏水渗水严重。

修缮做法：充分利用旧瓦；在瓦量上坚持压七露三；在铺设方法上，采取挂线、靠尺等方法，以保证盖瓦的垂直度、厚度和平整度。

（2）主体及门窗：屋架部分倾斜严重，壁板残损不堪，门、窗、隔扇、雕花心屉损毁十分严重。

修缮做法：对缺损和改动较多的地方，去除改动部分，补足缺损构件，使其恢复历史本来面貌；不损坏相邻相连旧构件；对新补的木构件、

屋面修缮前

屋面修缮后

挖补的木制部分和补配的石构件，均以相邻旧构件颜色为基准，进行“随旧”处理。

三、修缮施工阶段具体内容

（1）在省委西正房修缮时，发现有4扇窗被后人改为现代窗制式，根据相邻、相近原则，依照同轴同面所保留尚好的古式花格窗样式进行修复，使正房立面协调统一，达到设计要求和修缮的目的。

大型中花制安

（2）在省委倒座施工时发现此建筑8根木立柱均不同程度在柱底出现虫害现象，经现场检测，均为柱底1m内出现木柱被蛀空。湖南省弘古建筑有限公司向建设方、监理、设计进行及时反映，统一处理结果为木柱进行墩接处理。解决了施工隐患，具备了施工一级企业应有素质和经验，为业主及时处理了可能遗留的问题。

（3）在省委党校施工时发现南厢房屋架整体倾斜达40cm，在施工犖正时坚决不使用动力机械牵引，而采用人工张力进行犖正，达到了对建筑最小干扰、最小损坏的修缮目的，得到了业主和监理方的一致认可和好评。

窗心屉制作

（4）在屋面修缮时，发现所有的屋面和正脊、檐口均出现波浪和蛇形的变形，施工方同样坚持最小干扰和最小损坏的方法进行处理，不轻易进行构件更换，均采用传统工艺的挖补、墩接、镶拼等进行修缮，达到了设计要求，得到了业主的认可。

（5）在门窗修缮时，湖南省弘古建筑有限公司坚持所有心屉棂条的结构均采用卯榫结构，整块心屉无铁件，坚决不使用气动射钉等现代工具、工艺，保证了“原工艺、原材料、原制式、原结构”的修缮施工。

四、工程总结

湖南湘鄂川黔革命根据地旧址（塔卧）保护工程施工组织管理科学、严谨。在该项目的施工组织中，不是大队人马追赶工期，而是考虑古建修缮的具体情况，分部分项开展，尽量对建筑本体最少干扰。项目部对本项目的人、材、机按照项目法管理的要求实行统一组织，统一计划，统一管理，统一协调，充分发挥各职能部门、各岗位人员职能作用，认真履行管理职责，确保本项目工期目标顺利实现。为了合理安排劳动力、组织材料供应和优化资金使用，在施工中，进行合理分段，进行分段流水施工。实行进度计划的有效动态管理控制，编制月、周施工计划，并根据现场具体情况及时调整、优化计划，使周、月计划更具有现实性。建立工程例会及专题会议制度，每周召开一次工程协调会，每月召开一次现场协调会，加强信息反馈，同时根据现场的实际需要召开不定期的专题会议，对施工中的各种问题做到随时发现、随时解决，同时相应地调整阶段性计划，保证工期不被延误。保证施工质量，提高施工效率，做好成品保护措施，减少不必要的返工。科学管理、合理组织、精心安排。对物资采购，技术措施编制、交底、施工安排、检查验收等工作做到有条不紊，合理有序。

瓦面拆除

清水脊制作

茶马古道观音阁灾后抢险

项目名称：茶马古道观音阁灾后抢险维修
建设单位：雅安市文物局
设计单位：北京国文琰文物保护发展有限公司
监理单位：成都文物考古研究所
施工单位：泉州市刺桐古建筑工程有限公司

一、概况

维修前（正面）

茶马古道观音阁位于雅安旧城城南的月心山下，坐南朝北，面阔3间，重檐七檩歇山，上下檐施五踩重昂品字斗栱。现存建筑重建于明天顺五年（1461年），明万历、清康熙、乾隆、嘉庆、民国等时期多次重修，建筑两侧加有耳房，檐下加有擎檐柱。

二、残损情况及概述

新中国成立后，观音阁长期作为粮站仓库使用，殿内塑像、壁画全毁，墙壁、门窗亦不存，台基下半部被抬高的地平掩埋。殿内添加了木板墙、红砖墙、高架木地板、砖砌台阶等。因年久失修，

维修后（正面）

维修前（背面）

屋面于2002年发生坍塌，大木构架糟朽、倾斜严重，雅安市文物管理所（今雅安市文物局）及时进行临时抢险加固，用几十根圆木支撑屋架，石棉瓦遮盖屋面，这种状态一直维持到保护工程实施前。观音阁基础向前沉降，屋架整体向前倾斜，金柱柱头最大偏移量超过1m，结构完全靠临时加固的圆木支撑。屋面大面积破损，虽有石棉瓦遮盖，仍然漏雨严重，大量木构件受雨水浸泡糟朽。斗栱、雀替大量掉落、缺失。墙壁、门窗全部缺失。建筑周边环境恶劣，部分基址被现代建筑占压，周围居民在建筑后檐倾倒垃圾，环境脏乱，排水不畅。2008年汶川地震、2013年芦山地震，雅安都处于重灾区，观音阁经过这2次地震，建筑险情加剧。

维修后（背面）

三、维修工艺

经过全面勘察发现，观音阁建筑整体严重倾斜，大木构件后加支顶柱及铁活加固，柱、梁、枋、檩等构件普遍糟朽严重、存在榫头糟朽、断裂的现象；屋面瓦件残损、缺失，椽飞、望板糟朽、缺失、折断，斗栱等木构件缺失。建筑基础基本稳定，大木构架严重失稳。针对上述病害，设计单位北京国文琰文物保护发展有限公司遵循不改变文物原状的原则，坚持“保护为主，抢救第一，合理利用，加强管理”的保护方针。尽可能真实完整地保存观音阁的历史原貌和建筑特色。

在维修过程中，施工方泉州市刺桐古建筑工程有限公司以建筑现有传统做法为主要的修复手法，适当运用新材料、新工艺，最大限度地延长建筑物寿命。尽可能多地保留现有的建筑材料；加固补强部分要与原结构、原构件连接可靠；新补配的构件，完全按照现存实物进行加工制作，不可擅自改变原来的图案及样式等要求。在落架维修过程中，根据梁、枋、檩等大木构件的不同位置及变形、受力情况，确定采取更换、拼补等措施。正式施工于2014年3月开始，首先拆除两侧耳房，然后用钢缆将屋架拉住，避免落架时继续倾斜。落架工程中注意保护构件榫头，斗栱用钢丝整攒绑扎后整体吊运。落架的构件分类码放整齐。落架进行到一定程度时，开始牮正。木构件修补主要采用剔补、拼补的方式，用白乳胶或环氧树脂胶粘牢。梁枋类大构件若有榫头糟朽，在构件底面用5cm厚钢板加螺栓加固。新做木构件严格遵循旧构件形制，按旧构件轮廓描摹1:1等大模板进行制作。雕刻纹饰按拓片制作。柱子墩接加铁箍2道，柱心糟朽的清理后插入适合尺寸的木柱并用环氧树脂灌浆。观音阁前金柱间的一根屋内额因糟朽严重，以前临时加固时在底面增加了夹板并用铁箍固定，后经过监理方成都文物考古研究所的工作人员的工作经验和细致观察，去掉

维修前（柱础）

下檐斗栱安装

维修前（西面）

维修前（室内）

夹板后通过红外摄影发现有“大明天顺……鼎新立”题记，可惜中间的文字因糟朽严重已不存，构件本身也不能继续使用。后新换构件，并在其背面题写了这一发现经过，为新换构件留下了年代标识。新旧木构件全部喷涂防虫防腐药剂，表面不做断白，只刷生桐油，以保存彩画、塑像等痕迹。瓦作按照旧瓦件中年代最早的规格统一定烧新瓦件，旧瓦件多用于砌屋脊及翼角处，旧脊饰也大多得到利用。台基、地面、石栏杆做了翻砌，旧构件全部原位使用，仅少量缺失处作了补配，保持了原有石活的历史质感。为加强台基抗侧推力的能力，又在内部增砌了一层条石。此次修缮在尽量不破坏挡土墙结构的情况下，在挡土墙基部、顶部各做排水沟一条，经夏秋季多次暴雨实际检验，排水效果良好。观音阁地面经试掘清理，发现建筑后部铺地以下为红砂石基岩，建筑前部则是回填夯土，所有柱底地面以下都有明代古镜式柱顶石，前檐明代柱顶石已倾斜下沉，说明前部的回填土发生过不均匀沉降，后期维修时将其掩埋垫高，安放了新的柱础。此次修缮将下沉的明代柱础顶升归位，恢复其历史原貌。我们在殿内的地面铺成全是按照以前的石块拼补而成。在原来两侧耳房的位置发现了古镜式柱础石，我们将其原址保留，并使柱础石露出地面，将这一历史信息展示给后人。此次修缮解决了观音阁木结构的安全、屋面漏雨、台基表面向前滑动、排水等问题，通过新构件不做油饰，只用桐油钻生的做法，解决新换构件或构件修补部分的可识别性问题，更大限度提取和保留历史痕迹并展示给世人。

维修后室内（一）

维修后室内（二）

四、修缮工作总结

观音阁是四川重要的明代建筑，不论从建筑结构与形制，还是从建筑材料来说，都是不可多得的重要实例，是研究四川明代建筑的重要材料。对观音阁的修缮使这一重要文化遗产得以保存，有利于建筑历史和文化遗产研究进一步工作的开展。观音阁具有明显的明代官式建筑特征，对观音阁的研究工作有利于探求明代四川与中央文化交流特别是建筑技术交流的情况。

维修后斗栱

维修后（东南面）

达源发民居

工程名称：黄平旧州古建筑群——达源发民居修缮工程

建设单位：黄平县旧州古镇世界银行贷款实施文化与自然保护和发展项目办公室

设计单位：贵州省文物保护研究中心

施工单位：贵州保利文物古建有限公司

监理单位：贵州省文物保护研究中心

项目负责人：建设方/杨培超　施工方/饶崇和

一、概况

达源发民居始建于清光绪年间，位于旧州西大街中段南侧，占地面积1195m²，坐南朝北，纵轴排列，整组建筑结构紧密整体为一楼一底、正房一栋、前房一栋、东西厢房（前后）6栋，通门前后各一道，整组建筑规模大，布局严谨，设计精巧，雕刻精美，别具一格。

二、残损状况概述

达源发民居因年久失修及人为破坏，建筑格局及面貌损坏严重：

（1）台面地面被改造为水泥地面，室内大量堆积各类杂物；

（2）木屋架出现不同程度劈裂、下沉、歪闪、倾斜、脱榫、糟朽、坎削及开槽；

（3）屋面被不同程度人为延长，且不同程度塌陷，

正房修缮前

残破的屋架

被改造的台面、地面

破损的栏杆

破损的墙体

糟朽楼板修缮前

被改造的门窗

屋面修缮前

椽板糟朽、弯曲、下垂严重，小青瓦酥碱较为严重；

（4）花窗、装板损毁、佚失严重；

（5）封火墙、后建围墙有不同程度倾斜、开裂及残损，存在安全隐患。

三、修缮施工阶段的具体内容

2012年12月至2013年2月，施工项目主要是脚手架的搭设，达源发前面门口拆除后建厨房，清运垃圾；天井方整石整理，地楼板拆除，木板壁拆除，后加水泥地坪拆除，垃圾清运。

拆除后建厨房

天井方整石整理

2013年3月至4月施工项目主要是拆除木板壁、小青瓦；柱子墩接、檩子制安；二进东、西厢房、正房地面打垫层；围墙修补，檐口附件制安，线子粉刷。

2013年5月至6月施工项目主要是前厅前坡屋面，二进东、西厢房屋面小青瓦归安，一进东厢房站枋、抱框制安；一进天井东西厢房抱框、站枋制安，三进天

墙体修补

木柱墩接

檐口附件制安

地面垫层

小青瓦归安

抱框制安

井西厢房新作木板壁。

2013年7月至8月施工项目主要是三进东厢房抱框、站枋、木板壁制安、后院墙体修补，木楼枕、木楼板制安，后院地面降土方，正立面山墙线子刷白、墙体补配；正房木楼板补配，一进天井封檐板搭

栏杆补配

接、二进天井转弯用弓卯榫头搭接、三进天井封檐板、檐口附件不对称制安进行返工处理；一进

楼板制安

东西厢房木楼枕制安，雕花门窗制安，三进板门制安，后院墙体补砌，新作墙帽，楼层木楼板打磨。

2013年9月至10月施工项目主要是一进天井阶条石拆除、砌筑；二进天井砌筑阶条石，正房东西厢房打磨，青石板打錾；前门院坝排水沟梳理，安装排水管，归安排水沟盖板，木结构打磨。

墙体砌筑

2013年11至12月施工项目主要是设院坝前竹外架，外墙墙面抹白灰整改；拆除院坝前水池及厕所，并重建厕所；场地内卫生清理。

排水沟清理

四、修缮工作总结

达源发民居修缮工程隶属黄平县旧州古镇遗产地保护项目二期天后宫、达源发、朱氏民宅、牧师楼修缮，垃圾车采购工程。工程合同总工期为2013年12月10日至2015年5月10日，历时515天完工，因属于国家文物性质修缮工程，是保护重点项目，在地方政府、文物主管部门、业主单位、监理单位等相关单位的密切关注与帮助下，工程才得以顺利开展，并比合同工期提前4个月完工。现对于达源发故居修缮工作总结如下：

修缮前，组织现场施工人员认真学习文物保护法，贯彻落实文物保护条例，加强文物意识、文明施工意识和公民道德意识。对原有建筑采取必要的保护措施。每一工序、工种施工前都必须在技术安全交底中，明确文物保护的具体防护措施。工序和分项工程交验时，必须对防护措施的执行情况作出确认。项目经理负责该项目的文物保护责任，各专业工长负责各专业工种的文物保护责任。

施工中以设计图纸和相关文件为依据，严格按图纸施工，如在修缮中发现与设计图纸及相关文件不符合立即暂停施工，做好现场原状的保护，通知项目监理、设计和文物主管部门到场确认。在对原有文物建筑的修缮过程中，可能出现“不可预见”情况，一旦发生，不擅自行事，必须经项目监理、设计、文物部门及甲方协商定案后，方可进行施工。选用的各种材料，均有出厂合格证和检测报告，并达到国家或主管部门颁发的产品标准，地方传统材料必须达到优良等级。对更换的木构件、砖料、瓦等要认真测量、记录，必要时放大样，确保原样恢复。严格按设计维修方案确定的范围进行施工，不随意扩大或更改，决不能在修缮施工中造成破坏性的修缮。各种砖、石构件的防侵蚀、防风化的加固保护作业，必须由文物保护部门的专业人员现场指导，方可进行施工。施工生活区设置，要远离文物建筑，必须做到生活区与施工区的有效隔离。作好施工过程中的各种施工检验和记录（包括文字、图纸、照片），为甲方和文物管理部门留取完整的工程技术档案资料。

达源发民居二进院修缮后

竣工后，先由施工方管理和技术人员自检，质量达到国家文物保护建筑工程验收标准后，再通知甲方组织相关单位及省文物局进行二次验收，得到肯定的同时也提出了中肯的意见，弥补了修缮工作的不足，为后续修缮积累了宝贵的经验。

达源发民居俯瞰修缮后

天后宫

工程名称：黄平旧州古建筑群——天后宫修缮工程
建设单位：黄平县旧州古镇世界银行贷款实施文化与自然保护和发展项目办公室
设计单位：贵州省文物保护研究中心
施工单位：贵州保利文物古建有限公司
监理单位：贵州省文物保护研究中心
项目负责人：建设方/杨培超　施工方/饶崇和

一、概况

天后宫为福建会馆，始建于清朝道光十七年（1837年），位于黄平县旧州镇西大街下段南侧，占地面积1220m^2，原遗址为八字大门牌坊，由八角亭前院、前殿、正殿、前后东西厢房组成。于2006年5月25日经国务院批准公布为全国重点文物保护单位。

二、残损状况概述

天后宫因年久失修及人为破坏，建筑格局及面貌损坏严重。

（1）一进院及正殿地面被改造为水泥地面，室外大量堆积各类杂物；

（2）木屋架出现不同程度劈裂、下沉、歪闪、倾斜、脱榫、糟朽、坎削及开槽；

（3）屋面被不同程度人为延长，且不同程度塌陷，

前殿修缮前

破损的屋面

正殿地面被改造为水泥地面

后院修缮前

墙体及室外地面修缮前

糟朽楼板修缮前

室内后增的砖墙隔断

屋面梁架修缮前

椽板糟朽、弯曲、下垂严重；小青瓦酥碱较为严重；

（4）楼层临街面花窗、装板损毁、佚失严重；垂饰多数被人为锯掉；

（5）封火墙、后建围墙有不同程度下沉、垮塌、倾斜、开裂及残损，存在安全隐患及影响街道景观效果。

三、修缮施工阶段的具体内容

2012年12月至2013年2月，施工项目主要是内部陈列画展搬运、清理，脚手架的搭设，一进院及正殿地面水泥拆除，地脚枋制安、木柱墩接；天井外架加固，正殿后檐、三进东西厢房屋面小青瓦拆除垃圾清运。

屋面小青瓦拆除

木柱墩接

2013年3月至4月施工项目主要是天后宫一进院坝地面废土层清理，水泥墩、石狮子拆除；拆除后建棚房；二进东西厢房瓦面拆除，正殿木柱墩接；前殿屋面小青瓦拆除，屋面檩子、椽皮制安，木柱修补；三进东、西厢房木柱墩接，前殿屋面檩子、椽皮制安，木柱修补。

椽皮制安

2013年5月至6月施工项目主要是天后宫二进东、西厢房，正殿弯椽、卷板制安；正殿后坡屋面更换制作安装新檩木、椽皮，檐弯椽

木柱修补

鹤颈椽制安

板壁制安

制安；外墙檐口附件，线子粉饰；前殿后檐，三进东、西厢房鹤颈椽、鹤颈板制安，正殿前、后坡屋面小青瓦归安；三进西厢房木楼板补配，站枋、抱框制安，前殿楼板打磨。

2013年7月至8月施工项目主要是前殿西山墙搭设竹外架修复墙体、墙帽、线子、布瓦屋脊归安；前殿外墙铲除墙面抹灰，补配恢复原样式墙体，正殿后檐台梁制作；正殿神龛抱框、站枋制安、神龛板壁制安；前殿站枋、抱框制安，一进铲除杂草，外运废渣。

墙体砌筑

木构件防虫防腐

2013年9月至10月施工项目主要是三进东西厢房裙板制安；正殿木结构打磨；一进院坝西山墙拆除后建砖墙；正殿地面铲除废土，地面夯实，前院院坝西山墙墙体砌筑。

宝顶修缮

2013年11至12月施工项目主要是正殿地面铺墁方砖、临街道围墙砌筑，东山墙墙体修补、墙帽线子制安；一进院坝地面补配鹅卵石地面，前殿、正殿、二进东西厢房油饰，三进东西厢房铺墁方砖；场地内卫生清理。

打牮拨正

四、修缮工作总结

天后宫修缮工程隶属黄平县旧州古镇遗产地保护项目二期天后宫、达源发、朱氏民宅、牧师楼修缮，垃圾车采购工程。工程总工期为2013年12月10日至2015年5月10日，历时515天完工，因属于国家文物性质修缮工程，是重点保护项目，在地方政府、文物主管部门、业主单位、监理单位等相关单位的密切关注与帮助下，工程才得以顺利开展，并比合同工期提前4个月完工。现对于天后宫修缮工作总结如下：

修缮前，组织现场施工人员认真学习文物保护法，贯彻落实文物保护条例，加强文物意识、文明施工意识和公民道德意识。对原有建筑采取必要的保护措施。每一工序、工种施工前都必须在技术安全交底中，明确文物保护的具体防护措

天后宫前俯瞰修缮后

施。工序和分项工程交验时，必须对防护措施的执行情况作出确认。项目经理负责该项目的文物保护责任，各专业工长负责各专业工种的文物保护责任。

施工中以设计图纸和相关文件为依据，严格按图纸施工，如在修缮中发现与设计图纸及相关文件不符合立即暂停施工，做好现场原状的保护，通知项目监理、设计和文物主管部门到场确认。在对原有文物建筑的修缮过程中，可能出现“不可预见”情况，一旦发生，不擅自行事，必须经项目监理、设计、文物部门及甲方协商定案后，方可进行施工。选用的各种材料，均有出厂合格证和检测报告，并达到国家或主管部门颁发的产品标准，地方传统材料必须达到优良等级。对更换的木件、砖料、瓦等要认真测量、记录，必要时放大样，确保原样恢复。严格按设计维修方案确定的范围进行施工，不随意扩大或更改，决不能在修缮施工中造成破坏性的修缮。各种砖、石构件的防侵蚀、防风化的加固保护作业，必须由文物保护部门的专业人员现场指导，方可进行施工。施工生活区设置，要远离文物建筑，必须做到生活区与施工区的有效隔离。做好施工过程中的各种施工检验和记录（包括文字、图纸、照片），为甲方和文物管理部门留取完整的工程技术档案资料。

正殿修缮后

三进院修缮后

竣工后，先由施工方管理和技术人员自检，质量达到国家文物保护建筑工程验收标准后，再通知甲方组织相关单位及省文物局进行二次验收，得到肯定的同时也提出了中肯的意见，弥补了修缮工作的不足，为后续修缮积累了宝贵的经验。

屋面修缮后

地面修缮后

天主教堂牧师楼

工程名称：黄平旧州古建筑群——天主教堂牧师楼修缮工程

建设单位：黄平县旧州古镇世界银行贷款实施文化与自然保护和发展项目办公室

设计单位：贵州省文物保护研究中心

施工单位：贵州保利文物古建有限公司

监理单位：贵州省文物保护研究中心

项目负责人：建设方/杨培超　施工方/饶崇和

一、概况

天主教堂牧师楼（建于1903年），位于旧州城东门出口处，占地面积1870m^2，教堂主体为“诵经堂”和“起居楼”两部分，它是由法国天主教会及旧州当地群众信徒出资兴建，是一处集中欧建筑艺术为一体的古代建筑。

二、残损状况概述

天主教堂牧师楼因年久失修及人为破坏，建筑格局及面貌损坏严重。

（1）木屋架出现不同程度劈裂、下沉、歪闪、倾斜、脱榫、糟朽、坎削及开槽；

（2）屋面被不同程度人为延长，且不同程度塌陷，椽板糟朽、弯曲、下垂严重；小青瓦酥碱较为严重；

（3）封火墙、后建围墙有不同程度开裂及残损，存在安全隐患及影响街道景观效果；

（4）廊道地面被改造为水泥地面，室内地面为现代

修缮前牧师楼正面

破损的墙体

修缮前牧师楼侧面

修缮前二层室内

地板砖地面。

三、修缮施工阶段的具体内容

2012年3月至4月，施工项目主要是牧师楼外架搭设，牧师楼瓦面拆除，牧师楼拆除后加水泥地坪。

屋面小青瓦拆除

拆除水泥地面

2013年5月至6月施工项目主要是翘脚挑枋制安，椽皮、封檐板制安，地面青石板铺墁。

2013年7月至8月施工项目主要是屋面更换制

地面青石板铺墁

挑枋制安

作安装檩子，泥塑翘角制作，屋面新作小青瓦屋面，垂脊布瓦屋脊制安；起居楼拆除二层楼板，更换糟朽木楼枕、楼板，外运废渣；铲除原油饰木构建，打磨。

鳌鱼吻兽制安

小青瓦制安

2013年9月至12月施工项目主要是牧师楼一层木楼板打磨，墙体刷砂浆，刮腻子，二层木结构刮灰，油饰，牧师楼水电安装，卫生清理。

墙体砌筑

木构件防虫防腐

四、修缮工作总结

天主教堂牧师楼修缮工程隶属黄平县旧州古镇遗产地保护项目二期天后宫、达源发、朱氏民宅、牧师楼修缮，垃圾车采购工程。工程总工期为2013年12月10日至2015年5月10日，历时515天完工，因属于国家文物性质修缮工程，是重点保护项目，在地方政府、文物主管部门、业主单位、监理单位等相关单位的密切关注与帮助下，工程才得以顺利开展，并比合同工期提前4个月完工。现对于天后宫修缮工作总结如下：

修缮前，组织现场施工人员认真学习文物保护法，贯彻落实文物保护条例，加强文物意识、文明施工意识和公民道德意识。对原有建筑采取必要的保护措施。每一工序、工种施工前都必须在技术安全交底中，明确文物保护的具体防护措施。工序和分项工程交验时，必须对防护措施的执行情况做出确认。项目经理负责该项目的文物保护责任，各专业工长负责各专业工种的文物保护责任。

施工中以设计图纸和相关文件为依据，严格

牧师楼正面修缮后

牧师楼侧面修缮后

按图纸施工，如在修缮中发现与设计图纸及相关文件不符合立即暂停施工，做好现场原状的保护，通知项目监理、设计和文物主管部门到场确认。在对原有文物建筑的修缮过程中，可能出现

牧师楼二层修缮后

“不可预见”情况，一旦发生，不擅自行事，必须经项目监理、设计、文物部门及甲方协商定案后，方可进行施工。选用的各种材料，均有出厂合格证和检测报告，并达到国家或主管部门颁发的产品标准，地方传统材料必须达到优良等级。对更换的木件、砖料、瓦等要认真测量、记录，必要时放大样，确保原样恢复。严格按设计维修方案确定的范围进行施工，不随意扩大或更改，决不能在修缮施工中造成破坏性的修缮。各种砖、石构件的防侵蚀、防风化的加固保护作业，必须由文物保护部门的专业人员现场指导，方可进行施工。施工生活区设置，要远离文物建筑，必须做到生活区与施工区的有效隔离。做好施工过程中的各种施工检验和记录（包括文字、图纸、照片），为甲方和文物管理部门留取完整的工程技术档案资料。

竣工后，先由施工方管理和技术人员自检，质量达到国家文物保护建筑工程验收标准后，再通知甲方组织相关单位及省文物局进行二次验收，得到肯定的同时也提出了中肯的意见，弥补了修缮工作的不足，为后续修缮积累了宝贵的经验。

牧师楼墙体修缮后

朱氏民宅

工程名称：黄平旧州古建筑群——朱氏民宅修缮工程

建设单位：黄平县旧州古镇世界银行贷款实施文化与自然保护和发展项目办公室

设计单位：贵州省文物保护研究中心

施工单位：贵州保利文物古建有限公司

监理单位：贵州省文物保护研究中心

项目负责人：建设方/杨培超　施工方/饶崇和

一、工程概况

朱氏民宅（始建于清光绪年间）位于西大街北侧，占地面积893m^2，由街面铺房一栋、厢房一栋、正房一栋及东西两侧三山屏风墙组成。正房建筑东西窗镂空雕刻工艺精湛，造型优美，刀法娴熟，线条流畅，属建筑雕刻中之上乘。

二、残损状况概述

朱氏民宅因年久失修及人为破坏，建筑格局及面貌损坏严重。

（1）木屋架出现不同程度劈裂、下沉、歪闪、倾斜、脱榫、糟朽、坎削及开槽；

（2）屋面被不同程度人为延长，且不同程度塌陷，椽板糟朽、弯曲、下垂严重；小青瓦酥碱较为严重；

（3）楼层花窗、装板损毁、佚失严重；垂饰多数被

朱氏民宅修缮前

朱氏民宅院内修缮前

被人为改造的隔断

糟朽的地脚枋

朱氏民宅石雕

残损的窗雕

人为锯掉。

三、修缮施工阶段的具体内容

屋面小青瓦拆除

2013年6月施工项目主要是前房拆除后加水泥地坪、东厢房板壁拆除，废渣外运；东厢房拆除后加水泥地坪，顶棚拆除；正房拆除小青瓦屋面、东厢房拆除屋面小青瓦。

拆除木板壁

木柱墩接

2013年7月施工项目主要是正房西次间屋面更换制安檩子；前房明间，前房东西次间屋面小青瓦拆除，清理废渣，木柱墩接；前房西次间西缝木柱墩接，柱顶石补配，地脚枋制安；前房木柱墩接，地脚枋归安。

地脚枋补配

楼枕、楼板制安

2013年8月施工项目主要是正房屋面椽皮制安，两次间椽皮制安，前房二层木楼枕制安；两次间封火墙墙帽制安，新做泥塑翘角，线子刷白，墙体修补；新做泥塑栏杆、翘角一进天井封檐板制安，正房屋面椽皮制安；拆除前房危旧封火墙，新做封火墙砌筑，正房后坡屋面小青瓦屋面制安。

泥塑补配

地面青石板铺墁

2013年9月施工项目主要是前房东次间封火墙砖砌筑，墙帽制安，正房东、西次间屋面新做小青瓦，前房明间后坡椽皮制安；天井拆除垃圾，前房明间、东西次间青石板铺墁、勾缝；前房泥塑

椽皮制安

宝顶、尖角饰物制安，地面清运垃圾。

2013年10月施工项目主要是一进天井拆除后加水泥地坪，垃圾清运，前房东、西次间装站

木板壁制安

檐口附件制安

枋；正房东西次间楼枕、楼板制安，一进东厢房板壁、花窗制安，前房屋面脊饰、宝顶制安，补盖正房小青瓦；后院坝至一进天井排水梳理，管道安装，正房木结构打磨，前房板壁安装，前房檐口附件制安；朱氏民宅东厢房板壁制安，拆除前房竹外架。

2013年11月至12月施工项目主要是朱氏民宅油饰；天井西山墙浮雕清理、归安；收尾工作，清理。

四、修缮工作总结

朱氏民宅修缮工程隶属黄平县旧州古镇遗产地保护项目二期天后宫、达源发、朱氏民宅、牧师楼修缮，垃圾车采购工程。工程总工期为2013年12月10日至2015年5月10日，历时515天完工，因属于国家文物性质修缮工程，是重点保护项目，在地方政府、文物主管部门、业主单位、监理单位等相关单位的密切关注与帮助下，工程才得以顺利开展，并比合同工期提前4个月完工。现对于朱氏民宅修缮工作总结如下：

修缮前，主抓设计，做到人人心中有数。邀请省文物保护研究中心专业人员担任监理，并邀请他们给施工方全体施工人员讲文物法规，古建筑修缮规范，施工管理办法等方面的培训，招标过程中，优选在古建筑修缮方面有丰富施工经验的队伍担当这次修缮任务。要求监理方严把进场材料质量的第一道关，做好朱氏民宅开工前的各方面协调准备，文物搬迁等工作。

修缮中，注重检查施工方的施工管理，施工流程和工艺；监理落实职责与文管会的监管执行情况；主抓安全生产检查，实行安全生产分工，预防人员、文物、火灾、用电等安全方面的防范工作。对施工现场的安全文明施工进行指导检查，通过召开会议等行政手段解决施工中出现的各种问题。

施工过程中以设计图纸和相关文件为依据，严格按图纸施工，如在修缮中发现与设计图纸及相关文件不符合立即暂停施工，做好现场原状的

朱氏民宅修缮后

天井仰视修缮后

保护，通知项目监理、设计和文物主管部门到场确认。

在对原有文物建筑的修缮过程中，可能出现“不可预见”情况，一旦发生，不擅自行事，必须经项目监理、设计、文物部门及甲方协商定案后，方可进行施工。

选用的各种材料，均有出厂合格证和检测报告，并达到国家或主管部门颁发的产品标准，地方传统材料必须达到优良等级。对更换的木件、砖料、瓦等要认真测量、记录，必要时放大样，确保原样恢复。严格按设计维修方案确定的范围进行施工，不随意扩大或更改，决不能在修缮施工中造成破坏性的修缮。各种砖、石构件的防侵蚀、防风化的加固保护作业，必须由文物保护部门的专业人员现场指导，方可进行施工。

施工生活区设置，要远离文物建筑，必须做到生活区与施工区的有效隔离。做好施工过程中的各种施工检验和记录（包括文字、图纸、照片），为甲方和文物管理部门留取完整的工程技术档案资料。

竣工后，先由施工方管理和技术人员自检，质量达到国家文物保护建筑工程验收标准后，再通知甲方组织相关单位及省文物局有关专家进行二次验收，得到肯定的同时也提出了中肯的意见，弥补了修缮工作的不足，为后续修缮积累了宝贵的经验。

石雕修缮后

门窗修缮后

屋面修缮后

二层修缮后

汉阳陵帝陵南阙门遗址

工程名称：汉阳陵帝陵南阙门遗址本体保护工程

建设单位：汉阳陵博物馆

设计单位：陕西省文物保护研究所

施工单位：陕西省文物保护研究院

西安文物保护修复工程有限公司

监理单位：陕西省古建研究院监理部

一、历史沿革

汉景帝刘启（公元前188—前141年）是汉高祖刘邦之孙、汉文帝刘恒之子，是继汉高祖刘邦、汉惠帝刘盈、汉文帝刘恒之后西汉王朝的第四位皇帝。刘启生于汉惠帝七年（公元前188年），汉文帝后元七年（公元前157年）即位，在位17年，汉景帝后元三年（公元前141年）崩于长安城未央宫，葬于阳陵。

汉景帝当政时期正值西汉王朝从虚弱转向强盛、从贫困转向富足的转折时期。汉景帝在位的17年间，顺应历史发展潮流，继承汉高祖、汉文帝所推崇的“黄老之术”，对内实行“无为而治”、“与民生息”，对外“和亲匈奴”，维护了国家的稳定，加强了中央集权的统治，促进了经济的发展，使西汉王朝在汉文帝年间初步发展的基础上，达到了政治清明、国家安定、经济繁荣、百姓富足，开创了“文景之治”的太平

汉阳陵

维修中的汉阳陵南阙门土遗址

盛世，不仅为“汉武”辉煌时代奠定了坚实的基础，也由于其在历史更替时期的突出业绩而在史册中占有耀眼的一页，形成了中国封建社会发展史上的一个高峰。

汉阳陵始建于汉景帝四年（公元前153年），从汉景帝始修陵到王皇后入葬，阳陵的修建时间长达28年（汉景帝前元四年“更以弋阳为阳陵”，始作寿陵。后元三年，甲子……帝崩于未央宫。二月癸酉，葬阳陵。“孝景王皇后，武帝母也。……后景帝十五岁，元朔三年崩，合葬阳陵。”）。

二、建筑形制

阳陵陵园平面呈不规则葫芦形，东西长近6km，南北宽1~3km，面积约12km^2。由帝陵，后陵，南、北区从葬坑，刑徒墓地，陵庙等礼制建筑，陪葬墓园及阳陵邑等部分组成。帝陵坐西面东，居于陵园的中部偏西；后陵、南区从葬坑、北区从葬坑、一号建筑基址等距分布于帝陵四角；嫔妃陪葬墓区和罗经石遗址位于帝陵南北两侧，左右对称；刑徒墓地及3处建筑遗址在帝陵西侧，南北一字排列；陪葬墓园棋盘状分布于帝陵东侧的司马道两侧；阳陵邑则设置在陵园的东端。整个陵园以帝陵为中心，四角拱卫，南北对称，东西相连，布局规整，结构严谨，显示了唯我独尊的皇家意识和严格的等级观念。

阙台顶部修复中

阙台顶部修复后

三、工程概况

2010年12月，陕西省文物保护研究院编制《汉阳陵帝陵南阙门遗址本体保护工程设计方案》经国家文物局批复。2013年3月，陕西省文物保护研究院协同西安文物保护修复工程有限公司及西安旭蒸建筑工程有限公司承担了实施工作，并于2014年9月通过验收。在此次遗址本体保护工程中，进行大体积开裂变形土体的复位，在陕西省类似工程中首次实施，对全国土遗址的保护措施也有一定的借鉴和示范作用，标志着土遗址保护加固技术有了进一步的提高，特别是在工艺、工法和机具方面有诸多创新和发展，得到了相关文物保护专家的肯定，充分展示出中国文化遗产的保护理念的科学性。

本次土遗址修复工作始终本着“保护与研究并重，科研先于保护实施”的原则，在实施前启动了土遗址历史价值考证、地方传统工艺研究、病害认知评估等前期研究工作。在实施过程中，严格按照中国文物保护准则，并将科学研究工作始终贯穿工程的全过程，采用多种科技手段，对土遗址的材料和病害成因进行了全面、系统地研究，并据此筛选出适合的保护材料和工艺，所采用的保护材料和实施工艺具有很强的针对性。在整个项目实施过程中坚持保护实施的安全性、可靠性及科学性，主要完成了以下几方面重点保护实施工作：

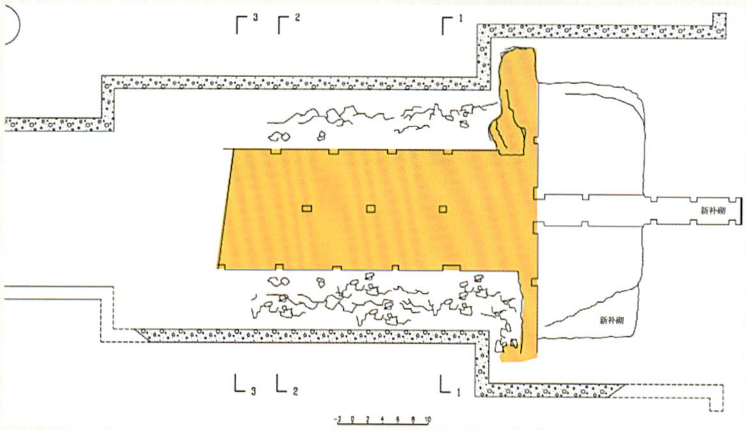

（1）为了减少对遗址造成不必要的损伤，同时也为保证不影响遗址整体外观；经过机械工程师研究创新设计出了一台无振动、无污染、手动给进钻机，成功地解决土遗址成孔问题。

（2）通过对近年来土遗址保护所用材料层层筛选，并经过实验室试验和现场实验区测试评估，最终确定选用水性氟硅化学加固材料，对坍塌裂缝进行灌浆，对酥粉区域渗透、剥落处回贴。实际效果表明，不仅保持了遗址原貌，还确保了文物的安全性。

（3）由于遗址受风蚀作用，本体表面干燥、土体含水量低、遗址根部酥粉脱落严重，形成凹槽，导致夯土部分上部呈悬空状；经过对现场夯土的对比，最终选用水性氟硅改性土坯（厚度8~10cm）进行支撑与补砌。补砌后，效果良好，使上方悬空状土体得到了可靠支撑和保护。

目前，该项保护实施工作已经通过验收，专家一致认为本次保护实施工作不仅解决了汉阳陵南阙门土遗址面临的实际问题，同时实施工程中采用“科研与实施并重，科研先于实施展开”的整体实施思路，将科研与工程有机结合取得了良好的保护效果和社会效益。同时实施过程中既体现了“可辨识性”，又恢复“原始艺术价值”的工艺流程的尝试和实施，可为以后同类土遗址保护工程提供了参改范例。

汉阳陵帝陵南阙门遗址本体保护工程，不仅取得了预期的保护效果，同时也取得了相应的社会效应，在工艺、工法和机具方面有诸多创新和发展，起到了一定的示范作用。

钢带复位

裂缝灌浆后

拉卜楞寺弥勒佛殿

工程名称：夏河县拉卜楞寺弥勒佛殿修缮工程

建设单位：夏河县文化体育广播影视局

设计单位：甘肃省文物保护维修研究所

施工单位：甘肃省永靖古典建筑工程总公司

监理单位：甘肃省文物保护维修研究所监理部

一、工程概况

弥勒佛殿（俗称大金瓦寺）位于闻思学院西北处，位置较高，坐西北向东南。清乾隆五十三年（1788年），第二世嘉木样·贡曲乎久美昂吾遵照六世班禅的法旨，按西藏扎什伦布寺尼泊尔风格大金殿样式修建，1790年竣工。

修缮前（西北角）

弥勒佛殿修缮工程主要包括弥勒佛殿院落整修工程和正殿修缮工程两部分。其中：

院落整修内容包括台明、院落地面及踏步等，工程面积为1710.19m^2；佛殿修缮内容包括：各层室内地面、各层墙体、各层柱子及柱头部分、梁架、屋面木基层、装修等，工程面积为1511.12m^2。

二、残损状况概述

（一）围墙及散水

院落围墙保存较好，东侧外墙下部砌筑缝局部脱落。墙身抹灰层局部裂缝。四周散水为片石铺砌，局部松动脱落。

修缮后（西北角）

（二）院落排水

院落地面为片石海墁，台明雨水在佛殿两侧向外排出；南面院落廊房下有排水沟，院外有专门的排水渠。

（三）地面

台明系灰色花岗石砌筑。阶条石为灰色花岗石，宽0.42m，厚0.18m。台帮与阶条石用水泥砂浆勾缝，有局部脱落现象。下出部位水泥方砖铺砌，水泥勾缝，地面多有细小裂缝，佛殿周圈为片石海墁地面，凹

修缮前（西南角）

凸不平。前廊内地面为木地板，磨损现象严重。东西两楼梯间地面原为木地板铺砌，现全部缺失。正殿第二层回廊及两楼梯间地面全部为木地板，破损、起翘、磨损比较严重。第三层室内木地板破损、起翘、磨损较严重。

（四）墙体

佛殿前檐1~3层窗户木过梁处墙体有较大结构性裂缝，北墙1~3层为垂直性裂缝，从上至下

修缮后（西南角）

呈放大趋势，最宽处5cm，最小处0.8cm内外贯通，第三层北墙裂隙有斜理性裂隙9道，最大裂缝长6m，宽5cm，深10cm。边玛墙普遍干裂、老化，月亮枋松动脱落，局部外倾。墙帽石挑檐石多破损，墙内方木糟朽，墙顶青砖和扣脊瓦普遍破损、风化，并伴有青苔。后期维修时用水泥砂浆勾抹挑檐石面和墙帽，并将内侧片石墙帽用水泥砂浆勾抹，完全改变了原有墙体结构和形制，应予以恢复。

（五）梁架及木基层

内、外柱子为主要承重构件，自下而上依次为柱础、方柱、柱头、大小托木、大梁、莲珠枋、莲瓣枋、蜂窝枋等，其中蜂窝枋上设两层短木椽，方椽间为盖板，上层盖椽子木。所有这些木构件有自然干缩裂缝。第三层柱体结构较简单，但横向梁架及椽子木有糟朽、开裂现象，并有大量雨渍是由于层顶渗水导致。

（六）屋面部分

修缮前（三层西壁南侧门）

望板多糟朽、开裂，雨渍污损严重。第三层屋面防水层完全松散，屋面下的横梁下垂、弯曲变形严重。这主要是由于早期金顶层面雨水落在第三层平顶上，出现积水现象；更重要的是金顶建筑的柱子随意置于平顶屋面上，其下的横梁荷载不均匀，导致横梁严重弯曲变形。

（七）装修部分

装修不同程度的有烟渍、糟朽、断裂、雨渍、丢失和脱落等现象。个别佛龛的横梁弯曲变形较大，正殿及第二层的木制回廊栏杆有破损、拔榫和歪闪现象。

三、修缮方法

修缮后（三层西壁南侧门）

二层笾蔴墙修缮前（正西）

（一）大木构架

（1）对劈裂（干裂）的木构件进行裂缝修补、加固，对变形构件和节点进行适当调整、加强，歪闪构件予以复位，榫卯节点予以补强；

（2）对糟朽构件进行挖补、包镶、墩接并更换、修补；补配缺失和残损构件。

（二）院落地面

（1）拆除现代维修时改变原有做法之台明，保证檐口回水，恢复青石阶条和踏步，用片石重新铺墁地面；

二层笾蔴墙修缮后（正西）

（2）由于弥勒佛殿周边地面环境已形成，故地面整治主要对院内地面进行铺墁；

（3）重新砌筑佛殿后的护坡；

（4）佛殿前地平保持原有坡度，地面层层夯实；

（5）地面素土夯实，铺3:7灰土一步，片石海墁；

（6）甬道两侧留1.5%泛水，确保院内排水畅通。

（三）墙体

1）局部拆除残损严重墙体，按设计图用片石重新砌筑墙体。

2）裂缝灌浆：

（1）对于裂缝较大的墙体（裂缝宽度大于50mm），在裂缝处加砌拉接石，然后对裂缝部分进行低压灌浆处理，封闭裂缝。

（2）对于裂缝较小的墙体（裂缝宽度5~50mm），直接进行低压灌浆处理，封闭裂缝。

三层屋面栈棍修缮前

（3）墙体裂隙灌浆可在修缮工程进行前最少一年时间采用不同材料进行局部灌浆试验，在工程实施前对灌浆结果进行评估、论证后实施。

（四）屋顶

全部重新揭瓦屋顶，添配残损、丢失构件，黏结修补残损构件，打牮拨正梁架后重新铺设，并对屋面进行防水减压的改良处理。

（五）弥勒佛殿门窗的恢复

主要是指一层东、西两山面原窗体之恢复，

三层屋面栈棍修缮后

一层窗体仅为外墙面片石垒砌封闭，窗檐截去；其内部窗洞、抱框保存完好。故窗体的恢复只需依照二层以上现存窗檐、窗扇进行恢复即可。

（六）材料

（1）本工程为木结构，据木材取样分析，柱、梁、檩、枋等承重构件采用当地云杉木材，强度等级TC13，木材含水率不大于25%；板类、椽类木材含水率不大于10%；装修木材采用一等云杉，强度等级TC13，木材含水率不大于5%，对补配、更换的木构件进行防腐处理。石材采用当地片石。

（2）补配片石、块石采用当地片石。

（3）补配青砖、瓦件依照各建筑物的规制订制，青砖强度MU10，砂浆强度等级为M5。

四、修缮施工阶段的具体内容

（1）2014年5月6日至6月5日：完成弥勒佛殿：施工脚手架、施工保护棚及拆除件保护棚搭；殿内未搬迁佛像、文物保护施工；安防监控设备安装；金瓦殿拆除；一层前廊上东、西边玛墙拆除；一层前廊上屋面砂土层及部分椽子木拆卸；三层上铜法幢、铜兽拆卸；三层以上边玛墙拆除；三层上楼梯雨棚拆除；三层屋面砂土层、片石层、栈棍层及部分椽子木拆卸；拆除木构件修复等施工。

修补三层殿内开裂的柱子(西南角)

（2）2014年6月6日至7月5日：完成弥勒佛殿：一层前廊上方椽子木部分更换及维修归安；一层前廊上方飞椽、连檐板等部分更换及维修归安；一层前廊上方栈棍更换归安；二层大门前立柱、平枋、柱下顶枋更换归安；二层顶木构件及3层大门更换、维修归安；二层东、西边玛墙重新砌筑；二层2处块石墙局部重新修补砌筑；二层大门上方块石墙加大过梁及局部重新修补砌筑；二层窗上方木构件更换维修归安；三层块石墙重新块石砌筑；三层块石墙内木枋同时更换维修归安；三层块石墙重新草泥抹面等施工。

铺设完的三层顶木基层方椽

（3）2014年7月6日至8月5日：完成弥勒佛：殿内外壁画墙防护及部分壁画墙支护；大殿三层6个大托木拉接维修；三层（大殿顶部）木地板拆卸；三层柱承木部分更换；三层东西楼梯间柱更换、修复归安；三层顶部大梁部分更换；三层顶部加工字钢及斑马枋、蜂窝改造归安；三层椽子木部分更换、镶补修复、归安；三层边玛墙砌筑等施工。

（4）2014年8月6日至9月5日：完成弥勒佛殿：大殿三层椽子木归安；大殿三层栈棍铺设；金瓦殿柱下木基础层制作、归安；大殿三层柱体镶补、包箍；大殿三层前部分木地板拆卸；大殿三层前部分木龙骨、填充土、边玛草拆除；大殿三层前部分栈棍拆除；边玛墙块石砌筑及墙内月亮枋、穿插木同步完成到四层水平等施工。

（5）2014年9月6日至10月5日：完成弥勒佛殿：拆除栈棍防腐；拆除木龙骨、木地板维修及制作；三层前半部分栈棍重新铺设；三层前半部分木龙骨重新归安；三层前半部分边玛草铺设及填充土回填；殿内旧草泥墙皮剥离；殿内墙皮两层草泥抹面；边玛墙砌筑及墙内木构件同步安装等施工。

（6）2014年10月6日至11月5日：完成弥勒佛殿：三层前半部分重新木地板铺设；三层后半部分木地板拆卸；三层后半部分木龙骨、填充土、边玛草、栈棍拆除；三层后半部分木地板、木龙骨维修制作；三层后半部分栈棍防腐及重新铺设；三层后半部分木龙骨安装、边玛草铺设、

监理方在三层顶作记录

填充土回填；金瓦殿木作维修归安；边玛墙墙帽砌筑；一层前廊上东面边玛墙豁口补砌；大殿四周石墙补修及泼洒红土颜料；旧窗户上方片石檐全部更换；窗户作边及刷黑墨汁；一层东西门木构件维修、更换及片石檐更换、大殿四周地面青石板拆除、地面土开挖、三七灰土回填、青石板重新铺设等施工。

（7）2014年11月6日至12月10日：主要完成弥勒佛殿：金瓦殿、大殿内一层、三层木地板、木龙骨铺设装修板枋、柏木地板、楼梯踏板加工等施工。

五、修缮工作总结

（1）及时组织施工方、监理方、寺院方人员对弥勒佛殿古建筑各部位的特征、佛殿藏汉结合式艺术风格、损坏程度及残损情况等，依据设计方案进行复查，修缮前做到了心中有数。

（2）对修缮前进场材料进行严格把关，尤其是各种石料、边玛枝、栈棍、各种黑土黄土砂石土、木材等佛殿修缮用的传统材料，按寺院文管会指定的采购地进行实际考察和监督。并要求施工方对部分材料，如木材的含水率及质量、石料抗压强度及质量等进行检验。

（3）对大型设备进行进场合格检查，安装、运行情况及试车等进行监督检查。

（4）对弥勒佛殿的加工区、管理办公区、生活区的建设及脚手架、文物保护棚搭建进行监督检查，提出合理性建议，使其达到修缮使用要求和安全规范要求。

（5）对弥勒佛殿内的可移动文物搬迁、交接工作进行积极协调，制定方案，落实搬迁保护经费，为工程的顺利修缮开工创造良好的基础。

（6）施工前组织相关人员做好文物保护工程方面的培训及寺院方的协调沟通工作等，对开工建设做好充分准备。

（7）对施工中的每道工序进行报验，做到分项联合验收及时有效。严格把关施工资料、工程量清单与实际的核定。对工序不符合的，及时下达不能进行下道工序施工的要求。

（8）尽可能坚持每周工程例会制度，由甲方、施工方、监理方、寺文管会僧人、县工程协调领导小组人员参会小结上周工程进度、质量、安全等情况，安排本周工作，协商解决施工修缮中的问题，达成统一意见。

（9）把修缮施工中的实时情况向设计部门进行汇报沟通，对重大变更问题，邀请设计人员及专家来现场集体研究讨论解决。

砌笆蔴、月亮枋、椒头椽

（10）弥勒佛殿修缮施工完成后，及时要求施工方对修缮资料、工程量统计、修缮后的前后照片对比、影像资料、工程决算等进行整理汇编，为工程的竣工验收做好了准备。

炳灵寺石窟

项目名称：炳灵寺石窟窟龛门窗保护修缮工程
建设单位：甘肃炳灵寺文物保护研究所
设计单位：兰州河陇文化遗产规划设计有限公司
监理单位：中国建筑技术集团有限公司西北分公司
施工单位：甘肃昊廷古建工程有限公司
负责人：姬镜捷

炳灵寺石窟位于甘肃省临夏回族自治州永靖县西南约40km处黄河北岸的小积石山中，是我国著名石窟寺之一，于1961年被国务院公布为第一批全国重点文物保护单位。石窟开创于十六国西秦建弘元年（420年），经历北魏、北周、隋、唐、宋、元、明、清各朝代，距今已有1600年的历史。窟群分布在上寺，下寺和洞沟处等，共计窟龛216个，造像800余尊，壁画1000多平方米，各种类型的佛塔50多座。除了这些精美的石雕、泥塑造像外，还有彩陶，金铜造像、唐卡、佛经等文物400多件馆藏文物，特别是169窟保存的西秦建弘元年（420年）墨书题记，是我国石窟中有明确纪年的最早的题记，为考证炳灵寺石窟的建造年代和学术研究提供了可靠的依据；同时它对全国其他石窟的断代也具有重要参考价值。石窟内的造像、壁画内容丰富，造型优美，是不可多得的佛教艺术珍品。1961年炳灵寺被公布为第一批全国重点文物保护单位，2007

炳灵寺石窟修缮前（一）

炳灵寺石窟修缮前（二）

炳灵寺石窟修缮前（三）

炳灵寺石窟修缮前（四）

炳灵寺石窟修缮前（五）

年炳灵寺石窟被列为世界文化遗产的预备名录；2008年被评为4A级景区，每年接待6万多名中外游客。作为永靖县的旅游龙头，炳灵寺的发展带动了永靖县地方经济的蓬勃发展。

3、4号窟，窟门及木栅栏均采用木材原色，置内外2层不锈钢丝防紫外线窗纱，木材与岩体交接部位采用4010A/B高性能环氧树脂嵌缝。

炳灵寺石窟修缮后（一）

9~11号窟，窟檐采用木材原色，木材与岩体交接部位采用4010A/B高性能环氧树脂嵌缝。

18~24号窟，窟檐采用木材原色，木材与岩体交接部位采用4010A/B高性能环氧树脂嵌缝。

炳灵寺石窟修缮后（二）

27~47号窟，窟檐采用木材原色，木材与岩体交接部位采用4010A/B高性能环氧树脂嵌缝。

49~58号窟，窟檐采用木材原色，木材与岩体交接部位采用4010A/B高性能环氧树脂嵌缝。

126号窟（特窟），窟门及木栅栏均采用木

炳灵寺石窟修缮后（三）

材原色，置内外2层不锈钢丝防紫外线窗纱，木材与岩体交接部位采用4010A/B高性能环氧树脂嵌缝。

128号窟（特窟），窟门及木栅栏均采用木材原色，置内外2层不锈钢丝防紫外线窗纱，木材与岩体交接部位采用4010A/B高性能环氧树脂嵌缝。

132号窟（特窟），窟门及木栅栏均采用木材原色，置内外2层不锈钢丝防紫外线窗纱，木材与岩体交接部位采用4010A/B高性能环氧树脂嵌缝。

144、145号窟，窟门及木栅栏均采用木材原色，置内外2层不锈钢丝防紫外线窗纱，木材与岩体交接部位采用4010A/B高性能环氧树脂嵌缝。

166号窟，窟门及木栅栏均采用木材原色，置内外2层不锈钢丝防紫外线窗纱，木材与岩体交接部位采用4010A/B高性能环氧树脂嵌缝。

炳灵寺石窟修缮后（四）

兰州市五泉山公园——地藏寺

项目工程：兰州市五泉山公园——地藏寺
建设单位：兰州市五泉山公园
设计单位：甘肃省文物保护维修研究所
监理单位：甘肃经纬建设监理有限公司
施工单位：甘肃昊廷古建工程有限公司
施工单位负责人：姬镜捷

五泉山公园西邻西北民族大学，东接红泥沟，北临兰新（青）铁路，南靠皋兰山。地藏寺位于五泉山景区山腰处海拔1610.2m。西接文昌阁，与“掬月”泉毗邻，西南方上部为三教洞；其上为睡佛殿，东接百米长廊，其下为“摸子”泉，西配殿殿内有一方洞，直通下部的“摸子”泉。地藏寺建筑群始建于明慧帝建文元年（1939年），光绪十一年（1855年）重修。

五泉山园林建筑群曾多次保护修缮与重修，才使这一人类文化遗产保存至今。目前五泉山园林建筑群保存现状较好。但是由于经历年代久远，受自然条件的影响和文物本身的脆弱性，部分建筑存在地基下沉，墙体歪闪，大木构架倾斜、榫卯脱裂、椽头、檀条、墙砖，檐瓦及部分木构件都存在自然损

修缮后的地藏寺正面

坏现象。同时，由于后期维修时更换了部分建筑门窗为现代门窗，直接影响了相关建筑的视觉效果，也严重影响着五泉山园林建筑群的原真性和完整性。地藏寺古建筑群由正殿、东、西配殿、旷观楼和北厢房组成，海拔1610.2m。建筑面积约734m^2，主体建筑面积209.36m^2，附属建筑面积约为524.64m^2。

本次工程属于保护修缮工程。

严格遵守“不改变文物原状”的原则，尽可能真实完整地保存地藏寺建筑群的历史原貌和建筑特色，在维修过程中以本建筑现有的传统做法为主要的修复手段，尽可能地使用原有建筑材料，完整保存并归安原有的建筑构件；对于近代改变原状的做法，要在本次修缮中恢复原貌。

维修工程的补配构件，做到原材料、原工艺、按照原形制修复；加固补强部分要与原结构、原构件连接可靠，并且不妨碍今后实施保护措施。新补配的构件，要详细建档记载。

统筹考虑五泉山整治改造工程——地藏寺维修建筑残状以及经费、施工力量、工期、气候等条件限制的现实可能，“以保护第一、抢救为主”的方针，区别轻重缓急，特制定一下施工方案。

根据现场勘察，五泉山公园整治改造工程——地藏寺维修建筑群地处湿陷性黄土地带，地基湿陷性及盐碱严重，在原有排水系统遭破坏和失修的情况下，造成建筑墙基返潮、酥碱以致沉陷开裂，木构架歪闪等病害；各建筑屋面均用当地灰瓦与脊饰，质地疏松，易吸湿，滋生苔藓排水不利，进行风化酥碱，断裂残损。苫背瓦用草泥采用当地大孔土，黏性差，易透水吸湿，冻胀松土，并滋生杂草，遭受个建筑屋面已普遍松动，甚至脱落渗漏，断面造成椽望甚至梁架糟朽；由于年久失修和长期不合理使用，不少建筑门窗、梁枋、屋面瓦件、部分墙体等均有不同程度的损坏、缺失；乃至有些已经被后人改装而失去了原有样式。

由于上述因素及相应残损病害程度不同，视五泉山公园整治改造工程——地藏寺维修具体情况结合有关古建筑修缮标准及传统工艺研究出分类修缮施工的方案。

（1）修缮时必须遵循“保持古建筑原形状，原结构，原材料，原工艺的原则进行修缮。”

（2）以国家现行的相关规范为依据，根据现状勘察报告和测绘图按实际情况进行维修。

门窗、楼梯、栏杆、台明、塔垛残、缺失者，应按照原式样，采用传统工艺补配复原，所选木材含水率必须符合规范要求。由于古建筑主要是靠柱子承重，因此，装修在一般情况下，不起承重作用，它和墙体的功用一样，是建筑的从属部分。为了室内光洁明亮和使用的需要，常用门、窗、隔扇、天花、藻井等项成为装修。

修缮后的地藏寺局部（一）

装修虽不属于建筑结构的主要部分，但其构造形式却十分精美复杂。按其施用地方来分，可分为外檐装修和内檐装修两大类。

外檐装修其中包括门厅上的街门，垂花门，月洞墙的屏风以及走廊上采用的倒桂楣子，坐凳楣子，什锦窗等。

内檐装修一般有槛框、隔扇、帘架、花召以及保护墙板、随墙壁橱等。

木装修维修时要特别注意考证原木装修的工艺手法，必须做到“不改变文物原貌”，尊重和不歪曲文物建筑历史以及“修旧如旧”的修缮原则。

在分项（工序）施工前，由技术负责人依施工方案和技术交底以及现行的国家规范、标准，组织进行分项样板施工，在施工部位挂牌注明工序名称、施工负责人、技术交底人、操作班长、施工日期等。可将每一层的第一个施工段的各分部分项工程及重点工序都作为样板，请监理共同验收，样板未通过验收前不得进行下一步施工。同时施工班组在样板施工中也接受了技术标准、质量标准的培训，做到统一操作程序，统一施工做法，统一质量验收标准。

针对本工程的特征严格执行国家地方现行施工技术（验收）规范进行施工，确保本工程合格。从技术的先进性、管理的科学性、配合的实际性上制定措施，确保本工程质量等级，杜绝质量事故，减少返工返修，确保一次合格率，按照相应的国家、地方标准完善质量体系，深化质量管理。做到质量工作有章可循，有章必循，体系有效，责任落实。全面控制和质量提高，从而达到降本增效的目标。根据质量目标编制相应的质量保证措施，落实管理责任，建立质量保证体系和岗位责任制。严格执行正确的技术路线和国家规范，实现优质高效，遵守和执行国家现行的工程施工及验收规范、质量评定标准，无国家标准和行业标准的参考国家标准和满足设计要求。

修缮后的地藏寺局部（二）

我公司不仅要争创优质工程，而且要向业主提供满意优质的服务，严格按照合同条款组建专业回访人员，认真做好交底后工程回访服务工作，善始善终为用户严格按《建筑法》六十二条规定建筑工程实行质量保修制度，维护使用者合法权益，通过对交验工程或顾客的回访，了解产品的使用情况和顾客满意程度，履行实现约定的承诺，满足顾客的使用要求。

一、文物残损现状

地藏寺古建筑群由正殿、东、西配殿、旷观楼和北厢房组成，海拔1610.2m。建筑面积约为734m^2，主体建筑面积209.36m^2，附属建筑面积约为524.64m^2。

（一）正殿

1. 地面

室外地面大部分为水泥预制块铺墁，面积约为18.2m，两侧廊心墙及下槛外侧用青砖铺墁。室内铺砖方式较为杂乱，且局部有铺地砖丢失现象，现为素土地面。

2. 台明及台帮

建筑台明阶条石为青砖及水泥砂浆预制块，台帮风化酥碱较为严重，最大风化剥落深度为1.2cm。

3. 墙体

室内墙面均被改为水泥砂浆抹灰层，上刷白灰浆，西山墙局部有水泥砂浆抹灰层脱落，后檐墙由于屋面漏雨，墙面均有不同程度的雨渍；同时导致室内下碱墙体出现不同程度的泛碱现象。室外廊心墙表面被人为涂刷素水泥浆及墨汁，廊心墙墙芯被涂刷有白灰，局部构件有磨损及破损缺失现象，廊心墙大致保存较好。

4. 大木构架

大木构架整体向西北方向倾斜，室内梁架在后期维修时全部涂刷黄色油漆。明间东缝大梁有一长1.4m，宽2.5cm的纵向裂缝。

5. 木基层

由于屋面漏雨，约有90%的踏条糟朽腐烂，约有30%的椽子糟朽。同时檐部伴有雨水回流现象。

6. 屋面

屋面多长有杂草并堆积有树叶，屋面排水不畅。后檐屋面由于排水通道残破，已无法起到排水作用，屋面局部积水严重。正脊向北歪闪13.8cm，排山勾滴丢失严重。后檐屋面局部在后期维修时用水泥预制块替换屋面方砖。

7. 装修

由于檐柱整体倾斜，装修有部分错位、拔隼现象。部分存在开裂、断裂及局部构件丢失现象。博缝板有干缩开裂现象，表面有雨渍。

8. 油饰、彩画

柱身油饰35%起甲、龟裂和脱落。

（二）东配殿

1. 地面

室外廊下地面为水泥花砖铺墁，局部用水泥砂浆勾抹，室内地面铺砖约有75%破碎开裂。

2. 台明及台帮

建筑台明阶条为水泥砂浆预制块，台帮风化酥碱较为严重，最大风化剥落深度为1.7cm。台明东侧与排水沟紧邻，其渗水对建筑本体地基影响较大。

3. 墙体

室内墙面均被改为水泥砂浆抹灰层，上刷白灰浆，东山墙局部有水泥砂浆抹灰层脱落，后檐墙由于屋面漏雨，墙面均有不同程度的雨渍；室内下碱墙体出现不同程度的泛碱现象。西侧山墙墙体有歪闪裂缝现象（最大裂缝100mm）。

4. 大木构架

大木构架整体向东北方向倾斜，室内梁架在后期维修时全部涂刷黄色油漆。

修缮后的地藏寺局部（三）

5. 木基层

由于屋面漏雨，约有90%的踏条糟朽腐烂，约有20%的椽子糟朽。后檐西侧有9根椽子被人为锯断。同时檐部伴有雨水回流现象。

6. 屋面

屋面多长有杂草并堆积有树叶，屋面排水不畅。前檐西侧垂脊歪闪严重。

修缮后的地藏寺局部（四）

7. 装修

由于檐柱整体倾斜，装修有部分错位、拔隼现象。部分存在开裂、断裂及局部构件丢失现象。博缝板有干缩开裂现象，表面有雨渍。

8. 油饰、彩画

柱身油饰25%起甲、龟裂和脱落。

（三）西配殿

1. 地面

室外廊下地面为水泥花砖铺墁，室内地面铺砖约有90%破碎开裂。

2. 台明及台帮

建筑台明阶条为水泥砂浆预制块，台帮风化酥碱较为严重，最大风化剥落深度为1.7cm。台明东侧与排水沟紧邻，其渗水对建筑本体地基影响较大。

3. 墙体

室内墙面均抹饰白灰，后檐墙由于屋面长期积水全部垮塌。西山墙局部抹灰层脱落，墙身土坯砖酥碱严重。室外廊心墙表面被人为涂刷素水泥浆，廊心墙墙芯被涂刷有白灰，西侧廊芯墙酥碱现象严重并伴有不同程度的泛碱现象。

4. 大木构架

大木构架整体向东北方向倾斜，室内梁架普遍存在干缩裂缝。

5. 木基层

由于屋面漏雨，约有100%的踏条糟朽腐烂，约有60%的椽子糟朽。同时檐部伴有雨水回流现象。

6. 屋面

屋面多长有杂草并堆积有树叶，屋面排水不畅。正脊歪闪严重，西侧后檐垂脊丢失。

7. 装修

由于檐柱整体倾斜，装修有部分错位、拔榫现象。部分存在开裂、断裂及局部构件丢失现象。博缝板有干缩开裂现象，表面有雨渍。

8. 油饰、彩画

柱身油饰25%起甲、龟裂和脱落。

二、修缮情况

（一）檩的处理

（1）归安梁架和檩回归原位后，如榫头完好，在接头两侧各用一枚铁锔子加固，铁锔子用Φ10钢筋制成，长300mm，如檩条榫头折断或槽朽时，取出残毁榫头，另加银锭榫头，一端嵌入檩内用胶粘牢，安装时插入相接的卯口内。

（2）裂缝处理。首先通过力学方法判断裂缝的部位，走向对檩的有效断面是否有影响。如无影响，则嵌入木条，用环氧树脂粘牢，裂缝较长时另加铁箍；若有效断面减小，如断面上有横向裂缝，减小了断面高度，则须加铁箍，使上下部分协同受力。

（3）槽朽处理。先根据力学计算确定剩余截面可否承载，如在安全承载范围以内，将槽朽处砍净后依原制补配钉牢，槽朽深度在10~20mm以内只需砍净不再补配，否则原样更换。

（4）檩的更换。更换的新檩需用旧料或干燥的新料（木材含水率15%以下），以原构件的式样和尺寸复制。所用树种最好与原件一致，无法做到时用一等红松。制作时要求两端榫卯吻合。

（二）梁枋维修

1. 大梁的维修

侧面裂缝长度不超过梁长的1/2，深度不超过1/2，用2~3道铁箍加固。裂缝宽度超过5mm时，以木条嵌实补严实，并用环氧树脂粘牢，然后加铁箍。铁箍的大小按大梁的高宽尺寸和受力情况而定，长按实际需要而定，劈裂长度、深度超过上述规定且没有严重槽朽和垂直断裂时，加铁箍前须在裂缝内灌注环氧树脂，并将裂缝外口用环氧树脂勾缝，防止漏浆现象，勾缝凹进表面约5mm，留待作旧。预留2个以上的灌浆孔，人工灌注。材料重量配比为：

E—44环氧树脂	100
#501活性稀释剂	10
多乙烯多胺（固化剂）	13
聚酰胺树脂	20~30

勾缝用环氧树脂腻子，在上述灌浆中加适量的石英粉即可。梁底发生断裂时，对剩余截面进行力学计算，小于极限应力的80%以下时更换。

2. 额枋

劈裂的处理与大梁相同。因梁架歪闪而发生拔榫时，如榫头完好，回归原位后，在柱头处用铁活联结左右额枋头。榫头劈裂、折断或槽朽时，可补换新榫头，方法如下：额枋厚度较大，原构件榫头宽约为枋宽的1/4~1/5时，将残毁榫头锯掉，用硬杂木按原尺寸，式样复制。后尾加长榫头的4~5倍，嵌入额枋中，用环氧树脂粘牢，并用螺栓与额枋连接牢固。如额枋宽度较窄，更换榫头的后尾应适当减薄。

3. 梁枋槽朽

先对剩余进行力学计算，如在安全承载极限范围之内则应进行修补：将槽朽部分剔除干净，边缘稍加修整，然后依照槽朽部位的形状用旧料补完整，胶粘牢固，钉补面积较大时加铁箍。槽朽严重超过安全极限时，须严格按照原来的式样尺寸复制，最好选用与原构件相同树种的干燥木材，并做到以下几点：

（1）榫卯式样尺寸除依照原件复制外并须核对与之搭交构件的榫卯，新制构件应尽量与之搭交严密。

（2）梁枋断面四边抹楞的，应仔细测量其尺度，找出其砍制规律进行制作。

（三）柱的维修

柱子是在古建筑的承力构件，且与地面直接相连，受潮严重，中路衙署的柱子都有不同程度的槽朽，在维修过程中按以下方案施工。

1. 裂缝处理

对柱子的干缩裂缝，当其深度不超过柱径（方柱时为该方向截面尺寸）1/3时，按嵌补的方法进行修整。裂缝不大于3mm时。不预处理。当裂缝宽度在3~30mm时，用木条嵌补，并用耐水性胶粘牢，当裂缝宽度大于30mm时，除用木条嵌补外，要在柱的开裂处加铁箍2~3道。开裂段较长时，箍距不大于0.5m。要求用特制夹具加安铁箍，使铁箍嵌入柱内，外皮与柱外皮齐平。

2. 槽朽的整修与加固

对于柱心完好，仅有表层槽朽且经验算在安全限度以内的，可将槽朽部分剔除干净，经防腐处理后，用干燥木材原制修补整齐，并用环氧树脂黏结，柱脚槽朽但自柱底向上未超过柱高的1/4时，用墩接的方法处理。

1）木料墩接

先剔除槽朽部分，再依据剩余部分选择使用巴掌榫或抄手榫，施工时应注意榫头严密对缝，用特制夹具加安铁箍，使铁箍嵌入柱内。

2）石料墩接

柱脚槽朽部分高度小于200mm时，用石料墩接。露明柱将石料加工小于原柱子100mm的矮柱，周围厚木板包镶钉牢，并在与原柱接缝处加铁箍1道。

3）防腐处理

在砌体是墙内柱先刷2道沥青做防腐处理，然后用板瓦包裹随砌随包，在柱根处留出通风洞，保证空气流通，确保墙同柱不受潮，不槽朽。

修缮后的地藏寺局部（五）

府城隍庙

项目名称：兰州市府城隍庙保护修缮工程
建设单位：兰州市总工会
设计单位：甘肃省文物保护维修研究所
监理单位：甘肃经纬建设监理有限公司
施工单位：甘肃昊廷古建工程有限公司
施工单位负责人：姬镜捷

兰州市处在中国版图的几何中心，即北纬36°，东经103°40′，距西北其他四省（自治区）的省会平均距离最近。市区南北，群山环抱，东西黄河穿流而过，枕山带河，依山傍水，平均海拔1500m，具有盆地城市的特征。

兰州市府城隍庙位于城关区张掖路中段，坐北朝南，占地12亩。1993年被评为省级文物保护单位。此次保护修缮的工程包括：拆除现有门框，改为采用优质红松恢复六抹隔扇和四抹槛窗的做法；重新铺墁屋顶方砖，更换槽朽椽望；拆除室外现有台明，台明下碱墙采用大停泥砖砌淌白墙面，槛墙采用小停泥砖砌筑丝封墙面；阶条石采用青石，并补配垂带恢复踏步；拆除室内现有地板砖，做150mm厚的3:7灰土垫层，其上铺尺二方砖细墁等。

修缮后的府城隍庙正面（一）

为科学有序地拆除文物古建筑，并为修缮提供详细的原始资料，制定如下拆除方案：

修缮中的府城隍庙（一）

（1）在拆卸前对大殿西三厢房进行全面细致的调查、测量、录像、拍照、并在此基础上完成正殿的平、立、剖面草图和残损状况报告与施工图及设计方案进行对比，如出现构件、尺寸、规格与施工图不符时在施工图上留标记，上报有关主管部门。

（2）根据中国传统建筑的结构，对单体建筑按设计要求逐一实施自上而下拆卸。

（3）清理屋面，并以此对正脊、垂脊、戗脊、脊兽等构件进行编号，在核实编号无误后逐一拆卸。

（4）铲除苫背、望板、拆除椽子、瓦口后，应首先对梁架浮尘进行清理之后对应落架的檩、梁、枋、柱进行编号，编号一律用墨笔书写于编号牌上，用2cm圆钉钉在构件上，在核实无误后方可拆卸。

（5）对已糟朽并无法继续使用的木构件及附属构件，原则上亦编号保留，以备修复时一样复原；对残损构件应尽可能的在拆卸时勾画出草图式样并详加文字记录和说明，以便修复时参考。

（6）对木作部分进行拆卸时，应绘制与编号相应的构件草图。草图所示各构件的位置，应与被拆除构件编号吻合一致。

（7）对难于拼合的构件，除已完全错位、脱落、残损的外，原则上实施整体编号、拆除、存放，避免给修复安装工作带来不必要的困难。

（8）拆卸墙体前，必须对室内有可能保留壁画的墙体墙皮进行局部刮剥检查，如发现壁画遗存，则需按壁画保护揭取要求，进行截取保护。

（9）墙体，墙体以下的砖石构件，一般不作编号处理，除构件大部分残损外，仍需精心拆卸保护，以便修复之用。

（10）落架维修的单体建筑拆除后，应对基址进行局部发掘解剖，摸清古建筑基址处理的时代特征，并将发掘资料存档。

设计要求屋面拆除后检查望板的质量，若糟朽严重，应进行更换，望板厚2cm。望板上铺护板灰，护板灰厚2cm，护板灰中要加糯米汁。护板灰上做苫背，然后安装板瓦，筒瓦。对损坏、丢失构架安装原有样式、材质、尺寸加工安装。在屋面拆除中质量尚好的原有材料按原式原样规格定制加工的材料，在维修前必须备料到位，以利屋面维修。

本建筑屋面设2cm望板，20mm厚麻刀抹灰，各层均必须拍实摸平，而且下道苫背施工时上道背必须在上人无痕迹的情况下才能进行。铺面前对所有的瓦件必须优选，敲击声音清脆者属于合格瓦件，防止破损漏水瓦件上房，铺底瓦所用的泥浆必须与苫背粘牢以防铺瓦后下滑。瓦面盖瓦

修缮中的府城隍庙（二）

按古建筑维修规范铺设，座泥浆要饱满，瓦缝填实，对筒瓦及底瓦之间的睁眼部要抹平，挤严，并在结束后清扫屋面，使瓦面排水通畅。屋顶脊及脊饰件依原式样对照拆除时照片及开工前的记录，并用原件进行砌筑。

屋面瓦瓦前首先要分垄取中，从中向两端依

瓦大小分垄，以保证瓦面完工后的均匀对称，外观整齐美观。苫背前首先要对苫背各层材料搅拌均匀分层抹苫，以保证苫背质量。

设计要求脱落砖雕按原有样式、工艺、材质进行制作安装。对砖墙面进行打磨处理，将分化层磨除。清理拆卸墙体时，应将青砖及墙中内石构件逐层揭起，分类码放：砌筑时应保持原墙体尺寸和样式，并宜利用原件。砌体是灰缝不能大于3mm，不能小于1.5mm，砖面要平整，棱角要整齐，不能出现特多的气孔，不能出现生砖和色泽不一致的材料，拆除原土坯墙，大停泥砖砌筑，做清水砖墙面。

修缮后的府城隍庙内部

细墁地面所用的砖料一般应达到盒子面的要求，及先铲磨面，再砍四肋。4个肋要互成直角，包灰1~2mm。盒子面的表面应能与官砖相吻合，任取2块磨平的盒子画也应能完全吻合。

槛框：用于按门窗的架子叫槛框。其水平方向横着施放的叫槛，抱着柱子垂直竖立的叫抱框。槛根据所处地位的高低又分上、中、下槛。上槛也称替桩，在檐枋之下，中槛也称挂中槛，下槛放在地上。抱框一般有长短两种，长的俗称通天框，短的称短抱框。

槛框按面框大小而定。比如，明间的下槛长应根据面宽中到中的尺寸减去一份柱径为全长，宽为柱径的8/10，厚同下槛。如果明间隔扇中间有中槛，上边按短抱框，短抱框的宽厚与下边抱框相同，高按中槛以上至上槛皮尺寸。

用于稍间次间的抱框，长按窗的分配尺寸。如在稍间下有槛墙，长按榻板和支摘窗，应将檐柱的全高尺寸减去檐枋和上槛所占尺寸，其余由上往下三等分，榻板上皮一下到槛墙下皮为一等分，榻板上皮往上至上槛下皮为两等分。

槛的安装：首先按柱子的中线，引至地面，按槛的宽度在柱子分做双榫凿眼。拐出断肩线，在下皮按鼓镜位置叉好，用锯挖去这一部分。安装时先入长榫，后入短榫，用水平尺找平、调正。

一、文物残损现状

牌坊、钟楼、鼓楼、享殿、正殿、寝宫、六角亭、垂花及东西两侧厢房等总计单体建筑34座木结构古建筑由于年代久远，部分建筑木构架倾斜、木构件弯曲变形、开裂、椽望槽朽、墙体酥碱、石材风化等严重自然损坏现象。根据现场调查，府城隍庙的主要病害有：木构架倾斜歪闪，个别檐枋弯曲变形，屋面松动脱节和墙面抹水泥砂浆，白灰砂浆等情况。

屋面瓦面松动脱节，瓦件缺失，厢房屋面杂草丛生，牌坊明楼西侧高拱柱柱根劈裂，小斗丢失9个，个别小斗位移，东侧厢房后廊以拆除，牌坊地面水泥砂浆抹面，台明、踏步镶贴大理石板，坡道铺河卵石。寝宫后厢屋面檐口处杂草丛生，排水不畅，望板糟朽严重，外檐油漆、彩画局部起甲、脱落。鼓楼屋面瓦面全部松动脱节，瓦件与吻兽缺失，坐凳油漆部分脱落。享殿瓦面全部松动脱节，屋面瓦件缺失，檐口处杂草丛生，西侧廊步进深第一间金柱头位移。梁架局部干裂。斗栱保存较好，东侧山面下碱墙局部酥碱，室内地面抬升，柱顶石局部被覆盖。

二、修缮情况介绍

（一）椽望修缮

维修中应尽量使用旧椽，残坏旧椽符合局部糟朽不超过原有直径的2/5的檐椽钉孔不超过直径的1/4，破裂深度不超过1/2椽径，长度不超过全长的2/3的，椽尾虽劈裂但仍能钉钉，由于受力超重弯曲不超过长度的2%（自然弯曲不在此限）。

细小裂缝用腻子勾抿严实。较大裂缝嵌补木

条，用环氧树脂胶粘牢，在外围用20mm宽铁腰子包钉加固。糟朽处应将朽木砍尽，用拆下的旧椽料按糟朽部位的形状、尺寸复制好后再用环氧树脂粘牢，椽子顶面糟朽在10mm以内的，只将糟朽部分砍刮干净不再钉补。

（二）檩的处理

归安梁架和檩回归原位后，在接头两侧各用一枚铁锔子加固。

裂缝处理：首先通过力学方法判断裂缝的部位，走向对檩的有效断面是否有影响，如无影响，则嵌入木条，用环氧树脂粘牢，裂缝较长时另加铁箍，若有效断面减小，如断面上有横向裂缝，减小了断面的高度，则需加铁箍，使上下部分协同受力。

（三）梁枋维修

侧面裂缝不超过梁长的1/2，深度不超过宽1/2，用2~3道铁箍加固。裂缝宽度不超过5mm时，以木条嵌补严实，并用环氧树脂粘牢，然后加铁箍。铁箍的大小按大梁的高宽尺寸和受力情况而定，长按实际需要而定，劈裂长度，深度超过上述规定而没有严重糟朽和垂直断裂时，加铁箍前须在裂缝内灌注环氧树脂，并在裂缝外口用环氧树脂勾缝，防止渗漏现象，勾缝凹进表面约5mm，留待做旧，预留2个以上的灌浆孔，人工灌注。

（四）柱的处理

柱子是在古建筑的受力结构，且与地面直接相连，受潮严重，中路衙署的柱子都有不同程度的糟朽。对柱子的干缩裂缝，当其深度不超过柱径1/3时，用木条嵌补，并用耐水性胶粘牢，当裂缝宽度大于30mm时，除用木条嵌补外，要在柱的开裂处加铁箍2~3道，开裂段较长时，箍距不大于0.5m，要求用特制夹具加安铁箍，使铁箍嵌入柱内，外皮与柱皮齐平。

（五）结构安装松动处理

拆卸重建的古建时，由于卯、榫的永久变形，一般缝隙较大，不如新安构件紧密度高，一般的缝隙可采取楔榫加固，对于较大松动的结点，应在安装后采取扁钢制作铁件进行二次连接，以保证结构的强度稳定性。

修缮后的府城隍庙正面（二）

拉卜楞寺喜金刚学院

项目名称：夏河县拉卜楞寺喜金刚学院保护修缮项目
建设单位：夏河县文化体育广播影视局
设计单位：甘肃省文物保护维修研究所
监理单位：甘肃经纬建设监理有限公司
施工单位：甘肃昊廷古建工程有限公司
施工单位负责人：姬镜捷

拉卜楞寺位于甘肃省甘南藏族自治州夏河县，藏语全称为："噶丹夏珠达尔吉扎西益苏奇具琅"，意思为具喜讲修兴吉祥右旋寺。简称扎西奇寺，一般称为拉卜楞寺。拉卜楞寺是藏语"拉章"的变音，意思为活佛大师的府邸。是藏传佛教格鲁派六大寺院之一，被世界誉为"世界藏学府"。鼎盛时期，僧侣达到4000余人，1980年对外开放旅游。

寺主是第六世嘉木样呼图克图，其他领导人包括八大堪布、四大赛赤。拉卜楞寺在历史上号称有108属寺（其实要远大于此数），是甘南地区的政教中心，拉卜楞寺保留有全国最好的藏传佛教教学体系。1982年，被列入全国重点文物保护单位。整个寺庙现存最古老也是唯一的第一世嘉木样活佛时期所建的佛殿，是位于大经堂旁的下续部学院的佛殿。

拉卜楞寺以著名的六大学院建筑闻名于世，学院显密兼修，僧侣众多。六大学院为：闻思学院、上续部学院、下续部学院、医学院、喜金刚学院、轮学院。各学院建筑没有按

轴线布局，呈点状分部。建筑多修在背面山脚坡地上，处于大夏河第一、二、三台地上，自南向北逐渐升高。佛典建筑是供众僧诵经、举行宗教仪式和信徒朝拜的场所，殿内均供高僧大德的尊像、佛塔或高僧的灵台。寺院现存十多座自成分部格局的佛殿建筑，大小规模不一，有的佛殿单独存在，有的附属于某一活佛府邸。比较重要的佛殿有宗喀佛殿、寿禧寺、释迦牟尼佛殿、白伞盖佛殿、绿度母佛殿、白度母殿、寿安寺。文殊菩萨殿等。

喜金刚学院经堂，建于1879年，仿拉萨布达拉宫的南杰扎仓样式修建。1957年失火烧毁，后由国家拨款按原式重建。主要研究喜金刚的生起和圆满次第之道。分3个班级，年限无定，初级学僧主要背诵《无上供养经》、《妙吉祥名称经》、《大威德经》、《满愿经》、《喜金刚迎请、加持、自入、烧坛、祝愿、回向经》、《金刚手大轮经》、《虚空瑜伽经》等，同时学会彩砂绘制喜金刚等坛城。中级主修汉历、藏文文法、书法、法舞，法舞仿照西藏第穆林。高级要遵守三律，禅坐静修，以求正果。

续部上学院。是仿拉萨续部上学院修建的，主要研究密宗生起和圆满次第之道，分三个学级，年限无定，修习经典基本上相同于续部下学院。

学院为藏式廊原始布局。前半部为代廊的小院，后院高出前院1m，设3道踏步，可分为别登临。院落四周绕以围墙，总体平面呈方形，东西长50m，南北宽90m，其中经堂院单独成立，三面有围墙环绕，平面呈方形，东西宽31m。南北长59m，前低后高，自南向北依次升高1.4m，大殿后檐出的转经道地坪比前院高出2.6m。围墙间有一宽1.8m的通道，供信徒转经绕行。

前廊由前、后2排共8根；棱形柱子承挑，其中1排4根柱子外露。殿外两侧的片石墙在前廊出向内折，围合成前廊空间，并组成前廊与前殿间的隔断墙。第一排廊柱外露，前廊平面构成倒

“凸”字形的上半部分。在外露的一排柱子外侧附加一小圆柱，用于支挑遮阳帘布。帘布将前廊的正面全部遮盖。前廊面阔3间总长21m，其中两侧墙体总厚2.4m，进深2间，总长6.8m。两侧藏式密梁平顶结构，通高10.4m。室内北侧为片石砌筑的隔断墙，墙体正中开有前殿大门。第一层廊内总面积106m^2，地面通铺木地板，木地板厚3cm。主要供学员举行宗教仪式、信徒叩拜之用。室内净高4.3m，立有8根柱子，柱子断面均呈八棱形，为拼合形，直径50cm，柱根下施八角形石柱础，埋于木地板之下。八棱柱的柱头装饰繁缛，其装饰艺术是藏式经堂建筑柱式的代表，自下而上依次为柱础、八棱柱、柱头、大小托木、兰扎枋、莲珠枋、莲瓣枋、蜂窝枋。蜂窝枋上设纵向2层短木椽，木椽间为盖板，短方椽上设置断面方形的椽子木，椽子木以上部分组成第二层室内地面。廊内西侧设有通向第二层的木楼梯。廊内墙壁系草泥敷抹，草泥层上做壁画地仗层。北侧、东侧、西侧墙体上均绘壁画。

第二层面阔、进深与第一层相同，但因承重墙收分，室内空间略小，面阔三间，进深两间，也由8根断面方向的柱子支撑屋面。二层的柱子与第一层上、下对位，在纵、横两个方向上置枋木相互拉接，形成框架结构。室内分割为大小不一的僧舍和库房，地面通铺木地板。木地板做法为：在断面21cm法人椽子木上铺设直径8~10cm的栈棍，在栈棍层上铺设厚15cm的砂土，砂土层上铺木龙骨，龙骨上再铺厚5cm的木板。总厚38cm。每条木地板长1.8m，宽0.3~0.4m，有左、中、右3道木钉，钉在龙骨上。后檐为木柱隔断墙，明间正中为2扇木板门，通向天井院；两侧次间木柱间装门式隔板，仅做成六抹隔扇门状，实际为通木板，不可开启。东、西两侧为正殿的第二层延伸出来的僧舍，设有小门，与前廊第二层的僧舍相互连通。在南、东、西三面挑出一道回廊环绕。室内以木隔扇墙分割成不同使用功能的僧舍、客厅、库房等。

我公司严格遵守遵循“最少干预”和“不改变文物原状”的原则，在积极排除建筑结构安全险情的情况下，尽可能真实、完整地保存建筑的历史原貌、建筑特色和工艺手法。以该建筑原有传统工艺和做法为主要修缮手段，尽可能使用原有建筑材料、本地材料和工艺做法，保存原有建筑构件。对丢失的构件进行补配，补配构件采用原材料、原工艺。加固补强部分要与原结构、原构件连接可靠，且不妨碍今后实施保护措施。新补配的构件及原结构加固采用的材料、方法，详细建档记载。

万里长城嘉峪关

工程名称：嘉峪关关城木结构建筑修缮工程
建设单位：嘉峪关市文物局
设计单位：甘肃省文物保护维修研究所
施工单位：山西省古建筑保护工程有限公司
监理单位：甘肃省文物保护维修研究所
项目负责人：张斌

一、概况

嘉峪关是明代万里长城的西端起点，也是明代长城沿线建造规模最为壮观，保存最为完好的一座古代军事城堡。嘉峪关关城位于河西走廊中部最狭窄处的嘉峪塬上，东距嘉峪关市区5km，地理坐标：东经98° 12′ 58.30″，北纬39° 48′ 04.80″。嘉峪关关城南凭祁连山，北依黑山，因建于嘉峪山西麓而得名，其地势险要，建筑雄伟，与长城、城壕、烽燧等设施构成了严密的军事防御体系，素有“天下第一雄关”、“河西第一隘口”、“连陲锁阴”之称。1961年3月，被国务院公布为第一批全国重点文物保护单位，1987年被联合国教科文组织列入世界文化遗产地。

二、历史沿革

嘉峪关城始建于明洪武五年（1372年），从初建城池到建成一座完整的关隘，历经了168年（1372～1539年）时间。关城初为土城，“明初宋国公冯胜略定河西，截敦煌以西悉弃

嘉峪关关城鸟瞰

之，以此关为限，遂为西北极边，筑以土城，周二百二十丈，高二丈余，阔厚丈余。址倚关坡，不能凿池”。

明弘治五年（1493年）四月，关外吐鲁番回鹘部落崛起，其速坦（王）阿黑麻率众侵占哈密卫，关外七卫尽被吐鲁番攻破，流民内徙至肃州，嘉峪关警报频传。明廷以嘉峪关为肃州重要门户，必须严加设防，乃于弘治七年（1494年）谕令肃州改修嘉峪关，于弘治八年（1495年）完工。此次修建由肃州兵备道副使李端澄主持，在城堡西门外增筑坚固之重关和关楼三重，即现在的罗城和嘉峪关楼。将旧城墙加宽加高至三丈五尺，城外更添堑壕暗道及布置鹿角梅花坑，增备防御。

明正德元年（1506年）八月，兵备副使李端澄，按照先年所筑关楼的样式、规格监修起内城东西的光化楼和柔远楼，于次年二月落成。当时的碑文形象地描述为“磨砖砌就鱼鳞瓦，五彩装成碧玉楼”。同时，修建了官厅、夷厂、仓库等附属建筑物。

明嘉靖十八年（1539年）尚书翟銮来西北视察防务时，见到嘉峪关只是一座土城，而且年久失修，城墙坍塌，城壕淤损，空旷无阻，防务单薄，遂决定加筑城墙。修筑关城南北两翼长城，开挖长城外壕，添筑敌楼、角楼、墩台等，夯筑了外城墙，在城墙外开挖护城壕。从此，嘉峪关城基本定型，以后只进行维修，再没有增筑。

清乾隆三十一年（1766年）、四十年（1775年）曾2次重修嘉峪关。乾隆五十六年（1791年）夏，直隶肃州徐耀龙主持加固关城，砖包光化楼楼台和城门，并立“光化门”门额；直隶肃州高台县知县和岁砖包柔远楼楼台和城门，并立“柔远门”门额；嘉峪关游击袋什衣等主持重修关城戏楼。咸丰三年（1853年），各方集资筹措经费又重修了嘉峪关。

新中国成立后，先后于1950年、1958年和1973年对关城进行了加固维修。1979年，国家文物局委托麦积山加固工程办公室，对嘉峪关关城的城墙作了维修保护喷浆实验。1981~1986年，对关城城墙进行了夯打实验和局部维修，在化工部涂料研究所的帮助下，对楼阁明柱作了油漆及色彩实验，对关帝庙牌楼、戏台、文昌阁作了维修。1986年对嘉峪关关城维修时夯打了外城的拥城墙647m，封堵了南闸门，对东闸门加固维修，更换了门柱，安装了大门。1987~1989年，对关城进行了一次大规模维修，工作重点是重建了嘉峪关楼，修缮所有的城墙、城垛、马道。1992~1998年，陆续在原基础上和重建了游击将军府、井亭、关帝庙等建筑，并对关帝庙进行了修缮和彩绘。

三、建筑布局及结构形式

（一）建筑布局

嘉峪关关城坐东向西，总面积33500余平方米，由内城、瓮城、外城、罗城、城壕、月城、墩台及嘉峪关楼、柔远楼、光华楼、文昌箭楼、敌楼、文昌阁、关帝庙、井亭、角楼等木结构建

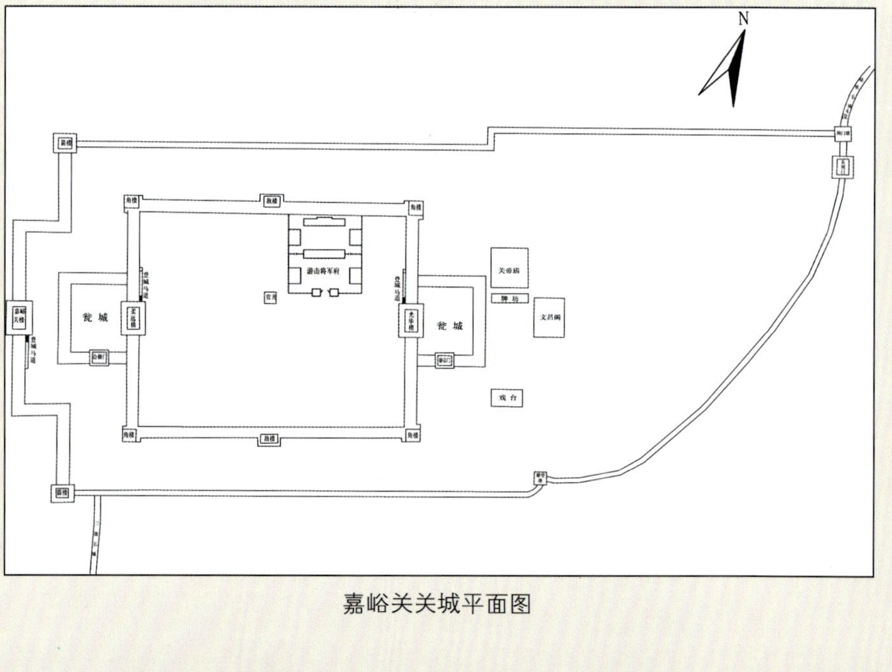

嘉峪关关城平面图

筑组成。

（二）单体建筑

（1）嘉峪关楼：建于罗城城台之上，与柔远楼、光华楼在同一条中轴线上，为三滴水歇山式木结构建筑。该楼早年被毁，现存建筑为1987年重建。楼台平面呈长方形，东西22.50m，南北24.90m，南、西、北有垛墙，东有女墙，南、北有踏步通马道。台明位于城台正中，呈长方形，东西17.08m，南北12.30m，高0.50m，上阶条石砌边，阶条石下台帮青砖砌筑。楼基东部正中

嘉峪关楼修缮前

有条石砌垂带式3级踏步。楼体总高17.50m。其中，楼体底层面阔3间11.25m，进深2间6.48m，周围带回廊，10根通柱均为厚0.97m的砖砌墙体所包裹，墙体距台基边2.40m。其中明间面阔4.20m，次间面阔3.52m，回廊面阔1.81m，总面阔14.87m，总进深10.10m。明间正中开前后门，均为对开式四抹隔扇门，门总宽2.12m。回廊廊柱共18根，立于石质柱础之上，柱径0.32m。台面及室内地面为条砖沿进深方向按“十字缝”的铺砌方法铺砌。楼顶每间东西排列楞木11根，上为二层木质地板，室内南部有木梯通二楼。二层楼体亦为面阔3间11.25m，进深2间6.48m，周围带回廊。东西两侧开门，四周廊柱18根。二层通柱间为木质隔扇门窗，东西两侧明间为六抹隔扇门各6扇，两两对开，隔扇门窗上部走马板上绘有人物、飞天、山水、花草、禽兽水彩画。二层楼体为木质地板，楼内北侧亦有木梯通三楼，楼顶每间东西排列楞木11根，上为三层木质地板。18根廊柱挺立，木质栏杆护栏环绕。三层楼体四周10

嘉峪关楼修缮后

根通柱间为木质隔扇槛窗，明间亦为槛窗，不开门。花窗东西两侧，明间4扇，次间各3扇，南北两侧各6扇。木板铺地，楼内北侧有下二楼的木梯口，上部为七架梁结构，四角置抹角梁以支撑屋顶对角梁尾产生的压力。七架梁下为五踩斗栱。梁架饰彩画，楼顶为歇山式屋顶，正脊两端置吻兽，灰色筒瓦盖顶，斗栱重叠、飞檐凌空。

（2）箭楼：位于罗城墙上，南北两端各建一1座。

南箭楼建于罗城南端城墙之上，坐东朝西，基高11.50m，沿墙上马道与嘉峪关楼相通。箭

南箭楼修缮前

南箭楼修缮后

楼为木结构悬山式结构，高4.80m，楼体下部为青砖砌墙，东西、南北各3.50m，上部青砖墙南北3.20m，东西3m，墙体下部厚0.60m，上部厚0.40m，三面砌墙，西面无墙，内宽2.10m，进深2.50m。楼顶覆灰瓦，楼脊装龙首瓦，飞檐凌空。箭楼下为楼台，高1.35m，东西6.20m，南北8.40m。北面有台阶7级，台阶宽2.60m。东、南、西三面有墙体环绕，北墙中部开口。东、西墙距4.70m，南北墙距6.90m。南垛墙有两垛口，东、西垛墙三垛口，楼体与垛墙相距0.60m。

北箭楼建于罗城北端头城墙之上，坐东朝西，沿墙上马道与嘉峪关楼相通。箭楼为木结构

北箭楼修缮前

悬山式结构，高4.80m，墙体下部为青砖砌成的墙基，东西、南北各3.50m，其上三面砌墙，西面无檐墙，墙高2.40m，南北2.90m，东西3.15m，西面面阔2.55m，进深2.40m，内部墙体白灰抹面，屋顶覆灰瓦，楼体正脊两端置脊兽，前后四条垂脊，脊端置垂兽，兽前为青砖筒瓦构成蝎尾，飞檐凌空。箭楼下为楼台，台高1.30m，东西6.20m，南北8.20m，南墙中部开口，有踏步6

北箭楼修缮后

级，踏步宽2.60m。台上箭楼四周有垛墙环绕，东、西、北三面均有垛口，南北3垛口，东西各2垛口，垛口顶端至城墙拔檐第4层上皮垂直距离为1.68m。南北墙距6.90m，东西墙距4.40m，箭楼与墙相距0.60m。

（3）柔远楼：建于内城西墙中部，西有瓮

柔远楼修缮前

城，南北有角楼。柔远楼建在城墙顶部台基上，高17m，下为台基，上为三滴水歇山式木结构建筑。楼台高于内城，南北34.93m，东西24.41m。台基高0.71m，南北长17.05m，东西长12.25m，为7层砖砌台帮，上为混凝土砌边，东西两面中部为混凝土砌筑垂带式踏步4级，台基边距一层廊柱

柔远楼修缮后

柱中0.96m，距一层墙体2.42m。楼底一层沿金柱青砖砌筑，墙体厚0.97m。东西两面开门，面阔3间，进深2间，四周带回廊。总面阔14.87m，进深10.10m。其中明间面阔4.20m，次间面阔3.53m，廊步1.81m。红漆廊柱18根，柱直径0.32m，立于石质柱础之上。台面及室内地面为条砖沿进深方向按“十字缝”的铺砌方法铺砌。楼顶每间东西排列楞木11根，上为二层木质地板。室内北部有

木梯通二楼。二层楼体亦为面阔3间11.25m，进深2间6.48m，周围带回廊，18根廊柱挺立，木质栏杆护栏环绕。东西两侧开门，四周廊柱18根。二层通柱间为木质隔扇门窗，东西两侧明间为六抹隔扇门各六扇，两两对开，隔扇门窗上部走马板上绘有人物、飞天、山水、花草、禽兽水彩画。二层楼体为木质地板，楼内北侧亦有木梯通三楼，楼顶每间东西排列楞木11根，上为三层木质地板。三层楼体四周10根通柱间为木质隔扇槛窗，明间亦为槛窗，不开门。花窗东西两侧，明间4扇，次间各3扇，南北两侧各6扇。木板铺地，楼内北侧有下二楼的木梯口，上部为七架梁结构，四角置抹角梁以支撑屋顶对角梁尾产生的压力。七架梁下为五踩斗栱。梁架饰彩画，楼顶为歇山式屋顶，正脊两端置吻兽，灰色筒瓦盖顶，斗栱重叠、飞檐凌空、巍然屹立，异常壮观。

（4）光化楼：建于内城东墙中部，东有瓮

光化楼修缮前

城，南北有角楼。光化楼建在城墙顶部台基上，高17m，下为楼基，上为三滴水歇山式木结构建筑。楼台高于内城0.32m，南北25.80m，东西20.30m。台基七层砖砌台帮，南北17.10m，东西12.21m，上为混凝土砌边，东西两侧中部为混凝土砌筑垂带式踏步4级，台帮距一层廊柱柱中0.96m，距一层南墙2.43m，距一层东墙2.32m。楼底一层为青砖砌墙，东西两面开门，面阔三间，进深两间，四周带回廊，18根廊柱红漆油饰，立于石质柱础之上，柱直径0.32m。台面及室内地面为条砖沿进深方向按“十字缝”的铺砌方法铺砌。楼顶每间东西排列楞木11根，上为二层木质地板。西门内门顶悬“气壮山河”匾额，室内南部有木梯通二楼。二层楼体亦为面阔三间11.25m，进深两间6.48m，东西两侧开门，周围带回廊，18根廊柱挺立，木质栏杆护栏环绕。二层通柱间为木质隔扇门窗，东西两侧明间为六抹隔扇门各6扇，两两对开，隔扇门窗上部走马板上

光化楼修缮后

绘有人物、飞天、山水、花草、禽兽水彩画。二层楼体为木质地板，楼内北侧亦有木梯通三楼，楼顶每间东西排列楞木11根，上为三层木质地板。三层楼体四周10根通柱间为木质隔扇槛窗，明间亦为槛窗，不开门。花窗东西两侧，明间4扇，次间各3扇，南北两侧各6扇。木板铺地，楼内北侧有下二楼的木梯口，上部为七架梁结构，四角置抹角梁以支撑屋顶对角梁尾产生的压力。七架梁下为五踩斗栱。梁架饰彩画，楼顶为歇山式屋顶，正脊两端置吻兽，灰色筒瓦盖顶，斗栱重叠、飞檐凌空、巍然屹立，异常壮观。

（5）会极门楼：建于西瓮城南墙中部，分为两层，下层为青砖砌筑的门台，上层建有门楼。门台平面呈方形，剖面呈梯形，花岗石石条砌

会极门楼修缮前

基，上为砖包墙，门台南部突出南墙，突出部分上宽5.82m，厚1.80m，下宽6.70m，厚0.30m。门台下部中间为券门，砖砌拱券式，距地面0.98m起券，券高1.60m。券门下碱和地面为条石铺砌，下碱高0.98m，门洞总长6.42m。其中门南进深2.52m，宽3.22m，高3.56m，门北进深3.90m，宽3.86m，高5.61m，门为黑漆铁皮双扇实榻门，单门宽1.78m，高3.80m，厚0.10m。门楼坐北向南，楼体为单开间悬山式结构，带前廊，面阔3.92m，进深为3.95m。明间为双扇对开式六抹

会极门楼修缮后

隔扇门，门高2.80m，宽0.86m。前后檐墙及两山面均为青砖砌筑，红漆廊柱过道与两侧马道相接，过道宽1.02m，长4.56m。门楼底宽3.30m，高2.40m，楼内南北5.30m，东西4.56m、高5.87m，正脊两端置脊兽，前后四条垂脊，脊端置垂兽，兽前为蝎尾式，屋顶上覆灰瓦。

（6）朝宗门楼：建于东瓮城门南墙中部，为两层，下层为青砖砌筑的门台，上层建有门楼。门台平面呈方形，剖面呈梯形，花岗石条石砌筑下碱，下碱高0.98m。门洞为砖砌拱券式，基础

朝宗门楼修缮前

朝宗门楼修缮后

和地面为条石铺砌。城门外侧距地面1.96m起券，券高1.64m，进深2.50m，宽3.30m，高3.60m。门内侧距地面3.94m起券，券高1.81m，进深3.90m，宽3.90m，高5.75m。门为黑漆铁皮双扇实榻门，单门宽1.78m，高3.80m，厚0.10m。台顶外有垛墙，内有女墙，门楼坐北向南，面阔4.10m，进深3.97m，青砖砌筑，东、西山面及南面开门，东西侧门均宽0.87m，高1.88m，通道从侧门穿过。南门高2.70m，宽1.02m，双扇木门，南门前为红漆廊柱。明间为双扇对开式六抹隔扇门，门高2.80m，宽0.86m。楼内南北2.58m，东西3.78m，高4.67m。阁楼为悬山式结构，正脊两端置脊兽，前后4条垂脊，脊端置垂兽，兽前为蝎尾式，屋顶上覆灰瓦。

关帝庙牌坊修缮前

（7）关帝庙牌坊：位于关帝庙门前，为六柱三间式牌坊，长10.32m，宽3.72m，高0.76m。台基前置垂带式踏步4级，总面阔9.50m，其中

明间面阔3.34m，明间两柱置夹杆石，夹杆石长0.67m，宽0.61m，高0.83m。次间面阔3.08m，山柱间距1.55m，两山柱间砌筑土坯墙体并与明间

关帝庙牌坊修缮后

左右缝柱体平面成三角形，对牌坊结构的稳定起到重要作用，有效地解决了一般四柱式牌坊需分置前后戗柱的问题。明间主楼柱间由木枋拉结，枋下为雀替，其上为雕花板，板上为中槛，槛上依次为走马板、上槛及二层走马板，再上为木枋。柱体前后置高1.85m的大雀替支撑前后檐枋，檐枋上用众多弧形拱支撑檐檩。

（8）戏楼：位于关城外城，东瓮城南侧8m处。戏楼建于清乾隆五十七年（1792年）五月，坐南向北，长10.18m，宽8.35m，面积85m^2。主体面阔3间，进深2间。其中明间面阔4.33m，次间面阔2.24m。台体下宽10.18m，进深10.35m，自下而上收分，上宽9.94m，进深9.70m。建筑为硬山式前带歇山式勾搭连结构，总高8.87m，其中台高2.41m。

戏楼以中柱为界，分为前后两部分，其中中

戏楼修缮前

柱至前檐柱间为前台部分，中柱至后檐柱间为后台部分。明间中柱左右缝间由立柱分为3间，中为四扇六抹隔扇屏风式隔断，立柱两侧各2扇。次间为木结构八字影壁，板壁上饰彩画。屏风上绘八仙图，立柱有一楹联，上联“时雨助王师直教万里昆仑迎马迹”、下联“春风怀帝力且嘉十年帷幄重扶刀环”，上下联题有小字，分别为“光绪十年仲冬”、“邵阳魏炳蔚敬佩”。

戏楼前檐为歇山式结构，三架梁上脊柱两侧置有角背，脊柱为方柱高0.83m，梁端为金檩。三架梁由置于两端的驼峰支顶，五架梁一端位于中柱上，上为各架金檩。五架梁前端落在小木作斗栱上，梁上为正心檩及挑檐檩。前部梁上有“大清乾隆五十七年壬子五月吉日嘉峪关游击袋什衣修”的字样。五架梁下随梁枋上装方木格藻井，绘八卦图，楼两侧山墙上绘有壁画。次间前后置抹角梁，角梁后尾搁在抹角梁上。角梁沿

戏楼修缮后

45°角方向伸出，角梁上置仔角梁及由戗，前端置套兽，后尾为压金结构。前角柱两侧八字影墙上竖刻对联：“离合悲欢演往事；愚贤忠佞认当场”。

戏楼后台部分为化妆及休息间，为硬山式结构，东西山墙及南侧后檐三面均为墙体，后檐墙上开窗。梁架结构与前台相似，唯五架梁上为瓜柱支撑三架梁，且梁架举架较高，其脊檩高于前檐脊檩0.45m。

（9）文昌阁：又称“文昌殿”，位于关城外城，东瓮城东侧14m处。始建于明代，清道光

二年（1822年）重建，坐东向西，为2层重檐歇山顶式建筑，楼高13.15m，楼基石条砌筑，基长11.90m，宽11m，面积130.90m²。阁楼面阔3间，进深2间，四周带回廊，总面阔13m。其中明间面阔3.86m，次间面阔3.03m，廊步1.54m，总进深9.26m，廊步进深1.54m，前后金柱至中柱间距均为3.09m。

文昌阁修缮前

阁楼一层明间有东西向门洞，门洞净宽3.16m，两侧各有砖筑耳房一间，为四抹对开门，门扇上绘有门神画。楼北侧有一木梯通向二楼，四周回廊环绕，18根廊柱红漆油饰。

二层面阔3间，进深2间，四周带回廊，木板铺地，总面阔12.08m。其中明间面阔3.84m，次间面阔3m，廊步1.13m，总进深8.36m，廊步进深1.13m，前后金柱至中柱间距均为3.06m。前后明间均开6扇六抹隔扇门，次间为槛窗，开窗4扇。山面柱间为槛窗，中柱两侧各4扇。门窗上部走马板上绘有古式山水画80幅。楼外四周有回廊，18根廊柱红漆油饰，廊柱间有木质栏杆围护。二层明间后檐廊柱上方悬“威宣中外”匾额，南侧廊柱上方悬挂“神威远播”匾额。二层内部三架梁上脊瓜柱两侧置角背，脊柱间为“檩垫枋”（脊檩、垫板及横枋）联结，梁架两端置上金檩，梁两端下与五架梁间为驼墩。五架梁两端置中檩，梁两端下与七架梁间亦为驼墩支撑。七架梁横梁两端置下金檩，梁下为金柱，金柱前带双步梁，梁端依次为檐檩及挑檐檩。梁架上均为油饰彩画，脊檩上墨书“大清道光二年岁次壬午秋八月，署嘉峪关营游击金城张怀辅，分驻嘉峪关巡检西署张恒利重建”。西侧金檩上还有“帝道遐昌”、“皇土巩固”两条题字。

文昌阁修缮后

楼顶用筒板瓦铺盖，正脊两端置吻兽，脊中置子牙楼，高0.80m，长0.60m，宽0.53m。4条垂脊端各置垂首，戗脊端置戗兽，子角梁前端为套兽，其下角梁下为垂花柱。二楼正脊和垂、戗脊上共有39个陶质小狮子。

东闸门修缮前

（10）东闸门：位于外城东北的高岗边沿，外城东墙北端，南与嘉峪关外城墙相接，北侧与闸门墩有墙体相接，北距闸门墩15.70m。坐西向东，通高12.46m，分为2层，上层为闸门楼，下层为门洞。其中，闸门西侧地面至拔檐上皮6.95m，拔檐4层，第一层为平砖，二层为砖砌花牙，三、四层亦为平砖，拔檐之上即为闸门楼。闸门底部南北10m，东西10.43m，顶部南北9m、东西8.27m。下碱为3层花岗石条石砌筑，条石长1.10～1.55m，宽0.33m、厚0.33m，石基之上为城砖垒砌，砖长0.33m，宽0.15m，厚0.05m。东面门洞上部偏北距地面5.27m处有一条裂缝延伸到基石。券门建在一个近4°的斜坡之上，略呈长方体，总进深10.43m，因宽度不同分东、西两面。东侧券门通高4.14m，进深3.87m，底宽3m，顶宽3.20m，西侧券门通高4.39m，进深6.56m，底宽3.68m，顶宽4.11m。门立于东、西券门之间，为黑漆铁皮包钉双扇对开门，每扇门高4.22m，宽

东闸门修缮后

1.75m，厚0.12m。门洞两壁石基之上各嵌有18根方楞木，柱宽、厚均为0.15m。其中，东面门洞两侧各7根，高3.17m，西面门洞两侧各11根，高3.64m，门洞顶部亦为楞木搭建。闸门楼为硬山式前带卷棚式顶，面阔3间8.17m，进深3间7.32m。其中，明间面阔2.93m，次间面阔2.62m。楼体正脊两端置脊兽，前后4条垂脊，脊端置垂兽，兽前为蝎尾式，屋顶上覆灰瓦。门楼基础为砖砌，山面及后墙均为土坯砌筑，南侧山墙开门，后金柱墙体包裹，前后檐柱露明，南北9m，东西8.27m，高5.60m。檐柱至金柱2.46m，前后金柱

南敌楼修缮前

间距3.58m，两侧山柱嵌在墙壁之上，东侧（正面）明间两檐柱间上部悬挂有“天下雄关”匾额。门楼两外侧下部为鹅卵石砌筑，上部为土坯砌筑。

（11）南敌楼：建于内城南墙中段马面之上，马面底宽11.70m，高10m，内侧砖砌，外侧土坯砌筑，由下而上收分。敌楼南北7m，东西8.70m，为悬山式勾连卷棚结构，带前廊，面阔3间6.86m，进深两间5.21m，廊步为1.20m。其中明间面阔3.07m，次间面阔1.90m。后檐墙及两侧山墙土坯砌筑，门向北开，为四扇双开六抹隔扇门，门宽2.80m，高2.30m。门前回廊与南墙顶部马道相通，回廊宽0.80m，廊柱下垫木外露，廊柱间装有花格木栏。

南敌楼修缮后

（12）北敌楼：建于内城北墙中段马面之上，与南敌楼相对。马面底宽11.80m，高10m，内侧砖砌，外侧土坯砌筑，由下而上收分。敌楼南北7m，东西8.70m，为悬山式勾连卷棚结构，带前廊，面阔3间6.86m，进深2间5.21m，廊步为

北敌楼修缮前

1.20m。其中明间面阔3m，次间面阔1.85m。后檐墙及两侧山墙土坯砌筑，门向北开，为4扇双开六抹隔扇门，门宽2.80m，高2.30m。门前回廊与南墙顶部马道相通，回廊宽0.80m，廊柱下亦有垫木外露，廊柱间装有花格木栏。

北敌楼修缮后

四、维修工程施工程序及过程

嘉峪关关城内的木结构建筑由于因西北地区风沙大、日照强等自然因素的破坏，嘉峪关关城的古建筑出现柱体开裂，局部木构件糟朽，油饰彩画起甲脱落等病害问题。

2011年国家文物局启动了嘉峪关文化遗产保护工程，并将嘉峪关文化遗产保护工程列为国家文物局“十二五”重大文物保护工程，对万里长城嘉峪关实施全面系统的保护维修。

嘉峪关关城木结构建筑修缮工程属嘉峪关文化遗产保护工程三大项目之一嘉峪关长城本体保护工程的子项目，国家文物局文物保函［2011］475号批复立项，工程主要是对关城光华楼、柔远楼、嘉峪关楼、敌楼、文昌阁、戏台、箭楼、角楼、东闸门、关帝庙牌坊等22座木结构建筑进行保护修缮。修缮内容主要包括屋面瓦件望板、苫背、瓦件整修、木结构维修加固、地面整理等项目。

（一）施工顺序

脚手架搭→设屋顶拆除→勘察木材糟朽情况→校正补配架梁→制作需要补配的木构件→镶补、墩接加固裂隙旧构件→重新制安木基层→铺设望板→瓦瓦、调脊→木装修安装→重墁地坪→竣工待验。

（二）实施内容

1.台明及台帮

清理修整建筑台明，归安走闪的阶条石，补配缺失的阶条石，剔除水泥勾缝，用传统油灰勾抹严实。铺墁阶条石以内的青砖地面；台明泛水随现状不小于7‰，拆砌严重风化和后期维修改变原材料、原做法的台帮；拆除近代维修时添配的水泥砂浆预制块和踏垛，恢复阶条石和踏垛，补配的石材材质同现用石材，为当地花岗石。

2.地面

修整台明和室内地面。局部或全部揭墁残损的砖墁地面，按原制更换碎裂、酥碱的地面砖，添配丢失的地面砖。更换糟朽、严重变形的木地板。

3.木构部分

屋面卸荷后，根据现场情况，对局部歪闪的木构架局部修整。对劈裂（干裂）木构件进行裂缝修补、加固；对变形构件和节点进行适当调整、加强；对糟朽构件进行防腐处理、修补或更换。仔细勘察墙内木柱，视糟朽情况墩接或更换。

4.墙面墙体

对于墙体出现细小的裂缝，进行灌浆加固。对于局部松动、酥碱的墙体，可采取剔补或局部拆砌的方法进行修缮。修补室内抹灰墙面，残损较重的可铲除重抹，刷浆见新。室外墙面抹灰采用大草泥灰。

5.屋面

全部屋顶瓦面重新揭瓦，添配残损、丢失脊、瓦件，黏结修补兽件。苫背全部挑顶翻修，更换糟朽的椽子、望板和芦席，重新分层苫背。

6.装修部分修整门窗、栏杆。补配缺失的棂条、“工”字、雀替等构件。

（三）主要施工工序

1.拆除工程

拆除前对所有木构件及屋面瓦件、脊饰进行编号，测量记录，包括文字及影像资料。之后按顺序依次拆除屋面瓦件、脊饰，铲除苫背层泥土、拆除望板、椽飞、檩条、梁架、斗栱、板、枋、柱子。

1）屋面瓦件、苫背拆除

拆除工具使用瓦刀，铲苫背层用平锹；从檐口滴水、勾头开始拆卸，拆卸时要一勾底瓦，一垄筒瓦依次拆卸。瓦件拆卸后随时往地面清运，经清理后整齐码放在指定地点，进行苫背层泥土的铲除，记录好苫背层的做法、厚度。

2）椽、望拆除

拆卸望板时，用拔钉器将望板上的钉子拔除，将望板逐块取下，尽量避免二次破坏。望板拆卸完毕后，对椽子进行检查，并按照原构件顺序依次拆卸需更换的椽子，拆除时不得随意乱拆，不得用力猛踩，避免对原构件造成进一步损坏。椽、望板拆除后要即时清点总数，做好残损登记表；最后按标准分类，整齐码放。

2. 维修工程

（1）打牮拨正。开挖歪闪柱子的柱门，露明柱子，清理完下滑的夯土之后，开始对柱子进行打牮拨正，先拨正前檐檐柱，先用撬杠将其翘回原位，之后用牮杆在东侧进行支撑，以防止其再次倾斜，然后将金柱归位，南北两侧均用牮杆进行支撑，用木拉杆将柱子和大梁斜拉，角度为45°~60°，防止再次向东、向南倾。

最后将后檐墙及两山墙柱门进行封堵，待屋面工程全部结束后在将木拉杆拆卸。

（2）柱子更换。更换柱选用与原构件相同树种的干燥木材，依原来式样和尺寸进行更换。

（3）将残损的柱子用撬杠顶升，用绳子将柱身捆绑进行拆除。

（4）安装柱子。检查柱础石的牢固情况，弹画柱中线的墨线，然后用杖杆校核开间尺寸；支搭安装架木，将构件运到附近，按拆除编号校对无误后进行安装。先安装室内的，再安装室外的。用绳子将柱子吊至预定位置，稳牢在柱顶石上，用戗杆临时固定，然后用垂线球从正面或背面校核垂直，从侧面校核侧脚，随时用撬棍微调无误为止。将戗杆重新钉牢，防止滑动。

（5）柱子剔补加固。将柱身劈裂处毛茬剔除掉，清理干净缝内灰尘，然后用同等材质干燥木条涂抹骨胶进行嵌补，之后将嵌补木条刨平。

（6）更换木横梁。依原形制尺寸重新制作木横梁，然后将两侧立柱拆除，将原劈裂的横梁拆除，之后用绳子将制作好的横梁吊至架板上，人力抬至原位进行安装，最后归安立柱。

3. 屋面工程

1）屋面瓦件、脊饰灰缝勾抿

用灰刀将瓦件捉节、夹垄松动部分的灰抠除清理掉，通过用水洇湿清除，将筒瓦与板瓦之间切出一个略向内凹的槽，然后用自制小抹子用力将灰膏挤压进去，外侧瓦肋齐整勾抿，不得抹成斜坡状，筒瓦两侧斜度一致，不得出现“一边倒”，勾抿之后及时清扫瓦面至净。

2）屋面瓦件、脊饰局部更换

筒瓦更换，用瓦刀将残损的筒瓦撬除，之后对其底部灰泥及上下相邻筒瓦洒水洇湿，重新安放新制筒瓦。

板瓦更换，用瓦刀将板瓦左右两侧相邻筒瓦撬除，将残损板瓦拆除，之后对其底部灰泥洒水洇湿，重新安放板瓦。

檐口勾滴更换，挂设檐口线2道（勾头上皮、滴水底皮），将残损的勾滴拆除，底部灰泥洒水洇湿，重新更换。

脊饰、吻兽更换，先钉设脊柱，底部满铺灰泥，之后安放吻兽，填灰浆过半稳固，外表用白灰勾缝。

更换瓦件、脊饰均依现存屋面瓦件、脊饰形制进行补配，所用灰泥材料配比为白灰∶黄土=8∶2。

3）墙体抹面

用灰刀将墙面空鼓、脱落的部分进行铲除，洒水洇湿，重新抹面。

4）地面墁砖

将残损较为严重的条砖用錾子剔除掉，清理干净垫层，然后用同等规格的条砖进行补砌，条砖挂灰饱满，之后白灰勾抿，局部要用砖药打点、整平。铺墁完成后，将砖面清扫干净。

5）压沿石、台阶踏跺灰缝勾抿

用灰刀将连接处松动、脱落的灰抠除清理掉，之后洒水洇湿。开始进行抹灰勾缝，勾缝使用的工具为灰刀，麻刀白灰勾抹严实，配比为麻刀:白灰=1:2。

6）木构件原位归安

木构件安装时要严格按照拆除编号进行。安装过程中要反复进行吊线、测量，以确保构件无歪闪、错位现象。

木基层的安装：号椽挑线→按线铺钉→望板铺钉→连檐安装。

7）苫背、瓦瓦

（1）苫背：保留嘉峪关关城建筑传统屋面苫背做法，苫背层为滑秸泥背一层，无护板灰和青灰背，滑秸泥背平均厚50mm，材料配比为：白灰:黄土=1:3。泥内另掺麦草或麦壳，每100kg泥土掺草6kg，分2层压抹，拍打严实。为了对其进行防护，在泥背上苫麻刀灰背一层1~2cm，压实收光，苫背要做到“拍打出浆、赶压光亮”。

（2）瓦瓦：屋面形制依原拆除前形制进行瓦瓦，操作工艺严格按照古建筑屋面操作规范进行：

A. 排瓦挡：首先在连檐上将“中”号出，然后找出边垄中，在中与中之间按正当沟的长度加灰缝赶排瓦口，翼角割角留七分，其余部分瓦口规格以近似值正身垄均分。钉瓦口要垂直，然后平行抬至脊部并用铅笔号出标记。画好后应该对数目确认有无误差，上下是否垂直。

按作业档冲垄，冲垄时要先冲靠向翼角的第一根正身垄，向檐头顺囊，要顺向自然，以此标准挂檐头勾滴齐头线，中腰节一至两道，脊部挂一道。并且脊部及中腰节要挂吊鱼。

B. 瓦板瓦：瓦瓦时一般自中线向两边分，每边先自垂脊靠近中线的一垄瓦起。每垄先在檐头用麻刀灰安滴水瓦，为保证各垄滴水瓦的高低及伸出瓦口外尺寸一致，应在檐头挂线，滴水瓦伸出瓦口6cm左右。滴水安稳后，开始拉线瓦底瓦，线的弯度须圆弧。瓦下铺掺灰泥，自下而上依次瓦底瓦，底瓦泥要软，打泥要足，黄土:白灰=7:3即可。瓦要摁实，小头向下，搭落压六露四，压落要一致并顺向、严实，无侧偏。底瓦头部预先挂麻刀灰后再铺瓦，以保证底瓦与底瓦之间的缝隙严密（比瓦好后单独勾缝的效果好）。瓦翅随手备实、备严，蚰蜒裆用青麻刀灰填实抹平。

C. 瓦筒瓦：瓦筒瓦时，先在檐头用麻刀灰安勾头瓦，并钉好瓦钉，然后自下向上依次铺瓦筒瓦。总的要求，除需坚固外，从外观上应做到“当匀垄直，曲线圆合”。

首先在两滴水之间放置遮羞瓦，要用同色瓦片。然后沿蚰蜒当打盖瓦泥，勾头要用麻刀灰抱头，捉节灰要碎麻刀月白灰打在熊头上，挤压饱满、严实。由上至下要大小一致。

先瓦两垄板瓦，一垄筒瓦，然后每瓦一垄板瓦后就接瓦一垄筒瓦，灰泥配比为白灰:黄土=8:2，并且要填塞至实。筒瓦垄正势顺，下脚留出30~40mm的夹垄空挡。

D. 捉节夹垄：全部瓦顶或每面坡瓦好后，进行“捉节夹垄”。捉节就是将筒瓦之间的缝隙勾抹严实。夹垄就是将筒瓦两侧与底瓦之间的空当，用灰勾抹严实。

（3）调脊：脊饰构件及安装位置严格依拆除构件编号进行。调正脊前，先于正脊两端安装正吻，吻内设脊柱，填灰浆过半稳固，外表用白灰勾缝。正脊下部在当勾瓦上安放合包筒瓦，上筑脊身，脊身收线圆和适度。脊身灌满灰浆，上扣扣脊筒瓦。垂脊内侧先扣半砖与外侧当勾取平，然后依照正脊方法砌筑垂脊脊身。

4. 海曼砖重铺

（1）揭除原有地面，先做好原样记录，然后逐行逐块用瓦刀、撬棍轻轻揭除，依规格或残段程度分类码放，查清数量，之后清理旧垫层。

（2）夯打三七灰土新垫层，再做20mm厚的掺灰泥（1:2），依原十字缝形式进行重新铺墁，白灰勾缝，最后将砖面清理干净。

水帘洞石窟群

项目名称：甘肃省水帘洞石窟群危岩体抢险加固及环境整治工程
建设单位：武山县文物局
设计单位：中铁西北科学研究院有限公司
施工单位：甘肃中铁建设工程有限公司
监理单位：甘肃经纬建设监理咨询有限责任公司
项目负责人：马显军

一、项目概况

水帘洞石窟群位于甘肃省武山县城东北25km处的鲁班峡谷麻池沟中。始建于十六国时期之后秦，经北魏、北周、隋、唐、五代至元、明、清各代增建和重修，形成七寺五台规模。现存水帘洞、拉稍寺、千佛洞、显圣池4个单元。石窟群现共保存有历代造像百余尊、壁画2000多平方米，建筑物10余座，舍利塔8座，题记碑刻10通，融北魏、北周、隋、唐、五代、宋、元、明、清各代佛教文化于一体的露天石窟寺，全国仅此一处。因此，水帘洞石窟群不仅具有重要的观赏价值，而且更具历史、文物的研究意义，尤其是拉稍寺摩崖题记，为研究石窟分期断代以及美术史的渊源与发展提供了重要的实物资料。

水帘洞石窟于1963年、1981年甘肃省人民政府两次公布为省级文物保护单位，2001年6月25日被国务院批准公布为第五批全国重点文物保护单位。

随着岁月的流逝，区域自然环境的变化及人为因素的影响，使作为石窟文物载体的岩体稳定性不断降低，尤其是构造节理裂隙发育、岩体风化、基岩裂隙水和地表水的影响，造成洞窟坍塌严重，危岩体普遍发育，严重威胁着游客和管理人员的生命安全，给文物保护工作带来很大困难。因此，本项目针对石窟区危岩体进行抢险加固，使中华民族的珍贵文化遗产得以有效保护，尽可能地延长文物保存期，其意义深远而重大。

二、病害状况概述

根据野外地质调查和工程地质勘察，水帘洞石窟群各文物单元都存在不同程度的危岩体及渗水病害，对人员和文物的安全造成极大威胁，给文物保护管理工作造成很大困难。

（1）石窟崖体危岩体：受地质构造和地层岩性的影响，水帘洞石窟群所在高陡崖壁危岩体发育，危岩体直接影响石窟赋存岩体的稳定，进一步威胁洞窟文物的保存，同时还对石窟管理和参观人员的安全造成一定影响。因此，石窟崖体危岩体的加固保护对石窟保护意义重大。

（2）岩体裂隙水：水帘洞石窟群岩体裂隙水影响较为严重的有水帘洞单元和千佛洞单元，受裂隙水的影响，崖壁潮湿，并局部有裂隙水流出的迹象，裂隙水一方面软化石窟岩体力学指标，造成洞窟稳定性不断降低，另一方面由于裂隙水的长期渗出，造成局部环境湿度较大，影响壁画、塑像等文物的安全保存。因此，有效疏导裂隙水，对水帘洞石窟群文物的保护意义重大。

（3）崖壁雨水面流冲蚀：崖壁雨水面流冲蚀主要分布在拉梢寺和显圣池单元，面流造成壁画及地仗层脱落，严重损坏了文物本体，恶化了文物保存环境。若进一步发展，将扩大损坏范围，对文物的长期保存极为不利。

三、加固工程的具体内容

本项目根据病害特点，针对性设计不同的治理措施，主要有以下几点：

（一）脚手架工程

拉梢寺单元脚手架

作为危岩体加固及水害治理工程的辅助设施，脚手架在本项目中极为重要。其中拉梢寺单元脚手架最高达91m，显圣池单元脚手架为80m，在脚手架搭设中还必须克服下部场地不平整，受洪水侵袭等危险因素。

水帘洞石窟群各单元都开凿在高达40～70m的高陡崖壁上，尤其是拉梢寺单元的巨型摩崖石刻，危岩体加固及水害治理范围最高处达90m，脚手架是施工操作的必要平台，加之拉梢寺单元处于一个两沟交会地带，脚手架基础必须坐于沟底及边坡不平整区域，即要保证脚手架搭设及施工过程中的安全稳定，同时还要考虑洪水可能给脚手架安全造成的潜在威胁，这给超高脚手架搭设及安全防护带来了极大的挑战。施工单位在充分调查分析现场情况后，编制了脚手架搭设专项方案并进行了安全验算，脚手架立杆尽量避开河沟，并在其下设置较大体量的混凝土基座，尽可能避免发生洪水时直接冲刷脚手架，脚手架若发生倒塌，将可能直接对壁画、塑像区文物及施工人员的安全造成威胁。在完成多项安全防护措施后，超高脚手架在搭设和使用中未发生任何人员伤亡和文物受损的情况。

显圣池单元脚手架

（二）危岩体加固工程

钻孔施工振动可能对文物本体造成严重损毁，为了避免危岩体加固对文物造成不利影响，在施工前对危险壁画和佛像进行了临时加固处理。

危险壁画加固处理

危险佛头加固处理

本项目提出运用拉力分散型锚索加固崖壁顶部厚层危岩体，采用压力型锚索加固崖壁底部表层岩质较差的危岩体，同时与钢筋锚杆与普通拉力锚索有机结合，组成合理的崖体加固体系，有效地解决了石窟危岩体的安全隐患，根据文物保护相关原则，所有锚固体系潜入崖壁，封锚复旧，修复工程对历史遗迹景观不造成任何影响。

锚孔封锚

封锚后表面处理

压力型锚索的优点是锚孔内砂浆体受力更为合理，能够将不稳定的岩体锚定于地层深部，从而减少了锚索预应力对表层岩体的不利影响，针对拉梢寺栈道下方表面岩质较差、风化严重的问题，采用压力型锚索对崖壁加固，避免了由于拉应力集中造成危岩体坍塌，确保了上方壁画文物的安全。压力型锚索的使用在国内石窟岩体加固中尚属首次。

考虑到拉梢寺5号危岩体上壁画覆盖面积较大，只在其下方局部没有壁画，为了保证加固工程不对壁画造成损坏，在5号危岩体下部设置型钢悬挑梁对其进行托护，在保证文物安全的前提下最大限度地提高了岩体的安全系数。型钢等高抗

三牙轮钻孔

剪强度材料的使用，在石窟危岩体加固时能起到事半功倍的效果。在工程实施时，钻孔施工采用三牙轮钻头，有效地控制了施工振动，避免了周边文物在过大振动下发生破坏。钻孔注浆采用土工布封闭注浆，有效地控制了浆液分布范围，精细化施工保证了危岩体裂隙周边壁画文物的安全。

拉梢寺5#危岩体钻孔注浆

另外，水帘洞石窟群壁画等文物基本处于一个开放的状态，钻孔施工时，粉尘对壁画文物的污染相对较大，非常有必要采取除尘措施。一般的洒水等除尘措施不能应用于文物保护项目中，只有粉尘收集的方式才适用于壁画文物周边钻孔除尘作业，在调查市场之后发现，目前国内没有较好的钻进除尘设备，项目技术人员积极进行了除尘设备的试验研发，并取得了较好的效果。安装除尘设备后粉尘污染降低80%以上，在后期不断试验完善后，该钻进除尘设备已获得国家专利授权。

（三）岩体裂隙水疏排工程

针对水帘洞石窟在同一水平面上存在多个渗水点的问题，设计采用水平排水孔将3个出水点

钻孔成孔时采用除尘设备

连通后由排水管引至洞窟中部岩柱下方的集水池内，埋设排水管前对其进行保温处理，施工完毕后对崖面和出口部位进行复旧处理，有效解决了水帘洞石窟水害的难题。部分排水孔存在长流水，其为雨水沿裂隙渗入，从仰斜排水孔排泄而出。

（四）崖壁面流治理工程

水帘洞渗水点

千佛洞排水孔

拉梢寺水害治理主要是针对拉梢寺顶部面流的处理，这是参考古人处理拉梢寺壁画顶部降雨面流的措施，即在壁画区上部岩体上凿刻原岩，使其形成一个外低内高的反向沟槽，雨水面流到此后直接发生坠落，避免水流冲刷壁画区，对壁画文物造成破坏。设计单位根据现场实际情况设置了一层多道相互叠加的滴水檐，工程实施后，对比可以发现，降雨过后，滴水檐是面流的一道坎，有效控制雨水继续沿崖壁向下流动，保护了下方壁画文物的安全。

拉梢寺壁画顶部反向滴水檐

拉梢寺崖壁上截排水槽

四、加固工程总结

本工程于2009年3月开工，2009年10月完成主体工程，2010年对局部进行了完善，并于2014年6月通过了甘肃省文物局组织的专家验收。竣工后的工程对文物的保护实际效果明显，通过对本工程实施安全、投资、进度、质量的控制和管理，参与各方精心组织，严格按各项施工程序进行操作，对保证文物本体加固稳定的各项措施落实到位，对处于危险状况之中的文物本体及崖体的保护加固达到预期目的，起到了积极的作用。

刘永福旧居

工程名称：刘永福旧居第三期维修工程

建设单位：钦州市博物馆

设计单位：广西文物保护研究设计中心

施工单位：广西文物保护研究设计中心

监理单位：广西桂标项目管理有限公司钦州分公司

项目负责人：苏栋

一、概况

刘永福旧居，位于广西壮族自治区钦州市板桂街10号，因刘永福援越抗法，受越王封为三宣提督又名“三宣堂”。旧居建于中法战争后的光绪十七年（1891年），现占地面积22700m^2，建筑面积5600m^2。旧居坐北朝南，平面布局合理，具有典型的晚清时期北部湾沿海府第建筑群特征，由头门、二门、照壁、主座、北廊房、东廊房、西廊房、东侧过廊、西侧过廊、谷仓、书房、炮楼等建筑组成。

20世纪90年代前，国家及地方政府非常重视刘永福旧居的维修保养工作，多次多方面筹集资金对其进行修缮保护。

2001年，刘永福旧居被公布为全国重点文物保护单位。

2005年，刘永福旧居开始第一期维修工程，对旧居中的书房、西南炮楼、西廊房与谷仓实施维修，至2006年维修竣工完成。

2010年，刘永福旧居开始第二期维修工程，对旧居中的北廊房、东廊房，以及主座前东、西花厅实施维修，至2011年维修竣工完成。

2012年，刘永福旧居开始第三期维修工程，至2013年维修竣工完成。

本次主要介绍刘永福旧居第三期维修情况。

刘永福旧居总平面实测
红线部分为刘永福旧居保护范围
绿线部分为刘永福旧居第三次维修范围

二、工程概况

刘永福旧居第三期维修工程于2012年12月25日正式开工，至2013年9月5日完成施工。维修范围包括：东南角炮楼，东北角炮楼，西北角炮楼，东巷及过廊，西巷及过廊，二门。

三、残损状况概况

（一）炮楼

位于旧居的东南、西南、东北、西北角，与院墙相连，建有4座炮楼。炮楼均由青砖砌筑，青砖规格为280mm×140mm×60mm，内外墙面为清水墙。现除西南角炮楼已在刘永福旧居第一期维修工程中得到维修，其余3座炮楼均已倒塌、损毁，只残留部分炮楼墙体。

炮楼总体维修方式：根据保留下来的炮楼遗存，消除炮楼遗存存在的病害后，按照保存较好的西南角炮楼形制，在其他3

座炮楼原址上复建炮楼。

（二）东巷、西巷以及巷道过廊

东廊房、西廊房与主座之间为东巷与西巷，巷道由南向北均建有4座过廊，用以连接东、西廊房与主座交通。

1. 西巷

西巷面阔4.74m，通进深46.61m，有4座过廊，过廊地面均为红方砖地面，西巷过廊第三进过廊在第一期维修工程已维修，第一进过廊在第二期维修工程也已维修，现保存较好。第二、第四进过廊完全损毁，仅保留有过廊的红方砖地面。过廊间天井地面均为三合土地面，现三合土地面严重碎裂。

2. 东巷

东巷与西巷面阔、进深相同，也有4座过廊，东巷第一进过廊和整条东巷地面在第二期维修工程已维修，现保存较好。其余第二、三、四进过廊均已完全损毁。第二进过廊的屋面轮廓、过廊梁架、隔墙的痕迹保留在主座山墙表面，可清晰分辨，而且东巷第二进过廊保存的痕迹与西巷第二进过廊保存的痕迹，高度、样式一致，可见原东、西两侧过廊样式、规格应该相同。东巷过廊第三与第四进过廊的痕迹，因主座山墙维修改造时重抹砂浆被完全掩盖。

东巷、西巷过廊总体维修方式：根据保留下来的过廊痕迹，在原址上复建东巷第二、三、四进过廊和西巷第二、第四进过廊，修复整条西巷地面。

（三）二门

二门与头门相对，有过道相接，二门是一座面阔14.48m，进深9.79m，3开间，硬山搁檩的2层楼房，双坡板筒瓦石灰砂浆裹垄屋面，白色望瓦，绿琉璃剪边，檐口用飞子，屋脊为青砖抹灰脊。门额原悬挂清政府封赐的“大清一品武官建威将军”金字大匾，两旁对联“恩承北阙；春满南天”对联，现都已损毁。

1）屋面：瓦件下滑、散乱、碎裂，屋面漏雨，瓦件损坏量约80%。

2）椽子受潮腐朽，损坏量达80%。

3）封檐板严重腐朽、断裂。

4）檩条：多数檩条檩身表面腐朽，布满污渍，干缩开裂，裂缝细微，部分檩条严重蚁蛀、腐朽。

5）楼面：南、北次间、明间均为2层格局，次间楼楞上下均被楼板与天花板遮挡，无法接触勘察，仅门楼明间楼楞可勘察，明间二层为后增设，楼楞楞径、类型各异。

6）墙体：

（1）东檐墙面与二层内墙面石灰砂浆抹面大面积空鼓、脱落。

（2）西檐墙墙脚滋生苔藓。

（3）南、北山墙与西檐墙部分墙体松动。

7）地面：

（1）一层地面过廊与明间花岗石地面保存较好。

（2）一层南、北次间室内地面被改造为水泥砂浆地面。

8）木装修后期改为现代做法。

维修方法：二门采取揭顶维修方式。

四、维修的具体内容及措施

（一）炮楼

（1）东南角炮楼已经损毁，南侧墙体完全倒

东南炮楼维修前

塌，其余三面保留有残墙，墙高4.16m，东侧与西侧残墙长5.8m，东侧残墙表面清水做法，北侧与西侧残墙外表面假清水做法，西侧墙体严重开裂，有倒塌隐患，西侧墙体外还留一段残墙，高0.88m，长5.38m。炮楼室内地面也已完全损

毁，现为泥土地面，生长有杂草、树木。

维修措施：对比东南角炮楼和西南角炮楼平面，东南角炮楼进深过小，原东南角炮楼西侧墙体应不是在现在的位置上，西侧墙体外侧还残留一段残墙，残墙与现西侧墙体同长，此段残墙应为东南角炮楼西侧墙体原有位置。对东南角炮楼地面进行开挖，查找原西侧和南侧墙体基础遗址位置，按原基础修复炮楼。

东南炮楼维修后

（2）东北角炮楼已经损毁，西侧墙体完全倒塌，其余三面保留有残墙，墙高4.12m，与旧居围墙相连，三面残墙均保存有枪眼。北侧残墙内长5.01m，南侧残墙内长2.03m，东侧残墙内长4.53m。炮楼室内现有地台，高出室外地面960mm，地台地面为水泥砂浆地面。

东北炮楼维修前

维修措施：铲除东北角炮楼水泥砂浆地面面层，开挖地面，查找炮楼西墙与南墙基础位置，按照总体维修方法进行恢复。

现旧居内西南角炮楼枪眼距台基地面高度为400～880mm，二门枪眼高度为780mm，东、

东北炮楼维修后

西、北廊房枪眼高度为700mm，均低于现东北角炮楼一层枪眼距地面高度1060mm，原东北角炮楼室内地面应高于室外地面，现室内水泥砂浆地面在后期被改造所至。恢复东北角炮楼时应保持有台基的做法，台基采用青砖砌筑，内回填素土夯实，面层用青砖铺地。

（3）西北角炮楼已经损毁，东、南、北侧墙

西北炮楼维修前

体完全倒塌，仅残存西侧墙体，墙高3.5m，墙长4.82m，保存有枪眼。墙面为清水墙面，墙面布满污渍。炮楼地面现为水泥砂浆地面。

西北炮楼维修后

维修措施：按照西南角炮楼的

布局、形制和工艺做法进行修复。拆除后建学校宿舍占用炮楼地面部分，对西北角炮楼地面进行开挖，探查损毁墙体基础位置，按原基础修复炮楼。西北角炮楼枪眼距地面高度1000mm，情况类似东北角炮楼，恢复西北角炮楼时应抬高室内地面，青砖砌筑台阶。

（二）东巷、西巷以及巷道过廊维修措施

1. 西巷

（1）西巷第一进过廊，在刘永福第二期维修工程中已做维修，保持现状。

西巷维修前

（2）西巷第二进过廊地面也为红方砖地面，第二进过廊地面中没有门槛痕迹，也无隔墙痕迹，分析第二进过廊保留在主座山墙上的痕迹，对照主座过廊侧门的相对位置，可知第二进过廊中部无分心墙和门洞。

（3）西巷第三进过廊，在刘永福第一期维修工程中已做维修，保持现状。

（4）西巷第四进过廊现还保存有后檐墙，墙体上部已倒塌，原檐墙门洞被砌砖封堵，过廊的屋面轮廓保存在主座山墙上仍清晰可辨。

西巷维修后

2. 东巷

东巷维修前

过廊的檩条按主座山墙保留檩条孔洞的高度进行安装，檩径140mm，屋面采用双坡板筒瓦石灰砂浆裹垄屋面，白色望瓦，绿琉璃剪边，檐口用飞子。修复砖柱300mm×300mm，支承梁架，梁架按第一期维修修复的西巷第三进过廊的梁架制作，外檐铺设花岗石阶沿石，室内做红方砖地面。东、西巷第二进过廊按主座山墙保存的痕迹修复。东巷第三进过廊按已维修的西巷第三进过廊进行修复。第四进过廊开挖基槽，砌筑清水砖墙，设卷拱门洞。东、西巷过廊的修复，布局对称，构件所用材料、规格和做法一致。

东巷维修后

（三）二门

1）屋面维修措施：保留主座屋面板筒瓦石灰砂浆裹垄做法，更换碎裂、酥碱的瓦件，清理风化、剥落裹垄砂浆，重新抹灰裹垄，构件更换量约80%。

2）椽子维修措施：更换严重腐朽的椽子，更

南立面维修前

南立面维修后

换量：80%。新做椽子材质为杉木，规格（宽×厚）：80mm×25mm。

3）封檐板维修方法：更换封檐板，按旧居内封檐板的材质、规格和形式制作。新做封檐板材质为杉木，规格（高×厚）：200mm×20mm。

4）檩条维修方法：根据檩条的残损情况进行修缮，清理表面腐朽、污渍，采用相同材质木料填塞裂缝后粘牢补严；严重腐朽的，按现檩条的材质与规格制作，予以更换。

5）楼面维修措施：拆卸次间天花板后，发现楼楞严重虫蛀、遭朽，经管理单位、设计单位、监理单位同意全部更换为直径180mm杉木，楼板更换为30mm厚杉木板，楼板面铺设油毡防水层、石灰砂浆结合层面铺330mm×330mm×40mm红方砖；楼楞底恢复木板条天花。依据设计要求取消明间2层做法。

6）墙体维修措施：

（1）清除西山墙墙脚滋生苔藓。

（2）对前后檐墙与西山墙部分松动的砖墙采取掏砌方式进行修复。

（3）依据设计要求封堵两山墙的窗洞。

（4）铲除墙面石灰砂浆抹面，新做假清水墙面。

7）地面维修措施：

（1）一层前檐廊与明间花岗石地面现状保存。

（2）铲除一层南、北次间室内水泥砂浆地面，恢复红方砖地面。

8）木装修维修措施：全部拆除恢复原木装修做法。

五、总结

刘永福旧居第三期维修工程的设计和施工任务均由广西文物保护研究设计中心承担，该中心成立于1999年2月，是经广西壮族自治区文化厅、国家文物局批准，从事文物保护工程勘察设计工程设计（甲级资质）；文物保护工程施工（一级

北立面维修前

北立面维修后

资质）的全民所有制企业，是一支具有丰富修缮经验的队伍。对该项目的实施情况总结如下：

（一）把检查工作常态化，确保工程进度、工程质量

建设单位、设计单位、监理单位、施工单位共同进行工程质量检查是常态性工作，检查中发现的问题现场协商，立即整改，小问题不过夜，大问题第二天有落实。通过经常性的质量检查，不仅使一些不足之处得以及时地发现、排除。同时也对易于疏忽、出现的问题进行了总结分析，取得了新的经验。

东立面维修前

东立面维修后

（二）及时完善质量保证资料

（1）做好技术和安全交底工作：实行层层交底，并将书面交底存档。

（2）作好各分项各分部验收记录。

（3）收集施工过程音像资料。

（三）重视安全生产、文明施工

1. 加强教育

经常组织召开安全生产、文明施工教育会，以生动的事例说明安全生产，文明施工的重要性。

2. 设施和措施

（1）加大安全、文明施工设施的投入：每个参与施工人员必备1条安全带1顶安全帽，春、夏各2套工作制服。

（2）定期对脚手架、架板、防护网、用电等设施进行常规性的检查，监督高空作业必须搭挂安全带。

（3）施工场地内的材料按规定堆放整齐，施工场地和生活区派人经常打扫。做到施工通道畅通，生活环境清洁卫生。

（四）设计、建设、监理、施工各单位群策群力和默契配合

设计单位派驻工地的设计代表坚持每天到施工现场，广纳各方意见、建议，及时解决技术难题和调整设计方案；建设单位（管理单位）平时的文物管理工作全面细致，给这次维修设计和施工提供大量有价值的历史资料，工地代表准确把握文物建筑维修原则、维修理念，大胆决策，有效协调关系，及时解决问题；监理单位派出有丰富经验监理工程师，能把坚持文物建筑维修原则和尊重地方区域合理做法有机结合，对维修设计和施工提出独特见解和宝贵意见，工作一丝不苟、任劳任怨，对材料质量、施工质量严格把关；施工单位及时把补充勘察时发现的新问题反馈给设计单位，积极主动表达合理建议，虚心听取各方意见。

西立面维修前

在各方的共同努力下，刘永福旧居第三期维修工程施工质量得到保证，圆满完成维修任务，标志着整个旧居的布局得到完善。2014年7月2日，通过广西区文物局专家组的竣工验收。

西立面维修后

阿巴和加麻扎（墓）

工程名称：阿巴和加麻扎（墓）抢险维修工程
建设单位：新疆重点文物保护项目领导小组执行办公室
设计单位：中国文化遗产研究院
监理单位：新疆城乡建设工程设计有限公司
施工单位：新疆建工集团第六建筑工程有限责任公司
使用单位：喀什地区文物局、喀什市文物局
项目负责人：梁涛

一、概况

阿巴和加麻扎（墓）抢险维修工程是一组古建筑群。始建于公元1639~1640年间，是现存规模最大的维吾尔族风格和伊斯兰教式建筑相结合的古建筑群。

阿巴和加麻扎（墓）的各处建筑都有着各自的形体特色和艺术风格。整个建筑造型稳重简洁，宏伟而肃穆。建筑内外的装饰体现出浓郁的民族风格和地方特色，在装饰上多采用木雕、石膏雕花、彩绘砖拼画饰、木棂花窗、琉璃砖和花瓷砖相结合的形式，是整个建筑装饰丰富多彩，协调统一，美观精致。是维吾尔工匠审美意识、智慧和艺术才能的结晶。

整个建筑群占地面积为5203.8m^2。由主墓室、高低礼拜寺、教经堂、大礼拜寺、经学院、门楼和诵经房组成。各处建筑形体各异，布局得当，相互衬托，和谐生动，宏伟肃穆而引人入胜。该建筑群以浓郁的民族特色和伊斯兰风格体现了维吾尔工匠高超的建筑技巧和艺术才能，可谓维吾尔族古建筑工艺之精华。

二、保存现状

由于年久失修，加之风雨侵蚀，缺乏日常维护保养等现象，各单体建筑均遭受不同程度的损毁。屋面漏雨，墙体坍塌倾斜，墙砖酥碱焚化，基础沉降，大小木结构

主墓室施工前（一）

主墓室施工前（二）

腐朽、松动、扭曲、变形、缺失，琉璃砖脱落空鼓，台帮鼓闪，院内地面凹凸不平，排水不畅等，使整个建筑处于严重危险状态。

主墓室：穹顶琉璃砖脱落、墙面及角塔琉璃砖脱落和空鼓、石膏抹灰层空鼓裂缝、屋面防水层失效、门窗表面油漆剥落，室外散水和地面砖酥碱粉化、室外排水系统堵塞等。

高低寺：高寺屋顶雨水掺漏、木构架彩绘掉色、低寺外殿损坏比较严重，屋顶雨水掺漏、梁架腐蚀严重，失去了承载能力，墙体倾斜外闪，木柱主根腐烂、门窗变形、缺失、排水不畅等。

经学院：屋顶坍塌、外廊构件缺失、墙体坍塌、倾斜、裂缝、门窗丢失、门楼穹顶坍塌、整体失去功能。

砌体、尖弓、构件状况

大礼拜殿：屋面荷载过大，积水、排水不畅，北面穹顶裂缝，室内尖弓下沉开裂，木柱腐蚀，台明砌体酥碱、外闪，墙面石膏空鼓、开裂，构件油饰粉化，地面砖酥碱粉碎等，失去了整个建筑的安全性。

教经堂：教经堂由于长期缺乏日常维护保养措施，造成建筑结构残损严重，建筑材料自身性

墙面、墙体状况

琉璃砖状况

能退化，并存在严重结构性破坏，导致其外殿整体结构处于不稳定状态，大木结构部分已失稳，教经堂及西侧教室东南侧墙体歪闪，穹顶琉璃砖脱落空鼓，外墙面石膏抹灰脱落，门窗变形及丢失等。

诵经房：屋面漏雨、墙体裂缝、外闪、墙面空鼓、抹灰起皮脱落、构件腐蚀等。

门楼及院落：门楼主体结构比较完整，门楼正面琉璃砖低层有不同程度的酥碱或脱油现象，背面比较严重，有空鼓和脱落现象。院落地面破碎严重，后补地面砖为机砖，影响了院落的整体效果。

围墙状况

围墙及木栅栏：围墙墙体基础下沉、坍塌、歪闪，木栅栏变形、缺失等，失去了一定的稳定性。

三、修缮内容及做法

（一）主墓室

主体建筑结构稳定，在主体结构不动的基础

上作维护性修缮，外立面部分鉴于建筑表面覆盖琉璃砖的特殊价值，关于琉璃砖与胶粘材料需要进一步深入地调查与研究，在无充分的实验基础上不可贸然施工。

琉璃砖部分——修补外立面脱落琉璃砖，对于脱落的墙面琉璃砖进行回贴，补配缺失的琉璃砖，对琉璃砖进行实验性烧制，特别是蓝底百花琉璃砖的烧制。胶粘材料沿用当地传统材料石膏为主黏贴。对于穹顶部分的琉璃砖，采取了全部揭取重新回贴，尽量用现有的琉璃砖，新补琉璃砖首先进行了实验性烧制，黏结琉璃砖进行了现场实验，待实验取得阶段成果，专家认可后，方可进行了回贴。

抹灰部分——对现有石膏抹灰层墙面进行除尘处理，局部修复室内外墙面石膏抹灰层裂缝，按传统采用石膏浆抹面，部分出现龟裂纹严重的石膏墙面铲除重抹，用传统手法修复脱落的邦克楼顶装饰石膏层。

胶粘材料的现场实验：进行了两年多的各种室内外实验，通过了设计单位和专家们认可，采用了实验单位提供的胶粘材料配合比，最后圆满完成了工程的各项琉璃砖黏贴施工程序。

主墓室院落地面——修整了建筑周边的现有方砖散水，配合院内修整了地面，做好了周边的排水，更换了残损排水陶管。东侧因离围墙近，与建筑和围墙之间做了三七灰土防潮层，对建筑东侧地面砖进行了重新铺墁。

施工现场（一）

施工现场（二）

（二）高低寺

高低寺大木结构——对低寺平屋顶进行了落架修缮，首先对木构件进行了检查挑选，加固了木柱基础，对变形、劈裂、腐朽的构件进行了更换或搭接和调整，对木构件增加了横向拉结。木枋之间增加了铁扒锯，以此增加了木构架整体稳定性。

墙体及墙面——拆砌了北侧和西侧倾斜墙体，检查了开裂严重墙体基础，并进行了地基勘察，视现场情况进行了地基加固，室内墙面按传统做法进行了石膏抹面，室外墙面按现状进行了草泥抹灰及石膏勾缝。

地面及装修——室内地面降回到了原地坪，恢复了原始方砖地面。

高寺屋面——高寺全面检查屋面清除屋面松散泥土，清理基层，更换部分腐蚀的椽子后，按传统工艺重新做屋面，并增设一道SBS防水卷材。高低寺平顶部分除藻井处均进行了挑顶修缮，施工中按传统做法重做了屋面，更换、不配、归安木制圆木椽。做法草席—芦苇—草泥一层—黄土找坡—草泥找平层—SBS防水层一道—草泥保护层。更换了腐蚀严重、失去功能的流水槽，并在槽底进行了防水处理。全面检查了藻井屋面，清楚表面松散泥层，清理基层并润湿后，按传统工艺重新抹了一层草泥灰。抹草泥之前，在排水口处增设了SBS卷材防水，局部进行了防水处理。铺设防水卷材时，为防止屋面边缘的渗水，按现代做法进行了施工。保证了屋面一定的质量和安全。

高寺墙面与装修——高寺墙体完好，角塔部分墙砖出现酥碱情况，因此对高寺墙面进行了除尘清理，角塔酥碱的部位进行了剔补维修。装修粉刷按设计要求，对顶棚进行了随色粉刷，木柱彩画部分进行了除尘保护，保留了建筑的一定原貌。

施工现场（三）

（三）经学院

屋面挑顶修缮，全面检查了木梁架和木构件，更换了严重变形、失去承载能力的构件，对劈裂的木构件进行了裂缝修补加固，补配了缺失的木构件。按实际状况恢复了外廊。确保了建筑的整体性和安全性。

屋面的施工过程

墙体及墙面：按照实际状况对严重开裂、出现多道竖向裂缝和严重损坏的墙体进行了原拆原砌。更换补配墙体下部糟朽、缺失的防潮木。更换风化严重的墙砖。保留的墙体裂缝，进行灌浆修复。局部剔补了防潮木下风化、酥碱、开裂和

施工现场（四）

残碎严重的砖。铲除了空鼓、开裂、褪色和严重污染的石膏面层，按当地的传统工艺进行了石膏抹面，确保了一定的建筑原貌。

（四）恢复门楼及外廊

在施工过程中发现了门楼和外廊的痕迹，经过专家和有关部门的一致认可，对门楼和外廊部分进行了恢复。恢复前邀请了当地和以前在经学院授课的前辈进行了咨询，掌握准确的信息后，再对门楼和外廊进行了恢复和施工，修缮后效果较好。

台基与地面：全面恢复了室内和院落地面，满铺250mm × 250mm手工方砖。台基在现存的基础上进行了砌筑，恢复了一定的原貌。确保了院内的排水坡度。按设计要求现状保留了院外西侧和南侧的机砖地面。小范围地进行了环境整治。

恢复门窗：参考保留下来的门窗装饰装修形制，恢复了排房缺失的门窗。按照原有的色彩进行了油饰。确保了房屋的完整性。

施工现场（五）

（五）大礼拜殿

大寺外殿为挑顶维修，铲除屋面至园椽后，首先对整个大小木构件进行了全面的检查，根据设计方案和要求，确定了构件的腐蚀程度和构件的承载状况，更换了腐蚀严重、失去受压承载能力的构件，调直了受压弯曲的大木构件，对木柱基础进行了适当的调整和拉平，对劈裂（干裂）的木构件进行了裂缝修补、加固，现场对构件作了防腐、防虫处理。更换的大构件采用了当地的优质木材，选料时保证了原料的湿度、大小尺寸，制作时确保了原状和原尺寸，加固个别劈裂的大构件，按实际情况作了锚固处理，构件担墙部位作了全面的防腐处理，纵向部位作了铁扒锯连接，保证了框架结构个稳定性。

针对墙体的裂缝程度、尖拱的破坏情况进行了全面的检查，并按设计要求和实际情况制定了加固方案，各方一致认为南面、西面墙体局部剔补风化酥碱的部位，墙体裂缝处，按设计要求进行灌浆修补，北面尖拱部位损坏比较严重，基本失去了承载能力，确定拆除重砌。

在施工过程中，按照不改变原貌和现状的文物修缮的原则，进行了施工。首先对修补和拆除部位进行了详细的测量和记录、拍照。必要的部位绘制了简易图，施工时参照记录、照片和绘制的简易图进行了恢复和修补加固。剔补的部位按原材料、原工艺进行了修补，灌浆部位按照裂缝的宽和深度进行了灌浆处理，灌浆的材料均符合墙体本身的原状材料。

北面尖拱拆除时，首先在室内设置了可靠的防护支撑和支架，安排了专门的技术人员负责在拆除过程中现场进行测量记录原始砌筑方法和工艺。砌筑和恢复过程中，不论石膏砌筑工艺多复杂，都严格按照不改变原状的原则进行了施工。每道工序完成后和有关负责人员进行了核对检查，确认后再进行了下一道工序，确保了一定的工程质量和安全。

屋面为外廊部分揭顶重做防水，尖拱部位铲除表面松动的石膏灰和草泥灰。为了减轻平顶部分多年积累泥层的重量，除藻井部位外均进行了挑顶修缮。归安圆椽，按传统做法重做了屋面防水。做法为：草席1层—芦苇1道—增设1道草泥—黄土保温层—1道草泥找平层—增设1道SBS防水卷材—草泥层1道。按要求做好了屋面泛水坡度，疏通屋面排水系统，达到了设计要求。

施工现场（六）

排水设施、台阶、台明和地面：大殿屋面排水系统为外排和内排，按实际情况和要求进行了修缮，并达到了设计要求。台明墙体砖酥碱风化严重、倾斜的，根据实际情况确定拆除重砌，按照原材的尺寸和规格进行了烧制备料，再按原样进行了砌筑，保留了原状。地面内外殿部分为机砖，按要求铺设了手工方砖，达到了设计要求和一定的效果。

油漆、彩画：顶棚按原有材料和颜色进行了粉刷，木柱同样按照原色进行了油饰，下架油饰脱落处按要求进行了局部修复，对旧彩画进行除尘，并进行了现状保护。

院落木制围栏及院落地面：按设计要求和实际情况对围墙砌筑松散、歪闪的墙体进行了拆砌，恢复了坍塌的墙体，补配和安置了缺失残损的木栏，确保了围墙的完整性。配合院内地面进行了修整，按设计要求增设了方砖地面，组织好了院内地面的排水，达到了一定的效果。

（六）教经堂

大木构架拆卸后，首先对大木结构进行了详细的检查和挑选，进行了打牮拨正，更换了腐蚀和糟朽严重的梁枋、伐木、圆椽。对糟朽柱头进行修补，西侧教室挑顶修缮，更换糟朽的梁枋、圆椽，现场对大木进行了防腐、防虫处理。配了丢失的门窗，梁架按传统做法喷涂白灰浆防虫。

墙体及墙面：对教经堂及西侧教室东南侧歪闪的土坯墙进行拆砌，首先检查了基础，视现场情况进行了基础加固。内殿为室内除尘，按传统重刷石膏浆抹面，修复石膏抹灰层裂缝，对内殿外墙残破严重的部位进行了铲除重抹石膏灰，教室内外墙按现状做法进行了草泥抹灰。

穹顶：拆除残存严重空鼓的琉璃砖，补配缺失琉璃砖，重新回贴。施工中发现了穹顶主体砌筑凹凸严重，弧度基层为草泥，砌体出现松动的现象，因此在现场和有关人员进行洽商后，上报了设计单位，设计单位和有关专家进行现场勘察后，确定了穹顶基层的处理方法，增设两道圈梁，按穹顶的弧度依传统做法采用石膏进行抹面找平，再进行了琉璃砖的回贴。

施工现场（七）

装修油饰与地面：补配门窗、椽条，重做门窗油饰，下架粉刷石灰浆，进行现状保护。内殿和外殿揭去了后墁机砖地面，恢复了方砖地面。

（七）诵经房

诵经房：挑顶至圆椽，对劈裂腐蚀的木构件进行了修补、加固。更换了腐蚀严重的圆椽，按传统做法重做屋面，并增设1道SBS防水层。墙体及墙面铲除了开裂、空鼓、污染的石膏面层，按传统方法进行了石膏抹面。加固了损坏严重的墙体部位。修补了下架和木构件的油饰，对彩画部

施工现场（八）

分进行了现状保护。

门楼及院落：门楼主体结构完整，个别装饰有脱落，按原样进行了修补，对墙基酥碱的部位进行了剔补，木门校整加固后按原色进行了粉刷，确保了门楼的整体性。门楼底层正面琉璃砖有不同程度的酥碱或脱油现象，背面比较严重，有空鼓和脱落现象。施工前对门楼的基础部分进行了勘察，门楼原始门槛被掩埋1.2m左右，经设计单位和有关专家的视察确定，要求保留现状，因此没有对基础进行恢复，只对里外墙面琉璃砖进行了修复性回贴，达到了设计要求。

院落地面与环境整治：按设计要求全面对院内进行了平整，整修了现有的道路，基本保留了麻扎内现有的道路，揭除了后墁机制砖，恢复了手工黏土方砖。清理了院内环境，院内花坛、草坪和水渠进行了现状保留，疏通了整个水渠，维持了院内现有的绿化植被。

施工试验：施工中为了更好地掌握传统胶粘

施工现场（九）

材料性能，对不同的材料进行了初步的试验，尽管所做的试验没有精确的科学数据，但对这些材料的初凝有了一点了解，并对施工起到了一定的作用。

琉璃砖现场粘贴试验

四、项目管理

（1）加强组织领导。在施工过程中，建设单位和有关单位专门配调技术人员负责该工程建设项目各施工管理，负责技术把关、计划财务、质量监督等具体工作的实施。整个工作的组织与管理健全，为整个保护修缮工程的顺利进行提供了重要的保障。

（2）严格实行“三制”管理。实施项目法人制、招投标制、项目管理制是该加固维修工程整个施工进程中的主要举措。①项目法人制。按照国家相关规定，新疆重点文物保护项目领导小组执行办公室作为建设单位，对国家文物局和自治区人民政府负责。项目办作为该项目建设方，履行甲方职责，负责项目的具体组织和实施，做到分工明确，责任到人。②招投标制。阿巴和加麻扎（墓）抢险维修加固工程按照招投标制执行，整个系统的招标工作由招标代理机构组织开展，该项目招标面向社会，做到公开、公正、公平。按照基本建设程序规定，经专家评标小组严格评审，最终新疆建工集团第六建筑工程有限责任公司中标本项工程的施工。③合同管理。在阿巴和加麻扎抢险维修工程建设过程中，合同文件是各方必须遵守的依据，监理人员坚持以合同为依据，围绕合同规定的总目标，执行监理规范及实施监理细则，力求做到管理规范化、标准化。三方均能做到合同执行有章可循、有据可依。对合同实施控制，采取监督、跟踪、调整的方法，从而有效地进行了质量、进度、安全、投资的控制，保证了合同的执行真正做到科学、公正和实事求是。④项目监理制。严格执行工程项目监理制，是确保建设项目顺利执行，保护建设与承建双方合法权益的重要措施。该项目是一项专业性很强的施工工程，要求高。监理人员按专业类别以及总体设计确定了各分项目的技术指标要求，认真执行了有关工程监理的法规及规范性文件，较好地完成了监理任务。

修复前的外廊

（3）加强施工安全管理。安全管理是项目管理中的重要任务，安全管理不仅关系到文物本身的安全，同时关系到施工人员的人身安全。该工程特殊的环境条件，决定了施工存在安全隐患变故的风险。因此，在施工过程中严格按照“安全

修复后的外廊

修复前的门楼

第一，预防为主”的方针，进行安全控制，体现“以人为本”的理念，最终实现控制目标，避免施工过程中发生的安全事故，保证了文物和施工人员的安全。

（4）投资控制。阿巴和加麻扎抢险维修加固工程为国家投资项目，投资的有效控制成为施工顺利开展的关键。在工程款支付管理上，严格依据双方签订的工程建设合同，按进度拨付工程进度款，工程项目完成后，依据审核后的工程结算表及工程验收合格的证明文件进行结算。

修复后的门楼

（5）进度控制。为保证施工按期完成，参与工程的各方均进行了充分的准备，对整个施工过程进行进度控制，在保证质量和安全的前提下，力求按时完工，以发挥更大的社会效益和经济效益。根据各方上报的建设进度计划，形成科学的进度计划系统，确保不同深度、不同功能、不同参与方、不同计划周期进度的全方位管理控制。控制过程中，通过组织、管理、经济、技术等措施进行系统动态管理，并根据实际情况不断优化调整，从而使每个单位工程均可按期、保质、保量安全的完工。

（6）质量控制。①从项目策划、可行性研究阶段、到勘察、设计和施工全过程，通过建立单位及各有关单位和部门的严格监督检查，充分发挥管理控制职能。采取计划—实施—检查—处

修复前的尖弓

置等循环手段加强管理，做到事前、事中、事后控制，实现全过程控制、全员参与控制及全面质量控制。对修缮工程自身特点，建立以建设单位为主的项目质量控制系统，实现自控和监控的和谐统一。加强检查与验收的管理工作力度，从而保证施工质量达到控制目标。②资料管理方面，随着丝绸之路新疆段重点文物保护项目的深入展开，对工程资料的完备性、规范性提出了更高的

修复后的尖弓

修缮前状况

修缮后状况

主墓室修复前

要求，由于建设产品的不可拆性，决定了必须把资料控制作为质量控制的一种手段，并贯彻于工程建设的全过程。为了能够全面、真实、完整地记录、保存和管理丝绸之路新疆段重点文物保护项目资料，我们从工程立项抓起直至工程竣工，贯穿整个过程。在文物保护工程资料管理相关规范欠缺的条件下，派专人到有关部门和单位进行培训学习，总结经验，保证了资料的完整性和真实性。

主墓室修复后

柏孜克里克千佛洞壁画

工程名称：柏孜克里克千佛洞壁画抢救性保护修复工程

建设单位：新疆维吾尔自治区重点项目保护领导小组执行办公室

设计单位：敦煌研究院、兰州大学、西北大学、新疆文物古迹保护中心

施工单位：新疆文物古迹保护中心

使用单位：吐鲁番地区文物局

项目负责人：建设方／梁涛　施工方／赵冬

一、概况

柏孜克里克石窟寺始凿于麴氏高昌国（公元499～640年）时期，在唐西州时期（公元640年至9世纪中叶），它发展成为伊、西、庭地区著名的窟寺，时称“宁戎寺”；回鹘高昌国时期（公元9～12世纪），宁戎寺成为王家寺院，香火繁盛，历代高昌王大都在此修建洞窟，同时重绘了大量的原窟寺壁画；13世纪末，高昌王室东迁甘肃永昌，柏孜克里克石窟寺衰落为民间寺院；14世纪晚期伊斯兰教开始传入吐鲁番盆地，15世纪中叶以后，吐鲁番地方王国的统治者改信了伊斯兰教，石窟寺在异教的冲突中遭到废弃、损毁，沦为无人管理的废墟。柏孜克里克石窟以回鹘高昌时期的遗存最丰富，出土有汉文、梵文、波罗米文、粟特文、回鹘文、西夏文等书写的残经及世俗文书和佛像肢体残块、雕版印刷物及一些生活用品，还有中原木构件16攒木质斗栱，釉下彩莲花纹方砖，宋元时期的佛塔和金箔包装纸等。柏孜克里克石窟是古代丝绸之路遗留下来的珍贵文化遗产，是古代中西文化交流荟萃中心，独特的地域性、民族性、多元性特征使得它在中国石窟艺术宝库中占有重要地位，特别是回鹘高昌时期创造的佛教文化，对研究回鹘佛教艺术的产生、形成、特点、深远影响以及与现代新疆艺术的关系，有着重要意义。柏孜克里克石窟（又名柏孜克里克千佛洞）为国务院1982年公布的第二批全国重点文物保护单位，为中国西部著名的石窟寺遗址。它位于新疆维吾尔自治区吐鲁番市东北约40km的火焰山主峰山腰、木头沟沟谷西岸的陡崖上。凿有洞窟83个，现存57个。其中现存有壁画的洞窟40多个，总面积1200m^2，是吐鲁番现存石窟中洞窟最多，壁画内容最丰富的石窟群，是新疆境内较大的佛教石窟寺遗址之一。柏孜克里克的地理坐标为东经89° 32′，北纬42° 57′，海拔100～160m之间。行政区划属吐鲁番市二堡乡。

二、工程背景

壁画保存现状

本设计是为配合洞窟危岩体加固展开的壁画保护修复项目，原则上仅针对石窟中坍塌区域、有坍塌趋势区域或裂隙发育区域的较危险的壁画进行抢救性保护加固。目的是通过该项

目的实施，避免发生石窟内壁画在危岩体加固过程中的坍塌。因此，此次保护设计现状调查，主要针对洞窟坍塌区域进行详细调查。统计分述如下：

本次施工图设计在原有方案设计的基础上，对柏孜克里克石窟的14洞窟、16洞窟、17洞窟、20洞窟、22洞窟、31洞窟、33洞窟、34洞窟、35洞窟、37洞窟、42洞窟、42洞窟南露天壁画、45洞窟、51洞窟、51洞窟北露天壁画共15个洞窟壁画的病害进行进一步调查，普遍存在起甲、空鼓、泥污染渍、地仗脱落、虫害、裂隙等病害。

1.石窟壁画病害类型

柏孜克里克壁画在自然和人为等多种因素的影响下，已产生裂缝、大面积空鼓、酥碱、起甲、坍塌、烟熏、泥污等多种病害。

1）空鼓脱落病害

空鼓、脱落病害产生的原因有多种，柏孜克里克石窟空鼓病害的主要成因有以下几种：①震动：如地震、山体滑坡、过往车辆产生的微震动等；②水：如雨水、崖体内部存在的水分；③壁画地仗内聚力降低：地仗材料疏松造成地仗层内聚力及附着力降低；④纤维老化：地仗层中的纤维材料老化、糟朽也影响了地仗层内聚力及附着力；⑤重心：壁画地仗层重心倾斜，支撑力相应减少，造成了壁画的不稳定性。

2）酥碱病害

初步分析及以往的研究表明，酥碱病害的产生与地仗土的物理力学性能，所含的易溶盐的种类以及文物所处的环境等因素有关。

3）颜料层起甲病害

根据调查分析及以往研究成果，壁画、彩塑颜料在绘制过程中要掺加一定量的动物胶或植物胶作为胶结材料，由于此类胶结材料是有机物，主要成分为蛋白质，在光和湿度等因素的作用下会产生不同程度的老化、收缩变形，使得颜料层产生龟裂起甲，乃至粉化脱落。

4）污染

根据现场调查分析，污染病害主要是由降水、人为、鸟粪等原因造成的。

5）烟熏病害

烟熏壁画是由住寺人员、信徒、香客，取火、燃灯、焚香产生的烟气造成的。

6）壁画脱落和坍塌

崖体变形、风化作用、人为破坏、雨水冲刷、地震、崖体坍塌、崖体变形破坏。经详细调查发现，柏孜克里克千佛洞调查洞窟壁画现存总面积1315m^2，现存壁画大部分存在病害。

2. 石窟壁画结构

柏孜克里克石窟壁画是以红砂岩的崖壁、土坯墙为支撑体，分别敷粗草泥及细草泥（部分细泥层为麻泥）为地仗层，然后设色制作而成。

壁画结构层位

3. 石窟壁画病害分布

调查发现柏孜克里克石窟大面积出现局部失稳坍塌，严重影响洞窟内壁画的保存，主要表现为：区域内坍塌、裂隙发育、局部空鼓3种形式的病害严重影响壁画的稳定性。典型代表为：14

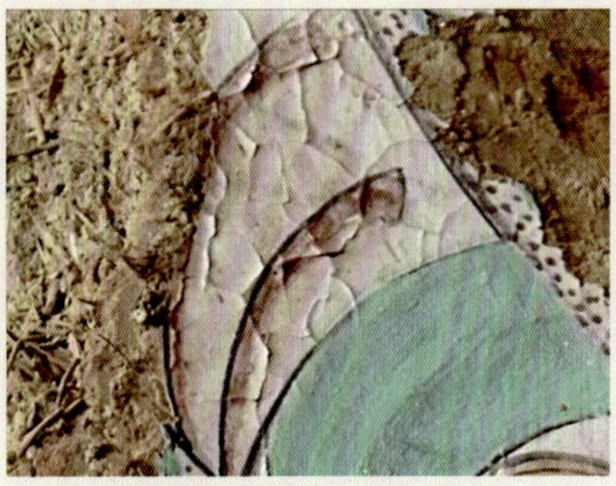

16窟壁画颜料层起甲

16窟壁画地仗层脱落

17窟西壁坍塌墙

45窟南侧露天洞窟西壁地仗层脱落

窟、16窟、17窟、18窟等14个洞窟及1处露天保存壁画。

4. 项目来源

为保护柏孜克里克千佛洞突出的文物价值，以确保文物安全为目的，并配合柏孜克里克千佛洞崖体加固二期保护工程，2012年9月至10月，敦煌研究院、兰州大学、西北大学、新疆文物古迹保护中心等单位对柏孜克里克千佛洞壁画进行了现场调查，本着细致、严谨的科学态度反复进行分析、研究，严格执行《中华人民共和国文物保护法》、《文物保护法实施条例》及《文物古迹保护准则》，于2013年2月完成《新疆柏孜克里克千佛洞壁画抢救性保护修复方案设计》，该设计方案符合《新疆柏孜克里克千佛洞崖体加固二期保护方案》内对壁画保护项目的所有要求，按照合同约定，2013年4月20日开工，2013年10月15日完工。投资额为120万元。新疆文物古迹保护中心委派文物保护专业技术人员进入现场，经过一年的保护修复工作，于2013年10月15日顺利完成所有的施工任务。

三、工程实施情况

（一）前期研究

1. 壁画制作材质与工艺分析

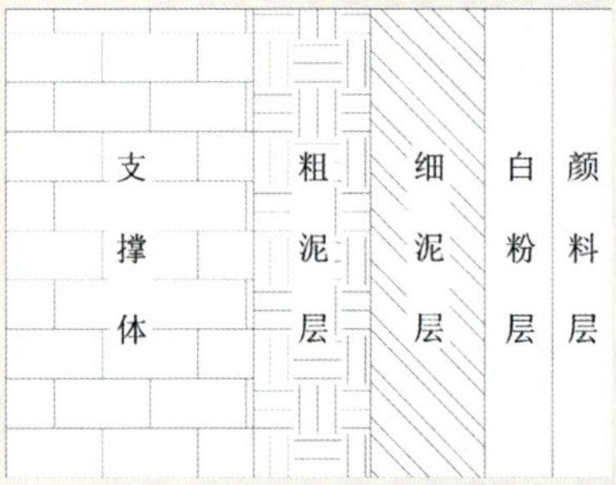

柏孜克里克千佛洞壁画层面结构

壁画以土坯墙体为支撑体，地仗层分为粗泥层与细泥层，表面覆盖白粉层，最外层为颜料层。粗泥层中含有较粗的植物纤维，该层厚度约为2~3cm，细泥层中则掺有少量较为细小的植物纤维，该层厚度约为0.5~3cm，表面平整光滑。地仗层中的植物纤维有待进一步的室内分析，已确定该植物的物种与产地。

2. 病害机理研究

1）病害种类及分布特征

通过在现场对柏孜克里克千佛洞壁画保存状况的初步调查，壁画病害总面积$726.9m^2$，地仗脱落边缘451.55m。

2）病害机理初步分析

（1）空鼓脱落病害。

空鼓、脱落病害产生的原因有多种，就柏孜克里克千佛洞空鼓病害的主要成因有以下几种：

A. 结构：如底部酥碱掏蚀造成壁画失去支撑体；

B. 水：如雨水、地基内部存在的水分；

C. 地仗内聚力降低：地仗材料疏松造成地仗层内聚力及附着力降低；

D. 纤维老化：地仗层中的纤维材料老化、糟朽也降低了地仗层的内聚力及附着力。

（2）酥碱病害。

据以往的研究表明，酥碱病害的产生与地仗土的物理力学性能、所含的易溶盐的种类以及易溶盐的活动、文物所处的环境等因素有关。历次文物修缮时被动带入的水分，也是促成病害产生的重要原因之一。

（3）颜料层起甲病害。

根据调查分析及以往研究成果，颜料在绘制过程中要掺加一定量的动物胶或植物胶作为胶结材料，由于此类胶结材料为有机物，主要成分为蛋白质，因此在光和温湿度等因素的作用下会产生不同程度的老化、收缩变形，使得颜料层产生龟裂起甲，乃至粉化脱落。

（4）污染。

根据现场调查分析，污染病害主要是由鸟虫、降水、窟顶漏雨、人为活动所形成泥沙污染或雨水冲刷所致；另外鸟虫粪便也是造成壁画污染的重要因素。

3. 修复材料及工艺筛选

2013年4月施工前，对保护方案中已经确定的空鼓、起甲壁画等病害的修复材料进行了现场筛选试验研究，以保证修复材料及工艺的可行性和有效性。

（二）项目实施措施及范例

1. 柏孜克里克千佛洞壁画保护修复措施

针对柏孜克里克千佛洞壁画依附的支撑体本身还存在结构性保护的工程措施，因此，在项目实施过程中，严格按照先结构后表面的设计思路，在建筑本体修缮过程中，主要以防护为主，待结构稳定后，再次进行壁画本体的保护修复。其中，第16窟、第17窟为重点保护洞窟，其余15个洞窟为抢救性保护洞窟。其主要措施有：

1）起甲壁画修复

由于处于相对较封闭的环境，较为潮湿，致使壁画表面出现不同程度的颜料层龟裂、颜料层粉化脱落、泥层起甲等，为有效防止这一病害的继续蔓延，在室内试验和现场实验的基础上采用固含量为1.5%的丙烯酸乳液和硅丙乳液按质量比1：1混合为胶粘剂。

起甲壁画的修复工艺大致可分4个程序：

（1）清除起甲壁画表面尘土；

（2）起甲颜料层软化，注射胶粘剂；

（3）不锈钢（或木质）刀轻压起甲壁画；

（4）用棉球排压起甲壁画。

2）空鼓壁画修复

由于结构变形严重，致使壁画地仗与支撑体脱离。针对这种病害在室内和现场实验的基础上选用当地的红土和澄板土及一定浓度的丙烯酸和硅丙混合液按照一定的比例配置成浆液对空鼓壁画进行灌浆修复。

若空鼓壁画的画面上有起甲壁画，应按起甲壁画的修复程序先行修复起甲壁画，而后再对空鼓壁画灌浆加固，灌浆加固的程序如下：对空鼓壁画采用垫状灌浆与锚固相结合的方法。将脱盐清洗过的灌浆材料填料中加入适量的蒸馏水，用搅拌器搅拌均匀，蒸馏水的量应控制在浆液进入流态为宜。具体工艺如下：

（1）钻灌浆孔：在无颜料层或壁画线条不集中的部位，钻直径0.2～0.5cm的小孔。

（2）检查空鼓部位：用内窥镜对空鼓部位进行探视，若空鼓处有地仗碎块或较多的砂土时，设法取出。

（3）埋设注浆管：把注浆管从注浆孔插入壁画与支撑体的空隙中，注浆管可根据空鼓部位的情况调整。

（4）封护裂缝：用1% telose把棉纸贴在壁画裂缝处，防止漏浆污染壁画。

（5）支顶壁画：用带有保护层的棉纸和吸水脱盐材料KC－X60及黏土垫的透气性顶板，对壁画进行支顶保护。

（6）灌浆：灌浆前用压缩空气将空鼓部位的尘土清除干净，以提高浆液的黏结性，用100mL医用注射器由下而上，把浆液顺注浆管压入壁画空鼓部位；

（7）更换吸水脱盐垫：视壁画干燥程度最初每天更换两次吸水脱盐垫，随着壁画逐渐干燥，应减少更换次数，用非接触式红外线测温仪，测定加固区域和相邻的非加固区域的温度差，如果相差0.2～0.3℃左右时，即壁画基本干燥，为了防止盐分在壁画表面聚集，对壁画继续支顶1周左右，期间不再更换吸水脱盐垫。

（8）用蒸馏水清除封护裂缝的telose和棉纸。

（9）修补灌浆孔：壁画干燥后，去除壁板，用和原壁画地仗相同的材料，填补灌浆孔，干燥后补色作旧。

3）酥碱壁画修复

壁画地仗层和支撑墙体中的易溶盐可以随液态水或高湿气态水迁移富积在壁画地仗的表层。当壁画所处的环境湿度增大时，可溶盐溶解并连同地仗层膨胀，当环境湿度变小时，可溶盐结晶收缩，这样可溶盐始终处于反复溶解—结晶—再溶解—再结晶，即反复膨胀—收缩—再膨胀—再收缩的循环状态。这一过程对壁画画面造成非常严重的破坏，致使壁画酥碱。

酥碱壁画的病害部位是地仗层，因此，如果酥碱病害处的画面颜料层已经脱落，则可以用新制的泥浆替换掉酥碱地仗。但是，假若酥碱处仍残留有颜料层，此时不能将酥碱地仗层连同颜料层一起掏弃，而只能对其进行表面渗透加固，这种情况的修复工艺类似于起甲壁画的修复工艺。

4）污染壁画修复

在对污染进行清除时，为了防止对壁画造成损伤，对较厚的泥渍使用修复刀在多次潮湿后逐层进行剔除，剔除后用脱脂棉蘸纯净水将壁画表层的污染再次清除；对较薄的泥渍、涂料则先用软制的羊毛刷对壁画表层的尘土清理，然后用脱脂棉或医用棉签蘸纯净水对泥渍、涂料进行清除；在此过程中纯净水和棉花需要多次更换；待清除污染部位完全清除完成并干燥后，再使用脱脂棉或医用棉签蘸纯净水对污染部位进行二次清理。

具体工艺流程：

（1）用洗耳球、软羊毛刷进行表面尘土的清理；

（2）用脱脂棉蘸纯净水潮湿污物表面，对污物进行软化；

（3）用修复刀仔细逐层清除壁面较厚的附着污物；

（4）清除完成后，再次使用脱脂棉浸蘸清水清除壁面污物。

5）裂隙修补

对于这类病害用澄板土和当地红土按3∶1的比例混合加入总质量3%的长1cm左右的细麦草然后加纯净水调和成泥，少量多次填贴于壁画裂缝中间，对壁画进行依托加固，黏贴草泥的高度到壁画细泥层的位置即可，表面不宜光滑，有自然脱落之感。

6）壁画支撑体的保护加固

使用加固材料对壁画支撑体表面进行少量多次喷护，以提高支撑体内部的胶结力，增加支撑体结构的稳定性。对脱落不是很严重及靠近壁画的区域暂不进行处理。

7）塌毁区域壁画的回贴及复原

由于壁画支撑体底部酥碱掏蚀，部分壁画连同地仗及支撑体一起塌毁，针对这种病害采取回贴复原的办法进行保护修复。首先对这类壁画进行清理拍照、编号，记录档案资料，然后对其进行修复加固后回贴于脱落部位。

2. 壁画修复

1）修复材料及制备

（1）壁画起甲修复材料：针对柏孜克里克壁画起甲病害的表现特征，在室内和现场实验研究的基础上，对于起甲壁画采用固含量为1.5%的丙烯酸乳液和硅丙乳液按质量比1∶1混合。

胶粘剂

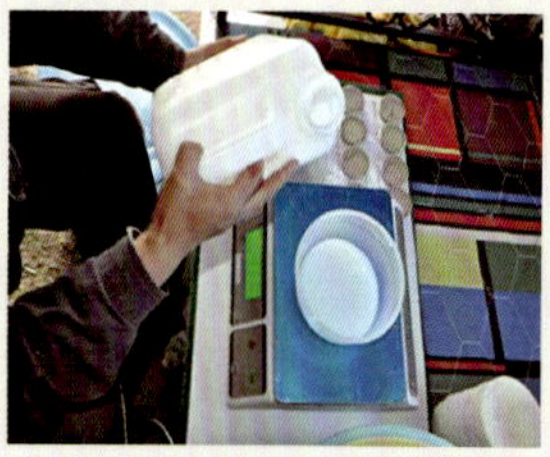

配制乳液

（2）地仗空鼓加固修复材料：在室内试验和现场实验的基础上灌浆材料选用红土和澄板土按质量比1∶2的比例混合作填料，浓度为5%的丙烯酸和硅丙混合液为主剂，水灰比为0.6。

筛选用土

配制乳液

手工搅拌

电动搅拌

（所用红土和澄板土分别纯净水脱盐3次，晒干后备用）

（3）地仗修补材料：选用红土和澄板土按质量比1:3的比例混合，然后添加总质量的3%麦草

红土

澄板土

麦草

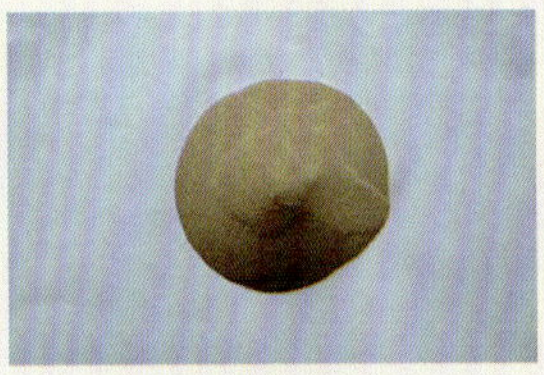
沙子

或麻。（所用红土和澄板土分别纯净水脱盐3次，晒干后备用）

（4）酥碱壁画加固材料：1.5%的丙烯酸乳液和硅丙乳液按质量比1:1混合。

脱盐材料

（5）脱盐材料：KC－X60纸、生宣纸、棉纸。

2）工艺措施

起甲病害的修复

①除尘。起甲壁画表面尘土，用软毛排笔或小的吹吸尘器轻轻地将起甲壁画表面的尘土清除干净，然后用洗耳球将起甲撬起的小片颜料层之下，以及裂隙间的尘土吸干净。对大片撬起，不易用洗耳球处，先将撬起的颜料层边沿注射2%的丙烯酸乳液回贴固定，然后用洗耳球将内部的

洗耳球除尘

软毛刷除尘

尘土吹吸干净。这一工序必须细心，不能在起甲部位留下尘土，否则就会影响起甲颜料层与地仗的黏结。出现这种情况时，当进行第三步修复程序，即用棉球拍压注射过胶粘剂的画面时，非常容易将颜料层带下脱落，而且修复加固过的壁画颜料层过若干年后还会再次起甲。

②起甲颜料层软化、注射胶粘剂。用医用注射器对起甲壁画注射1.5%的丙烯酸乳液。注射胶粘剂的部位，一般在壁画起甲的裂口处。向起甲壁画注射胶粘剂时，注射器的针头不能停在画面表层，应伸进起甲画面的底部。如画面上有鼓起的小泡，应在不重要的部位将针头插入泡内注射胶粘剂。但遇到起甲面积比较大时，只靠裂口处注射胶粘剂达不到全部渗透起甲壁画的目的。这时，就需在适当的部位用注射器的针头新刺小孔，通过小孔眼向起甲颜料层下部注射胶粘剂。

注射胶粘剂的过程中要特别注意，应在画面上划分小块（约$10cm^2$），按次序一块一块地注射，每块注射2～3遍，每遍注射胶粘剂要适量。若注射胶粘剂过多，一方面胶粘剂会流在画面上污染壁画，另一方面，起甲颜料层因注射胶粘剂的过程中会瞬间软化而掉下。若注射胶粘剂过少，起甲颜料层渗透不充分，会影响修复加固效果。若有小片颜料层掉下，一定设法将其贴回原处。若有胶粘剂流在画面上，立即用柔软的棉纸吸附干净。

③回贴颜料层。待上述注射的胶粘剂被地仗层吸收后，用垫有棉纸的木质修复刀或不锈钢

修复刀，将起甲画面轻轻压贴回地仗层。压贴一定要用力适当，若用力过大，会压碎颜料层或使画面局部凹下而变形留有挤压的痕迹，若用力过小，起甲的颜料层不能与地仗层紧密黏结。

注射胶粘剂

回贴颜料层

④滚压。将上述用木质修复刀或不锈钢修复刀局部压过的起甲壁画再用棉球排压。棉球是用质地细而白的绸缎包扎脱脂棉制成，直径一般以5cm左右为宜。棉球谨防用纱布、粗纹布或塑料膜包扎。纱布、粗纹布会在壁画上留下纹印，塑料布因光滑不透气，容易把小片起甲的颜料层粘吸下来。

棉球滚压

在排压壁画时，要注意棉球的起落方向，最好是从壁画未开裂处向开裂处轻轻滚压，这样能将起甲内的空气排出，不会出现气泡，另一方面，壁画也不会被压出皱褶。

3）空鼓壁画的修复

（1）确定空鼓范围。用手敲和观察的方法确定空鼓严重程度和空鼓范围，选择合适的灌浆方法工艺。在敲击的过程中尽量采用指尖来敲击，这样可以感觉到壁画地仗的脆弱程度，对应选择空鼓灌浆时的压力。

（2）开注浆孔，为保证壁画画面的完整性尽可能选在裂缝、地仗或颜料层脱落处，为确保壁画安全，钻孔尽量用手术刀或手摇钻，不可用电钻。孔径以1.0~1.5cm为宜，孔深以穿过壁画表面到空鼓部位为准。

注浆孔的数量以壁画空鼓程度而定，一般遵循每平方米1~4个为宜。钻注浆孔时一定要布局好注浆孔的位置，可行的情况

开孔

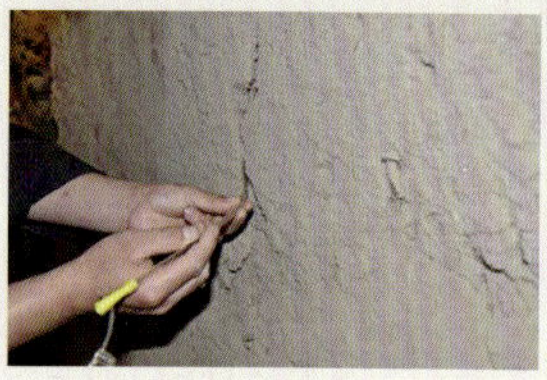
埋设注浆孔

下，注浆孔的分布尽量呈不规则三角形，一方面可实现顺利灌浆，另一方面也便于观察注浆状况，同时能保证壁画与墙体黏结牢固，提高壁画整体稳定性。

（3）设注浆管。在开好的注浆孔处埋设注浆管。埋设注浆管时应注意这样几个问题，一是在埋注浆管时，要用自制的长锥等工具将空鼓部位内部的碎石、沙子等尽量清除干净。二是注浆管的埋设深度：主要视灌浆范围大小，一般情况下，注浆管插入空鼓壁画内约10~20cm，外留约10cm。三是注浆管埋设的数量和方位：一般情况下在1个注浆孔内以不同的方位埋1~3根注浆管，这样有利于灌浆和浆液的流动，提高灌浆效果。四是注浆管管径略小于注浆孔孔径，尽量采用透明柔软的塑料胶管，便于观察注浆状况。

吸入浆液

注浆

支顶

修补注浆孔

（4）封护注浆口。在灌浆的过程中为防止浆液从开孔的边缘遗漏出浆液用脱脂棉对注浆管与壁画地仗间用脱脂棉固定在壁画地仗上。用铁质修复刀或锥子一定要把脱脂棉和壁画地仗固定稳固。

（5）灌浆。在注浆之前，先向空鼓部位喷渗3%丙烯酸乳液，以加固空鼓部位的无法清除的沙尘或碎石。然后将配制好的灌浆材料，用注射

器由下而上依次将浆液注入壁画的空鼓部位。注浆时一定要注意将观察孔中的注浆管向上，不可让浆液流出，同时密切观察，当浆液在透明塑胶管中逆向回流时，立即停止注浆，并将注浆孔堵牢，以防浆液流在画面上。按上述程序，依注浆孔的高低位置，从下向上注浆。

（6）支顶。根据壁画空鼓灌浆的范围，采用大于浆液到达的边缘10cm先铺衬一层厚约0.3cm的KC–X60纸，再铺一层光滑柔性的纸衬面制作的制定板进行支顶。支顶的丝杆一定要用力适度，用力过大会使灌入的浆液从脆弱的壁画部位把挤压出来，污染到壁画表面。用力过小的话浆液无法到达支撑体和壁画的裂隙中会影响壁画和支撑体的黏结效果。

（7）修补注浆孔。等空鼓灌浆部位完全干燥后取除支顶板，然后用和原地仗相同的材料按照修复裂缝的工艺填补注浆孔。填补的边缘低于壁画颜料层0.5mm，表面做粗糙状。

4）破损边缘的修复

破损边缘采用和原地仗相同材料制备成的草泥加固的办法进行修复，具体工艺为：

（1）表面除尘。用洗耳球和软毛刷除去破损壁画表面的尘土，对于疏松的地仗清除尘土后先用1%的丙烯酸乳液加固，这样在补泥的过程中才能达到牢固的程度。

（2）潮湿。用注射器把纯净水注入到破损边缘的表面，使填入的泥黏结更加牢实。潮湿时一定要把补泥所能接触的部位都潮湿到位，而且应控制好注水的量，过多会渗透出污染壁画表面。

（3）添泥。用草泥分多次对边缘进行填充，而且是在上一次填入的草泥干燥后再进行下一次的填入，这样分次填入草泥的收缩空间很小，将来补出的边缘没有收缩缝的出现。填入的草泥稍低于壁画表面0.5mm，留出一个颜料层的厚度，然后做粗糙面，接近地仗自然脱落状。

潮湿

添泥

表面处理

5）酥碱壁画的修复

用注射加固材料和脱盐相结合的方法，以增加壁画地仗的强度，降低壁画泥层中可溶盐的含量，使壁画处于安全稳定的状态。具体工艺为：

（1）除尘。酥碱部位的除尘方法和起甲病害的除尘方法基本相同，用软毛刷和洗耳球进行除尘。

（2）注射胶粘剂。将1.5％混合液用注射器分2~3遍滴渗到酥碱部位，对有起甲壁画的部位，先对起甲进行修复然后再进行渗透。

（3）滚压。待渗透的乳液80%干燥后用垫有棉纸的修复刀或棉球将酥碱部位回压，滚压时严格控制对酥碱部位挤压力度，避免产生压痕。

（4）脱盐处理。酥碱部位压平实后，立即将吸水材料（KC–X60纸、生宣纸）敷贴在酥碱表面，用壁板支顶，进行脱盐处理。一般更换吸水材料3次后酥碱壁画表面仍有盐的结晶物出现就采用2次脱盐的方法进行脱盐处理。

6）破损地仗的修复

采用填充草泥的方法，使壁画地仗整体强度增加，处于安全稳定的状态，是破损部位与周围壁画协调，到达美观的效果。具体工艺如下：

除尘

除尘

注射胶粘剂

回贴

（1）除尘。用羊毛刷和洗耳球清除脱落部位的尘土和杂物。

（2）潮湿。用注射器或喷壶对清除干净的脱落部位进行潮湿，注意要把补泥的各个部位都要潮湿到。

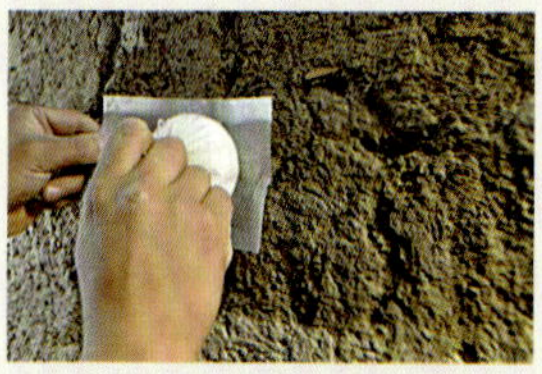

滚压

支顶脱盐板

支顶脱盐

二次脱盐（一）

二次脱盐（二）

二次脱盐（三）

（3）填泥。首先用一定的草泥对脱落部位进行填补，对较深部位可填充石头和木块作为填充物，这样可以减少对壁画的水分和减轻重量，待基本干燥后再进行下次填补草泥，直至稍低于壁画颜料层。

（4）表面处理。在基本干燥时用铁质修复刀做自然脱落的糙面状。

7）泥污壁画的清除

在对污染进行清除时，为了防止对壁画造成损伤，对较厚的泥渍使用修复刀在多次潮湿后逐层进行剔除，剔除后用脱脂棉蘸纯净水将壁画表层的污染再次清除；对较薄的泥渍、涂料则先用软制的羊毛刷对壁画表层的尘土清理，然后用脱脂棉或医用棉签蘸纯净水对泥渍、涂料进行清除；在此过程中纯净水和棉花需要多次更换；待清除污染部位完全清除完成并干燥后，再使用脱脂棉或医用棉签蘸纯净水对污染部位进行二次清理。具体工艺流程：

（1）用洗耳球、软羊毛刷进行表面尘土的清理；

（2）用铁质修复刀轻轻地刮取较厚泥层，应尽量残留多一点的泥污以免伤害到泥污底层的壁画颜料层；

（3）用硬质毛刷刷去附着上面的尘土；

（4）用脱脂棉蘸纯净水潮湿污物表面，对污物进行软化；

（5）用脱脂棉蘸纯净水反复轻轻擦拭，要不断更换脱脂棉直至壁画的线条和色彩显露出来。

8）坍塌区域加固

墙体下面与地面接触已呈半悬空状，加之基础部分严重盐化，毛细水受环境影响无法正常挥发，从而造成墙体表面以及内部酥碱，使得原本疏松的基础无法承载过大的本体所造成的荷载力，造成壁画地仗连同支撑体一起垮塌。

对于坍塌区域主要采取土坯砌补及锚杆锚固措施，提高坍塌区域整体稳定性。对于根部坍塌区域可以生根部位，采用土坯砌补支顶的方式加固，砌补土坯规格尽量控制在240mm×115mm×60mm的土坯砌块，土坯采用与遗址土相近的粉土制备，含盐量≤0.50%，含水量≤3.0%，干密度≥1.70g/cm^3，为保证与原图墙体结合更加紧密，采用人工成孔按照15cm的间距布设楠竹加筋层，以增加砌补区域的整体性，加筋材料选用宽为1~3cm，长度为30~60cm方形楠竹竹条。

对于悬空无法通过砌补方式提高壁画整体稳定性时，采用不同直径的锚杆，增加壁画地仗层

坍塌修复前

坍塌修复后

与岩土体之间的黏聚力，根据裂隙切割墙体的规模、裂隙的形态特征、安全系数等因素可以选择木锚杆（包括白蜡杆）的直径。

采用ϕ10~40mm的木质锚杆，含水率≤3.0%，单根锚杆杆体抗拉强度应≥10.0kN；锚孔采用螺纹钻人工钻孔，孔径20~50mm左右，孔深应比锚杆设计长度大10~50mm；孔钻好后，清除孔中虚土，注入5%丙烯酸乳液进行孔壁加固；再与粉土、按水灰比0.5~0.6配制浆液；注入泥浆后应随即插入锚杆，待泥浆初凝时再次击入杆体，以保证杆体与孔壁锚固力。

9）塌毁区域壁画的回贴及复原

由于壁画支撑体底部酥碱掏蚀，部分壁画连同地仗及支撑体一起塌毁，针对这种病害采取回贴复原的办法进行保护修复。首先对这类壁画进行清理拍照、编号，记录档案资料，然后对其进行修复加固后回贴于脱落部位。具体的工艺为：

（1）记录档案资料，对已脱落壁画残块进行清理，根据脱落的位置编号，并用照片和文字进行记录，然后对这些脱落残片进行拼对使壁画脱落部位与残件吻合。

（2）减薄壁画地仗，对脱落壁画的粗泥层进行剔除，仅留细泥层地仗以减小壁画地仗的整体厚度，便于下一步进行裂缝勾补、补强加固。

（3）栽种麻束，以20cm×20cm的间距纵横排列栽种于补强加固后的细泥层中，以增强壁画与砌补支撑体的整体结合力。

（4）自然阴干，地仗补强加固完成后，选择相对空气流通的文物库房放置1年，使其完全自然阴干，内部的水分缓慢地蒸发，这样可以最大地减小收缩率和地仗裂缝。

（5）回贴复原，先用澄板土和当地红土按质量比1:1混合后加入总质量3%的麦草以一定的水灰比调制成草泥后，先把要贴的碎块壁画位置确定，将调制好的草泥敷在地仗上。然后利用特制的壁板将已加固并干燥处理好的壁画残块翻转后进行回贴。回贴碎块到位细心拼对壁画，壁画块与块之间线条吻合后，再调整壁画之间的高低，最后进行复查壁画块之间的线条及壁画之间的高低，达到要求后，快速支顶。

（6）脱盐处理，用KC-X60纸、生宣纸和棉纸对回贴后的壁画表面进行脱盐及二次脱盐处理。

（7）修补裂缝，待回贴后的壁画完全干燥后，采用和原地仗相同的材料对壁画之间的裂缝和破损部位修行修补，修复工艺和裂缝修复工艺相同，力争达到与壁画区域色彩环境的整体协调。

坍塌修复前

坍塌修复后

地仗修补

回贴复位

（三）工程完成情况

1. 前期试验

在室内试验的基础上，通过现场实验选择出适宜该地区环境的修复材料，根据柏孜克里克千佛洞壁画不同典型的病害，选择了空鼓和起甲两种病害分别作了现场模拟实验和小区域的现场实验并完成了翔实的实验报告。

2. 壁画保护修复

柏孜克里克千佛洞壁画保护修复工作，始于

2013年4月20日，至2013年10月15日结束。按照《柏孜克里克千佛洞崖体加固二期保护工程方案》、《柏孜克里克千佛洞壁画抢救性保护修复

南壁地仗脱落加固修复前

工程方案》及有关专家、领导的意见，严格按照材料要求与施工工艺，对壁画存在的空鼓、酥碱、起甲、地仗破损、脱落等病害进行修复加

南壁地仗脱落加固修复后

固，共计修复各类病害壁画657.43m^2，其中修复起甲壁画43.09m^2，空鼓灌浆加固101.88m^2，酥碱壁画加固及脱盐处理0.5m^2，边缘加固451.55m^2，地仗脱落加固10.4m^2，污染壁画清理2.2m^2，墙体坍塌砌筑26.71m^2，回贴复原壁画0.8m^2。

3. 档案资料完成情况

原始材料是整个施工过程的真实反映，是检验工程质量的重要依据，因此在工程开工前就制定出一套严格的档案管理程序，为整个施工实施提供保证。完成的工程技术档案现状图261张，施工图261张，现场修复记录表137张。具体情况见表1。

顶地仗脱落加固修复前

（四）结语

在国家文物局、自治区文物局的大力支持下，在新疆文物古迹保护中心设计单位的指导下，特别是在建设单位吐鲁番地区文物局的大力支持和配合下，我中心精心施工、严格管理，努

顶地仗脱落加固修复后

工程技术档案一览表　　表1

壁画单元名称	现状图（张）	施工图（张）	修复记录表（张）
第16窟	161	161	66
第17窟	101	101	56
抢救性修复洞窟			15
合计	261	261	137

顶中脊起甲回贴修复前

顶中脊起甲回贴修复后

力抓住各级政府及相关单位创造的平台，积极交流，使得柏孜克里克千佛洞壁画抢救性保护修复工程按照拟定的计划顺利完成所有的施工任务。

柏孜克里克千佛洞壁画抢救性保护修复工程是我中心所承担的第一处规模较大，且具有很高历史、艺术和科学价值的壁画保护修复项目，项目具有较大的难度和较高的挑战性。柏孜克里克千佛洞是全国重点文物保护单位，其历史价值、艺术价值、科学价值之高不言而喻。新疆维吾尔自治区文物局以及新疆文物古迹保护中心领导都非常重视，在整个项目实施过程中，新疆维吾尔自治区文物局领导以及文保中心领导多次莅临现场检查工程修复效果，确保保护工程顺利完成。自治区大项目办盛春寿主任、吐鲁番地区文物局赵强书记、王霄飞局长等领导代表多次莅临施工现场，检查工作，为保护工程的顺利实施提供了保障。而作为本次工程设计单位设计单位新疆文物古迹保护中心非常重视该工程，梁涛主任要求我们要认真科学的开展动态设计、信息化施工，以高度的责任感开展施工，并给施工管理和技术提出了建设性的意见和建议，对工程倾注了大量的心血，针对现场问题提出了许多解决方案，确保壁画保护工程按期安全完工。

北券起甲回贴修复前

此项目在一年工程实施当中，有效地防治了病害的进一步发展，保证了壁画及塑像的安全稳定。但是我中心在保护修复壁画方面也存在不足之处，为确保这一珍贵文化遗产长存，避免形成毁灭性破坏，还需开展后续工作，以确保工程措施的长效作用，并对该工程提出以下建议：

（1）本次保护修复属于抢险性保护的范畴，对于本次保护修复的壁画仍需要后续的日常维护，方能达到预期的保护效果；

（2）建议开展柏孜克里克千佛洞的监测工作，设立包括遗址环境、本体稳定性、颜料老化等综合监测体系，定期收集监测数据，并对实施工程的效果进行长期监测与评价，为后续保护工作的开展提供重要依据。

北券起甲回贴修复后

七个星佛寺遗址

工程名称：丝绸之路新疆段重点文物保护项目——七个星佛寺遗址保护工程

建设单位：新疆重点文物保护项目领导小组执行办公室

设计单位：敦煌研究院

监理单位：新疆城乡建设工程设计有限公司

施工单位：陕西普宁工程结构特种技术有限公司

使用单位：巴州地区文物局、焉耆县文物管理所

项目负责人：梁涛

一、工程概况

七个星佛寺遗址位于新疆巴音郭楞蒙古自治州焉耆回族自治县由地面寺院建筑和洞窟建筑两部分组成。寺院残存大小建筑93处。寺院遗址又分南、北两大部分，以遗址中部的泉沟为界，总面积约40300m^2。洞窟残存11窟，洞窟形制分为两种，一种为纵券顶平室窟，另一种为前后室的支提窟。晋唐时期为其发展的繁荣时期，表现出了印度佛教东传以及中原佛教西渐的发展过程。丝绸北道抚长剑，长遣游人叹逝川。1700年的风雨沧桑给予了这座“佛教文化东传的枢纽”重镇更为深厚的文化内涵。这里是古焉耆国的所在地，是焉耆国的佛教中心。对于研究古代焉耆史乃至西域社会发展史、佛教史、戏剧史等具有着重要的价值。2001年6月被国务院公布为第五批全国重点文物保护单位。

二、遗址残损现状概述

寺院遗址分布于山梁和坡地上，依山势布局修建。一条自然泉沟将建筑群分为南北两大区（即今所命名的南大寺和北大寺），各建筑坐西朝东，主要建筑有殿堂、僧房、佛塔等。僧房大致呈方形或长方形，面积约4~6m^2。大殿边长达24m。佛塔为圆或方形或八角形基座，圆柱塔

七个星佛寺遗址平面图

B区北侧全景

身，穹隆顶，有的有正方形的围墙或内部空心。洞窟的形制大致与克孜尔一期洞窟相似。壁画比较精美，佛像造型丰满和祥，具有犍陀罗和中原的风格。该遗址

A区全景

建筑工艺主要为土坯垒筑，部分为夯筑，由于风雨侵蚀，淘蚀、冲沟、裂隙、裂缝、剥蚀、生物破坏和人为破坏等，每个遗址都不同程度地遭到

C4坍塌

F8顶部积水坑

破坏，其中一些标志性建筑如殿堂、僧房等文物本体及载体濒临倒塌。

三、施工阶段的具体内容

（一）工程背景

该遗址建筑工艺主要为土坯垒筑，部分为夯筑，由于遭到淘蚀、冲沟、裂隙、裂缝、剥蚀、生物破坏和人为破坏等；几乎每个遗址都不同程度遭到破坏，其中一些标志性建筑如殿堂、僧房等文物本体及载体濒临倒塌，以及在自然因素中，地表水的冲刷和淘蚀、表面剥蚀、人为破坏最为严重。另外，近现代以来，外国探险队多次在遗址所在地区进行非法挖掘，在遗址基部形成很多深洞，导致地表水灌入，侵蚀破坏。后来修建砖厂、公路等设施一定程度增加人为破坏。其中，遗址东侧不足5m即为一条公路，车载震动也是对遗址造成破坏的因素。

（二）主要内容

七个星佛寺遗址殿堂、僧房、佛塔，洞窟文物保护等。

（三）设计理念

此次设计为保护加固：本着文物保护“保护为主，抢救第一，合理利用，加强管理”的方针进行设计；遵循世界文化遗产保护“最大兼容，最小干预，保持原貌”的原则，挖掘文化内涵，传承历史文脉，融和周边环境，回归自然风貌，是七个星佛寺遗址必须面临的问题，从设计源头着手，是本文物保护项目设计理念的关键。

（四）主要工程技术措施

限于文物的特殊环境和现状，本工程设计范围是采取综合保护的方式，如地表水整治、遗址保护（防雨蚀、风蚀加固、防坍塌加固、裂缝加固、冲沟加固、裂隙注浆和表面防风化加固、木栈道铺设）等措施，以减缓自然风蚀雨浸及人为的损坏。

1. 文物本体防坍塌支护

对施工区域所有文物本体防倒塌支护是保证文物安全的主要措施之一，也是施工人员安全的重要保障，必须在施工人员进驻现场之后立即实

施。工程内容主要涉及对可能存在坍塌及稳定性不良的文物本体实施安全支护。

2. 防坍塌加固

砌筑工程主要包括：①遗址本体根部掏蚀部位补砌；②遗址本体表面空洞填砌支护。

L7施工前

L7施工后

3. 锚杆加固

土遗址锚杆施工要求振动小，成孔小，尽量减少文物本体的二次损害。为了新砌筑的土坯与原遗址间做到充分结合，新砌筑的土坯必须与原遗址间采用锚杆连接，使之成为整体。

4. 裂缝修补与灌浆加固

K9施工前

K9施工后

在土遗址保护加固项目中，裂缝修复与加固占有很重要的地位。裂缝修复量大，过程缓慢，工期长，要求操作人员细致耐心，强度应适中，收缩量要小，防止出现二次龟裂。

5. 沟壑处理

清理沟壑表面浮土，并进行修整，PS浆液封闭裂隙，再喷洒3%浓度PS溶液喷涂沟壑表面，再铺设厚5cm改性胡麻泥，最后采用3%的PS溶液（水灰比0.2~0.3）喷洒加固表面。

6. 遗址顶部防雨水保护加固

遗址所在区域集中降雨量较大，雨水冲刷是造成七个星佛寺遗址坍塌的主要因素之一，针对

K2施工前

K2施工后

不同单体主要采用以下4种保护措施：恢复墙体工程、防雨水冲刷保护棚、顶部积水处理、顶部无积水处理。

7. 防雨水冲刷保护棚

A2施工前

A2施工后

安装前，先把本区域安装的网架零部件提升至工作平台，在柱顶或梁面放置好支座，然后按正放四角锥网架安装方法进行安装。

8. 顶部积水处理

对遗址顶部平面内局部低洼积水，或者局部区域雨水不易排出等情况，进行顶部积水处理。为避免雨水在遗址平面内汇集、冲刷，在遗址顶部平面内做到有组织排水，进行顶部无积水处理。

M2施工前

M2施工后

9. 木质参观道路

木质参观道路

（五）工程验收

在项目实施过程中，严格执行项目监理制，确保项目顺利执行。通过公开招标，具备文物保护工程施工一级资质，有类似文物监理业绩，并在人员、设备、资金等方面具有承担本项目监理能力的新疆城乡建设工程设计公司中标，公司的监理人员按专业类别以及总体设计确定了个分项工程的技术措施，认真执行了有关文物工程监理的法规及规范性文件，较好地完成了七个星佛寺遗址保护项目。

2014年12月新疆重点文物保护项目执行领导小组办公室委托中国文物信息咨询中心组织专家，对七个星佛寺遗址保护工程进行竣工验收。与会专家和参会的各单位分别派出代表组成评审小组，对工程质量，工程技术，工程资料及文物保护评估等方面进行详细核查。最终，专家组成员一致认为，七个星佛寺遗址保护工程的实施，使之历经1700多年风雨侵蚀，古焉耆国中最大的一处佛教遗址获综合保护，验收合格。

四、工程总结

完成七个星佛寺内南、北大寺各类建筑遗址93处的本体保护及11处佛窟，总面积约40300m^2。木质参观道路1600m^2，防雨水保护棚1100m^2。

七个星佛寺遗址的破坏形式表现为墙体根部掏蚀凹进破坏、墙体开裂失稳破坏、盐蚀破坏以及表面风化风蚀破坏等。

对七个星佛寺遗址保护加固本体倾斜，坍塌、掏蚀、断裂文物加固的范畴，所采取的加固措施及施工工艺具有其特定历史时期的复杂性、专业性和特殊性。因此，其加固措施及施工工艺必须具备传统施工工艺的代表性和现代施工工艺的科学技术性相结合，是在遵循文物保护原则的前提下，对文物本体采取有效的施工方法进行维修与加固，并对环境存在的不利于文物遗址的部分进行全面整治，对增强遗址体的稳定性和抗风化能力起到了良好的目的，施工后对文物实际保护效果明显。

五、文物保护工程中的管理

（一）加强组织领导

为了认真落实七个星佛寺遗址保护工程的施工，“丝绸之路”新疆段重点文物保护项目领导小组及执行办公室相继抽调专门技术力量分别负责七个星佛寺遗址保护工程建设项目的招标、评标、施工管理、技术把关、计划财务、质量监督等具体工作的实施，并设置了自治区项目办专职会计和银行专用账户。整个工作的组织与管理健全，为文物保护工程的顺利开展提供了重要的保障。

（二）严格实行“三制”管理

实施项目法人制、招投标制、项目管理制是七个星佛寺遗址保护工程整个施工进程中的主要举措。

1. 项目法人制

按照国家相关的规定，项目办为七个星佛寺遗址保护工程的项目法人单位。项目办负责人为该项目法人，对国家文物局和自治区人民政府负责。项目办作为项目建设方，履行甲方职责，负责项目的具体组织和实施，做到分工明确，责任到人。

2. 招投标制

七个星佛寺遗址保护工程建设严格按照招投标制执行。整个系统的招标工作由项目办委托招标代理机构组织开展，项目招标面向社会，做到公开、公正、公平。按照基本建设程序规定，在新疆建设工程设备招标中心的大力协助下，经专家评标小组严格评审，最终陕西普宁工程结构特种技术有限公司和新疆城乡建设工程项目管理有限公司分别中标本项工程的施工和监理。

3. 合同管理

在七个星佛寺遗址保护工程建设过程中，所有的合同文件有专人管理。在施工过程中，合同文件是建设、施工、监理三方必须遵守的依据，监理人员坚持以合同为依据，围绕合同规定的总目标，执行监理规范及实施监理细则，力求做到管理规范化、标准化。做到合同执行有章可循、有据可依。对合同实施控制，采取监督、跟踪、调整的方法，从而有效地进行了质量、进度、安全、投资的控制，保证了合同的执行，做到科学、公正和实事求是。

4. 项目监理制

严格执行工程项目监理制，是确保建设项目顺利执行，保护建设与承建双方合法权益的措施。七个星佛寺遗址保护工程是一项专业性很强的施工工程，故对监理公司的选择务必严格、高要求。新疆城乡建设工程项目管理有限公司监理人员按专业类别以及总体设计确定了各分项目的技术指标要求，认真执行了有关工程监理的法规及规范性文件，较好地完成了监理任务，为今后执行类似加固工程的监理积累了丰富的经验。

（三）加强施工安全管理

安全管理是项目管理中的最重要的任务，安全管理不仅关系到文物本身的安全因素，也关系到施工人员的人身安全。七个星佛寺遗址特殊环境条件，决定了施工存在安全隐患变故的风险。首先由于焉耆地区气温高、风沙大，对施工人员的身体带来一定危害；其次，文物本体多处于临界状态，稍有扰动文物本体就可能发生失稳，坍塌。因此，在施工中严格按照“安全第一，预防为主”的方针，进行安全控制，体现“以人为本”的理念，最终实现控制目标，避免生产过程中发生的安全事故，保证文物及施工人员的安全。

（四）投资控制

七个星佛寺遗址保护工程国家投资固定，由国库支付，有效控制项目的投资成为施工顺利开展的关键。在工程款支付管理上，严格依据双方签订的有关工程建设合同按进度拨付工程进度款，工程项目完成后，依据审核后的工程结算单及工程验收合格的证明文件进行结算。

（五）进度控制

为保证施工按期完成，参与工程的各方均进行了充分的准备，对整个施工过程进行紧密控制，在保证质量和安全前提下，力求按时完工，以发挥更大的社会效益和经济效益。根据设计方、监理方、施工方上报的建设进度计划，形成科学的进度计划系统，确保不同深度、不同功能、不同参与方、不同计划周期进度的全方位管理控制。

控制过程中，通过组织、管理、经济、技术等措施对进度系统动态管理，并根据实际不断优化调整，从而使每一单位工程均可按期、保质、保量安全的完工。

（六）质量控制

1）从项目策划，可行性研究阶段起，项目办一直非常重视工程质量，严格控制勘察、设计、施工质量，通过监理单位及自治区文化厅纪检监察部门严格监督检查，充分发挥管理控制职能。

采取计划—实施—检查—处置等循环手段加强管理，做到事前、事中、事后控制，实现全过程控制、全员参与控制及全面质量控制。针对台藏塔遗址保护工程自身特点，建立以业主方的项目质量控制系统，实现自控，监控的和谐统一。加强检查与验收的管理工作力度，从而保证施工质量达到控制目标。

2）资料管理

随着丝绸之路新疆段重点文物保护项目的深入开展，对工程资料的完备性、规范性提出了更高的要求。在文物保护工程资料管理相关规范欠缺的条件下，为了能够全面、真实、完整地记录、保存、管理丝绸之路新疆段重点文物保护项目中从工程立项到工程竣工的所有资料，项目办派专人到多家档案管理单位进行培训学习总结经验，并参照国家工程资料管理相关规范制定了《丝绸之路新疆段重点文物保护项目立项、监理、施工、竣工资料归档要求》、《资料借阅、归档程序及规定》，要求施工单位和监理单位要按照规定严格执行，工程施工期间定期抽查资料，保证了资料的完整性和真实性。

六、对工程效果的评价

（一）在工程实施过程中风险管控得当

项目办在工程实施之初，就确立了风险意识，从思想上重视建设工程的风险问题，积极对建设工程中存在或产生的风险进行主动的预防和控制。

建设工程风险管理的目标主要为：

（1）实际投资不超过计划投资。

（2）实际工期不超过计划工期。

（3）实际质量满足预期的质量要求。

（4）施工过程不出安全事故。

通过工程实施过程中的风险管理，本工程始终处于受控之中，达到了预定的管理目标。

（二）竣工后的工程对文物的保护实际效果明显

通过对本工程实施安全、投资、进度、质量的控制和管理，参与各方精心组织，严格按各项施工程序进行操作，对保证文物本身加固稳定的各项措施落实到位，达到预期的对处于危险状况之中的文物本体及崖体的抢险加固的目的，起到了积极的作用。

石头城遗址

工程名称：丝绸之路新疆段重点文物保护项目——石头城遗址保护工程
建设单位：新疆重点文物保护项目领导小组执行办公室
设计单位：新疆维吾尔自治区文物古迹保护中心
监理单位：新疆城乡建设工程设计有限公司
施工单位：陕西普宁工程结构特种技术有限公司
使用单位：塔什库尔干县石头城文物管理所
项目负责人：建设方/梁涛　施工方/赵冬

一、概况

石头城，位于塔什库尔干县城以北数十米处，据考证，为唐代遗存。该城曾出土过唐代钱币、和田文书等。石头城所在地地理环境优越：城下即一片草原，周围还有数片草原，古代，自喀什、英吉沙、叶城、莎车至帕米尔高原的几条山路均汇集于此，西去中亚的几座主要大山：红其拉甫达扳、明铁盖达坂、瓦赫基里达板等，自此也都有天然谷道可通达。

石头城，新疆境内古道上一个著名的古城遗址。城堡建在高丘上，形势极为险峻。城外建有多层或断或续的城垣，隔墙之间石丘重叠，乱石成堆，构成独特的石头城风光。汉代时，这里是西域三十六国之一的蒲犁国的王城。唐朝统一西域后，这里设有葱岭守捉所。元朝初期，大兴土木扩建城郭，旧的石头城换了新颜。光绪二十八年（1902年），清朝在此建立薄犁厅，对旧城堡进行了维修和增补。石头城总面积10700多平方米，城垣周长1285m。1982年公布的第二批全国文物保护单位。

二、遗址残损现状概述

现存遗址为晋唐时期城址、寺院、居址和清代的官署。分内外两部分，外城方圆3600m，已遭严重破坏，只能见到城墙、炮台和民居的残址。城外建有多层或断或续的城垣，隔墙之间石丘重叠，乱石成堆。内城保留较完整，古代城堡的规模依稀可见。城垣周长1285m。城基石砌，城墙用泥、石砌成，还有几处用土坯修筑的哨所和炮台。辕的四角有4座大门，其中东北角外城的大门保留较为完好。城东有寺院，城西和东南部残存40余间居址。东城墙长98m，修建在断崖上；南城墙长105m，墙体多处严重坍

石头城全景

石头城城门

内城现存整体遗址

内城东墙

西城墙

塌；西城墙长98m，墙体中部坍塌较严重；北城墙长66m，墙体保存较为完好。西墙和北墙两处有内城墙，墙址保留较为完好，内墙、外墙相距3.5m。内西墙长90m，残高最高7.3m；巷道：在内城东面，离内北墙4.5m处有一条南北走向的巷道，巷道长为62m，宽为5.5m。巷道两侧为或断或续的残存墙单体。

三、施工阶段的具体内容

（一）工程立项目的

石头城一期保护工程的立项，主要是为了保护濒危的墙体，减缓自然的破坏及防止人为的破坏，石头城一期抢险加固工程主要是对南北城墙进行了保护加固。

（二）设计理念

此次设计为抢险加固：本着文物保护“保护为主，抢救第一，合理利用，加强管理，原则进行设计；最大兼容，最小干预，保持原貌”的原则，保证文物本体原有风貌不变。

（三）技术特点

文物本体支护加固自然垂直度控制，毛石砌体，土坯补砌，素土夯筑，脚手架搭设，锚杆加固，型钢支撑加固，裂缝修补，墙面防风化和雨水浸蚀，墙顶防风化和雨水浸蚀，文物本体沉降观测，季节性施工措施，成品保护。

（四）保护内容

石头城南北城墙的本体抢救加固。

（五）施工概况

对墙体保护加固采取的主要措施：①残缺墙

南城墙二段防坍塌加固施工前

南城墙二段防坍塌加固施工后

体原材料、原工艺素土夯筑；②土坯补砌加固；③毛石基础加固；④钢圈加固稳定；⑤裂隙灌浆；⑥墙顶防风蚀和雨水冲刷加固；⑦墙面风蚀和雨水冲刷加固；⑧地面雨水汇集排放；⑨危体抢救加固；⑩变形监测。

北城墙二段墙基根部加固施工前

北城墙二段墙基根部加固施工后

在项目实施过程中，严格执行文物保护工程项目监理制，确保项目顺利实施，通过公开招标，实力竞争，新疆城乡建设工程设计有限公司中标，公司委派专业监理人员按专业类别及总体设计确定了各分项目的技术指标要求，认真执行有关工程监理的法规及规定性文件，较好地完成

东城墙二段内侧裂缝修补施工前

东城墙二段内侧裂缝修补施工后

东城墙城台城台加固施工前

了监理任务，为今后执行类似文物抢救加固工程的监理积累了丰富的经验。

为确保工程顺利进行，由建设方向施工单位派出甲方代表，负责组织检查，各方联络，技术

东城墙城台城台加固施工后

东城墙三段内侧排水处理施工前

东城墙三段内侧排水处理施工后

东城墙一段夯土加固施工前

东城墙一段夯土加固施工后

监督，质量跟踪等工作。随时指导文物安全和施工安全，全面检查文物安全施工和文明施工的法律，法规的落实。以“指导为主，教育先行，遵章守法，制度已责”为要务，坚决杜绝人为的重大事故。

（六）临时防护与变形监测

由于墙体长时间受各种应力作用，土体破碎严重，裂隙张度大，施工时极易出现土体坍塌的危险，为了保证施工人员，文物安全，在脚手架搭设后，首先将加固区域内危险部位进行排查，较危险的部位采用钢、木支撑进行保护。施工时采用单点式位移计进行位移监测，数据可实时传至监测计算机上，当变形累计值、变形速率等指标达到预警值时，停止施工，防止发生安全事故。

（七）工程验收

2014年12月项目办委托中国文物信息咨询中心组织专家，对石头城保护工程进行竣工验收。与会专家和参会的各单位分别派出代表组成4个小组，对工程质量，工程技术，工程资料及文物保护评估等方面进行详细核查。最终，专家组成员一致认为，石头城保护工程的实施，解决了城墙本体坍塌、倾倒、掏蚀、倾斜、滑移的危险，并提高了墙体抗风蚀、雨蚀的能力，对石头城的文物保护起到了重要作用，效果显著，验收合格。

四、工程总结

（一）石头城遗址的结构特征

石头城遗址的特征有以下几部分构成：①遗址结构范围为1.88km×0.72km的石丘台地区域；②以60m为间距将该区域东西向划分为30个单位，南北向划分为12个单位，形成30m×12m的方格网。主要有以下特征：由于石头城所处的叶尔羌河谷宽阔，两场雪山遥望，石头城就位于由河谷形成的通视走廊中央，具有较强的战略意义和塔吉克先民繁衍生息之延续，一是石头城遗址处于此处的核心区，二是叶尔羌河河谷中经年不枯的水系保存了完整的湿地绿洲；充沛的水系是生态高度茂盛区，北部的荒滩戈壁人类集聚区，在建筑环境上，石头城本体周边散布的石头和石头城城墙墙基下松动的石砌体，是产生现状的主要因素。

（二）石头城遗址的保护范围

外城城墙：平面轮廓呈不规则方形，周长约1285m，围合面积412800m^2。各面城墙保存状况不一，约有一半以上的墙体残损严重，墙体普遍存在裂隙。墙体大多残缺，未见修补砌筑痕迹，底部为毛石砌筑基础、上部为素土夯筑结构。墙基厚2~6m，墙体最高约达10余米。每层夯筑厚度0.45~0.50m，墙体外附墩台、顶端女儿墙，做法与城墙相同。内城居址：隔墙、屋顶缺失，残高约2.0m，占地面积约2500m^2。墙体掏挖、穿行现象严重；南城墙六、七段残缺，中段有一疑似门洞、西段靠西城墙转角宽7.5m夯筑墙体荡然无存，块石裸露；北城墙现状略完整，北六段墙体长10.0m，高6.0m，墙体厚度：顶部0.8m，底部2.40m。距东端1.60m处产生一竖向通缝，高3.40m，最宽处0.15m，最窄处0.05m。墙体整体向南倾斜，东立面毛石基础部分缺失2.8m，造成上部墙体倾斜，裂缝加剧开裂。内城墙墙基掏蚀较为严重，乱石成堆，雨水滞留。南北城墙墙面长期受雨水浸蚀以及高原特殊的气候环境影响，风蚀虫蛀，裂隙遍布。

（三）保护施工区域

本次新疆塔什库尔干县石头城遗址保护工程，其主要保护施工区域为南城墙110.00m，北城墙80.00m，内城墙70.00m，南城墙一段素土夯筑，北城墙六段钢箍加固。

（四）保护施工

文物安全支护，毛石砌筑加固，土坯补砌加固，施工脚手架搭设，裂缝修补加固，文物本体表面风蚀掏蛀填塞修补，墙顶残缺女儿墙素土夯筑加固以及局部多样化施工。

陕西普宁工程结构特种技术有限公司新疆塔什库尔干县石头城遗址保护工程项目部在新疆重点文物保护项目领导执行办公室各级领导的大力支持和关怀下，严格按照新疆文物古迹保护中心——新疆塔什库尔干县石头城遗址保护工程设计施工图、补充设计图全力以赴，精诚施工，并与民族兄弟和谐共处，促进区域经济发展，使该项工程顺利竣工。

在实际施工过程中，我们始终坚持国家、政府及公司规定的质量标准、企业“三检制度”；实事求是，按照强制性条文规定，检查每道施工工序；有力地实现了规范施工、文明施工和文物保护工程的质量要求。在整个施工过程中每一分部分项工程均经我方自检和监理及有关单位部门的抽检，本工程各分项施工和整体修复加固保护施工工程质量均符合设计和规范要求，符合国家现行的有关文物保护工程强制性标准、施工及验收规范、施工工艺操作规程等，达到规定之标准，实现了施工全过程的质量控制。

（五）工程质量评价内容

新疆塔什库尔干县石头城遗址保护工程单位工程质量控制及质量评定分为施工过程中的质量控制、分部分项工程质量验收、质量控制资料、分部工程观感质量验收及文物本体安全性测试组成。

（六）施工过程中的质量控制

根据工程特点和分部分项工程内容，为保证施工质量，我们制定了一系列的符合实际且针对土遗址工程强制性施工方案。文物本体安全保护：对于千年文化遗产，承传中华文明的新疆塔什库尔干县石头城遗址，由于久经风蚀、坍塌颓垣、面貌全非；在对遗址进行保护加固施工前，必须进行严密的安全防护措施；其支撑、支护是整个文物保护工程核心任务，为确保土遗址结构不因施工而对其造成新的损坏，我项目部投资大量的人力物力，配备专业技术人员、各职能管理人员、各工种专业施工人员60余名。购置$\phi 48\times3.2$钢管20余吨，各类扣件3000多个，40mm木板10余立方米。根据遗址本体的纵向角度，搭设双排、三排、四排脚手架，对悬空，倾斜的危险部位进行斜向支撑，教育施工人员牢记文物与施工安全并重，树立“安全在我心中”的保护理念。

（七）工程质量控制资料：

工程质量控制资料规范、齐全、准确、真实。

遗址保护工程共有工程质量控制资料217项，经审查符合要求和施工质量验收规范之规定，合格率100％。

（八）观感质量检查记录资料：

观感质量共抽查164项，分别为毛石砌筑、土坯砌筑、钢箍加固、素土夯筑、裂缝修补、文物本体的沉降、倾斜观测符合要求，观感质量评价良好。

（九）尚待解决的问题

（1）不断坍塌的墙体（东西里外两面）严重威胁这墙体的安全。

（2）墙体裂隙的不断发育引起持续坍塌。

（3）墙体表面小块破碎土体不断掉落。

（4）掏蚀严重造成局部墙体坍塌形成的悬空状态。

（5）集中降雨冲刷形成冲沟严重影响墙体稳定。

（6）风蚀作用形成墙体成片剥离。

（7）土遗址由于赋存环境的改变出现严重的坍塌，开裂和风化。

五、文物保护工程中的管理

（一）加强组织领导

为了认真落实石头城遗址保护工程的施工，“丝绸之路”新疆段重点文物保护项目领导小组及执行办公室相继抽调专门技术力量分别负责石头城遗址保护工程建设项目的招标、评标、施工管理、技术把关、计划财务、质量监督等具体工作的实施，并设置了自治区项目办专职会计和银行专用账户。整个工作的组织与管理健全，为文物保护工程的顺利开展提供了重要的保障。

（二）严格实行“三制”管理

实施项目法人制、招投标制、项目管理制是石头城遗址保护工程整个施工进程中的主要举措。

1. 项目法人制

按照国家相关的规定，项目办为石头城遗址保护工程的项目法人单位。项目办负责人为该项目法人，对国家文物局和自治区人民政府负责。项目办作为项目建设方，履行甲方职责，负责项目的具体组织和实施，做到分工明确，责任到人。

2. 招投标制

石头城遗址保护工程建设严格按照招投标制执行。整个系统的招标工作由项目办委托招标代理机构组织开展，项目招标面向社会，做到公开、公正、公平。按照基本建设程序规定，在新疆建设工程设备招标中心的大力协助下，经专家评标小组严格评审，最终陕西普宁工程结构特种技术有限公司和新疆建设工程设计有限公司分别中标本项工程的施工和监理。

3. 合同管理

在石头城遗址保护工程建设过程中，所有的合同文件有专人管理。在施工过程中，合同文件是建设、施工、监理三方必须遵守的依据，监理人员坚持以合同为依据，围绕合同规定的总目标，执行监理规范及实施监理细则，力求做到管理规范化、标准化。做到合同执行有章可循、有据可依。对合同实施控制，采取监督、跟踪、调整的方法，从而有效地进行了质量、进度、安全、投资的控制，保证了合同的执行，做到科学、公正和实事求是。

4. 项目监理制

严格执行工程项目监理制，是确保建设项目顺利执行，保护建设与承建双方合法权益的措施。石头城遗址保护工程是一项专业性很强的施工工程，故对监理公司的选择务必严格、高要求。新疆建设工程设计有限公司监理人员按专业类别以及总体设计确定了各分项目的技术指标要求，认真执行了有关工程监理的法规及规范性文件，较好地完成了监理任务，为今后执行类似加固工程的监理积累了丰富的经验。

（三）加强施工安全管理

安全管理是项目管理中的最重要的任务，安全管理不仅关系到文物本身的安全因素，也关系到施工人员的人身安全。七个星佛寺遗址特殊环境条件，决定了施工存在安全隐患变故的风险，文物本体多处于临界状态，稍有扰动文物本体就可能发生失稳，坍塌。因此，在施工中严格按照“安全第一，为预防主”的方针，进行安全控制，体现“以人为本”的理念，最终实现控制目标，避免生产过程中发生的安全事故，保证文物及施工人员的安全。

（四）投资控制

石头城遗址保护工程国家投资固定，由国库支付，有效控制项目的投资成为施工顺利开展的关键。在工程款支付管理上，严格依据双方签订的有关工程建设合同按进度拨付工程进度款，工程项目完成后，依据审核后的工程结算单及工程验收合格的证明文件进行结算。

（五）进度控制

为保证施工按期完成，参与工程的各方均进行了充分的准备，对整个施工过程进行紧密控制，在保证质量和安全前提下，力求按时完工，以发挥更大的社会效益和经济效益。根据设计方、监理方、施工方上报的建设进度计划，形成科学的进度计划系统，确保不同深度、不同功能、不同参与方、不同计划周期进度的全方位管理控制。

控制过程中，通过组织、管理、经济、技术等措施对进度系统动态管理，并根据实际不断优化调整，从而使每一单位工程均可按期、保质、保量安全的完工。

（六）质量控制

（1）从项目策划，可行性研究阶段起，项目办一直非常重视工程质量，严格控制勘察、设计、施工质量，通过监理单位及自治区文化厅纪检监察部门严格监督检查，充分发挥管理控制职能。

采取计划—实施—检查—处置等循环手段加强管理，做到事前、事中、事后控制，实现全过程控制、全员参与控制及全面质量控制。针对石头城遗址保护工程自身特点，建立以业主方的项目质量控制系统，实现自控、监控的和谐统一，加强检查与验收的管理工作力度，从而保证施工质量达到控制目标。

（2）资料管理。随着丝绸之路新疆段重点文物保护项目的深入开展，对工程资料的完备性、规范性提出了更高的要求。在文物保护工程资料管理相关规范欠缺的条件下，为了能够全面、真实、完整地记录、保存、管理丝绸之路新疆段重点文物保护项目中从工程立项到工程竣工的所有资料，项目办派专人到多家档案管理单位进行培训学习总结经验，并参照国家工程资料管理相关规范制定了《丝绸之路新疆段重点文物保护项目立项、监理、施工、竣工资料归档要求》、《资料借阅、归档程序及规定》，要求施工单位和监理单位要按照规定严格执行，工程施工期间定期抽查资料，保证了资料的完整性和真实性。

六、对工程效果的评价

（一）在工程实施过程中风险管控得当

项目办在工程实施之初，就确立了风险意识，从思想上重视建设工程的风险问题，积极对建设工程中存在或产生的风险进行主动的预防和控制。

建设工程风险管理的目标主要为：

（1）实际投资不超过计划投资。

（2）实际工期不超过计划工期。

（3）实际质量满足预期的质量要求。

（4）施工过程不出安全事故。

通过工程实施过程中的风险管理，本工程始终处于受控之中，达到了预定的管理目标。

（二）竣工后的工程对文物的保护实际效果明显

通过对本工程实施安全、投资、进度、质量的控制和管理，参与各方精心组织，严格按各项施工程序进行操作，对保证文物本身加固稳定的各项措施落实到位，达到预期的对处于危险状况之中的文物本体的抢险加固的目的，起到了积极的作用。

石头城遗址保护工程的实施，解除了遗址坍塌的危险，并提高了遗址本体抗风蚀、雨蚀的能力，对遗址本体的保护起到积极作用，工程实际效果明显。

中东铁路建筑群横道河子机车库及东正教圣母进堂教堂

项目名称：中东铁路建筑群横道河子机车库及东正教圣母进堂教堂抢救保护工程

建设单位：海林市文物管理所

设计单位：哈尔滨工业大学城市规划设计研究院

牡丹江市文物管理站

监理单位：吉林省工程建设监理有限公司

施工单位：北京市文物古建工程公司

一、工程概况

全国重点文物保护单位——中东铁路建筑群横道河子机车库及东正教圣母进堂教堂，为中东铁路建筑群在横道河子区域内现存最具代表性的2处建筑。

机车库位于历史街区的西北部，主要由机车库建筑、锅炉房、铁路中断调度室、可调整机车头方向的圆形转盘及与之相连接的轨道组成。占地面积约5000m^2，总体建筑平面布局呈扇形。

机车库自1903年中东铁路通车后始终在使用中，从20世纪70年代蒸汽机车淘汰后，整体闲置至2006年公布为保护单位前，期间曾短时间用作仓库、石材加工厂房等，对该建筑造成较大破坏，尤其是闲置后周边环境的改变，致使保护前建筑整体呈破败状态。

修筑渗水井

东正教圣母进堂教堂，位于横道历史街区的东南部，教堂主体为原木搭建的木克楞式建筑，极具俄罗斯早期建筑风格，是国内存留量较少的木制东正教堂中体量最大的一处。主建筑因多次维修，保存状态较好，无结构安全隐患。

维修前主要问题：屋面铁皮腐蚀漏雨，建筑标志性装饰——洋葱头破损严重，入口石台阶修复不当，原有木阶拆毁。

（一）设计理念

砌筑排水沟

工程始终贯彻了不改变原状和尽可能少干预的保护原则，并认真考虑了工程与展示利用相结合的要求，将研究贯穿于整个施工过程中，解决了文物建筑的结构安全隐患问题，保护了原有风貌特征，取得了充分保留建筑历史信息和整洁沧桑美的良好效果，准确体现出遗产的整体性、真实性及原貌，展现了历史文物保护与利用较好的结合。

（二）工程特点

F-16轴铁路仓库处挡土墙

①方案双设计单位编制；②研究贯穿设计施工整个过程；③业主、设计、施工、监理多方合作；④维修、展示、周边风貌通盘考虑；⑤文物保护与文化旅游双赢发展。

（三）建筑特征

机车库建筑面积2160m^2。整体为石基础，清水砖墙，壁柱加固，钢柱、钢梁支撑起15个混凝土拱壳顶，上覆铁皮屋面。正立面门上15个砖砌相连的三角山花檐口，形成建筑起伏有序且规整优美的天际线。多层叠涩的砖砌装饰线脚和砖砌垂饰，突显俄罗斯早期建筑风格。

（四）工程对象修缮前存在主要问题

横道河子清理井

（1）现有结构屋面系统倒“T”形型钢受力满足要求。但是由于屋面混凝土材料的强度过低，不足以抵抗荷载引起的剪力和水平荷载。

（2）原清水红砖墙体和扶壁柱、檐口砖砌线脚和装饰砌体大面积酥粉，局部剥落严重。东、西两山墙各出现一纵向裂缝。

（3）留存的钢骨木板大门变形、糟朽。木窗多已缺失，余者全部破损。

（4）屋面铁瓦仅存56%并已严重锈蚀。暴露的水泥拱券多已风化露出骨料，致使室内漏雨。

6轴外恢复后混凝土枕木路

（5）室内原结构3轴和4轴两根钢柱缺失，导致屋面拱券结构承重能力减弱，构成结构安全隐患。

（6）室内原有铁轨与地沟全部拆毁或掩埋。

（7）后改造的门窗洞口，严重破坏了建筑整体风貌。

（8）室外地平增高，最大值近1.5m，致使建筑整体常年潮湿，加快了砖砌体的粉化和整体的破败程度。

施工前（一）

施工后（一）

二、工程设计方案概要

（一）设计原则

横道河子机车库，主要需增强结构的稳固，整体修复其原貌，部分恢复其原有功能。相关设施尽可能恢复到蒸汽机时代的历史原状，达到部分真实展示该建筑历史功能的目的。

施工前（二）

东正教圣母进堂教堂，严格遵守整体、原貌保护的原则，按原状修复屋面，更换已损毁的洋葱头装饰部件，按历史照片修复院内石阶与木栈桥。

横道河子机车库工程主要内容：

1. 结构加固

（1）按原材料与工艺补配缺失的2根钢支柱。

（2）对所有暴露部分的钢构件进行除锈与防腐处理。

（3）对已破损的水泥拱壳进行加固处理。

（4）修补山墙纵向裂缝。

（5）修补已歪闪变形的环向内墙，重做墙面水泥砂浆灰层，以增强环向抗侧力的刚度。

2. 修缮修复

（1）修复或挖补部分已损坏的砖砌檐口线脚、檐下砖砌装饰、扶壁柱、外墙面、四角墙垛等已风化或剥落的砖筑砌体。

施工后（二）

（2）按保存实例修补或补配钢骨木门、木窗。

（3）屋面，对拱券已露骨料的部分，用水泥浆加固，按原材料、原工艺和尺度补配或更换已腐蚀的衬方、衬板和屋面铁皮。

施工前（三）

施工后（三）

（4）按原结构布局，修复已封堵和后开设的门窗洞口，修复原有的通风口和排烟口。

3. 室内修复

（1）混凝土拱壳修补加固。

（2）清理地面至原枕木基础底面。1~3号，12~15号清理原有地沟，并按原状整理，原貌保存。

东正教圣母进堂教堂工程主要内容：

（1）屋面、按原材料、工艺更换已腐蚀的铁皮顶。

（2）修复檐口、窗口木线装饰及个别窗扇。

（3）修复院内石台阶与木栈桥。

（二）施工与技术

1. 学习研究

公司总经理亲自带队，组织工程技术人员赴上海、天津、北京等国内近现代建筑保护修缮较好的地区进行考察，调研多处业界较认可，社会反响较好的案例。

与同济大学、上海文物保护中心以及上海、天津的施工单位等多名专家、学者、技师等专业人士进行了交流座谈，学习借鉴近现代建筑的修缮技术与新材料的应用。

2. 材料选配

进行原始红砖化验分析；配置墙体砖修复材料；所有木材为存放4年以上干燥防腐材；所用钢材均为国标材；采用最好水性漆油饰；收购了中东铁路时期建筑用砖4万多块用做墙面的挖补材料；内拱棚修复及加固使用的无收缩灌浆料，是目前国内最好的专利产品；砌体用传统淋灰技术白灰膏砌筑。

3. 技术设备

高射流清洗机的使用，清洗砖墙面、拱棚面及缝隙中的污垢，使得砖墙面干净、酥粉部位的砖沫清除较彻底，对墙面及拱棚确定修补范围，新旧材料黏合牢固等方面获得了较好的效果。

高压灌浆机的使用，解决了室内拱棚修补不易使用传统手工操作的难题，使得细小裂隙与表层破损处填充饱满，表面均匀，加固与感官较为

施工前（四）

施工后（四）

施工前（五）

施工后（五）

施工前（六）

施工后（六）

理想。

（三）施工与工艺

本保护工程瓦做、木做、平铁均采用了传统手工方法，并严格遵循原状、原貌修复的原则进行操作与控制。

（四）实验与检验

清水砖墙面修复，选择了建筑背立面下槛墙不明显部位，做出3块试样，各方认可后，再全面实施。

墙面清洗，先做小面积实验，掌握水流控制强度后，再大面积操作。

灌浆料的使用、石件、铁件修复均遵循了实验—检验—全面操作的程序。

（五）工程管理

本工程在管理方面采取了建设、设计、施工、监理各方均有人员现场负责的管理模式，并基本做到协调有序，各负其责。

现场规章制度较齐全，保证了安全施工，文明施工。施工日志、材料验收、工艺把握、施工、竣工图件较为齐全。

（六）解决的主要问题

本保护修缮工程自2014年4月19日正式开工，至9月30日全部竣工，历经6个月160天。在原状、原貌保护的原则下，基本解决了机车库结构安全问题和2座建筑风貌特征的修复。尤其是，解决了机车库常年潮湿的问题。在机车库建筑外围三面2m的位置，增设了1.5m深的阻、排水沟和2处渗水井，经检验，效果良好，保证了该建筑春夏季不受水害威胁，明显减缓了文物建筑受外力作用而加剧破损的原状。

（七）实施效果

在各方的努力下，本保护工程经专家验收，获得了“整洁的沧桑美”的评价，基本达到了保护原状、修复原貌、结构安全、整体展示的预期效果。同时为东北地区大量中东铁路时期建筑遗产的抢救与保护积累下诸多经验与标准。

施工前（七）

施工后（七）

资质名录篇

上海泰固建筑工程有限公司

上海泰固建筑工程有限公司成立于2009年，注册资金1000万元。公司取名为“泰固”，源于“稳如泰山，固若金汤”的典故寓意。公司致力于工程领域的各种技术服务，如：规划、勘查、设计、咨询、检测、施工以及技术交流、研发等，公司拥有特种专业工程（结构加固、纠偏平移）文物保护、古建园林、建筑防水、装饰装修、地基基础、钢结构、预应力、工程技术咨询、展览展示等多项资质。公司技术力量雄厚，目前拥有50多名工程技术和经济管理等专业人员。

（1）文物保护工程领域有：古文化遗址、古建筑、石窟寺和石刻壁画、近现代历史建筑工业遗产、乡土建筑、名人故居、寺庙教堂、传统村落以及历史文化名城、名镇名村的保护工作。

（2）古建园林工程领域有：寺庙教堂、风景园林、仿古改造、砖木石雕、亭台楼榭、雕塑彩绘、大小木作旅游景观等。

（3）特种专业工程领域涵盖了文物古建和现代工业、商业、水利、交通等多个行业的抗震加固、纠偏平移项目数不胜数，积累了丰厚的经验和技术。

泰固公司近年来承建、参建了大大小小全国各地的众多项目，甚至也在国外工地上留下了泰固的身影，其中参建的上海徐汇中学崇思楼获得“中国十大文物保护工程奖”、上海虹口区的下海庙素斋楼修缮工程获得“上海市历史建筑装饰修缮工程奖”，其他项目还获得的各类奖项。公司将一如既往坚持“诚信经营、永续发展”的企业理念，秉承“稳如泰山、固若金汤”的企业精神，为工程领域特别是文物古建保护行业做出更好更大的贡献。

地址：上海市宝山区通河路438号　　电话：021-66227563

传真：021-66217563　　联系人：陈存夫　　手机：13818789072

邮箱：taigujiangong@163.com　　网址：www.taigush.com

虹口区下海庙素斋楼修缮保护工程

吴昌硕纪念馆修缮保护工程

石家庄易泉居古建筑砖瓦厂

董事长：王武臣

总经理：李建忠

石家庄易泉居古建筑砖瓦厂是石家庄易泉居房地产开发有限公司下属的企业之一，公司位于历史文化名城河北省石家庄市正定县。其中，正定县易泉居建材经营部、易泉居古建筑材料厂、易泉居古建筑第二青砖瓦厂，主要从事古建筑青砖瓦的生产与销售，能满足多种形式的文物古建筑和仿古建筑的建设与修缮。

证书

石家庄易泉居房地产有限公司古建筑青砖瓦厂

为中国文物保护基金会“古建筑材料生产基地”

特颁此证

中国文物保护基金会

二零一五年一月十八日

荣誉证书

石家庄易泉居古建筑青砖瓦厂是中国文物保护基金会古建筑材料生产基地。我厂生产黏土青砖瓦已有30多年历史。现有300立方的窑口12个，年生产黏土砖总能力为24000多立方，产品达几十个品种以上。现有各种技术人员100余名，主要生产手工城墙砖、方砖、停泥砖等，还可生产机制青砖，并可为用户加工生产其所需的各种规格产品。同时，代办包装、运输等。

我厂的产品质量优良，畅销全国多地，如：山东聊城古城门、古城墙工程，湖南岳阳楼重修工程和古建城墙工程，正定南门、南部围墙修缮工程，河南商丘古城墙修复工程，正定大佛寺修复工程，北京永定门修缮工程，沈阳故宫修缮工程等均使用的我厂产品。欢迎新老客户莅临参观指导。

砖瓦厂

公司地址：河北省石家庄市正定县旺泉南街25号

工厂地址：河北省石家庄市藁城区

联系电话：王先生 18332300666　　李先生 15032125839

绍兴市园林建设有限公司

绍兴市园林建设有限公司创建于1980年，2003年晋升为国家壹级施工企业，主营园林古建筑、文物保护、城市园林绿化、城市市政公用工程。

下设上海、南京、成都、重庆、安徽、湖北、江西、山东、郑州、泰州及本省各地市分公司和业务办事处，工程遍及大江南北。

公司坚持走“质量兴业”的道路，外抓市场，内抓管理，大力推行项目施工管理，效益显著。承建的工程得到了各界人士的赞许和肯定，获得了“钱江杯”、“扬子杯”、“芙蓉杯”、“兰花杯”、“衢江杯”、“金山杯”、“越乡杯”、“曙光杯”、“石城杯”等一大批政府认可、社会满意、用户放心的优质工程。其中由我单位承建的南京阅江楼工程荣获南京“金陵杯”、江苏省“扬子杯”后，被评为国家优质工程银质奖。宁波十七房维修工程获国家古建筑维修示范工程；湖南湘潭万楼荣获2014年度湖南“芙蓉杯”优质工程奖，江苏泰州望海楼及镇江北固楼等工程获国家优秀园林工程金奖；四川省都江堰清真宝瓶寺（懋功寺）恢复维修工程被中国文物保护基金会评为最佳工程奖。公司连续被评为县、市先进企业，行业优胜企业，市场开拓先进企业，劳动保障信得过单位，浙江省工商企业信用AAA级守合同重信用单位，浙江省先进建筑业企业，中国营造技术传承优秀企业，全国文物保护工程行业首批质量安全、信誉AAA+级示范单位等荣誉。在竞争激烈的21世纪，公司将与时俱进，为祖国的建设事业做出更大的贡献。

董事长：何孟荣

企业文化

经营理念：诚信经营，以人为本

企业精神：和谐创新，团结拼搏，肯干务实

企业宗旨：演绎传统辉煌

新昌董村水晶矿摩崖石刻保护工程

施工前摩崖全貌

新昌董村水晶矿摩崖石刻保护工程位于新昌县沙溪镇董村村西侧约100m处的龟溪北岸崖壁上，记载了元代大德二年（公元1298年），中书左丞、行浙东道宣慰使、金吾卫上将军哈剌斛于十一月见奉旨来此采得水晶矿石11374斤的经过，全文130字，为楷体，阴刻。是浙江省较为重要的元代摩崖题记之一，也是浙江省研究地质矿产的重要史迹。

本工程根据省文物局“认可逆性较强的物理保护措施”的意见精神，我们根据经常施工拓石假山的经验，建议用翻模复制拓石保护护檐的办法，既达到延缓自然风化的目的，起到对石质文物的保护作用，又可以与环境融合，设计采纳这一建议。工程完工后与自然环境融为一体，成为野外文物保护的一种有益尝试的成功实践。

施工中一角

竣工后全景

绍兴市园林建设有限公司工程案例（二）

湖南湘潭万楼

湖南湘潭万楼工程，位于湖南湘潭市原万楼遗址，占地17095m^2，总建筑面积16168m^2，工程为地上九层明五暗四寓意为九五至尊，总高度63.18m，为仿清楼阁式建筑，框架剪刀墙结构，于2011年6月开工建设，2011年12月主体封顶，842座斗栱均为木斗栱，耗材495m^3，本工程一层起角8只，三层、五层起角12只，七层起角10只，九层起角6只，工程体量大，结构复杂，重台耸构、巍峨壮观。该工程被评为湖南省建筑安全质量标准化示范工地和湘潭市优质工程及湖南省建设工程芙蓉奖。

万楼夜景

万楼侧立面

藻井

宁波十七房

宁波十七房全景

修复后一角

南京阅江楼

阅江楼日景

国家优质工程南京阅江楼，是公司于1999年承建，2001年底落成。该工程位于南京西北部长江边的狮子山巅，建筑面积4250m^2，主楼高52.62m，全现浇框架。由141根灌注桩，90个四撵十字如意牌科，52根擎檐廊柱构成一楼环廊，四面抱厦，参考北京紫荆城角楼造型，是L形布局。它有1000余座全现浇混凝土斗栱，104对腰脊合角龙，34尊垂脊龙首，95条尊仔角梁头套龙，上列452尊脊龙首，典型的明代皇家园林建筑，结构相当复杂，堪称古建筑一绝。

该工程先后获得南京市“金陵杯”、江苏省“扬子杯”、“国家优质工程银奖”及“罗哲文奖”等荣誉，被誉为“江南第一楼”。

阅江楼航拍

绍兴市园林建设有限公司工程案例（四）

四川省都江堰市清真宝瓶寺（懋功寺）恢复维修工程

古寺一角

清真宝瓶寺，又名懋功寺，位于四川省都江堰市老城区外宝瓶巷中段南侧，内江北岸，与世界著名遗迹都江堰水利枢纽工程相邻，因处于著名景点宝瓶口而得名，始建于民国11年（公元1922年），是该地伊斯兰教徒朝圣之地，在伊斯兰教中有一定的地位。该寺为成都市文物保护单位，该寺占地面积2345.2m^2，建筑占地1397.96m^2，建筑面积1813.43m^2，具有典型的中亚建筑风格，也是都江堰唯一具有中亚建筑风格的中西合璧的建筑，建筑特色突出。2008年5月12日，汶川地震后，该寺受损严重，出现大面积坍塌，灾情严重。

该工程维修过程中，坚持“不改变文物原状”的原则，进行了修缮前的考证、调查、拍照留存等工作，做到了修旧如旧，达到了与原建筑风格一致，有效地保护了中亚建筑风格，在工程即将完工时，迎来了坦桑尼亚财政部长到该寺朝拜，充分显示了该清真寺的国际地位，工程荣获中国文物保护基金会“文物保护最佳工程”奖。

大殿

懋功寺入口

大殿侧面

寺内马房

泰州新四军东进谈判纪念馆修缮工程

新四军东进谈判纪念馆是江苏省1995年公布的省级文物保护单位，位于江苏泰州市迎春西路122号，泰州中学内，原为泰州西山白云寺。始建于南宋，明代重建，清代扩建，抗战时期为国民党鲁苏皖边区游击副总指挥部，陈毅元帅三进泰州谈判，协商团结抗日大计，使新四军顺利东进。该工程为砖木结构，建筑面积640.57m^2，主要修缮大雄宝殿和天王殿，80余年未进行修缮，破损严重。柱子根部严重腐朽，承载力下降，所有木构件被白蚁蛀蚀，产生空洞，并有劈裂，歪斜，脱榫等险情，层面漏水，多次透光。根据鉴定，政府决定落脚大修。工程完工后，保持了文物原来形制，重现文物的旧时风貌，保护了红色教育基地。传承了历史，“山高流水远，寺古白云深”又一次得到了完美的体现。

天王殿正立面

内庭风貌

天王殿偏门入口

马头砖雕

山东彩山铝业有限公司

山东彩山铝业有限公司坐落于泰山之阳科技产业城，地处山东省“一山、一水、一圣人”黄金旅游线路上。是集设计、研发、生产和销售为一体的铝质建筑装饰材料企业，产品涵盖幕墙铝单板、仿古建筑构件、铝天花板、蜂窝板、双曲板以及各类装饰铝板六大系列。公司开发生产的各类铝质金属斗栱、彩绘吊顶、仿古门窗、铝瓦等系列构件，在保持古建风格的基础上，创造了重量轻、色彩多样、造型丰富、防火、可回收利用等特点，其中国内首创的专利技术铝制仿古斗栱和彩绘吊顶，应用于山东济南大明湖超然楼、烟台栖凤阁、临沂望海楼等多个古建工程。

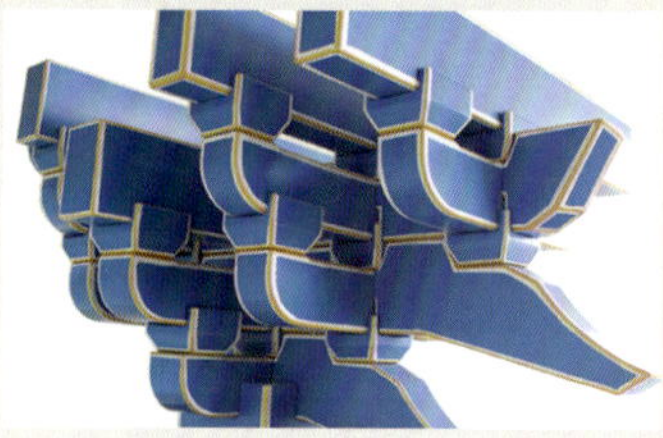

斗栱

仿古彩绘吊顶

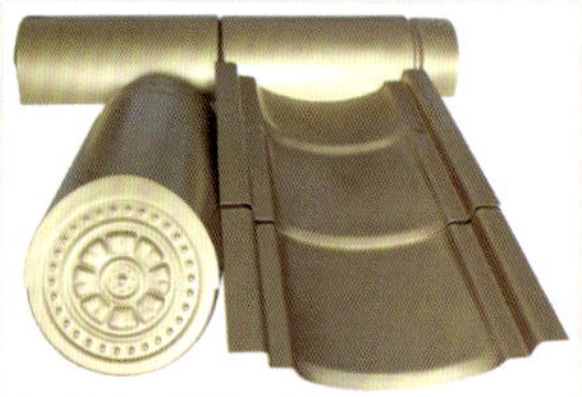

铝瓦

金属仿古建筑组合构件与传统古建构件的比较

金属仿古建筑组合构件	传统古建构件
防火、防蛀、防潮、抗冲击，不变形	易虫蛀、易遇明火或雷击着火、易开裂变形
使用高品质铝板和高性能氟碳涂料，性能稳定，耐腐蚀与温差变化，30年内免维护，保养成本极低，使用寿命上百年	易老化、不耐腐蚀，褪色现象严重，涂层易脱落，年年都要投入维护保养，使用寿命短
涂层可设计丰富多彩，不易老化，色泽保持长久	色彩较为单一，色泽衰减速度快
质量轻，结构相对简单，容易安装	材料自身重量较大，设计不灵活，需要复杂的施工过程，安装不方便
工厂内批量生产，生产与施工速度快，省时、高效	现场制作，施工周期长，易受季节影响
金属材质，可资源回收利用，剩余价值非常高，性价比突出	不可回收再利用，价值损耗巨大，不符合循环经济

注：仿古建筑组合构件完全按照古建筑构件的结构与型制进行加工，用现代工艺喷涂而成，色彩丰富，结构工整，仿真度高，完全与主建筑风格一致。

济南大明湖超然楼

烟台栖凤阁

临沂望海楼

公司地址：山东泰安磁窑经济开发区　电　话：400-0538-896　传真：0538-5823555

网　址：www.sdcaishan.com　公司邮箱：csxy@sdcaishan.com

贵州保利文物古建有限公司

贵州保利文物古建有限公司位于贵州省贵阳市观山湖区，公司创办于2006年11月8日。经过多年不懈努力，公司正朝着集团化方向发展，现已经发展到旗下拥有贵州和瑞规划设计有限公司、贵州玮骅装饰工程有限公司、贵州紫金宸工艺品有限公司、贵州纯和酒业有限公司。同时具备国家核定的文物保护工程施工一级，园林古建筑施工二级，装饰装修工程二级，防雷工程专业设计、施工丙级资质。公司通过了国家质量、环境、职业健康安全管理体系认证。公司技术力量雄厚，施工设备齐全。

公司本着科学管理、质量第一、信誉至上的服务宗旨。先后承建了国家重点文物和省级文物、园林古建筑等多个工程项目。在施工中我们继承了传统技艺，结合现代科学方法，严格遵照建筑规范，精心施工使所建工程项目得到了完美的展现。各项工程均达到了优良，得到了上级主管部门和建设单位的一致好评。公司已经获得了企业信用评价AAA级信用企业、国家文物保护最佳工程奖、中国文化遗产保护与传承典范单位、中国民族建筑事业杰出贡献奖、全国建设信用AAA级诚信企业、全国政府放心用户满意先进单位等荣誉，同时公司董事长饶崇和也荣获中国建筑研究会颁发的中国民族建筑事业优秀人物奖。

公司董事长饶崇和先生率全体员工热忱欢迎有识之士，各界同仁，来到多彩贵州。爽爽贵阳，来到正在蓬勃发展的贵州保利文物古建有限公司，愿与您共同携手共创保利新明天！

公司联系电话（传真）：0851-85586648

办公地址：贵州省贵阳市观山湖区金朱东路南侧金龙国际花园35栋3楼3号

工厂地址：贵州省贵阳市观山湖区百花湖乡温水村

公司网址：http://www.gzblww.com

公司邮箱：guizhoubaoli@163.com

山东省文物科技保护中心

山东省文物科技保护中心暨山东省文物工程公司成立于1992年，位于济南市中心地带、山东省文物局院内，设有总工办、规划室、设计一室、设计二室、设计三室、行政办公室、财务室共7个科室，拥有文物保护研究设计人员50人，以及一批专业从事文物保护工程的高水平项目经理与施工队伍。

资质等级

具有国家文物局颁发的文物保护工程勘察设计甲级资质、文物保护工程施工一级资质。

业务范围

从事古建筑、近现代文物建筑、古文化遗址古墓葬、石窟寺和石刻、仿古园林、各类文物藏品修复和保护的方案设计与规划编制。

从事古建筑、近现代文物建筑、古文化遗址古墓葬、石窟寺和石刻、仿古园林、各类文物藏品修复和保护工程施工。

工作成果

曲阜三孔古建筑群、泰安岱庙古建筑群、青岛八大关近现代建筑群、齐长城、大运河、济南四门塔与千佛崖、白佛山石造像、北川永平堡与皇恩寺、重庆市奉节白帝庙等保护方案与规划共500余项。

北京中南海西花厅、新疆艾提尕尔清真寺、曲阜三孔建筑群、泰安岱庙古建筑群、青岛八大关近现代建筑群、潍坊十笏园、河北山海关城墙、济南四门塔、聊城土闸、泰山经石峪石刻、南水北调地上文物保护、大运河南旺枢纽保护等文物保护工程施工共300余项。

办公环境（一）

办公环境（二）

获奖情况

山东省文物科技保护中心编制的《泰安岱庙坊加固保护技术》获山东省文化厅1995—1999年度科技进步一等奖。

山东省文物科技保护中心编制的《齐长城总体保护技术研究》获得省政府颁发的2011年度山东省科技进步二等奖。

山东省文物科技保护中心编制的蓬莱水城小海清淤及南西城墙和迎仙桥、烟台福建会馆维修方案分别入选2004、2006年度“全国十佳文物保护工程勘察设计方案及文物保护规划”。

山东省文物科技保护中心设计方案并施工的惠民中国孙子兵法园项目获得2005年国家工程建设质量评定委员会颁发的“建设质量银奖”。

山东省文物科技保护中心设计的四川朝天峡、山东省文物科技保护中心设计并由山东省文物工程公司施工的曲阜颜庙复圣殿落架大修工程分别入选2010、2011年度“全国十大文物维修工程”。

山东省文物科技保护中心设计方案并施工的“四门塔、青龙白虎亭修缮工程”荣获2012年度中国文化遗产保护最佳工程。

山东省文物科技保护中心于汶川地震后承担多项文物抢救保护任务，被授予“全国文物系统汶川地震灾后文物抢救保护工作先进集体”称号。

山东省文物科技保护中心于2009年获得山东省文化厅颁发的“全省文物系统先进集体”奖。

山东省文物科技保护中心成立20余年来，打造了一支高水平、多学科的专业技术团队，形成了科学保护、合理利用、跨地域有机合作的良好机制，为山东省文物保护工作做出了应有的贡献，并将更好地服务于山东省文化遗产保护事业。

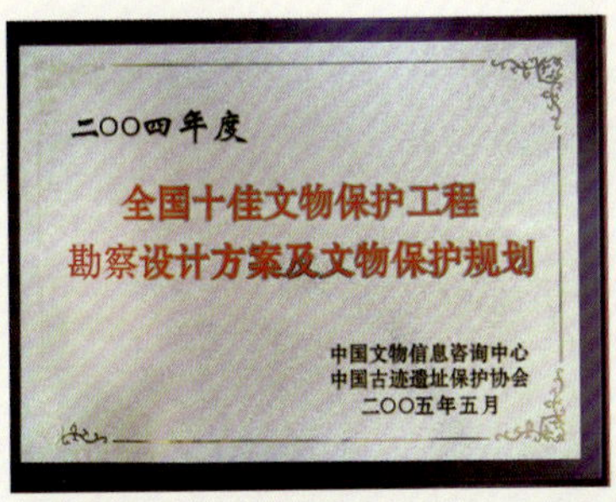

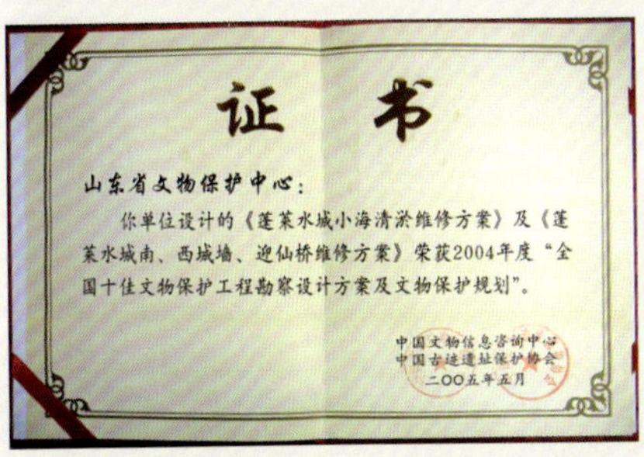

地址：山东省济南市经十一路12号

电话：0531-86916804

传真：0531-86077806

邮编：250014

山东省文物科技保护中心工程案例

济南府学文庙（一）

济南府学文庙（二）

济南四门塔

青岛八大关建筑全景

中腾建设工程有限公司

上海丸杰进出口贸易有限公司开工典礼

上海中腾建设工程有限公司创始于1992年，现为上海房屋建筑施工总承包贰级资质企业，注册资金5800万元，资产总值5400万元，在册职工980多人，其中各类专业技术和管理人员228人。公司集房屋建筑工程、市政公用工程、装修装饰工程、地基及基础工程的施工承包与项目咨询、托管及建筑设计等于一体，具有雄厚的施工技术和管理力量。

中腾建设工程有限公司全面按照IS09001：2000质量管理体系，本着“团结勤奋、开拓创新、扎实从严、优质诚信”的企业宗旨，率领全体员工以精湛的技术、完善的服务，先后承接各类工程320余项，在施工实践中积累了各种工程管理、科学施工的宝贵经验。其中比较有代表性的工程有：上海新农村试点样板青村镇北唐动迁安置房工程、上海明馨养老院新建工程、上海森博建配商城项目、杨王苑住宅小区工程、南桥镇人民政府西渡老城区污水改造工程、金海路庙泾港桥梁与市政道路工程等，公司已成为上海市一家声誉较好的建筑施工总承包企业。

公司将一如既往，积极探索、努力实践，以高水平的施工技术、严谨的工作作风、热忱的服务态度，定能赢得客户对公司的信任，并成为永久的朋友！

杨王苑

董事长：

地址：上海市奉贤区南桥镇杨王经济园区宁富路728号
电话：021-37517085　　传真：021-37517156
邮编：201406　　网址：www.shztjs.com

上海永进电缆（集团）有限公司

SHANGHAI YONGJINCABLEGROUP

上海永进电缆（集团）有限公司总部坐落于金汇工业园区，交通便利。集团下辖特种电缆、预制分支电缆、矿用电缆、塑料等多家全资控股子公司及20多家委托加工、配套协作单位。员工1000余人，其中高级工程师20人，初、中级技术人员203人。

集团已通过ISO9001：2008质量体系认证，所有产品均严格按GB标准和国际IEC标准组织生产研发，并取得全国工业产品生产许可证、国家强制性CCC认证。部分产品通过欧盟VDE、美国UL、澳洲SAA标准认证，并为国家经贸委两网改造推荐企业。产品质量由中国人民财产保险公司承保。

主要产品有高、低压电力电缆、橡套电缆、矿用电缆、铝绞线、钢芯铝绞线、架空绝缘电缆、硅橡胶、氟塑料、低烟无卤等特种电缆、预制分支电缆、计算机电缆、汽车电缆、民用电线、塑料等50多个品种，3000多个规格，年产值达10多亿元。产品销往全国各地及出口10多个国家与地区。部分产品被国家重点工程采用，产品质量与售后服务均得到客户的一致好评，综合实力位居2010年中国机械500强、2010年中国电线电缆行业20强、上海企业100强、上海制造业50强。同时还荣获中国成长百强企业、中国诚信企业、全国电线电缆质量公认十大知名品牌、上海名牌企业等荣誉。电线电缆系列产品荣获上海名牌产品称号。

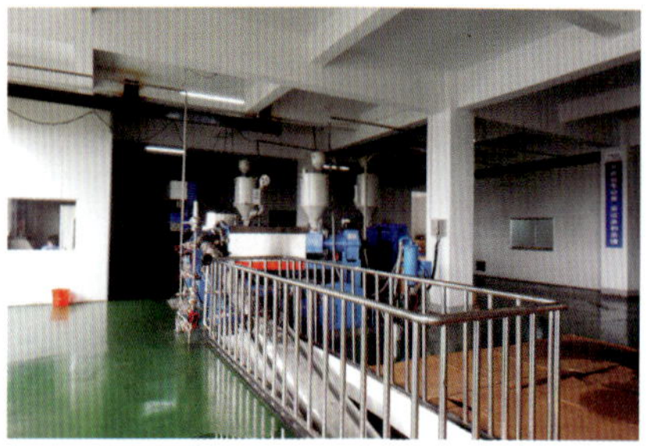

地址：上海市奉贤区金汇镇金聚路388号

电话：021-57578777-8016

传真：021-57570378

邮编：201404

SKL上矿缆

厂区外貌

总经理：郑林峰

产品

上海矿用电缆（集团）有限公司重组于 2010 年 3 月，系由始建于 1989 年 9 月的上海矿用电缆厂通过合并、重组而成。集团公司下辖实体为上海矿用电缆厂有限公司，集团公司坐落于上海市奉贤区庄行欧洲工业园区内，占地面积 50000 平方米，地理位置优越、交通便捷。

公司质量管理通过 ISO9001：2008 国际质量体系认证，全部产品均已获得国家工业部质量技术监督局颁发的生产许可证及国家强制性 CCC 认证，矿用产品均通过国家安监局煤炭部 MA 认证。是中国煤炭机械工业协会理事单位、中国煤炭工业矿用电缆标准化委员会委员，产品研发和设计能力始终居于行业领先地位。

公司主要生产经营：MT818 全系列煤矿用电缆、自行开发抗爆型矿用软电缆、加强耐弯曲采煤机电缆（获得国家专利证书）、通用橡套电缆、电焊机电缆、高压泵电缆、机车车辆用电缆、港口冶金用扁电缆、防水高压耐油橡套电缆等十多个系列上万种规格产品。

上海矿用电缆（集团）有限公司

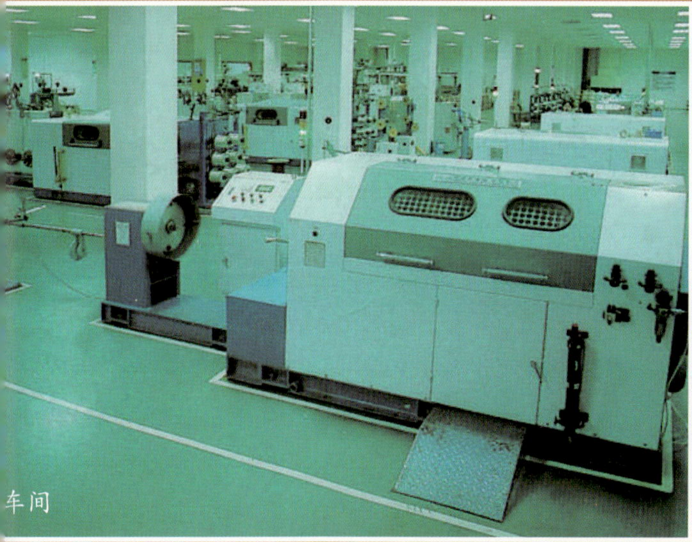

车间

生产车间

地址：上海市奉贤区欧洲工业园叶庄公路 118 号　电话：021—57469999　021—57466966

传真：021—57464988　E-mail：SKL168@vip.sina.com　http://www.cn_SKL.com

上海劲马车辆有限公司

上海劲马车辆有限公司成立于 1994 年，是具有整车设计、制造、销售、上牌、出口资格的国家汽车整车公告内企业。公司下设上海劲马汽车研究院、上海师范大学—上海劲马新能源汽车研究所、技术中心、信息中心、营销中心、财务中心、供应中心、质管中心、仓储物流中心、全国服务中心等全套汽车整车设计、生产、销售、服务体系。公司拥有总装、焊接、金工、冲压、电泳磷化、油漆、检测等多条整车生产流水线。公司业务在于设计、制造、加工、销售九马牌新能源纯电动汽车、混合动力汽车、多功能特种汽车、轿卡车、自卸车、平板车、敞篷车、厢式车等多种车型。2009 年 8 月 29 日，公司总经理陈建明荣获全国十大创新经济新闻人物。公司已通过国际 IS09001：2000 质量体系认证，产品多次通过国家级强制性质量考核。公司与德国埃佛特技术中心进行技术合作，2011 年与上海师范大学成立新能源汽车产学研研究所，集成国际先进技术与国内大学的汽车科研开发力量和科研设备，不断自主开发研究具有多项国家专利发明的新产品。经过数年艰苦创业、科技创新，一种能随时、随机、随地输出液、气、电、机械动力的全能特种车辆问世，其技术先进性已被中国科学院上海所鉴证为国内首创、国际领先水平，可广泛应用于应急抢险救援、野战部队、农业农村、市政工程、卫生防疫、交通运输、生活生产等场合。2011 年 5 月该产品已录入中国减灾应急技术装备国家采购目录指南。

新能源混合动力汽车

新能源纯电动汽车

自卸汽车

排半平板汽车

址：上海市奉贤区奉城镇川南奉公路9650号　电话：400 622 2568　网址：http://www.shjiuma.com

上海晶澳太阳能科技有限公司

晶澳太阳能控股有限公司是专业从事高效太阳能电池、太阳能电池组件制造的现代化光伏企业。于2005年5月18日在河北创立，2006年4月正式投产，2007年2月7日在美国纳斯达克证券交易所挂牌上市。公司总部设立在上海。公司现拥有年产25MW高效太阳能电池生产线30条，年生产能力达到600MW以上，转换效率达17.3%。产品销售网络遍布世界各地，主要销往美国、德国、西班牙、意大利、阿联酋、韩国、日本等国家和地区。

晶澳太阳能控股有限公司以“技术创新引领成本、优异品质赢得客户、成本控制创造竞争力、完善服务缔造完美”的核心竞争力，秉承“诚信、正直、坚持”的价值观，为股东、合作伙伴、客户以及员工创造最大价值；满足全球各种需求的太阳能解决方案；与合作伙伴共享资源，降低太阳能发电成本，使太阳能成为每个人都可以使用的清洁新能源。

地址：上海市奉贤区
闵行出口加工区E6E8D地块
邮编：201400
电话：021-37181000
传真：021-37181013

上海德朗能动力电池有限公司

办公大楼

上海德朗能动力电池有限公司位于中国最具活力和经济竞争力的地区上海，以“电池专家，持续经营，回报社会”为目标，以“专注、创新、务实、合作”为经营理念，专业从事锂离子电池的研发、制造和销售，OEM/ODM 服务。

公司于 2010 年 1 月成立，总占地面积 3.6 万平方米；现有员工近 700 人，研发人员 30 人，其中含博士 4 人，硕士 8 人，主要研发人员在电池技术领域均有超过 10 年的工作经验。

上海德朗能动力电池有限公司一贯坚持以先进电池技术来突出差异化的经营发展理念，秉承“最大限度满足客户需求”的宗旨，不但拥有领先的技术和严格的成本控制能力，更拥有一流的产品品质。公司和产品相继通过 ISO9001:2000、ISO14001、UL、CE 等权威认证。

同时，针对不同的细分市场，从客户实际使用的需求出发，做好延伸服务，为客户提供完整的配套方案，成为对应细分市场数一数二的电源解决方案供应商。

公司一角

地址：上海市奉贤区青村镇金钱公路 3492 号

电话：021-57473666　　传真：021-57474370

邮编：201406

EISENMANN

EISENMANN (Shanghai) Co., Ltd.

艾森曼机械设备（上海）有限公司

您成功的保障

艾森曼是一家国际上居于领先地位的系统供应商，主要制造各种用于整车涂装、一般表面涂装、物流自动化系统、废气及废水处理系统、陶瓷以及碳纤维热处理技术。分布于全世界的大约 2400 名行业精英为公司客户开发着新技术和能够降低成本的有效解决方案。他们奔忙于世界各地，不断开拓制造、装配、油漆和配送过程方面的新理念。艾森曼所有制造设备均按照客户特殊要求而设计，为客户提供专门的系统配置，从而满足客户需求，确保很高的盈利能力。

The new concept/创新理念

E|SHUTTLE EISENMANN

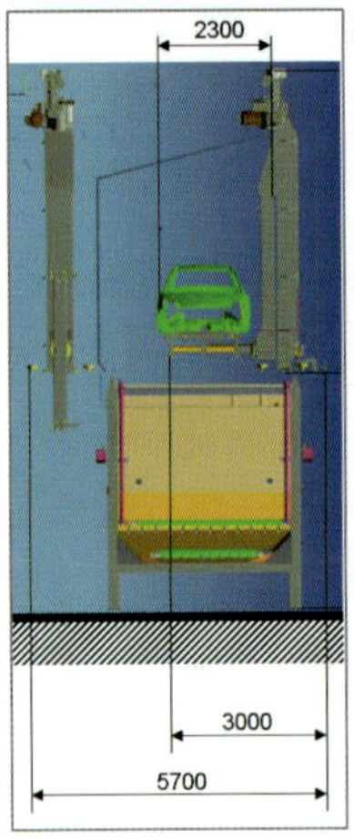

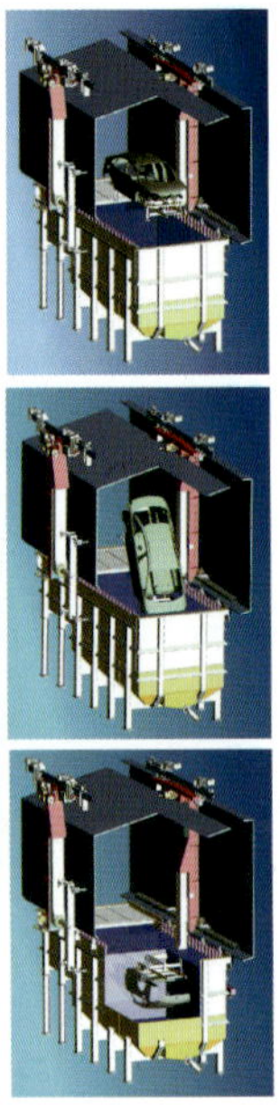

AMS based conveyor system with 3+1 degrees of freedom

- 基于AMS3+1个自由度的输送系统

Simplified dip kinematics: all movements on one level

- 简化的浸洗过程：所有运动均在同一层面内完成

Dipping with telescope

- 带有直插式的浸洗方式

Advanced control system

- 先进的控制系统

Space saving compact design

- 空间节约的紧凑设计

Tunnel with lamellar seal placed on a basin construction

- 带有薄片密封结构的通道安装于工艺槽上方

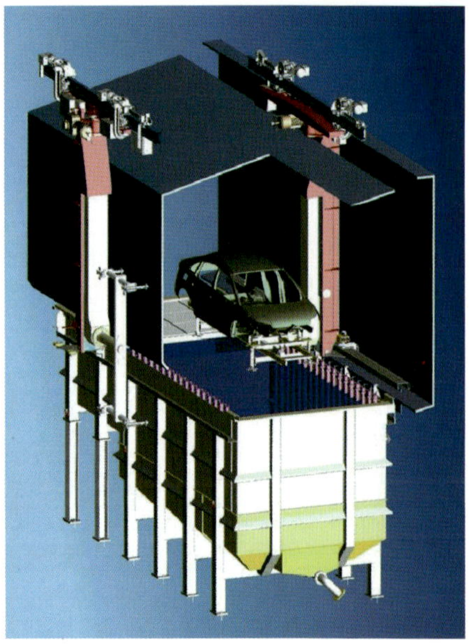

静电漆雾分离装置

E|SCRUB

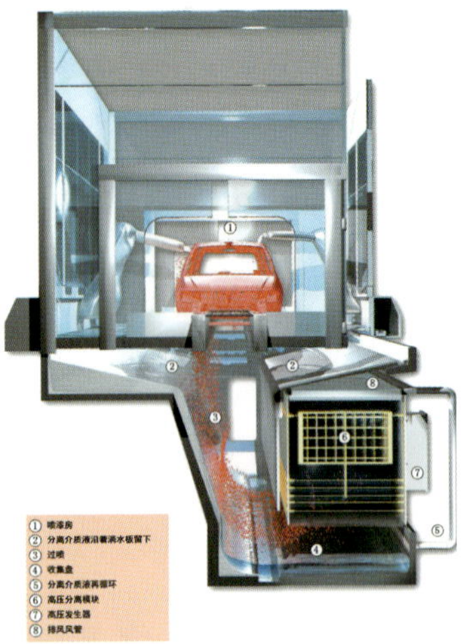

最高效率分离，最低压力损耗。

节能，环保

E|SCRUB分离功能强大而压力损耗非常少，可以用95%的循环空气进行操作。与传统的冲洗器相比，这不仅可节能78%，而且也能相应的减少二氧化碳的排放。

除此之外，E|SCRUB还可节水87%以及消耗更少的化学试剂。此静电系统根据生产需要自动开关，达到进一步的节能。通过静电充电，且在分离剂中混合漆雾，可以最大程度提高分离效果。德国的空气调节系统允许的尘埃排放量为3mg/m3，而EISCRUB的产品可以把这一数值降低到0.3 mg/m3。这一功能与空气循环相结合，可以减少颗粒排放量100倍之多。

生产质量和可靠性

E-SCRUB剔除了复杂的机械过滤系统，保证了喷漆室中流量稳定，无压力不稳现象，这是保证优越的生产环境以及高质量涂层的先决条件。

E|SCRBU操作时噪音低，维护方便。

改装简便，快速收回投资

E|SCRUB的另一个优点就是它可以在现有的设备上进行快速改装， 而且它不需要那么多设备部件。

EISCRUB节能，环保，节约成本，是喷漆房干湿分离装置的理想选择。它可以大大降低运行成本，保证了你快速收回投资成本。

E|SCRUB系统的优势

空气引导	最高可实现95%的循环	✓
能源	最高可节能78%	✓
水	最高可节水87%	✓
颗粒排放	0.3 mg/m 3	✓
化学物质	低消耗，无需祛泡剂	✓
废料	节水，减少废料排放，无需过滤器以及过滤材料	✓
噪音	噪音最高可降低至10 dB(A)	✓
可获取性	低损耗，低维护系统	✓
喷涂条件	无波动的稳定流率，无横向流动	✓

Office address:
Room301 GuBei International Fortune Center, No.1452 Hong Qiao Road
Shanghai 200336, China

办公室地址：
中国上海 虹桥路1452号古北国际财富中心301室
邮政编码：200336
电话：+86-21-31352188
传真：+86-21-31352199

on address:
No.88 ShenZhou Road,
Feng Chen Town
Feng Xian District
Shanghai 201411, China

生产厂地址：
上海市奉贤区奉城镇神州路88号
邮编：201411

伟星集团 上海工业园
WEIXING GROUP SHANGHAI INDUSTRY PARK

伟星集团创建于 1976 年 9 月，总部设在浙江省临海市。

伟星集团上海工业园是伟星集团在上海发展的窗口和生产基地，是伟星集团的八大工业园区之一，创建于 2002 年 10 月，内设有上海伟星服装辅料有限公司、上海伟星光学有限公司和上海伟星新型建材有限公司。

上海伟星服装辅料有限公司

公司树脂线专业从事各种中高档钮扣的生产，主打产品为不饱和树脂钮扣、果实扣、激光刻字扣、仿皮扣等环保型产品。其中，不含偶氮、无铅钮扣、不易碎钮扣和高温水洗不变色等特殊性能钮扣达到国际领先水平。金属制品线主要产品为五爪扣、弹弓杯、大口径钮扣等中高档产品。其中五爪扣产品形成空心爪、五爪包钻、五爪包面、五爪喷漆等系列，并可自行设计开发，生产客户满意的产品。

上海伟星光学有限公司

公司成立于2002年11月，是集研发、生产、销售为一体的专业镜片生产企业。公司专业生产和销售 1.499、1.56 中折射镜片，1.61、1.67 高折射镜片，渐进多焦点镜片，光致变色树脂镜片，全天候驾驶镜，色盲矫正眼镜，PC 镜，高科技的碳晶膜系列产品等全系列光学眼镜制品。公司全面通过 ISO9001、ISO14001 管理体系，并相继获得欧盟 CE、美国 FDA 的产品认证。公司先后获得中国中轻产品质量、信誉双保障示范单位、上海市高新技术企业、奉贤区高新技术企业、上海市重点新产品、上海市十大畅销产品、上海市消费者满意产品等多项殊荣。

上海伟星新型建材有限公司

公司成立于 2004 年初。目前公司拥有近 30 条挤出生产线，产品有 PP-R 及其玻纤、铝塑复合管道，HDPE、M-PP、PB 管道，阻氧 PB 管道，PERT 管道，地源热泵管道等。几年来，公司凭借卓越的产品质量、良好的品牌信誉和不断创新的精神，先后获得了中国名牌产品、上海市高新技术企业、上海市名牌产品、上海市重点新产品、奉贤区区长质量奖等荣誉称号，“伟星”商标也获中国驰名商标荣誉称号。公司产品在北京奥运国家体育馆（鸟巢）、国家游泳中心（水立方）、老山自行车馆、运动员宿舍（奥运村）、杭州黄龙体育中心、汕头大学、舟山跨海工程等重点工程得以广泛应用。

地址：上海市奉贤区大叶公路 4601 号　电话：021-57481738　邮编：201404

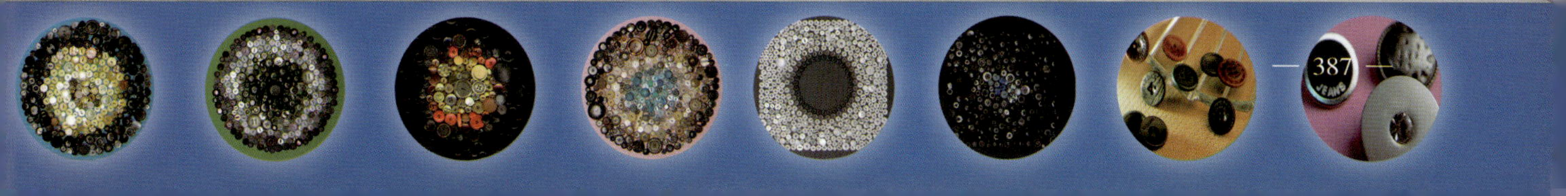

上海高中压阀门股份有限公司

SHANGHAI HIGH&MEDIUM PRESSURE VALVE CO., LTD.

SHANGGAO

以质量求生存　以科技求进步　以品种求发展　以管理求效益

Survival from quality　Improvement from technology
Development from varieties　Benefit from management

上海高中压阀门股份有限公司是专业设计、生产、制造各种高中压阀门的公司，是中国阀门协会理事单位，AAA 级企业，全国“守合同重信用”企业。公司已取得 DNV ISO9001 质量体系认证、ISO14001 环境认证、GB28001 职业健康安全体系认证和美国石油协会 API-6D 证书，压力管道元件制造 TS 安全注册。公司是中石化南京物采中心一级供应商、中石油(上游、下游)集中采购供应商、中国石油天然气集团公司、中国海洋石油公司、中国中化集团、中国石油物资装备出口网络、中国航空油料公司和中国电力部一级供应商等成员单位。公司生产双关双断阀、全焊接球阀、大口径平板闸阀、三偏心蝶阀技术水平已经达到国际同类产品的先进水平。

公司为石油、化工、冶金、电力、航空、燃气、供水、长输管线(输油、输气)等行业和领域设计、制造高中压闸阀、平板闸阀、球阀、蝶阀、截止阀、止回阀、双关双断阀、电站阀及非标特殊阀门。产品广泛应用于首都机场、广州白云机场、上海虹桥、浦东国际机场、上海宝钢集团、上海石化、安庆石化、巴陵石化、大庆石化、拜耳公司、大连港务局、秦皇岛电厂、兰－成－渝输油管线、涩－西－兰天然气管线、镇江燃气公司、舟山国家石油贮备项目、新疆国储独山子油库、钦州国储库、大连国储库、锦州热电总公司、中国石油锦州石化工程公司和中原石油化工等国内大型企业，并出口苏丹、哈萨克斯坦、阿尔及利亚、土库曼斯坦等国家。

Http://www.shanggaovalve.com
E-mail:sales@shanggaovalve.com

地址：上海市奉贤区奉金路365号　邮编：201401
Add:No.365,Fengjun Road，Fengxian District,Shanghai
总机：021-57292666　57292997 (直线)
021-57292999 (传真)

上海富士电机开关有限公司
上海富士电机变压器有限公司

e-Front runners

上海富士电机开关有限公司和上海富士电机变压器有限公司是富士电机集团于 1997 年兴办的独资企业，专业生产经营 VC-V12 型中置式高压配电柜、HS 系列真空断路器和 SCLB8 系列三相和单相树脂绝缘干式变压器等产品，使用 FUJI ELECTRIC(富士电机)商标，产品与东京研究所开发的产品技术同步，具有当前世界先进水平。

公司坐落在上海市工业综合开发区内，投资总额 36 亿日圆(约合 2.8 亿人民币)，占地面积 38200 平方米，建筑面积 2300 平方米。职工 300 余人，其中技术与管理人员中大专及以上学历人数占 95% 以上，生产现场作业工人具有高中或中专以上学历人数占 95% 以上。公司从国内外引进、聘用了一批多年从事专业设计、工艺和试验的工程技术和管理人才，在国内同行企业中占有人才和技术优势。在输配电行业中走出一条“ 以市场为导向、少投入、快产出、滚动发展 ”的道路。到 2006 年，顺利实现 3.6 亿元销售目标，比 2005 年增长 10%；公司十分重视产品质量，购置的生产设备都是当代专业生产设备中最为先进的一流设备，以确保加工制造的零部件的精度和质量要求。在日常生产管理中严格贯彻 ISO9001 标准，并于 1999 年顺利通过法国船级社 BVQI 公司的 ISO9001 质量体系认证，2002 年获得英国质量与环境国际质量认证有限公司(QEC)颁发的 ISO9001：2000 质量保证体系认证证书，2004 年通过第三轮 ISO9001：2000 认证，2003 年通过中国国家强制性产品 (CCC) 认证。上海富士电机变压器有限公司于 2000 年被授予国家高新技术企业称号。公司关键岗位员工大部分都曾赴日本富士电机工厂进行培训实习，富士电机也不断派出各类专业人员来公司进行全面指导，确保产品质量稳定和不断提高。

公司产品除销往国内各地外，其中干式变压器约有 40% 产品返销到日本国内。富士电机产品已安全可靠地运行在国内外的电力、建筑、化工、冶金、机械、石化、机场及交通运输等各个领域。

VC-V12、VC-V24 型中置式高压配电柜

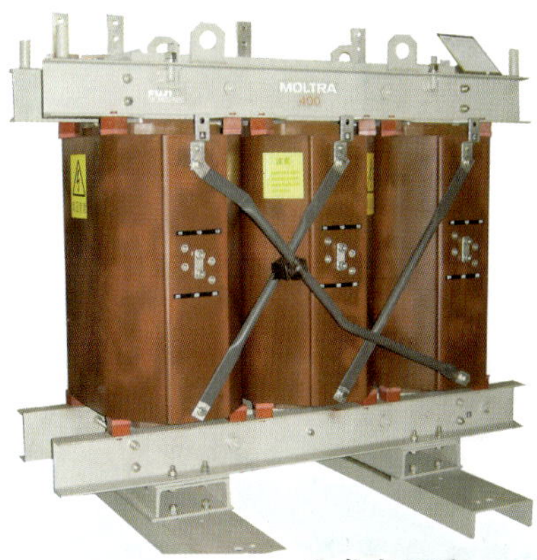

干式变压器

HS 型系列真空断路器

地址：上海奉贤区南桥镇航南公路1557-1559号　邮编：201400
电话：021-57181400　传真：021-57181448
网站：www.csfuji.com　Email：qdq@csfuji.com

上海市文明单位

上海市著名商标

上海南华换热器制造有限公司

上海市名牌产

荣获上海市、区科技小巨人企业，上海市高新技术成果转化项目，高新技术企业
等十八项荣誉证书，并获市、区各项奖金共290万元及享税收优惠五年政策
被商务部国际电子商务中心（CIECC）评为AAA企业单位
被上海市食品协会评为2010年度优秀企业

中国有个南华　南华走向世界

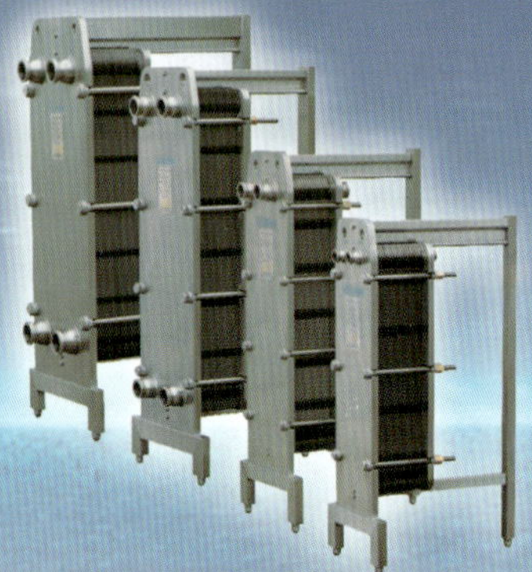

板式换热器

加工设备有数控、激光等进口机械数十台，程控液压机3千吨至2万吨共5台，设备齐全，工艺精湛。为响应世博会“城市，让生活更美好”的主题理念，公司产品虽已达到国内先进水平，但公司以超世界水平为目标，为此，将办厂18年所得利润，并再增资1000万元全部投入购置欧美进口激光-切割、焊接、加工中心等高、精、尖设备，促使产品更精益求精及节能方向发展。

板式换热器原有型号16种，扩大到58种（模具），达到各尽所专、物尽其用、高效节能的显著效果，适用于乳品、饮料、啤酒、制药、化工、空调等行业。

管式、板式半自动、全自动超高温杀菌机组规格为200L/h~50t/h，适用于乳品、豆奶、果汁、饮料、啤酒、制药等行业，产品已覆盖行业中各知名企业，并出口美国德国、法国、俄罗斯及东南亚和非洲等国家和地区，2010年出口率达19.7%。

公司同时还生产：

（一）不锈钢板式散热器，适用于烟道热量回收
（二）暖风机、空气热交换器，用于取暖、烘房干燥、空调等行业
（三）氮液巴氏杀菌机组及生产线
（四）NHZX-2,5,10型转移泵，用于发酵乳、浓果汁等

板式杀菌机组

大流量管式杀菌机组

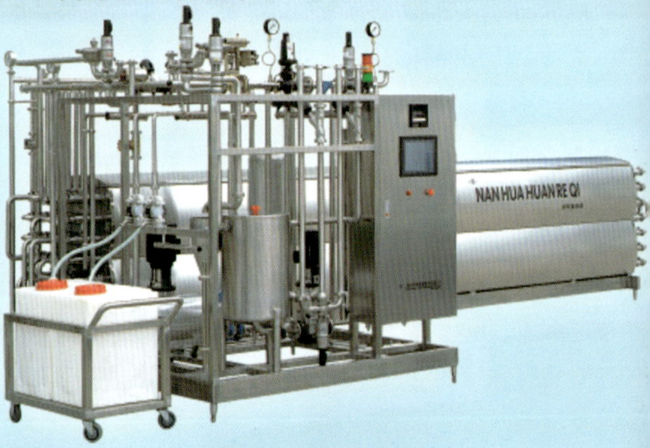

管式杀菌机组

实验型超高温杀菌机组
规格 30-100L/H

技术销售部地址：上海威海路168号长发大厦1号楼9层　电话：021-63275151（总机）　021-63595
传真：021-63586801　E-mail:shnanhua@shnanhua.com　http://www.shnanhua.com　邮编：200

组织再造　期待亚东崛起

亚东石化（上海）有限公司

亚东石化成立于 2003 年 1 月，占地总面积 43 万平米。公司生产单一产品精对苯二甲酸（PTA），一期工程于 2004 年底开工建设，设计能力 60 万吨 / 年，总投资额 3.65 亿美元，2006 年 3 月底建成投产，迄 2010 年末止税捐总计为 5.8 亿元。在和国内外同类装置的比较中，无论是公司的管理成本、生产成本，还是物料单耗、综合能耗、环保措施等，均位于行业的前列，综合实力和社会贡献度也获得了地方政府的认可。亚东石化连续三年被奉贤区评为消防安全单位，2008 年起连续两年在全国工业企业环保评比中获“绿色企业管理奖”，2009 年被评为上海市清洁生产 25 家示范单位之一，在上海市 100 强企业中名列 71，制造业 50 强中名列 34，2010 年更获得奉贤区百强企业第一名。

在努力完成业绩目标和实现利润最大化的同时，亚东石化勇于承担社会责任，重视环保、节能投入，2008 年公司斥资 2600 万元新上一套一期脱硫装置，配合二期新增脱硫装置，大幅降低了 SO_2 排放量。2010 年进行了大格局的节能、节约石油燃料的投资布置，展开了水煤浆锅炉的建设、节约电能、余热回收及能源系统的优化等，预计投资额为 2 亿元。其中水煤浆锅炉已建成投用，每年可节约石油燃料 2 万吨。2010 年的万元产值能耗较 2009 年度降低了 11.4%，较之“十五”期间已降低了 30.9%。

2010 年，远东集团提出了“Rebuild、Rethink、Reinvent 组织再造、远东崛起”的发展蓝图，为了能配合母公司远东集团的发展需要并使得亚东石化市场中更具竞争力，产能扩建已是当务之急。亚东石化产能扩建主要是为供应下游关联企业远纺工业等公司为发展七大战略性新兴产业中新材料科技对于基本原料的需求以及扩建特大型聚酯厂的原料需求，同时达到基本的经济规模。在做法上，采用最新最好的工艺，达到节能环保的最高要求，建成之后，除了产值达 110 亿，交税 3.2 亿之外，万元能耗大幅下降，环保及安全投资进一步提升，务将环保排放的增加减到最低，环境风险完全不增加，不影响开发区企业的发展，不影响奉贤区各项投资事业的开发。

地址：上海市星火开发区白沙路133号
电话：021-57505780
邮编：201419

OPSC料仓

上海树园盆景花木有限公司

地址：上海市奉贤区南桥镇运河路20号　邮编：201400　电话：021-57411299　邮箱：sypenjing@yahoo.cn

董事长：曹吉芳

上海树园盆景花木有限公司成立于 2000 年 10 月，注册资本 1000 万元，是经国家住房和城乡建设部批准的城市园林绿化二级资质企业。公司经营范围：园林绿化，盆景花木出租，苗木栽培，园林景观，土建，花艺器具的批发、零售，园林绿化工程施工。近年来，公司在精神文明建设和企业文化建设工作方面取得了累累硕果：被中国工程建设管理协会、中国质量信用评价中心评为全国园林绿化工程施工 AAA 级先进企业；2009 年度被评为生产安全先进集体；2007~2009 年度被评为奉贤区绿化行业先进集体；2008~2010 年连续三年被评为奉贤区优秀绿化施工、养护企业；2007~2009 年度被评为中共奉贤区先进基层党组织；2009 年被奉贤区绿化委员会授予党员先锋号单位；2010 年被评为中共奉贤区“创先争优、世博先锋行动”先进基层党组织；2008~2009 年度被评为上海市守合同重信用企业；2010 年被上海市企业诚信创建组委会、上海市园林绿化行业协会评为诚信企业；2010 年被上海市私营企业协会授予“服务世博 奉献世博 优秀集体”称号；2010 年被上海市人力资源和社会保障局设立为上海市青年创业见习基地；2007~2008 年度被评为奉贤区文明单位，2009~2010 年度被评为上海市文明单位。

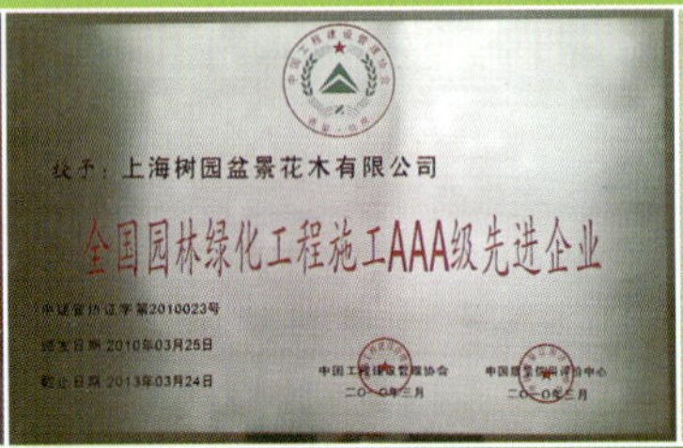

上海天捷建设工程有限公司隶属于上海东捷建设（集团）有限公司，创建于1995年5月，注册资金2000万元。公司承接110KV及以下电力输配电工程安装、继保、检修及电试；承接110KV及以下电缆敷设、接头等电力工程服务；经营110KV及以下高低压柜、电力变压器、电力器材和五金交电。

公司已荣获上海市建设和交通委员会颁发的《电力工程施工总承包三级证书》、《安全生产许可证书》、国家电力监管委员会颁发的《承装、承修、承试三级电力设施许可证》。荣获上海市质量协会颁发的用户满意服务、用户满意企业称号。公司通过了ISO9001:2008质量管理、ISO14001:2004环境管理体系和GB/T28001-2001职业健康安全管理体系的认证。

公司成立以来，积极参与重点工程立功竞赛、电网改造和城网改造，先后为奉贤地区的外资、台资、合资等国内外企业服务，从而取得了较好的社会效益和经济效益。

公司管理科学、规范、严谨，建立了完善的组织机构和严格的安全质量监督体系，拥有实力雄厚、技术精湛的管理队伍和施工队伍。公司奉行“求真、务实、开拓、创新”的企业精神，秉承“优质、方便、规范、真诚”的服务理念，以“成为值得信赖的电力服务专家”为企业发展目标。

上海天捷建设工程有限公司

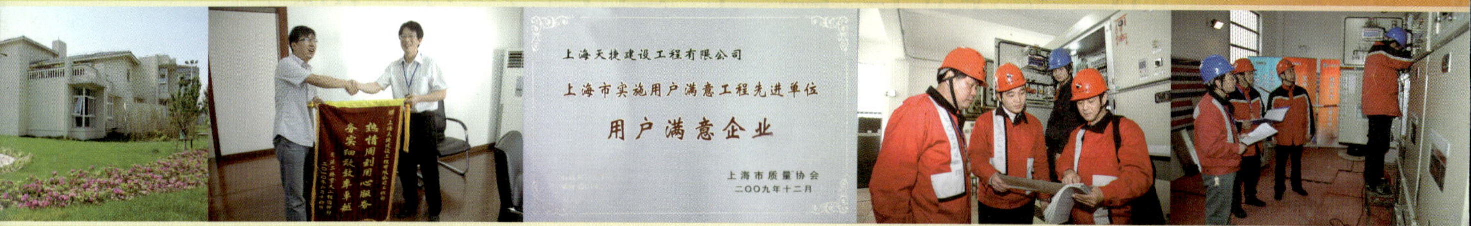

优质服务

售前服务：

公司一切以客户的利益为出发点，免费为客户的供电方案提供咨询、协调和办理等服务，以确保方案的稳定可靠和最优化；以最便捷的方式免费为客户代办用电申请及相关审批手续；严格按照国家和上海地区的行业规定标准和定额收费，确保向客户提供最优质的服务和合理的工程造价。

售中服务：

公司执行项目经理制和完善的工程进度控制体系，能够按照客户的项目进度制定明确的工程施工、验收及送电计划；协调工程建设的进度；为客户提供免费的全程跟踪式服务，确保工程稳步进行；并能根据工程进度及时为客户提供电气设备的试验及继电保护、自动化装置校验；免费提供符合供电公司规范的、专业的送电方案；提供客户配电站投运后，值班制度、典型操作票、运行规程等相关资料的技术服务，以确保客户配电站的安全可靠运行。

售后服务：

公司提供或推荐的电气设备，除人为因素和不可抗拒的外力因素，竣工一年内公司负责免费维护维修；三年内发生设备质量问题，免收人工费，并设有专门的仓库为客户优先、优惠提供备品、备件；建有电子化客户管理制度，工程竣工送电后，客户所有的产品信息、安装信息将及时记录存档，公司派专人定期走访，同时对客户的设备（本公司提供或推荐的）进行检测，以确保设备运行稳定性和可靠性；建有迅速反应制度，电气设备（本公司提供或推荐的）出现故障或接到客户报修通知，2小时内派专业技术人员赶赴现场处理。

地址：上海市奉贤区柘林镇城宅路30号
邮编：201416
电话：021-68898168
传真：021-68898909
E-MAIL：shanghaitianjie@dongjiegroup.com

金都投资 Jindu Investment

上海金都投资集团有限公司
Shanghai Jindu Investment group Co.,Ltd.

董事长：潘金光

上海金都投资集团经营范围涵盖实业投资、国际贸易、投资管理、有色金属和化工产品的销售批发、货物及技术的进出口业务、为制造业配套的现代服务业等领域。旗下拥有上海金都物资有限公司、上海金厦实业有限公司、上海伟力医疗器械有限公司、金厦－瑞泽精密零件（上海）有限公司等下属企业。产品项目：有色金属、精细化工、医疗器械、高端表面处理、高端电子产品加工、精密零件、电子商务交易平台等。

致力于为表面处理的优化提供完美服务而成立的上海金都物资有限公司，以贸易带动产品技术服务，成为美国杜邦特总品中国总代理，并在世博期间成为上海唯一市安监局指定可经营氢化物的企业，客户遍及全国各地。日本和瑞士的加工合作项目也已形成较规模化稳定发展。与日本 YP SYSTEM 公司合作，在两地各设立了“表面工程研发中心”。集团还与大专院校共同建立研发机构，着重研发高、精、尖技术产品；其生产的高档医疗设备是上海市卫生系统指定产品；电子线路板加工的技术水平在国内处于领先地位；自主研发的纯磷酸亚铁锂材料，其导电性和电化学活性都极高，有望淘汰目前使用的传统材料并产生深远的经济和社会效益；添加剂可全面替代进口产品，是高端电子电镀工艺必不可缺的原料。与海航、北方工业合资成立的上海有色金属交易有限公司，致力于主导有色金属上海价格的定价发言权。

召开干部会议

金都以“真诚、善良、感恩、敬业”为企业文化，秉承“真诚服务于客户，精诚合作求双赢”的经营理念，追求“员工幸福、客户满意、企业发展、社会尊重”的企业宗旨，不断开拓创新，发展自身的同时为社会做出更大贡献！

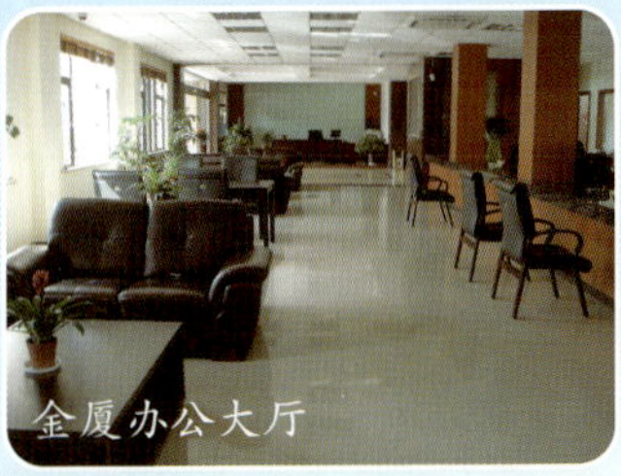

金厦办公大厅

金都营销大厅

组织员工旅游

地址：上海市奉贤区金海公路3660号
电话：021-33656656 33656955
传真：021-33656655 33656968
邮箱：chinajindu@126.com
邮编：201406

上海腾辉锻造有限公司

董事长：李根宝

公司于 2002 年成立，公司旗下子公司有上海腾辉有色铸造有限公司和上海腾辉新能源科技有限公司 2 家。分厂有上海腾辉铸峰机械厂、上海腾辉沪周锻造厂、上海江镇机械锻造厂及位于中国钢铁之城安徽马鞍山锻造分厂 4 家。2011 年底将组建为“腾辉”重工控股集团。产品主要应用于电气发电机组，船舶机械，军工，核电等领域。技术综合优势领先于国内锻造行业。

“甘当绿叶”我以微笑的目光，注视着你们年轻管理层团队的成长和企业的发展。企业的明天是你们的，望百倍努力，尽快把我们的企业建设成集团公司，乃之“上市”而时刻争奋，共享未来！

董事长：李根宝

———— 寄语

公司主要产品 Company Major products

公司生产设备 Company Products Equipments

地址：上海市奉贤区临港开发区 电话：021-57143213 邮编：201413

原上海市副市长和上海市政协主席蒋以任（右二）在奉贤区委书记张立平（左一）、奉贤区人大常委会副主任马天龙（左二）的陪同下视察和汇集团

和汇投资集团股份有限公司是多元化经营的全球性企业，在美国、意大利、巴西、香港等多个国家和地区设立子公司，在上海、浙江、辽宁、广东等国内10多个省市拥有制造基地。集团公司经营范围涵盖运动安全防护产业、锆钛新材料产业、箱包手袋产业等领域。

主营业务：作为和汇集团主营业务的运动安全防护产业，核心是位于奉贤区的上海和汇安全用品有限公司。该公司是全球第二大的摩托车运动防护装备制造商及运动安全防护方案解决商，是国内目前最大的摩托车头盔研发、生产、出口基地。公司拥有中国最先进的摩托车碰撞实验室，参与制订摩托车头盔国家标准，取得国家专利16项，并通过了欧美等国多项安全产品相关技术认证，标志着和汇集团在摩托车运动防护产品的技术已经达到了国际最先进的水平。和汇集团注重品牌建设，七大自有品牌在中国、美国、意大利、巴西等世界40多个国家进行注册，在全球有2500家销售网点，占有较高的市场份额，为全球客户提供顶级产品和服务。

奉贤区副区长钱雨晴莅临和汇集团视察指导

企业管理：和汇集团以现代企业管理理念为指导，不断改善企业经营管理水平，理顺管控模式，建立健全公司治理结构、各项管理制度和流程，强化企业内部制度化、程序化管理，加大战略规划的执行落实力度，坚持与客户、供应商的共赢之路，持续为股东创造价值。

和汇集团董事长兼总裁倪华杰先生邀请意大利15度MOTO GP冠军Agostini先生参观和汇集团

企业文化：和汇集团具有先进的企业文化理念和很强的企业凝聚力，这股力量超越了不同国家、不同语言、不同文化造成的鸿沟，在全世界吸引了一批与众不同的员工，每一个人都在持续关注并致力于不断提升人类的运动、安全、健康、时尚水平。和汇集团用其所长，避其所短，给所有员工都提供了一个充分施展才能、实现理想抱负的舞台。

公益事业：和汇集团关注社会公共管理，并以其作为企业所践行的社会责任和历史使命。以资源共享、相互支持、共同营造文明和谐的社会环境为出发点，积极参与社会公益事业，积极促进网络化社会治理体系的形成，为支持地方社会事业发展和创造良好的社会效益作出积极贡献。

面向未来，和汇集团将以被国际市场广泛认可的品牌为引领，立足自身优势，扎根五洲，对全球社会资源进行整合提升，创造一个员工、客户、社会等多方共赢的平台，打造一个以资本经营为核心，跨国、跨行业发展的国际性综合型产业集团。

地址：上海市奉贤区西渡工业园奉金路288号
邮编：201401
电话：86-21-57436662/57436663/57431680
传真：86-21-57432750
网址：Http://www.hehuigroup.com

和汇投资集团股份有限公司
HEHUI INVESTMENT GROUP CO.,LTD

岱庙

齐长城沂水段

齐长城胶南段

孔庙鸟瞰全景

孔庙杏坛

潍坊十笏园（一）

潍坊十笏园（二）

江西圣东智能科技有限公司

江西圣东智能科技有限公司主要从事软件开发、计算机系统集成、计算机网络工程、智能化工程、安防工程、消防工程、防雷工程、机电工程、建筑智能化等高技术开发与工程业务，从事各种系统工程已有二十多年的历史，为安防系统工程设计、施工一级资质单位，多次参加了中国文物信息咨询中心举办的文物保护安防、消防方案设计培训班，对文博安防系统设计具有较丰富的经验，为众多的重点博物馆和国家重点文物保护单位精心设计过安防系统工程，已经多次成功地完成了文物博物馆安防系统工程设计与施工任务，已经多次成功地完成了文物博物馆安防系统工程设计与施工任务，对文物保护工程起到了积极的推动作用。2009年参加由国家文物局信息中心、中国文物保护协会、中国博物馆协会、中国安防协会联合举办的首届中国文化遗产安全对策高峰论坛，荣获“首届中国文化遗产安全对策高峰论坛推荐企业”荣誉。本公司拥有众多的高级技术开发与设计人员，和国内众多的科研机构及知名的科技公司建立了密切的合作关系，开发出安防、消防智能化综合管理系统，适用于多行业的安全智能化管理。

古建筑安防系统、消防系统、防雷系统、环境监测系统智能集成管理预警平台

消防系统

防雷系统

报警联动

报警联动

安防系统

报警联动

环境监测系统

互联网

县、市二级监督预警平台

互联网

省级、国家文物局多级监督预警平台

成功案例：庐山文物安全与行政执法监督预警平台

白鹿书院

庐山会议旧址

传习学舍

邓小平别墅

周恩来纪念室

美庐别墅

民国图书馆

庐山博物馆

地　　址：南昌市青山湖区火炬大街201号创新大厦312室　　联系人：谢东

联系电话：13807007829　　网　　址：http://sunorient.cn/

GALAXIE LUMINAIRE 银河照明

中国古建（仿）照明第一品牌

工厂建有400m^{2}一比一的古建试验展厅，在古建灯具的设计，光色的比对上一直走在前沿。

获奖情况

西安楼观台	2012年中照一等奖	天津津塔	2012年中照三等奖
运河深林公园	2013年中照三等奖	芷阳广场	2013中照二等奖
贾平凹艺术馆	2014中照三等奖	西安曲江池	2015年中照二等奖
西安城墙南门	2015年中照奖二等奖	曲江新城	2015年中照奖二等奖
大连东方水城	2015年中照奖三等奖	北京鸿坤理想城	2015年中照奖优秀奖
兰州西站	2015年中照奖优秀奖	清明上河园	中原照明一等奖

北京望京保利国际广场，北京照明学会、中央美院灯芯草奖一等奖

西安周至楼观台

汉中拜将坛

陕西金台观

西安曲江池公园

后　记

在国家文物局的指导及相关单位的大力支持下，经过近一年时间的征集、整理、编写，《中国古建筑行业年鉴2014》面世了。

这是继“年鉴2013”后的第二部，在第一部政策法规、工程名录、设计案例、工程案例、资质名录5个篇章的基础上，增加了专题活动篇。其中政策法规篇将新修订的中国文物保护法和中国文物古迹保护准则重新收录，同时选录了地方制订的福建省“福建土楼”世界文化遗产保护条例等共8项相关的法律法规；工程名录篇收录了2014年国家文物局批复的全国文物保护工程立项及规划设计方案项目名单共1076项；专题活动篇收录了2015年度古建筑行业内部分重大活动及保护成果等；设计案例篇收录了浒崦名分堂戏台，九江油库，玉隆万寿宫，红二、六军团长征出发地旧址等9项设计方案节选；工程案例篇收录了云居寺石经洞、故宫符望阁区建筑内外檐油饰彩画维修工程、介休后土庙、九门口长城等施工案例共44项；资质名录篇展示了行业企事业单位的发展历程、形象、文化、工程业绩等。

《年鉴2014》在编写的过程中更注重记录文物保护工程在施工过程中对传统工艺、技术的应用与总结，从而提高“年鉴”作为行业参考文献资料的价值及整体编写水平。特别是从入编“年鉴”项目中评选出的介休市后土庙保护修缮工程、五台县广济寺大雄宝殿修缮工程、齐长城—穆陵关西段抢救性保护方案、夏河县拉卜楞寺弥勒佛殿修缮项目、兰州市府城隍庙保护修缮工程、金华市太平天国侍王府维修工程、汉阳陵南阙门遗址本体保护工程、云居寺石经洞抢险保护工程、平遥双林寺大雄宝殿修缮保护工程为2015年度“中国文物保护示范工程”。这些工程从文物保护理念到传统工艺做法都有不同的示范作用，今后此项评选活动将持续开展下去，并将打造成为中国文物保护工程领域最具影响力的品牌活动。

全面、完整、真实、准确反应和记载我国文物保护工程的方向性成果、指导性的政策法规、创新性的实践成果、准确的统计数据，将“年鉴”打造成古建筑及文物保护工程基础资料的交流平台、推介平台和服务平台、政府决策的依据和从业者工作参考的重要文献资料，是出版《中国古建筑行业年鉴》不变的目标。我们虽已迈出了坚实的一步，但我们仍然会不断地充实和完善年鉴的内容，提高编写水平，并为这一不变的目标继续努力。

在本年鉴出版发行之际，我们对关心、支持、参与年鉴编纂、出版发行工作的领导和社会各界表示由衷的感谢。同时感谢年鉴协办单位对年鉴的出版发行给予的大力支持。

鉴于编辑部人员数量少和水平所限，难免会有疏漏和不妥之处，乞望专家和读者不吝赐教，以便我们的工作有所提高。

《中国古建筑行业年鉴》编辑部

2015年12月